社会进步学
概 论

INTRODUCTION TO
SOCIAL PROGRESS

姜建华 著

社会科学文献出版社
SOCIAL SCIENCES ACADEMIC PRESS (CHINA)

前　言

人民热爱社会进步，作者在百度搜索"社会进步"有大约 1 亿个搜索结果。

社会进步学是在习近平新时代中国特色社会主义思想指导下中国人首创的中国特色的新兴社会科学，习近平以人民为中心的发展思想贯穿于社会进步学的始终。

社会学研究社会变迁，社会进步学研究社会的正向变迁，是社会学的分支学科，是中国特色的社会学。

为谁而写

社会进步学积极为党和人民述学立论、为坚持和发展新时代中国特色社会主义献计献策。社会进步是人类伟大的事业，专门研究和传播社会进步知识的科学是人类伟大的科学。

社会进步学为社会进步而写。社会进步学为全世界所有热爱社会进步的人而写。

本书是人类历史上第一部社会进步学教科书。这是一部对所有大学生都非常有用的教科书。因为它集中了人类有史以来社会进步的重要经验、理论、规律和方法。向学生系统普及社会进步知识对于促进社会进步、减少社会代价有重要作用。

撰写这本书的目的有三个：一是向学生介绍社会进步的基本知识。从每一个大学生都应该系统了解社会进步知识这方面考虑，每一个专业的学生都可以选修本教材；也可以作为社会学类、公共管理类、经济学类、新闻传播学类、法学、政治学、国际政治等专业的必修课。二是为政党、人大、政协、政府管理社会提供系统的社会进步理论、规律和方法，使之作为各方面社会管理决策的参考，以期达到促进社会进步，减少社会代价的目的。可作为适合热爱社会进步的政党、政府和企业决策者的参考书。三是为民众的社会进步实践提供系统的社会进步理论、规律和方法。每一个关心社会进步的公民都可以阅读，以增加参政议政的知识储备。每一个公民都应该运用社会进步知识，投身到社会进步的实践中来。

研究方法

社会进步学使用了本学科独特的研究方法，同时还采用了科学研究通用的研究方法以及通用的研究技术。

独特的研究方法：社会进步学建立了本学科独特的人类根本利益分析法、生存水平分析法、品德等级测量法、活动水平分析法、产品水平分析法、效用分析法、链条分析法、消费者利益中心分析法等研究方法。

通用的研究方法：社会进步学采用了实证法、形式逻辑、唯物辩证法、系统论等传统方法。

通用的研究技术：社会进步学通过调查研究、实验研究、文献研究、实地研究、观察法、抽样法、测量法、统计分析法、定性资料分析法等进行论证。

作者不排斥使用数学工具。但是，建立社会进步学的目的是向民众传播社会进步知识，为了让包括没有扎实的高等数学功底的所有大学生和民众都能够轻松看懂，都能够方便地应用于社会实践，所以尽量使用通俗的语言而避免建立高深的数学模型。

内容安排

社会进步学的理论体系包括社会进步学基础理论和社会进步学分支理论。

　　社会进步学基础理论是对社会进步整体的、综合性的、根本性的研究，主要介绍什么是社会进步、社会进步的基本规律和推动社会进步的根本方法。社会进步学的基础理论部分主要包括社会进步学的对象与学科性质、社会进步基本问题、社会水平、社会基本规律、宏观社会类型进步和社会进步效用论六章。

　　社会进步学分支理论侧重介绍人的活动进步和人的素质进步。人的活动进步重点介绍经济进步和政治进步。经济活动为人类的生存提供物质基础，政治活动为人类的活动提供管理。有关经济进步的内容共有四章，分别为消费进步、消费分配制度与宏观社会类型进步、生产进步、宏观经济进步。有关政治进步的内容只有一章。人的素质和数量进步重点介绍品德进步、知识进步和人口进步。

理论前提

　　2017 年 5 月 17 日，习近平总书记在哲学社会科学工作座谈会上的讲话指出："坚持以马克思主义为指导，是当代中国哲学社会科学区别于其他哲学社会科学的根本标志，必须旗帜鲜明加以坚持。"

　　作者在近二十年的社会进步学研究中一直坚持以马克思主义为指导，并根据习近平新时代中国特色社会主义思想对全书进行了进一步修改。习近平新时代中国特色社会主义思想，特别是以人民为中心的发展思想成为社会进步学的主线。习近平总书记指出："人民对美好生活的向往，就是我们的奋斗目标"。[①] 作者研读《习近平谈治国理政》一书，体会到这句话既代表了习近平总书记治国理政思想的精髓，也代表了中国共产党和中华人民共和国政府治国理政的精髓；同时，这句话既概括了社会进步的核心内容，也概括了社会进步学的核心内容。社会学存在两大分支，一是从马克思开始的马克思主义社会学，一是从孔德开始的西方社会学。[②] 社会进步学属于具有中国特色的马克思主义社会学。

---

①　习近平：《习近平谈治国理政》，外文出版社，2014，第 28 页。
②　郑杭生：《社会学概论新修》，中国人民大学出版社，2003，第 5 页。

学习工具

社会之窗

社会进步学是研究社会的，社会之窗向学生介绍一些与本书内容相关的重要的社会事件或重要的观点。引用的资料全部来源于报纸或网络，都在参考文献中标注了出处，基本没有改动。

图表

本书插入一些图表，用于帮助学生理解相关内容。

学习目的

每章第一页写的是学习目的，介绍了本章的主要内容，并将之分为了解和掌握两类。需要了解的内容只要读 1~2 遍既可，而需要掌握的内容则应当融会贯通，有较深刻的理解。因为我们学习社会进步学的目的是应用于社会管理，所以这部分内容侧重于应用。

理论、规律与方法

本教材第一章内容一般了解即可。从第二章开始，每章最后一节为本章理论、规律和方法的系统性归纳。掌握了这一节基本上就掌握了社会进步学的核心内容。在学生复习备考时可以通读全书，重点复习这一节，教师可以在这一节中出题。既能保证学生的学习效果，又减轻了学生和老师归纳整理课程内容的负担。

学习社会进步学是为了毕业以后应用于社会各个方面的管理实践，增加这一节，使本书具有了工具书的功能。方便政府、企业在决策时参考相关的理论、规律和方法。方便学者研究，可以提高读书效率。

小节

每章都有一个小节，对内容进行概括性总结。

关键术语

社会进步学的术语很多，并不需要一一记住，也不建议考学生概念。本书列举的关键术语应当掌握。掌握了这些关键术语，才能正确理解这门学科语言。

思考题

每章后都有思考题，可以作为作业题使用。教师可以根据课程进度有选择地布置作业。如果只是作为选修课，可以少留点作业。如果想深刻地理解内容，或在未来工作实践中加以应用，建议有此想法的学生多做练习。

术语表

本书术语一共有 1078 个，分散于各个章节。为方便读者参阅，书后有一个术语表，相当于社会进步学词典。

网络教学资源下载

本书向授课教师提供网络教学资源下载。具体事项见正文后教师教材服务说明。

科学贡献

社会进步学在人类历史上首次提出并建立了专门研究和传播社会进步知识的社会进步学学科。首次科学地揭示了社会进步的本质，首次建立了社会进步的理论系统、规律系统和方法系统，首次建立了社会进步学的术语系统和专门的研究方法系统。本书为学生系统普及社会进步知识，对促进社会进步，减少社会代价具有重要作用。

在社会漫长的发展历程中，人类积累了丰硕的社会进步经验，形成了广博的社会进步思想和理论。人类需要将这些经验、思想和理论系统化、科学化，从而便于继承、研究并运用于社会进步实践。因此，建立专门研究社会进步知识的学科非常必要。作者适应社会进步的需要，运用人类积累的社会进步经验、思想和理论，采用科学的研究方法，建立了社会进步学。作者不是发明家，作者归纳的所有理论、规律和方法等社会进步知识，是有智人以来的智慧结晶，无任何作者的发明与发现。作者就像一个厨师，将别人准备好的材料做成菜。

作者是渺小的，人类积累的社会进步知识是伟大的，社会进步科学是伟大的。

致谢导师郑杭生教授

感谢德高望重的恩师郑杭生教授。他对我进行的社会进步学研究进行了详细的指导。其一，他对《社会进步学》进行了客观公正的评价，正是他的肯定使我有信心继续进行深入的研究。其二，他建议我增加了本书的第一章和第二章，并对两章的研究工作进行了具体的指导。其三，他指出了《社会进步学》第四章社会基本制度中存在较多不准确的内容，建议我将之删除或完善。其四，他建议我增加了政治进步一章。

我继承了以恩师为代表的社会运行学派研究社会的核心理念。社会进步学研究的主线也属于社会良性运行和协调发展的理论、规律和方法。

致谢所有对完成本书有帮助的人

感谢我亲爱的父亲姜子贵和母亲郑亚杰。不仅因为他们生养了我，使我遗传了能够研究学问的大脑，这是每个父母都可能做到的。更重要的是他们使我从小养成读书的兴趣、刻苦钻研的精神和强烈的社会责任感。这是我能够立志为社会进步做出贡献，选择社会进步进行刻苦研究并完成社会进步学的知识和品德基础。

感谢辽宁社会科学院相关领导和研究人员对我研究社会进步学的指导和帮助。感谢副院长曹晓锋研究员。他在百忙中通读了《社会进步学》全书，并写出书评发表。肯定了《社会进步学》价值并指出了其中存在的问题，这也为我的进一步研究提供了参考。感谢谭静研究员多年来始终如一的鼎力相助。感谢社会学研究所所长王磊研究员向社会科学文献出版社的全力推荐。

还有一些专家学者，或当面对我的社会进步学研究提出了意见，或发表了书评，在这里一并表示感谢。

感谢社会科学文献出版社区域发展出版中心主任任文武对本书出版的大力支持，感谢本书的责任编辑高启和高振华以及其他参与本书出版发行的同志，是他们卓有成效的工作使得本书得以顺利出版。

姜建华

2018 年 8 月

目　录

| 第一章 |
社会进步学的对象与学科性质

学习目的：

　了解社会进步学的产生

　了解社会进步学的研究对象

　了解社会进步学的学科性质

　掌握社会进步学的功能

　了解社会进步学家的作用

第一节　社会进步学的产生

在漫长的社会发展历程中，人类积累了丰硕的社会进步经验，形成了广博的社会进步思想和理论。人类需要将这些经验、思想和理论系统化、科学化，从而便于继承、学习、研究和运用于社会进步实践。因此，建立专门研究社会进步的学科非常必要。进入 21 世纪，人类积累的社会进步经验、思想和理论，已经足够建立一门研究社会进步的专门学科，社会进步学破土而出，为社会进步提供科学理论和科学方法。社会进步学是社会科学大家庭的新成员，而且必将在社会科学中占有非常重要的地位。

辽宁大学出版社于 2004 年出版的《社会进步学》是我国第一部将社会进步作为一门学科进行系统研究的社会进步学专著。该书第一次提出了"社会进步学"这个概念，并初步建立了社会进步学的理论体系。2004 年版《社会进步学》一书的发表标志着社会进步学在中国的诞生。

作者在建立社会进步学中做了如下工作。

（1）首次提出了建立社会进步学学科的构想。

（2）提出了社会进步学的研究对象。

（3）系统地归纳了人类社会从产生开始到目前为止的社会进步基本经验，基本理论及基本规律。

（4）初步建立了社会进步学的理论体系。

（5）初步建立了社会进步学的专有概念体系。

（6）初步建立了社会进步学的规律体系。

（7）归纳了促进社会进步的一般方法。

任何一个新兴学科形成的过程都是概念和理论发展的过程。社会进步学必然要有新建立的概念和理论。如 2004 年版《社会进步学》建立了社会水平分级理论、社会基本规律理论、自动生产社会理论、需要分配制理论、范围品德理论等系统理论。建立了 600 多个社会进步学的概念。

2004 年版《社会进步学》发表以后，在社会上引起了关注。《中国改革报》《经济日报》《辽宁日报》以及新华网、人民网、新浪网、中国政治学网、中国出版网等媒体分别登载或转载了评论和介绍文章。相关学科的专家学者给予了肯定性评价。

中国社会学会会长、著名社会学家郑杭生[①]教授在《社会科学成果专家评审（鉴定）意见》中肯定了 2004 年版《社会进步学》的学术价值：第一，该成果论证了在社会科学领域建立社会进步学的必要性，具有新意，可以作为进一步研究的基础。第二，提倡社会进步，深入研究社会进步符合"增促社会进步，减缩社会代价"的深层理念。第三，该成果把"增促社会进步，减缩社会代价"的深层理念具体化，展开了。

辽宁社会科学院副院长、社会学家曹晓峰[②]研究员在《辽宁日报》以《社会进步学：研究社会进步的创新之作》为题撰文称："沈阳学者姜建华撰写的《社会进步学》一书，就笔者视野所及，是我国出版的第一部研究社会进步学的专著。该书提出了建立社会进步学学科的观点，初步建立了社会进步学的理论体系、专有概念，阐释了社会进步的基本规律。书中存

---

① 郑杭生，当代著名社会学家。曾任中国社会学会会长，教育部社会科学委员会委员，教育部社会学学科指导委员会主任委员，中央马克思主义理论研究和建设工程社会学首席专家，中国人民大学副校长、社会学教授、博士研究生导师。

② 曹晓峰，中国社会学学会常务理事、国家哲学社会科学规划基金评审组专家、辽宁社会科学院副院长、研究员、辽宁省社会学学会副会长、辽宁哲学学会副会长。

在许多学术观点创新，并为作者原创。……总之，《社会进步学》一书比较成功地初步建立起社会进步学，衷心祝愿其不断地充实、完善和发展。"①

2005 年 5 月 26 日，《经济日报》在介绍本书时称："该学说为作者独创。它是一门系统分析社会进步原理的应用科学。它建立了基础理论，包括社会水平论、社会基本规律论、生产力阶段论等，还包括一套全新的要领系统如自然生产社会、劳动分配制、直接价值、间接价值、控制市场经济、必要消费需求等。"

总之，2004 年版《社会进步学》是将社会进步作为一门学科进行研究的专著。在我国首次提出并初步建立了社会进步学。

2004 年版《社会进步学》虽为作者之专著，但并非作者一人之智慧。作者在成书过程中汲取了世界各国有关专家和当代最先进的社会进步理念，将之融会贯通、集于一书。该书的思想是向往社会进步的人们共同智慧的结晶。

社会进步学的所有内容均非作者所创新，没有作者本人的任何思想。

第二节　社会进步学的研究对象

不同国家的公民生存水平存在着差异。引起差异的因素很多，如社会管理水平高低、公民受教育程度高低、公司技术水平高低、资源储量、人口数量、社会稳定状况等。其中社会管理非常重要，其他方面都需要社会管理来组织。社会管理水平的高低直接影响国家水平高低。而社会管理水平的高低与各级社会管理者对社会进步规律的认识和利用水平高度相关。

世上万物虽然纷繁复杂，但其生存与变化都有规律性。物理、化学是探寻规律的，社会进步学也是探寻规律的。社会进步学从社会角度寻找提高人类生存水平的系统的规律和方法。社会进步学在研究问题、得出结论时努力保持客观性，行动的目标是为人类提供一种完善的关于社会进步的科学知识体系。供人类利用这一科学知识体系将社会管理得更好，使国家更加富强、公民更加幸福。社会进步学研究的是提高公民生存水平这一社会首要问题。

---

① 曹晓峰：《社会进步学：研究社会进步的创新之作》，《辽宁日报》2005 年 12 月 31 日。

作者给社会进步学下过四个定义。定义一：社会进步学是一门系统研究社会进步原理与方法的应用科学。定义二：社会进步学是系统、客观研究增促社会进步，减缩社会代价的原理和方法的社会科学。定义三：社会进步学是研究提高人类生存水平的原理和基本方法的社会科学。定义四：社会进步学是全面、系统、深入、客观研究社会中人的素质、人的活动、自然环境和人工环境向更加适合人类生存方向发展的基本规律和基本方法的社会科学。四个定义表述不同，意义一致，都说明社会进步学是研究社会进步的，是社会科学。定义 1 是《社会进步学》一书下的定义，直接说明社会进步学是研究社会进步的社会科学。定义 2 则侧重揭示了社会进步学的功能，是根据郑杭生教授对《社会进步学》的评价做出的定义。中国社会学会会长、著名社会学家郑杭生教授评价《社会进步学》时认为，《社会进步学》通过深入研究社会进步把"增促社会进步，减缩社会代价"的理念具体化并展开研究。定义 3 简单明了的揭示了社会进步的本质特征。定义 4 把定义 3 展开，全面揭示了社会进步学的研究对象。

综合以上内容，社会进步学是指全面、系统、深入、客观研究社会中人的素质、人的活动、自然环境和人工环境向更加适合人类生存的方向发展的基本规律和基本方法的社会科学，是研究提高人类生存水平的原理和基本方法的社会科学，是研究社会进步原理与方法的社会科学。

社会进步学作为研究社会进步的科学，具体解决关于社会进步是什么，为什么，怎么办的问题。

一 社会进步学研究什么是社会进步

社会进步学研究社会进步的相关概念、社会进步的具体内容、衡量社会进步的具体标准、社会进步的具体目标等。

社会进步学研究的不是社会的自然发展，那是历史学的研究领域。社会发展（社会变迁）指社会由一种基本状态向另一种基本状态变化。社会发展是多种多样的。社会进步学研究的是社会发展对人的生存水平的影响。在这个层面上，社会发展有两种基本情况，一是社会进步，二是社会倒退。社会进步指社会要素向更加适合人类生存的方向发展，即人的生存水平提高。所以社会进步又可称为人的生存水平的提高。例如大学教育的普及、生态环境的改善、居住条件的改善、劳动环境的改善、劳动强度的下降等都是社会进步的表现。社会倒退指社会向不适合人类生存的方向发展。即人的生存水平的下降。例如公民受教育程度的下降、生态环境的污染、居住条件的变差、劳动环境的变坏、劳动强度的上升等都是社会倒退的表现。

社会进步学研究的社会进步包括社会中人要素的进步和环境要素的进步。

人进步指人的素质水平和活动水平向更加适合自身生存的方向发展。人既具有品德、知识、身体等基本素质，还存在管理、生产、消费（或政治、经济、文化）等基本活动。人的素质水平和活动水平的提高是人的进步。

社会进步学中的环境指能够对人产生影响或被人影响的除了人以外的一切客观存在的物质。它为人提供生存所需要的外部条件。包括自然环境和人工环境（如产品、垃圾）。环境进步指自然环境和人工环境向更加适合人的生存的方向发展。提高自然环境水平和产品水平是为了改善人的生存条件。

社会进步以人为本。全面提高人的生存水平是社会进步的核心内容。人的生存水平表现为人的品德、知识、健康等素质水平，表现为人的管理、生产、消费等活动水平，表现为人类生存所依赖的自然环境和产品水平。全面提高人的生存水平，就是全面提高人的素质和活动水平，自然环境和产品水平。上述四个方面即是人的生存水平，也是社会水平。

二　社会进步学研究社会进步的基本原理

社会进步学研究关于社会进步的具有普遍指导意义的原理。它系统研究社会存在和发展的基本原理；系统研究社会进步方向、进步目标、进步动力、进步过程、进步途径和进步方法；系统研究人的素质和数量进步规律，如人的品德进步、知识进步、健康进步、人口进步规律；系统研究人的活动进步规律，如人的消费活动、生产活动、政治活动、文化活动进步规律；系统研究自然环境和人工环境进步规律；系统研究社会生产力进步规律，研究生产力推动社会进步规律；系统研究宏观社会类型进步规律。

社会历史发展是人的实践活动的过程和结果，人的实践活动受社会规律制约。促进社会进步就是要改善人的活动，全面提高人的活动水平，使人的活动符合社会进步规律。

三　社会进步学研究推动社会进步的科学方法

社会进步学研究的基本问题是人类的生存水平问题，研究如何通过科学的社会管理，组织社会要素，采取符合科学的最佳社会行动，最大限度持续提高人类的生存水平。这包括三个方面的问题，一是改善人与环境关系，优化人与环境互动；二是改善人与人的关系，优化社会管理；三是改善人工环境与自然环境的关系，达到物质文化与自然相协调。

社会进步学研究的是普遍规律和基本方法。如果放在世界层面，就是系统研究如何推动世界全面进步的科学；如果放在国家层面，就是系统研究如何推动国家全面进步的科学；如果放在城市层面，就是系统研究如何推动城市全面进步的科学；如果放在农村层面，就是系统研究如何推动农村全面进步的科学。

社会进步学研究如何基于社会进步原理促进社会进步。例如，研究社会总体进步的科学方法；研究推动社会以人为本，全面、协调、可持续发展的科学方法；研究推动人的知识、品德和健康进步的科学方法；研究推动社会管理、生产和消费进步的科学方法；研究推动社会经济、政治和文化进步的科学方法；研究推动自然环境进步和人工产品进步的科学方法。

第三节　社会进步学的学科性质

一　社会进步学的知识体系

社会进步学作为一门社会科学，是人类知识体系的重要组成部分。社会进步学的知识体系包括社会进步学概念体系、理论体系、规律体系和方法体系。

（一）社会进步学的概念体系

"在同一思维论断过程中，同一个概念或同一个思想对象必须保持同一性，亦即保持确定性。""为了更准确地表达思想，人们经常要给所使用的概念下定义，确定它的内涵，或者揭示它的外延，明确这个概念所适用的范围，以便在一个确定的意义上使用概念。"①

任何一个学科都有区别与其他学科的本学科理论体系。而本学科理论体系的基础就是本学科专有的概念系统。例如，物理学有物理学的理论体系和概念系统。交叉学科及分支学科虽然应用大量相关学科概念，也必须建立本学科的理论体系和专有概念系统。如果交叉学科只使用相关学科的概念，而没有形成本学科专有理论和概念系统，那就说明交叉学科并没有真正形成，只是多学科知识的集合；如果分支学科只使用母学科的概念，而没有形成本学科专有概念系统，那就说明分支学科并没有真正形成，仍然是母学科的一部分。社会进步学专有概念系统和专有理论体系的形成标志着社会进步学作为一门学科已经形成。

社会进步学建立了 1000 多个本学科术语，其中定义了 700 多个本学科的概念。

社会进步学的概念是根据构建社会进步学理论体系的需要创设的。大部分概念运用形式逻辑的方法进行定义。定义概念时力求揭示概念所反映事物的本质特征。其中一部分概念是新建立的，如社会进步学、自动生产社会、A 级社会、直接价值、间接价值、价值消费需要等。还有一部分概念是站在本学科的角度对社会中或其他学科中已经存在的概念进行重新定义。这部分定义没有否定原概念的意思，而只是为了本学科研究的需要，从本学科的角度进行解释，或将原概念通俗化，使没有相关学科基础的人也能理解。

（二）社会进步学的理论体系

社会进步学的理论体系包括社会进步学基础理论和社会进步学分支理论。

社会进步学基础理论主要介绍什么是社会进步，社会进步的基本规律，推动社会进步的根本方法。是对社会进步整体的、综合性的、根本性的研究。社会进步学的基础理论部分主要包括社会进步学的对象与学科性质、社会进步基本问题、社会水平、社会基本规律、宏观社会类型进步和社会进步效用论六章。

---

① 中国人民大学哲学系逻辑教研室：《形式逻辑》，中国人民大学出版社，1980，第 81 页。

社会进步学分支理论侧重介绍人的活动进步和人的素质进步。人的活动进步重点研究经济进步和政治进步。经济活动为人类的生存提供物质基础，政治活动为人类的活动提供管理。有四章研究经济进步，分别为消费进步、消费分配制度与宏观社会类型进步、生产进步、宏观经济进步。研究政治进步的一章，为政治进步。人的素质和数量进步重点研究品德进步、知识进步和人口进步。

第一章题目为"社会进步学的对象与学科性质"。本章介绍了社会进步学的产生、社会进步学的研究对象、社会进步学学科的知识体系和学科特点、社会进步学的功能以及社会进步学家的作用。

第二章题目为"社会进步基本问题"。社会进步基本问题包括三部分内容：一是社会进步学家对研究客体的基本认识，包括社会的物质构成、社会体系、社会单位、广义社会关系、广义社会互动等的基本社会知识。二是社会进步的根据。从社会进步与人类基本意识、人类利益的关系入手，揭示了社会进步的根据和建立社会进步学的根据。三是社会进步学家对社会进步的基本认识，包括社会进步的本质、社会进步内容、社会进步体系、社会关系进步、社会进步的根本目标和途径等。

第三章题目为"社会水平"。社会水平理论从人的素质、人的活动、自然环境、人工环境等方面考察社会水平，建立了明确而具体的社会水平标准体系，通过对社会水平等级的研究，推导出先进社会的基本标准。社会进步就是社会水平由低级向高级发展。社会水平理论以人类生存水平的客观发展为基础，揭示了社会进步的方向，建立了社会进步的目标体系和内容体系，建立了全面、系统评价社会水平的标准体系，建立了判断人类活动正确与否的根本标准，描绘了顶级社会的蓝图。

社会水平理论包括社会进步方向理论、社会进步目标理论、社会进步内容体系、素质水平理论、活动水平理论、环境水平理论、产品水平理论、社会分级理论、A级社会理论等。

第四章题目为"社会基本规律"。本章通过分析社会存在和变化的基本原理，推导社会进步基本规律和根本规律。社会基本规律揭示了社会基本要素之间存在的相互联系、相互作用、相互制约的关系。它适合于所有类型的社会，具有客观性和普适性。由社会基本规律推导出的社会进步基本规律和根本规律对人类的活动具有重大指导意义。只有符合社会进步基本规律和根本规律的活动，才能推动社会进步。任何国家、民族、党派、单位、家庭和个人都应该用社会进步基本规律和根本规律指导活动。

第五章题目为"宏观社会类型进步"。宏观社会类型进步理论是专门阐释宏观社会类型进步原理的理论集合，是社会进步学的一个基本理论。通过揭示人类与环境关系的本质以及人类与环境关系的发展，划分了宏观社会类型，预测了宏观社会类型的进步方向，揭示了宏观社会类型的进步目标、进步阶段、进步规律以及进步机制，描述了未来社会的蓝图。

宏观社会类型进步理论包括宏观社会类型理论、宏观社会类型进步规律、宏观社会类型进步机制理论、生产力概念的扩展、生产力发展阶段理论、生产力发展的基本规律、生产力发展的方向理论、生产力发展的动力理论、生产力发展的基本特点和基本政策、社会消费分配制度发展趋势理论、自动生产社会理论等内容。

第六章题目为"社会进步效用论"。社会进步效用论是揭示社会要素效用与社会进步联系的理论体系。该理论体系由概念、理论、规律、方法论构成。包括环境基本效用理论、社会存在值理论、直接效用与间接效用理论、消费效用与生产效用理论、消费品价值形成理论、消费品价值形成与消费分配关系理论、价值比较理论、人的价值与反价值理论、效用方法论、价值质量规律、反价值质量规律、总价值数量规律、总反价值数量规律、社会存在值规律、社会存在值与社会水平的关系规律等内容。社会进步效用论主要研究两大社会效用的形成机理，总结其中的社会规律，找出顺应这些规律的科学方法，最终告诉人们怎样利用物质、怎样做人对社会进步更有利。

第七章题目为"消费进步"。消费进步理论是根据消费对人类生存水平的作用揭示消费进步原理的理论集合，是社会进步学的经济进步理论之一。包括消费与社会进步的关系理论、消费进步内容、消费进步目标、消费进步相关规律、消费进步方法论、价值消费理论、控制消费理论、消费需要进步理论、消费需求进步理论、消费过程进步理论等内容。

第八章题目为"消费分配制度与宏观社会类型进步"。本章介绍消费分配制度进步以及与宏观社会类型进步关系的理论集合。消费分配制度进步是宏观社会类型进步的一个重要方面。而且对于整个宏观社会类型进步有着重要影响。当消费分配制度落后于宏观社会类型进步时，会阻碍宏观社会类型进步。当消费分配制度超前于宏观社会类型进步时，也会迟滞宏观社会类型进步。只有当消费分配制度与宏观社会类型进步相适应，才最有利于宏观社会类型进步。包括消费分配制度进步理论、需要分配制理论、必要消费制理论、资源共有性理论、福利变动对社会进步影响理论、消费分配制度与宏观社会发展阶段对应理论等内容。

第九章题目为"生产进步"。生产进步理论是根据生产对人类生存水平的作用揭示生产进步原理的理论集合，是社会进步学的经济进步理论之一。包括生产进步理论、生产进步目标理论、生产目的进步理论、链条理论、价值生产理论、生产方式进步理论、企业布局进步理论、生产力规模进步理论、企业规模数量进步理论、生产数量进步理论、价值经济波动控制理论、企业准入进步理论等内容。

生产进步理论围绕生产与人类生存水平的关系展开，而不是围绕企业利润展开，所以它是人性化的经济理论，而不是利润化的经济理论。

第十章题目为"宏观经济进步"。本章介绍了宏观经济进步的理论集合、相关规律以及宏观经济进步的方法。包括宏观经济调控目标进步理论、控制市场经济理论、经济人性化变革理论、经济增长与社会进步关系理论、核心经济流程与社会进步关系理论、消费者在经济流程中地位理论、投入产品与社会进步关系理论、产出产品与社会进步关系理论、投入产出关系与社会进步关系理论、投入节余与社会进步关系理论、产品漏出和注入与社会进步关系理论、政府的宏观经济功能理论、经济流程的政治环境与社会进步关系理论、经济流程的法律环境与社会进步关系理论、消费者税与社会进步关系理论、转移支付与社会进步关系理论、政府购买产品与社会进步关系理论、经济政策与社会进步关系理论、国际贸易性质对本国社会进步的影响理论、实物产品国际流动与本国经济可持续发展关系理论、经济可持续发展理论、生产延续理论等内容。

第十一章题目为"政治进步"。

本章阐述了政治制度的性质进步、民主化进步、公平性进步、政治进步目标和先进政治制度等内容。

政治进步是指社会权力的运用向有利于全体公民利益的方向发展。政治进步依赖于政治制度进步，如集团政治制度向全民政治制度发展，专制政治制度向民主政治制度发展，等级政治制度向平等政治制度发展等。

政治制度变革的结果必须是提高公民生存水平，只有提高公民生存水平的政治制度变革才是政治制度进步。如果政治制度变革不能提高公民生存水平，则政治制度变革只是作秀，浪费资源，没有任何进步意义；如果政治制度变革降低了公民生存水平，造成了社会动荡、国家分裂，导致战争、居民逃亡，则政治制度变革就是反动的，是政治制度的倒退。

总之，提高公民生存水平是衡量政治制度变革性质的唯一标准。

第十二章题目为"品德进步"。品德进步理论介绍了品德进步的内容、判断品德思想先进性的社会进步标准和方法、先进的范围品德思想体系以及品德进步的相关规律和基本方法。

人类需要知识进步，也需要品德进步。只有将知识应用于正品德活动，才能促进社会进步。如果将知识应用于负品德活动，必然导致社会倒退。

第十三章题目为"知识进步"。知识进步理论是根据知识对人类生存水平的作用揭示知识进步原理的理论集合。知识进步理论从知识具有的双向社会功能进行研究，进而概括出知识进步概念的内涵。从发展知识的进步、推广知识的进步和应用知识的进步三方面阐释了知识进步的基本理论。知识进步理论包括知识双向社会作用理论、科学进步理论、教育进步理论和应用知识进步理论等内容。

第十四章题目为"人口进步"。人口进步理论立足于维持与提高人类的生存水平这一社会进步的宗旨，从人类与环境关系入手，阐释了人口数量标准、逆向繁衍、正向延续、人口进步的基本原则、人口进步的主要政策措施、生育质量保证制度和在生育方面处理人权关系的基本原则。人口进步理论为提高人类的生育水平，为政府进行生育管理提供了社会进步学的理论依据和基本原则。

（三）社会进步学的规律体系

社会进步学共研究了90个同社会进步相关的规律，形成了一个社会进步规律体系。

社会基本规律　包括生存规律（社会存在规律）、有限改变规律、改变水平规律、活动水平规律、素质水平规律、社会总水平规律。

社会进步基本规律

社会进步根本规律

社会倒退基本规律

宏观社会类型进步规律

生产力发展基本规律

人类素质与社会变迁关系规律　包括品德水平与社会变迁方向和速度正相关规律、知识水平与社会变迁速度正相关规律、体质水平与社会变迁速度正相关规律。

人类活动与社会进步关系规律　包括社会作用与社会进步关系规律、作用范围与社会进步关系规律、作用幅度与社会进步关系规律、作用时间与社会进步关系规律、物质利用水平与社会进步关系规律。

效用相关规律　包括价值质量规律、反价值质量规律、总价值数量规律、总反价值数量规律、社会存在值规律、社会存在值与社会水平的关系规律。

消费进步相关规律　包括消费需要与社会进步关系规律、价值消费需求与公民生存水平正相关规律、消费需求与社会进步关系规律、收入相对变动与消费需求正相关规律、收入相对变动与社会进步关系规律、预期收入变动与本期消费需求正相关规律、预期收入与社会进步关系规律、价格相对变动与消费需求负相关规律、价格相对变动与社会进步关系规律、消费总需求规律、消费性质与社会进步关系规律、消费结构与人类品德水平关系规律、消费方式与社会进步关系规律。

消费分配制度进步相关规律　包括劳动分配比重递减规律、需要分配比重递增规律、社会福利对社会进步的影响规律、消费分配制度与宏观社会类型进步关系规律。

生产进步相关规律　包括生产目的与社会进步关系规律、价值生产与社会进步正相关规律、反价值生产与社会进步负相关规律、生产者的知识水平和道德水平与生产的价值水平正相关规律、生产方式与社会进步关系规律、企业布局与社会进步关系规律、国家生产力规模与国家进步关系规律、国家生产规模与国家资源损失正相关规律、国家生产规模与国家环境损失正相关规律、国家生产规模与公民休闲损失正相关规律、企业规模与数量反比规律、产品数量与社会进步关系规律。

宏观经济进步相关规律　包括经济增长与社会进步关系规律、经济增长性质影响经济增长对社会进步的贡献率规律、生产方式影响经济增长对社会进步的贡献率规律、收入分配均衡程度影响经济增长对社会进步的贡献率规律、国际贸易影响经济增长对社会进步的贡献率规律、投入产品数量与社会进步关系规律、产出产品数量与社会进步关系规律、投入产出的数量关系对社会进步的影响规律、产品的漏出注入与社会进步关系规律、政治环境与经济进步关系规律、法律环境与经济进步关系规律、消费者税的征收对象对社会进步的影响规律、消费者税的征收数量对社会进步的影响规律、消费者税的使用对社会进步的影响规律、转移支付的使用对象对社会进步的影响规律、转移支付的数量对社会进步的影响规律、政府购买产品的用途对社会进步的影响规律、政府购买产品的数量对社会进步的影响规律、政府购买产品的价格对社会进步的影响规律、国际贸易与社会进步关系规律、实物产品国际流动与本国经济可持续发展关系规律、经济可持续发展基本规律1、经济可持续发展基本规律2。

政治进步相关规律　包括政治制约国家进步规律、民主程度与决策人占比正相关规律、决策水平决定规律、政治制度的公平程度决定社会的公平程度规律、公平与稳定正相关规律、公平与廉洁正相关规律、民主与公平正相关规律。

品德进步相关规律　包括社会品德教育水平与社会品德水平正相关规律、社会规范和约制水平与社会品德水平正相关规律。

知识进步相关规律　包括知识进步与社会进步正相关规律、品德水平科学水平教育水平与应用知识水平正相关规律。

以上这些规律是通过对社会历史经验的研究考证而概括出来的。这些规律是社会客观存在的。社会进步学家的作用是把这些规律进行系统总结并加以规范，用统一的语言在前人经验的基础上建立了一个系统的社会进步规律体系，告诉人们这些规律是指导社会进步的规律。社会进步的规律体系是制定国家一切政策的基础，一切符合社会进步规律的政策都是正确的，一切违背社会进步规律的政策都是错误的。

（四）社会进步学的方法体系

社会进步学系统地归纳总结了社会进步的一般方法，形成了社会进步方法体系。这些方法大部分是人类所使用过的。其中有的方法被人类普遍使用过或正在普遍使用。应用社会进步方法对于"增促社会进步，减缩社会代价"有非常重大的作用。

社会进步的总体方法　包括社会进步基本方法与根本方法、自动生产社会的实现途径、消费分配制度进步基本方法、生产力进步的基本政策、效用方法论、社会关系进步的基本方法、社会进步的根本目标和途径、人类处理利益的基本原则、人类活动的社会进步准则。产品进步基本方法、垃圾处理进步基本方法、自然环境进步基本方法。

消费进步基本方法　包括消费需要进步的基本方法、消费需求进步的基本方法、消费过程进步的基本方法、改善消费方式的基本方法。

生产进步基本方法　包括生产目的进步基本方法、生产性质进步基本方法、生产方式进步基本方法、企业布局进步基本方法、国家生产力规模进步基本方法、企业规模数量进步基本方法、生产数量进步基本方法、企业准入进步基本方法。

宏观经济进步基本方法　包括控制市场经济进步基本方法、经济人性化进步基本方法、政府管理经济增长进步基本方法、政府管理核心经济流程进步基本方法、政府参与经济流程进步基本方法、政府管理开放经济进步基本方法、政府组织经济可持续发展进步基本方法。

政治进步基本方法　包括政治制度性质进步基本方法、政治制度民主化进步基本方法（直接民主制方法、间接民主制方法、涉内决策的民主程度进步方法、涉外决策的民主程度进步方法）、政治制度公平性进步基本方法（公平四项基本原则、机会公平的基本原则、对应公平的基本原则、需要公平的基本原则）。

品德进步基本方法

知识进步基本方法　包括科学进步基本方法、教育进步基本方法、应用知识进步基本方法。

人口进步基本方法

二　社会进步学的特点

社会学研究社会变迁，社会进步学研究社会的正向变迁。社会进步学是社会学的一个分支学科。社会进步学具有人本性、科学性、整体性、综合性、实践性和中国特色六大特点。

（一）人本性

社会进步学认为社会进步的本质特征是社会中人和环境向提高人类生存水平的方向发展，是人类生存水平的提高。建立社会进步学的目的就是为了系统研究提高人类生存水平的原理和科学方法。社会进步学研究的核心问题是如何提高人的生存水平。

社会进步学认为社会进步需要人们的主观努力。人们可以掌握社会进步知识，利用社会进步的规律和科学方法以实现"增促社会进步，减缩社会代价"的目标。

社会进步学是为人类根本利益服务的科学，人本性是社会进步学的首要特点。

（二）科学性

社会进步学利用科学的研究方法将分散的社会进步经验、思想、理论科学化和系统化，形成专门研究社会进步原理与方法的新兴社会科学。

因为社会变迁是客观存在的事实，而社会进步是社会变迁的一种表现，所以社会进步也是客观存在的事实。人类需要正确认识所有客观存在的事实，当然也需要认识社会进步这一非常重要的客观事实。

社会进步学利用科学的研究方法对社会进步这一非常重要的客观事实进行客观研究，其理论建立在客观事实基础之上，不存在任何主观评价。例如，社会进步学家认为"社会进步"不是一个空洞的口号，也不是站在特定意识形态立场上对社会的价值评判。社会进步学家研究的"社会进步"是具有实际内容的客观事实，表现为社会中人的生存水平处于提高状态。例如，人的知识水平由初中发展到大学，人的平均寿命由 60 岁提高到 80 岁，自然环境由重危害级转变为轻危害级。上述内容都是社会客观存在的状态，并不是价值判断。社会进步学家研究上述社会客观状态发生的原理和推动其发展的方法，将其介绍给人们。社会进步学就是社会进步学家在分析社会客观状态的基础上，依据客观事实建立的。

在研究内容上，社会进步学总结了世界各国社会进步的实践经验，采集了当代世界先进的社会进步理论。社会进步学的理论和规律已经被实践所验证过。

在知识体系上，社会进步学建立了关于社会进步的本学科的理论体系、规律体系、概念体系，形成了一门基本完整的学科。

社会进步学使用本学科独特的研究方法、科学研究通用的研究方法以及通用的研究技术。

社会进步学建立了本学科独特的人类根本利益分析法、生存水平分析法、品德等级测量法、活动水平分析法、产品水平分析法、效用分析法、链条分析法、消费者利益中心分析法等研究方法。这些方法将在本书中逐一介绍。

目前，社会科学研究方法已经科学化和系统化。特别是实证法的应用使社会科学由前科学阶段走进科学阶段。社会进步学运用科学研究通用的实证法、形式逻辑、唯物辩证法、系统论等建立知识体系。部分使用以及研究社会进步课题可以使用的通用研究技术有调查研究、实验研究、文献研究、实地研究、观察法、抽样法、测量法、统计分析法、定性资料分析法等。

（三）整体性

社会进步学把人类世界作为整体进行研究，研究整个人类世界全面、系统、协调、均衡、持续地向有利于人的生存方向发展。社会进步学认为人类的政治、经济、文化都存在于社会之中，人类的管理、消费、生产都存在于社会之中，产品和自然环境也存在于社会之中，它们都是社会的一个方面，并不游离于社会之外。政治进步、经济进步、文化进步、管理进步、消费进步、生产进步、产品进步和自然环境进步都是社会进步的重要内容。

社会进步学不是只研究狭义的不包含经济的"社会进步"。而是研究整个社会的全面进步。社会进步学是站在最高点俯视整个人类世界，从而可以为社会全面、系统、协调、均衡、持续发展提供科学支持。

社会进步学同时也研究整体中各部分、各方面进步的原理和方法，还研究整体中各部分、各方面进步的关系，研究整体中各部分、各方面协同进步的原理和方法。

社会进步学研究的"社会"显然超出了社会学所定义的"社会"范畴。社会进步学研究的"社会"是包括自然的整个人类世界。

社会进步学的整体性使之在研究人类世界进步方面具有其他学科不可比拟的优势。其他新兴的发展科学及社会学、政治学、经济学、管理学、环境学等学科对社会发展研究都存在研究领域局限。

人类必须在整体上把握社会进步，才能实现全面、系统、协调、均衡、可持续的社会进步；而不是片面、残缺、冲突、失衡、不可持续的社会进步。

（四）综合性

社会进步学在研究中以本学科主体性知识为主，同时运用其他学科的知识作为补充。社会进步学的综合性表现在两个方面：一是社会进步学涉及的研究领域非常广泛，在研究中需要运用多学科的知识，如社会学、政治学、经济学、管理学、教育学、伦理学、人口学、法学、环境学等；社会进步学研究人与环境的整体进步，需要运用环境科学知识；社会进步学研究经济向有利于人的生存方向发展，需要运用经济学知识。二是一些学科中存在着有关社会进步的研究成果，社会进步学在研究中需要汲取这些研究成果，如社会进步学中人的素质进步理论汲取了教育学中德、智、体全面发展的理论成果；社会进步学的综合性决定了社会进步学与一些社会科学和自然科学存在交集。

社会进步学虽然研究领域非常广泛，但并不是其他学科的简单综合。社会进步学有区别于其他学科独立的研究对象，就是专门研究提高人类生存水平的原理和方法。社会进步学还有区别于其他学科独立的概念体系、理论体系、规律体系，还有本学科的研究方法。

（五）实践性

社会进步学是一门应用性很强的学科。社会进步学的科学原理、普遍规律、推动进步的科学方法可以广泛应用于各个层面的社会管理活动和执行活动。可应用于国家管理、政党管理和企业管理，可应用于生产管理和消费管理，可应用于提高人们的素质水平和活动水平。应用社会进步学提供的系统理论、规律和方法，可以使社会进步少走弯路，提高社会进步的速度和质量，进而全面、协调、持续提高全体公民的生存水平。

社会进步是依靠改善人的活动来实现的。社会进步学研究的核心内容是改善人的活动，使人的所有活动纳入推动社会中人的素质、人的活动、人生产的产品、自然环境向更加适合人的生存的方向发展的轨道上来。

（六）中国特色

社会进步学是在习近平新时代中国特色社会主义思想指导下中国人原

创的中国特色的社会科学。

社会进步学在人类历史上首次提出并建立了专门研究和传播社会进步知识的社会进步学学科。建立社会进步学学科，是落实习近平总书记在哲学社会科学工作座谈会上的讲话，在社会科学领域里的大胆探索，是对中国特色哲学社会科学的贡献。

社会进步学坚持为人民服务，为中国特色社会主义服务。充分体现了继承性、民族性、原创性、时代性、系统性和专业性。社会进步学继承了包括中国人民在内的人类社会进步知识，继承了马克思主义相关理论。社会进步学发扬了中华民族的优秀文化传统。社会进步学是中国人原创的学科，在社会进步研究领域为中国争取了话语权。社会进步学把握当代、面向未来，具有鲜明的时代特征。社会进步学建立了社会进步学科的术语体系、理论体系、规律体系和方法体系。社会进步学在社会进步研究领域具有专业性。

社会进步学是对文明传承有重大影响、同经济社会发展密切相关的学科，是具有重要现实意义的新兴学科，是中国人民原创的中国特色哲学社会科学的一朵新花。

第四节　社会进步学的功能

系统研究和传播社会进步知识是社会进步学的基本功能。

建立专门研究社会进步的科学，对推动社会进步有着非常重要的意义。社会进步学是一门全人类都需要的社会科学学科。

社会进步是人类的根本利益。社会进步学运用科学的研究方法，全面、系统、深入、具体地研究人类有关社会进步庞大复杂的思想、理论，研究人类社会进步的广泛实践经验，去粗取精，去伪存真，形成系统的专门的关于社会进步的科学。人们可以方便地继承、研究、学习、应用社会进步科学，达到"增促社会进步，减缩社会代价"的目的。

社会进步的核心是提高每一个公民的生存水平。社会进步学专门为全面提高人类的生存水平提供科学原理和科学方法。

社会进步学研究世界各国社会进步的实践经验，研究当代世界先进的社会进步理论，揭示社会进步的客观规律。社会进步学指引社会进步的方向，预测社会进步的未来，为社会全面进步提供科学理论和方法。

人类可以通过对社会进步规律的正确认识，做出符合社会进步规律的社会规划，干预社会运行，使社会行动符合社会进步的方向和目标；使社会发展进入正确途径，少走弯路，加快社会进步的速度，提高社会进步的效率和质量，领导社会科学地发展。

社会进步学揭示的社会进步方向、目标、途径是明确的、系统的、具体的，完全建立在现实基础之上，没有任何空想成分，所以是可实现的。

社会进步学为国际活动、国家活动、公司活动、公共活动、家庭活动乃至个人活动提供有利于社会进步的科学理论支持。

社会进步的理论和规律可用于制定和修改国家宪法、法律、法规。任何国家的宪法、法律、法规都必须有利于推动社会进步，而不应妨碍社会进步。社会进步学为制定和修改国家宪法、法律、法规提供系统的根本性的理论依据。

社会进步的理论和规律可用于制定和修改公共政策。国家的任何政治、经济、文化政策都必须有利于推动社会进步，而不应妨碍社会进步，社会进步学为制定国家政治、经济、文化政策提供根本性的理论依据。

社会进步的理论和规律可用于各行各业的决策。社会进步是社会各行各业的责任。各行各业制定的决策都必须有利于推动社会进步，而不应妨碍社会进步，社会进步学为各行各业制定科学决策提供根本性的理论依据。各行各业系统掌握社会进步的原理、规律和推动进步的方法，可以推动社会协调发展和本行业进步，把各行各业工作纳入社会进步的轨道上来。

社会进步的理论和规律可用于社会科学研究和自然科学研究。社会科学研究和自然科学研究以推动社会进步为宗旨，各类科研单位掌握社会进步的原理、规律和推动进步的方法，能够更好地用科学研究的成果支持社会进步。

社会进步的理论和规律可用于媒体导向。大众传媒通过其丰富的内容不断向公众传播各式各样的价值观，对人们的思想形成与发展有重要的影响。特别是对青少年的社会化作用更加突出。大众传媒的产业化和自由化，直接导致其经营活动把经济利益放在首位，而把社会责任放在次要地位，甚至抛在一边。社会进步学家认为，大众传媒应当把为社会进步服务作为宗旨，宣传社会进步是各类媒体的重要职责。百花齐放应当开鲜花美化社会，而不要开毒花来毒化人们的心灵。要着重传播有利于社会进步的内容，可以传播与社会进步无关的内容，但不应传播对社会进步有害的内容。

社会进步的理论和规律可用于人才培养。大学生是社会的栋梁，是推动社会进步的重要力量。大学生系统掌握社会进步的原理、规律和推动社会进步的方法，对于加速社会进步有非常重要的作用，建立社会进步学为大学生系统掌握社会进步的科学知识提供了平台。

人类需要不断总结实践经验，发展正确的行动，纠正错误的行动。总结实践经验必须判断社会行动是否正确。

社会进步学为国际活动、国家活动、公司活动、公共活动、家庭活动乃至个人活动提供判断是否有利于社会进步的基本标准。

社会进步学提供的判断人类活动正确的标准具有以下特点：一是社会进步学提供的标准是以人类根本利益为基准，是以利于提高人的生存水平作为标准的核心，是对活动的性质评价。社会进步学提供的标准可称为生存标准或社会进步标准。二是社会进步学提供的标准是一个标准体系。既有适用于所有活动的基本标准，也有适用于某项活动的专门标准，如消费活动、生产活动、政治活动、科学活动、教育活动的标准。三是社会进步学提供的是基本标准。它可以检验各行各业制定的标准是否有利于社会进步，是否有利于提高人的生存水平，同时又为各行各业制定的标准提供基本依据。

社会进步标准可用于检验国家的宪法、法律、法规是否有利于推动社会进步，检验国家的任何政治、经济、文化政策是否有利于推动社会进步，检验各行各业制定的决策是否有利于推动社会进步，检验社会科学研究和自然科学研究是否有利于推动社会进步，检验社会舆论是否有利于推动社会进步，可用于检验人们的消费活动、生产活动、政治活动是否有利于社会进步。

推动社会进步必须掌握科学的方法。社会进步学为人类活动提供推动社会进步的基本方法。社会进步学提供的推动社会进步的基本方法有以下特点：一是社会进步学提供的方法是对人类社会进步实践经验的高度概括，是经过人类实践验证的科学方法。二是社会进步学提供的方法是一个方法体系。既有推动社会全面进步的方法，也是推动社会某一方面进步的方法。例如，社会进步学为推动社会进步的人类活动提供社会总体进步的科学方法，可持续发展的科学方法，人的知识、品德和健康进步的科学方法，管理、生产和消费进步的科学方法，经济、政治和文化进步的科学方法，自然环境进步和人工产品进步的科学方法等。三是社会进步学提供的是基本方法和基本政策。它可以作为各行各业制定政策的基本依据。

　　社会需要民主管理。公民参加民主管理需要掌握大量知识。社会进步需要每一个公民的共同努力。每一个公民都需要了解和掌握社会进步的原理、规律和推动进步的方法并应用到实践中去。只有了解和掌握社会进步理论，才能更好地参加民主决策，更好地理解、执行党和国家推动进步的重大决策，在社会进步的伟大实践中发挥主动性和创造性（见图1－1）。

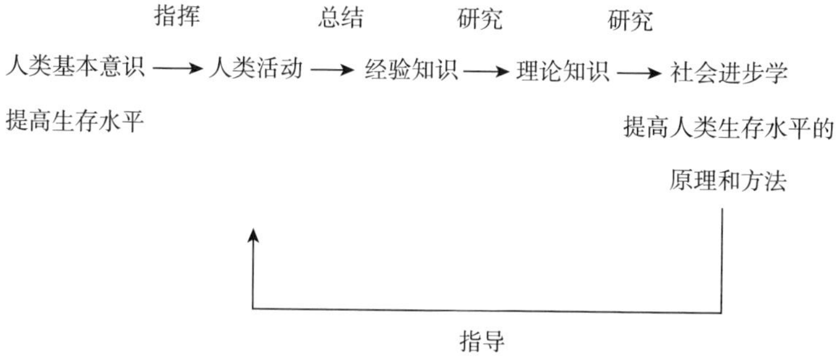

图1－1　社会进步学的产生与功能

第五节　社会进步学家的作用

　　社会进步学家的主要作用是研究社会进步知识和应用所掌握的社会进步学的知识解决社会实际问题。以下是社会进步学家研究和应用社会进步学的一般形式。

1. 理论研究

　　社会进步学家的基本作用是通过具有专业性的努力研究，不断地为人类提供完善的、系统的关于社会进步的科学知识，并通过学校、媒体、政府等渠道传播先进的社会进步理论，提高人类关于社会进步的知识水平。

2. 社会评估

　　社会进步学家应用社会进步理论评估社会、社区、社会设置的社会水平。并进行多个社会、社区、社会设置的比较研究，或者对同一个社会单位进行纵向和横向研究。帮助政府、企业、公民站在社会进步的角度认识社会，寻找社会的优点与不足，提出推动社会进步的相关政策。

3. 社会预测

社会进步学家预测社会、社区、社会设置的社会进步的未来。评价当前社会政策及社会行动与社会进步方向的关系。寻找与社会进步同向的社会政策及社会行动，提出普及策略；寻找阻碍社会进步的社会政策及社会行动，提出纠正策略。

4. 政策需求

社会进步学家研究公众对政府的政策需求，进行社会进步学评价，从中找出有利于社会进步的政策需求，形成研究报告，向政府提出政策建议。

5. 政策咨询

社会进步学家运用社会进步学知识为政府制定公共政策提供咨询，进行政策评估。

6. 社会批评

社会进步学家通过媒体对于偏离社会进步轨道的行为进行公开批评。引起社会注意，发挥社会监督作用。

7. 社会实验

社会进步学家对于有关社会进步的变量进行社会实验研究，总结规律，寻找有利于社会进步的解决方法。

社会进步学家的工作是为社会公共利益服务的，应当得到政府的支持以及资助。

本章小结

第一，在社会漫长的发展中，人类积累了丰硕的社会进步经验、理论、规律以及促进社会进步的科学方法，建立专门研究社会进步的学科便于将之继承、学习、研究和运用于社会进步实践，达到增促社会进步、减缩社会代价的目的。

第二，社会进步学研究什么是社会进步、社会进步的基本原理和普遍规律、促进社会进步的科学方法。

第三，社会进步学具有概念、理论、规律、方法等知识体系。

第四，社会进步学建立了本学科独特的人类利益分析法、生存水平分析法、活动水平分析法、品德等级测量法、效用分析法、消费者价值消费中心分析法等研究方法，并运用科学研究通用的实证法、形式逻辑、唯物辩证法、系统论等建立知识体系。

第五，社会进步学具有人本性、科学性、整体性、综合性、实践性的特点。

第六，社会进步学为推动社会进步的人类活动提供方向、科学依据、准绳、科学方法，为公民参加民主决策提供智力支持。

关键术语

社会进步学。

思考题

1. 社会进步学研究什么？
2. 社会进步学的知识体系如何？
3. 社会进步学有什么学科特点？
4. 社会进步学的功能有哪些？

第二章

社会进步基本问题

学习目的：

了解社会的物质构成

了解人类基本意识和利益

掌握社会进步的本质

掌握人类生存水平

掌握社会进步内容

掌握社会进步的根本目标和途径

了解社会进步的根据理论

掌握社会进步认定标准

掌握人类处理利益的基本原则

掌握人类根本利益分析法

第一节 社会

一 社会学家眼中的社会

社会本身是客观存在的一种物质实体。人类对这一物质实体的描述五花八门，中外的社会学家们对社会做过各式各样的解释。

我国社会学会会长、著名社会学家郑杭生教授主编的《社会学概论新修》提到：社会是人类生活的共同体。社会在本质上是生产关系的总和，它是以共同的物质生产活动为基础而相互联系的人们的有机总体。该书对社会的特点进行了解释：社会是由人群组成的，以人与人的交往为纽带，是有文化、有组织的系统，是以人们的物质生产活动为基础的。社会系统具有心理的、精神的联系，是一个具有主动性、创造性和改造能力的活的机体。[①]

我国社会学会副会长、著名社会学家王思斌教授主编的《社会学教程》这样定义社会：在社会学中，社会指的是由有一定联系、相互依存的人们组成的超乎个人的、有机的整体，它是人们的社会生活的体系。社会是人的社会，是人类互动的体系，是人与人之间的社会关系的体系。[②]

美国社会学家戴维·波普诺（David Popenoe）教授撰写的《社会学》对社会（society）的论述：社会是有着相互认同、团结感和集体目标的人的集合。不仅如此，社会更是一个包含了广泛的、以地域为基础的、满足人类基本需要的所有社会设置的社会性集合。所有的社会类型都会展现出以下社会特征：社会存在边界，几乎所有的社会成员活动都发生在社会的边界以内。社会有一些社会程序和机制来获取和分配经济或其他资源。社会具有做出决策和解决争端的最终权威。社会是其成员的最高一级的组织形式。社会成员有共同的、独特的文化。[③]

通过以上简要的描述，已经勾勒出社会的轮廓。社会学家们站在不同的角度认识社会。郑杭生教授和王思斌教授是从人们共同生活的角度解释社会，但他们更侧重于人与人之间的社会关系。戴维·波普诺教授从人群和社会设置两方面解释社会。

二　社会的物质构成

社会进步学家既然是研究社会进步的，也就需要对社会进行解释。社会具有许多特征，对社会下定义应当把社会最基本的特征揭示出来，以达到把社会与其他事物区别开来的目的。以下是社会进步学提出的双素社会论。

社会是人类和环境两个物质要素构成的物质实体，缺少任何一个要素，社会都不能存在。人类产生于自然环境，生存和发展离不开自然环

① 郑杭生：《社会学概论新修》，中国人民大学出版社，2003，第52页。
② 王思斌：《社会学教程》，北京大学出版社，2003，第27页。
③ 〔美〕戴维·波普诺：《社会学》，中国人民大学出版社，2007，第117页。

境。人类每天都要呼吸自然环境提供的空气，喝自然环境提供的水，吃自然环境提供的食品，使用和利用自然环境创造的产品。自然环境为人类提供了生存条件。可以说社会是人类生活的共同体，而社会最重要的特征之一就是存在人的群体。但是社会并不等同于人群，人群是构成社会的一大要素。社会另外一个最重要的特征是存在人类生活的条件（统称为环境），环境是构成社会的另一大要素，包括自然环境、物质文化、社会设置等都是人类生活的条件。这两个特征是任何一个社会不可或缺的基本特征。中国社会如此，美国社会亦如此，任何国家和地区的社会都是如此。不存在非物质的社会，不存在无人群的社会，也不存在无环境的社会。社会是人类和其生存条件自然环境及其被人类改造过的自然环境（人工环境）的统一体（见图 2-1）。

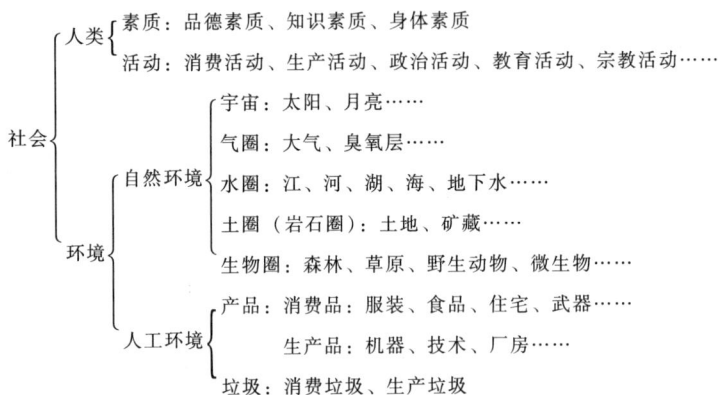

```
      ┌ 人类 ┌ 素质：品德素质、知识素质、身体素质
      │      └ 活动：消费活动、生产活动、政治活动、教育活动、宗教活动……
      │            ┌ 宇宙：太阳、月亮……
      │            │ 气圈：大气、臭氧层……
社会 ─┤      ┌ 自然环境┤ 水圈：江、河、湖、海、地下水……
      │      │      │ 土圈（岩石圈）：土地、矿藏……
      └ 环境─┤      └ 生物圈：森林、草原、野生动物、微生物……
             │      ┌ 产品 ┌ 消费品：服装、食品、住宅、武器……
             └ 人工环境┤      └ 生产品：机器、技术、厂房……
                    └ 垃圾：消费垃圾、生产垃圾
```

图 2-1　社会的物质构成

社会是物质的，物质具有运动性和普遍联系性，因此社会行动和社会关系是物质运动性和普遍联系性的体现。社会进步学家研究社会物质构成，并不是认为社会中不存在精神。社会中存在丰富的精神文化。人类创造的精神文化是以物质作为载体存在的，存在于人的大脑之中并运用文字、图像记录于书、光盘等物质载体之中。从文化角度分析社会的构成，社会是由人、文化和自然构成的。

双素社会论不仅适用于任何一个完整的社会，而且适用于任何一个局部社会和社会集合，如世界体系、社区、社会设置、组织、群体等。双素社会论继承了社会学前辈对社会的认识，并做了进一步发展，把自然环境引入社会的范畴。从而把环境改善、经济发展、政治进步、文化进步等有关人类及其生存条件的正向发展都并入社会进步的范畴。双素社会论既符合实际，又突出了人类的核心地位，是建立社会进步学的重要理论基础，如广义社会关系理论、广义社会互动理论、社会分级理论、自动生产社会理论等社会进步学的重要理论都建立在对社会物质构成的认识基础之上。作者正是从研究社会物质构成开始构建社会进步学理论体系的，并从双素社会论引申出社会基本关系是人类和环境两类物质之间的人环关系。社会基本运动是人环互动，社会进步是人环关系、人环互动发展的结果。完整的社会进步是人类和环境两类物质共同向提高人类生存水平的方向发展，其本质是人类生存水平的提高。

即：

$$社会、局部社会 = 人类 + 环境$$

三　社会体系

社会是人类生活的体系。社会体系庞大而复杂。社会体系结构归纳起来从微观到宏观有地位与角色、群体与组织、社会设置、社区、社会、世界体系等。[1] 显然社会进步学家研究社会进步的内容包括上述社会结构单位的进步。

世界体系是所有社会的集合，又称为国际社会。国家联盟社会、国家社会、非国家社会存在于世界体系之中（见图2-2）。

社会是一个存在正式边界、具有一致主流文化的、独立自主的、大规模的人类和环境的集合。包括国家社会、国家联盟社会和非国家社会。每个独立的国家都可称为一个社会，如中国是中国社会，英国是英国社会，原苏联是国家联盟社会。我们应该注意的是，欧盟已经逐渐形成统一的社会，如欧盟各国已经形成了统一的对外边界；欧盟建立了统一的社会程序和机制，具有统一协调各国关系及行动的权力机构；欧盟已成为成员国最高的组织形式；欧盟成员国的文化也具有共性。国家形成前的原始部落社会、古希腊城邦社会属于非国家社会，而现代社会中也存在非国家社会，

---

[1]　戴维·波普诺：《社会学》，中国人民大学出版社，2007，第117页。

世界体系（国际社会、社会集合）
- 国家联盟社会
- 国家社会
- 非国家社会

国家联盟社会：成员国家（如欧盟等）

国家社会
- 社区：城市、郊区、小镇、村庄……
- 社会设置
  - 政治设置：政党、政府、军队、警察……
  - 经济设置：工厂、农场、商店、银行……
  - 教育设置：学校、媒体……
  - 宗教：教派、教堂……
  - 家庭

非国家社会
- 原始部落社会
- 古希腊城邦社会
- 国家中独立的社会：解放区、沦陷区……

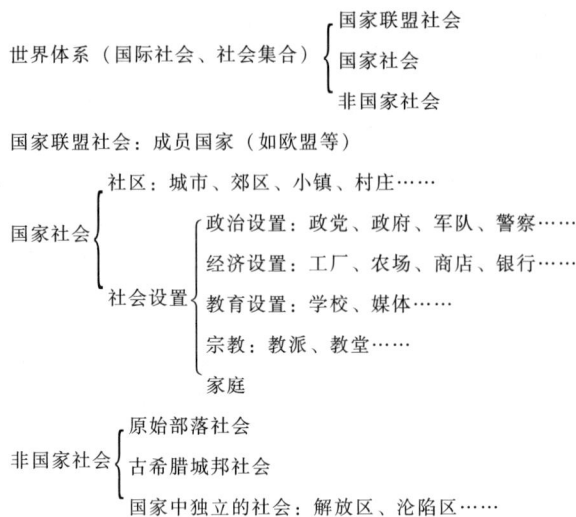

图 2-2　社会体系

如我国抗日战争时期的解放区社会、沦陷区社会等。

社会中存在社区，村庄、小镇、城市、郊区和现代大都市都是社区；社会中存在社会设置，政党、政府、军队、警察、工厂、农场、商店、银行、学校、媒体、教派、教堂、家庭都是社会设置。

目前，世界系统也具有了一些社会功能，如联合国组织具有一定协调国际社会行动的功能，跨国公司发展成为世界性的经济设施。

纵观人类社会历史，社会是从小型社会向大型社会发展的。最初是原始部落社会，而后发展为国家社会，现在正向国家联盟社会和世界社会发展。

四　社会单位

社会体系结构中的单位称为社会单位，每个社会单位都是有范围、功能、人员和环境的社会系统。社会中存在许许多多长期的或临时的社会单位，人们可以根据不同的条件对社会单位进行划分。但是无论怎样划分，社会单位中都必须包含人和人所生存的环境。社会进步学把整个世界视为一个社会单位，也可以把国家视为一个社会单位，而政党、民族、宗教教派、社会团体、企业都是社会单位，省、市、县、乡、村是社会单位，家庭也是社会单位。

从人类生存活动的场所角度可以将社会单位划分为三类。一是社会集合、社会、社区，称为政区，如世界体系、国家联盟、国家、非国家社会、城市、郊区、小镇、村庄等，人们总是要生活在某个政区社会单位之中。二是除了家庭的所有社会设置或组织、群体称为工作单位，如政党、政府、军队、警察局、工厂、农场、商店、银行、学校、媒体、教派、教堂等，人们或者在其中扮演工作者角色，或者在其中扮演工作对象角色。三是家庭，人们在其中扮演家庭成员角色（见图 2-3）。

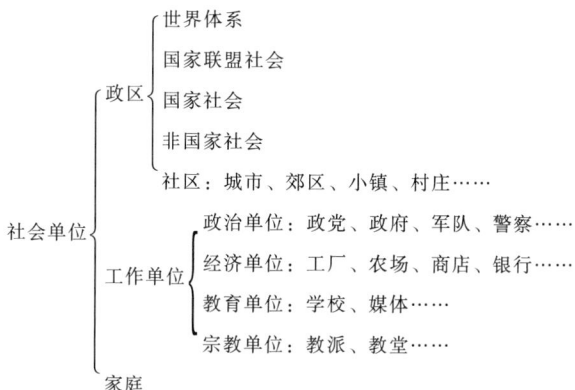

图 2-3　社会单位

五　广义社会关系

社会学家对于社会关系有许多论述。普遍认为社会关系是社会中人与人之间的关系，并围绕这一关系建立理论。社会系统可以区分为个人关系、群体关系和社会制度三个层次。个人关系是指日常发生的人与人之间的直接联系或互动，是低层次的社会关系，如同事关系、夫妻关系、朋友关系等；群体关系是在社会群体层次上发生的社会关系，如阶层关系、单位关系等；社会制度是一种固定化的较为持久的社会关系，是社会关系的综合体，是在一定的历史条件下形成的社会关系及与之相联系的社会活动的规范体系，如政治制度、经济制度等（见图 2-4）。社会学家从联系的纽带上，将社会关系区分为血缘关系、地缘关系和业缘关系。社会学家还从联系的性质上区分社会关系，如将社会关系分为结合关系、对立关系和统治关系。社会学家在研究社会互动时还总结出情感关系、工具关系和混合关系。[①] 社会学关于社会关系的论述还很多,不再一一列举。社会进步学对这些理论持继承态度。

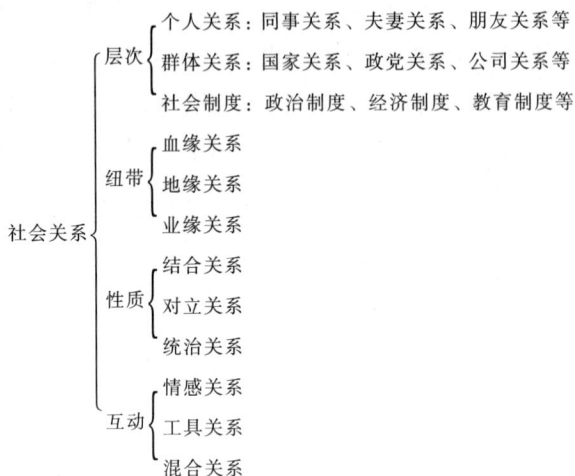

$$
社会关系
\begin{cases}
层次
\begin{cases}
个人关系:同事关系、夫妻关系、朋友关系等 \\
群体关系:国家关系、政党关系、公司关系等 \\
社会制度:政治制度、经济制度、教育制度等
\end{cases} \\
纽带
\begin{cases}
血缘关系 \\
地缘关系 \\
业缘关系
\end{cases} \\
性质
\begin{cases}
结合关系 \\
对立关系 \\
统治关系
\end{cases} \\
互动
\begin{cases}
情感关系 \\
工具关系 \\
混合关系
\end{cases}
\end{cases}
$$

图 2 - 4 社会学家阐述的主要社会关系

社会进步学家出于本学科研究的需要,把社会学关于社会关系的理论进行了扩展。社会进步学在双素社会论的基础上建立了广义社会关系理论。既然社会是人类和环境两个物质要素构成的物质实体,人类和环境两类物质之间的人环关系就是维持社会存在与变迁的社会基本关系。而社会学研究的人与人之间的社会关系是狭义社会关系。广义社会关系包含狭义社会关系。

(一) 广义社会关系的概念

广义社会关系是社会中物质之间的社会性联系。

社会关系是社会中物质对象之间的联系。社会由物质组成,物质具有普遍联系性。社会关系只能发生在物质对象之间,如人与人之间。但是社会中的物质对象并非只有人,物质文化也是社会物质,自然也存在于社会之中,并具有社会功能。社会关系包括人与人关系,也包括人与环境、人与文化、人与自然、文化与自然等关系。

社会关系是指社会性联系不是指自然性联系。自然性联系是对象之间

① 郑杭生:《社会学概论新修》,中国人民大学出版社,2003,第60~63页。

的反映物理功能的联系，而社会性联系是指对象之间反映社会功能的联系。社会功能是指对社会产生的影响，核心是对社会人生存水平的影响。社会进步学使用社会作用的概念表示对人类生存水平的影响。社会作用是指对人类生存水平影响的性质。社会作用从对人类生存水平影响的性质角度可以分为三类：一是提高人类生存水平的社会作用，二是维持人类生存水平的社会作用，三是降低人类生存水平的社会作用。

社会关系是社会中物质之间能够对人的生存水平产生影响的联系。社会性联系是在自然性联系基础上产生的，没有自然性联系就不能有社会性联系。社会中物质之间能够只存在自然性联系，而不存在社会性联系，这样的物质关系不是社会关系，而是自然关系。自然性联系可以向社会性联系发展，社会性联系也可以转化为自然性联系；社会关系可以是直接关系，也可能是间接关系。

社会关系具有层次性。人与环境之间存在社会关系，人类内部人与人之间、环境内部环境与环境之间也存在社会关系。人与环境是构成社会的基本要素，它们的关系是第一层次的社会关系。社会要素内部的关系是第二层次的社会关系。以下分别讨论人环关系、人类关系和环境关系（见图2-5）。

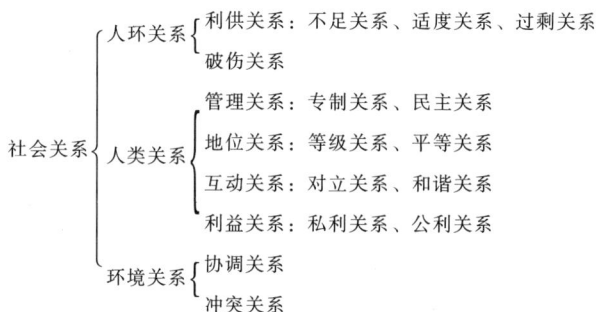

图 2-5 广义社会关系

```
        ┌ 人环关系 ┌ 利供关系：不足关系、适度关系、过剩关系
        │          └ 破伤关系
        │
        │          ┌ 管理关系：专制关系、民主关系
社会关系┤ 人类关系 ├ 地位关系：等级关系、平等关系
        │          ├ 互动关系：对立关系、和谐关系
        │          └ 利益关系：私利关系、公利关系
        │
        └ 环境关系 ┌ 协调关系
                   └ 冲突关系
```

图 2-5 广义社会关系

（二）人环关系

广义社会关系理论将人环关系纳入社会关系的研究视野，建立了人环关系理论。社会进步学的一些重要理论是建立在人环关系理论基础之上的，如社会基本规律理论、宏观社会发展阶段理论、生产进步理论、消费

进步理论、社会进步效用论等。理解人环关系理论可以更好地理解社会进步学的理论体系。

人环关系指人类与环境之间的社会关系。人与环境之间存在社会性联系。这种联系表现在环境创造了人，环境为人类生存和发展提供物质条件，人类可以利用环境提供的物质生存和发展；这种联系是社会得以产生和存在的本原，任何一个社会都离不开人环关系。人环关系是社会赖以存在和进步的基本关系，可称为社会基本关系。提高人类生存水平必须首先处理好人环关系。社会进步学从社会功能角度研究人环关系，将之划分为利供关系和破伤关系。

1. 利供关系

人环关系反映了人类与环境的相互作用。人类从环境中取得生存所必需的物质，环境向人类提供生存所必需的物质。这种利用与供给的关系贯穿于社会发展过程。如果这一关系断裂，人类就失去了存在的条件，社会也将随之消亡。利用与供给是维系社会存在的纽带，所以人环关系是最重要的社会关系。这种人类与环境之间利用与供给的人环关系称为利供关系，利供关系通过人类的生产和消费活动表现出来。

利供关系有三种情况与社会进步高度相关，分别为利供适度、利供不足和利供过剩，或称为适度关系、不足关系和过剩关系。

（1）利供适度是指当代人在必要消费得到满足的同时，环境可持续为人类提供满足后代人必要消费的物资条件的利供关系。当人类和环境处于利供适度关系状态下，社会可持续发展。利供适度关系社会是可持续发展社会。利供适度社会对人类最为有利，并且最有利于社会进步。

（2）利供不足是指当代人的必要消费不能得到满足的利供关系。其原因有三个方面：一是人类没有获得满足当代人必要消费的能力。二是人口数量超过环境承受能力，环境不具备满足当代人及后代人必要消费的物资条件。三是人类对环境的过度利用及破坏使环境供给能力不足。利供不足对人类社会发展不利，不利于社会进步，应该向利供适度社会靠近。

（3）利供过剩是指当代人的必要消费得到满足，同时存在明显的物质浪费的利供关系。表现为人类超过自身生存与发展的必要需要而进行了过多的物质生产和消费。其原因有三个方面：一是社会计划管理存在问题，人类活动宏观计划性不足，盲目性强。二是过分追求经济利益，忽视人类生存与发展的必要需要。三是过分追求当代人的享受，而忽视后代人生存与发展的需要。利供过剩社会与利供不足社会一样对人类不利，并且不利于社会进步，应该向利供适度社会发展。

一国利供过剩的一般表现：一是生产部门相对消费部门过于庞大，投资率过高，消费率过低。二是贸易顺差过大，造成本国资源相对于本国居民过度利用。三是消费品生产量大于必要消费量，造成消费浪费。任何国家、单位和个人都应该以勤俭节约为荣，铺张浪费为耻。

2. 破伤关系

人类与环境之间除了利供关系之外，还有一种相互排斥的关系，就是人类对环境的破坏和环境给人类带来的灾害。人类与环境之间破坏与灾害的人环关系称为破伤关系，这也是社会基本关系，是社会基本关系中导致社会消亡的因素。

人类对环境的破坏广泛存在于各类活动之中，如战争、生产、消费都可能引起环境损失，形成人类对环境的政治性破坏、生产性破坏和消费性破坏。

环境给人类带来的灾害有非人为的自然灾害和人为的人为灾害以及混合灾害。减少破坏与灾害是符合人类根本利益的，是人环关系进步的基本要求。

*************** **社会之窗** ***************

地球使用手册①

瑞典科学家们称，需要一本用户使用说明，保护地球免遭人为原因带来的全球变暖、动植物灭绝等危险变化。

28 名专家组成的小组建议，在淡水利用、化学污染物及土地利用变动等九个领域，政府可确立一定限制，保证人类有一个安全运转的地球。

斯德哥尔摩大学斯德哥尔摩应变中心主任、研究的带头人 Johan Rockstrom 表示：现在我们明显是在蒙着双眼推着世界往前走。他说：

---

① 郝平：《专家建议制定"地球使用手册"保护生态环境》，人民网，http:∥scitech. people. com. cn/GB/10121162. html，2009 年 9 月 26 日。

我们没有考虑我们可能将地球推到深渊里。周四的《自然》杂志刊登了这个要求确立地球限度的呼吁。

Rockstrom 表示，全球变暖，动植物灭绝比例太高，主要因使用化肥所导致的氮污染等，现在有众多迹象显示人类活动已经把地球推向危险区。他们建议，全球土地转为耕地的比例应该限制在 15%，而当前的比例为 11.7%。

他们还建议，应该把大气中二氧化碳的含量控制在百万分之 350 个单位，目前的含量水平为百万分之 387 个单位。人类淡水利用面积每年应该控制在 4000 平方公里。

****

（三）人类关系

人类关系是人与人之间的社会关系，即狭义社会关系，它是目前社会学所研究的社会关系。社会学所研究的社会关系也是社会进步学所研究的内容，只不过社会进步学有自己的研究角度和重点。社会进步学不是泛泛地研究所有的人类关系，而是重视那些对社会进步举足轻重的人类关系，研究人类关系如何向提高人类生存水平的方向发展，即研究人类关系进步。社会进步学把人类关系进步看作社会进步的重要内容，在范围上对诸如个人关系、群体关系、社会制度等都感兴趣。社会进步学的一些理论是研究人类关系的，如品德进步理论、政治进步理论等。

社会进步学特别重视对人类生存水平有重要影响的人类关系性质的研究。人类关系是两个以上主体之间的关系，主体之间可以存在各式各样的复杂关系，其中管理、地位、互动和利益最为重要。从研究社会进步的需要出发，在性质上将人类关系划分为管理关系、地位关系、互动关系和利益关系四大关系，四大人类关系分别表现为相互对立的两种不同的性质，管理关系分为民主关系与专制关系，地位关系分为平等关系与等级关系，互动关系分为和谐关系与对立关系，利益关系分为公利关系与私利关系。

1. 管理关系

人们必须进行活动才能生存和进步。活动应该遵守一定的规则，无序活动必然造成混乱。无序的生产和消费活动会给人类造成严重伤害，会给环境造成严重破坏。为了实现活动的有序性，人们把管理引入活动之中。

管理水平与活动水平的关系是，管理水平越高，活动水平就越高；管理水平越低，活动水平就越低。

人类在活动中实行了管理与被管理的分工，这是人类活动的基本分工。随着社会发展，管理与被管理的形式可以发生变化，但是管理与被管理永远存在。世界、国家、工作单位、家庭等所有的社会单位都需要管理，都存在管理关系。管理关系是指活动的指挥者与活动的执行者之间的人类关系。

管理与被管理的人类关系是人类基本关系。管理与被管理的基本分工自然形成了管理与被管理的基本人类关系。人类关系多种多样，其中管理关系对人类活动影响最为重要，它通过对人类活动水平的影响进而影响社会水平。

管理关系的两端分别是管理者和被管理者，这是构成管理关系的基本要素。在现代社会中，管理关系是复杂的。管理关系的两端并非固定不变，可以互换角色。一些管理者本身同时又是被管理者，一些被管理者同时也是管理者。

管理关系制约着人类活动，并通过人类活动表现出来。管理者在管理关系中处于主动地位，在活动中做出管理决策，实施管理活动。管理关系在自然生产社会中主要制约人们消费活动，在人类生产社会中主要制约人们的生产活动和消费活动，在自动生产社会中主要制约人们的消费活动。

管理关系广泛存在于人类活动的各个领域，各个层面，如联合国对成员，国家政府对公民，公司对员工，家长对孩子等。随着"地球村"概念的出现，如今世界性管理日趋重要。人类需要在经济全球化、限制核武器、保护自然环境、维持世界和平等重大活动中形成共识，促进社会进步。

管理是协调人类关系主体行动的，管理关系有多方民主协商和单方强制两种基本性质。分别称为民主关系和专制关系。

人类基本关系与社会基本关系不同。社会基本关系是人类与环境的关系，它是维系社会存在的基础，它的发展引起社会生产力发展阶段的更替，引起宏观社会类型的发展；人类基本关系是人类内部管理者与被管理者之间在活动中形成的管理与被管理的关系，它是维系人类有序活动的基础，这种关系的改变引起社会政治制度的变革。

2. 地位关系

社会地位是指人在一个群体或社会中所界定的社会位置。在一个社会等级体系或分层体系中，社会地位是指人的等级位置。[①]

地位关系是指等级位置相同或不同的人之间存在的带有等级位置色彩的人类关系。地位关系可以分为两种不同的性质。一是平等关系，二是等级关系。

平等关系是指在权力、收入与财富、声望方面处于一个等级位置的人际地位关系。反之，在权力、收入与财富、声望方面处于不同等级位置的人际地位关系就是等级关系。

社会学家研究社会分层和社会流动时，把有价值物的分配作为社会分层的基础。有价值物指财富与收入、权力以及声望。根据不同人群占有的有价值物数量区别，将人群划分为不同的阶层或阶级。不同的阶层和阶级社会地位存在显著差别，如美国社会学家把美国社会阶级划分为上层阶级、上层中产阶级、下层中产阶级、工人阶级和下层阶级。这种五阶级划分法在现代发达国家中具有普适性。

市场经济能够提高公民的生存水平，已经被世界上大多数国家所接受。人们在市场经济中的社会位置不同，必然存在着各式各样的差异。问题的关键是如何引导社会向符合公共利益的方向发展，实现不同群体间的政治、经济、文化基本平等，促进各阶层和谐相处，共同进步。

*************** **社会之窗** ***************

公民医疗权平等[②]

"我们加拿大人天生就有点低调。"马库斯·戴维斯以温和的声音对我说。"我们不会满世界大喊大叫：我们天下第一！但你知道，我们有两方面觉得比美国人强：冰球和医疗。"

戴维斯在萨斯喀彻温医学会任职，他赞美加拿大的医务工作并不让人意外，但这种对本国医疗系统的自豪感却几乎为加拿大人所共有。他们喜欢提到，加拿大的医疗体系覆盖全民，通常没有患者部分

---

① 戴维·波普诺：《社会学》，李强等译，中国人民大学出版社，2007，第268页。
② T. R. 里德：《医疗问题是个道德问题》，《参考消息》2009年9月30日。

负担制或扣除条款，而美国却有无数公民没有保险。他们喜欢提醒我们，美国每年有大约 70 万人因为付不起医疗费破产，加拿大的医疗破产案却是零。加拿大在给重病患者提供及时免费医疗方面做得相当出色。

加拿大医疗体系的国家道德观是：医疗不是一种谁给的钱最多就卖给谁的产品，而是一种必须平等分配的权利。简而言之，加拿大人建立了一种与加拿大个性相配的医疗保健制度：极度平等，同时经济节俭。

我周游世界为公共广播公司们拍摄一部纪录片，同时写一部有关其他富裕国家如何提供医疗保健的书。所到之处，我都发现这种模式，即医疗体系反映国家基本的文化价值观。普林斯顿大学教授、世界最著名的医疗保健经济学家之一尤韦·莱因哈特表示，各国医疗体系的本质在于，国家价值观和国家性格决定其系统如何运作。

设计任何国家的医疗体系都要做出政治、医疗和经济决定。但就像奥巴马总统上周表明的，任何医疗体系的基本问题都是道德问题：富裕社会是否应该给每一个有需要的人提供医疗服务？对这个道德问题给出肯定的回答：一个国家就将建立英国、德国、加拿大、法国和日本那样的覆盖全民的医疗体系。如果不打算提供全民医疗，最终的系统很可能让一些人享受到地球上最好的医院和最好的医疗，而其他无数人都因为得不到医疗护理只好等死。换句话说，没有道德上的投入，最后你就会得到一套像美国那样的系统。

世界各地，文化影响力决定着日常医疗工作的本质。在东亚的儒教国家，传统上说，医生们就该免费给人治病；他们靠销售药物给患者谋生，这些药供他们回家后服用。直到今天，日本和中国的医生还同时既开药，又卖药。那些医生用的药往往比西方医生多得多，后者不分享药物的利润。

在英国、西班牙和意大利，医务工作的基本规则是，人们绝不会从医生那里得到账单，医疗保健的费用来自一般税收。但是，在法国，患者只要和医疗体系打交道就得现金付账，尽管保险公司会在一周左右赔偿患者负担的那部分费用。法国人认为，人们需要时时记得，每次看病都得花钱——即使是保险公司的钱。

在德国和奥地利，医疗保险甚至支付温泉疗养一周的费用——如果医生开这个处方治疗抑郁。在英国，当我问起国家医疗服务系统是否提供同样的服务，我的医生觉得这种想法可笑。

但是，国家文化最重要的影响有时体现在国家医疗保险体系面临的最基本问题上：谁包括在里面？

这条原则对欧洲、加拿大和东亚国家的人民似乎再明显不过，以致他们的卫生官员反复让我解释为什么这对美国人不显而易见。"准则很简单：人人享受医疗服务，人人免费。"瑞典一位卫生部副部长告诉我："你们美国人这么聪明，为什么想不明白呢？"

这个准则在其他工业化国家都是最基本的，它们都在宪法中纳入人人享有医疗权利的某种版本。

但是，在美国，联邦宪法或任何州的法律都不保证"人们享有医疗保健"。有些美国人走上法庭要求享受医疗权。他们所持的法律理论是，《独立宣言》说我们都有"不可分割的权力"，包括生命权，而没有医疗服务维持你的生命，你就不可能享有生命。没有哪个美国法庭接受这个观点。在其他发达国家却不存在这类争论。这些国家都承认，"人人享有医疗"是道德义务，但对如何保证这个权利并不一致。有些国家（比如英国、西班牙、意大利和新西兰）认定，提供医疗服务是政府的工作，就像修路或灭火一样。在那些国家，政府拥有医院，雇用很多或大部分医生，支付费用。但是，很多富裕的民主国家（比如德国、法国、瑞士、荷兰和日本）以私人医生、私立医院和私人保险计划覆盖全民。美国人 65 岁转向政府经营的保险（医疗救助），德国人从生到死始终靠私人保险。

有些国家和地区（比如加拿大、中国台湾和澳大利亚）使用混合体系，医生和医院是私营的，但由政府支付费用。加拿大的模式是由私营部门提供医疗服务，但由公共保险支付费用。美国总统林登·约翰逊于 1965 年依照这种办法创立医疗救助体系。区别在于加拿大、中国台湾和澳大利亚为所有人提供公共保险，而美国的保险只限于老年人和残疾人。

在我们当前这场有关医疗保健的争论中，很多人警告说，全民覆盖将不可避免地导致医疗"定量配给"。这种观点忽略了一个基本事实：美国已经在定量配给医疗服务。事实上，每个国家都采用定量配给，因为没有任何一套体系有能力为一切支付费用。区别在于配给的方式。其他发达民主国家都有一个基本底线，保证人人能享受医疗服务。因此那些国家没有人因为得不到医疗死掉。但这套体系能提供什么样的治疗办法和药物是有限制的。这时候，配给就发挥作用了。前英国卫生大臣约翰·里德解释说："我们覆盖所有人，但不是覆盖一切。"

在这个最基本的问题上，美国游离于世界发达自由市场国家之外。其他工业化民主国家保证人人享有医疗服务，无论年轻年老，患病健康，富有贫穷，本地人还是移民。全世界最富裕最强大的国家美利坚合众国是唯一一个从未承诺为所有需要者提供医疗服务的发达国家。

缺少全民医疗是有后果的。政府和私人开展的研究表明，每年约有2.2万名美国同胞因为缺少保险、看不起病而死于可治疗的疾病。这通常发生在慢性病患者身上，用在他们身上的钱按照享受医疗救助的标准显得太多，但要支付维持生命所需的药物和治疗又显得太少。在富裕国家当中，这种情况只发生在美国。同样，美国也是唯一可能发生医疗破产的发达国家。

因为碰巧生病而死亡或破产的美国人体现着美国做出的一个基本道德的决定。所有富国都做出另一种决定：覆盖全民。法国内科医生瓦莱丽·纽曼这么解释：你们美国人说人人平等，但不是这样。有些人美，有些人不美；有些人聪明，有些人不聪明。但生病的时候，不错，人人平等。这是我们可以平等对待的东西。这条规则对法国人来说似乎再基本不过：涉及生死的时候，我们都应该能平等享受到医疗服务。其他国家遵循同样原则，但解释略有不同。对1994年才建立覆盖全民的医疗保健体系的富裕资本主义国家瑞士来说，潜在的解释是"团结互助"的概念。这在瑞士的单词表里是个关键词，有很多意思，包括"共有""平等待遇""大家尽管各有不同，却同舟共济"等。

瑞士前联邦主席帕斯卡尔·库什潘告诉我："要让人民有一种伟大的团结感，所有人必须拥有平等权利，特别是享受医疗的权利。因为人们有一种深切的需求：他们需要感到放心，如果遭到命运的袭击，他们可以依赖良好的医疗体系。

****

3. 互动关系

人们以相互的交换方式对他人采取行动，或对他人的行动做出回应的过程是人类的社会互动。其主要形式有交换、合作、冲突、竞争和强制。[①]从社会关系角度，它们可分别称为交换关系、合作关系、冲突关系、竞争关系和强制关系。这种人与人之间的相互作用的互动关系，存在于社会发展的各个时期、各个地方。人们并不能简单地判断哪种关系的优劣。例如，同样是合作关系，几个人合作生产食品同几个人合作生产毒品其社会作用完全相反。再如，同样是强制关系，基于公共利益的法律强制与基于个人利益的绑架性质截然不同。有的大型社会冲突可以引起社会倒退，如世界大战；有的大型社会冲突却能推动社会进步，如封建社会末期的资产阶级革命。所以，人们只能从互动结果中考察互动性质。

从更宏观的角度观察人类之间的互动关系，可以概括为和谐关系与对抗关系。和谐关系是指互动双方尊重对方人身财产安全的互动关系。对抗关系是指互动双方或一方对另一方应用暴力措施危害人身财产安全的互动关系。人类的经验是世界和平促进经济发展，提高人类生存水平，有利于世界进步；而世界大战则破坏经济，降低人类生存水平，直至夺取很多人的生命，导致世界倒退。人类需要世界和平，不需要世界大战。中国从秦朝至清朝也是和谐进步，对抗倒退。从新中国成立到改革开放前，以阶级斗争为纲，人为地制造对抗，经济发展缓慢，甚至长期停滞不前，人们生活在贫困状态。改革开放以后，中国政府改变了治国方针，变对抗为和谐，举国上下安定团结，经济迅猛发展，人们生存水平大幅度提高。在大多数情况下，和谐关系能够为社会进步提供稳定的社会条件，往往有利于社会进步。对抗关系破坏社会结构，往往导致社会倒退。但是，重大的社会变革也是可以使用和平方式的，如中国的改革开放就是用和平方式推动的巨大社会变革。

4. 利益关系

利益关系是涉及关系人利益的人类关系。利益关系在人类关系中具有普遍性，人们经常会说人与人的关系是利益关系。这是因为利益是人类关系的重要内容。只要人与人之间发生社会关系，必然表现为互动，互动往

[①] 戴维·波普诺：《社会学》，李强等译，中国人民大学出版社，2007，第129页。

往会影响到各方利益。

利益关系表现为公利关系和私利关系两种性质。公利关系是指关系各方以公共利益为前提而追求自身利益的利益关系，如两国之间在不损害他国利益及世界利益的前提下进行的互利合作（如各国间的文化交流）；私利关系指关系各方只顾及自身利益，不顾及其他方利益及公共利益的利益关系。在世界层面，一国损害他国利益，或者多国联合起来损害他国利益都属于私利关系，如八国联军对中国的侵略。

人类历史经验证明：无论是国家、群体、家庭，还是个人，在处理利益关系时，都会自觉或不自觉地以己方利益为出发点，而较少考虑他方利益和公共利益。那么公利关系如何产生呢？公共利益谁来维护呢？在一个良性的社会里，存在建立和维系公利关系的机制，主要包括以下几个方面。一是社会品德在一定程度上约束人们的行为，品德水平较高的人在处理人类关系时会自觉维护公共利益。二是国家的法律会禁止一些危害公共利益的行为，限制一些危害公共利益的私利关系。三是民主的政府为了维护社会稳定，会积极主动地平衡社会各方面的利益关系，在一定程度上维护公共利益。四是具有公共利益导向的社会舆论对损害公共利益的行为有一定的约束作用。五是一些国家、群体、个人会因为声望的需要而建立和维系公利关系。

一个进步的社会应当建立和维系民主关系、平等关系、和谐关系及公利关系。

（四）环境关系

环境之间存在多种多样的自然性联系。例如，自然生态系统就是非常重要的自然性联系，鱼和水的联系更是人们所熟悉的自然性联系。当环境之间的自然性联系与人类无关时，环境联系不是社会关系；当环境之间的自然性联系影响到人类的生存水平而具有了社会功能，环境的自然性联系就上升为社会性联系，成为社会关系。例如，蝗虫和农作物的关系就是重要的社会关系。蝗虫会导致农作物减产甚至绝收，形成饥荒，防治虫害就成为人类重要的社会行动。自然科学直接研究环境中物质的自然性联系为人类服务。社会进步学在宏观上研究环境中物质的社会性联系，为处理环境关系的人类行动提供社会进步理论。

环境关系是指环境之间对人类生存水平有影响的联系，即环境中物质之间的社会关系，包括人工环境与自然环境的关系、人工环境与人工环境的关系以及自然环境与自然环境的关系。

环境关系包括两类基本性质的关系，其中主要对人类产生有利影响的环境关系称协调关系，协调关系下的环境是协调环境；主要对人类产生有害影响的环境关系称冲突关系，冲突关系下的环境是冲突环境。

所有的社会关系都会对社会人产生有利或有害的影响，环境关系也不例外。社会人可以对环境关系进行调节，使其向有利或有害于人的方向变化。

************** **社会之窗** **************

富国公司出口垃圾激起公愤①

托克有限公司 2006 年的行为受到公众关注可能纯属偶然。托克有限公司雇用科特迪瓦当地的卡车公司清除其储物罐中的有毒物质，但后者将所有废弃物倾倒在一座城市的周围，造成集体中毒事件。如果它们没有这么懒惰，并把这些有毒物质倒在广阔的地带，这一罪行就完全可能不会被发现，或者至少不会追查到托克有限公司头上。很可能大量此类非法倾倒垃圾情况正在世界落后地区发生。这些地方的环境控制力很弱，还存在愿意以破坏环境来换取低廉费用的肆无忌惮的当地贫穷居民。

不仅是有毒化学物质在毒害各地区。今年初，本报参与的一起调查发现，英国废弃物转包商向非洲输送报废的电视机、电脑和各种电子配件等电子垃圾。专家们估计，这种垃圾出口平均每年约达 5000 万吨，其中很多掩埋在加纳和尼日利亚等非洲国家，而没有任何卫生监督措施阻止这些垃圾的工业再利用，从而使那些接触这种产品的人受到伤害。

联合国毒品和犯罪问题办公室主任玛利亚·科斯塔说，有组织犯罪团伙瞄准的主要是西非和索马里等国家和地区。意大利一些公司与一些跨国公司合作在索马里地区掩埋核废料，洪水过后，这些垃圾流

---

① 《穷人为我们的垃圾处理方式付出中毒的代价》，《参考消息》2009 年 9 月 19 日。

入海水中，从而使该地区的鱼消失。英国法律称，这些可能有害的项目必须由专业公司清除或回收。但有迹象表明，转包商忽视上述法律，而且把垃圾运往诸如尼日利亚和加纳等国。贫穷的非洲人从这些垃圾中搜寻金属品。

深受我们处理垃圾方式之害的不仅是非洲。中国南方的河流和树木充斥着塑料袋和源自英国的其他不可降解垃圾。

这种污染是合法贸易的副产品。欧盟规章禁止成员国向海外倾倒垃圾。但它们被允许把垃圾运往国外回收。这就是英国许多垃圾的去向。问题是，这些垃圾经常最终出现在诸如中国南方等地区，健康风险和污染在当地政府的议事日程上优先性很低。托克有限公司的行为和阿比让中毒事件首先是单家公司不负责任的怪诞事件，可能也是犯罪事件。但这一骇人听闻的事件还说明了西方公司和国家向世界上易受"欺负"的地区倾倒有害垃圾的更大丑闻。这些行为的后果可能不像托克有限公司大规模倾倒有毒化学物质那样明显。但它们对当地居民的健康同样有害。希望省钱的西方利益集团对此熟视无睹，这非常可耻。

****

六　广义社会互动

社会进步学家在双素社会论的基础上扩展了社会学关于社会关系的理论，同时也扩展了社会学关于社会互动的理论。广义社会互动包括人环互动、人类互动和环境互动。本书把社会学研究的人与人之间的社会互动称为狭义社会互动或人类互动，而社会进步是广义社会互动的积极结果。

广义社会互动是指社会物质之间相互的社会性作用。它可以发生在人与人之间、人与环境之间，也可能发生在环境与环境之间。教室中教授与学生的教与学活动即是广义社会互动中的人类互动。汶川地震与中国人的抗震救灾形成了人环互动。汶川地震给地震灾区人民造成巨大伤害，全国人民支持灾区人民抗震救灾则是人类对环境活动的积极反映。人类抗击甲型流感（HINI）等各种病毒侵害都是典型的人环互动。人类改造自然的生产活动和利用产品的消费活动也属于人环互动。人环互动与人类互动往往交织在一起。几乎所有大型的人环互动中都存在人类互动。如抗击甲型流感（HINI）活动中医生与患者的互动。

广义社会互动具有层次性。人与环境是构成社会的基本要素，人与环境之间的人环互动是第一层次社会互动，社会要素内部的互动即人类互动和环境互动是第二层次社会互动。

并不是所有物质之间的互动都是社会互动。只有那些具有社会功能的物质互动才能称为社会互动。比如，当大沙漠中的骆驼与沙漠产生互动时，如果与人类毫无关系，它们的互动只是自然互动；如果骆驼在为人类服务，骆驼与沙漠的互动就具有了社会功能。

第二节　人类基本意识和利益

一　人类基本意识和社会进步意识

人类基本意识是人类中普遍存在的最基本的想法，是人们活动的根本出发点。人类基本意识的内容是希望维持和提高自身的生存水平，反对降低自身的生存水平。通俗地说，就是人们希望自己生存得好一些，并且生存得越来越好，不希望自己生存得差一些，特别反对生存得越来越差。

人类基本意识是人类推动社会进步的意识基础。社会进步是由人类基本意识引起的。有人类基本意识，才有社会进步；有人类基本意识，必然有社会进步。

社会进步学把人类基本意识升华为系统的社会进步意识。社会进步学的所有理论都是人类基本意识的发展和科学化，都是社会进步意识的内容。社会进步意识包括什么是社会进步、社会进步的原理和推动社会进步的科学方法三方面内容。社会进步意识是为人类提供一个系统的实现人类基本意识的科学，告诉人们生存更好的科学原理和科学方法。

人类基本意识和社会进步意识都是人们对待利益的态度。人类基本意识是人类普遍存在的每个人的趋利避害意识，出发点是获得或维护个人利益；社会进步意识是人类群体的趋利避害意识，出发点是利于大家当然也包括利己。人类基本意识具有两面性，既有推动社会进步的作用，也有阻碍社会进步的作用；社会进步意识只有推动社会进步的作用。人类基本意识是人与生俱来的意识，不需要后天学习；社会进步意识是社会进步学家对人类为提高生存水平所做的实践及理论总结，是在人类社会进步实践中逐渐形成和发展的，人们必须通过学习才能获得系统的社会进步意识。

推广社会进步意识对推动社会进步非常重要。社会进步意识是人类基本意识的科学化，所以社会进步意识也具有人类基本意识的推动社会进步的功能，而且其推动社会进步的作用要远远大于人类基本意识。

社会应当积极推广社会进步意识，推广社会进步学，用社会进步学指导社会进步。

二　利益理论

利益问题是人类的核心问题。人的所有活动都与利益密切相关。人类内部所有的矛盾和斗争以及人类与环境的矛盾和斗争无一不是围绕利益展开的。社会进步学研究的核心问题就是利益。

社会进步学家认为利益的本质是指人类的生存水平。人的生存水平可以提高，可以降低，也可以保持不变。获得利益就是提高生存水平，损害利益就是降低生存水平，维护利益就是维持生存水平。利益可以表现为很多方面，如呼吸、吃饭、穿衣、睡觉、坐车、看电视、听音乐、工作、住房、收入、被骂、获奖、升官、结婚、交朋友等，这些具有具体形式的利益是具体利益，从不同的角度反映人的生存水平。人类的生存水平在内容上等于社会水平，概括起来包括品德水平、知识水平和体质水平等基本素质水平，消费水平、生产水平和管理水平等基本活动水平，自然环境水平和产品水平等基本环境水平，人环关系、人类关系和环境关系等关系水平。从利益角度来说，人的利益可概括为品德利益、知识利益和体质利益等基本素质利益，消费利益、生产利益和管理利益等基本活动利益，自然环境利益和产品利益等基本环境利益，人环关系、人类关系和环境关系等社会关系利益。个人利益包括个人的品德利益、知识利益、身心健康利益等个人素质利益，消费利益和工作利益等个人活动利益，生活环境利益、工作环境利益等个人环境利益，管理关系利益、地位关系利益、互动关系利益和利益关系利益等人类关系利益；国家利益包括公民素质利益、公民活动利益、国家自然环境利益和国家人工环境利益、国内关系利益和国际关系利益等。这些通过抽象概括得出的某类别的利益称作抽象利益。

原则　人的各种利益应该均衡发展。无论发展何种利益，都应当适度。要保证在发展某种利益的同时不损害其他利益，从而全面提高人的生存水平。例如，发展交通工具的同时要防止空气污染，发展工农业生产要防止污染水源、耕地。

（一）主要利益与次要利益

人的利益很多，其中有主要利益，也有次要利益。人的最主要利益就是维持人的生命，利益与人的生命相关程度越高越重要。几种利益相比较，与人的生命相关程度高的利益是主要利益，与人的生命相关程度低的利益是次要利益。例如，公民温饱同航天事业相比较，公民温饱是主要利益，航天事业是次要利益，国家可以舍弃航天事业，而绝不能舍弃公民温饱。战争直接剥夺士兵和平民的生命，战争损害人类的主要利益；和平可以避免士兵和平民的伤亡，和平维护的是人类的主要利益。

原则　最好的情况是主要利益和次要利益同时得到满足。当两者不能兼得时，应当满足主要利益，舍弃次要利益。

（二）直接利益与间接利益

从利益来源途径划分，利益分为直接利益和间接利益。直接利益是指利益主体直接获得、被损害、维护的利益；间接利益是指利益主体由于直接获得、被损害、维护的利益而引发的其他获得、被损害、维护的利益。例如，一个诚实守信的企业，获得行业协会诚实守信企业奖，该企业因为获奖而得到客户认同，增加了订单，提高了利润，其中该企业获得行业协会诚实守信企业奖，是该企业从行业协会获得的直接利益；而该企业增加了订单，提高了利润，是从行业协会获得的间接利益。

（三）个人利益与群体利益

社会包括个体和群体。每一个个体和群体都有其自身的利益，也有共同利益。可以把利益划分为个人利益和群体利益。

1. 个人利益

个人利益是一个人的利益，反映个人的生存水平。个人利益是群体利益的基础。人类的所有群体利益，小到家庭利益，大到国家利益，乃至人类利益，都是群体中绝大多数个人利益的集中表现。没有了个人利益，群体利益也就不存在了。

个人利益具有私人性。个人利益反映个人的生存水平，每个人都会主动争取个人的物质利益和精神利益。其中物质利益需要消费物质。

在处理个人利益时，应当遵守三条基本原则：一是每个人都应该同时得到获得个人利益的平等机会。人们应该平等生存，不应该不平等生存。不平等生存向平等生存发展是政治进步；生存水平由低向高发展是经济进步。人类应当通过有效的社会管理，使社会财富满足全体人民的个人利益，起码要满足绝大多数人的个人利益。二是保护正当得利，禁止不当得利。每个人在追求个人利益时，都不应该损害他人利益和群体利益。三是个人利益应当服从群体利益。

2. 群体利益

群体利益是群体成员共同的利益，反映群体成员共同的生存水平。群体利益可划分为公共利益和阶层利益。

（1）公共利益是指社会单位成员的群体利益。公共利益不分阶层，是所有阶层和个人的共同的利益。公共利益以个人利益为基础，反映群体中每个人的生存水平。公共利益平等地满足社会单位中全体成员个人利益的共性部分，不满足个人的特殊利益。公共利益不是个人利益的简单相加，而是个人利益的升华。根据公共利益范围大小，可以将公共利益分为世界利益、国家利益、民族利益、公众利益、工作单位利益和家庭利益。它们分别反映全人类共同生存水平、国家公民共同生存水平、民族成员共同生存水平、公众共同生存水平、工作单位成员共同生存水平和家庭成员共同生存水平。

家庭利益、工作单位利益、公众利益、民族利益、国家利益和世界利益分别是不同范围的公共利益。家庭利益是家庭全体成员的公共利益；工作单位利益是工作单位全体成员的公共利益；公众利益是指某一临时范围内的全体公民的公共利益，如公共汽车内的全体人员的公共利益，商场内全体公民的公共利益，某一社会行动临时涉及的全体公民的公共利益；民族利益是全民族人民的公共利益；国家利益是全体公民的公共利益，国家利益在于维持和不断提高全体公民的生存水平，不断提高公民水平和环境水平；世界利益是全人类的公共利益，是人类水平和环境水平的统一，世界利益在于不断提高全人类生活水平，不断提高人类水平和环境水平，这是社会的根本利益，世界利益是管理者和被管理者的共同利益，其本质上不存在阶级性。

原则 小范围的公共利益要服从大范围的公共利益，如家庭利益和工作单位利益要服从公众利益，家庭利益、工作单位利益、公众利益、民族利益都要服从国家利益和世界利益。

（2）阶层利益是指社会单位中某一阶层的群体利益。阶层利益小于公共利益，是阶层的特殊利益。

人类需要有组织的活动，使人的个别活动统一于有组织的群体活动之中。人类第一次社会大分工是管理与被管理的分工，这是人类的基本分工，贯穿于社会发展的始终。社会单位中存在着管理者和被管理者。只有当社会单位高度民主、高度文明和人人平等时，管理者的利益与被管理者的利益才能一致，人们才能共同维护社会单位利益。当社会单位充斥着独裁、愚昧和压迫时，管理者与被管理者之间必然存在激烈的利益冲突，这时的所谓群体利益，实际上是管理者利益的代名词。例如，在奴隶制国家中管理者凭借手中的特权，肆意践踏被管理者的利益，奴隶们的利益被奴隶主完全剥夺，奴隶制国家的利益只是奴隶主的利益而不代表奴隶的利益。

原则 阶层利益要服从公共利益。公共资源要平均分配于各个阶层的每一个人，不应为个别阶层所独享。国家政权应为全体公民的公共利益而存在，不应专为某阶层利益服务。国家制定任何法律的基础都只应是公共利益，而不是阶层利益。

人类根本利益是人类的存在与发展。人类根本利益的内容是维持和提高人类的生存水平。人类根本利益是每个人的共同利益，所以是最高的公共利益。社会进步学围绕人类根本利益这一核心展开，是全面、系统、深入研究维持和提高人类的生存水平的科学，是研究如何实现人类根本利益最大化的理论、规律和方法的科学。

第三节　社会进步概述

在社会学中，社会所发生的变化称为社会变迁，它既包括社会整体的变化，也包括部分的变化，可以说社会变迁是指社会的一切变化。[①] 在日常生活中人们经常在媒体上看到或听到社会发展这个词，社会发展就是指

---

① 王思斌：《社会学教程》，北京大学出版社，2003，第252页。

社会变迁。

一　社会进步的本质

人类的利益在于生存和生存得更好。社会进步学家只对那些同人类生存水平相关的社会变迁感兴趣。社会进步学家通过观察社会变迁的客观事实，发现社会由一种基本状态向另一种基本状态变化，其对人类生存的影响有两种基本情况：一是引起人类生存水平提高，二是引起人类生存水平下降。

社会进步学研究的社会变迁是指社会中人类生存水平发生明显变化的社会状态，如社会成员由饥寒交迫转变为丰衣足食，或由丰衣足食转变为饥寒交迫；自然条件由绿洲变为沙漠，或由沙漠变为绿洲。社会在总趋势上处于变迁状态，但是局部的或某一时期的社会停滞是存在的，如"文化大革命"时期，中国人民的生存水平基本处于不变的社会状态。

社会变迁是有方向的。社会成员由饥寒交迫转变为丰衣足食，自然条件由沙漠变为绿洲，显然提高了社会成员的生存水平，社会进步学把这类提高社会成员生存水平的社会变迁称为社会进步。社会进步是指提高人类生存水平的社会变迁，是人类和人类赖以生存的环境向提高人类生存水平的方向发展，是人类素质、人类活动、自然环境、产品及垃圾向更有利于人类生存的方向发展。

这一定义反映了社会进步的本质特征。反之，社会成员由丰衣足食转变为饥寒交迫，自然条件由绿洲变为沙漠，显然降低了社会成员生存水平，社会进步学把这类降低社会成员生存水平的社会变迁称为社会倒退。社会倒退是指降低人类生存水平的社会变迁，是人类和环境向不利于人类生存的方向变化，是人类素质、人类活动、自然环境、产品及垃圾向降低人类生存水平的方向发展。社会倒退违背人类基本意识和人类根本利益。社会停滞是指社会中人类生存水平保持原状的社会状态，是社会在一定时期内人类生存水平没有发生显著变化，保持期初的基本状态。

人类生存水平是客观存在的，是可用数学衡量的，所以社会进步、社会倒退和社会停滞也是客观存在的，也是可用数学衡量的。社会进步学研究的社会进步并非是价值判断，而是客观事实。

二 人类生存水平

社会进步学家特别关注人类生存水平。因为社会进步学是研究如何提高人类生存水平的科学,并且把提高人类生存水平的过程称为社会进步。

人类生存水平是指人类生命、人类活动、人类外部生存条件的基本状态,即人类基本的生存状态。人类生存水平表现在物质的社会性运动和社会性联系等方面,后两者是前者的属性。

社会进步学家将人类生存水平归纳为核心生存水平、主动生存水平和物质生存条件水平(见图2-6)。

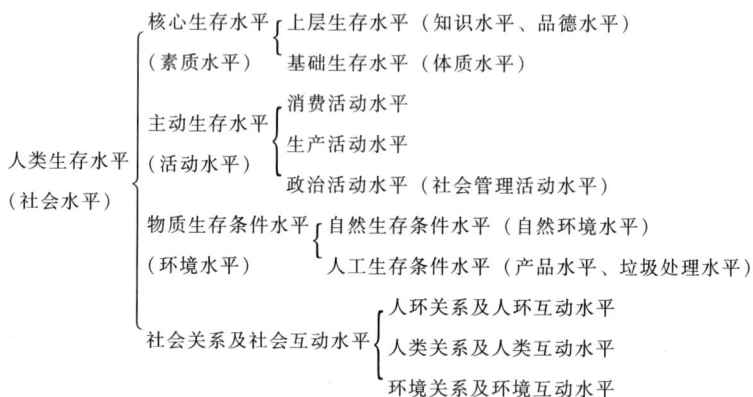

图 2-6 人类生存水平

(一)核心生存水平

人类生存水平首先表现在人类基本素质水平方面。人类生存建立在人类生命基础之上,生存必须有生命。体质水平是人类基础生存水平,公民体质水平的提高是社会进步的根本标志。人是有思想的生物,人类知识水平和品德水平是建立在生命基础之上的上层生存水平,二者制约人类改造世界活动的方向。体质水平、知识水平和品德水平是人类核心生存水平。提高人类活动水平和提高环境水平都是为提高人类体质水平、知识水平和品德水平服务的。

(二)主动生存水平

人类生存水平还表现在人类活动水平方面。人可以通过活动提高、维持、降低生存水平,所以活动水平是主动生存水平。人类存在着消费、生产和政治三大基本活动。消费是直接为人类生存服务的基本活动，人类呼吸、喝水、吃饭、穿衣、住宿、行走、娱乐、健身、医疗、学习、保安等活动都是消费，这些消费活动都是为维持或提高人类身心体质水平、知识水平和品德水平服务的。生产是为消费活动提供产品和服务的基本活动，应当对消费有益，为提高消费水平服务，为提高人类核心生存水平服务；不应当降低消费水平，不应当降低人类健康、知识和品德水平。政治是管理社会的活动，社会管理的目的是使消费和生产更好地为维持和提高人类核心生存水平服务。

提高政治水平是为了提高生产和消费水平，提高生产水平是为了提高消费水平，提高消费水平是为了提高人类核心生存水平。

（三）物质生存条件水平

人类生存水平还表现在环境水平方面。人类生存离不开环境，人需要环境提供生存条件。自然环境水平和产品水平是人类生存水平的重要组成部分。提高自然环境水平和产品水平，就是提高人类物质生存条件水平；降低自然环境水平和产品水平，就是降低人类物质生存条件水平。

（四）社会关系及社会互动水平

社会关系及社会互动水平也是人类生存水平的重要方面。社会关系及互动水平包括人环关系及互动水平、人类关系及互动水平和环境关系及互动水平。一个人或社会单位的生存水平还与其他人或社会单位的影响有关，例如一个小孩的体质水平与其父母的抚养活动水平有关，与其所使用的产品水平有关；一个人的知识水平、品德水平与家庭教育、学校教育和社会影响有关。一个国家公民的活动可以影响另一个国家公民的生存水平，如一国向另一国发动战争，使该国饱受战争创伤，公民生存水平下降。

三 社会进步内容

社会进步包括人类进步和环境进步（见图2-7）。双素社会论把自然环境引入社会的范畴，从而把环境改善、经济发展、政治进步、文化进步等有关人类及其生存条件的正向发展并入社会进步的范畴。

人类进步是指人类的素质和活动向提高人类生存水平的方向发展，是人类的核心生存水平和主动生存水平的提高，是人类体质、知识和品德水

```
                        ┌ 素质进步：品德进步、知识进步、体质进步
                ┌ 人类进步 ┤ 活动进步：消费进步、生产进步、政治进步
                │        │     （人环关系及人环互动进步）
                │        └     （人类关系及人类互动进步）
社会进步 ┤
                │        ┌ 自然环境进步
                └ 环境进步 ┤
                          └ 人工环境进步：产品进步、垃圾处理进步
```

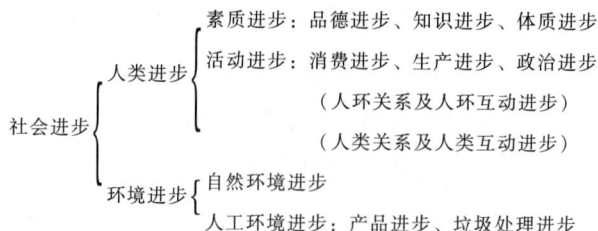

图 2 - 7　社会进步内容

平的提高，是人类活动的社会作用水平、作用范围水平、作用幅度水平、作用持续时间水平和物质利用水平的提高，是人类消费、生产和政治水平的提高，是人环关系、人类关系及人环互动、人类互动水平的提高。

环境进步是指自然环境、产品和垃圾向提高人类生存水平的方向发展，是人类物质生存条件水平的提高，是自然环境水平、产品水平和垃圾水平的提高。

社会进步的内容中已经包括了社会关系进步、社会互动进步以及地位进步、角色进步等，如人的生产和消费活动就是处理人环关系的活动，在活动中也要处理人类关系及环境关系。生产和消费本身也是人环互动的过程。政治活动是处理人类关系的活动，政治活动本身即是人类互动的过程。

四　社会进步体系

社会进步学研究的社会进步在范围上包括社会的集合进步——世界进步、国家联盟进步、国家进步以及非国家社会进步。国家进步以及非国家社会进步包括社会内部社区进步和社会设置进步。社区进步包括城市进步、郊区进步、小镇进步、村庄进步等；社会设置进步包括政党进步、政府进步、军队进步，工厂进步、农场进步、商店进步，学校进步、媒体进步，宗教进步，家庭进步等（见图 2 - 8）。

任何层次上的社会体系进步在内容上理所当然要包括人的进步和环境进步。如世界进步包括全人类进步及全人类的生存环境——物质生存条件进步；国家进步包括一国公民进步及生存环境——物质生存条件进步；家庭进步包括家庭成员进步及生存环境——物质生存条件进步。

社会进步包括个人进步。个人是社会结构的最小元素。个人进步包括个人的品德进步、知识进步、体质进步，个人的消费进步、生产进步、政

世界进步

国家联盟进步

国家进步、非国家社会进步
{
社区进步：城市进步、郊区进步、小镇进步、村庄进步……

社会设置进步：
{
政党进步、政府进步、军队进步……

工厂进步、农场进步、商店进步……

学校进步、媒体进步……

宗教进步

家庭进步
}
}

个人进步：素质进步、活动进步

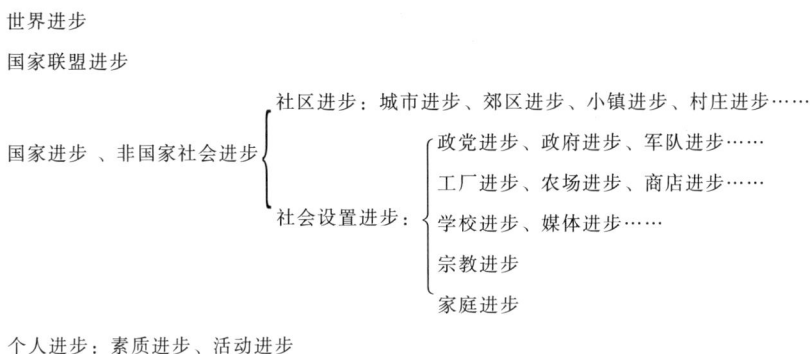

图 2 - 8　社会进步体系

治进步，个人的自然环境进步及人工环境进步。一个国家，只有大多数个人的生存水平都提高了，才能称得上国家进步。没有国家公民的个人进步也就没有国家进步。

社会单位进步和社会体系进步都是揭示社会进步的范围。只是分类方式不同，表述有区别。社会单位进步包括政区进步、工作单位进步和家庭进步（见图 2 - 9）。

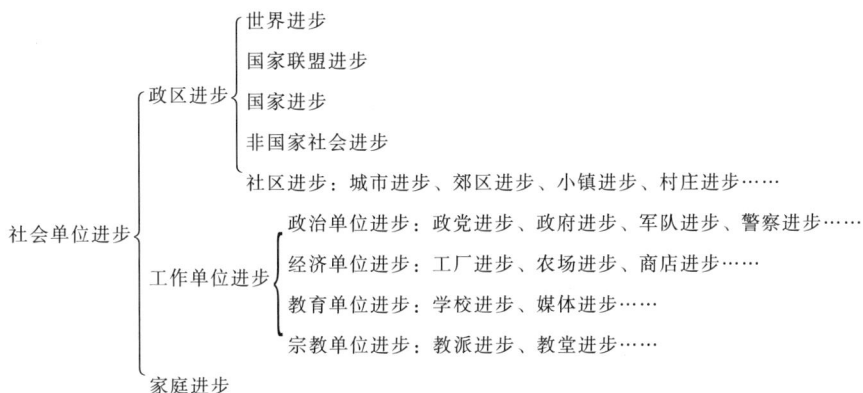

社会单位进步
{
政区进步
{
世界进步

国家联盟进步

国家进步

非国家社会进步

社区进步：城市进步、郊区进步、小镇进步、村庄进步……
}

工作单位进步
{
政治单位进步：政党进步、政府进步、军队进步、警察进步……

经济单位进步：工厂进步、农场进步、商店进步……

教育单位进步：学校进步、媒体进步……

宗教单位进步：教派进步、教堂进步……
}

家庭进步
}

图 2 - 9　社会单位进步

五　社会关系进步

社会进步学研究社会关系是为了从社会关系角度研究社会进步。社会关系进步本身是社会进步的重要内容。因为社会关系进步会体现在各种人类活动的进步之中，如政治进步、经济进步、教育进步等。本书各章从不同视角阐述的社会进步内容几乎都与社会关系进步有关。本部分对社会关系进步的讨论只是概括性的。

社会关系进步是指社会关系向提高人类生存水平的方向发展。重要的社会关系进步表现在人环关系进步上就是破伤关系向利供关系发展，不足关系、过剩关系向适度关系发展；表现在人类关系进步上就是专制关系向民主关系发展，等级关系向平等关系发展，对立关系向和谐关系发展，私利关系向公利关系发展；表现在环境关系进步上就是冲突关系向协调关系发展（见图 2 - 10）。

民主、平等、和谐、公利是处理人类关系的准则。

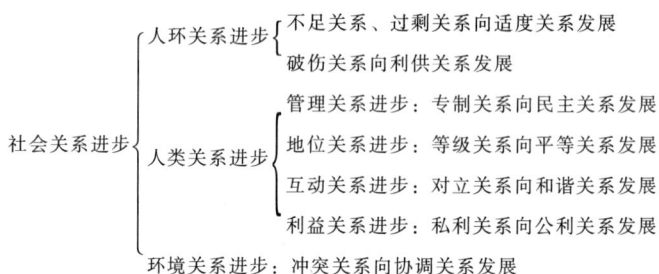

图 2 - 10　社会关系进步

*************** **社会之窗** ***************

中考加分反映学生地位关系变化①

广州市招生办公室日前公布了《2001 年广州市中小学招生考试工作意见》，其中有关"归国创业留学人员子女、海外高层次人才子女、高层次人才子女中考予以加 10 分投档录取"的规定，引起舆论关注。这一建立在家庭背景基础上的"拼爹"式加分，是对教育公平的一大挑战。

中考一分之差往往就会改变成百上千人的"升学路"，改变人生的发展轨迹。仅仅因为"我爸是杰出专家"就加 10 分的做法，是以学生家长或家庭为标准的特权加分，对绝大多数普通考生很不公平。"拼爹"式加分本身还可能助长孩子扭曲的价值观，在学生中形成一

---

① 郑天虹、黄浩苑：《中考"拼爹"式加分》，《沈阳日报》2011 年 2 月 25 日。

种踏实读书、努力奋斗不如有个"好爸爸"的依赖思想，对教育本身是一种损害。

　　取消各种不合理加分，已经成为改革方向。教育部提出逐步取消各种加分政策，到 2014 年，全国奥赛、科技竞赛获奖学生的保送资格将被取消，能加分的体育特长项目大幅减少。广东 2001 年年初也宣布，高考和基础教育阶段的各种竞赛加分不能和升学挂钩。广州市此次宣布新的加分举措，无疑与当前教育改革的大趋势背道而驰。

　　事实上，归国创业留学人员众多，高层次人才的标准见仁见智，这种模糊的界限，往往使相关操作难以掌控，更难以得到有效监督，使得此类加分优惠极可能滋生新的腐败，成为权力寻租的工具，毒害社会风气。

　　**

六　社会进步的根本目标和途径

　　实现持续的人类知识进步、品德进步和健康进步是社会进步的根本目标。社会进步的根本目标是人的素质进步目标，是知识进步目标、品德进步目标和健康进步目标的集合。

　　社会进步的途径目标是人类活动进步目标、自然环境进步目标和产品进步目标以及社会关系进步目标。人类活动进步、社会关系进步和环境进步是实现素质进步目标的途径。

　　人类活动进步、环境进步和产品进步都存在进步目标，是相对于自身由低级水平向高级水平发展的。相对于素质进步，只是实现素质进步的途径。人类活动进步、环境进步和产品进步的根本目标是提高人类知识水平、品德水平和体质水平。

　　无论是经济活动、政治活动、文化活动都只是实现素质进步的途径。如果把经济发展等途径当成目标，而忽略了社会进步的根本目标，必然是舍本逐末，没有抓住主要矛盾，社会进步必然要走弯路。所以，必须树立社会进步的根本目标，围绕社会进步的根本目标开展经济、政治、文化等活动，只有这样才能提高社会进步的效率。

第四节　理论与方法

本章的主要理论有双素社会论、广义社会关系理论、社会进步的根据理论和社会进步本质学说。

一　双素社会论

双素社会论是社会进步学的第一个基本理论。社会是人类和环境两个物质要素构成的物质实体，缺少任何一个要素，社会都不能存在。人类产生于自然环境，生存和发展于自然环境，自然环境为人类提供了生存条件。社会是人类生活的共同体，社会最重要的特征之一就是存在人的群体，其最重要的一个特征是存在人类生活的条件——环境。社会是人类和其生存条件自然环境及其被人类改造过的自然环境（人工环境）的统一体。

双素社会论将人类的生存条件——自然环境引入社会的范畴，从而把环境改善、经济发展、政治进步、文化进步等有关人类及其生存条件的正向发展都并入社会进步的范畴。双素社会论既符合实际，又突出了人类的核心地位，是建立社会进步学的重要理论基础，如广义社会关系理论、广义社会互动理论、社会分级理论、自动生产社会理论等社会进步学的重要理论都建立在对社会物质构成的认识基础之上。社会进步学正是从研究社会物质构成开始构建学科理论体系的。

二　广义社会关系理论

广义社会关系理论是在双素社会理论的基础上建立的，广义社会关系是指社会中物质之间的社会性联系。社会是人类和环境两个物质要素构成的物质实体，缺少任何一个要素，社会都不能存在；人类和环境之间的关系是维持社会存在以及导致社会变迁的基本关系。维持社会存在与发展的关系是社会性联系，即社会关系；人环关系也是社会关系。

广义社会关系具有层次性。人与环境之间存在社会关系；人类内部的人与人之间、环境内部的环境与环境之间也存在社会关系。人与环境是构成社会的基本要素，它们的关系是第一层次社会关系；社会要素内部的关系是第二层次社会关系。

人环关系指人类与环境之间的社会关系，人与环境之间存在社会性联系。人环关系是社会赖以存在和进步的基本关系，也可称为社会基本关系。社会进步学从社会功能角度研究人环关系，将之划分为利供关系和破伤关系。

人类关系是人与人之间的社会关系，即狭义社会关系。社会进步学从研究社会进步的需要在性质上将人类关系划分为管理关系、地位关系、互动关系和利益关系四大关系。

环境关系是指环境之间对人类生存水平有影响的联系，即环境中物质之间的社会性联系。环境关系包括两类基本性质的关系，其中对人类产生有利影响的环境关系称协调关系，而对人类产生有害影响的环境关系称冲突关系。

广义社会关系理论将人环关系、环境关系纳入社会关系的研究视野，建立了人环关系、环境关系理论。社会进步学的一些重要理论是建立在人环关系理论基础之上的，如社会基本规律理论、宏观社会类型进步理论、生产进步理论、消费进步理论理论等。理解人环关系理论可以更好地理解社会进步学的理论体系。

三 社会进步的根据理论

社会进步的根据理论通过对社会进步与人类基本意识和人类根本利益的关系研究，揭示了社会进步的根据，同时也揭示了建立社会进步学的根据。人类基本意识和人类根本利益是社会进步的根据，也是建立社会进步学的根据。社会进步的根据理论包括人类基本意识与社会进步的关系理论、人类基本意识与社会进步意识的关系理论、利益与社会进步的关系理论。

（一）人类基本意识与社会进步的关系理论

人类中普遍存在的最基本的想法是人类基本意识。它是人们活动的根本出发点。人类基本意识的内容是希望维持和提高自身的生存水平，反对降低自身的生存水平。

社会进步是人类生存水平的提高，是人类基本意识所希望的理想状态。人类基本意识是人类推动社会进步的意识基础，社会进步是由人类基本意识引起的。有人类基本意识，才有社会进步；有人类基本意识，必然有社会进步。

（二）人类基本意识与社会进步意识的关系理论

社会进步学把人类基本意识升华为系统的社会进步意识。社会进步学的所有理论都是人类基本意识的发展和科学化，都是社会进步意识的内容。社会进步意识包括什么是社会进步、社会进步的原理、推动社会进步的基本方法三方面内容。社会进步意识是为人们提供一个系统的实现人类基本意识的指导人类行动的科学，即社会进步学，它告诉人们更好生存的科学原理和科学方法。

人类基本意识和社会进步意识都是人们对待利益的态度。人类基本意识是人类普遍存在的每个人的趋利避害意识，出发点是获得或维护个人利益；社会进步意识是人类群体的趋利避害意识，出发点是利大家当然也包括利自己。社会进步意识将人类基本意识科学化，具有推动社会进步的伟大作用。

建立社会进步学从而把人类基本意识升华为系统的社会进步意识，是更好地实现人类基本意识的需要。

（三）利益与社会进步的关系理论

利益、个人利益、公共利益、人类根本利益的核心内容都是提高人类的生存水平，而社会进步的本质就是提高人类的生存水平，所以社会进步是人类的根本利益，是最大的公共利益。反过来说，人类的根本利益是社会进步，维持、获得人类的核心利益是人类推动社会进步的根据。

利益问题是人类的核心问题，利益的本质是人的生存水平。获得利益就是提高生存水平，损害利益就是降低生存水平，维护利益就是维持生存水平。利益与人的生命相关程度越高就越重要。

个人利益是一个人的利益，反映个人的生存水平；公共利益是指社会单位成员的群体利益。公共利益不分阶层，是所有阶层和个人的共同的利益。

人类根本利益是人类的存在与发展。人类根本利益的内容是维持和提高人类的生存水平。人类根本利益是每个人的共同利益，所以是最高的公共利益。

社会进步学围绕实现人类核心利益展开，是全面、系统、深入研究维持、获得人类核心利益的科学。

社会进步的根据理论告诉人们社会进步对于人类是最重要的。人类的一切活动，如政治活动、经济活动、文化活动都必须服务于社会进步，这些活动对社会进步的影响是衡量这些活动的尺度，如果这些活动与社会进步发生矛盾，就说明这些活动偏离了方向，危害了人类根本利益，就需要改进。

它还告诉人们建立、发展、推广研究社会进步原理和方法的社会进步学对于人类是非常重要的。社会进步意识将人类基本意识科学化，具有推动社会进步的伟大作用。建立、发展、推广社会进步学从而把人类基本意识升华为系统的社会进步意识，是更好地实现人类基本意识的需要，是更好地维持、获得人类根本利益的需要，是推动社会进步的需要。所以建立、发展、推广社会进步学对于人类具有重大意义。

四　社会进步的本质学说

社会进步是提高人类生存水平的社会变迁。社会进步的本质是人类和环境向更有利于人类生存的方向变化。社会进步是人的素质、人的活动、产品和自然环境向更有利于人类生存的方向发展；反之，降低社会成员生存水平的社会变迁是社会倒退。社会停滞是社会在一定时期内人类生存水平没有发生显著变化，保持期初基本状态。该理论将人类生存水平与社会进步紧密联系起来，揭示了社会进步的本质。在此基础上进一步阐释了人类生存水平、社会进步内容、社会进步体系、社会关系进步、社会进步的根本目标和途径等关于社会进步的基本问题，形成了比较完整的社会进步本质学说，学习了本理论就会对社会进步有了一个概括的认识。

人类生存水平是指人类生命、人类活动、人类外部生存条件的基本状态，即人类基本的生存状态。社会进步学家将人类生存水平归纳为核心生存水平、主动生存水平和物质生存条件水平。

社会进步内容包括人类进步和环境进步。人类进步指人类的核心生存水平和主动生存水平向更加适合人类生存的方向发展。人类进步是人类健康、知识和品德水平的提高，是人类消费、生产和政治水平的提高，是人环关系、人类关系及人环互动、人类互动水平的提高。环境进步指环境向更加适合人类生存的方向发展，环境进步是人类的物质生存条件水平的提高，提高自然环境水平和产品水平是环境进步。

社会进步的范围包括世界进步、国家联盟进步、国家进步以及非国家社会进步。国家进步以及非国家社会进步必然要包括社会内部社区进步和社会设置进步。社区进步包括城市进步、郊区进步、小镇进步、村庄进步等，社会设置进步包括政党进步、政府进步、军队进步、工厂进步、农场进步、商店进步、学校进步、媒体进步、宗教进步、家庭进步等。

社会关系进步是指社会关系向提高人类生存水平的方向发展。表现在人环关系上就是破伤关系向利供关系发展，不足关系、过剩关系向适度关系发展；表现在人类关系上就是专制关系向民主关系发展，等级关系向平等关系发展，对立关系向和谐关系发展，私利关系向公利关系发展；表现在环境关系上就是冲突关系向协调关系发展。

实现持续的人类知识进步、品德进步和体质进步是社会进步的根本目标。人类的生产、消费、政治等活动进步、社会关系进步和环境进步是实现素质进步目标的途径。

社会进步的本质学说揭示了社会进步是提高人类生存水平这一本质特征，其意义非常之大，它是建立社会进步学的基石，如果没有对社会进步本质的揭示，就不可能建立起社会进步学的理论体系。社会进步的本质学说将社会进步由口号发展为科学。

五　社会进步认定标准

根据社会进步的本质学说，可以得出判定社会进步的基本标准。

社会进步认定标准是指社会中向有利于人类生存的方向变化的社会变迁是社会进步，提高社会成员生存水平的社会变迁是社会进步；降低社会成员生存水平的社会变迁是社会倒退。生存水平包括核心生存水平、主动生存水平和物质生存条件水平。

六　人类处理利益的基本原则

（1）争取获得利益和维护利益，尽量避免损害利益。

（2）人的各种利益应该均衡发展。无论发展何种利益，都应当适度，要保证发展某种利益的同时不损害其他利益，从而全面提高人的生存水平。例如，发展交通工具的同时要防止空气污染，发展工农业生产要防止污染水源、耕地。

（3）最好的情况是主要利益和次要利益同时得到满足。当二者不能兼得时，应当满足主要利益，舍弃次要利益，避免贪小便宜吃大亏。

（4）最好的情况是直接利益和间接利益同时得到满足。要避免直接获得利益，间接损害利益。

（5）在处理个人利益时，应当遵守三条基本原则。一是每个人都应该同时得到获得个人利益的平等机会。人们应该平等生存，不应该不平等生存。不平等生存向平等生存发展是政治进步，生存水平由低向高发展是经济进步。人类应当通过有效的社会管理，使社会财富满足全体人民的个人利益，起码要满足绝大多数人的个人利益。二是保护正当得利，禁止不当得利。每个人在追求个人利益时，都不应该损害他人利益和群体利益。三是个人利益应当服从群体利益。

（6）小范围的公共利益要服从大范围的公共利益，家庭利益和工作单位利益要服从公众利益，家庭利益、工作单位利益、公众利益、民族利益都要服从国家利益和世界利益。

（7）阶层利益要服从公共利益。公共资源要平均分配于各个阶层的每一个人，不应为个别阶层所独享。国家政权应为全体公民的公共利益而存在，不应专为某阶层利益服务。国家制定任何法律的基础都只应是公共利益，而不是阶层利益。

（8）全世界所有的人，所有的政府和企业都应当维护人类根本利益。

七　人类根本利益分析法

人类根本利益分析法是指根据事物对人类根本利益的影响做出选择的研究方法。社会进步学研究社会的基本方法就是人类根本利益分析法。利益分析方法在研究社会主体行为中有悠久的历史，是非常有效的基础的分析方法。人类根本利益分析法与传统的利益分析方法相比，有自己独特的地方，它围绕人类根本利益得失展开。社会进步学利用人类根本利益分析法，以人类根本利益得失为主线，构建了社会进步学的知识体系。

（1）分析事物的利益属性，是获得利益、维护利益还是损害利益。

（2）分析事物对人的各种利益得失的影响。

（3）分析事物的主要利益得失和次要利益得失。

（4）分析事物的直接利益得失和间接利益得失。

（5）分析个人利益得失对他人利益及公共利益得失的影响。

（6）分析小范围的公共利益得失对大范围的公共利益得失的影响。

（7）分析阶层利益得失对公共利益得失的影响。

（8）分析各种利益得失对人类根本利益得失的影响。

（9）根据上述分析结果做出利益分析结论。

（10）根据人类处理利益的基本原则，做出选择。

本章小结

第一，社会进步学对研究客体的基本认识包括社会的物质构成、社会体系、社会单位、广义社会关系、广义社会互动等基本的社会知识。

第二，社会进步的根据是从社会进步与人类基本意识、人类利益的关系入手，揭示了社会进步的本质并建立社会进步学。

第三，社会进步学家对社会进步的基本认识包括社会进步的本质、社会进步内容、社会进步体系、社会关系进步、社会进步的根本目标和途径等。

关键术语

社会、政区、工作单位、广义社会关系、自然性联系、社会性联系、社会功能、社会作用、人环关系、社会基本关系、利供关系、利供适度、利供不足、利供过剩、破伤关系、政治性破坏、生产性破坏、消费性破坏、人类关系、管理关系、人类基本关系、民主关系、专制关系、社会地位、地位关系、平等关系、等级关系、狭义社会互动、和谐关系、对抗关系、利益关系、公利关系、私利关系、环境关系、协调关系、协调环境、冲突关系、冲突环境、广义社会互动、人类基本意识、社会进步意识、利益的本质、获得利益、损害利益、维护利益、具体利益、抽象利益、主要利益、次要利益、直接利益、间接利益、个人利益、群体利益、公共利益、家庭利益、工作单位利益、公众利益、民族利益、国家利益、世界利益、阶层利益、人类根本利益、社会变迁、社会进步、社会倒退、社会停滞、人类生存水平、基础生存水平、上层生存水平、核心生存水平、主动生存水平、物质生存条件水平、人类进步、环境进步、社会关系进步、社会进步的根本目标、社会进步的途径目标。

双素社会论、广义社会关系理论、社会进步的根据理论、人类基本意识与社会进步的关系理论、人类基本意识与社会进步意识的关系理论、利益与社会进步的关系理论、社会进步的本质学说。

社会进步认定标准、人类处理利益的基本原则、人类根本利益分析法。

思考题

1. 简述双素社会论。

2. 阐释社会体系结构。

3. 人环关系对于人类生存与发展有何意义，如何处理人环关系？

4. 人类关系的主要内容是什么？

5. 巴黎协议处理的是什么社会关系？

6. 什么是人类基本意识和社会进步意识？二者有何联系与区别？

7. 什么是公利关系和私利关系？国家利益和世界利益的核心内容是什么？

8. 举例说明什么是社会进步和社会倒退。

9. 人类生存水平包括哪些方面，什么是核心生存水平？

10. 举例说明什么是人类进步和环境进步。

11. 社会关系进步的主要方面有哪些？

12. 如何理解提高人的素质水平是社会进步的根本目标？

13. 运用社会关系进步理论分析"中考增加'拼爹'式加分"与取消所有加分的社会进步意义。

| 第三章 |
社会水平

学习目的：

掌握生存水平分析法

掌握社会进步方向理论

掌握社会进步目标理论与方法

了解素质水平理论及规律

掌握品德等级测量法

掌握活动水平理论、规律及方法

掌握活动水平分析法

了解环境水平理论

了解产品水平理论

了解社会分级理论

了解 A 级社会理论

社会水平是指社会中大多数人的基本生存状态，即大多数人的生存水平。概括起来包括人的生命基本状态、人的活动基本状态、人的外部生存条件基本状态；具体包括品德水平、知识水平和体质水平等人的基本素质水平，消费水平、生产水平和管理水平等人的基本活动水平，自然环境水平和产品水平等人的物质生存条件水平。

社会水平的提高是社会进步，社会水平的降低是社会倒退。

本章讲述的是社会进步学的基本分析方法：生存水平分析法。

第一节　素质水平

素质水平是指人的生命基本状态。包括品德、知识和体质三方面内容。素质水平是人的最基本的生命水平，是人的核心生存水平。

素质进步是指人类的品德、知识和体质向提高人类生存水平的方向发展。素质进步是人类的核心生存水平的提高，是人类的品德水平、知识水平和体质水平的提高。

社会进步的基本标志是素质进步。社会是人的社会，人的生命水平是社会的核心，社会围绕人的生命水平进退。如果一个国家的公民素质水平处于提高过程中，那么这个国家就处于社会进步状态；如果一个国家的公民素质水平处于下降过程中，那么这个国家就处于社会倒退状态；如果一个国家的公民素质水平处于停滞状态中，那么这个国家就处于社会停滞状态。

人的素质水平决定人的活动水平。素质从利益取向、认知程度和体质强弱三个方面影响人类活动的水平。素质对人类活动的影响力是素质力。素质力包括品德力、知识力和体质力。品德力是人的利益取向影响人的活动的素质力；知识力是人的认知程度影响人的活动的素质力；体质力是人的体质状况影响人的活动的素质力。

提高人的素质水平是社会进步的根本目标和首要任务。

一　品德水平

道德属于规范的一种，而本书所称的品德不是指道德规范，品德水平也不是指道德规范的水平。品德是指人们对待利益的态度，是人内在的品行、品质、德行。道德规范和法律一样都是对人的品德的外部要求。在社会生活中，人们会对他人进行道德评价，或高尚或卑鄙，这实际上是对人的品德评价，而不是对道德规范的评价。

（一）品德水平等级

品德水平是指人们通过活动表现出来的对待利益的态度。人们所有的活动都与利益相关。或利人利己，或害人害己；或损己利人，或损人利己；或克己奉公，或损公肥私；或利国利民，或祸国殃民。

人们经常对人进行品德评价，一般有品德高尚、品德败坏、品德一般等评价。品德评价是用来判断人的品质的。可见人们习惯把人分为好中坏。社会进步学家把人的品德水平分为正品德、负品德和基础品德三类13级。正品德指个人或群体维护、不损害其他任何人或社会单位正当利益的活动所表现出来的品德水平。正品德有世界品德、国家品德、民族品德、公众品德、单位品德和家庭品德6级。负品德指个人或群体损害其他任何人或群体正当利益的活动所表现出来的品德水平。负品德有负家庭品德、负单位品德、负公众品德、负民族品德、负国家品德和负世界品德6级。

品德水平通过人们的活动表现出来。当人们的认知能力足以判断活动后果对人类生存的影响时，人们的活动越有利于人类生存，品德水平就越高；人们的活动越不利于人类生存，品德水平就越低。因为人们的品德水平只能通过行为表现出来，所以社会进步学家可以根据人们活动所维护或损害的利益范围划分品德水平。

品德水平由高到低分为世界品德、国家品德、民族品德、公众品德、单位品德、家庭品德、基础品德、负家庭品德、负单位品德、负公众品德、负民族品德、负国家品德和负世界品德（见表3-1）。

表 3-1　品德水平等级

级别	品德水平	行为结果
1	世界品德	维护世界利益
2	国家品德	维护国家利益
3	民族品德	维护民族利益
4	公众品德	维护公众利益
5	单位品德	维护工作单位利益
6	家庭品德	维护家庭利益
7	基础品德	维护个人利益
8	负家庭品德	损害家庭利益
9	负单位品德	损害工作单位利益
10	负公众品德	损害公众利益
11	负民族品德	损害民族利益
12	负国家品德	损害国家利益
13	负世界品德	损害世界利益

1. 世界品德

世界品德是指维护和获得世界人民的共同利益的活动所反映的品德水平，它是品德水平的最高级。世界品德要求世界人民共同努力维持和提高世界水平，反对降低世界水平。一国公民在追求个人利益、家庭利益、单位利益、民族利益和国家利益时不能损害世界人民的共同利益。维护世界和平，开展国际经济援助，进行国际科学技术交流，保护地球生态环境等都属于具有世界品德的人类活动。

所有的人都应该具有世界品德。特别是国际组织和国家政府的领导人必须具有世界品德。科学家、企业家和军事家也必须具有世界品德。

2. 国家品德

国家品德是指维护和获得全国公民的共同利益，同时不损害其他国家和人类利益的活动所反映的品德水平。国家品德要求政府和公民共同努力维持和提高国家水平。包括维持和提高国内公民的品德水平、知识水平和体质水平等公民素质水平，包括维持和提高国内公民的消费活动、生产活动和政治活动等活动水平，包括维持和提高国内公民的自然环境水平、人工环境水平以及环境运动水平。反对降低国家水平。个人利益、家庭利益、单位利益、民族利益要绝对服从于国家利益。国家利益要服从于人类利益。

3. 民族品德

民族品德是指维护和获得全民族人民共同利益，而不损害其他民族利益、国家利益和世界人民利益的活动所反映的品德水平。民族品德要求人民共同维护和追求民族共同利益。单位利益、家庭利益和个人利益要服从于民族利益，不允许任何人在追求其他利益时损害民族共同利益。民族利益的核心是维持与平等地提高全民族人民的生存水平。民族战争、民族压迫违背民族品德。民族品德不允许在提高本民族生存水平的同时降低其他民族的生存水平，不允许损害国家和人类利益。

4. 公众品德

公众品德是指维护、获得社会公共利益的活动所反映的品德水平。包括维护和获得本人、本家庭、本单位以及其他人、其他家庭和其他单位的共同利益。公众品德在范围上小于民族品德、国家品德和世界品德，大于单位品德、家庭品德和基础品德。公众品德要求每个人无论在公共场所还是在私人场合都要维护公众利益，而不要损害公众利益。公众利益高于单位利益、家庭利益和个人利益。

*************** **社会之窗** ***************

雷锋助人为乐的故事①

雷锋经常利用节假日到火车站去扶老携幼，帮助车站的工作人员打扫卫生，或利用休息时间替老乡捡粪、种地。人们夸奖他说："雷锋喜欢助人为乐，是共产党、毛主席教育出来的好兵。"

一天，雷锋因公登上了从抚顺到沈阳的列车。你看他，一上车就忙个不停。他主动帮列车员扫地、擦玻璃、收拾桌子，给旅客倒开水，帮助妇女抱孩子，给老人找座位。一会儿，就忙得满头大汗。别人叫他休息，他总说不累。

到沈阳站换车的时候，雷锋在车站内发现一位背着孩子的中年妇女因丢了车票而焦急万分。他急忙上前问明了情况，原来这位妇女是从山东来的，要去吉林探望孩子他爹。雷锋就安慰她不要着急，并领着她到售票处用自己的津贴费买了一张去吉林的车票。大嫂接过车票，热泪夺眶而出。

有一次，雷锋到丹东做报告回来，早晨5点钟到沈阳换车回部队，过地下通道时，他看见一位老大娘，挂着棍、背着大包袱，很吃力地走着。雷锋迎上去一问，知道大娘从关内来，是到抚顺去看儿子的。雷锋立即把包袱接了过来，一手扶着老人说："大娘，我送你到抚顺去。"

老人高兴得不知说什么好。上车后，雷锋给老人找了座位，自己就站在老人身边。他问老人的儿子是干什么的，叫什么名字，住在哪里。老人说儿子是煤矿工人，出来好几年了，老人没有来过抚顺，还不知道儿子住在哪里。说着从怀里掏出一封信，递给了雷锋。他看了信封上的地址，写的是"抚顺市XX信箱"，他也不知道，但他知道老人找儿子的迫切心情，就说："大娘，您放心，我一定帮您找到儿子。"

---

① 励志：《雷锋助人为乐的故事》，励志一生网，http://www.lz13.cn/lizhigushi/11037.html，2017年5月30日。

"那敢情好！"老人高兴得眉开眼笑。

火车进站后，找了两个多小时，终于帮助老人找到了儿子。母子见面，老人的第一句话是："儿呀，若不是这孩子一路送我，娘怕还找不到你呢。"

老人的儿子拉着雷锋的手，一再表示感谢。

1961年5月的一天清晨，雷锋冒着大雨去沈阳办事。去车站的路上，他见到一位妇女背着一个孩子，手里还牵着一个小女孩，在大雨中深一脚、浅一脚地往车站走着。雷锋见到这种情形，急忙跑上前去，脱下自己的雨衣披在那个妇女身上，又背起地上走的小女孩，陪同她们母女一同到了车站。上车后，雷锋见那女孩冷得直打战，于是又把自己身上穿着的绒衣脱下来，穿在小女孩的身上，还把带的馒头给两个孩子吃。火车到了沈阳，天还在下雨，雷锋又一直把她们送到家里。那妇女非常感动，眼里闪着泪花，紧紧握住雷锋的手说："同志，我可怎么感谢你呀！"

雷锋就是这样不停地助人为乐，全心全意为人民做好事。

拾金不昧的台湾民众①

一个月薪不过两万多元新台币的妇人，在路边捡到66条金项链后，赶紧送往附近的派出所，因为她担心失主会紧张。计程车司机在车上捡到客人遗失的51万元，不敢耽搁，也是赶快送到派出所招领。育有五子一女的拾荒妇人捡到110万元现金，她一辈子没看到过这么多钱，也在第一时间把钱送到警察局，20分钟后，失主出现，发现金钱失而复得。

近来台湾社会经常出现拾金不昧的新闻，让人十分感动。捡到66条金项链的妇人，说自己只是做了该做的事，还说能让失主找回这么贵重的东西，真是很高兴也很安慰。这位妇人的工作是路边停车收费员，可以想象收入不会很高。她捡到的金项链超过200万元，差不多是她工作7年的所得，但是这位妇人却毫无贪念。辛苦开车的计程车司机看到客人遗失在车里的51万元，这笔钱相当于开计程车10个月

① 《拾金不昧台湾真是善良之岛》，《参考消息》2011年2月22日。

的所得，但他把钱送到派出所。

台湾到处都有这样可爱的人物：一位新北市市民拾获民众准备交妻子坐月子中心的费用 10 万元，他送交派出所认领，并且不接受酬金；桃园县有拾荒男拾获 36 万元，送交派出所认领；桃园县另有两位清洁队的临时工，在整理刚回收的旧床垫时，发现床垫内藏了一包市价约 5 万元的金饰，这两人是即将结束契约工作的临时工，很快就面临失业难题，看到这包金饰却没有贪心地占为己有，而是向上汇报；台中市有位妇人捡到民众准备缴纳的保险费 8 万元，送交派出所认领；台中市还有一小男童捡到 1000 元，骑了两公里单车送警局；宜兰县一位月收入不过 5000 元的拾荒妇人捡到 110 万元现金，一样不为所动送派出所，她要不断拾荒 18 年，才能赚到所捡到的这笔钱。

这些世人眼中的小人物捡到钱后，最在意的竟然并不是这样大的一笔钱可以让他们生活多久，而是将心比心地为失去财物的人担心。心存善念，不贪非分之财，不求非分之利，这样的台湾才是真正的美丽之岛。

****

5. 单位品德

单位品德是指维护、获得单位成员的共同利益，不损害其他利益的活动所反映的品德水平。这里的单位指工作单位、社会团体等各类组织。单位品德要求单位成员都要维护单位中每一个成员的共同利益，个人利益服从于单位利益。单位成员在追求个人利益时，不能损害单位中其他成员的个人利益。管理者要清正廉明、克己奉公。单位品德还要求单位成员在追求单位利益时不得损害其他人、其他家庭、其他单位的利益，以及民族、国家和人类的共同利益。

6. 家庭品德

家庭品德是指维护、获得家庭成员的共同利益，不损害其他利益的活动所反映的品德水平。家庭品德要求每一个家庭成员都要维护家庭每一个成员的共同利益，个人利益要服从于家庭利益。家庭成员在追求个人利益时不能损害家庭其他成员的个人利益。家庭内部民主、平等、安定、团结、同甘共苦、尊老爱幼、相互帮助。家庭品德还要求家庭成员在追求家庭利益时不损害其他人、其他家庭的利益，以及单位、民族、国家和人类的共同利益。

7. 基础品德

基础品德是指维护、获得个人利益的同时，不损害其他利益的活动所反映的品德水平。个人的活动必须兼有既维护、获得个人利益又不损害其他利益的两个基本特征，才具有基础品德。基础品德利己不损人。

基础品德要求每一个人适度追求个人利益，达到个人利益与他人利益和群体利益的统一，不能过度追求个人利益。基础品德是维持人类存在的基本品德。人类的最高利益就是生存和进步，基础品德的核心是在不降低他人生存水平的前提下，维持和提高个人生存水平。有了个人的生存和进步，才有人类的生存和进步。人人都应当具备基础品德水平。如果人们都不维护个人生存，或者都去损害他人生存，那么人类将不复存在。基础品德是人类存在和发展的品德基础。

8. 负家庭品德

负家庭品德是指损害本家庭利益的活动所反映的品德水平。例如，虐待家庭成员、毁坏家庭财产等。

9. 负单位品德

负单位品德是指损害本单位利益的活动所反映的品德水平。例如，铺张浪费、损公肥私、任人唯亲、卖官鬻爵、贪污受贿等。

10. 负公众品德

负公众品德是指损害公众利益的活动所反映的品德水平。例如，杀人放火、抢劫强奸、坑蒙拐骗、制作播放虚假广告、制造和贩卖假冒伪劣产品、破坏公共设施、污染自然环境、制定损害公众利益的法律法规和规章制度等。

11. 负民族品德

负民族品德是指损害本民族利益的活动所反映的品德水平。例如，制造民族矛盾、发动民族战争、阻碍民族融合等。

12. 负国家品德

负国家品德是指损害本国家利益的活动所反映的品德水平。例如，发动内战，把国家引入国际战争；分裂国家，制造社会动荡；闭关锁国，阻碍社会进步；实行愚民政治和独裁统治，进行民族压迫和阶级剥削等。

13. 负世界品德

负世界品德是指损害世界人民利益的活动所反映的品德水平。例如，威胁他国安全、对他国实施制裁、制造国家间矛盾、发动国家间战争、制造他国政治动荡、挑起他国内战或民族战争、屠杀他国公民、掠夺他国资源等，向他国转移破坏环境的危害公民健康的落后生产方式、向他国及公海排放垃圾、破坏耕地和植被等人类共同的生存条件、破坏他国自然环境和人工环境、降低他国公民生存条件等，研制核、生、化武器和计算机病毒以及进行其他降低人类生存水平的科学研究活动等。

负世界品德是反人类的，也是最反动的。如果国家管理者具有负世界品德将危害本国和世界人民。

每一个国家公民的社会平均品德水平应在公众品德以上，负品德比例应当趋近于零。政府的品德水平应达到世界品德。

品德通过学习获得。不同的人接受的品德教育和实践经历不同，品德水平也就有了差别。品德水平是可变的，既可以发生品德进步，也可以发生品德倒退。

（二）品德水平的测量

品德等级测量法是指社会进步学根据活动维护和损害的利益范围，评价活动主体品德水平的分析方法。

评估社会单位和个人的品德水平等级，需要进行严格的品德水平测量。

1. 评价活动主体品德水平的标准

评价活动主体品德水平的标准比较简单，就是看其活动维护和损害利益的范围。如果活动维护了世界利益，活动主体的品德水平就是世界品德；如果活动维护了国家利益，活动主体的品德水平就是国家品德。反之，如果活动损害了世界利益，活动主体的品德水平就是负世界品德；如果活动损害了国家利益，活动主体的品德水平就是负国家品德。

2. 品德水平测量程序

（1）选择活动样本。评价活动主体的品德水平是复杂的。例如一个品德高尚的人，可能发生失误偶然做出损害他人的行为；而一个品德恶劣的人，也可能做一些善事而伪装自己。所以，要对活动主体的品德水平做出正确评价需要正确采集活动样本。一是要采集活动主体经常性行为的日常活动样本；二是要采集活动主体在重大利益关头的关键活动样本。这样可以发现活动主体的日常品德和关键品德。

（2）描述活动样本。客观性描述活动样本的活动起因、活动过程和活动结果。

（3）全面、具体、详细分析并确定活动样本涉及的活动主体和活动客体，确定活动样本维护或损害的对象范围。活动主体是指活动的决策者和执行者，活动客体是指活动过程和活动结果所作用的人类或环境。

（4）进行利益分析。在分析对象上，一是要分析活动对活动主体利益的作用，分别研究对活动的决策者和执行者的利益影响；二是要分析活动对活动客体利益的作用。

在分析内容上，首先要分析具体利益的得失；第二，要分析具体利益中主要利益得失和次要利益得失；第三，要分析具体利益中直接利益得失和间接利益得失；第四，要区分个人利益和群体利益，公共利益和阶层利益，对于公共利益要具体区分世界利益、国家利益、民族利益、公众利益、工作单位利益和家庭利益；第五，将具体利益得失划归到抽象利益得失，如诚实守信与弄虚作假属于品德利益，大学毕业与被学校开除属于知识利益，治好病与医疗事故属于体质利益，涨工资与提高物价属于消费利益，环境绿化与污染环境属于环境利益。

（5）根据评价活动主体品德水平的标准，得出活动主体品德水平结论。

（6）做出活动主体品德水平报告。

群体行为反映的群体品德水平比较复杂，需要进一步分析。群体的品德水平可以表现为群体大多数成员的品德水平或者群体成员的平均品德水平。在一个民主决策的群体中，群体行为反映群体大多数成员的品德水平；在一个专制决策的群体中，因为执行者往往是被迫行动的，群体行为只能反映决策者的品德水平，不能准确地反映执行者的品德水平。

（三）品德水平与社会变迁方向和速度正相关规律

品德水平与社会变迁方向和速度正相关规律。一是人类品德水平与社会进步速度正相关。人类品德水平越高，社会进步越快；人类品德水平越低，社会进步越慢。二是人类品德水平变化方向与社会变迁方向正相关。人类品德水平处于提高趋势，社会处于进步状态；人类品德水平处于降低趋势，社会处于倒退状态。

二　知识水平

知识是人类认识的成果。包括经验知识和理论知识。人的能力也属于知识的范畴。[①] 人对自身的认识，对自然环境和人工环境的认识，以及对人与环境关系的认识都是知识。

（一）知识水平等级

知识水平是人类认识的成果状态。

实践是知识的源泉。随着人类社会的发展，人类在实践中不断发现新的知识，知识水平也在不断提高。知识水平由高到低分为创新级知识、高级知识和初级知识（见表 3 - 2）。

表 3 - 2　知识水平等级

创新级知识	高级知识	初级知识
科学家/博士	硕士/大学/大专	高中/初中/小学

1. 创新级知识

创新级知识是指以科学家水平、博士水平为代表的在知识领域具有重要创新成果的知识水平。创新级知识水平包括两个级别，一是科学家级水平，既包括自然科学家、社会科学家等有重要科学创新的学者，还包括在一些领域有杰出贡献的专家。例如，在国家治理方面有重要创新并取得成功的政治家，在企业管理方面有重要创新并取得成功的企业家，以及著名的艺术大师等。二是博士级水平。博士级水平为准创新级知识水平。博士通过学习获得了系统的某方面的创新能力，但不一定有知识创新成果，所以博士级水平只能归为准创新级知识水平。只有当博士做出了重要的科学贡献，才能称为科学家级水平。

科学家级水平的主要表现是在知识领域的创新成果。学历并不能作为衡量依据，学历很低的人仍然可以成为伟大的科学家。例如，工业革命的代表人物瓦特只是一名仪器修理工，却发明了瓦特蒸汽机；伟大的发明家

---

① 夏征农等编《辞海》，上海辞书出版社，1989，第 4537 页。

爱迪生只在学校读了 3 个月书，一生获得了约 1300 项发明专利；杰出的科学家富兰克林 12 岁就当了印刷工人，在印刷厂自学成才，他发明的避雷针挽救了无数人的生命；[①] 数学家华罗庚只有初中文凭；比尔盖茨大学没毕业。而无真才实学的专家学者、博士、科学家也有不少，他们的看家本领就是抄袭造假，欺世盗名，并不具备科学家级水平。

2. 高级知识

高级知识是指硕士水平、大学水平的知识水平。高级知识包括两个级别。一是硕士级水平，包括硕士文凭、硕士学位、高级职称等；二是大学级水平，包括大学专科、大学本科、职业大学、学士学位、中级职称等。

3. 初级知识

初级知识是指高中水平、初中水平和小学及以下水平的知识水平。初级知识水平包括三个等级。一是高中级水平，包括普通高中、职业高中、技校、中专等；二是初中级水平；三是小学及以下级水平。如果初级知识采用 10 年一贯制教育模式，既减轻了学生负担，又减少了小升初、初升高两次考试和复习时间。10 年一贯制可采取小学段 5 年，初中段 2 年，高中段 3 年的制式，比 12 年应试教育节约 2 年教育经费。

理想的情况是国家 25 岁以上公民的平均知识水平应为高级知识水平，管理者知识水平应达到创新级知识水平。

（二）知识水平的测量

一个人具有的知识存在于人的大脑之中，旁人并不能直接看到，了解人的知识水平必须进行测试。测量人的知识水平有两种基本的方法：一是通过考试测量。例如，封建社会的科举制度、现代的高考制度、学校内部的考试、职称考试和招工考试等都是测量人的知识水平（包括能力水平）的有效办法。二是通过实践测量。看其在实践中运用知识解决问题的能力，如用人单位设定的试用期，就是对新人的实践测量。

知识水平指的是实际知识水平而不是学历、学位水平。学历、学位只代表相对的知识层面。有的人实际知识水平和学历、学位水平相一致，有的人实际知识水平高于或者低于学历、学位水平。

---

① 郝陵生等编《世界一百名人》，辞书出版社，1995。

学历、学位水平代表了人们接受社会正式教育的程度，反映了人们对系统知识内容的学习，大多数人的知识水平接近于学历、学位水平。而且学历、学位水平可以通过统计部门公布的数据获得，所以在测量社会单位知识水平时仍然可以将学历、学位作为主要依据。

国家知识水平等级可以用学历水平来反映，主要指标为成人中各个学历人口的比例。科研水平反映国家知识创新能力，知识教育水平反映国家知识推广程度。根据知识教育水平可以预知国家未来知识水平等级，知识教育进步可以提高国家知识水平等级，其主要指标是在校生率和毛入学率，大学毛入学率反映高级知识的普及程度。

2010 年 7 月 18 日，美国《华尔街日报》网站报道：在世界许多国家，人们上哪所大学，拿到什么学位对就业前景和社会地位有重要影响。世界知名大学的学位在许多国家有助于敲开用人单位的大门。美国 44 位总统中有 8 人曾就读于哈佛大学。

事实上，每隔一段时间都会爆出学术欺诈的新闻，包括抄袭、考试作弊和伪造文凭。例如，美国政府问责局 2004 年以前的报告显示，28 名美国联邦政府高官的学位来自文凭工厂或其他不具备资质的学校，据说实际人数可能更多。

（三）知识水平与社会变迁速度正相关规律

知识水平与社会变迁速度正相关规律：一是人类知识水平与社会变迁速度正相关。人类知识水平越高，社会变迁速度越快；人类知识水平越低，社会变迁速度越慢。二是在正品德条件下，人类知识水平越高，社会进步速度越快；人类知识水平越低，社会进步速度越慢。

品德和知识是人类理性活动的根源。品德告诉人类为何而做，知识告诉人类怎样去做。

三 体质水平

体质水平是指人类的生理心理状态。人的存在形式是生命。人的所有活动都是人的生命体的运动。没有人的生命，就没有政治活动、经济活动、文化活动；没有人的生命，就没有管理活动和执行活动；没有人的生命，就没有人类社会。

（一）体质水平等级

体质水平是人的首要水平。提高品德水平既是为了爱护自己的生命，也是珍惜他人的生命；提高知识水平是为了知道如何才能更健康地生活；提高环境水平是为了给人提供更好的生存条件。而要提高人的体质水平，则必须提高人的品德水平和知识水平。

社会进步以人为本，人类的一切管理活动、生产活动和消费活动都应该以提高人的素质水平为根本目的。其中，公民健康是以人为本的核心，我们应当把维护全体人民的健康放在一切工作的首位，所有工作的最终目的都应该统一于维护人民健康。社会进步的效果也应当表现为社会中绝大多数人的体质水平得到提高。

体质进步是指人类的生理和心理向提高人类生存水平的方向发展，是生理水平和心理水平的提高。

体质水平由高到低分为健康、亚健康、准健康、轻丧失和重丧失（见表 3 - 3）。

表 3 - 3 体质水平等级

等级	体质水平	生理功能	疾病
1	健康	完全	无病、抵抗力强
2	亚健康	完全	无病、抵抗力弱、易感冒
3	准健康	基本	轻病、不影响行为能力
4	轻丧失	轻度丧失	疾病、轻度影响行为能力
5	重丧失	重度丧失	重病、严重影响行为能力

1. 健康

健康是指人的生理机能完全正常，无任何疾病、抵抗力强的体质水平。

2. 亚健康

亚健康是指人的生理机能完全正常，无任何疾病、但抵抗力弱、易感冒的体质水平。

3. 准健康

准健康是指人的生理机能基本正常，轻病但不影响行为能力的体质水平。

4. 轻丧失

轻丧失是指人的生理机能轻度丧失，疾病轻度影响行为能力的体质水平。

5. 重丧失

重丧失是指人的生理机能重度丧失，重病严重影响行为能力的体质水平。

理想的情况是国家公民的体质水平都达到健康水平。

（二）体质水平的测量

个人的体质水平需要到医院去进行体检。

测量国家体质水平则主要依靠医疗单位的统计数据。

反映国家体质水平的主要指标有：平均寿命、慢性病率、传染病率、精神病率、遗传病率、残疾率、自杀率和事故率等。

（三）体质水平与社会变迁速度正相关规律

体质水平与社会变迁速度正相关规律：一是人类体质水平与社会变迁速度正相关。人类体质水平越高，社会变迁速度越快；人类体质水平越低，社会变迁速度越慢。二是在正品德条件下，人类体质水平越高，社会进步速度越快；人类体质水平越低，社会进步速度越慢。

体质是人类理性活动的载体。品德告诉人类为何而做，知识告诉人类怎样做，体质告诉人类能否做（即是否具有行为能力——体质力）。例如，一个青年看到一个小孩掉到江中，品德告诉他应当去救小孩，他必须具有救死扶伤的高尚品德力；知识告诉他采取什么方法去就小孩，他必须具有诸如会游泳之类的知识力；体质告诉他是否具有救小孩的行为能力，他必须具有能把小孩救上岸的体质力。在品德理性、知识理性和体质理性都具备的情况下，他才可能完成救小孩的理性活动。完成理性活动还需要考虑外部客观条件是否允许，也就是还要具备条件理性。

在外部客观条件相同条件下，品德水平、知识水平和体质水平共同决定了人类理性活动水平。

四 素质水平等级

素质水平由高到低划分为 A 级素质（最高素质水平）、B 级素质（高素质水平）、C级素质（中素质水平）、D级素质（低素质水平）和E级素质（最低素质水平）五级（见表3－4）。

表3－4 素质水平等级

等级	品德水平	知识水平	体质水平
A级素质	＝世界品德	≥博士	＝健康
B级素质	≥公众品德	≥学士	≥亚健康
C级素质	≥基础品德	≥高中	≥准健康
D级素质	≥负公众品德	＜高中	—
E级素质	≥负世界品德	—	—

（一）A级素质

A级素质是指最低同时具有世界品德水平、博士水平和健康水平的素质水平。最高素质水平的人在品德水平、知识水平和体质水平上都应该处于顶级状态。

在品德水平方面，他们无论进行管理活动还是执行活动，生产活动还是消费活动，都把世界人民的共同利益放在首位。他们作为政治领袖会兼顾各国、各民族的利益，不会为了本国人民的利益而去损害他国人民的利益，不会为了本民族的利益而去损害其他民族的利益；他们作为科学家会努力推动社会进步，提高人民生存水平的科学研究，不会为了个人利益而进行反动的科学研究；他们作为企业家会在有利健康、保护和改善环境以及节约资源的基础上进行生产经营活动，不会为了追求利润而生产假冒伪劣产品，损害使用者健康，破坏环境和浪费资源；他们作为艺术家会向人们宣传高尚的品德情操，不会追求低级趣味，更不会为了名利而宣传负品德思想。

在知识水平方面，他们在本行业具有最渊博的理论知识和最丰富的实践经验。他们中间有的人学历水平并不高，但他们的实际知识水平远远超过学历水平。他们在知识方面的最突出特点是普遍具有知识创新能力，是推动知识进步的主要力量。他们或者在社会科学领域有杰出的贡献，或者在自然科学领域有伟大的突破。他们作为社会管理者不断开拓进取，引导社会与时俱进。他们作为企业家不断进行产品创新，为提高人民生存水平而不懈努力。

在体质水平方面，最高素质人口一般应具有健康的身体。身体素质是人的综合素质水平的一个重要方面。品德和知识都处于顶级状态而健康状况很差，必然要影响到能力的发挥。社会的最高素质人才是品德、知识和健康都处于顶级状态的全优人才。但是确有一些人品德和知识水平都处于顶级，但体质水平不尽如人意，还有人们会随着年龄的增长品德和知识水平上升而体质下降。所以只要其体质并不影响理性活动水平，仍可将其看作 A 级素质者。

最高素质人口具有高尚的品德情操、渊博的知识和旺盛的精力，是推动社会进步的栋梁之材。每一个人都应该争取成为最高素质者，即使不能够成为最高素质者，也应当加强品德修养，不断学习新知识，适度进行体育锻炼，不断提高综合素质水平。

以人为本要求社会为每个人提供成为最高素质者的外部条件。在社会中创造高尚的品德氛围，为每个人提供接受高级知识教育的机会，为每个人提供保持健康所必需的医疗条件、运动条件和工作、生活条件，使每个人得到德、智、体全面协调发展。

（二）B 级素质

B 级素质是指最低同时具有公众品德水平、大学水平和亚健康水平的素质水平。

在品德水平方面，他们会主动维护公共利益、单位利益和家庭利益，并把公共利益放在单位利益、家庭利益和个人利益之上。

在知识水平方面，他们掌握了从事各种管理活动、生产活动和消费活动的基本理论知识和实践经验，能够胜任各种工作。他们掌握了良好的学习方法，并具有扎实的知识基础，通过继续学习可使其实际知识水平达到具有知识创新能力的水平。

在体质水平方面，他们一般都处在健康或亚健康状态。

（三）C 级素质

C 级素质是指最低同时具有基础品德水平、高中水平和准健康水平的素质水平。

在品德水平方面，他们在追求个人利益时不会去损害他人利益和群体利益。

在知识水平方面，他们掌握了一些初级知识，能够胜任一般工作。

在体质水平方面，最低水平为准健康。

（四）D 级素质

D 级素质是指品德水平最低为负公众品德水平，知识水平为高中以下的素质水平。

在品德和知识素质中，只要有一项处于低素质水平，那么综合素质水平就是 D 级。

如果一个人的知识素质和身体素质很高，而品德素质低，那么他就会为了个人利益而不惜损害家庭成员、单位同事以及公共利益。他将给社会造成危害，成为害群之马。这种人的综合素质水平只能是 D 级。

如果一个人的品德水平和体质水平很高，而知识水平低，则在参与社会活动中，由于知识水平的限制也会给社会造成严重损害，或者造成环境退化，或者损害自己和他人的身体健康。人类一些不正确的生产和消费活动造成了全球性的生态环境水平下降，特别是近百年来这种情况更为严重。其中确有一些人不惜以破坏人类的共同环境为代价疯狂地追求个人财富，他们中的大多数人是受到知识水平低下的限制，没有找到既能满足生存需要，又不破坏环境的人与环境协调发展的办法。因此，提高全人类的知识水平对于保护全球生态系统是非常重要的。

如果一个人的品德水平和知识水平都较高，而身体素质水平低，行为能力受疾病限制，必然要影响其知识水平和品德水平的正常发挥，客观上只能将其归为低素质人口。

（五）E 级素质

E 级素质是指品德水平低于负公众品德的素质水平。

具有最低素质水平的人，他们的知识水平和体质水平可以处于不同的等级，有的还具有知识创新能力。他们的共同点是为了个人利益而不惜损害民族、国家和世界人民的利益。

他们作为政治家逆历史潮流而动，阻碍社会进步，拉动社会倒退。他们在没有掌握政权时，建立反动党派，发动内战。他们一旦通过非法或合法途径掌握了政权，对外必然推行侵略扩张政策，对内实行独裁统治，残酷剥削欺压人民。

他们作为科学家发明核武器、生化武器等大规模杀伤性武器，提供给军队用来屠杀人民。

他们作为企业家从事生产经营的唯一目的就是获得个人财富，并且不惜污染和破坏环境，伤害劳动者和消费者的身体健康。

他们作为文化传播者喜欢宣传负品德思想，毒害人们的心灵。

他们作为一般公民，从事杀人放火、抢劫强奸等一系列严重的刑事犯罪活动。

人的综合素质水平具有可变性。可以由低水平向高水平发展，也可以由高水平向低水平倒退。人类中没有天生的最高素质者。一个人刚生下来可以很健康，但不能博学多才，也不可能具有世界品德。知识需要日积月累，品德需要后天培养。

第二节　活动水平

活动是人的生存条件之一，也是生命水平的表现。人类的活动千姿百态、千变万化，归纳起来只有两类活动，一是消费活动，二是生产活动。

在空中观察可以清楚地发现地球是一个庞大的加工厂。人在环境中不断摄取所需要的物质，经过改造和利用后再遗弃于环境之中，将资源逐渐加工成垃圾。这就是人的基本活动过程，包括取得资源、使用资源（生产、消费）和排放垃圾三个阶段。

活动水平是指活动对人的生命、人的活动及人的外部生存条件影响的基本状态。包括社会作用水平、作用范围水平、作用幅度水平、作用持续时间水平和物质利用水平五个方面。消费活动、生产活动、管理活动都存在这五个方面的水平。正确认识活动是为了提高活动水平。

活动进步是指人类活动的社会作用及其作用范围、作用幅度、作用持续时间和物质利用向提高人类生存水平的方向发展。活动进步是人类主动生存水平的提高，是活动的社会作用水平、作用范围水平、作用幅度水平、作用持续时间水平和物质利用水平的提高，是消费水平、生产水平和政治水平的提高，是人类活动水平的提高。

活动进步是社会进步的基本途径。社会进步需要通过人的社会活动进

步来实现。活动水平的提高可以提高人的素质水平。提高活动水平的目的
就是为了提高人的素质水平。活动进步通过三个途径实现提高人的素质水
平的社会进步根本目标。一是直接作用于人的素质活动进步直接实现素质
进步，如教育进步直接实现人的知识水平提高，医疗进步、生活习惯进步
直接实现人的体质水平提高。二是直接作用于环境的活动进步直接提高人
的物质生存条件水平，间接实现素质进步，如生产进步直接改善人的物质
生存条件，间接提高人的体质水平。三是直接作用于活动的活动进步直接
提高人的活动水平，间接实现素质进步，如管理活动进步引起生产活动进
步和消费活动进步，政治活动进步引起社会管理活动进步，间接引起人的
品德、知识和体质进步。

一　活动的社会作用水平

（一）活动的社会作用

活动的社会作用是指活动对人类生存水平影响的性质。政治活动、生
产活动、消费活动等都可以引起人类生存水平发生变化。

活动的社会作用从对人类生存水平影响的性质角度可以分为三类：一
是对人类生存水平的提高作用，二是对人类生存水平的维持作用，三是对
人类生存水平的降低作用。

从活动作用的客体来看，活动可以作用于人类、环境以及社会关系。
人类活动可以产生如下的社会作用。

提高品德水平，维持品德水平，降低品德水平；

提高知识水平，维持知识水平，降低知识水平；

提高体质水平，维持体质水平，降低体质水平；

提高管理水平，维持管理水平，降低管理水平；

提高生产水平，维持生产水平，降低生产水平；

提高消费水平，维持消费水平，降低消费水平；

提高自然环境水平，维持自然环境水平，降低自然环境水平；

提高产品水平，维持产品水平，降低产品水平；

提高人与环境关系水平，维持人与环境关系水平，降低人与环境关系
水平；

提高人类关系水平，维持人类关系水平，降低人类关系水平；

提高环境关系水平，维持环境关系水平，降低环境关系水平。

维持人类生存水平符合人类利益，提高人类生存水平对人类更为有利。二者都有益于社会作用。降低人类生存水平损害人类利益，产生的是有害社会作用。例如，养成良好的生活习惯，可以维持身体健康，产生的是有益于社会的作用；而生活无规律则能够损害身体健康，产生的是有害于社会的作用。学习先进的科学知识可以提高知识水平，产生的是有益于社会的作用；学习落后的愚昧知识则会对社会产生错误的认识，降低知识水平，产生的是有害于社会的作用。清洁生产可以维持自然环境水平，产生的是有益于社会的作用；污染生产则会降低自然环境水平，产生的是有害于社会的作用。

一项活动只产生一类社会作用的是纯社会作用，如纯提高作用、纯维持作用和纯降低作用。一项活动产生多类社会作用的是混社会作用，如混提高作用、混维持作用、混降低作用。

很多活动可以同时产生多种社会作用，如果我们只分析其中一种社会作用，就会得出片面的结论。所以我们必须对复杂的活动进行全面、系统、深入的分析，以求得符合实际的结论。有的活动提高或维持一方面的水平，降低另一方面的水平，如有的生产活动提高产品水平，降低自然环境水平；使用排放废气的汽车，提高了"行"的速度水平，降低了人的"呼吸"水平。

（二）社会作用等级

活动的社会作用从高到低可以分为纯提高作用、混提高作用、纯维持作用、混维持作用、混降低作用和纯降低作用六个基本等级。

1. 纯提高作用

纯提高作用是指活动起到的只提高人类生存水平，不降低人类生存水平的社会作用，如正确的教育使学生德、智、体全面发展。

2. 混提高作用

混提高作用是指活动起到的既能提高人类生存水平，也会降低人类生存水平，但是提高作用大于降低作用，总体上提高了人类生存水平的社会作用。例如，教育失当虽然可能会较大幅度提高学生的知识水平，但也会降低学生的视力水平。

3. 纯维持作用

纯维持作用是指活动起到的既不能提高人类生存水平，也会不降低人类生存水平，只是使原有人类生存水平继续保持下去的社会作用，如适度锻炼维持体质水平。

4. 混维持作用

混维持作用是指活动起到的提高人类生存水平和降低人类生存水平的作用相等，从而保持原有的人类生存水平，如教育失当虽提高了学生的知识水平，但降低了学生的品德水平，且程度相当。

5. 混降低作用

混降低作用是指活动起到的既提高了人类生存水平，也降低了人类生存水平，而降低作用大于提高作用，从而导致人类生存水平下降的社会作用，如运动员服违禁药物，虽提高了比赛成绩，但降低了品德水平和体质水平。

6. 纯降低作用

纯降低作用是指活动起到的只降低人类生存水平，不提高人类生存水平的社会作用，如进行犯罪活动。

*************** **社会之窗** ***************

最严重的工业灾难[1]

1969 年，美国联合碳化物公司在印度中央邦博帕尔市北郊建立了联合碳化物（印度）有限公司，专门生产滴灭威、西维因等杀虫剂。这些产品的化学原料是一种叫异氰酸甲酯（MIC）的剧毒气体。1984 年 12 月 3 日凌晨，这家工厂储存液态异氰酸甲酯的钢罐发生爆炸，40 吨毒气很快泄漏，引发了 20 世纪最著名的一场灾难。

在毒气泄漏后的头三天，印度医学研究委员会的独立数据显示，死亡人数已经达到 8000 ~ 10000 人之间，此后多年里共有 25 万人因为毒气引发的后遗症死亡。还有 10 万名当时生活在爆炸工厂附近的居民患病，3 万人生活在饮用水被毒气污染的地区。

---

[1] 新华社：《最严重的工业灾难》，《辽沈晚报》2010 年 6 月 9 日。

据信，博帕尔毒气泄漏事件迄今陆续致使超过55万人死于和化学中毒有关的肺癌、肾衰竭、肝病等疾病，有20多万人永久残废，当地居民的患癌率及儿童夭折率也因为这次灾难远比印度其他城市高。博帕尔毒气泄漏已成为人类历史上最严重的工业灾难之一。

2009年进行的一项环境检测显示，在爆炸工厂的周围依然有明显的化学残留物，这些有毒物质污染了地下水和土壤，导致当地很多人生病。

****

（三）社会作用与社会进步关系规律

社会作用与社会进步关系规律。一是人类活动的提高作用与社会进步正相关。人类活动的提高作用越大，社会进步越快；人类活动的提高作用越小，社会进步越慢。二是人类活动的降低作用与社会倒退正相关。人类活动的降低作用越大，社会倒退越快；人类活动的降低作用越小，社会倒退越慢。三是人类活动的提高作用大于降低作用，社会进步；人类活动的提高作用小于降低作用，社会倒退；人类活动的提高作用等于降低作用，社会停滞。

二 活动的社会作用范围水平

（一）活动的社会作用范围

活动的社会作用范围是指活动对人类生存水平影响的范围。活动直接或间接影响人的水平和环境水平。活动的作用范围由大至小存在着国际范围、国家范围、民族范围、公众范围、单位范围、家庭范围及个人范围。在有阶层的社会还存在阶层范围。

作用范围对于纯社会作用是判断其作用大小的主要依据，对于纯提高作用的活动而言，提高的作用范围越大，提高的作用就越大，对于人类就越有利；对于纯降低作用的活动而言，降低作用范围越大，降低的作用就越大，对于人类的危害就越大。

作用范围对于混社会作用而言，是判断其性质及其作用大小的主要依据。如果提高的范围大于降低的范围，就属于混提高作用；如果降低的范围大于提高的范围，就属于混降低作用。一些政策和法律会调整人们之间的利益，在提高一部分人的生存水平的同时会降低另一部分人的生存水平。其中起到混提高作用的法律和政策符合大多数人的利益，是正确的；其中起到混降低作用的法律和政策违背大多数人的利益，是错误的。

（二）作用范围与社会进步关系规律

作用范围与社会进步关系规律。一是人类活动的提高作用范围与社会进步正相关。人类活动的提高作用范围越大，社会进步越快；人类活动的提高作用范围越小，社会进步越慢。二是人类活动的降低作用范围与社会倒退正相关。人类活动的降低作用范围越大，社会倒退越快；人类活动的降低作用范围越小，社会倒退越慢。

三　活动的社会作用幅度水平

（一）活动的社会作用幅度

活动的社会作用幅度是指活动对人类生存水平影响的程度。一个国家对公民的品德教育和品德约束可以使本国公民的平均品德水平由基础品德发展为世界品德；另一个国家对公民的品德教育和品德约束可以使本国公民的平均品德水平由基础品德提升为公众品德，前者的社会作用幅度要高于后者。一个国家的公共教育使本国公民的平均知识水平由小学发展到高中；另一个国家的公共教育使本国公民的平均知识水平由小学发展到学士，前者的社会作用幅度要低于后者。

作用幅度是评价活动水平的重要指标。当活动的社会作用一致、作用范围相同时，作用幅度就成为评价和区分活动水平的主要依据。当提高某一范围的社会水平时，作用幅度越大，对人类的贡献就越大，其活动水平也就越高。当降低某一范围的社会水平时，作用幅度越大，对社会的危害就越大，其活动水平也就越低。

（二）作用幅度与社会进步关系规律

作用幅度与社会进步关系规律。一是人类活动的提高作用幅度与社会进步正相关。人类活动的提高作用幅度越大，社会进步越快；人类活动的提高作用幅度越小，社会进步越慢。二是人类活动的降低作用幅度与社会倒退正相关。人类活动的降低作用幅度越大，社会倒退越快；人类活动的降低作用幅度越小，社会倒退越慢。

四 活动的社会作用时间水平

（一）活动的社会作用时间

活动的社会作用时间是指活动对人类生存水平影响后所保持的时间。活动引起的人类生存水平变化会持续一定的时间。例如，人们建造的房子可以持续存在很多年，甚至数百年；人们过度放牧引起的土地沙漠化也会持续存在很长时间。

在其他因素相同时，提高作用的社会作用时间越长，社会水平越高；提高作用的社会作用时间越短，社会水平越低。在其他方面相同时，降低作用的社会作用时间越长，对社会的破坏就越持久；降低作用的社会作用时间越短，对社会的破坏就越短。

（二）作用时间与社会进步关系规律

作用时间与社会进步关系规律。一是人类活动的提高作用时间与社会进步正相关。人类活动的提高作用时间越长，社会进步越快；人类活动的提高作用时间越短，社会进步越慢。二是人类活动的降低作用时间与社会倒退正相关。人类活动的降低作用时间越长，社会倒退越快；人类活动的降低作用时间越短，社会倒退越慢。

具有提高作用的生产活动的社会作用时间主要指产品使用价值保持的时间。产品使用价值时间越短，需要生产的产品就越多，需要的生产力规模就越大，使用的资源就越多，生产对环境的破坏就越大，生产和消费垃圾就越多，社会进步就越慢，为后代留下的资源就越少，留下的环境就越差。反之，产品使用价值时间越长，需要生产的产品就越少，需要的生产力规模就越小，使用的资源就越少，生产对环境的破坏就越小，生产和消费垃圾就越少，社会进步就越快，为后代留下的资源就越多，留下的环境就越好。例如，使用功能相同的两座楼，A楼社会作用时间为100年，B楼社会作用时间为10年。在100年内B楼要反复兴建10次才能达到A楼兴建1次的社会作用时间。B楼利用的生产力数量、资源数量、破坏环境数量、产生垃圾数量等都是A楼的10倍。A楼经济模式与B楼经济模式对社会进步速度的影响有天壤之别。A楼经济模式带来的社会进步速度是B楼经济模式的10倍。这可称为"盖楼理论"。

*************** **社会之窗** ***************

没有永恒的建筑：中国正在过度使用拆楼机械吗？①

地处北京商业中心的建国门呈现日新月异的面貌。早些时候，建筑工人悄悄拆除了路边一幢 18 层大楼。这幢楼曾经是一个令人骄傲的地标性建筑，位于北京城地理中心以东仅几个街区的地方。媒体说，建于 1990 年的凯莱大酒店如今"落后于社会发展"。这家饭店很快就将被一幢更大、更有全球感的五星级饭店取代。

在中国许多城市，城市面貌不断变换已经成为一种普遍现象。据住房和城乡建设部说，中国每年新增建筑面积 20 亿平方米，所消耗的水泥和钢材约占世界总量的 40%。虽然中国法律要求建筑物的使用寿命要达到 50～100 年，但这些建筑平均只使用了 25～30 年。上海同济大学建筑学教授郑时龄说：这些数字确实要令人警觉了。显然，很多建筑物不是因为质量差而不得不拆除的，而是因为流行一种思想，就是新的总比旧的好。

建筑物的使用年限未到就拆除的做法在中国由来已久。在"文化大革命"的混乱时期，随着"红卫兵"宣称对过去的无情鄙视，无数历史建筑包括历史最为悠久的孔庙被毁。清华大学建筑设计研究院一位学者最近在接受《人民日报》记者采访时说：我们历代王朝从来都是推倒旧的，重建新的，这种新的就是好的价值观一直影响到今天。

中国飞升的房价刺激着建筑业。后者的年收益以 18% 的速度增长，这在一定程度上也得益于中国政府在 2008 年底宣布的 5860 亿美元一揽子经济刺激计划。专家们担心，这种乘机靠房地产捞一把的做法将导致豆腐渣工程和糟糕的城市规划。

****

五　活动的物质利用水平

人类的活动需要利用物质。人们应当节约和适量利用资源，不应当浪

---

① 《没有永恒的建筑：中国正在过度使用拆楼机械吗》，《参考消息》2010 年 11 月 16 日。

费资源。所以活动的物质利用水平是活动水平的重要方面。

物质利用水平是指活动在利用物质时在有益利用水平、同效利用水平、持续利用水平、重复利用水平和循环利用水平等方面的状态。

（一）有益利用水平

有益利用水平是指在活动利用的全部物质中发挥有益社会作用的物质占比水平。主要指标是有益利用率。有益利用率是达成有益社会作用的物质利用量占物质利用总量的比值。

$$有益利用率 = 有益利用量/物质利用总量$$

人们只需要有益的社会作用，并不需要有害的社会作用。理想的情况是活动所利用的物质全部产生有益的社会作用，这时有益利用率为100%。但是在许多情况下，由于受各种因素的限制，人们活动所利用的物质并不能全部产生有益的社会作用，其中有的物质产生中性的社会作用或有害的社会作用，甚至有的活动所利用的物质全部产生有害的社会作用，这时的有益利用率为0。例如，我们生产对人们有益的产品洗衣机，在生产过程中90%的原料转化为有益的产品洗衣机，10%的原料转化为有害的工业垃圾，这时的有益利用率为90%。危害人们健康的假冒伪劣产品的生产其有益利用率为0。在服务领域也存在有益利用水平的差异。例如，某写字楼的房间使用率为50%，而另一个写字楼的房间使用率为100%，那么前者的有益利用率为50%，后者为100%。人们购买的消费品超过必要消费需要量，必然形成浪费，其占有的消费品数量越多，有益利用率越低。例如，某人必要消费只有1部手机就够了，而他拥有了5部，这时其手机的有益利用率仅为20%。在一般情况下，有益利用率与有害利用率成反比关系。有益利用率越高，有害利用率就越低，对社会进步就越有利；有益利用率越低，有害利用率就越高，对社会进步就越不利。

当总产值一定时，所利用的劳动工具越多，能源越多，原料越多，越浪费资源。为了节约资源，社会生产力规模应当控制在与社会必要消费需要相适应的水平上，物质生产如此，服务生产也是如此。在服务量一定时，增加服务企业的数量，必然扩大生产规模，此时，宾馆、饭店、银行、保险、商店、市场开办得越多，有益利用水平就越低，也就越浪费资源。在消费活动中，完成同样消费效果所利用的消费品数量越少、体积越小、重量越轻，有益利用水平就越高，反之则就越低。因此，人们都应当努力提高有益利用率。

（二）同效利用水平

同效利用水平是指多个活动实现相同的有益社会作用所利用的物质数量的差异水平。主要指标是同效利用量。

同效利用量是指实现相同的有益社会作用所利用的物质数量。例如，三个工厂分别生产功能相同的洗衣机，A厂每台用原料40公斤，B厂每台用原料50公斤，C厂每台用原料60公斤。三厂物质利用量分别为40公斤、50公斤和60公斤。社会平均利用量为50公斤。其中A厂原料同效利用水平最高，B厂次之，C厂最低。生产的同效利用量一般表现为单位产品的物资投入成本。如单位产品的工具使用量、能源使用量和原料使用量。生产的同效利用量越少，越节约资源。人们都应当努力降低同效利用量。

（三）持续利用水平

持续利用水平是指物质持续使用的时间水平，主要指标是持续利用时间和持续利用效率。

持续利用时间是指物质在保持原有功能和能够满足人的需要的条件下，持续使用的时间。物质的持续利用时间受到物理寿命和需要寿命的限制。物理寿命是物质保持原有功能的时间上限。例如，自然界动物和植物的自然寿命，产品的功能寿命都属于物理寿命。需要寿命是人们对必要物质的需要的时间上限。随着社会发展会出现新的产品，人的知识水平和品德水平会发生变化，生产方式和消费方式也会出现变化，从而导致人对必要物质的需要发生变化。虽然一些产品尚未达到物理寿命，但是人们已经不再需要它们了，这意味着需要寿命的结束。当人们认识到废弃生产方式和污染生产方式对社会的严重危害之后，就会去建立适合于循环生产方式和清洁生产方式的社会生产系统，新的生产系统流行之日，就是旧的生产系统淘汰之时。物质的持续利用时间越长，越节约资源。人们在管理、生产和消费活动中应该努力提高物质的持续利用时间。在生产力建设中，应该选用最先进的生产设备，淘汰落后的生产设备，从而最大限度地提高生产设备的需要寿命。在产品生产中，应当生产质量过硬的先进产品，淘汰劣质产品、落后产品，从而提高产品的物理寿命和需要寿命。

（四） 重复利用水平

重复利用水平是指活动重复利用物质的水平，包括重复利用次数和重复利用率两项指标。重复利用次数是指物质在原有状态下被反复利用的次数。重复利用率指活动中重复利用的物质量占物质利用总量的比值。

$$重复利用率 = 重复利用量/物质利用总量$$

产品重复利用的次数越多，比值越高，重复利用水平就越高，就越节约资源。适合重复利用的产品都应当重复利用，而不适合重复利用的产品则能重复利用，如不可重复利用一次性输液器。人们都应当努力增加产品的重复利用次数和提高重复利用率。

（五） 循环利用水平

循环利用水平是指资源与产品的连续相互转化的水平，主要指标是循环利用率。循环利用率是指活动中循环利用的物质量占物质利用总量的比值。

$$循环利用率 = 循环利用量/物质利用总量$$

资源转化为产品并经过使用后，没有被当成垃圾而废弃，而是作为资源再次生产为产品，如此循环往复，不断利用。永续利用只是理想中的状态，因为在现实中，由于生产技术因素及产品使用水平的限制，物质在循环利用的各环节都可能产生漏出。所以物质循环利用的次数是有限的。循环利用是物质利用的最高形式，人们在生产消费中要不断增加循环利用次数，提高循环利用率。循环利用率越高，循环次数越多，循环利用水平就越高。

（六） 物质利用水平等级

从以上五个方面分析活动的物质利用水平，主要采用有益利用率、持续利用时间、重复利用次数、重复利用率、循环利用率等同效利用量等指标。每个行业可以根据本行业的具体情况相应转换为本行业的相关常用指标。

活动的物质利用水平从高到低分为非常节约水平、节约水平、平均水平、浪费水平和非常浪费水平五级。

非常节约水平是指有益利用率、持续利用时间、重复利用次数、重复利用率、循环利用率均高于平均水平的20%，同效利用量均低于平均水平的20%的状态。

节约水平是指有益利用率、持续利用时间、重复利用次数、重复利用率、循环利用率均高于平均水平的5%，同效利用量均低于平均水平的5%的状态。

平均水平是指社会中所有同类活动物质利用水平的平均值，其比值高低区间在±5%。

浪费水平是指有益利用率、持续利用时间、重复利用次数、重复利用率、循环利用率均低于平均水平的5%，同效利用量均高于平均水平的5%的状态。

非常浪费水平是指有益利用率、持续利用时间、重复利用次数、重复利用率、循环利用率均低于平均水平的20%，同效利用量均高于平均水平的20%的状态。

（七）物质利用水平与社会进步关系规律

物质利用水平与社会进步关系规律是人类活动的物质利用水平与社会进步正相关。人类活动的物质利用水平越高，社会进步越快；人类活动的物质利用水平越低，社会进步越慢。

六 活动水平等级

根据活动的社会作用、活动的社会作用范围、活动的社会作用幅度、活动的社会作用时间和活动的物质利用水平，可以对活动水平进行分级。活动水平从高到低分为A、B、C、D、E五个基本等级。其中，A级活动最符合人类利益，B级活动符合人类利益，C级活动基本符合人类利益，D级活动损害人类利益，E级活动严重损害人类利益（见表3-5）。

表3-5 活动水平等级

活动等级	社会作用	物质利用水平	作用范围	作用幅度	作用时间
A级活动	纯提高	非常节约级	≥公众	≥20%	≥20%
BI级活动	纯提高	非常节约级	≥公众	≥5%	≥5%
	混提高	非常节约级	≥公众	≥5%	≥5%

续表

活动等级	社会作用	物质利用水平	作用范围	作用幅度	作用时间
BⅡ级活动	纯提高	节约级	≥个人	≥5%	≥5%
	混提高	节约级	≥个人	≥5%	≥5%
CⅠ级活动	纯提高	平均级			
	混提高	平均级			
CⅡ级活动	纯维持	非常节约级			
	混维持	非常节约级			
CⅢ级活动	纯维持	节约级			
	混维持	节约级			
CⅣ级活动	纯维持	平均级			
	混维持	平均级			
DⅠ级活动	纯提高	浪费级			
	混提高	浪费级			
DⅡ级活动	纯维持	浪费级			
	混维持	浪费级			
DⅢ级活动	纯提高	非常浪费级			
	混提高	非常浪费级			
DⅣ级活动	纯维持	非常浪费级			
	混维持	非常浪费级			
DⅤ级活动	混降低		<公众	<5%	<5%
	纯降低		<公众	<5%	<5%
E级活动	混降低		≥公众	≥5%	≥5%
	纯降低		≥公众	≥5%	≥5%

（一）A 级活动

A 级活动是指提高作用范围大于等于公众、提高作用幅度大于等于20%、提高作用时间大于等于平均值20%、物质利用水平为非常节约级的纯提高活动。

A 级活动具有大范围、大幅度、长时间提高社会水平的作用，同时还具有非常节约级的物质利用水平，所以 A 级活动是先进活动。

A 级活动只具有提高社会水平的作用，可以有维持作用，没有任何降低作用。A 级活动既可以只提高某一方面的社会水平，也可以全面提高社会水平。

A 级活动的提高作用范围大于或等于公众范围。作用范围广泛并且具有公平性。

A 级活动的提高作用幅度较大，大于等于 20%。A 级活动可以较大幅度地提高人的素质水平、人的活动水平、生态环境水平以及产品水平。

A 级活动的社会作用时间较长。提高作用保持时间大于等于平均值的 20%。

A 级活动的物质利用水平为非常节约级。以利用无限资源、可再生资源和重复利用矿物资源为主。循环利用和无害利用是先进活动利用物质的重要标志。

（二）B 级活动

B 级活动是指提高作用范围不限、提高作用幅度大于等于 5%、提高作用时间大于等于平均值 5%、物质利用水平为节约级以上的纯提高活动和混提高活动。

B 级活动的特点是提高社会水平，同时资源利用水平达到节约级。B 级活动分为两级，B Ⅰ 级是非常节约利用物质的 B 级活动，B Ⅱ 级是节约利用物质的 B 级活动。B 级活动即提高社会水平又节约资源，所以 B 级活动是进步活动。

B 级活动具有提高社会水平的作用，既可以是纯提高活动，也可以是混提高活动。有一些 B 级活动只具有提高作用，有一些 B 级活动兼有提高和降低作用，但是提高作用大于降低作用。

B 级活动的提高作用范围可以是个人，也可以是群体。B 级活动的提高作用范围大于降低作用范围。

B 级活动的提高作用幅度大于等于 5%。有一些 B 级活动的提高作用幅度很大，达到了 A 级标准，但是在提高作用范围、提高作用时间或物质利用水平方面只达到 B 级标准，因此这类活动只能认定为 B 级活动。B 级活动的提高作用幅度大于降低作用幅度。

B 级活动的提高作用时间大于等于平均值 5%。提高作用时间大于降低作用时间。

B 级活动的物质利用水平以节约级为起点。

（三）C 级活动

C 级活动是指物质利用水平为平均级以上的纯提高活动、混提高活动、纯维持活动和混维持活动。

C 级活动的特点是总体上不降低社会水平，并且资源利用水平达到平均级以上，所以 C 级活动是中间活动。

C 级活动分为 4 级。CⅠ级是平均利用物质的纯提高活动和混提高活动，CⅡ级是非常节约利用物质的纯维持活动和混维持活动，CⅢ级是节约利用物质的纯维持活动和混维持活动，CⅣ级是平均利用物质的纯维持活动和混维持活动。

有的 C 级活动可以提高社会水平，它们是纯提高活动和混提高活动。但是它们的物质利用水平只达到平均级，不能列为 B 级活动。

有的 C 级活动维持社会水平，如纯维持活动和混维持活动。在物质利用水平方面最低要达到平均级，可以是节约级和非常节约级。

（四）D 级活动

D 级活动是指物质利用水平为浪费级的纯提高活动、混提高活动、纯维持活动、混维持活动，以及降低作用范围小于公众、降低作用幅度小于5%、降低作用时间小于平均值5%、物质利用水平为浪费级的纯降低活动和混降低活动。

D 级活动一般为浪费资源，或者降低社会水平，所以它是落后活动。

D 级活动分为 5 级。DⅠ级是浪费级的纯提高活动和混提高活动，DⅡ级是浪费级的纯维持活动和混维持活动，DⅢ级是非常浪费级的纯提高活动和混提高活动，DⅣ级是非常浪费级的纯维持活动和混维持活动，DⅤ级是没有达到 E 级活动标准的纯降低活动和混降低活动。

无论是起提高作用的活动，还是起维持作用的活动，只要其物质利用水平处于浪费级，都属于 D 级活动。同样生产一种对人类有益无害的产品，节约资源的生产属于 B 级生产活动，浪费资源的生产属于 D 级生产活动。

有的 D 级活动具有降低社会水平的作用，有的 D 级活动同时兼有提高和降低作用，但降低作用要大于提高作用，从而使社会水平下降。

D 级活动降低的作用范围一般小于公众范围。如果降低的作用范围等于或超过公众范围，降低了公众水平、民族水平、国家水平甚至世界水平，那么其活动就是 E 级活动而非 D 级活动。D 级活动降低的作用范围大于提高的作用范围。D 级活动不具有公平性。

D 级活动的降低作用幅度相对于 E 级活动来说较小，一般降低社会水平的幅度在 5% 以内。如果降低幅度过大就成为 E 级活动了。

D 级活动的降低作用时间相对于 E 级活动较短，降低作用时间小于平均值 5%。

D 级活动的物质利用水平很低。浪费资源、浪费产品、浪费生产力是 D 级活动的重要特征。即使一些活动具有提高社会水平的作用，但是其浪费利用物质，只能归为 D 级活动的范畴。

（五）E 级活动

E 级活动是指降低作用范围大于等于公众、降低作用幅度大于等于 5%、降低作用时间大于等于平均值 5%、物质利用水平为非常浪费级的纯降低活动、混降低活动。

E 级活动具有大范围、大幅度、长时间降低社会水平的作用，同时还具有非常浪费级的物质利用水平，所以 E 级活动是反动活动。

严重降低社会水平的活动或者严重阻碍社会水平提高的活动都是 E 级活动。具有混降低作用的 E 级活动有一定的提高作用，可以欺骗一些人。但是，只要将提高作用与降低作用进行比较，其微不足道的提高作用会立即被降低作用所淹没。E 级活动表现为直接残害人们的精神和肉体，用歪理邪说降低人们的知识水平，宣传反动品德思想，降低人们的品德水平；还表现为严重降低人们的生存条件水平，污染空气、水源和食品，破坏生产力、产品和生态环境，进而损害人们的身体健康。

E 级活动的作用范围很广泛。E 级活动可以降低公众、民族、国家乃至世界人民的生存水平。例如，不采取任何保护措施的持续环境污染，威胁全人类的生存；生产有毒有害产品，进行民族屠杀，发动核战争和世界大战等都是作用范围很广泛的 E 级活动。

E 级活动降低作用的幅度很大。一些 E 级活动非常迅速和明显地大幅度降低社会水平。例如，战争可以在瞬间夺去健康人的生命，可以在几小时内将人们建立起来的美丽城市化为废墟。也有一些 E 级活动缓慢和不明显地大幅度降低社会水平，这些 E 级活动是渐变形成的，往往不能在活动开始时被人们所认识，甚至还被人们当作 B 级活动而大力推广，而这些 E 级活动最终都能使生境变为亡境。所以提高人们对活动的认识水平非常重要。例如，使用氟利昂和过度放牧都可以使生境沦为亡境，开始时并不被大多数人所认识。E 级活动降低作用时间越长，对人类的危害就越大。

E 级活动的物质利用水平为非常浪费级。E 级活动破坏利用无限资源，造成严重污染，降低其使用价值；E 级活动破坏利用有限可更新资源，使之失去更新能力，造成有限可更新资源的迅速减少；E 级活动破坏利用有限可重复利用不可更新资源，重复利用水平很低或者不重复利用。有的 E 级活动可能不破坏资源，也可能节约利用或者循环利用资源，但是因其活动结果是降低社会水平，所以不管其利用物质多少，都是完全性浪费，都属于非常浪费级。

*************** **社会之窗** ***************

美国核试验污染自然环境，吞噬好莱坞演员生命①

美国好莱坞 RKO 制片公司在 20 世纪 50 年代投资拍摄的大片《征服者》堪称"最不祥的电影"，由于这部影片在美国内华达沙漠尤卡平地上的核试验地点附近拍摄了 13 个礼拜外景，导致导演、男女主角等 91 名剧组人员全都吸入放射性尘埃，患上癌症。

《征服者》是美国 RKO 制片公司在 1954 年投资 800 万美元拍摄的，该片制片人霍华德·休斯是一名亿万富翁和电影大亨。影片外景地选在犹他州沙漠中的雪峡谷。雪峡谷距离尤卡平地上的核试验地点仅有 137 英里。1953 年，美国军方在尤卡平地上试爆了 11 颗原子弹，导致大量带有辐射的粉尘飘向数百英里的地方，其中大量致命的核辐射微尘降落到雪峡谷所在的位置。制片人休斯曾向美国原子能委员会咨询，但美国政府专家却宣称该地区没有任何核污染。

剧组人员在拍摄时吸入大量致命核辐射尘粒。在接下来的 30 年里，220 名剧组成员中，有 91 人先后患上癌症，其中又有超过一半人

---

① 新华社：《美国核试验污染自然环境，吞噬好莱坞演员生命》，《辽沈晚报》2010 年 3 月 16 日。

已被癌症夺去生命，包括导演鲍威尔、男主角约翰·威恩、女主角苏珊·海沃德等。还有人因为无法忍受病痛折磨而饮弹自杀。该片男主角约翰·威恩的两个儿子曾到外景地探望父亲，结果他们后来也出现了可能和核辐射有关的健康问题，一个儿子身上长出良性肿瘤，一个儿子饱受皮肤癌折磨，2003年离开人世。

如今，《征服者》外景地已变成一个旅游景点，该景点一个欢迎游客的标牌上写着这样的字：该地区现在已没有任何可探测到的核辐射。

****

七 人类活动的社会进步准则

政府的行动是正确的吗？公司的活动是正确的吗？个人的行为是正确的吗？判断活动是否正确需要有一个正确的基本标准。这里提出一个判断活动是否正确的社会进步标准。

根据社会进步的本质学说，得出社会进步认定标准是指社会中向有利于人类生存的方向变化的社会变迁都是社会进步。提高社会成员生存水平的社会变迁是社会进步，降低社会成员生存水平的社会变迁是社会倒退。

根据社会进步认定标准，得出判断活动是否正确的社会进步标准。

判断活动是否正确的社会进步标准是：维持和提高人类的水平和环境水平的活动都是正确的活动；降低和阻碍提高人类水平和环境水平的活动都是错误的活动。这是一个最基本的判断人类活动是否正确的标准。人类只应当进行正确的活动，而不应当进行错误的活动。

根据判断活动是否正确的社会进步标准，可以得出人类活动基本准则。人类活动基本准则是指人类的一切活动都应该遵守的、最基本的规范。

社会进步学家认为人类根本利益要求人的活动首先要满足生存的需要，而后要为生存得更好而努力。人类需要的是维持生存和提高生存水平的活动。所以，人类活动基本准则的内容应该是人类的一切活动都应该维持和提高人类的生存水平，而不能降低人类的生存水平。这一准则也称为活动的社会进步准则或活动的生存水平准则。

活动的社会进步准则包括体质准则、品德准则、知识准则、自然环境准则、产品准则和物质利用准则。

（一）体质准则

体质准则是指活动必须维持或提高体质水平，不能降低体质水平的人类活动基本准则。

人的素质水平中身心健康是基础素质。人类活动首先必须有益于维持和提高体质水平，一切损害人的身心健康的活动都是错误的，与人类进步相抵触。

生产和消费活动都应当对人的健康有利，而不是有害。一是在生产活动中要保证从事生产活动人员的健康，如劳动保护到位，劳动强度适当，工时安排合理，劳动环境无害等。二是生产活动不能损害周围公民的健康，如要进行清洁生产，不要进行污染生产。三是生产的产品不能损害使用者的健康，如食品、服装应当无毒无害，交通工具应当有足够安全设施防止发生人身伤亡事故，建筑应该牢固耐久，其他任何产品都应当对人体无害。四是消费过程不应损害自身健康，如不要有不良嗜好，不要过饥、过饱、过劳，进行娱乐活动和体育锻炼也要有所节制。五是消费活动不应损害他人健康，不应制造消费污染。

（二）品德准则

品德准则是指活动必须维持或提高品德水平，不能降低品德水平的人类活动基本准则。

人类只应进行符合世界品德、国家品德、民族品德、公众品德、单位品德、家庭品德、基础品德的活动，不应该进行负家庭品德、负单位品德、负公众品德、负民族品德、负国家品德和负世界品德的活动。一是人们应当认清哪些行为是品德行为，哪些行为是负品德行为。社会中应该有统一的、明确的、具体的品德标准体系，给人们以明辨是非的准绳。二是人们应当主动进行品德活动，不进行负品德活动。三是建立进步的社会运行机制，鼓励品德活动，禁止负品德活动。如果社会政治机制和经济机制只适合品德水平低下者发展，而不适合品德水平较高的人发展，那么这种社会机制应当改革，代之以适合高尚的人发展的社会机制。四是社会宣传工具要歌颂品德活动，批判负品德活动。

（三）知识准则

知识准则是指活动必须维持或提高知识水平，不能降低知识水平的人类活动基本准则。

活动应该研究对社会进步有益的科学知识，而不是研究对社会进步有害的知识；活动应该推广对社会进步有益的科学知识，而不是推广对社会进步有害的科学知识；活动应该应用对社会进步有益的科学知识，而不是应用对社会进步有害的知识。能应用先进知识，就不要应用落后知识。例如，应发展、推广、使用具有对人类和环境有益的先进科学知识的零排放交通工具，逐步取缔具有对人类和环境有害的落后科学知识的污染性交通工具。显然，这类活动不仅符合知识准则，还符合体质准则、品德准则、自然环境准则和产品准则。

（四）自然环境准则

自然环境准则是指活动必须维持或提高自然环境水平，不能降低自然环境水平的人类活动基本准则。

人类的活动应该有利于自然环境处于健康理想级或健康安全级水平，应该有利于改善轻危害级、中危害级、重危害级、危险级的环境；不应该破坏自然环境，造成环境水平下降。

人类依赖环境而生存。提高环境水平，就是提高人类生存水平；降低环境水平，就是降低人类生存水平。20世纪大量生产、大量消费、大量废弃、追求最大利润和经济增长的社会经济体系与环境的矛盾日益突出，威胁着人类生存的基础。这种掠夺型的经济体系造成了生态系统的严重破坏。例如，大气污染、酸雨、地球增温、臭氧层空洞，水污染、淡水资源不足，森林锐减、草地退化、耕地沙化和盐碱化，垃圾泛滥、垃圾围城、高放射性废物及核废料日益增加，电磁辐射污染严重，大量物种灭绝、生物多样性衰减，矿产资源濒临枯竭。毫无疑问，人与环境这种不和谐的生存方式缺乏理性。只顾眼前利益，损害长远利益；只顾企业利益，损害公众利益；只要利润，不要品德；只要经济增长，不要生存质量；只要产品，不要自然。如果这种生存方式不加以改变的话，在新千年末，地球上将不会存在臭氧层，大部分陆地被淹没在汪洋大海之中，剩下的陆地大部分为沙漠和垃圾所覆盖，空气、淡水、食品、土壤中广泛存在着致命的有毒物质，生态系统被彻底破坏，人类将失去存在的外部条件。

人类在21世纪必须建立与环境相适应的生存生活方式，它是社会统一管理、必要生产、必要消费、最低消耗、最低排放、无环境污染、充分改善生态系统、循环利用物质的社会经济体系。环保型社会经济体系并不能被竞争型市场经济所主动接受，因为环保型社会经济体系要求一切经济活动都必须符合人类利益，人类利益高于企业和个人利益。而竞争型市场经济以个人获得最大直接利益为出发点，社会品德在私人利益面前显得软弱无力。所以只能通过社会统一管理，用强制手段制止环境破坏和资源浪费，用强制手段取缔废弃型技术基础代之以循环型技术基础。在公共政策和技术基础方面控制人类的生产和消费活动。

（五）产品准则

产品准则是指活动必须维持或提高产品水平，不能降低产品水平的人类活动基本准则。

人类应该大力研发和推广 A 级产品，改进 B 级产品，限制 C 级产品，取缔 D 级产品和 E 级产品。

产品是现代人赖以生存的物质，提高产品水平，并不是单纯地提高产品产值，也不是单纯地提高科技含量，而是要使产品在数量、质量和功能上更加符合人类健康生存的必要需要。人类应围绕着使自身生存更好而进行产品的生产和消费活动。

（六）物质利用准则

物质利用准则是指活动必须维持或提高物质利用水平，不能降低物质利用水平的人类活动基本准则。

人类的活动应该节约利用物质，不应该浪费物质。在有益利用水平、同效利用水平、持续利用水平、重复利用水平和循环利用水平等方面应当努力保持最优。人们都应当努力提高活动的有益利用率，努力降低同效利用量，努力提高持续利用效率，努力增加重复利用次数和提高重复利用率，不断发展循环利用，提高循环利用率。

努力开展非常节约水平的活动，提倡开展节约水平的活动，改进平均水平的活动，尽量避免浪费水平的活动，严格禁止非常浪费水平的活动。

第三节　活动水平分析法

活动水平分析法是指社会进步学根据活动水平理论对人的活动进行测

量和比较的方法，是社会进步学基本的分析方法之一。包括活动水平的社会进步学测量法和活动水平的社会进步学比较法。

一　活动水平测量

（一）活动水平测量的应用与分类

1. 活动水平测量的意义及应用

正确测量活动水平是社会进步的需要。活动水平影响社会水平，关系人类的根本利益。人们只有正确地辨别活动的水平，才能够主动地进行最有利于社会进步的活动，防止和取缔不利于社会进步的活动，实现人类社会的高效、持续进步。

在社会实践中，人们需要对重要活动进行评估。一般来说，一切对社会成员的生存水平能够产生重要影响的活动都需要测量其社会作用。例如，重大社会事件，政府政策、决策，领导人和被选举人的行为，工作单位的重要行动和个人的重要决策等。

2. 活动水平测量分类

活动水平测量不仅适用于已经结束的活动，还适用于尚未发生的和正在进行的活动。活动水平测量包括事前测量、事中测量和事后测量。

事前测量是指对可能发生或将要发生的活动进行的预测性测量，为决策提供社会进步学依据，可以支持正确决策，取缔错误决策。供人们采取措施，阻止降低作用活动的发生，避免社会水平下降。

事中测量是指对正在进行的活动进行的测量，以便及时支持正确活动的顺利进行，发现和阻止活动的降低作用，防止其危害进一步扩大，减少或避免社会水平下降。

事后测量是指对已经结束的活动进行的测量。以提高对活动的认识水平，总结经验、教训，指导以后的活动，发展提高作用活动，预防降低作用活动的再次发生。

（二）活动水平测量的程序

评价活动水平要全面、系统地分析活动的社会作用、社会作用范围、社会作用幅度、社会作用时间和物质利用水平。这是适合于所有活动的基本分析范围。人们制订任何具体的工作标准都应该以此作为基本依据。

1. 活动描述

全面、准确、概要地描述活动起因、过程、结果，目的，并对未来结果进行必要的合乎逻辑的预测。

2. 社会作用的测量

（1）制作社会作用表。根据对活动的起因、过程、结果，目的，未来结果预测的描述，分别判断直接社会作用和间接社会作用，并根据研究需要可以制作多张社会作用表。例如，分别制作活动的起因、过程、结果，目的，未来结果预测的社会作用表，分别制作直接社会作用和间接社会作用的社会作用表。至少要分别制作一张结果的直接社会作用和间接社会作用的社会作用表。

社会作用表包括了人类活动可能产生的所有社会作用（见表 3 - 6），供人们测量人类一切活动可能产生的所有社会作用使用，便于全面分析活动的社会作用，防止得出片面性结论。社会作用表也可以用于对产品水平的分析。

表 3 - 6　社会作用表

提高作用	维持作用	降低作用
提高品德水平	维持品德水平	降低品德水平
提高知识水平	维持知识水平	降低知识水平
提高体质水平	维持体质水平	降低体质水平
提高管理水平	维持管理水平	降低管理水平
提高生产水平	维持生产水平	降低生产水平
提高消费水平	维持消费水平	降低消费水平
提高自然水平	维持自然水平	降低自然水平
提高产品水平	维持产品水平	降低产品水平
提高人环关系水平	维持人环关系水平	降低人环关系水平
提高人类关系水平	维持人类关系水平	降低人类关系水平
提高环境关系水平	维持环境关系水平	降低环境关系水平

（2）测量活动的社会作用。测量活动的社会作用并在社会作用表中相应位置打钩。例如，一部宣传地理知识的电视片，有提高观众知识水平的

作用，就在提高知识水平格内打钩。有的活动只产生一种社会作用，有的活动可产生多种社会作用。如果活动同时具有提高作用和降低作用，就需要做进一步比较，以便区分混提高作用、混维持作用和混降低作用。具体来讲，大致有以下几个方面的判断。

第一，判断对人体质的影响。人的生存是第一位的，对人体质的影响最为重要，往往是判定混社会作用类型的关键。活动提高体质水平，其提高作用就大于降低作用；反之，活动降低体质水平，其降低作用就大于提高作用。

第二，比较提高作用项目与降低作用项目的多寡。活动提高作用项目多于降低作用项目，其提高作用就大于降低作用；反之，活动降低作用项目多于提高作用项目，其降低作用就大于提高作用。

第三，比较提高作用和降低作用的作用范围。活动提高作用范围大于降低作用范围，其提高作用就大于降低作用；反之，活动降低作用范围大于提高作用范围，其降低作用就大于提高作用。

第四，比较提高作用和降低作用的作用幅度。活动提高作用幅度大于降低作用幅度，其提高作用就大于降低作用；反之，活动降低作用幅度大于提高作用幅度，其降低作用就大于提高作用。

第五，比较提高作用和降低作用的作用时间。活动提高作用时间长于降低作用时间，其提高作用就大于降低作用；反之，活动降低作用时间长于提高作用时间，其降低作用就大于提高作用。

当作用范围、作用幅度、作用时间比较结果不一致时，以作用范围为主，其次是作用幅度和作用时间。

（3）做出活动的社会作用结论。根据社会作用测量标准表，得出活动社会作用总结论和分结论。社会作用测量标准表是指用于测量社会作用性质的表格（见表3-7）。

表 3-7　社会作用测量标准表

作用类别	作用条件及结果
1 纯提高作用	提高作用 >0，降低作用 =0
2 混提高作用	提高作用 >0，降低作用 >0；提高作用 >降低作用

作用类别	作用条件及结果
3 纯维持作用	提高作用 = 0，降低作用 = 0
4 混维持作用	提高作用 > 0，降低作用 > 0；提高作用 = 降低作用
5 混降低作用	提高作用 > 0，降低作用 > 0；提高作用 < 降低作用
6 纯降低作用	提高作用 = 0，降低作用 > 0

活动社会作用总结论是对活动总体的社会作用做出的结论。总结论的表述为：

该活动提高作用 > 0，降低作用 = 0，该活动为纯提高作用活动。

活动社会作用分结论是分别对活动的起因、过程、结果，目的，未来结果预测的社会作用做出的结论。分结论的表述为：该活动的起因提高作用等于 0，降低作用大于 0，该活动的起因具有纯降低作用。

判断一种行为的社会作用需要具体情况具体分析。同类行为的社会作用可以完全不同，甚至截然相反。例如，对一个轻度丧失行为能力的病人进行治疗，可以出现六种结果。一是病人完全康复，体质水平由轻度丧失水平提高到健康水平，治疗的作用为纯提高作用；二是病人原有疾病痊愈，但由于药物的毒副作用患上不影响行为能力的疾病，体质水平由轻度丧失水平提高到准健康水平，治疗的作用为混提高作用；三是治疗后病情既无好转，又未加重，病人体质水平依旧，治疗的作用为纯维持作用；四是病人旧病痊愈，但是治疗的副作用导致患上同等程度的新病，病人体质水平依旧为轻度丧失水平，治疗的作用为混维持作用；五是病人的旧病治愈，但是治疗的副作用导致病人又患上更为严重的新病，体质水平由轻度丧失水平降为重度丧失水平，治疗的作用为混降低作用；六是病人的旧病依旧又添新病，或者越治越重，体质水平由轻度丧失水平降为重度丧失水平，治疗的作用为纯降低作用。

3. 作用范围的测量

（1）测量活动作用的人数。活动作用的人数是指活动对于人的作用范围。活动作用的人数越多，作用范围就越大；活动作用的人数越少，作用范围就越小。

（2）测量活动作用的环境面积。活动作用的环境面积是指活动对于环境的作用范围。活动作用的环境面积越大，作用范围就越大；活动作用的环境面积越小，作用范围就越小。活动对于环境的作用会间接作用于人，活动引起环境水平提高会导致与环境相关的人的生存水平提高，活动引起环境水平下降会导致与环境相关的人的生存水平下降。活动对于环境作用的社会意义就在于引起人的生存水平的变化，所以活动对于环境的作用范围也可以用影响的人数来衡量。

人们可以对每个活动的作用范围进行详细的测量。例如，社会保障体系的作用范围就是其具体的覆盖人数。例如，战争的降低作用范围是直接伤害的人数和对环境的破坏而导致间接伤害的人数。在测量活动对于环境的作用范围时，要应用一些数量指标。例如，战争摧毁的建筑物数量、生产力数量，污染的土地面积、河流面积等。

4. 作用幅度的测量

作用幅度可以用作用指数来反映，将活动影响前的社会水平定为100。例如，将1980年的世界自然环境水平定为100，到2000年，由于人类的破坏活动导致自然环境水平指数下降到73。人类可以不坐飞机、不用电脑，但绝不可以不呼吸空气、不喝水和不吃饭。生态环境是人类生存的基础。

5. 作用时间的测量

活动对生态系统的社会作用时间就是活动使生态系统发生变化后所自然保持的时间，活动对人工环境的社会作用时间就是活动使人工环境发生变化后所自然保持的时间。例如，如果人们两年维修一次公路可以保持路面质量，那么维修公路的社会作用时间就是两年；如果人们五年维修一次公路可以保持路面质量，那么维修公路的社会作用时间就是五年。

6. 物质利用水平的测量

物质利用水平的测量包括测量有益利用率、持续利用时间、重复利用次数、重复利用率、循环利用率、同效利用量，其测量标准见表3-8。测量程序为以下4个步骤。

（1）选择指标。

（2）计算或查找社会平均值。

（3）与社会平均值进行比较。

（4）对照物质利用水平测量表，做出物质利用水平结论。

表 3 - 8 物质利用水平测量表

测量指标	非常节约水平	节约水平	平均水平	浪费水平	非常浪费水平
有益利用率	高 20%	高 5%	平均值	低 5%	低 20%
持续利用时间	高 20%	高 5%	平均值	低 5%	低 20%
重复利用次数	高 20%	高 5%	平均值	低 5%	低 20%
重复利用率	高 20%	高 5%	平均值	低 5%	低 20%
循环利用率	高 20%	高 5%	平均值	低 5%	低 20%
同效利用量	低 20%	低 5%	平均值	高 5%	低 20%

7. 做出活动水平结论

活动水平结论包括以下内容。

（1）根据活动水平分级标准，认定活动水平等级结论。

（2）活动的社会作用结论。

（3）活动的社会作用范围结论。

（4）活动的社会作用幅度结论。

（5）活动的社会作用时间结论。

（6）活动的物质利用水平结论。

活动水平总结论是对活动总体水平做出的结论。总结论的表述举例：该活动为 A 级活动，具有纯提高作用，提高国民的消费水平，作用范围覆盖 20 万公民，平均提高收入 20%，作用时间长达 10 年，物质利用水平为非常节约级。

活动水平分结论是分别对活动的起因、过程、结果，目的，未来结果预测做出的结论。

8. 撰写活动水平测量报告

活动水平测量报告是指研究人类活动的研究报告。规范的社会研究报告往往有比较固定的格式，尽管用于不同目的、不同场合的研究报告在形式上有差异。大体上，研究报告都是从所探讨的问题开始，到研究所得到的结论和意义结束。研究报告在结构上通常可以分为导言、方法、结果、讨论、小结或摘要、参考文献，以及附录几个部分。①

---

① 风笑天：《社会学研究方法》，中国人民大学出版社，2005，第 328 页。

（1）导言。主要说明所研究的问题及研究意义，往往包括下述几个方面的内容。一是研究的缘起，或研究的背景、研究的动机；二是研究的问题及其界定；三是研究的目的和意义。

（2）方法。说明研究所采用的方式方法、研究的程序和工具等，主要包括以下内容。一是文献回顾及评论；二是研究的基本概念、变量、假设和理论架构；三是研究的总体、样本及抽样方法、抽样过程；四是研究的主要方法，包括资料收集方法和资料分析方法。

（3）结论。说明通过研究发现了什么。

（4）讨论。说明研发观的结果具有哪些意义，从这一结果出发，还能得到什么，或还能继续做些什么。

（5）小结或摘要，对上述四个方面的简要总结。

（6）参考文献。研究报告中所涉及的书籍和文章目录。

（7）附录。研究过程中所用的问卷、量表及某些计算公式的推导、数据计算方法等。

活动水平测量报告是给人看的，应该能让大多数人特别是非专业人士看得懂。所以，撰写时一定要通俗易懂，简明扼要，不要故弄玄虚，模棱两可，尽量不用专业语言。

二　活动水平比较

（一）活动水平比较分类与方法

人类几乎每天都需要面对选择活动的问题。选择活动的基本原则是选择活动水平最高的活动。为了准确选择活动，需要对不同的活动进行活动水平比较。

活动水平比较是运用社会进步学的活动水平理论，对多个活动，进行社会作用、社会作用范围、社会作用幅度、社会作用时间和物质利用水平的分析比较，判断这些活动水平的高低。

1. 活动水平比较分为事前比较、事中比较和事后比较

（1）事前比较是指对可能发生或将要发生的多个活动进行的社会进步学活动水平比较。事前比较可以用于决策、对不同的决策方案进行社会进步学活动水平比较，从而选择活动水平最高的决策方案。

（2）事中比较是指对正在进行的多个活动进行的社会进步学活动水平比较。事中比较可以用于修正活动，发现问题并及时纠正。

（3）事后比较是指对已经结束的多个活动进行的社会进步学活动水平比较。事后比较主要用于总结经验教训，提高未来活动水平。

2. 活动水平比较有三种方法，分别是评估比较法、图表比较法和关键比较法

（1）评估比较法是分别对多个活动进行活动水平测量，撰写活动水平测量报告，并对各个活动的测量报告进行比较的比较法。评估比较法比较全面、细致，但过程复杂，用时较长，适合于各类专业研究咨询机构对各级政府的重大决策以及其他重大社会行动的活动水平进行社会进步评估。

（2）图表比较法是指直接将各个活动结果填入活动水平比较表，在表中进行活动水平排序，撰写比较报告的比较法。本书"活动水平比较表"，是针对2个分别有3个结果的活动进行图表比较法制作的（见表3－9）。对N个活动比较，在活动名称一栏要列出N个活动。

表3－9　活动水平比较表

指标	活动名称					
	活动1	活动1	活动1	活动2	活动2	活动2
具体结果	结果1	结果2	结果3	结果1	结果2	结果3
社会作用	结果1	结果2	结果3	结果1	结果2	结果3
作用范围	结果1	结果2	结果3	结果1	结果2	结果3
作用时间	结果1	结果2	结果3	结果1	结果2	结果3
作用幅度	结果1	结果2	结果3	结果1	结果2	结果3
持续利用时间	结果1	结果2	结果3	结果1	结果2	结果3
重复利用次数	结果1	结果2	结果3	结果1	结果2	结果3
重复利用率	结果1	结果2	结果3	结果1	结果2	结果3
循环利用率	结果1	结果2	结果3	结果1	结果2	结果3
同效利用量	结果1	结果2	结果3	结果1	结果2	结果3
活动等级	结果1	结果2	结果3	结果1	结果2	结果3
水平排序	结果1	结果2	结果3	结果1	结果2	结果3

（3）关键比较法是指各个活动对人类生命水平影响最大的结果进行比较的比较法。关键比较法不需要掌握活动的所有信息，只要掌握活动影响人类生存水平的关键信息就可以进行比较。关键比较法抓住主要结果，舍弃次要结果，能够一举抓住要害，简便易行，省时省力。适合与需要快速比较的多个活动。

人类生存水平的关键信息是指对人类健康有影响以及对人类生存条件环境有影响的信息。例如，战争与和平进行比较，战争危害人类健康、破坏人类生存条件环境；和平则有利于人类健康生存，人类应当选择和平，永不发动战争。韩国"天安号"事件发生后，有两种选择：一是积极化解矛盾，促进韩国和朝鲜改善关系，走睦邻友好之路；二是加剧朝鲜半岛紧张局势，推动韩国和朝鲜关系向战争发展。用关键比较法，比较战争与和平对韩国和朝鲜人民生命水平的影响后，可以快速得出结论："促进两国改善关系"行动的活动水平高，"加剧朝鲜半岛紧张局势，推动韩国和朝鲜关系向战争发展"行动的活动水平低，选择活动的基本原则是选择活动水平最高的活动。因此，无论韩国"天安号"事件是谁制造的，韩国和朝鲜及其他国家都应当选择"促进两国改善关系"行动，因为这是活动水平最高的活动。

（二）活动水平比较项目

1. 比较活动的社会作用

要全面分析活动对人的素质水平、人的活动水平、生态环境水平和产品水平的影响。要全面分析活动的提高作用、维持作用和降低作用。正确地认定活动的社会作用类型。提高作用活动水平高于维持作用和降低作用的活动水平，维持作用活动水平高于降低作用的活动水平（见图3-1）。

活动水平	社会作用	作用范围	作用幅度	作用时间	物质利用
高	提高作用	大	大	长	非常节约级
		小	小	短	节约级
	维持作用				平均级
		小	短		浪费级
低	降低作用	大	大	长	非常浪费级

图3-1 活动水平高低比较项目

2. 比较活动的社会作用范围

要具体分析活动的提高作用、维持作用和降低作用的范围，比较各种作用范围的大小。提高和维持作用的范围越大，活动水平越高；范围越小，活动水平越低。降低作用范围越大，活动水平越低。

3. 比较活动的社会作用幅度

要具体分析活动的提高作用幅度和降低作用幅度，比较各种作用幅度的大小。提高和维持作用幅度越高，活动水平越高；提高和维持作用幅度越小，活动水平越低。降低作用幅度越大，活动水平越低。

4. 比较活动的社会作用时间

要具体分析活动的提高作用时间、维持作用时间和降低作用时间，比较各种作用时间的长短。提高和维持作用时间越长，活动水平越高；提高和维持作用时间越短，活动水平越低。降低作用时间越长，活动水平越低。

5. 比较活动的物质利用水平

提高作用和维持作用的活动越节约，活动水平越高；越浪费，活动水平越低。降低作用的活动越浪费，活动水平越低。

第四节　环境的社会作用

一　环境及其分类

有关环境科学的著作对环境下过许多定义。胡筱敏和王子彦认为环境是指围绕人群的空间中的一切事物。[1] 柴立元和何德文认为环境是指以人类为主体的外部世界，即人类赖以生存和发展的物质条件综合体。[2] 李定龙和常杰云认为对于人类的生存与发展而言，环境包括自然环境和人工环境，前者可概括为生物圈、大气圈、水圈和岩石圈，后者指人类自身活动所形成的物质、能量、精神文明、各种社会关系及其产生的作用。[3]

综合上述学者表述，我们可知环境具有以下特点。一是环境是非人类范畴的，是人类以外的物质及其运动和产生的能量。人类的价值观、品

---

[1]　胡筱敏、王子彦：《环境导论》，东北大学出版社，2000，第1页。
[2]　柴立元、何德文：《环境影响评价学》，中南大学出版社，2006，第1页。
[3]　李定龙、常杰云：《环境保护概论》，中国石化出版社，2006，第2页。

德、知识、活动及其人类关系属于人类的范畴，不属于环境。二是环境是与人类有关系的物质，能够对人类产生影响或者被人类所影响，与人类无关的物质构不成环境。三是环境对人类有意义的影响是对人类生存和活动的影响，环境构成人类的生存条件。人类与其生存条件环境的集合是社会。社会进步学对环境做如下定义。

环境是除了人类自身的能够影响人类生存和活动的物质。

根据不同的标准对环境进行不同的分类。例如，把环境分为生物环境和非生物环境，聚落环境、区域环境、全球环境和宇宙环境，自然环境和人工环境，水生环境和陆生环境，原生环境和次生环境等。

社会进步学为了改善人类的活动，采用自然环境和人工环境的分类方法（见图3-2）。由自然运动形成的环境称作自然环境，如太阳、月亮、大气、水、土地、矿藏、野生动植物等都是自然环境；经过人类活动改造后形成的环境称作人工环境，如房屋、道路、耕地、机器、计算机等都是人工环境。人类作用于自然生成两类物质：一类是产品，另一类是垃圾。在生产产品时，同时也生产着垃圾；产品被人类遗弃后也会成为垃圾。人类将垃圾存放于人工环境之中，就会造成人工环境污染；人类将垃圾遗弃于自然环境之中，就会造成自然环境污染。这两种污染都引起环境水平下降。如果将垃圾引入生产过程，使之还原为资源或产品，就不会降低环境水平。

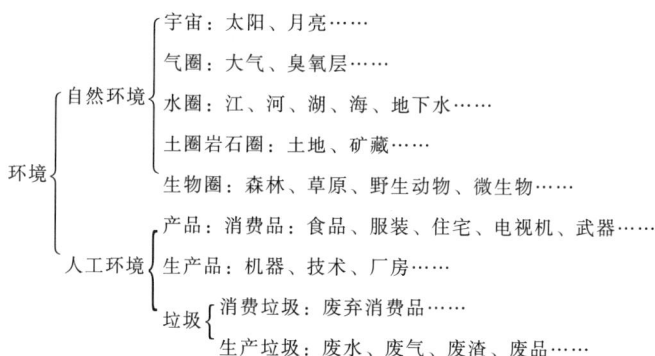

图 3-2　环境

人工环境来源于自然环境，并可以融入自然环境中，对自然环境产生影响。在形成人工环境时要改变自然环境原有状态，引起自然环境水平发生变化，如开矿采石会破坏植被使自然环境水平下降。当人工环境与自然环境融合时也会引起自然环境改变，如适当的水利设施防治水灾和旱灾，提高了自然环境水平；工业废气和汽车尾气混入大气中污染空气，降低了自然环境水平。

人工环境和自然环境可以相互融合，相互转化，并且结合在一起发生社会作用，所以二者的划分并不是绝对的。例如，人们制造的废水、废气、废渣本为人工环境，但排放到自然环境之中就混在了自然的水、大气和土壤里，成为自然环境的组成部分，它们共同对人类的生存水平产生影响。

二　环境的社会作用

环境的社会作用是指环境对人类生存水平的影响。环境可以对人类产生两类影响：一是为人提供生存的条件，称为生存作用；二是给人类带来各种灾难，称为灭亡作用。环境是可运动的，它可以向有利于人类的生存的方向发展，从而提高人类的生存水平，对于人类来说，这是环境水平的提高，是环境进步；环境也可以向不利于人类的生存的方向发展，从而降低人类的生存水平，对于人类来说，这就是环境水平的降低，是环境倒退。环境倒退是社会倒退的重要条件。提高环境水平符合人类利益，降低环境水平损害人类利益。影响环境变化的因素既有来自环境本身的环境因素，也有来自环境外部的人类因素。人类的活动可以起到一定的提高环境水平、维持环境水平和降低环境水平的作用。

环境水平是指环境对于人类生存的作用状态。它反映环境以自然属性为基础的社会属性。

环境是人的生存条件之一，环境水平是人类物质生存水平的条件。

第五节　自然环境水平

一　自然环境的生存作用

自然环境水平是指自然环境对人类生存的作用状态，它反映自然环境以自然属性为基础的社会属性。自然环境的社会作用是指自然环境对人类生存水平的影响，包括为人类提供生存条件和灭亡条件。

自然环境的生存作用表现在使人类存在于生态系统之中，并从中获得生存条件，如自然为人类提供了赖以生存的阳光、空气、水、植物、动物、土地、温度、湿度等外部条件。

根据自然环境的社会作用可以将其分为两个基本等级。一是能够为人类提供基本生存条件的自然环境，称作生境；二是不能为人类提供基本生存条件的自然环境，称作亡境。在一定条件下，生境和亡境可以互相转化。由于地球环境范围固定，扩大亡境，必然缩小生境。人类的错误活动引起生境缩小，亡境扩大。例如，超载放牧可以引起草原变为沙漠，使生境沦为亡境。

二　划分自然环境水平等级的根据

划分自然环境水平等级的基本依据是自然环境对人类生存水平的影响，需要从原生环境依据和次生环境依据两个方面进行综合考虑。

（一）原生环境依据

原生环境水平主要考察生态系统质量和自然灾害两个方面：一是自然环境是否存在有利于人类生存的生态系统，生态系统水平如何？如原生态荒漠即使无自然灾害，因其没有适合人类生存的生态系统，也不利于人类生存。二是自然环境是否存在由自然力引起的台风、地震、洪涝、干旱、滑坡、泥石流等自然灾害，自然灾害的等级如何，对人类危害的程度如何？

（二）次生环境依据

次生环境水平主要考察环境污染和生态破坏两个方面：一是自然环境是否存在由人类活动引起的环境污染，环境污染的程度如何，对人类危害多大？环境污染是指人类生产和生活活动产生的"三废"对大气、水体、土壤和生物的影响，使环境的化学组成和物理状态发生了变化，扰乱和破坏了生态系统和人类生存条件。环境污染包括大气污染、水体污染、土壤污染、生物污染等由物质引起的污染和噪声污染、热污染、放射性污染或电磁辐射污染等由物理性因素引起的污染。二是自然环境是否存在由人类活动引起的生态破坏，生态破坏的程度如何，对人类危害多大？生态破坏是指人类活动引起的生态系统向不利于人类生存的方向改变。例如乱砍滥伐引起的森林植被的破坏；过度放牧引起的草原退化，大面积开垦草原引起的沙漠化；滥采滥捕使珍稀物种灭绝，危及地球物种多样性；毁坏地表植被引起的水土流失等。[①]

三　自然环境水平等级

自然环境可以划分为不同的等级。为了保护环境，环境保护部门建立了一系列环境标准体系。

人们在环保工作中，对大气环境、水环境、土壤环境、生态环境等自然环境进行了一系列的质量评价。例如，美国在 1976 年颁布了 PSI 大气质量指数，选用了颗粒物质、二氧化硫（SO_2）、钴（C_0）、臭氧（O_3）、二氧化氮（NO_2）以及颗粒物浓度等系数，将大气质量分为良好、中等、不健康、很不健康和危险 5 级。我国选用 6 个评价因子将大气质量分为理想级、良好级、安全级、污染级和重污染级。对于地面水质的评价，有人选用溶解氧、生化需氧量、化学耗氧量、挥发酚、氰化物、铜、砷、总汞、镉、六价铬等评价因子，也将水质分为 5 级。

社会进步学根据自然环境对人类生存水平的影响，从生态系统质量、自然灾害、环境污染、生态破坏四个方面入手，将自然环境划分为 7 个等级，分别是健康理想级、健康安全级、轻危害级、中危害级、重危害级、危险级和亡境。其中前 6 级是对生境的分级（见表 3 – 10）。

表 3 – 10　自然环境水平等级

等级	生态系统质量	自然灾害	环境污染	生态破坏
A 健康理想级	优良	无	无	0
B 健康安全级	良好	无损健康	无损健康	1% ~ 10%
C 轻危害级	较差	轻度损害健康	轻度损害健康	10% ~ 20%
D 中危害级	很差	中度损害健康	中度损害健康	20% ~ 40%
E 重危害级	恶劣	严重损害健康	严重损害健康	40% ~ 60%
F 危险级	极恶劣	威胁生命	威胁生命	60% ~ 80%
G 亡境	无	导致死亡	导致死亡	80% ~ 100%

---

① 柴立元、何德文：《环境影响平价学》，中南大学出版社，2006。

根据对人类生存水平的影响划分环境水平等级，充分体现了以人为本的理念。

（一）A 级自然环境（健康理想级）

A 级自然环境是指自然生态系统完全有利于人类的健康生存，没有自然灾害、环境污染和生态破坏的自然环境。其特征一是自然环境的生态系统优，对于人类来说是安全的生存场所；二是自然环境没有自然灾害；三是自然环境不存在人为造成的环境污染；四是自然环境不存在人为生态破坏。

（二）B 级自然环境（健康安全级）

B 级自然环境是指自然生态系统基本有利于人类的健康生存，虽然存在着极轻微的自然灾害、环境污染或生态破坏，但尚未威胁到人类的健康生存的自然环境。其特征一是自然环境的生态系统良好，对于人类来说仍然是安全的生存场所；二是自然环境可能存在极轻微的自然灾害，但自然灾害可防可控，不会危害人类健康，也不会妨碍人类正常的生产和生活；三是自然环境可能存在轻微的环境污染，但是污染物水平是在国际、国家、行业环境质量标准范围之内的，并具有可控性，没有超标风险，不会危害人类健康，也不会妨碍人类正常的生产和生活；四是自然环境基本上不存在生态破坏，或者生态破坏程度极其轻微，范围很小，在 10% 以内，并可以及时恢复，对人类健康没有影响。

（三）C 级自然环境（轻危害级）

C 级自然环境是指自然生态系统已经轻度不利于人类生存，或者存在着轻微的自然灾害，或者存在轻微的环境污染，或者存在轻微的生态破坏，已经轻度威胁到人类的健康生存的自然环境。有下述情况之一即为轻危害级自然环境，一是自然环境的生态系统较差，对于人类来说已经不够安全了；二是自然环境可能存在轻度的自然灾害，而且自然灾害可能已经轻度危害人类健康，轻度妨碍人类正常的生产和生活；三是自然环境可能存在着轻度的环境污染，并且污染物水平超过了国际、国家、行业环境质量标准，环境引起的疾病增加，准健康人口增多；四是自然环境可能存在生态破坏，但生态破坏程度轻微，范围较小，在 10% ~20% 以内，并可以及时恢复，对人类健康有轻度影响。

（四）D 级自然环境（中危害级）

D 级自然环境是指自然生态系统已经中度不利于人类健康生存，或者存在中度的自然灾害，或者存在中度的环境污染，或者存在中度的生态破坏，已经中度威胁到人类的健康生存的自然环境。

D 级自然环境由于人为因素或自然灾害遭到部分破坏，生态系统水平明显下降，给人的健康造成了中等程度危害，导致轻丧失人口增加，有接近 1/2 的人口患有各种疾病。有下述情况之一即为中危害级自然环境。一是生态系统很差，已经不适合人类生存。人类在此环境下生活会中度损害健康；二是自然环境存在中度的自然灾害，而且自然灾害中度危害人类健康，中度妨碍人类正常的生产和生活；三是自然环境存在着中度的环境污染，并且污染物水平中度超过国际、国家、行业环境质量标准，环境引起的疾病增加，轻丧失人口增多；四是自然环境存在中度的生态破坏，生态破坏范围较大，在 20% ~ 40% 之间，恢复困难，对人类生存有中度不良影响。

（五）E 级自然环境（重危害级）

E 级自然环境是指自然生态系统已经严重不利于人类健康生存，或者存在严重的自然灾害，或者存在严重的环境污染，或者存在严重的生态破坏，已经严重威胁到人类的健康生存的自然环境。

E 级自然环境自然生态系统遭到人为因素或自然灾害的严重破坏，给人的健康造成了严重危害，导致重丧失人口增加，大部分人口患有慢性疾病，重病患者提前死亡。有下述情况之一即为重危害级自然环境。一是自然环境的生态系统恶劣，已经严重不适合人类生存，人类在此环境下生活会重度损害健康；二是自然环境存在严重的自然灾害，而且自然灾害可能严重危害人类健康，严重妨碍人类正常的生产和生活；三是自然环境存在着严重的环境污染，并且污染物水平严重超过国际、国家、行业环境质量标准，环境引起的疾病增加，重丧失人口增多；四是自然环境存在严重的生态破坏，生态破坏范围较大，达到 40% 以上，几乎不能恢复，对人类生存有严重不良影响。

（六）F 级自然环境（危险级）

F 级自然环境是指自然生态系统极为脆弱，处在亡境边缘，或者可能发生剥夺人类生命的自然灾害，或者可能发生剥夺人类生命的环境污染事件，或者生态环境正在人为因素的作用下快速退化，人类生存条件将要丧失，人们随时随地有生命危险的自然环境。有下述条件之一的自然环境是F级自然环境。一是自然环境从原生环境角度讲自然生态系统极为恶劣，极为脆弱，处在亡境边缘或正在向亡境转化；二是自然环境可能发生剥夺人类生命的自然灾害，如可能发生强烈地震、火山喷发、海啸、严重洪涝灾害、泥石流、瘟疫的地区；三是自然环境可能发生足以致命的环境污染，如核设施周边地区在可能发生核泄漏事故的威胁之下，化工企业周边地区可能发生水源或空气的严重污染，这些设施应当远离居住区；四是自然环境从次生环境角度讲存在严重的生态破坏，生态系统破坏达60%以上，人类即将失去生存条件。

危险级自然环境可能随时转化为亡境。人类应当改造危险级自然环境，如果无力改造应该尽量远离。

（七）G级自然环境（亡境）

G级自然环境是指基本上不存在可供人类生存的自然生态系统，或者频繁发生剥夺人类生命的自然灾害，或者发生剥夺人类生命的环境污染事件，或者生态环境遭到彻底破坏，人类没有生存条件的自然环境。有下述条件之一的自然环境是G级自然环境。一是自然环境从原生环境角度讲基本上不存在可供人类正常生存的条件，人们如果不借助可以维持生命的特殊装备就不能生存，如太空、海底、极地、荒漠、喜马拉雅山顶等。当特殊的装备失灵时，人就会有生命危险。常见的特殊装备如飞机、轮船等虽然扩大了人类生存空间，使人类得以在亡境中生存，但是这种生存条件是极具危险的。

自然环境正在发生或者频繁发生剥夺人类生命的自然灾害，如正在发生强烈地震的地区、火山喷发地区、海啸地区、严重洪涝灾害地区、泥石流堆积区等。2010年夏季，巴基斯坦洪水造成1600人死亡，1200万人受灾。[①] 2010年7月27日，四川省汉源县万工集镇发生山体滑坡，58户房屋受损，21人失踪。

---

① 东方卫视：《巴基斯坦：洪水蔓延，至少1600人死亡》，人民网，2010年8月7日。

自然环境存在足以致命的环境污染，没有特殊保护装备的人员进入该地区，大部分会得严重的疾病并且因此而死亡，如核武器试验场、水源或空气被人类生产严重污染的地区等。

自然环境从次生环境角度讲存在非常严重的生态破坏，生态破坏达到80%以上，人类基本失去生存条件。

亡境可分为永久性亡境和暂时性亡境。永久性亡境是指不能转化为生境的亡境，如太空、海洋、极地、荒漠、喜马拉雅山顶等。暂时性亡境是指由生境在突发事件作用下转化而来的可逆的亡境，如被化工污染的地区，当污染消除后可能恢复为生境；再如发生强烈地震的灾区，当地震结束后可能恢复为生境。

人类应当尽量远离亡境。当人类确实需要进入永久性亡境时一定要准备好可靠的特殊装备，如上天下海要乘坐安全的飞机、轮船，预防发生空难、海难。

（八）自然环境指标系统

环境科学家通过建立自然环境指标系统和定量分析，将自然环境等级标准量化。自然环境指标系统包括大气指标、水体指标、植被指标、生物指标、土壤指标和岩石指标，也就是气圈指标、水圈指标、生物圈指标、土圈指标和岩石圈指标。

大气指标包括大气组分平衡指标、臭氧层指标、大气污染指标、气温指标、气象灾害指标等。

水体指标包括水循环指标、水体自净能力指标、淡水指标、水体污染指标、水体灾害指标等。

植被指标包括森林植被指标、草原植被指标、荒漠面积指标、耕地面积指标、建筑占地指标、林草多样性指标等。人们不应该盲目扩大耕地和建筑用地，因为扩大耕地和建筑用地必然相应减少绿色植被，破坏自然生态平衡，降低自然生态系统的水平。

生物指标包括生物多样性指标、生物圈状态指标、生态平衡状态指标、生物灾害指标等。

土壤岩石指标包括土壤类型指标、土壤质量指标、地质状态指标、水土流失指标、地质灾害指标等。人们应当尽量减少开发利用土壤和矿物，尽最大可能对已开发的土壤和矿物进行重复利用。

我们应当对自然环境水平进行客观评价。建立自然环境水平监测系统，全方位监测自然环境水平的变化。通过发布地球自然环境指数和地区自然环境指数公示自然环境水平。联合国环境规划署（UNEP）所属的全球环境监测系统（GEMS）在世界各地开展了各种不同的监测活动，如气候趋势监测、大气污染物长距离输送监测、空气污染监测、水体污染监测、食物污染监测、海洋污染监测、全球可更新资源监测等。这些监测活动为保护和改善环境提供了依据。

人们应当发展提高自然环境水平的活动，禁止降低自然环境水平的活动。一切提高自然环境水平的活动都是正确的活动，一切降低自然环境水平的活动都是错误的活动。

*************** 社会之窗 ***************

舟曲特大泥石流灾害，不该发生的天灾①

在全球变暖导致气候异常的背景下，泥石流在自然灾害中本属"小儿科"，但舟曲特大泥石流灾害却震惊中外。截至目前，舟曲因灾死亡和失踪者近2000人，是之前十年全国泥石流灾害死亡人数的总和。在感动于抗灾救灾之英勇的同时，人们对舟曲悲剧有太多叹息、太多遗憾。

沉思之一，悲剧未必完全是"天灾"。关于这次特大泥石流灾害的"罪魁祸首"，主管部门都归结于地质与气象原因。不错，泥石流从短期看固然是由自然原因造成的，但众多有识之士均认为，从根本上看，是由于多年来的森林砍伐加剧了这一灾害。人们发现，这次泥石流发源地三眼峪所在的峪门山，群峰尽秃，几乎看不到绿，只有走近了才能看到丁点绿色。罗家峪和三眼峪沟口处，两边的陡坡上连野草都甚少见，偶尔能见到人工种植的树木。

其实，舟曲原本是"甘肃小江南"。据史料记载，舟曲境内千百年来曾经一直森林茂密，真正造成破坏是近50年的事。1958年"大跃进"时期，这里的森林资源遭受到掠夺性破坏。据统计，从1952

---

① 晓州：《舟曲悲剧叹息之后是沉思》，《金融时报》2010年8月24日。

年 8 月舟曲林业局成立到 1990 年，累计采伐森林 189.75 万亩，许多地方的森林成为残败的次生林。加上民用木材和乱砍滥伐、倒卖盗用，全县森林面积每年以 10 万立方米的速度减少，植被破坏严重，生态环境遭到极度破坏。植被是固定山上的水土的，植被破坏了，泥石流或者水灾、旱灾等自然灾害也就离舟曲人不远了。

沉思之二，早在 13 年前，就有科研人员预见到舟曲泥石流灾难。1997 年，两名中国科学家就发表文章警告称，在这一地区的生态系统遭受破坏后，"一场暴雨将携带泥石沿河谷而下，摧毁农田、房屋、道路、桥梁、水利设施以及电力系统，并造成人员伤亡"。然而，这一警告没有得到应有的重视。尤其令人吃惊的是，作为泥石流危害区，沟口村应被定为不宜居住的地方，而舟曲县却在此设立居住区，受灾的两个乡城关和江盘都是人口密集区。从灾害预防的角度来说，世界上最好的办法是避让高风险地区。知道当地是地震、滑坡、山洪、泥石流的高发区，为什么还要住在那呢？

沉思之三，舟曲竟然是"5·12"汶川大地震后再受重创。人们有理由问，作为汶川大地震灾后被列为国家重点恢复重建的重灾区之一，恢复重建中，舟曲应该对未来可能遭受的自然灾害有所防范吧？然而，人们遗憾地发现，包括舟曲在内，灾后重建设防只考虑两个危险性因素，一个是地震，另一个是洪水，而其他诸如滑坡、山洪、泥石流等自然灾害都不在考虑范围之内。专家认为，这次泥石流，如果舟曲县气象站有测雨雷达，那么在大雨到来几小时前就可以探测到形成的对流性强降雨天气，再及时告诉百姓，紧急采取撤离措施，至少人是可以活下来的。因此，我们今后首先要加大对各种高风险地区的灾害监控密度，不再只局限于对地震和洪水的防控，要让高灾害风险地区老百姓都有防灾意识，知道下大暴雨就可能会爆发泥石流。

沉思之四，舟曲有限的防控与监测工程竟然是"豆腐渣"工程或是"有始无终"工程。据考察，舟曲三眼峪一共建设了 10 道泥石流拦阻坝，但从灾难现场遗留的一截坝体来看，这些拦阻坝均用大理石水泥砌成，里面填充着石头和杂草，并没有使用钢筋混凝土。据了解，整个泥石流防控工程规划总投资为 929 万元，实际最终的投资却只有 400 万元。由于后续资金无着落，在 1999 年工程一期完工后，除了 10 道拦阻坝，排导工程未能实施。另外，长江上游水土保持委员会在舟曲成立的多个泥石流监测点，均因经费不足而被撤销。从全国情况看，与日本几乎对所有人口密集居住地段都实行监控相对比，我国的监测网络系统实在太落后。人家对地震都可以在几秒时间内发出警报，泥石流就更应该做到预警。

沉思之五，舟曲人的"救命钱"竟然被挪用了。据报道，在地震灾后恢复重建中，舟曲泥石流防控工程规划总投资的大半都被当地政府拿来建旅游景区了。要降低灾害损失，就必须加大监测密度，就不能不舍得投入，据分析，各级政府如果能在当年的财政支出中，拿出一部分来加强公共安全建设，我们的设防水平将大大提高。统计显示，1976 年唐山地震造成的损失占上年全国 GDP 的 3% 左右，2008 年汶川地震造成的损失占上年全国 GDP 的比例依然是 3% 左右，这说明，30 多年的时间里，我国应对巨灾的设防水平没有提高多少，很多钱都花在恢复重建，而不是用于提高灾害设防能力。血的教训告诉我们，应该把我国用于抗灾、救灾的巨大投资中的大部分从灾后应急、恢复和重建转移到灾前的防御上来。

沉思之六，我们的应急演练少之又少。说起应急演练，不能不提绵阳市安县桑枣中学。这是一所紧邻重灾区北川县的乡镇中学，"5·12"大地震发生后，全校 2300 名师生在 1 分 36 秒内全部从教室安全撤离到操场，无一伤亡，原因就在于这所中学每个学期都安排一次地震演习，该中学已成为世界灾难防御史上的典型案例。面对灾难，为了挽救生命，少学一点数理化又有什么关系呢？

"山上开面荒，山下冲个光"，这是群众对毁林开荒恶果的形象比喻。如果类似的蠢事还不能杜绝，如果大好河山上的珍贵水土仍然任由鲜血般流失，那么，舟曲式悲剧仍将一再重演。如果我们的灾难监测与预警能力还上不去，如果我们还对应急演练敷衍了事，那么，还将有更多美丽的生命之花在舟曲式悲剧中凋谢。

****

四 自然资源水平等级

(一) 自然资源的社会作用

自然环境中对人类有用的物质是自然资源，如土壤、草地、森林、动物、阳光、空气、水、矿物等。

自然资源有许多分类方法。根据资源在现有生产力水平下能否被利用划分为资源和潜在资源；根据资源的用途划分为生产资源、消费资源；根据资源的自然圈层划分为气候资源、水资源、土地资源、矿产资源和生物资源；从社会可持续发展的角度，将资源划分为无限资源、有限可更新资源、有限可重复利用不可更新资源和有限不可重复利用不可更新资源四类。

资源有两个基本的积极社会作用，一是维持生态系统的水平，使生态系统处于适合人类生存的状态。如果人类超过生态系统的承载能力过多地消耗资源，就会降低生态系统的水平，使之向不利于人类生存的方向退化。例如，内蒙古某正蓝旗 1984 年草地森林覆盖率曾达到 60% 以上，能够为人们提供良好的生存环境。因掠夺式利用资源，已使全旗 80% 以上的土地沦为沙漠。一些地方黄沙几乎爬上了屋顶，人类赖以生存的基本条件已经丧失。二是资源为人类提供消费资源和生产资料。人类可以直接消费一些资源，也可以将一些资源加工成产品，以满足人类的各种需要。

合理地利用资源是在保证资源能够完全维持最佳生态水平的前提下，开发利用资源进行生产和消费活动。

资源的消极社会作用是损害人类健康和破坏环境，如风灾和水灾。资源的伤害和破坏作用还存在于利用资源的生产过程、资源的产品形态和资源的垃圾形态之中。利用资源的生产过程是人们开采资源，利用资源加工产品的过程。资源的产品形态是资源转化为产品后作为产品而存在的过程，资源的垃圾形态是资源直接转化为垃圾或经由产品转化为垃圾后作为垃圾而存在的过程，所以资源具有生产性损害、产品性损害和垃圾性损害的特征。

(二) 资源水平等级

根据资源对人类和环境的损害程度，可以将资源划分为若干等级。

一般来说，使用无限资源对人类和环境损害最小，可以将无限资源定为 A 级资源，如太阳能、海水等；有限可更新资源使用得当不会造成环境破坏，使用不当会造成严重的环境退化，可定为 B 级资源，如动植物、淡水、土壤等；有限可重复利用不可更新资源在开采、使用和遗弃时对环境和人类损害较大，但是重复利用可避免开采破坏和遗弃破坏，可定为 C 级资源，如非能源矿物资源；有限不可重复利用不可更新资源需要不断开采和遗弃，各环节破坏都存在，定为 D 级资源，如矿物能源（见图 3 - 11）。

表 3 - 11　资源水平等级

A 级	无限资源
B 级	有限可更新资源
C 级	有限可重复利用不可更新资源
D 级	有限不可重复利用不可更新资源

上述只是粗略划分。对于具体资源可以根据其生产性损害、产品性损害及垃圾性损害的情况进行详细分级。特别是对同一功能的资源进行详细分级更有必要，通过比较可以选用对人类和环境损害最小的资源，而不选用损害相对较大的资源。这里可以根据对人类和环境的影响情况对能源划分水平等级（见图 3 - 12）。

表 3 - 12　能源水平等级

A 级	太阳能、风能、氢能
B 级	沼气、酒精
C 级	潮汐能、海洋能
D 级	水能（水电）
E 级	天然气、煤气
F 级	石油
G 级	煤
H 级	地热
I 级	核裂变燃料

核电可以引发核灾难。核电站的核事故比任何类型的电站和任何工业

事故对人类的危害都要大，危害的人数和环境面积范围最广，作用时间最长，治理难度最大。

1. 核事故危害的人数和环境面积范围广

切尔诺贝利位于基辅以北的草原上。1986 年 4 月 22 日，技术人员对该核电站 4 座反应堆中的一座进行备用电力供应测试。操作失误引起反应堆爆炸。没有了外壳，反应堆堆芯燃烧着的石墨所散发的热量将反应堆里致命的放射性物质带入空中，向欧洲大部分地区蔓延。

爆炸最直接的后果是，31 名核电站操作人员和消防员死亡，他们没有被告知反应堆引起了大火，也没有被告知辐射程度是致命的。住在乌克兰和白俄罗斯的成千上万名居民由于受到辐射，寿命明显缩短。但是科学家仍然对死亡人数有争议：世界卫生组织说是 4000 人，绿色和平组织说是 20 万人。[①]

2011 年 3 月 11 日地震引起日本核泄漏，亚洲、欧洲的许多国家受到了不同程度的核污染，在广阔的海洋中排放了数万吨核污染水。整个大海被污染，海洋生态环境遭到重大破坏，鱼类等海产品受到不同程度污染，直接威胁人类的健康。

核辐射最为人所知的后遗症是血癌（即白血病），放射性核素锶 90 和铯 137 聚积在骨骼中，提高了得白血病和骨癌的风险。

2. 核事故危害的作用时间长

尤里·塔塔尔丘克证明处理切尔诺贝利严重辐射后的方法令人不安。在官方指南标明的核电站废墟上，他对着几辆废弃的军用车辆（这些车辆曾在 1986 年核反应堆爆炸后用于清理核污染）挥舞着手中的辐射探测器，在测量车门和车顶时听到轻微的嘀嗒声，当他把探测器划过一辆车留下的车辙时，测量器突然嘀嗒作响，说明具有高强度辐射。

他告诉身边的人说："车轮从土壤中受到污染。现在仍有大量放射性同位素——铯、锶、甚至一些钚还留在地表，我们很难消除它们。"25 年后，切尔诺贝利仍是一片被毒害的土地。[②]

---

① 〔英〕罗宾·麦基：《25 年后，这里仍是一片被毒害的土地》，《参考消息》2011 年 3 月 27 日。

② 〔英〕罗宾·麦基：《25 年后，这里仍是一片被毒害的土地》，《参考消息》2011 年 3 月 27 日。

远在英国，切尔诺贝利核事故大量放射性物质沉降在英国一些养殖绵羊的高地地区，英国食品标准署一直监测着当地的绵羊情况，2009 年发布的公告称，有 369 家的绵羊产品仍然存在核污染的遗留问题，限制食用。①

3. 核事故危害的治理难度大

人类对于广泛被污染的土地几乎无能力治理。只能等待核辐射的自然衰竭。而一些核辐射元素的半衰期长达 30 年。只能尝试远离辐射源，尽量少遭受辐射危害。

引发核泄漏的原因，一是工作人员操作失误，如切尔诺贝利核事故；二是核电站设备事故，经常有所发生；三是自然灾害，如地震、海啸等；四是恐怖袭击；五是战争，如外国轰炸，内战；六是核电站产生的三废，如日本向海中排放受到放射性污染的水等。

在日本这样高度发达的国家发生核泄漏事故进一步证明核能是不安全的。这表明了对核电站发动恐怖袭击会产生什么结果。许多事实证明，即使不发生核事故，核裂变工业仍然可以给人类造成严重伤害。在某国有 14 家核武器及化学武器工厂的工人有 22 类致命疾病的患病率超常。自第二次世界大战结束后，共有 60 万名在这些工厂工作过的工人先后患有各种绝症，如肺癌、淋巴癌、肾癌、前列腺癌等。它们的癌症患病率和死亡率是正常人的 80 多倍。核电站由于操作不当等原因引发的核泄漏更直接剥夺许多人的健康乃至生命。生产过程中产生的核废料，生产过程结束后遗弃的核反应堆，都能够对人类造成严重伤害。人类经过无数次核伤害之后，终究有一天会猛醒过来，彻底消灭核裂变工业和核伤害。

2011 年 3 月 26 日，德国爆发大规模反核电游行。25 万人在汉堡、科隆、慕尼黑和首都柏林参加了抗议活动。人们打着标语"福岛意味着：不要再有核电站"。② 同年 5 月 30 日，德国政府宣布在 2022 年前关闭所有核电站，并称该决定是无法撤销的。德国成为首个放弃核能的工业国家。③ 人民的利益首次战胜了核电集团的利益。

为了保护生态环境，同时满足人类生存与发展对资源的合理需要，必

---

① 于大波等：《食品安全需从"田头"管到"餐桌"》，《参考消息》2011 年 4 月 26 日。
② 张品秋：《德国爆发大规模反核电游行》，《参考消息》2011 年 3 月 28 日。
③ 《德国成为首个放弃核能的工业国家》，《参考消息》2011 年 5 月 31 日。

须正确地利用资源。资源水平等级序列，为正确利用资源提供了合理的顺序。人们应当首先充分利用上一级资源，当上一级资源不能满足需要时，再利用下一级资源。资源的使用顺序是 A、B、C、D，能源的使用顺序是 A→D。资源水平等级序列为科学研究指出了正确的方向。科学研究的重中之重在于对无限资源的开发和利用上，其次是有限可更新资源的开发和利用，对于 C 级资源的科研重点是重复利用问题。

资源水平等级序列为生产力的进步提出了正确的方向。生产力应当向利用 A 级和 B 级资源方面发展。逐步扩大 A 级、B 级生产力，逐渐缩小 C 级、D 级生产力，对于 C 级资源，主要是发展重复利用生产力。

资源水平等级序列还为人们的消费选择排出了合理次序。为了社会可持续发展，人类消费选择的次序也应当是 A、B、C、D。例如，我们在选择电力消费时，应当首选太阳能电而不是核电；选择服装时应当首选生物服装而不是矿物服装。

*************** **社会之窗** ***************

核辐射在人体内造成什么危害？[①]

日本核电站故障引发了全球担心，唤起了人们对切尔诺贝利超级核泄漏事故的记忆。当时最重要的问题和今天的一样：核辐射如何损害身体？人们应该采取什么防护措施？

这是看不见的敌人。它们在空气中扩散，通过门窗缝隙潜入室内。人将空气吸入体内后，有害微粒在体内扩散。它们也能通过皮肤进入人体内，然后聚积在人体组织里，发挥破坏作用。

给身体造成危害的，不是这些放射性微粒本身，而是它们释放的所谓电离辐射。电离辐射能使重要的酶不起作用，或者破坏整个细胞组织，严重时细胞会死掉。

遗传物质对电离辐射也没有抵抗力。如果遗传物质 DNA（脱氧核糖核酸）分子中的电子被电离辐射击出，就会导致遗传信息发生改变。改变了的遗传信息会在细胞分裂时传递给子细胞。对 DNA 造成的破坏越大，长期来看得癌症的风险就越高。

---

① 《核辐射在人体内造成什么危害？》，《参考消息》2011 年 3 月 16 日。

辐射病有很多症状。辐射病是否严重，取决于哪个身体组织受到了多强的辐射。最初的症状是头疼、恶心和呕吐。这些症状会在身体遭受辐射几小时后出现。然后它们会暂时减弱，几天之后又会出现厌食、疲劳和不适，而且会持续几个星期。虽然患有这样轻微辐射病的人通常能够恢复体力，但他们的免疫系统往往在一生之中都被削弱，不得不更频繁地与传染病做斗争。

最为人所知的后遗症是血癌，即白血病。放射性核素锶 90 和铯 137 聚积在骨骼中，提高了得白血病和骨癌的风险。如果出现这种后果，人们几乎无能为力。只能尝试远离辐射源，尽量少遭受辐射危害。

瑞士全民公投决定"弃核"①

2017 年 5 月 21 日瑞士举行全民公投，最终以 58.2% 的支持率通过了新能源法案《能源战略 2050》。该法案主要包括减少能源消费、提高能源利用率、推动可再生能源利用和禁止新建核电站。

据埃菲社日内瓦 5 月 21 日报道，2011 年日本福岛核泄漏事故之后，瑞士政府开始考虑制定新的能源法案，以期跨越核电时代，并为在欧洲实现能源转型的宏伟计划奠定基础。

瑞士目前拥有 5 座核电站，在 20～30 年的使用期限到期之后就将报废。眼下，瑞士有 1/3 的发电量来自核能，60% 来自水电站，其余来自热电站和可再生能源。

根据新的能源法案，瑞士还将减少能源和电力消费。到 2020 年和 2035 年，平均每个瑞士人的能源消费将分别比 2000 年减少 16% 和 43%，人均电力消费则分别减少 3% 和 13%。

为了弥补消费量的减少，瑞士决定通过可再生资源增加能源产量，例如太阳能、风能、生物能源和地热能。为了促进可再生能源的发展，瑞士的家庭和企业将为使用电能支付更高费用。这就意味着，一个电力消费处于中等水平的四口之家，其账单将比过去贵了大约 37 欧元。

****

---

① 《瑞士全民公投决定"弃核"》，《参考消息》2017 年 5 月 23 日。

第六节 产品水平

社会进步学把社会划分为人类和环境两类物质。产品是生产出来的，满足人类某种需要的任何东西。产品属于环境的范畴。

一 产品的社会作用

产品的社会作用是指产品对人类生存水平的影响。人类希望得到产品的唯一原因是产品有用，特别是具有有益性。但是产品本身并不是向人类希望的那样只具有有益性，而且还具有有害性，所以人类需要对产品的社会作用进行分析。从产品的作用对象角度看，产品的社会作用包括产品的人类作用和产品的环境作用（见图 3 - 3）。

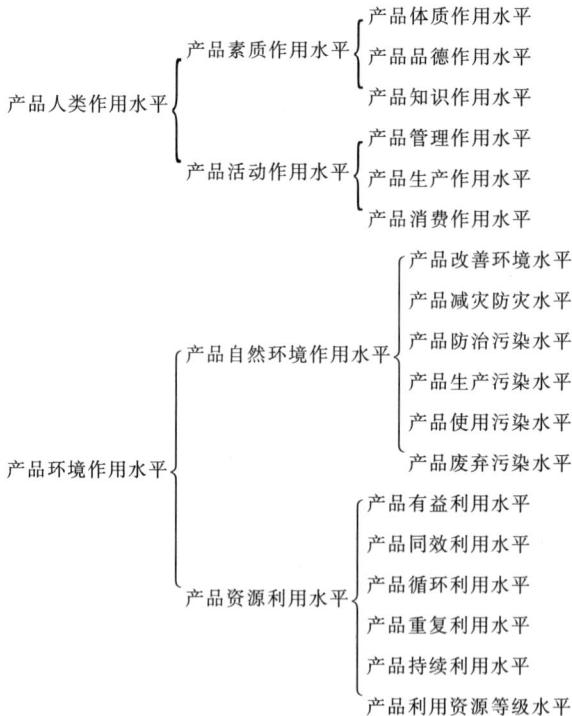

产品人类作用水平 { 产品素质作用水平 { 产品体质作用水平 / 产品品德作用水平 / 产品知识作用水平 ; 产品活动作用水平 { 产品管理作用水平 / 产品生产作用水平 / 产品消费作用水平

产品环境作用水平 { 产品自然环境作用水平 { 产品改善环境水平 / 产品减灾防灾水平 / 产品防治污染水平 / 产品生产污染水平 / 产品使用污染水平 / 产品废弃污染水平 ; 产品资源利用水平 { 产品有益利用水平 / 产品同效利用水平 / 产品循环利用水平 / 产品重复利用水平 / 产品持续利用水平 / 产品利用资源等级水平

图 3 - 3 产品水平评价项目

（一）产品的人类作用

产品的人类作用是指产品直接对人类的素质或活动水平产生的提高作用、维持作用和降低作用。它包括产品对人的素质水平和活动水平两个方面的影响。在产品对人的素质水平作用方面，包括对人的体质水平的作用、对人的品德水平的作用、对人的知识水平的作用以及对人口数量水平的作用；在产品对人的活动水平作用方面，可以划分为产品对管理水平的作用、产品对生产水平的作用和产品对消费水平的作用等。

1. 产品对体质水平的作用

生存表现为肉体的存在。产品对人肉体的影响是产品首要的人类作用。如果某种产品对体质水平产生降低作用，那么人们就应当停止对该产品的生产，或者对该产品进行改进，使之不危害健康。

几乎所有的产品都与人的体质有关。例如，食品、服装、住宅、交通工具、文化用品、机器设备、毒品、武器等都可以通过各种不同途径影响人的体质水平。

食品提供的营养成分是构成人体组织的物质。人的生存离不开食品。如果食品中存有对人体有害的物质，则能够引起各种疾病，甚至置人于死地。根据食品的安全性，可以把食品分为无污染食品、轻污染食品和重污染食品。食品的污染源非常多，如废水、废气、废物，化肥、农药、生长激素、抗生素、防腐剂和添加剂等。食品在生产、加工、包装、运输、出售和储存等各个环节都可能受到污染。即使在生产环节严格遵守绿色食品或有机食品的标准，生产出无污染食品，如果在出售环节不注意卫生，在露天出售，也会由于汽车尾气污染、风尘污染、钱币污染、手污染等使食品成为污染食品。一些品德败坏之徒，在经济利益的驱使下，不惜往食品中添加各种有毒物质，危害人们健康。为了保证食品安全，应该提高每一个公民的品德水平，使人们都尊重他人的生命；提高每一个公民的知识水平，使人们掌握正确的生产、加工、包装运输、出售、储存等食品安全知识；建立严格的食品安全标准，使人们有法可依；强化食品安全监督、检查，使食品从生产到出售的全过程都在政府指定部门的严格控制之下，确保食品安全。

电磁辐射会对人体产生伤害，引起头痛头晕、周身不适、疲倦无力、失眠多梦、免疫功能下降、脑细胞坏死、心脏病、高血压、眼损伤和癌症等疾病，缩短人的寿命。在现代社会中，人们生产设置过多的电视台、电台、移动通信网站等产品，成倍增加了对人们健康的损害。电视机、计算机、手机等产品普遍缺少有效地防止电磁辐射伤害的装置。由于上述产品对人类健康具有降低作用而不是提高作用，即使它们是高新技术产品，仍然是低水平的产品。只有完全消除这些现代化产品对人类健康的伤害，才能真正提高它们的水平。要关闭过多的向空中发射电磁波的电视台、电台和其他电信设施。这些装置够用就可以了。要提高家用电器防电磁辐射的水平，生产无伤害电器产品。

汽车代替马车方便了人们出行。但是，汽车的盲目发展严重损害了人类的安全。汽车尾气污染已成为城市空气污染的主要来源。汽车频繁引发交通事故使汽车成为"城市杀手"的代名词。人的健康应当高于一切。随着科技的进步，最终要生产零排放汽车，发明和生产出更安全、便捷的交通工具。同时，应当建设机动车专用全封闭道路和绝对禁止机动车通行的行人专用道路。

武器作为杀人工具，是直接损害人的健康的产品，应当逐渐消灭而不是发展。

2. 产品对品德水平的作用

产品可以对品德水平产生影响。能够直接影响思想的文化产品，往往对人的品德水平具有较强的作用力。健康的文化产品可以显著提高人们的品德水平，不健康的文化产品可以明显降低人们的品德水平。其中网络、电影、电视、小说、报纸、杂志等对人们的品德水平影响巨大，许多青少年犯罪来源于对不健康的影视作品人物行为的模仿。

除了文化产品之外，其他产品对品德水平也能产生影响。奢侈产品可以起到降低人们品德水平的社会作用。奢侈产品只能被少数人所拥有，拥有奢侈产品本身就是一种特权的象征，代表着财富分配的不公平性。奢侈产品的拥有者容易产生高人一等的优越感，不关心他人，挥霍浪费社会财富。他们与普通人民因为财富相差悬殊而形成不平等的社会阶层，产生隔阂、敌视、矛盾和斗争。一些人为了获得奢侈产品，过上奢侈生活，不惜采取贪污受贿、巧取豪夺、坑蒙拐骗、偷盗抢劫等各种非法手段。

普通产品可以起到维持人们品德水平的社会作用。所有的人都使用普通产品，人们之间具有平等的感觉，不再通过财富区分出高低贵贱的不同阶层，可以为了共同利益团结奋进，共建美好家园。

污染性产品和环保性产品可以对人的品德水平产生不同的影响。经常使用污染性产品的人缺少环保意识和社会责任感；经常使用环保产品的人具有较强的环保意识和社会责任感。生产者应当关注产品的品德作用，只生产健康的文化产品，不生产不健康的文化产品；只为绝大多数人生产普通产品，不为少数人生产奢侈产品；只生产环保产品，不生产污染产品。

3. 产品对知识水平的作用

具有传播知识功能的产品能够影响人们的知识水平。教科书的知识水平，直接影响着受教育者的知识水平。宣传先进科学知识的教科书可以提高使用者的知识水平；宣传落后知识的教科书使人们掌握的是落后知识；宣传错误知识的教科书明显降低使用者的知识水平，使之产生对社会错误的认识。

所有的文字产品对人的知识水平都能产生影响，如各类图书、报纸、杂志和网络都传播着大量知识，其中既有正确的知识，也有错误的知识。

产品说明书、产品上文字、包装物上文字、单位牌匾、街头广告、站牌、路标等供公众阅读的文字产品，虽然单个信息量不大，但影响面广，作用持久。如果文字或表述的内容有错误，也会起到降低公众知识水平的作用，成为社会公害。影视剧等音像产品对知识水平的作用更不可低估，它们既能起到娱乐作用，也是传播知识的工具。许多音像产品中正确的知识信息和错误的知识信息并存，很容易误导人们接受错误知识。历史题材的电视剧如果歪曲历史，人们必然从中得到错误的历史知识。文字产品生产者应当努力提高产品的知识作用水平。一是要严格控制教材的编写和审定工作，不准擅自编写教材和辅导教材；要不断用先进而有用的科学知识充实教材，不断淘汰落后、无用的内容。二是要严格审查各种文字产品，以保证其科学性和进步性，禁止生产一切反科学的、落后的文字产品。三是要严格审查各种音像产品，鼓励生产宣传进步和科学知识的音像产品，禁止生产宣传落后知识和谬误的音像产品。

4. 产品对管理、生产和消费活动水平的作用

先进的通信工具、交通工具可以提高远程管理的效率，如召开网络会议、电视会议可以节省往返时间、节省食宿等会议费用，先进的管理软件

和网络可以提高政府、企事业单位的财务管理、人事管理以及其他方面的管理水平。

生产工具水平是生产力水平的重要组成部分，对生产水平有重要影响。先进的生产设备节约资源，不污染环境，投入产出率高；落后的生产设备浪费资源，污染环境，投入产出率低。

消费品水平直接影响着人们的消费活动水平。食用含有有害物质的食品会损害身体健康，频繁发生交通事故的交通系统随时威胁着人们的生命，有毒装修材料使人们逐渐患上各种疾病等。

人们应努力提高产品活动作用水平，要及时推广先进的管理技术产品，淘汰落后的管理技术产品；要围绕提高生产水平而不是利润水平开发生产设备；鼓励使用节约资源、不污染环境的生产设备，禁止使用浪费资源、污染环境的生产设备；要围绕提高人的体质水平、品德水平、知识水平以及有利于节约和环保开发生产消费品，禁止生产降低人的水平和环境水平的消费品。

（二）产品对自然环境的作用

产品的自然环境作用是指产品对自然环境水平产生的提高作用、维持作用和降低作用等社会作用。

1. 产品对自然环境的贡献作用

产品对自然环境的贡献作用是指产品引起自然环境向有利于人类生存的方向转化，阻止自然环境向不利于人类生存的方向转化，使自然环境的水平得到维持或提高。能够直接对自然环境发挥贡献作用的产品主要有四类。

（1）改善生态环境的产品。该类产品使生态系统向有利于人类生存的方向演替，阻止生态系统退化，形成符合人类生存需要的最佳顶级生态系统，如人造植被可以使沙漠变为绿洲。

（2）减灾防灾产品。该类产品起到预防自然灾害或降低自然灾害给人类带来的损失的作用，从而提高了环境的水平，如气象站、防风林、防洪坝等。

（3）防治人为造成污染的产品，如污水处理设备等。

（4）在生产、消费、遗弃各环节均不产生污染的产品。

2. 产品对自然环境的破坏作用

产品对自然环境的破坏作用是指产品在形成时、使用中和废弃后引起自然环境向不利于人类生存的方向转化。产品的破坏作用导致地球生态系统退化，降低人类的生存水平。研究产品对自然环境的破坏作用是为了正确地生产和购买产品，消除产品对生态环境的破坏，保证产品和自然环境和谐发展，保护人类生境。在不破坏地球生态系统的同时满足人们对产品的必要需求。

产品对自然环境的破坏作用表现在产品存在的全过程之中。必须全面考察产品在形成、使用和遗弃时对自然环境的破坏作用。如果只注意产品在使用时的破坏作用而忽视了产品形成过程中和排放时的破坏作用，将不能做出正确的选择。例如，天然钻石饰品在使用时不会对环境产生破坏作用，也不存在排放污染，但是开采天然钻石却要大量破坏植被和土地，严重破坏生态环境。

产品生产破坏几乎包括了所有种类的人为生态系统的破坏，如破坏植被、占用土地、资源毒性、大气污染、水体污染、固体废物污染、热污染、放射性污染、电磁污染、噪声污染等。

产品生产破坏评价项目包括占用土地指标、破坏植被指标、资源含毒指标、废气污染指标、废水污染指标、废物污染指标、热污染指标、放射性污染指标、电磁污染指标和噪声污染指标等。

无论是工业品生产还是消费品生产，都要求生产过程对自然环境不产生破坏。

工业品的使用破坏表现在其产品进入生产过程发挥生产功能之时，消费品的使用破坏存在于人的消费活动之中。例如，使用排放型汽车会污染空气，而使用无排放汽车则不会造成空气污染；广播、电视、计算机、移动电话、微波炉、卫星通信、雷达以及一些医学、科研仪器在使用时会产生电磁污染，危害人的健康；放射性产品和一些由矿物资源制成的产品具有放射性污染；一些产品在使用中能够产生热，形成热污染；汽车、火车、飞机等交通工具，机床、鼓风机等生产工具，电视、冰箱、洗衣机、音响设备等消费品，在使用时还会产生噪声污染。

产品被人们当作垃圾时会转化为固体、液体或气体污染源，当今垃圾污染已经成为世界公害，垃圾围城现象严重，许多城镇有被垃圾掩埋的危险。垃圾中存在着大量有毒有害的化学废料，特别是核废料对人类生存构成严重威胁。

3. 防治产品对自然环境破坏的方法

防治产品对自然环境的破坏，必须从生产、使用、废弃全过程入手，最终实现各类废物的减量化、资源化和无害化。

（1）严格控制生产力规模和生产量。只进行必要的工业品生产和消费品生产，禁止生产过多的工业品和消费品，禁止浪费性生产。

（2）严格控制消费量。只进行必要消费，禁止奢侈消费和浪费消费品，使人们的消费只对生产形成必要需求。

（3）尽量减少单个产品的资源使用量。制订各类产品的资源使用量标准，并随着技术进步而不断更新标准，禁止生产超标产品。

（4）尽量使用可完全回收利用和容易回收利用的材料。

（5）综合利用资源，防止资源浪费。

（6）使用无毒无害材料，生产清洁产品。尽量使用无毒无害材料替代有毒有害材料。

（7）使用生物材料替代矿物材料，提高产品的环保水平，使废弃产品可进入生态系统进行正常循环而不产生破坏作用，如利用植物取代钢铁制造汽车零件。

（8）建立清洁生产系统，取缔污染生产系统。

（9）建立循环生产系统。

（三）产品的资源利用水平

生产产品需要利用物质。产品的资源利用水平同生产产品的物质利用水平表现为有益利用水平、同效利用水平、循环利用水平、重复利用水平和持续利用水平，可划分为非常节约级、节约级、平均级、浪费级和非常浪费级。除此之外，还要注意产品利用资源的种类，资源的种类可划分为4级，从社会可持续发展角度考虑，同类产品利用上级资源要比利用下级资源更有利于社会进步。在其他条件相同时，产品利用资源的级别越高，产品的资源利用水平越高。

二　产品水平等级

产品水平是指产品对人类生存的作用状态，它反映产品以自然属性为基础的社会属性。产品水平包括产品的人类作用水平和产品的环境作用水平。产品是为人类服务的，生产任何产品，研制开发任何新产品，都应当全面分析产品的社会功能，从而选择对人类最为有益的产品。

产品的社会属性表现为产品对人类生存水平的提高作用、维持作用和降低作用。前两种社会作用的产品自然属性与社会属性基本一致，如汽车的安全性能越好，越有利于人的健康；后一种作用的产品自然属性与社会属性基本相反，如武器的杀伤和破坏性能越好，对人和环境的损害就越大。

产品水平是产品本身主要的自然功能所支持的产品的社会作用，使用产品的水平属于人类活动水平的范畴。人类即需要提高产品水平，又需要提高使用产品的水平。

根据产品的社会作用，将产品划分为 5 个基本等级，分别为 A 级产品、B 级产品、C 级产品、D 级产品和 E 级产品（见表 3 - 13）。

表 3 - 13　产品水平等级

作用、水平	A 级产品	B 级产品	C 级产品	D 级产品	E 级产品
健康作用	较大提高	提高	不变	降低	严重降低
品德作用	较大提高	提高	不变	降低	严重降低
知识作用	较大提高	提高	不变	降低	严重降低
管理作用	A 级活动	B 级活动	C 级活动	D 级活动	E 级活动
生产作用	A 级活动	B 级活动	C 级活动	D 级活动	E 级活动
消费作用	A 级活动	B 级活动	C 级活动	D 级活动	E 级活动
改善环境水平	最高	较高	较低	无	无
减灾防灾水平	最高	较高	较低	无	无
防治污染水平	最高	较高	较低	无	无
生产污染水平	无	无	轻污染	轻、中污染	严重污染
使用污染水平	无	无	轻污染	轻、中污染	严重污染
废弃污染水平	无	无	轻污染	轻、中污染	严重污染
有益利用水平	非常节约	节约	平均	浪费	非常浪费
同效利用水平	非常节约	节约	平均	浪费	非常浪费
循环利用水平	非常节约	节约	平均	浪费	非常浪费
重复利用水平	非常节约	节约	平均	浪费	非常浪费
作用范围	≥公众	≥个人	≥个人	≥公众	

（一）A 级产品

A 级产品是指在正常使用时能够大幅度提高社会水平或保持社会水平处于 A 级状态、没有降低作用的产品。消费者对 A 级产品情有独钟，生产者投其所好不断改进产品功能，推出新产品或高科技产品吸引顾客。其实新产品或高科技产品并不一定是 A 级产品。A 级产品有如下特征。

1. A 级产品对使用者的素质水平具有提高或维持作用，没有降低作用

A 级产品的提高作用幅度达 20% 以上。A 级产品能够维持人的体质水平，使之保持在健康级，或者阻止人的体质水平下降，或者提升人的体质水平等级。A 级产品不会对人的健康造成任何伤害。A 级产品反映了品德水平的最高级——世界品德水平。正确使用先进产品符合社会根本利益，不会损害任何人的利益。A 级产品能够起到提升品德水平的作用，没有降低品德水平的作用。A 级产品反映最先进的科学知识，使用 A 级产品有助于提高知识水平。

2. A 级产品能够提高使用者的活动水平

正确使用 A 级产品，可以进行 A 级活动。A 级管理产品可以提高管理水平。A 级生产设备可以开展先进的生产活动。A 级消费品可以提高人们的消费水平，使消费活动处于 A 级状态。

3. A 级产品能够改善环境并阻止环境退化

A 级的改善环境产品、减灾防灾产品和防治污染产品对改善环境水平、减灾防灾水平、防治污染水平要高于同类产品平均值的 20% 以上，处于最高水平。

4. A 级产品对自然环境没有任何损害作用

使用 A 级产品可以维持健康理想级的环境水平。A 级产品必须采用清洁生产方式，没有任何生产污染和生产破坏。A 级产品在正常使用时不会产生使用污染和使用破坏。A 级产品使用后有完善的回收系统，或者作为资源重新利用，或者进行无害化处理，不会产生废弃污染。

5. A 级产品的资源利用水平处于非常节约级

物质有益利用率、重复利用次数、持续利用时间和循环利用次数都要高于同功能产品平均值的 20%，同效利用量要低于同功能产品平均值的 20%。A 级产品的有益利用水平、同效利用水平、循环利用水平、重复利用水平和持续利用水平都在同功能产品中处于领先地位。

6.A级产品的利用资源等级水平最高

在可利用上级资源的情况下不利用下级资源，从而最有利于社会可持续发展。

7.A级产品可以向全人类推广

A级产品是可以大量生产的为广大人民所利用的大众产品，不是只为少数人服务的奢侈产品。生产和使用先进产品可以大幅度提高广大人民的素质水平和活动水平，可以大幅度提高人们共有的自然环境水平。

*************** **社会之窗** ***************

成都零排放客车开始示范运营[①]

2010年5月28日，成都经济技术开发区四川汽车工业集团野马汽车厂，数辆新下线的纯电动客车缓缓开出厂门，驶向成都市区。即日起，成都生产的首批10辆纯电动客车开始用于成都市区16路和28路公交高峰时段的示范运营。

乍一看，新公交车和普通燃料汽车没什么两样。成都市民宋永玲坐上16路纯电动公交车后才发现新能源汽车的优点：启动无噪声、行驶很平稳。公交车在行进中，宋永玲从车子前部走到后部，没有感觉到明显晃动。

"操作很方便。充电步骤也简单，和电瓶车充电差不多。"在刚刚投入使用的国家电网四川省电力公司成都石羊电动汽车充电站，司机张师傅轻松地从充电桩上取下充电电缆，接上公交车尾部的充电接口，充电就开始了。慢充慢放，4个小时左右可以充满电，快充半个小时，就可以充到八成电量。

这批纯电动公交车，采用磷酸铁锂电池作为动力。充满电后，纯电动公交车可以连续行驶270公里。四川汽车工业集团有限公司常务副总经理曹国栋给记者算了一笔账，"纯电动公交车每行驶100公里约消耗50千瓦时电。算下来平均每天只需花大约50元的电费，比普通公交车的燃料成本降低了一半以上"。而且，纯电动汽车的使用过

---

① 喻剑：《成都首批纯电动车开始示范运营》，《经济日报》2010年6月3日。

程真正做到了零排放、零污染。

****

（二）B 级产品

B 级产品是指在正常使用时能够提高社会水平或保持社会水平处于 B 级状态、没有降低作用的产品。B 级产品总体上有利于社会进步，但是同 A 级产品相比存在着明显的差距。所有的 A 级产品都符合 B 级产品的标准，B 级产品可以在某些方面达到 A 级产品的标准。B 级产品有如下特征。

1. B 级产品对于使用者的素质水平具有提高或维持作用，没有降低作用

A 级产品的提高作用幅度一般较大，B 级产品的提高作用幅度相对于 A 级产品一般较小。A 级产品可以维持人的素质水平在 A 级状态，B 级产品可以维持人的素质水平在 B 级状态。B 级产品能够维持人的体质水平，使之保持在健康体质水平。任何在正常使用情况下能够对人的健康造成伤害的产品都不是 B 级产品。B 级产品反映的品德水平在公众品德以上。正确使用 B 级产品不会损害公共利益。B 级产品没有降低人们品德水平的作用。B 级产品反映高级知识水平，有宣传知识作用的 B 级产品不会降低人的知识水平。

2. B 级产品可以提高使用者的活动水平

正确使用 B 级产品可以进行 B 级活动。使用 B 级产品可以进行 B 级的管理活动、B 级的生产活动和 B 级的消费活动。

3. B 级产品具有一定的改善环境作用并有效利用资源

B 级产品不仅对环境有改善作用，而且 B 级产品一般对自然环境没有损害作用。使用 B 级产品可以维持健康安全级的环境水平。B 级产品没有生产污染、使用污染和废弃污染。B 级产品的资源利用水平为节约级以上，其利用资源等级较高。

（三）C 级产品

C 级产品是指在正常使用时能够保持社会水平处于 C 级状态，或在提高一方面水平的同时，降低另一方面水平的产品。C 级产品是介于 B 级产品与 D 级产品之间的产品。它可保持社会水平在 C 级状态。它的维持作用表现为纯维持和混维持两种情况。纯维持 C 级产品不提高社会水平，也不降低社会水平；混维持 C 级产品在提高一方面水平的同时，降低另一方面水平，具有部分 B 级产品特点和部分 D 级产品特点。

纯维持 C 级产品对于使用者的素质水平没有提高作用，也没有降低作用。进行 C 级活动的产品一般为 C 级产品。产品一般没有改善环境的功能，阻止环境退化和防止污染的水平也很低。产品没有污染或者有暂时性轻污染，可以通过环境自净在短时间内消除，基本上不降低环境水平。产品资源利用水平处于平均级以上状态。产品利用资源等级水平处于中间状态。产品作用范围不限。

（四）D 级产品

D 级产品是指在正常使用时即可降低社会水平或保持社会水平处于 D 级状态的产品。D 级产品对社会有害。D 级产品在正常使用时就会降低社会水平，或者降低人的素质水平、活动水平，或者降低环境水平，或者同时降低人和环境水平。D 级产品也可能具有一定的提高作用，但其降低作用大于提高作用。D 级产品有如下特征。

1. D 级产品降低人的素质水平

D 级产品降低人的素质幅度一般小于 20%。长期使用 D 级产品可使人的素质处于 D 级水平。D 级产品在正常使用时可损害人的健康。食品类 D 级产品一般都含有损害人的健康的化学物质或天然毒素。工具类 D 级产品一般都存在设计上的缺陷，在使用时会伤害工人的身体。住宅类 D 级产品长期居住会患慢性疾病。D 级产品降低人们的品德水平。D 级产品损害人们利益，代表负品德。例如，污染环境的行为是负公众品德行为。尾气超标的汽车在使用时必然会污染环境，经常使用尾气超标的汽车的人环境意识淡薄。D 级产品降低人们的知识水平，传播错误知识的产品属于 D 级产品。

2. D 级产品降低人们的活动水平

使用 D 级产品从事 D 级活动。降低人们管理水平、生产水平和消费水平的产品属于 D 级产品。人们利用落后的生产设备，只能进行落后的生产活动。应当及时淘汰落后生产设备。

3. D 级产品一般没有改善环境或阻止环境退化的作用并浪费资源

D 级产品破坏自然环境，降低自然环境水平，广泛使用 D 级产品可使自然环境处于中危害级状态。存在生产污染的产品是 D 级产品，存在使用污染的产品是 D 级产品。存在废弃污染的产品是 D 级产品。资源使用水平处于浪费级的产品是 D 级产品。D 级产品利用资源等级低。

(五) E 级产品

E 级产品是指在正常使用时严重降低社会水平或保持社会水平处于 E 级状态的产品。E 级产品与 D 级产品社会作用方向一致，都是起降低社会水平的作用。它们的区别在于对社会的危害程度不同，E 级产品对社会的危害更大，严重降低社会水平，降低的幅度达 20%，降低的范围波及公众。一些 E 级产品也有提高作用，但提高作用远远小于降低作用。E 级产品有如下特征。

1. E 级产品严重降低人的素质水平

长期使用会使人的素质处于 E 级水平。E 级产品严重损害人的健康，这是辨别 E 级产品的最主要标志之一。一切直接或间接严重损害人的健康的产品都是 E 级产品。E 级产品严重降低人们的品德水平，其产品代表负公众品德以下的品德等级。使用 E 级产品会直接或间接损害公众、民族、国家和世界人民的利益。E 级产品严重降低人们的知识水平，大量宣传错误知识的产品属于 E 级产品。

2. E 级产品严重降低人们的活动水平

使用 E 级产品从事的是 E 级活动。一个极易发生工伤的生产系统，必然导致大量的工伤事故。一个严重浪费资源的机器，只能进行严重浪费资源的生产活动。

3. E 级产品一般没有改善环境或阻止环境退化的作用

E 级产品严重破坏自然环境，长期大量使用可使自然环境处于 E 级以下水平。一个产品在生产中严重破坏环境，即使该产品在使用时对人有益，它仍然是 E 级产品。一个产品在生产中不破坏环境，但是在正常使用时严重污染环境，它就是 E 级产品。一个产品可能在生产中、使用时都不破坏环境，但是在废弃过程中严重破坏环境，它也是 E 级产品。

4. E 级产品非常浪费资源危害极大

严重损害人的健康的产品、严重降低人的活动水平的产品和严重破坏环境的产品对资源的浪费为 100%。因为它是人类所不需要的。一些对人和环境没有直接损害的产品，它们的资源利用水平处在非常浪费级，也属于 E 级产品。E 级产品利用资源等级的水平最低。一般情况下在可利用下级资源时不利用上级资源。E级产品损害的人和环境范围广泛。

　　用上述产品水平标准衡量目前世界生产的产品，就会发现人类生产的大部分产品是B、C、D级产品，A级产品较少。尽管科学技术日新月异，尽管产品千变万化，这种现象并没有根本扭转。一些产品虽然在许多方面符合A级产品的条件，但因其在生产过程中没有实施清洁生产而破坏环境。有的产品虽然在生产和使用中不会对人和环境产生负面影响，但由于缺少完全回收利用程序，在废弃时仍然会对环境造成污染。

　　上述依据产品的社会属性对产品水平的划分，符合社会根本利益。人们在研制和生产任何产品时，都应当全面考虑产品在生产时、使用时和废弃时对人和环境水平的影响，尽量生产对人和环境有益无害的产品。虽然世界上完全达到A级标准的产品很少，但是A级产品代表了人类产品生产的发展方向。人们在改进产品时，应当参照A级产品的标准，建立具体产品的标准体系。产品的进步就是产品水平等级的提高。

　　社会是否不能大量生产可以满足人们必要需要的A级产品呢？答案是否定的。就目前的科学技术水平，人类完全有能力进行清洁生产、使用清洁能源、生产安全环保型产品、回收利用一切可利用的废弃物。那么，为什么人们不只发明和生产对人和环境完全有益无害的产品，还要去不断发明和生产对人和环境有害的产品呢？一方面企业利益和人类共同利益之间存在着矛盾。企业利益是追求最大利润，而当产品全面兼顾人和环境所有方面水平时，必然要增加成本，降低利润。另一方面消费者在品德和知识水平限制下，往往只根据产品的使用功能是否满足某一方面需要而选择产品，并不注意产品的生产过程、回收利用水平以及对他人和环境的影响，这就使D级产品和E级产品有了广泛的市场。

　　在企业利益和市场需求的支配下，产品创新和生产只注重产品对需求的满足程度，而忽视了产品生产的必要性；只注重产品的自然属性，而忽视了产品的社会属性；只注重产品对社会的部分影响，而忽视了产品对社会的全面影响。

三　提高产品水平的基本方法

（一）产品全程社会控制

解决企业利益与公共利益的矛盾，使产品的水平符合人类和环境进步的社会属性标准，只有一个办法就是实行产品全程社会控制。根据公共利益对产品生产、使用和废弃进行全程控制。社会实践证明，产品全程社会控制较好，清洁生产和清洁消费就较为普及，环境保护较好，人的体质水平较高；产品全程社会控制较差，污染生产和污染消费就较为普遍，环境破坏严重，人的体质水平也较低。没有建立产品全程社会控制制度的国家应当建立产品全程社会控制制度，已经有产品全程社会控制制度的国家应当进一步完善制度，提高产品全程社会控制水平。

1. 公共利益高于企业利益

产品全程社会控制必须代表公共利益而不是企业利益，必须高于企业利益和企业权力。如果产品全程社会控制代表企业利益就丧失了对企业利益的约束，等于没有产品全程社会控制。如果产品全程社会控制等于或低于企业权力就不能限制住企业以环境和公共利益的损失为代价而追求利润行为。公共利益与企业利益存在矛盾，为了维护公共利益，产品全程社会控制必须仅代表公共利益，把公共利益强加于企业利益之上，从而使企业只能在符合公共利益的前提下追求自身最大利益。产品全程社会控制告诉企业和个人可以做什么、必须做什么和不可以做什么。

2. 在政府控制下的市场经济是控制市场经济

政府是社会的管理部门，也是产品全程社会控制的执行部门。政府对生产和消费进行的产品全程社会控制就是社会管理。政府控制以行政命令和法律手段为主，以直接干预为主，辅以必要的间接控制。可以概括为鼓励、推广、改造、取缔和禁止。

鼓励 对于最先进的产品生产、使用和回收活动给予免税、财政支持等鼓励措施。例如，对太阳能建筑给予免税，对使用无排放车辆给予免税，对于循环型生产线给予免税等。

推广 制定一系列产品生产标准、使用标准和回收标准等产品标准，强制推行，以使产品的生产、使用及废弃都对人和环境水平产生有利影响，符合社会根本利益。

改造 将具有改造潜力的落后的产品生产改造为先进的产品生产。例如，将废弃型生产线改造为循环型生产线。

取缔 对于不能改造的落后的产品生产、使用和排放要坚决取缔。

禁止 通过法律手段逐步禁止一切落后产品的生产和使用，逐步禁止一切落后的生产和消费活动。

（二）提高产品生产者和使用者的品德水平和知识水平

发展先进产品，取缔落后产品，逐步提高产品水平，其根本性措施在于提高生产者和使用者的品德水平和知识水平。

知识水平、品德水平和资源水平共同制约产品水平。知识水平决定生产技术水平，品德水平决定人们利用生产力生产哪个水平层次的产品，资源水平决定生产哪个水平层次产品的物质条件。

人们可以利用同一知识生产不同水平的产品，既可以用高科技生产优质产品，也可以用高科技生产假冒伪劣产品；既可以用高科技生产健康食品，还可以用高科技生产生化武器、核武器。品德水平相同的人，其知识水平不同，生产的产品水平也不同。

提高品德水平对提高社会产品水平非常重要。在知识水平和资源水平不变的条件下，提高品德水平能改变整个社会产品水平结构，降低落后产品占总产品的比重，从而提高社会总产品的综合产品水平。比如当各个国家、各个民族的品德水平都超越了国家品德和民族品德，而进入世界品德这一最高级别品德水平，国家之间、民族之间以及每个人之间彻底消除了仇恨、敌视和剥夺，友好遍布人间，那时诸如毒品和武器等产品将不复存在。

第七节　社会分级

一　社会差异

同类社会单位之间可以进行比较。通过比较可以发现同类社会单位之间存在着社会水平差异，称作社会差异，如国家之间、民族之间、政党之间、企业之间、家庭之间以及个人之间或多或少存在着社会差异。社会差异的内容包括社会水平的所有方面，如人的素质水平差异、人的活动水平差异、自然环境水平差异和人工环境水平差异等。社会单位之间有的存在完全差异，有的存在部分差异；开放式社会单位之间往往存在着部分交叉，交叉的部分是社会水平完全相同的部分，如个人使用的公共环境，几个公司聘用同一个人；相互独立的社会单位也可以存在相同的社会水平，如不同国家的人可以具有相同的品德水平、知识水平、体质水平、管理水平、生产水平和消费水平，不同国家的自然环境可能都处于健康安全级。

差异是矛盾的基础，特别是品德水平和认识水平的差异会引起激烈的矛盾。如果人们的品德水平统一于世界品德，就不会有任何战争和犯罪。

同一是团结的基础，人类生存共同依赖的自然环境是统一人类行动的社会基础。世界人民终将会因为保护环境而团结起来，实现人类与环境的和谐发展，使各个国家和民族繁荣富强。

人们应该正确对待社会差异。一方面要鼓励先进社会单位的发展，推动社会水平的不断提高，改造落后社会单位，促使落后社会单位向先进社会单位看齐。另一方面要阻止落后社会单位的蔓延，防止落后社会单位吞并先进社会单位，特别要防止别有用心的人利用国家差异、民族差异、信仰差异、阶层差异挑起社会矛盾，破坏安定团结，甚至发动战争。

进入 21 世纪，缩小直至消除差异已经成为人类最为紧迫的任务。它是实现社会可持续发展的必要条件。应当将全人类的活动统一到保护和改善生态环境上来。在国家差异方面，发达国家要帮助欠发达国家发展经济，欠发达国家要争取赶上发达国家；在民族差异方面，要积极化解民族矛盾，推动民族融合；在党派差异方面，要发展进步政党，使各党派的思想统一到推动社会进步上来。

二 社会单位水平

社会单位水平是指社会单位中绝大多数人的生存水平，如国家水平、工作单位水平、公共场所水平、家庭水平都是重要的社会单位水平。社会单位水平可以分为 5 个基本等级，分别为 A 级社会单位、B 级社会单位、C 级社会单位、D 级社会单位和 E 级社会单位。任何社会单位都应当知道自己的社会水平等级，也应当知道其他社会单位的社会水平等级（见表 3 – 14）。

表 3 – 14　社会单位水平等级

等级	素质水平	活动水平	自然环境水平	产品水平
A 级单位	A 级素质	A 级活动	A 级自然环境	A 级产品
B 级单位	B 级素质	B 级活动	B 级自然环境	B 级产品
C 级单位	C 级素质	C 级活动	C 级自然环境	C 级产品

等级	素质水平	活动水平	自然环境水平	产品水平
D 级单位	D 级素质	D 级活动	D 级自然环境	D 级产品
E 级单位	E 级素质	E 级活动	E 级自然环境	E 级产品

社会单位水平标准即可以用来进行社会单位之间水平比较，也可以用来对本社会单位进行纵向的历史性比较。后者可以判定本社会单位是进步了，停滞了，还是倒退了。

（一）**A 级社会单位**

A 级社会单位是指单位中有 60% 以上的人和环境处于 A 级水平的社会单位。60% 的 A 级比例是 A 级单位的底线，顶线是 100% A 级率，A 级社会单位是顶级社会单位。

A 级单位中各级骨干都具有 A 级素质。有 60% 以上人口的体质水平处于健康级；60% 以上成人人口的品德水平处于世界品德级；60% 以上 30 岁以上人口的知识水平处于创新级；A 级单位中有 60% 以上的人的活动是 A 级活动，包括 A 级管理活动、A 级生产活动和 A 级消费活动；A 级单位中有 60% 以上的自然环境是 A 级环境，A 级单位中不存在人对环境的破坏；A 级单位中有 60% 以上的产品是 A 级产品。

（二）**B 级社会单位**

B 级社会单位是指单位中有 60% 以上的人和环境处于 B 级和 B 级以上水平的社会单位，有 60% 的 B 级和 B 级以上比例是 B 级单位的底线。B 级社会单位是次级社会单位。

B 级单位中各级骨干多数具有 B 级或 B 级以上素质。有 60% 以上人口的体质水平处于亚健康或以上水平，有 60% 以上成人人口的品德水平处于公众品德级或以上水平，有 60% 以上 30 岁以上人口具有学士知识水平，有 60% 以上的人的活动是 B 级活动或 A 级活动；有 60% 以上的自然环境是 B 级或 A 级环境；有 60% 以上的产品是 B 级或 A 级产品。

（三）**C 级社会单位**

C 级社会单位是指单位中有 60% 以上的人和环境处于 C 级或 C 级以上水平，有 60% 以上的 C 级和 C 级以上比例是 C 级单位的底线。

C 级单位中各级骨干多数具有 C 级或 C 级以上素质。有 60% 以上人口的体质水平处于准健康或以上水平，有 60% 以上成人人口的品德水平处于基础品德级或以上水平，有 60% 以上 30 岁以上人口具有高中知识水平，有 60% 以上的人的活动是 C 级活动或 C 级以上活动；有 60% 以上的自然环境是 C 级或 C 级以上水平；有 60% 以上的产品是 C 级产品或 C 级以上产品。

（四）D 级社会单位

D 级社会单位是指单位中有 60% 以上的人和环境处于 D 级或 D 级以上水平，60% 以上的 D 级和 D 级以上比例是 D 级单位的底线，D 级单位的顶线是 C 级单位的底线。D 级社会单位是落后的社会单位。

D 级单位中大多数骨干具有 D 级或 D 级以上素质。有 60% 以上的成人人口的品德水平处于负公众品德或以上水平，负公众品德以下人口在 40% 以内，负品德人口超过 40%；准健康以下人口超过 40%，30 岁以上人口中有 40% 以上低于高中水平。

D 级单位中有 60% 以上的活动是 D 级或 D 级以上活动，E 级活动在40% 以下，D 级与 E 级活动之和超过 40%；有 60% 以上的自然环境是 D 级或以上水平；有 60% 以上的产品是 D 级产品或 D 级以上产品，E 级产品不足 40%，D 级与 E 级产品之和大于 40%。

（五）E 级社会单位

E 级社会单位是指单位中人和环境的 E 级率超过 40% 的社会单位。E 级社会单位是末级社会单位，所有不够 D 级条件的单位都是 E 级单位。

E 级单位中的骨干一般为 E 级素质。有 40% 以上人口为负公众品德以下的等级。

E 级单位中有 40% 以上的活动是 E 级活动，有 40% 以上的自然环境处于 E 级或 E 级以下水平，有 40% 以上的产品处于 E 级水平。

人们希望生活在 A 级社会单位之中，特别是希望生活在 A 级国家之中。

第八节　A 级社会

A 级社会是指 A 级人口占主导地位，人口数量控制在环境承受能力以内，主要活动是 A 级活动，自然环境处于健康理想级，主要产品是先进产品，所有人的必要消费需要都能得到满足的社会。在 A 级社会中人和环境的水平都处于顶级状态，适合所有人健康生存。A 级社会中的绝大部分社会单位是 A 级社会单位。

一　A 级社会人的素质和数量水平

（一）A 级社会以先进人口为主

A 级社会科学普及程度极高。在 30 岁以上人口中，具有创新级知识水平的人口占 60% 以上，高级知识已经普及。A 级社会人的知识结构合理，人们普遍掌握了先进的社会进步理论，掌握了先进的管理科学、生产科学和消费科学；特别是掌握了民主管理、价值生产、循环生产、清洁生产、必要消费、清洁消费、环境保护等方面的知识，为人类开展先进的管理、生产和消费活动奠定了知识基础。

（二）A 级社会只进行正品德宣传和正品德活动，不进行负品德宣传和负品德活动

在 A 级社会中人们的品德水平非常高。有 60% 以上的成年人具有世界品德水平，具有负品德的人口极少。在 A 级社会中，人们淡化了个人利益、家庭利益、单位利益、民族利益和国家利益，人们的一切活动都自觉地维护人类利益。例如，人们不会为了利润和个人舒适去损害地球生态系统；也不会为了独占先进技术而进行科学保密，阻碍先进技术在全球的推广；更不会进行各类犯罪活动以及发动战争。

（三）A 级社会人们具有最适合于健康生存的生活方式

A 级社会还具有最适合人类生存的自然环境和人工环境。人们几乎很少生病，即使生病也能得到及时有效的治疗，几乎很少有人为的死亡和灾害死亡；有 60% 以上的人口处于健康水平，人的平均寿命在 90 岁以上。

（四）A 级社会的人口数量对环境水平不构成压力

A 级社会人口数量可以保证健康理想级的生态系统持续处于顶级状态，以保证社会持续生产先进产品。人们注意把人口数量控制在能够达到上述标准的水平之内。人口过多必然对生态系统造成破坏，并使先进产品供不

应求，从而降低人们的生存水平。

二　A 级社会人的活动水平

A 级社会以 A 级活动为主。A 级活动占 60% 以上，A 级活动和 B 级活动占 97% 以上，D 级活动和 E 级活动则极为罕见。

（一）　A 级社会中人的活动全面提高人的素质水平

A 级社会中以人类健康生存为核心的科学研究活动不断提高人类的知识水平。长达 20 年的全程免费公共教育活动使人们普遍达到创新级知识水平，终身的免费继续教育不断更新人们的知识。医疗体系可以使每个人获得足够的免费医疗。先进生产和消费活动以及生产的 A 级产品确保对人的健康没有损害。人们不从事犯罪活动，更不会发动战争。

（二）　A 级社会中人的活动全面提高环境水平

在 A 级社会中无论生产活动还是消费活动，都不会对生态环境造成任何破坏，人们不间断地努力提高生态环境水平以及产品水平。

（三）　社会实行民主管理

民主、公平、公开是 A 级社会各方面管理的基本原则。管理活动对于被管理者不存在任何秘密，人们可以随时监督管理活动。公众普遍具有的创新知识水平和世界品德水平足以保证推举出优秀的管理者和正确评价管理活动。管理者不具有任何特权，与被管理者不存在任何生存水平的差异。

（四）　生产活动实现了完全的价值生产、清洁生产和循环生产

在 A 级社会中生产的目的不是追求利润而是满足人们的必要消费需要。不存在多余的生产设施和多余的生产活动，人们不会去生产不必要的产品。人们不再使用矿物能源，而代之以清洁能源；人们不再开发矿物资源，而只是重复利用矿物资源；人们永续利用可再生资源和无限资源，垃圾的概念已被资源所取代。

（五）　消费活动实现了必要消费、平等消费和清洁消费

高尚的品德使人们不再追求奢侈生活，人们的消费只以能够满足健康生存为标准。适度和节约成为时尚，奢侈和浪费被抛弃。社会中不存在消

费差别，不存在收入上的两极分化，平等消费理念被社会所接受。人们不再使用污染环境的消费品。生活垃圾完全作为资源而被回收利用。

三　A级社会的自然环境水平

A级社会的环境完全适合人类健康生存。生态环境处于顶级的健康理想级状态，实现了人工生态环境与自然生态环境的完美结合，或者至少有60%的生态环境达到健康理想级，40%的生态环境处在健康安全级并向健康理想级转化。在经过人类活动的不断改善后，地球生态系统的物质、能量循环处于极佳状态，人工和自然垃圾能够及时被清理转化。

四　A级社会的产品水平

人们生产的产品有60%以上是A级产品，其余为B级产品，几乎没有D级产品和E级产品。

社会中没有假冒伪劣产品，没有危害健康的食品和药品、建筑和服装，没有随时威胁人的生命的交通工具，没有降低人的品德水平的文化产品，没有武器和毒品。

*************** 社会之窗 ***************

2010年世界生存水平最高的城市[①]

凭借着对传统生活方式的精心保护和慢生活节奏，奥地利首都维也纳在全世界221座大城市中脱颖而出，第二次荣登全球最宜居城市排行榜榜首。

美国美世公司日前公布的2010年全球城市生活质量调查排行榜，政治与社会环境、文化与经济、健康与教育、公共服务、交通、休闲、消费品、住宅和城市环境等39项标准成为该排行榜衡量全球大都市生活质量优劣的指标。

维也纳因其"良好的治安状况、政治稳定和便捷高效的基础设施"等突出特点荣登今年的排行榜榜首。

尽管自去年9月以来维也纳警方仅在地铁中抓获的偷窃和贩毒分

---

① 《2010年世界生存水平最高的城市》，《参考消息》2010年5月31日。

子就超过了 1000 人，但这座城市的治安情况依然得到了人们的认可。任何一位生活在这座城市的人都可随意地漫步城中。人们时常还可以在大街上见到身边没有保镖的政治领导人。

从居民个人支出的变化中就可了解维也纳这座城市的诸多宜居之处。1954 年维也纳家庭收入中的 42.5% 用于购买食品，到 2004 年这一比例下降至 12%，同时提高的是外出就餐的支出比例。

维也纳市政当局的统计数字显示，维也纳人的月均工资为 2618 欧元，人均月支出为 1698 欧元，其中 353 欧元用于爱好投入、户外活动及休假。

维也纳居民只需花上 30 分钟时间就可到达工作地点，完美地实现了工作与家庭生活两不误的梦想。学校、免费幼儿园和高质量的公共医疗网络可以让人们感受到有保障的安全感，而一年当中各种各样丰富的文化娱乐活动又可带给人们高品质的生活质量。

虽然气候并不是维也纳最具吸引力的地方，但是各项完善的城市基础设施却可以有效地帮助居民在寒冷冬季抵御严寒。另外，每处住宅都配有取暖设施，包括公交车、有轨电车和地铁。此外，高效的城市交通网络让人们完全可以舍弃自驾车出行。

多瑙河之滨的维也纳被大片森林所环抱。城市中点缀着多个大型公园和绿化区，每逢春季来临、整座城市都被包裹在绿色当中。而到了夏季，人们可以在多瑙河沿岸垂钓、游泳，市内还有 39 座被茂密树林遮挡的公共露天泳池供人们尽享夏之欢愉。每逢周末和节假日，人们不用出城就可在城中享受到公园、森林和阿尔卑斯山休闲度假带来的快乐。这个城市总能带给人身心放松的感觉。

****

第九节　理论、规律与方法

一　社会水平理论

社会水平理论是以人类生存水平差异为基础的阐释社会水平的理论集

合。该理论认为社会中大多数人的生命基本状态、活动基本状态、外部生存条件基本状态等基本生存状态的优劣决定社会水平，并根据人类基本生存状态把社会划分为五级，建立了明确而具体的社会水平标准体系，通过对社会水平等级的研究，推导出先进社会的基本标准。社会水平理论以人类生存水平的客观发展为基础，揭示了社会进步的科学方向，建立了社会进步的目标体系、内容体系，建立了全面、系统的评价社会水平的标准体系，建立了判断人类活动的根本标准，描绘了顶级社会的蓝图。

社会水平理论是指引人类社会进步的根本的理论，为制定社会（含经济、政治、文化等）的中长期发展规划提供了科学理论基础。国家、省、市、县、乡、村都可以应用该理论指导当地社会进步。社会水平理论包括社会进步方向理论、社会进步目标理论、社会进步内容体系、素质水平理论、活动水平理论、环境水平理论、自然环境水平理论、产品水平理论、社会分级理论、A 级社会理论等。

（一）社会进步方向理论

社会进步方向理论是以人类生存水平差异为基础阐释社会进步方向的理论，是社会水平理论之一。该理论通过揭示人类生存水平的五级差异，提出了人类社会系统的、明确的、具体的进步方向。

社会发展是社会由一种基本状态向另一种基本状态变化。社会发展对人类生存的影响有两种基本情况，一是引起人类生存水平提高，即社会进步；二是引起人类生存水平下降，即社会倒退。

社会进步的方向是社会向提高人类生存水平的方向发展，是人类生存水平由低向高的方向发展。社会进步总的方向是向 A 级社会发展。素质进步方向是向 A 级素质发展，品德进步方向是向世界品德发展，知识进步方向是向创新级知识水平发展，体质进步方向是向健康级体质水平发展，活动进步方向是向 A 级活动发展，自然环境进步方向是向 A 级环境发展，产品进步方向是向 A 级产品发展。

什么是低级生存水平，什么是高级生存水平呢？社会进步学通过对现实社会的研究分析，把人的生存水平划分出 A、B、C、D、E 五个基本等级，每一个等级都存在明显的差距。明确了什么是低级生存水平，什么是高级生存水平；明确了什么是低级社会，什么是高级社会，这样就赋予了社会进步方向的具体内容。

（二）社会进步目标理论

社会进步目标理论是以人类生存水平差异为基础的阐释社会进步目标的理论。该理论在揭示人类生存水平 A、B、C、D、E 五个基本等级的基础上，为人类社会进步提出了系统的明确的具体的社会进步的终极目标、分级目标、根本目标和途径并阐述了社会进步目标体系的特点（本章 2 ~ 5 节详细阐述了各项目标的具体内容），现对社会进步目标体系进行概括说明（见表 3 - 15）。

表 3 - 15　社会进步的分级目标

目标等级	素质目标	活动目标	自然环境目标	产品目标
A 级目标	A 级素质	A 级活动	A 级自然环境	A 级产品
B 级目标	B 级素质	B 级活动	B 级自然环境	B 级产品
C 级目标	C 级素质	C 级活动	C 级自然环境	C 级产品
D 级目标	D 级素质	D 级活动	D 级自然环境	D 级产品

1. 社会进步的终极目标

社会进步的终极目标是进入 A 级社会。

素质进步目标：A 级素质。

活动进步目标：A 级活动。

自然环境进步目标：A 级环境。

产品进步目标：A 级产品。

2. 社会进步的分级目标

E 级社会进步目标是进入 D 级社会，D 级社会进步目标是进入 C 级社会，C 级社会进步目标是进入 B 级社会，B 级社会进步目标是进入 A 级社会。

3. 社会进步的根本目标和途径

社会进步目标理论认为素质进步目标（知识进步、品德进步和体质进步）是社会进步的根本目标。人的活动进步和环境进步是实现素质进步目标的途径。

人类活动进步、环境进步和产品进步都存在进步目标。它们相对于自身由低级水平向高级水平发展。而相对于素质进步，它们只是实现素质进步的途径。人类活动进步、环境进步和产品进步的根本目标是提高人类知识水平、品德水平和体质水平。

无论是经济活动、政治活动、文化活动都只是实现素质进步的途径。如果把经济发展等手段当成目标，而忽略了社会进步的根本目标，必然是舍本逐末，没有抓住主要矛盾，社会进步必然要走弯路。所以，必须树立社会进步的根本目标，围绕社会进步的根本目标开展经济、政治、文化等活动，只有这样才能提高社会进步的效率。

4. 社会进步目标体系的特点

社会进步目标体现了以人为本的思想，表现为进步目标以人的素质进步为核心。社会进步目标理论把社会进步目标划分为人的进步目标和环境进步目标。并将环境进步定义为环境向有利于人的生存方向发展，环境进步目标是围绕人的进步目标展开的。

社会进步目标是一个体系。进步目标包括了人的素质水平、人的活动水平、自然环境水平和产品水平等社会的所有方面的全面、协调、可持续进步的目标体系。

社会进步目标是多层次渐进式的。社会进步就是社会由低级向高级发展，其中 A 级目标是终极目标，是人类社会发展的最高目标；B 级目标是次高级目标；C 级目标是中级目标；D 级目标是低级目标；E 级不是目标，而是最低等的人类社会。上级社会的标准是下级社会进步的直接目标，如 E 级社会的进步目标是 D 级社会，B 级社会的进步目标是 A 级社会。

社会进步目标是客观的、可实现的。所有目标都是人类社会的现实状态在不同等级上的组合，不存在任何假设，因此具有可实现的特点。直接目标是可以直接达到的，如 C 级社会可以实现 B 级目标而进入 B 级社会；但是 C 级社会要想达到 A 级目标，必须首先达到 B 级目标。

社会进步目标是普遍适用的。任何国家、省、市、县、乡、村等行政单位，任何公司、非公司企业等经济单位、文化单位，都可运用进步目标体系结合本社会单位实际情况制订中长期进步目标。

（三）社会进步内容体系

社会水平理论对社会进步本质学说关于社会进步的本质和内容进行了

展开。

社会进步本质学说认为社会进步是社会向有利于人类生存方向变化的社会变迁，社会进步的结果是人类生存水平的提高。人类生存水平是指人类生命、人类活动、人类外部生存条件的基本状态。根据社会实际将人类生存水平划分为五个水平等级，社会进步是社会水平由低级向高级的发展（见表 3 - 16）。

表 3 - 16　社会进步的内容体系

	社会进步
社会水平	E 级 D 级 C 级 B 级 A 级
素质水平	E 级 D 级 C 级 B 级 A 级
活动水平	E 级 D 级 C 级 B 级 A 级
自然水平	G 级 F 级 E 级 D 级 C 级 B 级 A 级
产品水平	E 级 D 级 C 级 B 级 A 级

（四）素质水平理论

素质水平理论是根据素质对人类生存水平的作用揭示素质水平的理论，是社会水平理论之一。该理论阐述了品德水平、知识水平和体质水平的分级和测量，划分了素质水平等级，介绍了理性活动决定理论，总结了人类素质水平与社会变迁关系规律。

1. 品德分级理论

品德分级理论是根据人们活动所维护或损害的利益范围划分品德水平等级的理论。该理论根据人们活动所维护或损害的利益范围划分品德水平等级。品德水平是人们通过活动表现出来的对待利益的态度水平，是人的价值观的一部分。人们的品德水平只能通过行为表现出来，所以根据人们活动所维护或损害的利益范围划分品德水平。把人的品德水平分为正品德、负品德和基础品德三类13级。正品德有世界品德、国家品德、民族品德、公众品德、单位品德和家庭品德6级，负品德有负家庭品德、负单位品德、负公众品德、负民族品德、负国家品德和负世界品德6级。

2. 理性活动决定理论

理性活动决定理论是关于人的素质水平决定人的理性活动水平的理

论。该理论认为素质从利益取向、认知程度和体质强弱三个方面影响人类的活动水平。素质对人类活动的影响力是素质力。品德和知识是人类理性活动的根源，体质是人类理性活动的载体。品德理性告诉人类为什么而做，知识理性告诉人类怎样做，体质理性告诉人类能否做（即是否具有行为能力——体质力）。但是，完成理性活动还需要考虑外部客观条件是否允许，也就是还要具备条件理性。完全理性活动是指品德理性、知识理性、体质理性、条件理性都具备的理性活动，而缺少某一方面的理性活动都属于部分理性活动。

在外部客观条件相同条件下，品德水平、知识水平和体质水平共同决定了人类理性活动水平。所以，提高人的素质水平是社会进步的根本目标和首要任务。理性活动决定理论是把提高人的素质水平作为社会进步的根本目标和首要任务的理论基础。

3. 人类素质水平与社会变迁关系规律

人类素质水平与社会变迁关系规律包括品德水平与社会变迁方向和速度正相关规律、知识水平与社会变迁速度正相关规律和体质水平与社会变迁速度正相关规律。

（1）品德水平与社会变迁方向和速度正相关规律

一是人类品德水平与社会进步速度正相关。人类品德水平越高，社会进步越快；人类品德水平越低，社会进步越慢。二是人类品德水平变化方向与社会变迁方向正相关。人类品德水平处于提高趋势，社会处于进步状态；人类品德水平处于降低趋势，社会处于倒退状态。

（2）知识水平与社会变迁速度正相关规律

一是人类知识水平与社会变迁速度正相关。人类知识水平越高，社会变迁速度越快；人类知识水平越低，社会变迁速度越慢。二是在正品德条件下，人类知识水平越高，社会进步速度越快；人类知识水平越低，社会进步速度越慢。

（3）体质水平与社会变迁速度正相关规律

一是人类体质水平与社会变迁速度正相关。人类体质水平越高，社会变迁速度越快；人类体质水平越低，社会变迁速度越慢。二是在正品德条件下，人类体质水平越高，社会进步速度越快；人类体质水平越低，社会进步速度越慢。

（五）活动水平理论

活动水平理论是根据活动对人类生存水平的作用揭示活动水平的理论。该理论从活动的社会作用水平、社会作用范围水平、社会作用幅度水平、社会作用时间水平和物质利用水平等方面分析活动对人类生存水平的影响，并据此划分了活动水平等级，建立了判断人类活动是否正确的社会进步标准和人类活动基本准则，介绍了活动水平测量与比较的方法，总结了人类活动与社会进步关系规律。活动水平理论对于规范人类活动，指导人类进行符合社会进步的活动有着重要作用。

1. 活动水平评价理论

活动水平评价理论是根据活动对人类生存水平的影响评价活动水平的理论。该理论从活动的社会作用水平、社会作用范围水平、社会作用幅度水平、社会作用时间水平和物质利用水平等方面分析活动对人类生存水平的影响，在物质利用方面具体分为有益利用水平、重复利用水平、持续利用水平、循环利用水平和同效利用水平等。并根据活动对人类生存水平的影响划分活动水平等级，总结了可操作的活动水平测量与比较的方法。活动水平理论对于准确评价人类活动，进行社会重大决策的社会进步评估有着重要的操作价值。

任何国家、省、市、县、乡、村等行政单位，任何公司、非公司企业等经济单位、文化单位，都可以应用活动水平理论评价经济、政治、文化活动水平，评价生产、消费、管理活动水平，评价本单位所有的政策和决策，进而选择最有利于社会进步的政策和决策。

2. 判断活动是否正确的社会进步标准

判断活动是否正确的社会进步标准是，维持或提高人的水平和环境水平的活动都是正确的活动；降低和阻碍提高人的水平和环境水平的活动都是错误的活动。这一标准也可称为活动的生存水平标准。

人的活动是有正确与错误之分的，而辨别标准也很多。但是，只有这一标准才是最符合人类利益的，所以是最根本的标准，是普适性的标准，是人类其他任何标准都无法比拟的。

人类既有简单明了的活动，也有复杂难辨的活动。简单的活动可以用活动的生存水平标准直接验证；而复杂的活动则需要进行全面系统深入的分析，进行活动水平测量与比较，去伪存真，抓住活动的本质，进行正确的判断，如骗子往往打着为人牟利的幌子行骗。不进行认真分析，就容易被假象所迷惑。

3. 人类活动基本准则理论

人类活动基本准则理论是根据活动对人类生存水平的影响约束人类活动的理论。该理论阐释了什么是人类活动基本准则，人类活动基本准则的内容以及为什么要建立人类活动基本准则。为人类的一切活动提供符合人类根本利益的、有利于社会进步的行为规范，为政府制定有利于社会进步的政策和决策提供基本依据。

人类活动基本准则是指人类的一切活动都应该遵守的最基本的规范。社会进步学认为人类根本利益要求人的活动首先要满足生存的需要，而后要为生存得更好而努力。人类需要的是维持生存和提高生存水平的活动。所以，人类活动基本准则的内容应该是人类一切活动都应该维持和提高人类的生存水平，而不能降低人类的生存水平。这一准则也称为人类活动的社会进步准则或活动的生存水平准则。

人类活动基本准则包括体质准则、品德准则、知识准则、自然环境准则、产品准则和物质利用准则。体质准则是活动必须维持或提高体质水平，不能降低体质水平；品德准则是活动必须维持或提高品德水平，不能降低品德水平；知识准则是活动必须维持或提高知识水平，不能降低知识水平；自然环境准则是活动必须维持或提高自然环境水平，不能降低自然环境水平；产品准则是活动必须维持或提高产品水平，不能降低产品水平；物质利用准则是活动必须维持或提高物质利用水平，不能降低物质利用水平。

4. 人类活动与社会进步关系规律

人类活动与社会进步关系规律：包括社会作用与社会进步关系规律、作用范围与社会进步关系规律、作用幅度与社会进步关系规律、作用时间与社会进步关系规律和物质利用水平与社会进步关系规律。

（1）社会作用与社会进步关系规律

一是人类活动的提高作用与社会进步正相关。人类活动的提高作用越大，社会进步越快；人类活动的提高作用越小，社会进步越慢。二是人类活动的降低作用与社会倒退正相关。人类活动的降低作用越大，社会倒退越快；人类活动的降低作用越小，社会倒退越慢。三是人类活动的提高作用大于降低作用，社会进步；人类活动的提高作用小于降低作用，社会倒退；人类活动的提高作用等于降低作用，社会停滞。

（2）作用范围与社会进步关系规律

一是人类活动的提高作用范围与社会进步正相关。人类活动的提高作用范围越大，社会进步越快；人类活动的提高作用范围越小，社会进步越慢。二是人类活动的降低作用范围与社会倒退正相关。人类活动的降低作用范围越大，社会倒退越快；人类活动的降低作用范围越小，社会倒退越慢。

（3）作用幅度与社会进步关系规律

一是人类活动的提高作用幅度与社会进步正相关。人类活动的提高作用幅度越大，社会进步越快；人类活动的提高作用幅度越小，社会进步越慢。二是人类活动的降低作用幅度与社会倒退正相关。人类活动的降低作用幅度越大，社会倒退越快；人类活动的降低作用幅度越小，社会倒退越慢。

（4）作用时间与社会进步关系规律

一是人类活动的提高作用时间与社会进步正相关。人类活动的提高作用时间越长，社会进步越快；人类活动的提高作用时间越短，社会进步越慢。二是人类活动的降低作用时间与社会倒退正相关。人类活动的降低作用时间越长，社会倒退越快；人类活动的降低作用时间越短，社会倒退越慢。

（5）物质利用水平与社会进步关系规律

人类活动的物质利用水平与社会进步正相关。人类活动的物质利用水平越高，社会进步越快；人类活动的物质利用水平越低，社会进步越慢。

（六）环境水平理论

环境水平理论是根据环境对人类生存水平的作用揭示环境水平的理论。该理论综合了环境科学家的有关研究成果。社会进步学将环境定义为除了人类自身的一切能够影响人类生存和活动的物质，如自然环境、人工环境。人类作用于自然生成两类物质：一类是产品，另一类是垃圾。环境的社会作用是指环境对人类生存水平的影响。环境可以对人类产生两种影响：一种是为人提供生存的条件，称为生存作用；另一种是给人类带来各种灾难，称为灭亡作用。环境水平是指环境对人类生存的作用状态，是人类物质生存条件水平，反映的是环境以自然属性为基础的社会属性。环境可以向有利于人类的生存的方向发展，从而提高人类的生存水平，对于人类来说，这就是环境进步。环境也可以向不利于人类的生存的方向发展，从而降低人类的生存水平，对于人类来说，这就是环境倒退。提高环境水平符合人类利益，降低环境水平损害人类利益。环境水平理论包括自然环境水平理论和产品水平理论。

（七）自然环境水平理论

自然环境水平理论是综合环境科学的有关研究成果建立的根据自然环境对人类生存水平的作用揭示自然环境水平的理论。该理论介绍了自然环境的社会作用、划分自然环境水平等级的根据、自然环境水平等级和自然资源水平等级等。自然环境水平是指自然环境对人类生存的作用状态，反映的是自然环境以自然属性为基础的社会属性。自然环境的社会作用是指自然环境对人类生存水平的影响，包括为人类提供生存条件和灭亡条件。根据自然环境的社会作用可以将其分为两个基本水平等级。一是能够为人类提供基本生存条件的自然环境，称作生境；二是不能为人类提供基本生存条件的自然环境，称作亡境。在一定条件下，生境和亡境可以互相转化。由于地球环境范围固定，扩大亡境，必然缩小生境。人类的错误活动引起生境缩小，亡境扩大。划分自然环境水平等级的基本依据是自然环境对人类生存水平的影响，需要从原生环境依据和次生环境依据两个方面进行综合考虑。

根据自然环境对人类生存水平的影响，从生态系统质量、自然灾害、环境污染和生态破坏四个方面入手，将自然环境划分为 7 个等级，分别是健康理想级、健康安全级、轻危害级、中危害级、重危害级、危险级和亡境。其中前 6 级是对生境的分级。

（八）产品水平理论

产品水平理论是根据产品对人类生存水平的作用揭示产品水平的理论。产品水平是指产品对人类生存水平的作用状态，它反映产品以自然属性为基础的社会属性。产品的社会属性表现为产品对人类生存水平的提高作用、维持作用和降低作用，包括产品的人类作用水平、环境作用水平及资源利用水平。根据产品的社会作用，将产品划分为五个基本等级。

产品水平是产品本身的主要的自然功能所支持的产品的社会作用，使用产品的水平属于人类活动水平的范畴。人类既需要提高产品水平，又需要提高使用产品的水平。

（九）社会分级理论

社会分级理论是根据社会中大多数人的生存状态揭示社会水平等级的理论。该理论根据不同社会单位中大多数人的生存状态的差异，把社会单位划分为五级，通过对社会水平等级标准的研究，推导出先进社会单位的基本标准。这些标准是完全可以通过人类实践而达到的。社会分级理论是建立社会进步方向理论和社会进步目标理论的基础。

社会分级理论建立的社会水平分级标准体系，为社会提出了全面的、明确而具体的评价标准，任何国家、省、市、县、乡、村等社会单位都可以应用社会水平分级理论评价本地及异地社会水平等级，从而正确地认识自我，寻找差距，制定科学的社会（含经济、政治、文化等）中长期发展规划。

（十）A 级社会理论

A 级社会理论是社会进步学建立的阐释以人类生存水平为基础的理想社会的理论，人类社会之中存在着 A 级素质的人、A 级活动、A 级自然环境和 A 级产品，只要 A 级率达到 60% 以上就进入了 A 级社会，所以 A 级社会是可以实现的理想社会。A 级社会是人类社会进步的正确方向和可实现目标。本书在 A 级社会人的素质和数量水平、活动水平、自然环境水平、产品水平等方面介绍了 A 级社会，描绘了顶级人类社会的蓝图。

二 社会水平分析方法

（一）生存水平分析法

生存水平分析法是社会进步学根据社会水平理论对人的生存水平进行分析的方法，是社会进步学基本的分析方法。社会进步学利用人类根本利益分析法和生存水平分析法，以人类根本利益得失为主线，构建了社会进步学的知识体系。生存水平分析法适合于研究任何社会现象，解释任何社会问题，可用于社会水平分析、社会变化分析以及不同社会单位之间的比较分析。生存水平分析法有以下几个方面的内容。

1. 核心生存水平（素质水平）分析

该分析包括基础生存水平（体质水平）分析和上层生存水平（知识水平、品德水平）分析

2. 主动生存水平（活动水平）分析

该分析有两种方法，一是根据活动的一般属性进行的分析。这种分析适合于所有的人类活动，是分析人类活动水平的最基本的分析方法，称作活动水平分析法。包括活动水平的社会进步学测量法和活动水平的社会进步学比较法。从活动的社会作用水平、社会作用范围水平、社会作用幅度水平、社会作用时间水平和物质利用水平等方面分析活动对人类生存水平的影响，在物质利用方面具体分为有益利用水平、重复利用水平、持续利用水平、循环利用水平和同效利用水平等。并根据活动对人类生存水平的影响划分活动水平等级。二是根据活动类型进行的分析，如消费活动水平分析、生产活动水平分析、政治活动水平（社会管理活动水平）分析、人环关系及人环互动水平分析和人类关系及人类互动水平分析等。

3. 物质生存条件水平（环境水平）分析

该分析包括自然生存条件水平（自然环境水平）分析、人工生存条件水平（产品水平、垃圾处理水平）分析以及环境关系及环境互动水平分析。

4. 社会单位水平分析

（二）品德水平测量法

品德水平测量法是社会进步学根据活动维护和损害的利益范围，评估活动主体品德水平的分析方法，是社会进步学基本的分析方法生存水平分析法的组成部分。该法有以下几个方面的内容。

1. 选择活动样本

一是要采集活动主体行为的日常活动样本，二是要采集活动主体在重大利益关头的关键活动样本。

2. 描述活动样本

客观性描述活动样本的活动起因、活动过程和活动结果。

3. 确定活动样本涉及的主体和客体

全面、具体、详细分析并确定活动样本涉及的活动主体和活动客体。确定活动样本维护或损害的对象范围。

4. 进行利益分析

在分析对象上，一是要分析活动对活动主体利益的作用。分别研究对活动决策者和执行者的利益影响。二是要分析活动对活动客体利益的作用。

在分析内容上，一是分析具体利益的得失。二是要分析具体利益中主要利益得失和次要利益得失。三是要分析具体利益中直接利益得失和间接利益得失。四是要区分个人利益和群体利益，公共利益和阶层利益。对于公共利益要具体区分世界利益、国家利益、民族利益、公众利益、工作单位利益和家庭利益。五是将具体利益得失划归到抽象利益得失。

5. 评价活动主体品德水平

根据评价活动主体品德水平的标准，即根据活动维护和损害的利益范围，得出活动主体品德等级结论。

6. 做出活动主体品德水平报告

（三）活动水平分析法

活动水平分析法是社会进步学根据活动水平理论对人的活动进行测量和比较的方法，是社会进步学基本的分析方法生存水平分析法的组成部分。该分析法包括活动水平的社会进步学测量法和比较法。从活动的社会作用水平、作用范围水平、作用幅度水平、作用时间水平、物质利用水平等方面全面分析活动对人类生存水平的影响。在物质利用方面具体分为有益利用水平、重复利用水平、持续利用水平、循环利用水平和同效利用水平等，并根据活动对人类生存水平的影响划分活动水平等级。

（四）产品水平分析法

产品水平分析法是根据产品对人类生存水平的影响分析产品水平的方法。包括产品的人类作用分析和产品的环境作用分析。该分析法具有以下几个方面的内容。

1. 产品的人类作用分析

分析产品对人类的生存水平产生的提高作用、维持作用和降低作用，包括产品对人的素质水平和活动水平两个方面的影响。在产品对人的素质水平作用方面，包括对人的体质水平的作用、对人的品德水平的作用、对人的知识水平的作用以及对人口数量水平的作用；在产品对人的活动水平作用方面，可以划分为产品对管理水平的作用、产品对消费水平的作用和产品对生产水平的作用等。

2. 产品对自然环境水平的作用分析

分析产品对自然环境水平产生的提高作用、维持作用和降低作用。产品对自然环境的贡献作用是指产品引起自然环境向有利于人类生存的方向转化，阻止自然环境向不利于人类生存的方向转化，使自然环境的水平得到维持或提高；产品对自然环境的破坏作用是指产品在形成时、使用中和废弃后引起自然环境向不利于人类生存的方向转化。产品的破坏作用导致地球生态系统退化，降低人类的生存水平。

3. 产品的资源利用水平分析

分析有益利用水平、同效利用水平、循环利用水平、重复利用水平和持续利用水平将资源利用划分为非常节约级、节约级、平均级、浪费级和非常浪费级。除此之外，还要注意分析产品利用资源的种类。资源的种类划分为4级，从社会可持续发展角度考虑，同类产品利用上级资源要比利用下级资源更有利于社会进步。在其他条件相同时，产品利用资源的级别越高，产品的资源利用水平越高。

4. 产品水平等级评价

本章小结

第一，社会水平理论是社会进步学建立的以人类生存水平差异为基础的阐释社会水平的理论集合，是社会进步学的一个基本理论，

第二，社会中大多数人的生命基本状态、活动基本状态、外部生存条件基本状态等基本生存状态的优劣决定社会水平。

第三，根据人类基本生存状态把社会划分为五级，建立了明确而具体的社会水平标准体系，通过对社会水平等级的研究，推导出先进社会的基本标准。

第四，社会水平理论以人类生存水平的客观发展为基础，揭示了社会

进步的科学方向，建立了社会进步的目标体系、内容体系，建立了全面、系统评价社会水平的标准体系，建立了判断人类正确活动的根本标准，描绘了顶级社会的蓝图。

第五，社会水平理论是指引人类社会进步的根本理论，为制定社会（含经济、政治、文化等）的中长期发展规划提供了社会科学理论基础。国家、省、市、县、乡、村都可以应用该理论指导当地社会进步。

第六，社会水平理论包括社会进步方向理论、社会进步目标理论、社会进步内容体系、素质水平理论、活动水平理论、环境水平理论、产品水平理论、社会分级理论、A 级社会理论等。

关键术语

社会水平、素质水平、素质进步、社会进步的基本标志、素质力、品德力、知识力、体质力、品德、品德水平、世界品德水平、国家品德水平、民族品德水平、公众品德水平、单位品德水平、家庭品德水平、基础品德水平、负家庭品德水平、负单位品德水平、负公众品德水平、负民族品德水平、负国家品德水平、负世界品德水平、活动样本、日常活动样本、关键活动样本、日常品德、关键品德、活动主体、活动客体、知识、知识水平、创新级知识水平、高级知识水平初级知识水平、人类理性活动的根源、体质、体质水平、健康水平、亚健康水平、准健康水平、轻丧失水平、重丧失水平、人类理性活动的载体、A 级素质、B 级素质、C 级素质、D 级素质、E 级素质、人的基本活动过程、活动水平、活动进步、活动的社会作用、提高作用、维持作用、降低作用、有益社会作用、有害社会作用、纯社会作用、混社会作用、纯提高作用、混提高作用、纯维持作用、混维持作用、混降低作用、纯降低作用、活动的社会作用范围、活动的社会作用幅度、活动的社会作用时间、物质利用水平、有益利用水平、有益利用率、同效利用水平、同效利用量、持续利用水平、持续利用时间、物理寿命、需要寿命、持续利用效率、重复利用水平、重复利用次数、重复利用率、循环利用水平、循环利用率、非常节约水平、节约水平、平均水平、浪费水平、非常浪费水平、A 级活动、B 级活动、C 级活动、D 级活动、E 级活动、判断活动是否正确的社会进步标准、人类活动基本准则、活动的社会进步准则、体质准则、品德准则、知识准则、自然环境准则、产品准则、物质利用准则、活动水平的测量、事前测量、事中测量、事后测量、社会作用表、社会作用测量标准表、活动水平总结论、活动水平分结论、活动水平测量报告、选择活动的基本原则、活动水平比较、事前比较、事中比较、事后比较、评估比较法、图表比较法、关键比较法、人类生存水平的关键信息、环境、自然环境、人工环境、环境的社会作用、生存作用、灭亡作用、环境进步、环境倒退、环境水平、自然环境水平、自然环境的社会作用、自然环境的生存作用、生境、亡境、环境污染、生态破坏 A 级自然环境、B 级自然环境、C 级自然环境、D 级自然环境、E 级自然环境、F 级自然环境、G 级自然环境、永久性亡境、暂时性亡境、自然资源、产品、产品的社会作用、产品的人类作用、产品对自然环境的贡献作用、产品对自然环境的破坏作用、产品水平、A 级产品、B 级产品、C 级产品、D 级产品、E 级产品、社会差异、社会单位水平、A 级社会单位、B 级社会单位、C 级社会单位、D 级社会单位、E 级社会单位、A 级社会、社会进步的方向、社会进步总的的方向、素质进步方向、品德进步方向、知识进步方向、体质进步方向、活动进步方向、自然环境进步方向、产品进步方向、社会进步的终极目标、素质进步目标、活动进步目标、自然环境进步目标、产品进步目标、社会进步的分级目标。

品德水平与社会变迁方向和速度正相关规律、知识水平与社会变迁速度正相关规律、体质水平与社会变迁速度正相关规律、社会作用与社会进步关系规律、作用范围与社会进步关系规律、作用幅度与社会进步关系规律、作用时间与社会进步关系规律、物质利用水平与社会进步关系规律、人类素质水平与社会变迁关系规律、人类活动与社会进步关系规律。

社会水平理论、社会进步方向理论、社会进步目标理论、素质水平理论、品德分级理论、理性活动决定理论、活动水平理论、活动水平评价理论、人类活动基本准则理论、环境水平理论、自然环境理论、产品水平理论、社会分级理论、A 级社会理论。

生存水平分析法、品德等级测量法、活动水平分析法、产品水平分析法。

思考题

1. 简述品德水平等级。

2. 举例说明何为世界品德水平、何为负世界品德水平。

3. 举例说明何为国家品德水平、何为负国家品德水平。

4. 举例说明何为民族品德水平、何为负民族品德水平。

5. 采集重大事件相关重要人物或群体的关键活动样本，测量他们的关键品德。

6. 采集身边人物或群体的日常活动样本和关键活动样本，测量他们的日常品德和关键品德。

7. 举例说明品德水平与社会变迁方向和速度正相关规律。

8. 用知识水平与社会变迁速度正相关规律说明"中国制造"向"中国创造"发展的社会进步意义。

9. 用知识水平与社会变迁速度正相关规律说明普及高等教育的社会进步意义。

10. 用体质水平与社会变迁速度正相关规律说明普及全民体育的社会进步意义。

11. 划分某单位或某个人的素质水平等级。

12. 何为有益社会作用和有害社会作用。

13. 举例说明纯提高作用、混提高作用、纯维持作用、混维持作用、混降低作用和纯降低作用。

14. 举例说明社会作用与社会进步关系规律。

15. 举例说明社会作用范围与社会进步关系规律。

16. 举例说明社会作用幅度与社会进步关系规律。

17. 举例说明社会作用时间与社会进步关系规律。

18. 运用社会作用时间与社会进步关系规律，分析《没有永恒的建筑：中国正在过度使用拆楼机械吗？》一文。

19. 举例说明有益利用水平、同效利用水平、持续利用水平、重复利用水平和循环利用水平。

20. 运用物质利用水平原理和物质利用水平与社会进步关系规律，分析我国经济建设中物质利用方面存在的影响社会进步的问题，提出改进意见。

21. 简述活动水平等级。

22. 简述人类活动基本准则。

23. 简述活动水平测量的意义及应用。

24. 进行活动水平测量的练习，运用活动水平测量的程序，测量重大社会事件中主要人物和群体的活动水平。撰写活动水平测量报告。

25. 简述活动水平比较分类与方法。

26. 简述活动水平比较项目。

27. 选取活动样本，运用活动水平比较方法进行活动水平比较。

28. 简述环境的社会作用。

29. 简述自然环境的生存作用。

30. 简述划分自然环境水平等级的根据。

31. 简述自然环境水平等级。

32. 分析某地的自然环境水平等级。

33. 简述产品的社会作用。

34. 根据产品水平理论分析几个产品的社会作用。

35. 根据产品水平理论分析某个电影对观众品德水平的作用。

36. 分析广告、牌匾乱改词语对知识水平的作用。

37. 举例说明产品对自然环境的贡献作用和破坏作用。

38. 举例说明产品的资源利用水平。

39. 举例说明产品水平等级。

40. 在社会中寻找 A 级产品。

41. 举例说明社会差异，提出缩小社会差异的政策措施。

42. 简述社会单位水平等级。

43. 选择样本，运用社会水平理论评价行政单位、工作单位、家庭的社会单位水平等级。

44. 简述 A 级社会。

45. 简述社会水平理论。

46. 简述社会进步方向理论的主要内容。

47. 简述社会进步目标理论的主要内容。

48. 简述社会进步的终极目标和分级目标，社会进步的根本目标和途径。

49. 简述素质水平理论。

50. 简述品德分级理论。

51. 简述理性活动决定理论。

52. 简述人类素质与社会变迁关系规律。

53. 简述活动水平理论。

54. 简述活动水平评价理论。

55. 选择活动样本，运用判断活动是否正确的社会进步标准，判断其是否正确。

56. 简述人类活动与社会进步关系规律。

57. 简述环境水平理论。

58. 简述产品水平理论。

59. 简述社会分级理论。

60. 简述 A 级社会理论。

第四章

社会基本规律

学习目的：

    了解社会基本规律理论

    了解社会基本规律理论与社会水平理论的联系

    了解社会进步规律的作用

    掌握社会基本规律和社会进步规律

    掌握社会进步基本方法和根本方法

    社会规律很多，人类需要从中找出影响社会变化的最重要的关键性规律，用以指导人类推动社会进步。

    社会基本规律是指社会存在和变化的基本原理，它揭示了社会基本要素之间存在的相互联系、相互作用、相互制约的关系。它适合于所有类型的社会，具有客观性和普适性。由社会基本规律推导出的社会进步基本规律和根本规律对人类的活动具有重大指导意义，只有符合社会进步基本规律和根本规律的活动，才能推动社会进步。任何国家、民族、党派、单位、家庭和个人都应该了解社会基本规律，用社会进步基本规律和社会进步根本规律指导活动。

    社会基本规律包括生存规律、有限改变规律、改变水平规律、活动水平规律、素质水平规律、社会总水平规律，以及社会进步基本规律和社会进步根本规律（见表4－1）。

表 4 - 1 社会基本规律

规律名称	规律定义
生存规律	人类只能依靠环境而生存，环境为人类提供生存条件；环境水平制约人类生存水平；环境水平的变化引起人类生存水平同向变化
有限改变规律	人类的活动可以有限地改变环境，既可以使环境水平上升，也可以使环境水平下降
改变水平规律	人类的活动水平制约人类对环境的改变水平。人类活动水平的变化引起人类对环境的改变水平同向变化
活动水平规律	人类的素质水平制约人类的活动水平。人类素质水平变化引起人类的活动水平同向变化
素质水平规律	科研和教育水平制约人类的素质水平。科研和教育水平的变化引起人类的素质水平同向变化
社会总水平规律	科研和知识、品德教育水平制约社会总水平。科研和知识、品德教育水平的变化引起社会总水平同向变化
社会进步基本规律	只有提高科研和知识、品德教育水平，才能提高人类素质水平；只有提高人类素质水平，才能提高人类活动水平；只有提高人类活动水平，才能提高人类改变环境的水平；只有提高人类改变环境的水平，才能提高环境水平；只有提高环境水平，才能提高人类的生存条件水平，实现人类和环境的共同进步
社会进步根本规律	提高人类的科研和知识、品德教育水平是社会进步的根本动力

第一节　生存规律

　　人类只能依靠环境而生存，环境为人类提供生存条件。环境水平制约人类生存水平，环境水平越高，人类生存水平就越高；环境水平越低，人类生存水平就越低。环境水平的变化引起人类生存水平同向变化。环境水平由低向高发展，人类生存水平也随之由低向高发展；环境水平由高向低转化，人类生存水平也随之由高向低转化。提高环境水平，必然提高人类生存水平；降低环境水平，必然降低人类生存水平。这既是人类生存规律，也是社会得以存在的规律。

　　人类在环境中产生。自然界发展到一定时期，具备了人类产生和生存的条件之后，人类才得以产生。地球已经存在了 46 亿年，而人类只存在200 多万年。

人类在环境中生存。人类生存需要环境提供能够利用的物质。如果人类离开了阳光、空气、土地、水和动植物，将不能生存下去。人类在 A 级自然环境中，使用 A 级产品，生存水平最高；人类在 E 级及以下自然环境中，使用 E 级产品，生存水平最低。

人类依靠环境而发展。环境不仅为人类提供了赖以生存的自然消费品，还为人类提供了可以改造成产品的资源，从而为人类的发展准备了物质条件。

环境水平由低向高发展，人类生存水平也随之由低向高发展；环境水平由高向低转化，人类生存水平也随之由高向低转化。

生存规律告诉我们的社会进步方法是：人类生存水平受环境水平制约，如果要生存和发展，就必须爱护和改善环境，不能破坏环境。只有改善环境，才能提高生存水平，而破坏环境必然降低生存水平。人类应当进行改善环境的活动，不应当进行破坏环境的活动。社会单位应当最大限度地持续改善环境，提高环境水平，这是人类处理人环关系的基本准则。

第二节　有限改变规律

人类活动可以有限地改变环境，可以使环境水平上升，也可以使环境水平下降，这是有限改变规律。

环境本身具有运动性质，它不断自发地改变着环境水平，或者向有利于人类生存的方向提高水平，或者向不利于人类生存的方向降低水平。人类具有能动性，不仅能够适应自然，还能够改造自然。人类活动对于环境自然运动可以起到一定的促进或阻碍作用，也可以有限地改变环境自然运动的某种趋势，使环境水平发生人为引起的上升或下降的变化。生产活动将环境中的资源加工成人类需要的产品和不需要的废品以及垃圾；消费活动在满足人类需要的同时也向环境中排放垃圾。植树造林、改良土壤、绿色消费、绿色生产、治理污染等活动提高环境水平，战争、污染性生产、浪费性生产、掠夺式生产、超量生产、垃圾污染、浪费性消费等破坏活动降低环境水平。

人类对环境的改变是有限的，不可能随心所欲地无限支配环境的运动。人类对环境的作用只是环境变化的一个外部力量，它给环境变化创造一定的条件，而环境变化的根据仍在环境本身。

有限改变规律告诉我们的社会进步方法是：人类可以改变环境水平，并且通过改变环境水平改变生存水平。人类应该积极地认识环境、改造环境，开展使环境向有利于人类生存与进步方向变化的活动，禁止使环境向不利于人类的生存与进步方向变化的活动。

第三节　改变水平规律

人类活动水平制约人类对环境的改变水平。活动水平越高，人类对环境的改变水平就越高；活动水平越低，人类对环境的改变水平就越低。活动水平的变化引起人类对环境的改变水平同向变化。活动水平由低向高发展，人类对环境的改变水平也随之由低向高发展；活动水平由高向低转化，人类对环境的改变水平也随之由高向低转化。提高活动水平，必然提高人类对环境的改变水平；降低活动水平，必然降低人类对环境的改变水平。这是改变水平规律。

人类活动分为 5 个水平等级。A 级活动最大限度地提高环境水平；B 级活动可以提高环境水平；C 级活动只能维持环境水平；D 级活动则能降低环境水平；E 级活动严重破坏环境，引起环境水平的大幅度下降。

A 级活动引起环境发生较大进步。A 级活动提高资源水平。A 级科研活动可以不断地认识资源，开发资源，提高资源的使用率，扩大资源的范围，促进资源再生；A 级生产活动节约资源、充分利用资源，合理使用资源；A 级消费活动节约产品，进而节约资源；A 级管理活动使人类的活动科学化，保证生产和消费的先进性。A 级活动提高产品水平。科学发现和发明是产品的母亲。科研活动可以不断发明人类生存和进步需要的新产品。A 级生产活动不断提高产品质量，使之更加适合人类进步的需要。A 级活动降低破坏水平。A 级社会管理可以有效地指导人类从事建设活动，减少破坏活动，直至最后完全消灭人类的主观破坏活动。A 级生产和消费活动，可以较好地解决工业垃圾、生活垃圾及其他废水、废气、废物对环境的破坏。比如，利用太阳能替代核能，可以避免核泄漏、核废料给环境带来的严重污染。A 级活动降低灾害水平。A 级生产和消费活动，可以保护生态环境，防止灾害的发生，或者降低灾害水平。比如，建造抗震住宅、兴修水利、治理水土流失等活动可以起到减灾、免灾的积极作用。先进的科学技术还可以预测自然灾害，以便采取相应措施预防和减少自然灾害给人类带来的损失。

B 级活动也具有提高环境水平的作用。B 级活动与 A 级活动的区别在于提高环境水平的幅度不同。A 级活动较大幅度地提高环境水平，B 级活动提升环境水平的幅度则较小。A 级活动的具体内容不断更新，始终走在社会进步的前列，起到提升环境水平的表率作用；B 级活动的具体内容往往就是前期 A 级活动的具体内容，起到全面提升环境水平的作用。A 级活动和 B 级活动共同推动环境水平的提高。

D 级活动降低环境水平。D 级活动降低资源水平。落后的生产和消费浪费资源、污染环境、破坏生态系统。D 级活动降低产品水平，如生产假冒伪劣产品、过时产品，严重降低产品水平。D 级活动破坏环境，提高自然灾害水平。1999 年台湾地震，一些优质抗震建筑经受住了考验，而质量低劣的建筑则被地震摧毁，有的建筑质量低劣，为谋小利用废报纸、色拉油桶代替水泥填充房屋框架，在地震时断裂。

E 级活动严重破坏环境。人类内部相互残杀，殃及环境。战争直接摧毁资源和产品，破坏生态平衡，引发自然灾害。全世界每年有 58 万平方英里的土地变为荒漠，这一灾难影响到 10 亿人的生活，占人类口的 1/6。1999 年巴西全球环境问题会议签署了"累西腓倡议"，号召人类控制生态灾难。而造成这一灾难的原因除气候变化等自然因素外，人类的破坏活动是重要因素，砍伐森林、过度耕种、过度放牧以及人口激增是造成荒漠化的重要人类因素。

改变水平规律告诉我们的社会进步方法是：为了提高人类对环境的改变水平，就必须提高人类的活动水平。社会单位应该最大限度地持续提高单位成员的活动水平，进行先进的管理、生产和消费活动。

第四节　活动水平规律

人类的素质水平制约人类的活动水平。素质水平越高，活动水平就越高；素质水平越低，活动水平就越低。素质水平变化引起活动水平同向变化。素质水平由低向高发展，活动水平也随之由低向高发展；素质水平由高向低转化，活动水平也随之由高向低转化。提高素质水平，必然提高活动水平；降低素质水平，必然降低活动水平。这是活动水平规律。

活动水平受限于知识水平。人类的活动受大脑支配。知识水平是大脑的智慧水平。人类活动水平不能超出知识水平的限制。在人类知识水平不变时，人类活动只能在原知识水平制约下进行量的扩张，不能进行质的提高。人类历史上生产力的每一次飞跃，都是科学进步的结果。人类在没有掌握生产知识以前，只能进行适应自然的消费活动。人类在掌握了生产知识之后，不仅可以适应自然，还可以改造自然。知识进步使人类的活动水平发生了质的飞跃，机器、电脑等生产工具的相继发明，促进人类生产水平不断提高。知识进步是生产进步、管理进步和消费进步的前提条件。

品德水平制约活动的性质水平。品德水平本质上是人类处理各方面利益的态度和行为水平。人类的所有有意识的活动都是为了获取一定的利益，品德水平决定活动的利益取向。品德水平提高，可以使人类活动在已知的知识水平内提高正确率，进而使社会水平提高。知识为不同的人所利用既可以造福人类，也可以危害人类。品德低下的社会单位及个人利用知识损害人类利益，他们研制病菌，利用先进武器屠杀人民，利用先进技术破坏自然环境。只有提高人类的品德水平，才能保证人类在符合社会根本利益的前提下利用知识。

健康水平制约活动的体力水平。健康人群的活动能力要超过非健康人群。活动水平规律阐述了素质水平和活动水平的关系。因为人类是活动的进行者，所以人类素质水平决定人类活动水平。

活动水平规律告诉我们的社会进步方法是：如果要提高人类活动水平，就必须首先提高人类素质水平。不提高人类素质水平，就不可能提高人类活动水平；而降低人类素质水平，则必然降低人类活动水平。为了社会进步，社会单位应当最大限度地持续提高每个人的知识、道德和健康水平。

第五节　素质水平规律

科研和教育水平制约人类素质水平。科研和教育水平越高，人类素质水平就越高；科研和教育水平越低，人类素质水平就越低。科研和教育水平的变化引起人类素质水平同向变化。科研和教育水平由低向高发展，人类素质水平也随之由低向高发展；科研和教育水平由高向低转化，人类素质水平也随之由高向低转化。提高科研和教育水平，必然提高人类素质水平；降低科研和教育水平，必然降低人类素质水平。这是素质水平规律。

科研和知识教育水平制约人类知识水平。科研是利用已知知识发现新知识的活动，知识教育是推广已知知识的活动。没有科研，知识就不会发展；没有教育，知识就不能继承。如果人类不去继承前人发现的知识，而只是依靠经验积累，不断从零起步，那么人类将永远拥抱愚昧。人类200多万年积累的知识可以比作沧海，而一个人终其一生所能获得的经验知识只能是沧海一粟。哪个国家的知识教育水平高，哪个国家公民的平均知识水平就高；哪个国家的知识教育水平低，哪个国家公民的平均知识水平就低。

科研和品德教育水平制约人类的道德水平。道德科学的发展是道德进步的先导。社会进步要求人类不断地用先进道德思想取代落后道德思想。道德教育几乎遍布于社会的每一个角落，所有的人都是道德教育的对象，也都是道德教育的老师。社会宣传系统、教育系统、工作单位以及家庭是道德教育的主要阵地，先进道德思想不去占领，落后道德思想必然去占领。先进道德教育可以提高人类道德水平，落后道德教育必然降低人类的道德水平。

科研和教育水平是影响人口水平和健康水平的重要因素。生育知识水平低，生育质量就低，盲目生产，人口膨胀；生育知识水平高，优生优育，人口数量就会保持在合理的范围之内。医疗知识水平低，面对疾病无可奈何；医疗知识水平高，就可战胜疾病，妙手回春。

素质水平规律告诉我们的社会进步方法是：发展先进的科学研究、先进的知识教育和先进的道德教育是提高人类素质水平的主要措施。如果要提高人类的素质水平，就必须首先提高科研和知识、品德教育水平。只有不断提高科研和教育水平，才能不断提高人类的素质水平。社会应当最大限度地持续提高人类的科研和知识、品德教育水平。

第六节　社会总水平规律

通过对前五个社会基本规律的研究，可以得出社会总水平规律。

科研和知识、品德教育水平制约社会总水平。科研和知识、品德教育水平越高，社会总水平越高；科研和知识、品德教育水平越低，社会总水平越低。科研和知识、品德教育水平的变化引起社会总水平同向变化。科研和知识、品德教育水平由低向高发展，社会总水平也随之由低向高发展；科研和知识、品德教育水平由高向低转化，社会总水平也随之由高向低转化。提高科研和知识、品德教育水平，必然提高社会总水平；降低科研和知识、品德教育水平，必然降低社会总水平。这是社会总水平规律。

社会总水平规律是人类在实践中总结出来的，也可以通过前面五个规律推导得出。

生存规律指出：环境水平制约人类生存水平。环境水平的变化引起人类生存水平同向变化。

有限改变规律指出：人类活动可以有限地改变环境，可以使环境水平上升，也可以使环境水平下降。

改变水平规律指出：人类活动水平制约人类对环境的改变水平。活动水平的变化引起改变水平同向变化。

活动水平规律指出：人类素质水平制约人类活动水平。素质水平变化引起活动水平同向变化。

素质水平规律指出：科研和教育水平制约人类素质水平。科研和教育水平的变化引起素质水平同向变化。

因为科研和知识、品德教育水平制约人类的素质水平，人类素质水平制约人类活动水平，人类活动水平制约人类对环境的改变水平，人类对环境的改变水平在一定条件下制约环境水平，环境水平制约人类生存水平；所以科研和知识、品德教育水平不仅制约人类的素质水平，还从根本上制约社会总水平。

社会总水平规律告诉我们的社会进步方法是：人类如果要提高社会总水平，就必须首先提高人类的科研和知识、品德教育水平。

第七节　社会进步基本规律

社会进步基本规律包含在社会基本规律之中。

社会基本规律是反映社会双向变化的规律，所以每条社会基本规律都包含两个相互对立的部分。一部分为社会进步基本规律，另一部分为社会倒退基本规律。例如，素质水平规律内容是科研和教育水平的变化引起素质水平同向变化，其中"提高科研和教育水平，必然提高人类素质水平"，属于社会进步基本规律；而"降低科研和教育水平，必然降低人类素质水平"，则属于社会倒退基本规律。

一　根据社会基本规律分离出如下社会进步基本规律

社会进步基本规律1：只有不断提高科研水平，不断提高知识、品德教育水平，才能不断提高人类素质水平。

社会进步基本规律2：只有不断提高人类素质水平，才能不断提高人类的管理、生产和消费等活动水平。

社会进步基本规律3：只有不断提高人类活动水平，才能不断提高人类改变环境的水平。

社会进步基本规律4：只有不断提高人类改变环境的水平，才能不断提高环境水平。

社会进步基本规律5：只有不断提高环境水平，才能不断提高人类生存条件水平，实现人类和环境的共同进步。

根据社会进步基本规律得出推动社会进步的基本方法。

社会进步基本方法：不断提高科研水平，不断提高知识、品德教育水平。不断提高人类素质水平。不断提高人类活动水平。不断提高人类改变环境的水平。不断提高环境水平。

二　根据社会基本规律还可以分离出如下社会倒退基本规律

社会倒退基本规律1：降低人类的科研和知识、品德教育水平，必然降低人类素质水平。

社会倒退基本规律2：降低人类的素质水平，必然降低人类的管理、生产和消费等活动水平。

社会倒退基本规律3：降低人类活动水平，必然降低人类改变环境的水平。

社会倒退基本规律4：降低人类改变环境的水平，必然降低环境水平。

社会倒退基本规律5：降低环境水平，必然降低人类的生存条件水平，导致人类和环境的共同倒退。

人类知道社会倒退基本规律是为了预防引起社会倒退的错误发生。

第八节　社会进步根本规律

社会进步的五条规律之间具有因果关系，第一条规律是根本，在推动社会进步方面起到基础作用，发展先进的科学和开展先进的知识、道德教育是社会进步的先导，由此可以得出社会进步根本规律。

提高人类的科研和知识、品德教育水平是社会进步的根本动力。如果要提高社会总水平，就必须首先提高人类的科研和知识、品德教育水平。只有把提高人类的科研和知识、品德教育水平放在社会发展的首位，才能提高社会进步的速度、效率和质量，推动社会全面协调可持续进步。这是社会进步根本规律。

人类对社会进步根本规律有一定的认识，如科学技术是第一生产力，知识就是力量，以德治国，建立学习型社会等理论和实践活动都是符合社会进步根本规律的。根据社会进步根本规律得出推动社会进步的根本方法。

社会进步根本方法是：人类必须不断地进行科学创新，不断地在实践中发展知识，不断提高知识教育和品德教育水平。只有把知识和品德放在发展的首位，才能少走弯路，提高社会发展的效率，推动社会科学地进步。

社会进步基本规律和基本方法是社会进步之纲，社会进步根本规律和根本方法是社会进步之纲中之纲。

社会进步是人类的根本利益。人类必须严格遵守社会进步基本规律，不应进行任何违背社会进步基本规律的活动。违背社会进步基本规律的活动是指不提高或者降低科学与教育的水平，不提高或者降低社会成员的知识、品德、生育和健康等素质水平，不提高或者降低管理、生产、消费等活动水平，不提高或者降低资源、产品、生态等环境水平，不提高或者降低人类的生存水平。

第九节　理论、规律与方法

一　社会基本规律理论

社会基本规律理论是介绍社会存在与变化的基本规律的理论体系。阐释了社会基本规律的概念、规律体系以及方法，包括社会基本规律的概念、生存规律、有限改变规律、改变水平规律、活动水平规律、素质水平规律、社会总水平规律、社会进步基本规律、社会进步根本规律、社会倒退基本规律、社会进步基本方法、社会进步根本方法等。

二　社会基本规律理论与社会水平理论的联系

社会基本规律理论是以社会水平理论为基础的。阅读社会基本规律理论之前应该首先学习社会水平理论。这样才能对社会基本规律理论有一个深刻的理解。

第三章"社会水平"理论是对社会基本要素的剖析。本章社会基本规律理论则进一步揭示了社会基本要素之间存在的相互联系、相互作用、相互制约的关系。只有对社会基本要素有一个全面、深入的认识，才能认清社会基本要素之间的关系。"社会水平"理论展开揭示了社会进步的科学方向，建立了社会进步的目标体系和内容体系，建立了全面、系统评价社会水平的标准体系，建立了判断人类活动正确与否的根本标准，描绘了顶级社会的蓝图。本章社会基本规律理论揭示了社会进步的基本规律和根本推动力，揭示了促进社会进步的基本方法和根本方法。只有对社会进步的方向、目标、内容有一个全面、深入的认识，才能进一步深刻理解社会进步的规律和方法。

三　社会进步规律的作用

社会进步学家研究社会规律的目的在于利用社会规律发现社会进步规律。而研究社会进步规律的意义则在于寻找社会进步方法，以应用于社会进步实践。

所有的社会进步方法都是符合社会进步规律的，如社会进步基本方法符合社会进步基本规律，社会进步根本方法符合社会进步根本规律；所有违背社会进步规律的方法都不是社会进步方法。

所有的社会进步方法都可以由相应的社会进步规律推导得出，如社会进步基本方法可以由社会进步基本规律推导得出，社会进步根本方法可以由社会进步根本规律推导得出；所有不能由社会进步规律推导得出的方法都不是社会进步方法。

研究、推广社会进步规律的作用在于两点：一是利用社会进步规律寻找推动社会进步的方法，进而利用社会进步方法推动社会进步。二是利用社会进步规律验证方法。如果方法符合社会进步规律就是社会进步方法，可以采用，反之则不应采用。

四　社会基本规律和社会进步规律

社会基本规律是指社会存在和变化的基本原理，是最基本的社会规律。它揭示社会基本要素之间存在的相互联系、相互作用的关系，适合于所有类型的社会，具有客观性和普适性。

生存规律告诉我们：人类只能依靠环境而生存，环境为人类提供生存条件；环境水平制约人类生存水平；环境水平的变化引起人类生存水平同向变化。社会存在规律即是生存规律。

有限改变规律告诉我们：人类活动可以有限地改变环境，可以使环境水平上升，也可以使环境水平下降。

改变水平规律告诉我们：人类的活动水平制约人类对环境的改变水平。人类活动水平的变化引起人类对环境的改变水平同向变化。

活动水平规律告诉我们：人类的素质水平制约人类的活动水平。人类素质水平的变化引起人类活动水平同向变化。

素质水平规律告诉我们：科研和知识、品德教育水平制约人类素质水平。科研和知识、品德教育水平的变化引起人类的素质水平同向变化。

社会总水平规律告诉我们：科研和知识、品德教育水平制约社会总水平。科研和知识、品德教育水平的变化引起社会总水平同向变化。

社会进步基本规律告诉我们：只有提高科研和知识、品德教育水平，才能提高人类素质水平；只有提高人类素质水平，才能提高人类活动水平；只有提高人类活动水平，才能提高人类改变环境的水平；只有提高人类改变环境的水平，才能提高环境水平；只有提高环境水平，才能提高人类生存条件水平，实现人类和环境的共同进步。提高科研和知识、品德教育水平是社会进步的先导。

社会进步根本规律认为：提高人类的科研和知识、品德教育水平是社会进步的根本动力。

社会倒退基本规律认为：降低科研和知识、品德教育水平，必然降低人类素质水平；降低人类素质水平，必然降低人类活动水平；降低人类活动水平，必然降低人类改变环境的水平；降低人类改变环境的水平，必然降低环境水平；降低环境水平，必然降低人类生存条件水平，导致人类和环境的共同倒退。

人类知道社会倒退基本规律是为了预防发生引起社会倒退的错误。

五　社会进步基本方法与根本方法

社会进步基本方法：不断提高科研和知识、品德教育水平。不断提高人类的素质水平。不断提高人类的活动水平。不断提高人类改变环境的水平。不断提高环境水平。

社会进步根本方法：人类必须不断地进行科学创新，不断地在实践中发展知识，不断提高知识教育和品德教育水平。只有把知识和品德放在发展的首位，才能少走弯路，提高社会发展的效率，推动社会科学地发展。

本章小结

第一，社会基本规律是指社会存在和变化的基本原理，它揭示了社会基本要素之间存在的相互联系、相互作用、相互制约的关系，适合于所有类型的社会，具有客观性和普适性。

第二，由社会基本规律推导出的社会进步基本规律和根本规律对人类活动具有重大指导意义。只有符合社会进步基本规律和根本规律的活动，才能推动社会进步。任何国家、民族、党派、单位、家庭和个人都应该了解社会基本规律，用社会进步基本规律和根本规律指导活动。

第三，社会基本规律包括生存规律、有限改变规律、改变水平规律、活动水平规律、素质水平规律、社会总水平规律，以及社会进步基本规律和社会进步根本规律。

关键术语

社会基本规律、生存规律（社会存在规律）、有限改变规律、改变水平规律、活动水平规律、素质水平规律、社会总水平规律、社会进步基本规律、社会进步根本规律、社会倒退基本规律。

社会基本规律理论。

社会进步基本方法、社会进步根本方法。

思考题

1. 简述社会基本规律。
2. 用社会总水平规律解释新中国成立以后的历史变迁。
3. 用社会进步基本规律和基本方法解释社会单位进步实例。
4. 用社会进步根本规律和根本方法解释社会单位进步实例。
5. 简述社会基本规律理论与社会水平理论的联系。
6. 建立社会进步规律体系有何现实意义。尝试总结几条社会进步规律。
7. 举例说明如何应用社会进步规律。

第五章

宏观社会类型进步

学习目的：

掌握宏观社会类型进步规律

掌握社会生产力发展阶段与宏观社会类型

了解宏观社会发展动力

了解实现自动生产社会的必然性

掌握自动生产社会的实现途径

了解自动生产社会概述

了解世界生产力发展方向和特点

掌握推动生产力发展的基本政策

第一节　社会生产力发展阶段与宏观社会类型

人与环境的关系是社会基本关系。

人的活动和环境的运动把人和环境联系起来。人通过活动获得环境提供的物质，并加以利用。环境拥有人类生存所需要的物质，并提供给人。

人取得和利用物质的活动是利用活动。环境产生和供给物质的运动是贡献运动。利用活动和贡献运动是维持社会存在和推动社会发展的社会基本运动。社会生产力发展阶段就是社会基本关系的发展阶段，就是社会基本运动的发展阶段。

在社会发展过程中，社会基本运动发生着显著变化。根据社会基本运动的变化情况可以把社会划分为三个基本的生产力发展阶段和三个基本的宏观社会类型。三个基本的宏观社会类型分别是自然生产社会、人类生产社会和自动生产社会（见表 5 - 1）。

表 5 - 1 宏观社会类型发展阶段

阶段	初级阶段	中级阶段	高级阶段
宏观社会类型	自然生产社会	人类生产社会	自动生产社会
生产力阶段	自然生产阶段	人类生产阶段	自动生产阶段
人类主要利用活动	消费	消费、生产	消费
环境主要贡献运动	自然生产	提供生产资源	智能工具生产
社会生产力	自然生产力 自然生态环境	人类生产力 人 + 工具	自动生产力 机器人 + 智能机器

一　自然生产社会

人类产生之时，即是自然生产社会的开始。整个旧石器时代和中石器时代都属于自然生产社会。从时间上看约在 200 万年前至 1 万年前。现代人约产生于 5 万年前，现代人也经历了约 4 万年的自然生产社会阶段。

社会产生初期，人以适应自然为主要生存方式。这一时期的利用活动主要是采集植物，捕食动物。在共同劳动中，因为身体条件不同，他们有了分工：女人和小孩主要做采集果实、植物、草根等工作，强壮的男子就去打猎。[①] 由于人的数量很少，动植物又相当丰富，人不需要进行生产也可以生存。这是纯粹的自然社会，是社会的初级阶段。在漫长的岁月中，人战胜了其他动物，成为没有天敌的地球霸主。在自然社会后期，人的数量不断增加，并且不断提高捕食技能，造成可供人类食用的动植物不断减少。为了生存下去，人只能有两种选择，一是控制人口数量，二是增加可供食用的动植物数量。人选择了第二条路。在利用活动中，人们发现可以通过种植植物和养殖动物实现增加可供食用的动植物的数量，生产活动产生。生产活动产生初期，人们缺乏生产经验和工具，劳动生产率极低，劳动成果很少，不能满足生存需要。人们仍然以采集植物、捕食动物为主要生存来源。

在社会的初级阶段，贡献运动是环境产生和提供自然生长的动植物等

---

① 潘力模：《社会发展史画》，工人出版社，1951，第 15 页。

自然消费品，利用活动是人取得和利用环境提供的自然消费品。自然界自发地为人类生产自然消费品的活动是自然生产活动。这一时期为人类提供生存物质的生产力是自然生产力。自然生产力只有一个要素，即自然生态系统。社会中自然生产力占主导地位的生产力发展阶段是自然生产力阶段。自然生产社会是社会中自然生产力占主导地位的宏观社会类型。

二　人类生产社会

农业和畜牧业产生于距今 1 万年前的新石器时代。农业和畜牧业的出现标志着人类生产社会的到来。

农业是从采集经济发展来的，其发明主要是妇女的功劳。她们在长期的采集活动中，积累了丰富的经验，逐渐认识并掌握了某些野生植物的生长规律，于是将这些野生植物改为有目的的种植。这样便产生了农业。农业的产生使人类从自然经济过渡到了生产经济，从此人们不再只从大自然中攫取食物，而开始生产食物，用自己生产的食物来满足基本的生活需要。

农业发祥地主要有三个中心，即西亚北非、东亚南亚和中美洲。西亚北非地区是大麦和小麦的发祥地。这里发现了许多早期农业村落遗址。最早的是伊拉克境内的萨威·克米遗址，其底层为公元前 9000 年。出土的工具有收割用的石镰，加工谷物用的石磨、石碾等。东亚和南亚地区是水稻、粟和棉花的发祥地。在中国西安半坡、河南裴李岗和河北磁山遗址中，都发现了公元前 6000 年的炭化谷粒，还发现了石磨、石镰、石刀、石锄、石铲等工具。说明谷子最早起源于中国。地处南亚的印度最早培植了棉花，是棉花的故乡。中美洲是玉米、马铃薯、红薯等多种作物的故乡，早在公元前 5000 年前，居住在墨西哥的印第安人就开始种植玉米、矮瓜、辣椒，以后他们又种植马铃薯、红薯等。

畜牧业是从狩猎经济发展来的。在新石器时代，随着生产力的提高，人们猎捕的动物增多，一时食用不完，于是就把它们喂养起来。人们凭着自己的经验，首先驯养那些最温顺的动物。早在中石器时代，人们就驯养了狗和绵羊。借助此经验，在新石器时代，人们又把野生的猪、山羊、牛、马、驴、骆驼等许多动物驯养成家畜，从而产生了原始畜牧业。[1]

---

① 张艳玲、隆仁主编《世界通史》，中国致公出版社，2001，第 30 页。

新石器时代，人类还发明了磨光石器、陶器、纺线和织布，新石器时代人类的生活得到了改善。

人类从以采集植物、捕食动物为主要生存来源发展为以农牧业生产成果为主要生存来源。社会进入中级阶段。

这时的人主要靠生产活动创造的产品维持生存。生产活动提供的大量产品促使人口数量不断增加，而野生动植物则不断减少。人如果放弃生产必然走向衰亡。

在社会的中级阶段，贡献运动已经不仅为人提供自然消费品，还为人提供能够改造成为产品的生产资源。利用活动也已经不仅是取得和利用自然消费品，还取得和利用生产资源。这时，在人的利用活动中分离出了一个新的活动方式——人类生产活动。人类生产活动是人类取得资源并进行改造生成产品的活动。人类生产活动产生之后赋予了消费活动新的内容。这时人们既消费自然生产的自然消费品，又消费人类生产的人工消费品，主要依靠消费人工消费品维持生存。人类生产活动使环境由单一的自然环境发展为自然环境加上人工环境。

这个时期与上个时期的根本区别是人类生产力取代自然生产力成为社会主导生产力，人类主要依靠人类生产力生存。人类生产力有三个要素，即劳动者、劳动工具和劳动对象。社会中人类生产力占主导地位的生产力发展阶段是人类生产力阶段，人类生产社会是社会中人类生产力占主导地位的宏观社会类型。

三　自动生产社会

机器人的普及标志着人类生产社会的终结和自动生产社会的到来。在不发生战争的发达国家及我国，自动生产社会将在21世纪30~50年代到来。

人们学会生产之后，不断改进生产工具。开始人们只会使用笨拙的石器工具，后来发明了灵巧的铁制工具。过去只会制造简单的手工工具，现在已经能够制造复杂的机器。在20世纪，发明了具有一定人脑功能的电脑。电脑与机器的完美结合形成了各式各样的自动化生产设备，使人开始从生产劳动中解放出来。电脑促进了服务领域的自动化，如飞机、火车、轮船可以自动驾驶，自动洗衣机、智能住宅减轻了人们的家务劳动，自助银行、自助超市等消费服务自动化使人开始从服务劳动中解放出来。机器人的产生和发展更使人们看到了人类生产必将被自动工具生产替代的曙光。人的生产活动占生产的份额越来越小，环境（智能工具）的生产活动占生产的份额越来越大，最终会将人基本排斥在生产活动之外。这时的人已经不是依靠自身的劳动成果生存，而是依靠智能工具的劳动成果生存，社会进入高级阶段。

在社会高级阶段，环境的贡献运动主要表现为自动生产力为人类提供生存产品，人的利用活动主要表现为消费活动。随着三大产业生产自动化水平的不断提高，绝大部分人类生产逐渐被自动化生产所取代。

这个时期与上个时期的根本区别是自动生产力取代人类生产力成为社会主导生产力，人类已经从依靠自身生产活动生存转化为依靠环境的自动化生产生存。社会只需要极少数人管理自动化生产，绝大多数人脱离了三大产业，从生产力中解放出来。自动生产力虽然仍然存在劳动者、劳动工具和劳动对象三个要素，但是劳动者的占比非常小，并且从执行者地位上升到管理者地位。社会中自动生产力占主导地位的生产力发展阶段是自动生产力阶段。自动生产社会是社会中自动生产力占主导地位的宏观社会类型。

在自动生产社会，人类的科学技术进步仍然是社会生产力发展的推动力，仍然处于第一生产力的地位。人类的科学研究活动将得到更大的发展，并且不断地将科技成果注入自动生产力之中，不断提高自动生产力水平。

************** **社会之窗** **************

中国要在机器人领域当领头羊[①]

以下场景反映了中国的努力：在新创企业伊雪松机器人设备有限公司，一个人形机器人正在为雇员们提供咖啡。这些雇员正在制造单价为 1.5 万美元的工业机器人，它们的价格比外国品牌便宜 1/3，并将帮助珠江三角洲各地的装配线实现自动化。

总部设在北京的电子商务巨头京东的一个实验室内，一个蜘蛛模样的机器人纵身跳下它的架子，用爪子抓住传送带上的一本书，并将

---

① 《中国计划在世界机器人领域取得支配地位》，《参考消息》2017 年 4 月 26 日。

其投放到一个货箱中。这个机器人每小时能分类整理 3600 件物品，这是人类速度的 4 倍。这仅是京东正在开发的机器人技术之一，其目的是让仓库实现自动化。

报道称，中国正在积极接受机器人技术，正是凭借着同样的热情，中国在高速铁路和可再生能源领域成为一支重要力量。北京的经济规划者将机器人技术视为实现一个更广泛的战略目标的垫脚石，这个更广泛的战略目标就是，在人工智能、无人驾驶汽车等新兴市场占据主导地位。

挡在中国前面的是日本、韩国、德国和美国等老牌机器人技术超级大国。但中国有三大优势——规模、增长势头和资金。中国有全球增长最快的机器人市场和庞大的制造业部门。

这为中国的初创企业创造了很好的开端。波士顿咨询公司的合伙人和制造业问题专家贾斯廷·罗斯说："通往支配地位的道路已经完全开放。中国有能力一举成名。"

报道称，中国有两方面的策略来实现它的目标。中国政府希望本国的工业机器人制造商能在这个规模达 110 亿美元的市场中同外国企业争夺支配地位。国际机器人联合会秘书长古德龙·利岑贝格尔说，预计中国企业的需求将推动对工业机器人的需求以两位数的速度增长。2016 年，中国工业机器人的销量达 9 万台，同比增长约 30%，占当年全球工业机器人总销量的约 1/3。

然而，中国的雄心不止于工业机器人。今年早些时候，官员们在中国最繁忙的火车站之一——郑州东站部署了警察机器人。而在 3 月，中国一个水下滑翔机创下新纪录，下潜到马里亚纳海沟 6329 米的深处。

现在，中国在机器人采用率方面落后于对手国家。2015 年，中国每 1 万名工人仅有 49 台机器人。而美国每 1 万名工人拥有 176 台机器人，德国是 301 台，而韩国则达到 531 台。然而，如果中国的机器人计划获得成功，或许能阻止工厂不断搬往海外的潮流。

根据《中国制造 2025》和 2016 年 4 月发布的一个机器人产业发展五年规划，北京计划让重要的经济部门实现自动化。这些重要部门包括汽车制造、电子产品、家用电器、物流和食品生产。同时，中国政府希望，到 2020 年，自主品牌工业机器人在中国市场所占份额提高到 50%。

谷歌自动驾驶汽车启动免费试乘①

多年来一直被认为拥有业内领先自动驾驶技术的谷歌公司，最近将其自动驾驶汽车部门命名为"出行新方式"。

据美国沃克斯网站 4 月 25 日报道，近几年来，"出行新方式"在公路上行驶的自动驾驶汽车有数十辆，在实际路面上的驾驶里程已经累计超过 200 万英里（约合 322 万公里）。

如今，"出行新方式"正在采取下一步行动：向普通民众开放其测试计划。美国菲尼克斯地区的居民可以申请参加这家公司新推出的测试计划。

谷歌公司首席执行官约翰·克拉夫奇克在 24 日发布的博客文章中说，"数以百计的"家庭将获准参与这一计划。这些家庭需要提出申请。被"出行新方式"公司选中的幸运家庭会免费获得不受限制的用车机会。

"出行新方式"目前已经拥有 100 辆克莱斯勒汽车公司的厢式旅行车，并且为支持这次测试计划又订购了 500 辆。测试的目的不仅是要获得新客户的反馈，还要收集更多现实环境下的数据，包括路况和自动驾驶汽车在城市实际路面行驶时所面对的挑战。

这种厢式旅行车会有一名"出行新方式"公司员工坐在前座，随时准备在自动驾驶软件出问题时接手。"出行新方式"公司希望最终能够无须驾驶人员出面，不过这家公司尚未透露打算在多久以后实现这一目标。

这一消息似乎也证实"出行新方式"正计划走优步式的叫车模式，而不是直接将汽车卖给客户。这样做的一大优势是，"出行新方式"可以逐步展开业务，一次只针对一个大城市。

菲尼克斯是一个理想的起步城市，因为在这里行驶的汽车很少遭

---

① 张程：《谷歌自动驾驶汽车启动免费试乘，向普通民众开放申请》，《参考消息》2017 年 4 月 27 日。

遇雨雪天气或结冰路面。一旦"出行新方式"掌握了如何在这种相对容易的环境下自动驾驶，它就可以应对在西雅图的绵绵细雨中或者在明尼阿波利斯的结冰路面上行驶的挑战。

****

第二节　宏观社会发展的直接动力

生产力的发展直接推动宏观社会发展，宏观社会发展的直接动力是生产力的发展。生产力的活动包括在社会基本运动之中，在自然生产社会，人类进行的社会基本运动以消费活动为主，只存在少量的生产活动；在人类生产社会，人类进行的社会基本运动以生产活动为主，生产力水平不断提高；在自动生产社会，人类进行的社会基本运动又恢复到以消费活动为主。自动生产社会的生产力水平极高，人类从生产力的要素中解放出来，智能生产工具成为生产力的主体。

社会由初级阶段发展到高级阶段，生产力经历两次重大飞跃。第一次是在自然生产社会末期，生产力的发展使人类生产的供人类消费的产品数量超过环境自然提供给人类消费的自然产品的数量，生产活动成为人类的主要活动，社会由自然生产社会发展为人类生产社会。第二次是在人类生产社会末期，生产力的发展使智能工具生产的产品数量超过人类生产的产品数量，人类逐渐退出生产领域，智能工具生产确立了主导地位，社会由人类生产社会发展为自动生产社会。

第一次飞跃早已实现，第二次飞跃将要来临。

上述生产力的两次飞跃都是跨越社会生产力发展阶段的，称为生产力一级飞跃。

在同一社会生产力发展阶段，生产力也会发生飞跃，称为生产力二级飞跃。这时的生产力飞跃将同一社会生产力发展阶段划分成不同的生产力时代。到目前为止，生产力已经进行了 5 次二级飞跃：即旧石器时代向中石器时代的飞跃，中石器时代向新石器时代的飞跃，新石器时代向金属工具时代的飞跃，金属工具时代向机器时代的飞跃，机器时代向电脑时代的飞跃。

　　下一个即将到来的生产力的二级飞跃是电脑时代向机器人时代的飞跃。这次飞跃同时也是第二次一级飞跃，飞跃的完成标志着自动生产社会发展阶段的到来。

第三节　实现自动生产社会的必然性

　　自动生产社会与自然生产社会、人类生产社会一样，是社会生产力发展的必然阶段。自然生产社会发展为人类生产社会，人类生产社会发展为自动生产社会是社会生产力发展的必然趋势。

　　智能工具生产简化了人类生产操作活动是生产力发展的必然结果。生产力水平由低级向高级发展是生产力发展的客观规律。这一规律可以分解为生产力中人的体力逐渐被机械所代替，人的部分脑力逐渐被电脑所代替。这种发展使人占生产操作活动的份额逐渐下降，机械和电脑占生产操作活动的份额逐渐上升，最终智能化的生产工具将人类排除在生产操作活动之外，智能工具生产将代替人类生产操作活动成为社会生产操作活动的主要承担者。

　　人类生产社会正在向自动生产社会发展。任何质变都由量变开始，人类生产社会初期已经存在工具生产的因素，这种因素随着社会的发展而逐渐增加。人类从使用石头进行生产的那一刻起，已经同环境结成了生产联盟。人的劳动智慧不断提高并且在劳动工具中体现出来，促使劳动工具不断得到改进，逐步向自动化方向发展。现代的自动化流水线可以根据人的意愿自动生产产品。

　　尽管世界各国生产力发展很不平衡，但是人类仍然一步步向自动生产社会迈进，自动化生产能力不断增强，在少数领域已经完全实现了工具自动化生产。

　　机器不仅代替了90%以上的人的体力，而且完全超越人的体力。人的体力所不能办到的机器可以办到，如人不能在空中飞行，而飞机则可以在空中飞行。

　　电脑已经在许多方面代替人脑从事工作，并且工作效率和准确性已经超越人脑，如计算机的计算能力远远超过人脑。目前电脑已经被广泛应用于生产、消费的各个领域。

电脑与机器结合形成了各种各样的自动化设备。自动控制生产线一方面大大提高了劳动效率；另一方面不仅解放了人的体力，也解放了人的脑力，使大量的工人走下了生产岗位。

消费服务的自动化也是由电脑所引起。有自动驾驶的飞机、火车、轮船，有自动门、自动洗衣机、智能住宅，还有全自动的自助银行、半自动的超级市场。消费服务的自动化也使人们开始从服务行业中解放出来。

机器人是电脑与机器的完美结合。机器人的功能越来越接近于人。专家们预测在2030年左右机器人的大脑将达到人脑的水平，而实际上机器人的"大脑"在某些专业方面已经超过人脑。人类研制机器人并不是为了取代人类，而是为人类服务。人类没有必要让机器人具有诸如吃饭、睡觉、恋爱等人类的全部功能，而只需要机器人具备生产和服务的本领；人类也不需要机器人是生产或服务的全能手，这同人类具有劳动分工一样，只要机器人能够很好地完成特定的任务就足够了。科学家们已经研制出诸如探矿机器人、水下机器人、加油机器人及各类智能控制的机械手并代替人类的同类劳动。日本HONDA汽车公司积极开发P3机器人，它可以做家务或照顾老年人和孩子。下面描述的是在发达国家可以见到的真实场景而非想象。

斯图加特的弗劳恩霍弗尔生产技术自动化研究所开发出了加油机器人。驾驶员把车停到加油柱旁，机器人会测出所需加油量及油的种类。机器人的活节臂在传感器的操纵下，靠近油箱，打开箱盖，送进油枪，完成整个加油过程只需2分钟，司机可用信用卡自动结算。上述整个劳动过程，机器完全代替了人，是现实社会中的自动生产。

相对于信息时代而言，21世纪对于发达国家来说将发展到机器人时代。

经济全球化发展势头良好。它的根本作用是向世界推广先进生产力，促进全球生产力水平的提高。打破国界配置先进生产力，经济落后国家和地区将获得发展的良机。各国纷纷调整本国的经济政策，实行对外经济开放。1995年1月1日世界贸易组织正式运作，推动经济全球化进入新的发展阶段。发达国家之间、发达国家与发展中国家之间在资本、技术、市场上相互融合。国际分工与专业化协作的程度越来越高。全球性的资本市场已经形成，电子商务使跨国货币流通可以在瞬间完成。

香港《东方日报》有一篇以《世界经济百年革命》为题目的文章称：跨国公司是经济全球化的主要实践者。20世纪末，全世界跨国公司对外投资总额超过一万亿美元，控制了世界生产的40%、国际贸易的50%～60%、国际技术贸易的60%～70%，占国际直接投资的90%以上。跨国公司已经奠定了全球经济垄断的基础，某些行业已经形成了跨国公司的集体垄断。比尔·盖茨领导的微软公司依靠技术进步在全球确立了软件垄断地位。微软公司在成立25年后，股票市值超过5000亿美元，世界上只有8个国家的GDP超过这个数字。

同行业的跨国并购在20世纪末形成新一轮高潮，推动资本进一步集中，扩大行业垄断。1996～1998年，世界企业兼并金额达46.8万亿美元。美国最大的石油公司埃克森与美孚石油合并，涉及金额738.5亿美元；波音以133亿美元收购麦道，组成世界最大的飞机制造公司，占全球飞机市场的65%以上；英国沃德福集团以560亿美元收购美国艾尔塔什通信公司；瑞士联合银行与苏黎世银行公司合并成为全球最大的银行。

总之，人类已经拉开了自动生产社会的序幕，一个崭新的社会生产力发展阶段即将到来。最发达国家将率先进入自动生产社会。各国的生产力发展具有不平衡性，不可能同时进入自动生产社会。自动生产社会的基础是发达的智能工具生产力。只有生产力最发达的国家，才有可能率先进入自动生产社会。欠发达国家和最不发达国家只有发展为发达国家之后，才能进入自动生产社会。而发达程度相同的国家，其社会公平程度越高，越有可能进入自动生产社会。

************** **社会之窗** **************

走近办公机器人①

几年来，全球经济衰退、失业率居高不下，办公场所的日子并不好过。而今，一个新威胁浮出水面。5英尺高、86磅重的HRP-4也许会在未来办公室引发诸多报怨。这款由总部在东京的川田工业公司与日本产业技术综合研究所共同开发的人形机器人将可以送邮件、倒咖啡、识别同事面孔。川田工业公司将于1月28日向全球研究所和大

---

① 《走近办公机器人》，《参考消息》2011年1月27日。

学发售 HRP-4，单价35万美元。尽管价格可能听起来高得离谱，但HRP-4不会在"脸谱"网站上耗时间，不会花几个小时优化其假想的橄榄球队花名册，也不会要求午餐休息时间。机器人在不远的将来可以轻而易举地接管秘书的工作。人形机器人迟早会进入办公领域。

机器工人不完全是新鲜事。通用汽车公司1961年在一条装配线上就使用了一个机器工人。根据总部在法兰克福的国际机器人联合会的年度报告《世界机器人》，全球各地目前共有860万个机器人投付使用。其中有许多机器人在人类去不了的地方做着人类做不了的工作，如在墨西哥湾清理漏油等。然而，作为技术突破，新型机器人可能很快就能够给文件归档和推邮件车了。将来机器人会入住每家每户。不过，在可预见的未来，每个格子间都可能会有一个机器人。

2010年机器超人[①]

1. 朋友机器人。由美国专业的机器人研发公司 Willow Garage 研制，号称 PR 2 的机器人非常人性化，比 PR 1 更加智能，既能做朋友，又能当保姆。在陪伴主人的同时，PR 2 会自己开门，自己找电源插座，开啤酒。它从来不会头疼，也不会在打台球输了以后唠唠叨叨，更不会对人拳脚相加。

2. 芭蕾舞演员机器人。由瑞典梅拉达伦的一所大学研发的这种机器人有19个非常润滑的关节，基本能满足跳芭蕾舞所需的柔韧性和灵活性。经专业人士培训，它已学会伴随柴可夫斯基的《天鹅湖》音乐翩翩起舞。

3. 宠物机器人。由台湾中山大学研制，能像猫狗这类宠物给人带来欢乐。特殊之处在于，它能随主人忧而忧，随主人喜而喜，以此讨好取悦主人。

4. 变形机器人。麻省理工学院和哈佛大学联合研制的这款机器人外形像一个薄片，可以像折纸一样把自己折叠成不同形状。机器人全身由16个1厘米大小的正方形组成，每个正方形又可以折成两个三角形，这种结构保证了最大程度的可塑性。随着指令，它会神奇般地变

---

① 《2010年机器超人》，《参考消息》2011年1月8日。

成一条纸船或一架纸飞机，仿佛一双无形的手正在折纸。

5. 洗头机器人。日本松下公司这款专门给人洗头的智能机器人是为需要照顾的残疾人士和病人设计的。如果加以改进，这种机器人完全可能在不久的将来出现在发艺沙龙，让那些时髦的发型设计师无事可做。

6. 航天员机器人。美国航天局设计的 Robonaut 2 机器人一经面世就被贴上了"航天员管家"的标签，它的任务是协助国际空间站的航天员完成空间站所需的危险及重复的太空作业。机器人重约 136 公斤，价值 250 万美元，研制工作整整持续了 15 年。

7. 生态机器人。英国布里斯托尔机器人实验室研制出的这种机器人是利用昆虫以及其他生物能提供自身能量的机器人。它能在一个特别的反应器电池中对"猎物"进行消化以产生电能。它还可以像人类排泄粪便一样排除体内垃圾物质。这种被称作 Ecobot 3 的生态机器人体内装有合成消化管道，"吃"一顿所产生的能量足够运行一周。

8. 游泳机器人。由加拿大约克大学设计的名为 Aqua 的游泳机器人大小和构造非常像乌龟，但比乌龟多出两个"脚蹼"——辅助桨。该机器人可以游得又快又稳，并能承担潜水员的某些工作。

9. 士兵机器人。这是应美国海军部订货而研制的机器人，被称作"奥克塔维亚"，价值 20 万美元。它有一张很像人类的"脸"，能记录人的动作和言语并做出互动，很好地完成长官指令。

10. 吃虫机器人。

****

第四节　自动生产社会的实现途径

自动生产社会虽然是社会生产力发展的必然阶段，但是还需要人类共同努力才能实现。如果没有人类的共同努力，自然生产社会不会发展为人类生产社会，石器时代不会发展到电脑时代。人类生产社会发展到自动生产社会也必须经过人类共同努力。

社会进步有其自身的运动规律。最大限度地使人类活动符合社会进步规律，社会就能较快地发展。如果违背社会进步规律，社会就会停滞，甚至倒退。

为了早日进入自动生产社会，必须不断提高生产力水平。

一　普及先进的科学知识，提高全人类知识水平

先进的科学知识是科学研究的基础。在全世界普及先进的科学知识，可以提高人类科学研究的能力，为进行智能生产的开发提供人才和知识准备。以知识推动生产力水平的提高。

先进的科学知识又是先进活动所必备的条件。不仅管理和生产需要先进的科学知识，消费也同样需要先进的科学知识。只有提高全人类的知识水平，才能在世界实现先进管理、先进生产和先进消费。

二　发展科学技术，持续提高生产力水平

提高生产力水平必须依靠科学技术的不断进步。特别是要积极推进机器人和其他智能化生产、消费设备的研制开发。在注重发展智能生产的同时，还要积极开展循环生产和生态经济的研究和推广，通过科技进步，推动社会由人类生产社会向自动生产社会发展。

三　改善社会品德状况，制定人类共同遵守的符合社会进步要求的人类活动规则

人的所有活动都应该符合人类根本利益的要求。必须全面提高人的品德水平，禁止以少数人的利益损害人类共同利益，禁止以眼前利益损害人类长远利益。在经济活动中，追求最大利润曾经推动了经济的发展，但是这种以利润为唯一目标的经济行为，对自然环境造成严重损害。在新千年里，人们必须重新审视经济活动规则，建立起以不破坏环境、推广智能生产和可持续发展为底线的经济活动规则以及人类活动总则。提高人类活动的品德水平。对先进的智能生产给予免税，对使用落后设备进行的生产课以重税或处罚；强制淘汰落后生产力，推广先进生产力。

四　提高工资，逐步减少就业人口，完善社会福利制度

不断提高的劳动者工资，促进了工厂的自动化；不断堤高的工资和劳

动力短缺，在客观上为推进工厂的自动化。日本汽车制造商本田的配件供应商 H-One 公司计划斥资 2200 万美元，将其在中国的 3 家车身工厂的机器人数量增加两倍。

数控机床参与生产的比重表明中国的自动化领域大有潜力，该比重已从 2009 年的 22% 增至当前的 27%，而 2008 年仅为 19%。中国由此达到了日本在 20 世纪 80 年代经济强劲增长时期的自动化水平。2010 年日本的机械化生产比重已升至 82%，为世界最高水平。①

减少就业人口，对无业者实施福利分配。劳动生产率的逐渐提高，特别是智能化生产工具的产生和推广，势必引起对人的劳动需求逐渐减少，这是社会的重大进步。

在人类生产社会向自动生产社会的过渡时期，必须保证人民生活水平的持续提高。如果一边提高生产力水平，一边降低人民生活水平，这样的生产力发展没有进步意义。对于失业者国家根据其生活需要发放生活津贴，这是一种有别于按资分配和按劳分配的新分配方式，是保证社会生产力发展的唯一出路。随着越来越多的人脱离劳动，如果不实施福利分配，越来越多的人将失去生存条件，社会总需求将不断缩小，进而引起社会总供给的缩小，反过来又引起生产力规模缩小，水平下降。社会非但不能前进，还要产生倒退。

为了保证生产者的积极性，按劳分配的收入可以略高于福利分配的收入，但不应有过大的差距，这就是兼顾效率和公平。这样才不会引起社会总需求的下降和阻碍生产力的发展。

五　实行计划生育，控制人口增长，减轻生产力发展的人口压力

只有当生产力的增长高于人口增长时，生产力的质量才能提高。实行计划生育、控制人口增长对提高生产力水平有着不可低估的重大意义。

实践证明，一些人口增长较慢，甚至零增长的国家，生产力水平越来越高，生产力的发展主要表现为质量的提高而不是规模的扩张；一些人口

---

① 《加薪潮加速中国工业自动化》，《参考消息》2010 年 7 月 1 日。

增长较快的国家，生产力水平提高缓慢，生产力的发展主要表现为量的扩张而不是质的提高。

六　减少和消灭阻碍社会进步的因素

社会中不仅存在推动生产力发展的进步因素，还存在阻碍生产力发展的因素。两种因素的力量对比影响社会变化的方向和速度。当进步因素占上风时，社会进步；当阻碍因素占上风时，社会倒退；当二者的力量平衡时，社会停滞。

阻碍因素是指人类的破坏活动和环境的灾害运动，千万不可低估阻碍因素对社会进步的阻碍作用。阻碍因素不仅可以使社会停滞和倒退，还有可能毁灭局部社会甚至整个社会，如土地沙漠化和全球核战争。

核武器的发明及扩散，已经让人类找到了"快速自杀"的危险途径。目前"快速自杀"虽然没有发生，但并非不能发生，应该找到适当的办法阻止人类"快速自杀"的出现。

人类正在进行着大规模的"慢性自杀"。一是人类不断加快对自身生存条件的破坏。据一些绿色和平组织估计，近百年来全世界的原始森林有80%遭到破坏。21世纪世界水资源委员会指出：全世界有一半以上的大河被污染，使生态系统遭到严重破坏。严重的土地和水问题在一年内已使2500万人沦为生态难民。世界自然保护基金会认为世界已损失了1/3的自然资源，生物圈、水圈、土圈、大气圈遭到严重破坏。二是人口膨胀，资源不能满足人类的需要。目前至少有8亿人生活在非常贫困状态。人口的增长造成耕地退化或挪作他用。巴基斯坦、埃塞俄比亚、尼日利亚等国家人口增长过快，在近40年的时间里，人均耕地面积下降了50%左右。

人类进行的落后活动还频频引发环境灾害。例如，现代战争特别是核战争可以瞬间破坏人类200多万年的物质文明成果，摧毁社会生产力；有些国家内部经常发生战争和动乱，破坏了生产力发展的基本条件。

和平和稳定是社会发展的政治基础。所有发达国家和发展中国家的发展都离不开和平和稳定。北欧、西欧、日本及亚洲四小龙的发展足以证明这一点。一些发生战争和正在发生战争的国家不仅不能进步，反而产生严重倒退。消灭一切阻碍因素是社会进步的必然要求。

*************** **社会之窗** ***************

武装冲突阻碍社会进步①

　　联合国教科文组织今天公布的一份报告称，武装冲突正使全世界2800万名孩子失学，那些地方的孩子常常成为性虐待和暴力行为的受害者。

　　这份题为《隐藏的危机：武装冲突与教育》的报告称，全球有42%的失学儿童生活在受冲突破坏的贫困国家。这常常带来恶性循环，贫穷和欠发达因缺少教育而加剧，而发生进一步冲突的风险因数以百万计的年轻人找不到工作而增加。

　　这份报告在达喀尔发布时，教科文组织总干事伊琳娜·博科娃在一份声明中称："武装冲突在世界很多地区仍旧是人类发展的主要障碍，但它对教育的影响普遍受到忽视。"从1999年到2008年，有35个国家受到了武装冲突影响，其中15个国家位于非洲地区。

****

第五节　自动生产社会概述

　　自动生产社会具有高度发达的生产力，人类生产绝大部分被自动生产所取代，消费活动是人类的主要活动。

一　自动生产社会的生产

　　社会中完善的生产系统为人类提供适量的优质消费品和消费服务。

（一）生产力的规模和产量具有稳定性

　　自动生产社会的人类具有很高的知识水平，懂得处理人类与环境的关系。为了维持和提高消费水平，严格控制人口数量，使人口数量保持在一个稳定的水平。

　　稳定的人口数量决定了大多数产品的消费量及消费总量处于稳定状

---

　　① 联合国教科文组织：《隐藏的危机：武装冲突与教育》，《参考消息》2011年3月3日。

态，如住宅、交通、吃、穿、用等产品。

人类消费量的基本稳定决定了生产力规模和产量处于基本稳定状态。提高产品产量和扩大生产力规模必然引起供过于求，造成资源和生产力的浪费。

（二）生产力的发展方向是提高生产效率和改进产品

通过改进生产工具和程序，不断提高社会生产率，缩小生产力规模，减少生产工具的产量，进一步节约资源。

自动生产社会还不断改进产品，以提高人们的消费水平。

（三）采用循环生产模式

自动生产社会的生产力高度发达，资源利用率极高。在生产过程中，所有的资源都转化为产品或还原为资源，不产生任何垃圾。不存在"三废"和任何其他污染。

产品经人类消费后全部回收为资源再投入生产。由于人类消费总量保持稳定，还原资源基本上可以满足生产的需要。除还原资源外，还利用部分可再生的自然资源以弥补耗损。

（四）超级垄断

超级垄断是自动生产社会生产的重要特征。超级垄断使社会生产力结构处于基本稳定状态，从根本上杜绝了盲目竞争造成的生产力结构频繁调整和生产力闲置的巨大浪费。

自动生产社会不允许浪费资源的低水平生产力的存在。社会生产力的规模已不再扩大，新建生产能力必须是超越社会现存生产能力的最先进生产力。因此，建立小型公司或个体经济参与社会生产的可能性几乎为零。整个社会生产被先进的"巨无霸"公司所垄断。

（五）消费者与公司的沟通

公司根据消费需求组织生产。其信息沟通和产品销售过程如下。

人们在超级市场购物，超级市场与消费结算中心联网。消费结算中心一方面将消费者的购物款从私人账户划到超级市场账户，另一方面将消费信息记录下来，并将消费信息输送到生产公司。生产公司根据市场需要量组织生产。产品经消费品配送中心输送到超级市场。生产公司除了从消费结算中心获得市场需求信息外，还能获得消费品配送中心反馈的信息。产品的数量适当，质量不断提高，落后产品和反动产品如武器、毒品、迷信产品、凶杀影片等都在产品清单中消失。先进产品能够完全满足人们的合理需求。

二　自动生产社会人的活动

自动生产社会大多数人的活动是消费活动，少数人参与生产管理。人类已经从生产中解放出来，迎来了继自然社会之后的第二个消费社会。

（一）社会管理

自动生产社会需要对人的活动和自动生产进行管理。人们在管理实践中采用了与自动生产社会相适应的管理制度，社会高度民主、高度公平、高度文明。

由于高级知识和创新级知识在人类的普及，人们的信仰统一于社会进步。宗教矛盾消失。

民族之间高度融合，民族观念被社会大同观念所代替。社会中不存在民族差别和民族矛盾。

国家继宗教和民族成为历史之后，不再有存在的意义。国家意志被人类共同意志所取代，世界将不再有国籍之分，即世界大同，从此国家之间的矛盾和战争进入了历史博物馆。世界事务将由统一完善的国际组织及其派出机构来管理。

地球上消灭了贫富差别，管理与被管理的利益差别、宗教差别、民族差别、国家差别之后，已经没有必要存在军队。

没有战争和武器是自动生产社会存在的必要政治条件。在自动生产社会中，人类长期脱离生产，已不具备生产能力。一旦发生战争，将自动生产力破坏，人类将面临无法生存的危险。

可见，只有高度发达的生产力还不够，自动生产社会要求人类有高尚的品德。

社会向每一个人提供全程免费公共教育，使每一个人都能掌握最先进的知识。

科学研究完全公开，接受社会监督，防止发生危害社会的科研活动。

人和环境实现了最佳组合。生态良好。人口数量保持在环境供给能力以内，长期处于零增长。

（二）就业与公益事业

社会中就业人口比例极低。硕士毕业以后才能获得就业资格，而每周的工作也仅限于一天。每天只有少于1%的人在工作。工业和农业完全自动化，大批机器人被使用，一个大型企业只需几个人管理。自选商场使店员减少到1~2人。网上银行和自助银行取代了银行前台人员。人们参加工作各尽所能并不是为了取得生存资料，而纯粹是为公共事业服务。

义工成为社会的主要职业。人们已经不认为付出需要回报。社会的管理工作、教育工作、科研工作都是义务的。在人类生产社会中为人们提供的社会服务已被人与人之间的无私帮助所取代。

*************** 社会之窗 ***************

中国正在打造全球首个无人机物流网①

无人机最初将为四川居民送货，而后计划在全国推广。起初将使用载重50公斤的无人机，然后计划提升至500公斤。

过去，偏远地区地形复杂，基础设施欠发达，阻碍了快递员及时送货。无人机的使用有望将货运成本降低70%。如果该计划实现，它将成为全球首个无人机物流网。该公司5月将开始设计7条无人机送货线路，它们未来将在24小时内把货物送到全国各地。

率先使用无人机提供有偿送货服务的是美国最大的零售商——亚马逊公司。2016年12月，亚马逊使用无人机在13分钟内把货物送到了一位住在公司仓库附近的英国人家中。该公司甚至获得了无人机送货的技术专利。美国首座商业无人机场已于2016年1月投入使用。在日本，无人机已经被用于农业生产十多年了。不过，用无人机在空中观察庄稼、牧群、管道，把鸟赶出机场是一回事，用它来送货则是另外一回事。而且无论刮风、下雨还是下雪，无人机都不能偏离路线。在日本、英国、新加坡和其他许多国家，平顶无人机以40公里/时的

---

① 《中国正用无人机打造全新运输网》，《参考消息》2017年4月11日。

速度飞行，为咖啡馆的顾客送食物和饮料。全球无人机货运服务市场估值近 1300 亿美元。在瑞士联邦民航局批准美国马特尼特无人机公司全天在市内送货后，该公司的合作伙伴——瑞士邮政将从 2018 年起启用无人机在卢加诺市的各医院间运送血液样本和其他小件物品。

重量、续航时间和飞行高度是无人机分类的 3 个主要参数。微型无人机重不到 10 公斤，可续航 1 小时，最大飞行高度 1000 米；迷你无人机重不到 50 公斤，最大飞行高度 5000 米；中型无人机重不到 1 吨，续航时间 10～12 小时，飞行高度为 0.9 万～1 万米；重型无人机重量超过 1 吨，续航时间超过 24 小时，飞行高度达 2 万米。作为运输工具的民用无人机目前只能在市内运送相对较小的货物。2016 年 9 月，在巴黎香榭丽舍大街上举行的首届无人机节上展出了一架时速 30 公里、可飞行 50 公里的无人机。

说到安全问题，为了防止有人抢走货箱里的东西，无人机将安装现金染色装置，让被抢走的钱没法用。

俄罗斯储蓄银行计划用无人机向偏远或难以抵达地区的退休人员和其他被补助人员发放现金。俄罗斯交通部部长马克西姆·索科洛夫在 Vestifinance 论坛上发表讲话说，运输无人机或将在 21 世纪 20 年代中期得到推广。他说，无人机可用于在俄北部和远东人烟稀少的地区配送药品和其他货物。俄罗斯联邦工业和贸易部副部长瓦西里·奥西马科夫表示，未来 10～15 年或可实现无人机在北极地区送货。他介绍说："我们正在试图思考开发北极。这个地方与储备资源有关，与替代能源有关。谁知道呢，或许还能跟无人机运送食品扯上关系。事实上，这是未来 10～15 年的事。"

****

（三）个人消费

社会对私人物质消费进行严格管理。管理的目标：一是公平，二是节约。社会中人人都有平等消费的权利。

社会为了保证消费的计划性，防止盲目消费，除了对人们进行先进消费教育之外，还建立了严格的消费制度。社会中设立消费结算中心。每个人都在该中心设有资金及消费账户，中心定期向每个人的账户划入等量的金额。这部分拨款无须缴纳任何费税。对于少数有股金收入的人，中心则扣取收入调节税。

即使有较多股金收入的人也不能无限制消费。消费结算中心对每个人的消费情况都有记录，并对消费活动有量的制约，如限定每个家庭只能拥有一套住宅，如果该家庭想再购买一套住宅，消费结算中心将不予付款，除非该家庭将原住宅交回。这可以有效限制浪费性消费。对个人拥有的服装、鞋帽数量也有限制，如果要更新则必须将旧物交回超级市场，消费清算中心才给予办理转账服务。

社会中存在许多免费项目，如医疗、交通、教育、公园、运动场、影院等完全免费。

人们的生活质量极高，但不奢侈。人们呼吸着清洁的空气，饮用着无害水，吃着无化学污染的健康食品，穿着朴素、整洁、美观大方的服装，住着太阳能住宅。为了节约资源和锻炼身体，小汽车从社会中消失，人们只乘坐高度现代化的太阳能动力机车，在近距离内，人们或步行，或骑自行车。奢侈的宾馆、娱乐场所已经被大众化娱乐休闲设施所代替。在这个时代没有特殊的个人物质利益需要人们追求。

（四）货币

社会中不存在现钞，只存在转账货币，人们凭转账货币消费。每个公民只有一个私人账户。这个私人账户既是货币账户，又是消费账户。个人凭指纹进入账户，输入支付指令的同时输入消费事项。个人不需要去银行存款、开支票、使用信用卡，只凭指纹即可走遍天下。这样的私人账户称作指纹账户。

指纹账户的优点很多。一是节约了流通费用，不必生产现钞、支票、信用卡。二是不丢失，不必担心丢钱。三是廉洁，要检查当事人的收入，一"按"便知。四是不用携带任何凭证，随时随地可以消费。五是节约产品，控制消费量。超级市场在收款时，账户的消费记录可以显示出来，提示收款机器人该人是否过度消费，从而决定是否卖给其产品。

每个单位只有一个账户。单位采用磁卡账户，可以设多个副卡。单位账户不能购买私人消费品，销售私人消费品的超市不设读卡器。单位账户也不能向私人账户拨款。网络化已使人们不需要去银行。

*************** **社会之窗** ***************

政府为何是无现金社会的最大受益者①

现金社会的发展已经到了顶点。随着电子货币、数字货币的汹涌而来，现金流通已经走到了尽头，其中包括纸币流通与金属硬币流通。

每一个民众，特别是北欧与中国电子化货币、数字货币、互联网金融、科技金融等较发达的国家和地区的百姓，都会明显感到口袋里的现金越来越少了，作用越来越小了，使用频率越来越低了。

最典型的例子是中国卖菜大妈的菜摊上，都放着微信与支付宝的二维码，更典型的例子是深圳天桥上的乞丐旁边放着两张二维码，"客人"可通过扫描二维码付款给乞丐。在互联网金融支付手段高度发达的中国，现金支付方式将会很快退出历史舞台。

一个开放开明睿智的政府，最应该欢迎和拥抱无现金社会。因为，无现金社会将为政府在打击假币犯罪、地下钱庄、逃税漏税、腐败贪腐交易等，特别是对于腐败黑金寻租严重，反腐败、反洗钱任务重的国家，提供了最大的查处空间。

代替现金流通交易的是电子货币、移动互联网支付手段、数字货币。电子货币是各个互联网大型公司发行的闭环交易手段，包括如中国腾讯公司的Q币等，还包括银行发行的银行卡等。这些电子货币是替代现金的最早手段。接着是以微信与支付宝钱包等为主的支付方式，特别是移动支付方式，通过扫描二维码支付，比传统电子货币更加方便，客户体验更加简便。

这种方式迅速得以发展普及，不仅替代现金交易，而且将传统银行的银行卡也边缘化了。

最可怕的是数字货币，即以区块链为核心技术的货币。这种货币的去中心化、发行挖掘社会化以及可追踪、可追溯等方面的优势，或是科技金融的最大突破，或对传统货币发行以及货币政策带来巨大冲击，甚至要革世界各国央行的命，而不仅仅是一个替代现金交易的问题。

---

① 余丰慧：《政府为何是无现金社会最大受益者》，新加坡，《联合早报》2017年4月6日。

目前全球各国、各地区无现金社会推进的情况如何呢？在向无现金社会发展的进程上，北欧国家走得最快。这背后的主要推动力是来自行业的协调行动以及政府的推动。

在瑞典的1600家银行网点中，大约有900家不在网点保留现金，也不接受现金存款。其中很多网点，尤其是农村地区，甚至都不再拥有ATM机了。这种背景下，去年瑞典现金交易仅占交易总额的2%，占交易笔数的20%（5年前是40%）。

丹麦则更加激进。丹麦向无现金社会的迈进纯粹是政策导向的结果，该国政府甚至对部分零售商免除接受现金支付的义务。丹麦也有一款流行的支付应用——Mobile Pay，全国一半人口在使用这款应用，2015年交易量达到9000万笔。

整个欧元区也在向现金"宣战"，不论是在流通环节还是交易环节。欧洲央行去年5月宣布，将在2018年年底停止印刷500欧元面值的纸币。

欧洲央行当时给出的理由是，有越来越多的证据显示，大面值纸币会有助于犯罪活动。此举主要是为了打击犯罪活动，而非要遏制纸币的使用。

中国无现金社会推进速度也非常快。一项最新调查显示，70%的中国网民表示，他们不再需要每天支付现金；在中国超过7亿用户的网民中，大约60%的人通过手机来进行支付，常常是通过两个最受欢迎的支付平台——腾讯微信和阿里巴巴的支付宝。

一个指标是银行业务的离柜率，银行业协会数据显示，2016年银行业金融机构离柜交易达1777.14亿笔，同比增长63.68%，离柜交易金额达到了1522.54万亿元人民币，行业平均离柜率达到了84.31%，其中民生银行的离柜业务率已经达到了惊人的99.27%。全年网上银行交易849.92亿笔，同比增长98.06%；网上银行个人客户数量为12.19亿户，同比增长13.32%；企业客户为0.27亿户，同比增长31.71%。

数字电子货币与现金交易的最大区别是，前者可以在网络上留痕留印，即留下所有的交易数据，而这些留痕数据都是可以"追根问底"的。所有电子货币交易行为都逃不过大数据挖掘分析的"法眼"；而现金交易往往无影无踪，很难追寻，给各种犯罪分子有机可乘。

科技金融发展将全球推进无现金社会的最大受益者是政府。在无现金社会里，政府在反洗钱、反腐败反贪腐、反假币、查处偷税漏税等方面的行政成本，将会大大降低，有些部门将没有存在的必要。

在无现金社会中，通过电子支付手段进行的交易具有更高的透明度，这带来的监管便利将令政府税收收入显著提高；各种洗钱犯罪追查查处是瞬间的、分分秒秒的；各种腐败贪腐资金线索路径非常容易搜寻与分析；假币犯罪或彻底不复存在了。因为在无现金社会里，谁拿大批现金交易，谁就有涉嫌犯罪的最大嫌疑。

显而易见的是，政府是减少现金使用量的最大受益者，因而它们将成为未来消灭现金的最主要力量。

从宏观调控政策效果分析，无现金社会将大大提高央行货币政策的效果。在无现金社会中，央行也能免受零利率下限的限制：如果你是央行决策者，且已经采取零利率或者接近零利率的政策，现金就是一个很大的麻烦。为何？因为这限制了你降息的能力。储户如果觉得自己把钱存在银行还要交罚金，那么在某个时点他们可能就会把钱取出来放在床底。

如果不再使用现金，零利率下限自然也就不复存在。如果你是决策者，就可以集中对经济进行规划。消费支出太低是吧？没问题！把利率降到 -20%，就可以迫使人们要么出去花钱，要么承受损失。

经济运行过热？依然没问题！把利率加到20%，这样人们就又被迫在出去消费和赚取高额利息收入之间做选择。

如果没有现金，消费者就必须在这些选项之间做出抉择。

一个聪明的政府一定会大力发展科技金融。因为政府是科技金融下无现金社会的最大受益者。

无现金社会将为政府在打击假币犯罪、地下钱庄、逃税漏税、腐败贪腐交易等，特别是对于腐败黑金寻租严重，反腐败、反洗钱任务重的国家，提供最大的查处空间。

****

第六节　世界生产力发展方向和特点　推动生产力发展的基本政策

一　世界生产力发展方向和特点

（一）世界生产力发展的总方向

生产力三段论认为：生产力发展的总方向是人类生产力阶段向自动生产力阶段发展，自动化水平和效率日益提高；自动生产力阶段生产力发展的总方向是自动化水平和效率日益提高。当代社会处在人类生产力阶段向自动生产力阶段发展的质变时期。

（二）世界生产力发展的基本特点

第一，人类生产力已经达到顶峰正加速萎缩，人类生产力占全部生产力比重加速缩小。

第二，自动生产力日益成熟正加速扩张，自动生产力占全部生产力比重加速扩大。

第三，自动生产力自动化程度不断提高。

第四，生产力科技含量不断提升。

（三）世界生产力发展的派生特点

第一，劳动生产率的不断提高，引起失业人口持续增加。如果阻止人类生产力的不断退出，就会阻碍自动生产力的不断发展，阻碍劳动生产率的不断提高。因此，不能逆生产力发展方向扩大就业，而要通过充分福利，解决失业人口的生存和幸福问题。

第二，失业人口持续增加。社会管理跟不上会引起下列问题：一是劳动力价格下跌。劳动力价格低妨碍企业利用自动生产力，妨碍生产力的发展。二是两极分化严重，消费需求不足。三是犯罪率上升。失业人口无稳定生存来源，有工作人员随时面临失业，人们无可靠的基本的生存保障，经济犯罪率和刑事犯罪率上升。四是不断产生新的生落后生产力。无业人口自主创业没有足够的资金和能力建立自动化的先进生产力，他们加入或组织浪费资源、破坏环境、危害健康的廉价生产力以维持生存，不断产生新的落后生产力。落后生产力以廉价的设备、低廉的工资生产劣质产品，以超低价格与先进生产力竞争，造成先进生产力开工不足，生产力过剩。

第三，人类生产力知识素质要求提高，操作能力要求降低。先进部门对员工学历要求提高。高等教育发展滞后将迟滞自动生产力的发展。

第四，自动生产力成本日益提高。科技含量不断提高引起自动生产力成本日益提高，其产品价格高于落后生产力的产品价格，市场竞争力降低。社会管理跟不上将迟滞自动生产力的发展。

第五，不可再生资源需求不断增长（金属与非金属矿物资源、能源）。资源消耗不断增长。社会管理跟不上将会引起资源短缺，使生产力发展不可能长期持续下去。

第六，设备垃圾及生产垃圾增加。社会管理跟不上将会引起环境污染加剧，危害公民健康。

二　发展生产力的基本政策

推动生产力发展必须顺应生产力的发展方向，而不能逆生产力的发展方向。如果逆生产力的发展方向就不是推动生产力的发展，而是阻碍生产力的发展。生产力发展的方向和基本特点决定了推动生产力发展的根本政策组合。这个政策组合包括生产力政策、福利政策、劳动政策、教育政策和科研政策。

（一）生产力政策

鼓励自动生产力的发展。鼓励提高自动生产力自动化程度，鼓励提高生产力科技含量，鼓励提高自动生产力占全部生产力的比重。对此应采取如下政策措施。

第一，建立只允许最先进生产力进入市场、落后生产力禁入的行政机制。政府和行业协会要控制新增生产力的技术水平，以确保只新增最先进的生产力，淘汰落后的生产力；只允许引进最先进的技术、设备，不允许引进外国淘汰的技术和设备。

第二，建立强制淘汰落后生产力的行政机制，不断淘汰落后生产力。建立禁止组织落后生产力的行政机制，禁止落后生产力同先进生产力竞争的行政机制。建立强制取缔现有落后生产力的行政机制，落后生产力严重浪费资源、破坏环境和危害健康，必须强制取缔。必须建立社会控制下的落后生产力淘汰机制，经常淘汰落后生产力，禁止一切被淘汰的落后生产力落入落后企业之手重新进入生产过程。

第三，用行政手段和经济手段降低先进的自动生产力成本，提高落后的生产力成本。使先进的自动生产力成本低于落后的生产力成本，如强制提高人工成本等。

第四，建立生产方式标准，并且逐年提高标准，淘汰不达标生产单位；根据生产方式进步程度制定阶梯税率，生产方式越先进税率越低，生产方式越落后税率越高；财政资金支持先进生产方式的研究和推广。

第五，控制生产力规模上限。发展生产力需要利用资源，而过多的生产力会大量浪费资源，产生过多的设备垃圾及生产垃圾，会造成过多的环境污染。节约资源，改善环境必须强制取缔过剩生产力，并防止产生新的过剩生产力。

第六，建立循环型社会。发展循环经济，垃圾资源化；发展节约经济，禁止生产浪费。

第七，改善消费方式，禁止消费浪费。包括推广循环式消费、节约式消费、保护式消费、清洁式消费和健康式消费，限制并逐步取缔废弃式消费、浪费式消费、破坏式消费、污染式消费和伤害式消费。

第八，国家控制生产力布局。根据有利于公民健康、有利于改善环境、有利于节约资源的原则进行生产力布局，防止生产力过剩。例如，必须严禁在居住区、农田、河流附近建立重化工企业。

（二）福利政策

建立全民充分福利制度。通过充分福利，满足失业人口的生存和幸福需求，解决两极分化和消费需求不足问题；通过充分福利，保证无业人口的必要消费得到完全满足，使他们没有必要通过建立落后生产单元或犯罪谋求生存，从而消灭落后生产力，降低刑事犯罪率；推行充分福利，减弱就业冲动，不仅不鼓励再就业，而且要限制就业，主动降低人类生产力占全部生产力的比重。

充分福利应该包括以下几个方面：一是建立全体公民医疗免费制度，

二是建立全体公民 16 年免费教育制度，三是建立全体公民养老金制度，四是建立全体公民失业保障金制度。

（三）劳动政策

第一，建立不断提高劳动者素质机制。不断提高就业的知识门槛、品德门槛，提高劳动者素质，减少可就业人口。

第二，建立不断提高劳动力价格机制。政府强制企业不断提高工资，增加用工成本，使企业选择自动化设备，促进企业主动提高自动化水平。高工资政策消除贫苦人口，解决两极分化和消费需求不足问题。

第三，建立稳定就业机制。通过设定较高的解聘门槛，提高解聘员工成本，稳定就业队伍。建立充分保障劳动者利益机制。

（四）教育政策

第一，建立普及高等教育机制。普及 12 年基础教育和 4 年高等教育，高等教育毛入学率达到 80% 以上。

第二，建立及时更新教材机制，将世界最先进的科学知识及时编入教材。

第三，建立培养创新型人才教育机制和提高公民知识水平机制。

（五）科研政策

第一，重点开展提高三大产业自动化水平的理论研究和技术研究。

第二，重点开展生产发展与公民必要消费量及结构的理论研究和技术研究。

第三，重点开展生产发展与节约和循环利用资源的理论研究和技术研究。

第四，重点开展生产发展与保护公民健康的理论研究和技术研究。

第五，重点开展生产发展与改善环境的理论研究和技术研究。建立鼓励发明创造机制，特别是鼓励自动化科学研究。

（六）发展生产力的总原则

第一，不断提高生产力的自动化水平。

第二，不断淘汰落后生产力。

第三，禁止新增落后生产力。

第四，生产力规模要与公民必要消费需求量保持均衡，防止生产力过剩。

第五，发展充分福利，不断提高生产力，满足公民必要消费的水平。

第六，发展生产力要有利于公民健康。

第七，发展生产力要有利于改善环境。

第八，发展生产力要有利于节约资源。

第七节　理论、规律与方法

宏观社会类型进步理论是专门阐释宏观社会类型进步的理论集合，是社会进步学的一个基本理论。它通过揭示人类与环境关系的本质以及人类与环境关系的发展，划分了宏观社会类型，预测了宏观社会类型进步方向，揭示了宏观社会类型进步目标、进步阶段、进步规律以及进步机制；扩展了生产力概念，揭示了生产力发展阶段，生产力发展规律和生产力发展的方向，阐述了生产力发展的基本特点和派生特点，为制定现阶段及长期的生产力发展政策及配套的社会管理政策提供了根本性的理论支撑。宏观社会基本理论为更新观念提供了理论依据，揭示了社会消费分配制度的发展趋势，描述了未来社会的蓝图。

宏观社会类型进步理论包括宏观社会类型理论、宏观社会类型进步规律、宏观社会类型进步机制理论、生产力概念的扩展、生产力发展阶段理论、生产力发展基本规律、生产力发展的方向理论、生产力发展的动力理论、生产力发展的基本特点和基本政策、社会消费分配制度发展趋势理论、自动生产社会理论等。

一　宏观社会类型理论

宏观社会类型理论是研究宏观社会类型的理论。根据生产力发展三个阶段的特点，将宏观社会划分为自然生产社会、人类生产社会和自动生产社会三个宏观社会类型。由此得出结论：宏观社会类型进步方向是人类生产社会向自动生产社会发展，宏观社会类型进步目标是实现自动生产社会；宏观社会类型进步的三个历史阶段分别是自然生产社会阶段、人类生产社会阶段、自动生产社会阶段。

宏观社会类型理论划分了宏观社会类型，预测了宏观社会类型进步方向，揭示了宏观社会类型进步目标和进步阶段。

二　宏观社会类型进步规律

自然生产社会发展为人类生产社会，人类生产社会发展为自动生产社会是宏观社会发展的基本规律和必然趋势，同时也是宏观社会类型进步的基本规律和必然趋势。

上述宏观社会发展的基本规律是对社会历史发展的科学总结。人类社会经历了自然生产社会和人类生产社会，目前人类生产社会正在向自动生产社会发展。

三　宏观社会类型进步机制理论

宏观社会类型进步机制理论是：宏观社会类型进步存在着内在的机制，宏观社会类型进步是由人类基本意识引起的。知识和品德水平的提高推动了宏观社会类型进步。人类基本意识的内容是希望维持和提高自身的生存水平，反对降低自身的生存水平。人类基本意识是人类推动宏观社会类型进步的意识基础。在人类基本意识的作用下，人类在实践中积极探索知识，运用知识于各项人类活动，特别是知识进步推动了生产力的进步；进而推动生产力由自然生产力发展为人类生产力，人类生产力向自动生产力发展。生产力的进步进而引起人类社会由自然生产社会向人类生产社会发展，人类生产社会向自动生产社会发展。同时，品德水平在人类努力提高生存水平的实践中，起着非常重要的作用。人类为了掠夺财富和权力、为了奴役和反奴役，而频繁发生战争，战争使人的生存水平降到最低点。社会生产力遭到严重破坏，人类大量伤亡。只有处于和平时期，人们之间和谐相处，相互帮助，才能有利于提高生产力水平，提高生存水平。所以，在宏观社会类型进步中品德进步同知识进步一样重要。知识进步和品德进步共同推动生产力进步和社会管理进步（见图 5 - 1）。生产力进步和社会管理进步共同推动宏观社会全面进步。

宏观社会类型进步机制理论揭示了宏观社会类型进步的机制，为引导宏观社会类型进步进行正确的宏观社会管理，提供了非常重要的理论指导。

四　生产力概念的扩展

生产力是指为人类提供可利用物质的能力，其主体可以是自然界、人

推动　　　推动　　　推动　　　结果

→ 知识进步 → 生产力进步 →

人类基本意识　　（人环关系进步）　宏观社会类型进步

→ 品德进步 → 管理关系进步 →

（人类关系进步）

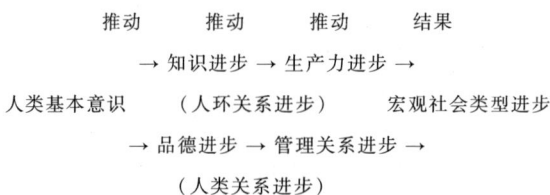

图 5 - 1　宏观社会类型进步机制

类和自动化设备。生产力概念的外延从人类生产力拓展到自然生产力和自动生产力。

这一定义揭示了生产力的本质特征：生产力是为人类服务的；生产力的作用是为人提供可利用物质，最重要的作用是为人类提供维持人类生存及生存更好的物质。当然生产力也可以提供毁灭人类的物质，如核武器。

这一定义是人类对生产力认识的进一步深化。从对人类生产力外在表现的认识（可以改造世界），发展到对人类生产力本质的认识（为人类提供可利用物质）；从对生产力以物为本的认识（改造世界），发展到以人为本的认识（为人类提供生存物质）；从对人类生产力的认识，发展到对自然生产力和自动生产力的认识；为生产力理论的进一步发展拓展了空间。使生产力理论覆盖社会的所有发展阶段，在纵向上更宏观地研究生产力发展规律，更科学地预测生产力发展方向。从而为制定推动生产力发展的社会政策奠定了科学基础。

五　生产力发展阶段理论

生产力发展阶段理论认为，生产力的发展存在三个基本阶段，分别是自然生产力阶段、人类生产力阶段和自动生产力阶段。

自然生产力阶段是人类以依靠自然生产力生存为主的发展阶段，社会中自然生产力占主导地位；人类生产力阶段是人类以依靠人类生产力生存为主的发展阶段，这个时期与上个时期的根本区别是人类生产力取代自然生产力成为社会主导生产力；自动生产力阶段是人类以依靠自动生产力生存为主的发展阶段。社会中自动生产力占主导地位。人类已经从依靠自身生产活动生存转化为依靠机器的自动化生产生存。社会只需要极少数人管理自动生产，绝大多数人脱离了三大产业，从生产力中解放出来。

自然生产力阶段是生产力发展的最低阶段，自动生产力阶段是生产力发展的最高阶段。

六 生产力发展基本规律和生产力发展的方向、动力理论

宏观社会类型进步理论阐释了生产力发展的基本规律、生产力发展的方向理论和生产力发展的动力理论。

生产力发展基本规律是指社会生产力必然要经历自然生产力、人类生产力和自动生产力三个历史发展阶段，自然生产力阶段必然向人类生产力阶段发展，人类生产力阶段必然向自动生产力阶段发展。

生产力发展的方向理论认为，社会生产力发展的方向是向自动生产力阶段发展。当代社会正处在人类生产力阶段向自动生产力阶段的质变时期。之所以会向自动生产力阶段发展是因为人类具有的提高生存水平的社会基本意识，而且知识在不断进步。生产力在发展过程中由于自然灾害和人为阻碍可以产生停滞或倒退，停滞或倒退的时间可能达几十年或数百年，甚至数万年。但总的发展方向不会改变。

生产力发展的动力理论认为，生产力的发展是人类主观努力的结果。推动生产力发展的主观愿望是人类具有的提高生存水平的社会基本意识，直接动力是人类对客观世界认识水平的提高，即知识进步是推动生产力发展的直接动力。

七 生产力发展的基本特点和基本政策

生产力发展的基本特点和派生特点，为制定现阶段及长期的生产力发展政策及配套的社会管理政策提供了根本性的理论支撑。

（一）基本特点

一是人类生产力已经达到顶峰并正在加速萎缩，人类生产力占全部生产力比重加速缩小。二是自动生产力日益成熟并正在加速扩张，自动生产力占全部生产力比重加速扩大。三是自动生产力自动化程度不断提高。四是生产力科技含量不断提升。

（二）基本政策

1. 鼓励自动生产力的发展，提高自动生产力自动化程度

鼓励提高生产力科技含量，提高自动生产力占全部生产力的比重。所

采取的政策措施如下。一是科学研究的重点放在开展提高三大产业的自动化水平、公民必要消费量及结构、节约和循环利用资源、生产发展与保护公民健康、生产发展与改善环境的理论研究和技术研究等方面。二是建立只允许先进生产力进入、落后生产力禁入制度。三是建立生产方式标准，并且逐年提高标准，淘汰不达标生产单位；根据生产方式进步程度制定阶梯税率，生产方式越先进税率越低，生产方式越落后税率越高；财政资金支持先进生产方式的研究和推广。四是只允许引进最先进的技术、设备，禁止引进外国淘汰技术、设备。五是建立强制淘汰落后生产力的制度。不断淘汰落后生产力。先进企业遵守经济秩序、产品成本高、质量好、价格相对较高。而落后企业违规经营、偷逃税款、压低工人工资、拖欠贷款、借债不还、以次充好、行贿销售、不治理污染，以极低的价格占领市场。为了防止发生落后淘汰先进的情况，要通过社会控制强制淘汰落后设备和生产技术的手段，不给落后生产力生存的空间，给先进生产力留有足够的市场份额。

2. 限制人类生产力的发展

主动降低人类生产力占全部生产力的比重。具体政策措施如下，一是不断提高就业的知识门槛、品德门槛，提高劳动者素质，减少可就业人口。二是强制提高工资，增加用工成本，使企业选择自动化设备。三是推行充分福利，减弱就业冲动，并禁止失业人口组织落后生产力。

八　违背生产力发展规律迟滞生产力发展的错误观念和做法

宏观社会三段论为更新观念提供了理论依据。宏观社会三段论认为：当代社会处在人类生产力阶段向自动生产力阶段发展的质变时期，人类生产力趋向萎缩，自动生产力趋向发展。但是人类生产力阶段正在做最后的挣扎，抵抗自动生产力阶段的到来。表现在观念上，在人类生产力发展时期形成的促进人类生产力发展的一些观念已经严重妨碍自动生产力的发展。

宏观社会三段论根据人类生产力阶段向自动生产力阶段发展的质变时期的基本特点和派生特点认为，当代迟滞生产力发展的观念有：完全市场经济观念、充分竞争反对垄断观念、弱化政府行政干预观念等。

九　社会消费分配制度发展趋势理论

社会消费分配制度发展趋势理论认为，生产力的发展必然推动物质分配方式的变革。自动生产力的持续发展引起"按劳分配"的持续减少和"按需分配"的持续增长，同时要大力发展社会保障事业，建立公平的福利制度，也是发展自动化生产力的必要条件。

十　自动生产社会理论

自动生产社会理论阐释了什么是自动生产社会，实现自动生产社会的必然性及自动生产社会的实现途径，指出人类社会即将进入自动生产社会，并描绘了自动生产社会的蓝图。

自动生产社会是社会中自动生产力占主导地位的宏观社会类型。自动生产社会与自然生产社会、人类生产社会一样，是社会生产力发展的必然阶段。自然生产社会发展为人类生产社会，人类生产社会发展为自动生产社会是社会生产力发展的必然趋势。

自动生产社会实现的途径是普及先进的科学知识，提高全人类知识水平；发展科学技术，持续提高生产力水平；改善社会品德状况，制定人类共同遵守的符合社会进步要求的人类活动规则；提高收入，逐步减少就业人口，完善社会福利制度；实行计划生育，控制人口增长，减轻生产力发展的人口压力，减少和消灭阻碍社会进步的因素。

自动生产社会具有高度发达的生产力，人类生产绝大部分被自动生产所取代，社会中完善的自动生产系统为人类提供适量的优质消费品和消费服务。自动生产社会大多数人的活动是消费活动，少数人参与生产管理。人类已经从生产中解放出来。迎来了继自然社会之后的第二个消费社会。

本章小结

第一，宏观社会类型进步理论是专门阐释宏观社会类型进步原理的理论集合，是社会进步学的一个基本理论。

第二，通过揭示人类与环境关系的本质以及人类与环境关系的发展，划分了宏观社会类型，预测了宏观社会类型的进步方向，揭示了宏观社会类型的进步目标、进步阶段、进步规律以及进步机制。

第三，扩展了生产力概念，揭示了生产力发展阶段，生产力发展规律和生产力发展的方向，阐述了生产力发展的基本特点和派生特点，为制定现阶段及长期的生产力发展政策及配套的社会管理政策提供了根本性的理论支撑。

第四，宏观社会基本理论为更新观念提供了理论依据，揭示了社会消费分配制度的发展趋势，描述了未来社会的蓝图。

第五，宏观社会类型进步理论包括宏观社会类型理论、宏观社会类型进步规律、宏观社会类型进步机制理论、生产力概念的扩展、生产力发展阶段理论、生产力发展基本规律、生产力发展的方向理论、生产力发展的动力理论、生产力发展的基本特点和基本政策、社会消费分配制度发展趋势理论、自动生产社会理论等。

关键术语

利用活动、贡献运动、社会基本运动、自然生产社会、人类生产社会、自动生产社会、生产力一级飞跃、生产力二级飞跃、社会进步学宏观社会类型、生产力、自然生产力阶段、人类生产力阶段、自动生产力阶段。

宏观社会类型进步规律、生产力发展基本规律。

宏观社会类型进步理论、宏观社会类型理论、宏观社会类型进步机制理论、生产力发展阶段理论、生产力发展的方向理论、生产力发展的动力理论、社会消费分配制度的发展趋势理论、自动生产社会理论。

思考题

1. 简述自然生产社会、人类生产社会和自动生产社会的联系与区别。

2. 简述生产力如何推动宏观社会类型进步。

3. 论述实现自动生产社会的必然性。

4. 论述自动生产社会的实现途径。

5. 论述社会品德状况对宏观社会类型进步的制约作用。

6. 为什么要逐步减少工时和就业人口，完善社会福利制度？

7. 实现自动生产社会需要控制人口增长吗？

8. 自动生产社会为什么要实行超级垄断？

9. 当代世界生产力发展的总方向和特点是什么？

10. 简述推动生产力发展的基本政策。

11. 论述宏观社会类型进步规律和宏观社会类型进步的机制。

12. 简述生产力概念、生产力发展阶段和生产力发展规律。

13. 运用宏观社会三段论，分析迟滞生产力发展的错误观念。

14. 论述社会消费分配制度的发展趋势。

| 第六章 |

社会进步效用论

学习目的：

> 掌握环境基本效用理论
>
> 了解社会存在值理论
>
> 掌握直接效用与间接效用理论
>
> 了解消费效用与生产效用理论
>
> 了解消费品价值形成理论
>
> 了解消费品价值形成与消费分配对应关系理论
>
> 掌握价值比较理论
>
> 掌握人的价值与反价值理论
>
> 掌握效用规律体系
>
> 掌握效用方法论

社会进步效用论介绍社会要素效用与社会进步的关系。

社会进步效用论并不是主观判断的产物，也不是关于"对与错"的评判，而是对社会要素维持或提高人类生存水平与降低人类生存水平两大社会效用进行客观研究得出的效用理论体系。

社会进步效用论展开研究两大社会效用的形成机理，总结其中的社会规律，找出顺应这些规律的科学方法。最终告诉人们怎样利用物质、怎样活动对社会进步更有利。本章介绍的效用分析法是社会进步学研究物质效用的基本方法。

第一节 基本效用——价值与反价值

价值与反价值是两种基本效用。

一 基本效用

社会进步学中所指的效用是指人或物对人类生存水平的影响。包括对社会中人的直接影响，也包括对社会中人的生存条件——环境的影响。归根结底效用还是对人类生存水平作用的结果，表现为维持、提高或者降低了人类生存水平。效用即是前文所述的社会作用。

根据效用的范围不同，可以分为影响社会全局的宏观效用、影响社会某部分的中观效用和影响社会中具体的人或环境的微观效用。根据效用的发出者划分，可以分为由人类直接引起的人的效用和由环境中物质引起的环境效用。本章以研究环境效用为主。

（一）价值与反价值

价值是指维持或提高人类生存水平的效用，反价值是指降低人类生存水平的效用。

环境中的一些物质能够对人类的生存水平发生作用，如太阳给人类提供光明和温暖；地球为人类提供生存空间；粮食和水为人类提供营养；核能可以为人类发电，也可以污染环境给人类带来灾难；汽车可以方便人类交通，也可以发生交通事故伤害人类；地震、洪水、龙卷风可以给人类带来严重灾难。环境既有有益的效用，也有有害的效用。

环境价值是指环境具有的维持或提高人类生存水平的环境效用。环境中的许多物质都具有价值，如太阳、地球、粮食、水、汽车等。同一物质可以有多种价值，不同物质可以有相同价值，有的物质不具有价值。

环境反价值是指环境具有的降低人类生存水平的环境效用。环境中的许多物质都具有反价值，如病菌反价值给人类带来疾病，汽车反价值引起人身伤亡，核电站反价值是核事故、核废料等形成的污染。环境反价值的极限是使人的生存水平降为零。这时人将失去生命。

同一物质可以有多种反价值，不同的物质可以有相同的反价值。

环境的价值和反价值是对人类正在发生作用的自然属性，而不是未发挥作用的自然属性，如果物质未对人类发生作用则不会影响人类的生存水平。例如，如果人类永远不使用太阳能，即使其具有能源的自然属性，也不具有能源价值；又如一些放射元素具有伤害人类健康的自然属性，如果其放射线接触不到人类就不存在伤害的反价值。

（二）物质分类

同一物质可能只具有价值或反价值，也可能二者兼具，所以物质按基本效用分类可分为价值物质、反价值物质和混价值物质。价值物质是指具有维持或提高人类生存水平效用的物质，反价值物质是指具有降低人类生存水平效用的物质，混价值物质是指同时具有维持或提高人类生存水平效用与降低人类生存水平效用的物质。例如，绿色食品是价值物质，非绿色食品是混价值物质，毒品是反价值物质。

混价值物质也有三种情况，或者以价值为主，或者以反价值为主，或者不分主次，因此可以把混价值物质分为价混物质、反混物质和平混物质。价混物质是指以价值为主的混价值物质，反混物质是指以反价值为主的混价值物质，平混物质是指价值与反价值不分主次的混价值物质。例如，一种药品在治愈某种重病的同时，还会引起另一种轻病，这种药品为价混药品；又如，一种药品在治愈某种轻病的同时，会引起另外一种重病，这种药品为反混药品；再如，一种药品治愈一种病，引起程度相同的另一种病，这种药品为平混药品。人类只应开发价值药品或价混药品，不应开发反混药品和平混药品。

核电站也是反混物质。其价值是发电，其反价值是随时可能出现的核灾难，如地震、海啸等天灾，战争、恐怖分子破坏，建筑质量差，设备失灵，人为操作失误，核废料处理不当都可以引起核灾难。人们盲目地利用其价值，而忽视了其反价值，只图眼前利益，不顾长期危害，终究有一天，当地球的各个角落布满了核反应堆时，人类会突然发现已经掉进了自己布置的死亡陷阱。那时消灭核反应堆就成为维持人类生存的第一任务，现在就停止发展是人类明智的选择。

就环境整体而言，具有价值和反价值。但是环境中的具体物质并不都与人类生存水平相关。这类不影响人类生存水平的物质既无价值，又无反价值，称作无效用物质。

物质根据基本效用状态可以分为以下六类：

第一类为价值物质（价值消费品和价值生产品）

价值 >0，反价值 =0。

第二类为反价值物质（反价值消费品和反价值生产品）

价值 =0，反价值 >0。

第三类为无效用物质（无效用消费品和无效用生产品）

价值 =0，反价值 =0。

第四类为价混物质（价混消费品和价混生产品）

价值 >0，反价值 >0，价值 > 反价值。

第五类为平混物质（平混消费品和平混生产品）

价值 >0，反价值 >0，价值 = 反价值。

第六类为反混物质（反混消费品和反混生产品）

价值 >0，反价值 >0，价值 < 反价值。

社会中纯粹的价值物质是很少见的，大量存在的是混价值物质。

（三）利用物质的基本原则和基本次序

人类的一切活动都应该维持和提高人类的生存水平，而不应该降低人类的生存水平。根据人类活动的基本准则，可以得出利用物质的基本原则和基本次序。

利用物质的基本原则是：利用物质的价值，防止物质反价值发挥作用；利用物质维持和提高人类的生存水平，如利用风发电，防止风灾。

利用物质的基本次序是：首选价值物质；在价值物质不足时，选择价混物质作补充；再不足时，谨慎选择平混物质；避免使用反混物质。在使用混价值物质时，要有效防止反价值发挥作用；不应该使用反价值物质。例如，首选无污染粮食，不足时可选轻污染粮食，不可选择重污染粮食。不可使用武器伤害人类和破坏环境。

目前，人类进行一些比较正确的利用物质活动的同时，也在进行一些错误利用物质的活动，主要表现在浪费物质的价值，或利用物质的反价值。

人类之所以错误利用物质在于以下两种情况。

1. 知识水平低

知识水平低导致对物质的价值和反价值认识不够，以致浪费了物质的价值，利用了物质的反价值。这种情况是非常普遍的，特别是低知识人群中这种现象非常严重。例如，人们开始使用氟利昂时，只认识到它的价值制冷作用，而没有认识到它的反价值破坏臭氧层作用。解决的办法是提高人类的知识水平。

2. 品德水平低

一些人故意浪费物质的价值，利用物质的反价值来伤害他人利益，从中牟取私利。例如，一些人明知氟利昂对人类有严重危害，但是为了自己的短期利益，仍然生产和使用氟利昂，从而损害全人类的利益。反价值产品有一定的市场需求，生产反价值产品可以为生产者带来利润，甚至给国家增加税收，但是对人类有百害而无一利。它满足的只是少数人的利益，损害的是人类利益。一些人利用反价值产品降低别人的生存水平，如用武器屠杀别人，摧毁别人的生存条件；用毒品毒害别人；用毒大米、毒饼干骗钱害人等。还有一些人利用反价值产品降低自己的生存水平，如吸毒、吸烟等。解决的办法是提高人类的道德水平。

提高人类利用物质水平的基本方法是：只有不断提高人类的知识水平和品德水平，才能不断提高人类利用物质效用的水平。

二 物质效用的时间、空间和人群属性

一种物质是价值物质、反价值物质还是混价值物质，一种混价值物质是价混物质、反混物质还是平混物质，在不同的时间、空间、针对不同的人群具有差别性。

物质的效用在不同的时间具有差别性。例如，石油在古代没有能源价值，在现代有能源价值，在未来清洁能源普及后又会失去能源价值；再如，相对于吃来讲，食品在保质期内具有价值，而超过保质期则具有反价值。

物质的效用在不同的空间具有差别性。例如，沙石在建筑工地具有建筑价值，而在荒漠上则只具有反价值。

物质效用在不同的人群中具有差别性。例如，药品对于病人有治疗价值，而对于健康人则无治疗价值。再如，武器掌握在坏人手里只会危害公民的安全，具有反价值；而掌握在人民的军队手里则能保家卫国，具有价值。

因为物质的效用具有时间性、空间性和人群性，物质在某一时间具有价值，在另一时间可能具有反价值；在某一空间具有价值，在另一空间可能具有反价值；对某一人群具有价值，对另一人群可能具有反价值。所以，人类应当根据物质效用的时间性、空间性和人群性判断物质的效用，合理利用物质。

三　效用同物质的质量和数量的联系

物质的效用同物质的质量和数量存在稳定的联系，掌握其联系的规律对于认识和利用物质具有指导意义。

（一）效用与质量的关系

1. 价值质量规律

在时间、空间、人群等条件不变的情况下，在效用质量底线之上，物质质量变动影响物质价值正向变动；在效用质量底线之下，物质价值发生质的变化。即在效用质量底线之上，价值物质的质量越高，价值越高；质量越低，价值越低。当质量低到效用质量底线之下时，价值物质就会转化为无价值物质或反价值物质。例如，住房居住价值与房屋质量呈正向变化。质量越高，居住价值越高；质量越低，居住价值越低。危房居住价值为零，并具有伤害反价值。

2. 反价值质量规律

在时间、空间、人群等条件不变的情况下，在效用质量底线之上，物质质量变动影响物质反价值正向变动；在效用质量底线之下，物质反价值发生质的变化。即反价值物质质量越高，反价值越高；质量越低，反价值越低。当质量低到效用质量底线之下时，反价值物质转化为无价值物质。例如，武器质量越高，杀人反价值就越高；质量越低，杀人反价值就越低。当质量低到一定程度时，杀人反价值就降为零。

3. 效用质量底线是物质效用质量的临界点

根据效用质量规律，提高支持物质价值的质量，可以提高其价值，对人类有利；降低支持物质价值的质量，可以降低其价值，对人类不利。提高支持物质反价值的质量，可以提高其反价值，对人类有害；降低支持物质反价值的质量，可以降低其反价值，对人类有利。所以，人类应当提高价值物质的质量，提高混价值物质支持物质价值的质量，降低反价值物质和混价值物质支持物质反价值的质量。

（二）效用与数量的关系

总效用是物质效用量的总和，总价值是价值数量的总和，总反价值是反价值数量的总和。

总效用是总价值与总反价值之和，即总效用＝总价值＋总反价值。

总价值是总效用与总反价值之差，即总价值＝总效用－总反价值

总价值对人类有利，总反价值对人类有害，所以人类理性的做法是尽量增大总价值，减少总反价值。理想的状态是总价值最大化，总反价值等于0，这时总价值等于总效用。

总价值数量规律：在总价值极量以内，价值数量变动引起总价值正向变动；在总价值极量以外，价值数量变动引起总价值反向变动。即在总价值极量以内，价值数量越多，总价值越大；价值数量越少，总价值越小。价值数量达到总价值极量时，总价值最大。价值数量超过总价值极量时，总价值随着价值数量增加而减少；直至趋于0。

总价值极量为必要消费上限。价值数量超过总价值极量时，超过的部分已经失去维持和提高生存水平的效用，转化为无价值物质或反价值物质（见表6-1和图6-1）。例如，某市汽车必要消费上限为100万辆，汽车存量由0辆向100万辆增加，汽车交通总价值也由0向100万增加。当汽车存量达到100万辆时，汽车交通总价值最大。当汽车存量超过100万辆继续增加时，交通开始逐渐拥堵，汽车交通总价值则开始逐渐减小，而汽车阻碍交通的反价值则开始逐渐增大。如果汽车数量无限增加，汽车交通总价值将趋于0。又如，一个人一天吃0.5公斤粮食可以满足健康需要，当其吃掉的粮食在0.5公斤以内递增时，粮食健康总价值递增。当吃掉0.5公斤粮食时，达到粮食健康总价值极量。如果继续吃粮食，新吃掉的粮食已经没有保证健康的效用，失去健康价值，反而会损害健康，产生致病反价值。这时粮食致病反价值随着饭量递增而递增，如果无限量继续吃下去，必然导致死亡。工厂和商店的数量建得过多，生产的产品超过必要消费越多，对社会的危害就越大，只能降低人类的生存水平。超过公民必要消费需要的经济增长对人类有害无益。

表 6 - 1　价值数量与总价值关系变化示意

价值数量	0	1	2	3	4	5	6	7	8	9	10
总价值	0	1	2	3	4	5	4	3	2	1	0

根据上表可以绘出一条总价值数量变动曲线：

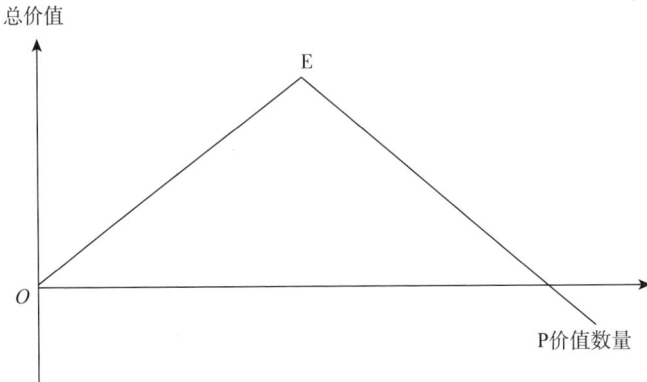

图 6 - 1　价值数量与总价值数量关系

图 6 - 1 中横坐标代表价值数量，纵坐标代表总价值，E 点为总价值极量，OP 为总价值数量曲线，它先上升后下降，表示总价值随着价值数量增加先递增后递减的变动趋势。

总反价值数量规律是指反价值数量变动引起总反价值正向变动的规律，即反价值数量越多，总反价值越大；反价值数量越少，总反价值越小。例如，武器、毒品、暴力宣传品数量越多，伤害总反价值就越大。

总价值数量规律和总反价值数量规律适合于所有的价值物质、反价值物质和混价值物质。

混价值物质的价值适用总价值数量规律，其反价值适用总反价值数量规律。例如，汽车是混价值物质，具有交通价值和污染、伤害反价值。如果使用中的汽车数量持续递增，则污染和伤害总反价值也持续递增；而交通总价值则在递增到总价值极量后开始递减。

总价值对人类有利，总反价值对人类有害，所以人类理性的做法是尽量增大总价值，减少总反价值。理想的状态是总价值最大化，总反价值等于 0，这时总价值等于总效用。

根据总价值数量规律，在总价值极量以内，提高价值的数量，可以提高总价值，对人类有利；降低价值的数量，可以降低总价值，对人类不利。超过总价值极量，提高价值的数量，可以降低总价值，对人类不利。所以，人类应当在总价值极量以内，尽量提高价值的数量，而且价值的数量不应当超过总价值极量。

根据总反价值数量规律，提高反价值的数量，可以提高总反价值，对人类有害；降低反价值的数量，可以降低总反价值，对人类有利。所以，人类应当尽量降低反价值的数量。

四 环境总价值、环境总反价值、社会存在值

环境总价值、环境总反价值和社会存在值是针对环境整体而言的概念。

环境总价值是社会中环境要素维持和提高人类要素生存状态的总效用。它是人类必要消费以内的所有价值总和，是人类生存的外部条件，包括人类必要消费以内的自然资源价值总和，人类生产形成的价值物质、混价值物质的价值总和。

环境总反价值是社会中环境要素降低人类要素生存状态的总效用。它是所有反价值的总和，是环境消灭人类的总功能，包括自然界反价值物质的反价值总和，人类生产形成的混价值物质、反价值物质的反价值总和。

维持社会的存在，环境总价值和环境总反价值只能存在一种关系，即

环境总价值 > 环境总反价值

环境总价值是环境维持人类生存的因素，环境总反价值是环境消灭人类的因素，所以只有环境总价值大于环境总反价值，社会才能存在下去。如果二者相等，则人类生存外因被死亡外因完全抵消，人类将走向灭亡；如果死亡外因大于生存外因，人类将不能存在。

可见，环境总价值大于环境总反价值部分发挥着维持人类生存的总效用，这就是社会存在的基本环境条件，称作社会存在值。

社会存在值是环境总价值与环境总反价值的差，即社会存在值 = 环境总价值 − 环境总反价值。

根据这个公式可知，环境总价值越大，环境总反价值越小，社会存在值就越大。当环境总反价值不变时，环境总价值变动引起社会存在值同向变动；当环境总价值不变时，环境总反价值变动引起社会存在值反向变

动；当环境总价值和环境总反价值等量变动或不变时，社会存在值不变。这是社会存在值规律。

社会存在值与社会水平的关系规律是：当社会存在值增大时，社会进步；当社会存在值缩小时，社会倒退；当社会存在值不变时，社会停滞。

根据社会存在值规律，环境总价值越大，环境总反价值越小，社会存在值就越大。根据社会存在值与社会水平的关系规律可知社会存在值与社会水平有三种关系，只有当社会存在值增大时，社会才能进步。所以，实现社会进步的基本方法是不断提高社会总价值，不断降低社会总反价值。

增加社会总价值的基本方法：一是在社会总价值极量范围内增加价值物质的数量，如增加完全清洁生产的企业数量和价混物质的数量；二是提高混价值物质的价值水平。

降低社会总反价值的基本方法：一是不生产反价值、平混价值和反混价值产品；二是通过改善环境，降低自然环境的反价值；三是降低混价值物质的反价值水平。

五　人的价值与反价值

人和物一样也具有价值与反价值。

社会进步学研究人的效用不是指人的自然属性，而是指人的社会属性。人的价值不是对自己而言，而是对他人而言，对社会而言。

人具有的维持或提高人类生存水平的人的效用称作人的价值。人的价值体现为对社会的贡献，有利于社会进步，如孝敬父母，助人为乐，做对社会有益的工作。

人类中所有国际品德、国家品德、民族品德、公众品德、单位品德和家庭品德的行为都反映了人的价值。

人具有的降低人类生存水平的人的效用称作人的反价值。人的反价值表现为对社会的危害，阻碍社会进步。例如，虐待家庭成员、毁坏家庭财产等，铺张浪费、损公肥私、任人唯亲、卖官鬻爵、贪污受贿等，杀人放火、抢劫强奸、坑蒙拐骗、制作播放虚假广告、制造和贩卖假冒伪劣产品、破坏公共设施、污染自然环境、制定损害公众利益的法律法规和规章制度等，制造民族矛盾、发动民族战争、阻碍民族融合等，发动内战、把国家引入国际战争、分裂国家、制造社会动荡、闭关锁国、实行愚民政治和独裁统治、进行民族压迫和阶级剥削等，威胁他国安全、对他国实施制裁、制造国家间矛盾、发动国家间战争、制造他国政治动荡、挑起他国内战或民族战争、屠杀他国公民、掠夺他国资源等，向他国转移破坏环境的危害公民健康的落后生产方式、向他国及公海排放垃圾、破坏耕地和植被等人类共同的生存条件、破坏他国自然环境和人工环境、降低他国公民生存条件水平等，研制核、生化武器和计算机病毒以及进行其他降低人类生存水平的科学研究活动，等等。

人类中所有负家庭品德、负单位品德、负公众品德、负民族品德、负国家品德、负国际品德的行为都是人的反价值的表现。

判断人的价值的基本标准是：做有利于社会的事就有价值，做不利于社会的事就没有价值，而有反价值。人的价值大小不在于财富的多少、地位的高低，而在于对社会贡献的大小。人是一个混价值体，即有发挥价值的功能，也有发挥反价值的功能。每个人都应当实现价值，而不要去实现反价值。一个人的能力有高低，对社会的贡献有大小。但只要一辈子做好事，不做坏事，就是一个高尚的人，一个有价值的人。

社会对人的效用管理的基本原则是提高人的价值、抑制人的反价值。提高人的价值、抑制人的反价值的基本方法是：一是建立有效的鼓励人实现价值、遏制实现反价值的法律制度，二是提高人的品德水平，三是提高人的知识水平。

第二节　直接效用与间接效用

物质的效用根据是否能够被人类直接利用分为直接效用和间接效用。其中直接效用包括直接价值与直接反价值，间接效用包括间接价值与间接反价值。一种物质的间接效用可以通过生产转移为新物质的直接效用。

一　直接价值与直接反价值

直接价值是物质具有的能够直接应用的价值。这里用简化的汽车生产和使用过程来说明物质的直接价值（见图 6 - 2）。

铁矿石可以直接应用于生产铁，铁可以直接应用于生产汽车零件，汽车零件可以直接应用于生产汽车，汽车可以直接应用于交通。这里铁矿石的生产铁价值，铁的生产汽车零件价值，汽车零件的生产汽车价值和汽车的交通价值都分别是直接价值。

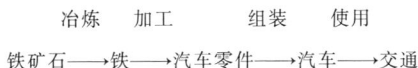

冶炼　　加工　　　组装　　　使用

铁矿石——铁——→汽车零件——汽车——交通

图 6 - 2　简化的汽车生产和使用过程

直接反价值是物质具有的能够直接应用的反价值，如发生交通事故是汽车的直接反价值。

物质的直接价值和直接反价值是显性效用，容易被人们所认识。

二　间接价值与间接反价值

间接价值是物质具有的不能直接应用的价值。这里还用简化的汽车生产和使用过程来加以说明（见图 6 - 3）。

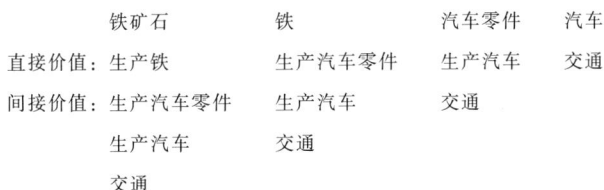

	铁矿石	铁	汽车零件	汽车
直接价值：	生产铁	生产汽车零件	生产汽车	交通
间接价值：	生产汽车零件	生产汽车	交通	
	生产汽车	交通		
	交通			

图 6 - 3　简化的汽车生产和使用过程中的直接价值和间接价值

铁矿石的直接价值是生产铁价值，间接价值是生产汽车零件价值、生产汽车价值、交通价值；铁的直接价值是生产汽车零件价值，间接价值是生产汽车价值、交通价值；汽车零件直接价值是生产汽车价值，间接价值是交通价值；汽车的直接价值是交通价值。

没有汽车，不能有汽车的交通价值；没有汽车零件，也不能有汽车的交通价值；没有铁、没有铁矿石也没有汽车的交通价值（这里假设汽车是由铁制造的，用其他材料制造是同一个道理）。汽车的交通价值直接来源于汽车，间接来源于汽车零件、铁、铁矿石。交通价值对于汽车来说是直接价值，而对于汽车零件、铁、铁矿石来说则是间接价值，因为汽车零件、铁、铁矿石具有的交通价值是不能直接应用于交通的。

物质的间接价值不是虚构的，而是客观存在的。它是物质潜在的价值，可以通过分析物质的社会属性与自然属性的关系以及属性继承来说明间接价值的客观实在性。

物质价值是物质对于人类有益的效用，是社会属性。它建立在物质具有的物理、化学等自然属性基础之上，如汽车的交通价值是汽车能运动、承重等物理性能的表现。如果汽车没有能运动、承重等自然属性，就没有交通的社会属性。可见，物质的社会属性是物质的自然属性对人类的效用。

产品的自然属性是从资源中继承而来。汽车的自然属性来自汽车零件，而汽车零件的自然属性来自于铁，铁的自然属性来自于铁矿石。物质自然属性的继承性早已被自然科学所证实。

物质的自然属性具有继承性，而物质的社会属性是自然属性对人类的效用，所以物质的社会属性具有继承性。汽车的交通价值是从生产汽车的资源（如铁矿石）继承而来。对于铁矿石而言，它虽然存在交通价值，但不能直接应用于交通，如果要实现铁矿石的交通价值，必须把铁矿石转化为汽车，转化的条件就是生产活动。

资源的间接价值是产品的直接价值，资源的间接价值转化为产品的直接价值的外部条件是生产。没有生产的加入，人类永远没有机会利用物质的间接价值。物质在生产前称资源，在生产后称产品。

间接反价值是物质具有的不能直接应用的反价值，如汽车零件、铁、铁矿石具有的交通事故反价值是间接反价值。

人们在利用物质时往往有五种错误倾向，一是重视利用直接价值，忽略遏制直接反价值，而危害了人类；二是重视利用直接价值，浪费间接价值，不能做到物尽其用；三是重视开发间接价值，而忽略遏制间接反价值，同样危害人类；四是开发间接反价值，危害人类。

第三节　消费效用与生产效用

物质的效用根据被人类利用于不同的活动分为消费效用与生产效用。其中消费效用包括消费价值与消费反价值，生产效用包括生产价值与生产反价值。

一　消费价值与消费反价值

物的消费价值是物质具有的应用于消费活动的价值。我们知道物质的价值是具有维持或提高人类生存水平的效用，而这种效用是通过人的消费实现的。所以消费价值是物质具有的应用于消费活动的维持或提高人类生存水平的效用，如粮食通过满足人类吃的需要而实现维持人类生存的效用。

消费价值是人类赖以存在的价值。如果社会中没有了消费价值，就没有了人类，也就没有了社会；如果空气被人为污染就失去了消费价值，水被人为污染就失去了消费价值，如果食品（如奶粉）被人为污染就失去了消费价值，人类又将如何生存呢？为了子孙，为了保住中华民族的根，只有移民到有消费价值的国家去了。

物的消费反价值是物质具有的应用于消费活动的反价值。因为物质的反价值具有降低人类生存水平的效用，所以消费反价值是物质具有的应用于消费活动的降低人类生存水平的效用。

消费品可以同时具有消费价值和消费反价值。应用于必要消费时表现为消费价值，应用于浪费消费、伤害消费和破坏消费时表现出的是消费反价值。消费品的前身资源也具有消费价值，它是资源的间接价值。

人也具有消费价值和消费反价值。人的消费价值是人类消费活动的价值。因为价值具有维持或提高人类生存水平的效用，所有人的消费价值具有人类消费活动维持或提高人类生存水平的效用。

人的消费反价值是人类消费活动的反价值。因为反价值具有降低人类生存水平的效用，所以人的消费反价值具有消费活动降低人类生存水平的效用。

对人类生存有利的消费活动都具有消费价值，对人类生存有害的消费活动都具有消费反价值。一项消费活动可能同时具有消费价值和消费反价值。

人们在利用消费品进行消费活动时存在的错误倾向：一是人们在利用消费品进行消费活动时往往比较重视其消费价值，而忽略对消费反价值的控制。二是为了某种享受或社交需要等原因进行反价值消费活动，伤害自己或他人。三是因为无知或无奈选择反价值消费品或进行反价值消费活动。

选择价值消费品，进行价值消费活动有以下几个基本原则。一是消费活动应尽量做到价值最大化，反价值最小化。采取一切手段遏制可能产生的消费反价值。二是选择消费品在现有条件下应做到价值最大化，反价值最小化。三是用强有力的法律制约消费品的销售，全面禁止销售反价值消费品。

二 生产价值与生产反价值

物的生产价值是指物质具有的应用于生产活动的价值。因为物质的价值具有维持或提高人类生存水平的效用,所以生产价值是物质具有的应用于生产活动的维持或提高人类生存水平的效用。生产价值为人类制造价值消费品。

物质的价值具有维持或提高人类生存水平的效用。价值消费品和价值生产品都具有这样的效用。但是,它们实现这一效用的途径不同,价值消费品通过直接满足人类必要消费需要实现其价值,如粮食通过满足吃的需要而实现维持生存的效用;价值生产品则是通过为人类生产价值消费品的途径实现其价值,如农业机械通过满足生产粮食的需要而实现维持人类生存的效用。

生产价值和消费价值同样重要。消费价值直接支持必要消费,生产价值为了必要消费而形成消费价值。生产价值存在的意义就是为了形成消费价值。

生产单位的生产价值是为了维持或提高人类生存水平而服务的。但是许多生产单位却为降低人类的生存水平而工作,其所起到的效用不是价值,而是反价值。

物的生产反价值是物质具有的应用于生产活动的反价值。因为物质的反价值具有降低人类生存水平的效用,所以生产反价值是物质具有的应用于生产活动的降低人类生存水平的效用,如机器在生产时对环境的污染和引起的工伤,生产危害人类健康的产品等。

一件生产品可能同时具有生产价值和生产反价值。厂房机器等生产品的生产效用是通过人的作用发挥出来的,人的生产活动也具有生产价值和生产反价值。

人的生产价值是指人类生产活动的价值。因为价值具有维持或提高人类生存水平的效用,所以人的生产价值具有人类生产活动维持或提高人类生存水平的效用。人的生产价值和物的生产价值社会效用相同,都简称为生产价值。

人的生产反价值是指人类生产活动的反价值。因为反价值具有降低人类生存水平的效用,所以人的生产反价值具有人类生产活动降低人类生存水平的效用。人的生产反价值和物的生产反价值社会效用相同，都简称为生产反价值。

对人类生存有利的生产活动都具有生产价值，对人类生存有害的生产活动都具有生产反价值。一项生产活动可能同时具有生产价值和生产反价值。

人们在利用物质进行生产活动时存在的错误倾向：一是人们在利用生产品组织生产活动时往往比较重视其生产价值，而忽略对生产反价值的限制。二是为了获得更高的利润进行反价值生产活动，即使是生产价值消费品或价值生产品，采取的生产过程也是反价值生产。三是为了获得更高的利润生产反价值生产品和反价值消费品。

选择价值生产品，进行价值生产活动有以下基本原则。一是生产活动在现有技术条件下应做到价值最大化，反价值最小化。采取一切手段遏制可能产生的生产反价值。二是生产的生产品在现有技术条件下应做到价值最大化，反价值最小化；生产的消费品在现有技术条件下应做到价值最大化，反价值最小化。三是启用对人类最有利、最严厉的标准，用强有力的法律制约生产活动，不能用标准去适应反价值生产，而应用标准去消灭反价值生产。

三　消费品价值形成

环境给人类提供的生存条件是消费品中的消费价值，即消费品价值，任何消费品价值都来源于资源的消费价值。其中有些消费品价值就是资源直接价值（见图6-4）。例如，汽车的消费价值来源于铁矿石等的资源间接价值，空气的消费价值就是空气的资源直接价值。

资源消费价值──────→消费品价值

图6-4　消费品价值来源

当资源的直接价值本身就是消费价值时，资源就是消费品；当资源的直接价值不是消费价值而是生产价值，最终间接价值是消费价值时，资源不是消费品，必须把资源转化成消费品，使资源消费价值转移到消费品中去，成为消费品价值。

资源的直接价值或部分间接价值是生产价值，资源的最终间接价值是消费价值。消费品价值形成是指将资源本身具有的间接消费价值转移到消费品中去，使之表现为消费品的直接消费价值。所以消费品的消费价值（直接价值）＝资源的消费价值（直接或间接价值）。

资源价值转移为消费品价值有三种不同的情况，分别为自然环境作用、人类作用和智能环境作用。它们与社会生产力三个基本发展阶段相对应。自然生产社会以自然环境作用为主，存在少量的人类作用；人类生产社会以人类作用为主，存在少量的自然环境作用和智能环境作用；自动生产社会以智能环境作用为主，存在少量的自然环境作用和人类环境作用。我们分别把这三种作用引起的资源价值向消费品价值的转化称作自然消费品价值形成、人生消费品价值形成和自动消费品价值形成。

（一）自然消费品价值形成

自然消费品价值形成是指资源消费价值在自然环境作用下，形成消费品价值，如天然林木的固土价值，野果、野生动物的食用价值都是在自然环境作用下形成的（见图6－5）。

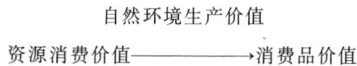

自然环境生产价值
资源消费价值————————→消费品价值

图 6－5　自然消费品价值形成

自然消费品价值是指没有人类生产劳动参与的消费品价值，是纯自然效用。

（二）人生消费品价值形成

人生消费品价值形成是指资源消费价值在人类作用下形成消费品价值。人类的作用表现为生产劳动。为了提高效率，人类在生产劳动时使用生产工具。在人类社会中不使用生产工具的生产劳动很少，所以可以把人的作用解释成使用生产工具的生产劳动。人处于生产的主导地位，生产工具处于辅助地位。生产工具存在生产价值，称作工具生产价值；人的生产劳动也具有生产价值，称作人类生产价值（见图6－6），如劳动者和工具的生产活动使具有形成汽车的资源价值转化为汽车的消费价值。

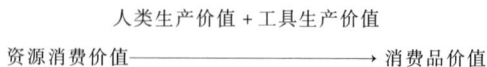

人类生产价值＋工具生产价值
资源消费价值————————————→消费品价值

图 6－6　人生消费品价值形成

在人生消费品价值形成中，资源价值、人类生产价值和工具生产价值都是生产价值，但是它们发挥的作用是不同的。资源是消费品的物质基础，资源的作用是将自己的消费价值转移到消费品中，消费价值全部来源于资源价值。人类和工具投入的是物质活动，物质活动的生产价值在活动完成后全部消失，不会像物质价值那样转移为消费价值。人和工具生产的价值就是促使资源价值转化为消费价值，人和工具的这种价值并不能应用于消费，消费价值中不包括生产价值。

总之，人生消费品价值形成的内因是资源消费价值，外因是人类和工具生产。

（三）自动消费品价值形成

自动消费品价值形成是指资源消费价值在智能环境作用下转移为消费品价值，如机器人将资源转化为产品。智能环境的作用表现为智能工具的生产劳动，为智能工具生产价值（见图6－7）。

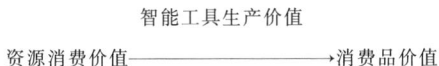

智能工具生产价值

资源消费价值————————→消费品价值

图6－7　自动消费品价值形成

自动消费品价值形成的内因是资源消费价值，外因是智能工具生产价值。

四　消费品价值形成与消费分配

消费品价值形成是影响消费分配的重要因素。在一般情况下，消费分配方式与消费品价值形成方式相对应。但是，消费分配是人类行为，必然会受到道德因素的影响。当道德因素占上风时，消费分配方式可以与消费品价值形成方式脱节。

自然消费品价值形成方式对应按生存圈自由分配方式。在自然社会中，没有人在消费价值形成中做出贡献，人们在各自的生存圈内进行自由消费活动。如果失去了生存圈，或生存圈中无消费品，就必须寻找新的生存圈，才能维持生命。这种按生存圈自由分配的方式，在现代社会中也存在，如空气消费、海洋捕捞等。

人的消费品价值形成方式对应按资源占有权分配、按工具占有权分配和按劳动分配方式。在人类生产社会中，提供工具的人虽然未参加劳动，但工具参加了价值转移，应该按工具贡献差别获得分配；提供劳动的人参加了价值转移，也应该按劳动贡献差别获得分配。

环境中的资源是天然形成的，资源中具有的消费价值也是天然形成的，没有人类贡献差别，所以只有人人平均占有资源才合理，这种占有应该体现为按资源平均分配。但是，在人类生产社会中，由于少数人实际占有了资源，剥夺了绝大部分人的资源分配权，这就是道德水平对分配的影响。

自动消费品价值形成方式对应按资源占有权分配及需要分配制方式。由于自动消费品价值形成没有人类参与，不存在贡献差别，而资源又是非人类努力天然形成的，只能为人类所共有，所以自动生产社会应该是必要消费分配社会。在自动生产社会中，几乎所有的人都需要依靠资源分配，如果只有少数人占有资源，大多数人不占有资源，则大多数人不能维持生存。因此，资源必须为每一个人所共有，这就表现为国家代表全体国民直接占有或国家最终占有。

第四节　价值比较理论与价值比较方法

进行价值比较的目的是正确利用物质价值。人类的必要消费需要具有共性，可作为价值比较的依据。价值比较可以分为多种价值比较和同种价值比较。

一　多种价值比较

（一）物质的多种价值

物质可以有多种价值。例如，树有固土价值、能源价值、建筑价值、木器价值等。必要消费需要的重要程度是不同的，根据其重要程度，可以比较出主要价值和次要价值。

主要价值是指同一物质中满足必要消费需要重要程度较高的价值，次要价值是指同一物质中满足必要消费需要重要程度较低的价值。

判断物质的主要价值和次要价值，首先要列出价值表，而后根据价值表与必要消费需要进行相关性分析。一般情况下，有特殊功能的物质其主要价值比较明显，如汽车的主要价值就是交通价值，住宅的主要价值就是居住价值，石油的主要价值就是能源价值。可以广泛应用于各种人类活动的物质满足必要消费需要的情况比较复杂，不易判断，如水有维持人类生命的饮价值，有生产粮食、水果、肉食动物的食物生产价值，有工业品生产价值，还有清洁价值和供暖价值等（见表6-2）。

表6-2 水的价值

价值种类	效用
饮价值	直接维持人类生命
食物生产价值	为人类提供维持生命的食物
清洁价值	防止人类发生疾病
供暖价值	为人类提供适合生存的温度
工业生产价值	为人类提供工业产品

人的必要消费需要包括生存需要和发展需要，生存需要重于发展需要，必须首先满足生存需要，然后才是满足发展需要。在水的价值表中前4项属于生存需要，后一项属于发展需要；前4项依据维持生存重要程度的差异，由重到轻排列为饮价值、食物生产价值、清洁价值和供暖价值。水的饮价值直接维持人的生命，并且具有不可替代性，这是水的最主要价值；水的食物生产价值，为人类提供维持生命的食物，也具有不可替代性，也是主要价值；水用于农业生产并不直接维持人的生命，与水的饮价值相比它是次主要价值；水的清洁价值不能为人提供营养，但能清除病菌，对健康有利，清洁与饮用和生产食物相比，需要程度低一些，并且具有可替代性，如阳光也具有清洁价值；水的供暖价值也具有可替代性，如用光电供暖取代水供暖。

（二）价值等级

通过对水价值的分析可知，人类对各种价值的需要程度不同，以直接维持生命最为重要，是物质的最主要价值。无论社会发展到什么程度，人类最重要的必要消费需要仍然是维持生命。根据人类必要消费需要满足顺序，可以对价值进行主次排序，社会进步学将价值分为A、B、C、D、E、F六个等级。

A 级价值是维持人类生命的直接价值，如水的饮价值，食物的食用价值，空气的呼吸价值等。

B 级价值是指形成直接维持人类生命的产品的生产价值或维持人类生命的间接价值，如水的生产粮食、蔬菜、肉食动物的价值，树的固土价值等。

C 级价值是指维持人类身心健康水平的直接价值，如水的清洁价值，图书提高知识水平的价值等。

D 级价值是指形成直接维持人类健康水平的产品生产价值或维持人类健康水平的间接价值，如水的供暖价值，树的建筑价值等。

E 级价值是指直接提高人类生存水平的价值，如汽车提高交通水平的价值等。

F 级价值是指形成直接提高人类生存水平的产品生产价值或提高人类生存水平的间接价值，如水用于汽车生产的价值等。

在同级价值中，还可分为不可替代价值、可部分替代价值和可替代价值。其重要程度依次递减。同级价值中还可分为长期价值和短期价值，长期价值重于短期价值。

同一物质可能存在多种价值，不同物质也可能存在共同价值。所以人类即需要对同一物质进行多种价值比较，也需要对不同物质进行多种价值的比较。

（三）多种价值的利用原则

有的物质具有各个级别的价值，有的物质只具有几个级别甚至一个级别的价值。人类不可以盲目利用物质的价值，那样会给人类的生存与发展带来不利影响。例如，人们盲目地利用树的建筑价值和木器价值，而舍弃固土价值，则会出现山崩、洪水、土地荒漠化等严重危害人类生存的环境破坏。利用同一物质的多种价值必须遵循一定的原则。

当物质存在多个级别的价值时，要首先利用最高级别的价值，以满足相应的必要消费需要；当上一个级别价值对应的必要消费需要得到充分满足后，才可以利用下一个级别的价值。例如，树的固土价值高于木器价值，必须首先利用树的固土价值，当人类对固土需要得到满足后，才可以利用树的木器价值。

当上一个级别价值对应的必要消费需要得到充分满足之后，就应该利用下一个级别的价值，否则会造成价值浪费。

当同一级别存在不可替代价值、可部分替代价值和可替代价值时，利用的次序是不可替代价值、可部分替代价值、可替代价值。

当同一级别存在长期价值和短期价值时，利用的次序先是长期价值，后是短期价值。

二　同种价值的不同物质比较

不同的物质可以有同种价值。例如，汽车、列车、飞机、轮船等都有交通价值。但是，它们的交通价值存在着差异，即使是同一型号的两辆汽车也存在着价值差异。而同种价值存在差异，就可以进行价值比较。

（一）同种价值不同物质比较的依据

物质的任何价值都是建立在相应功能的基础之上。可以通过功能对比来比较同种价值的不同物质的差异。物质的功能可以量化比较，如汽车、列车、飞机、轮船的速度、载重量、运行距离、运行时间等都有量化指标。对具有同种价值不同物质的比较一般采用指标对比。物质的价值对比，不是将物质所有功能指标进行对比，而是将支持价值的功能指标进行对比。支持价值的功能指标越高，物质价值越高；支持价值的功能指标越低，物质价值越低。

社会中大量存在的是同时具有价值和反价值的混价值物质。在很多情况下，需要选择那些既对人类有益，又对人类有害的物质进行比较，比较不同物质的反价值情况。物质的反价值也是通过其实现反价值的功能表现出来的，通过对不同物质的反价值功能比较，确定其对人类的危害程度。

支持反价值的功能指标越高，物质反价值越高；支持反价值的功能指标越低，物质反价值越低。

（二）同种价值不同物质的利用原则

利用同种价值的不同物质，要首选价值最高的物质。例如，双层公交车与小轿车都具有公路交通价值，双层公交车载人数量指标远远高于小轿车，公路交通应发展双层公交车，限制小轿车。

利用同种价值的不同混价值物质，必须同时考虑物质的价值差异和反价值差异，理想的方案是选择价值最大、反价值最小的物质。

有的物质价值最大而反价值也最大，反价值小的而价值也小，对这类同种价值的不同物质利用就比较困难。如果选择价值最大的物质，必要消费需要可以得到最大限度满足，但同时也将受到最大的伤害；如果选择反价值最小的物质，虽然对人类的损害最小，但可能满足不了必要消费需要，选择价值最大的物质或反价值最小的物质都有问题。较佳的处理方案是采取折中办法，选择那些价值虽然不是最大，但反价值较小或反价值可以被完全压制的物质。还有一个较好的办法是选择反价值最小的物质，通过增加利用物质的数量来提高必要消费需要的满足程度。

利用同种价值的不同物质时，应首选价值物质；在价值物质不足时，选择价混物质作补充；再不足时，谨慎选择平混物质；避免使用反混物质。在使用混价值物质时，要有效防止反价值发挥作用。

第五节　理论、规律与方法

社会进步效用论揭示了社会要素效用与社会进步的关系。该理论体系内容丰富。由 50 多个概念、8 个理论、6 个规律、1 个方法论构成。8 个理论包括环境基本效用理论、社会存在值理论、直接效用与间接效用理论、消费效用与生产效用理论、消费品价值形成理论、消费品价值形成与消费分配关系理论、价值比较理论和人的价值与反价值理论。6 个规律是价值质量规律、反价值质量规律、总价值数量规律、总反价值数量规律、社会存在值规律和社会存在值与社会水平的关系规律。1 个方法论是效用方法论。

社会进步效用论并不是主观判断的产物，也不是评判"对与错"，而是对社会要素维持或提高人类生存水平与降低人类生存水平两大社会效用进行专题研究得到的理论体系。例如，基本概念价值和反价值并不是主观臆断的褒贬，而是给社会中存在的两大对立的基本社会现象起的名字，其作用是区别它们，这与给小孩取名是一样的。

社会进步效用论展开研究两大社会效用的形成机理，总结其中的社会规律，找出顺应这些规律的科学方法。最终告诉人们怎样利用物质、怎样做人对社会进步更有利。

一　效用理论

（一）环境基本效用理论

环境基本效用理论解释了环境及环境中物质的基本社会功能。该理论认为环境存在价值与反价值两种基本的社会功能；环境中物质可以分为价值物质、反价值物质、价混物质、反混物质、平混物质、无效用物质六类；物质效用在不同的时间、空间和人群可以存在差异；物质质量与物质价值之间、物质质量与物质反价值之间、物质数量与总价值之间、物质数量与总反价值之间存在着稳定的联系。

环境基本效用理论阐释了环境价值与环境反价值、物质的基本效用分类，研究了物质效用的时间、空间和人群属性，揭示了效用相同物质的质量和数量的联系，提出了利用物质的基本原则和基本次序。

（二）社会存在值理论

社会存在值理论揭示了环境要素与社会存在、社会变迁与社会进步联系的基本原理。该理论认为社会存在的基本环境条件是环境总价值大于环境总反价值，大于部分发挥着维持人类生存的总效用。社会存在值是环境总价值与环境总反价值的差。环境总价值越大，环境总反价值越小，社会存在值就越大。当环境总反价值不变时，环境总价值变动引起社会存在值同向变动；当环境总价值不变时，环境总反价值变动引起社会存在值反向变动；当环境总价值和环境总反价值等量变动或不变时，社会存在值不变。当社会存在值增大时，社会进步；当社会存在值缩小时，社会倒退；当社会存在值不变时，社会停滞。实现社会进步的基本方法是不断提高社会总价值，不断降低社会总反价值。

社会存在值理论解释了环境总价值、环境总反价值和社会存在值，揭示了社会存在值规律和社会存在值与社会水平关系规律，同时揭示了环境要素方面社会变迁暨社会进步的基本原理，得出增加社会总价值的基本方法和降低社会总反价值的基本方法，推导出实现社会进步的基本方法。

（三）直接效用与间接效用理论

直接效用与间接效用理论揭示了物质直接效用与间接效用的继承关系。该理论根据物质的效用是否能够被人类直接利用将其分为直接效用和间接效用。其中，直接效用包括直接价值与直接反价值，间接效用包括间接价值与间接反价值。一种物质的间接效用可以通过生产转移为新物质的直接效用。物质的效用来源于其自然功能，物质的社会属性同物质的自然属性一样具有继承性。产品的直接价值是对资源的间接价值的继承。资源的间接价值转化为产品的直接价值的外部条件是生产。

直接效用与间接效用理论论证了物质具有间接效用，揭示了直接效用与间接效用之间所具有的继承关系，以及间接效用转化为直接效用的外部条件。

（四）消费效用与生产效用理论

消费效用与生产效用理论从人类的活动角度分析效用与社会进步关系。该理论根据物质效用被人类利用于不同的活动分为消费效用与生产效用。其中消费效用包括消费价值与消费反价值，生产效用包括生产价值与生产反价值。消费价值是人类赖以存在的价值，如果社会中没有了消费价值，就没有了人类，也就没有了社会。消费价值维持或提高人的生存水平，消费反价值降低人的生存水平。消费品可以同时具有消费价值和消费反价值。生产价值为必要消费形成消费价值。生产价值维持或提高人的生存水平，生产反价值降低人的生存水平。一个产品可能同时具有生产价值和生产反价值。人的生产活动也可能同时具有生产价值和生产反价值。推动社会进步的办法是提高消费价值和生产价值，降低消费反价值和生产反价值。

消费效用与生产效用理论揭示了消费品及消费活动具有的消费价值与消费反价值、生产品与生产活动具有的生产价值与生产反价值，以及他们与社会进步的关系，得出提高消费价值和生产价值，降低消费反价值和生产反价值可以推动社会进步的结论。

（五）消费品价值形成理论

消费品价值形成理论揭示了消费品中的消费价值来源及形成过程。该理论认为环境为人类提供的生存条件是消费品中的消费价值，任何消费品价值都来源于资源的消费价值。消费品价值形成是指将资源本身就有的间接消费价值转移到消费品中去，使之表现为消费品的直接消费价值。资源价值转移为消费品价值有三种不同的情况，分别为自然环境作用、人类作用和智能环境作用，这体现了三种社会生产力，演化成社会生产力的三个基本发展阶段和宏观社会的三个基本类型。

消费品价值形成理论揭示了消费品消费价值的来源，揭示了自然环境、人类劳动和智能环境在消费品价值形成中起到的推动作用。

（六）消费品价值形成与消费分配对应关系理论

消费品价值形成与消费分配对应关系理论是建立在消费品价值形成理论基础之上揭示了消费分配制度形成与变革原因。该理论认为消费品价值形成方式是消费分配方式的基础。人类会根据消费品价值形成方式经过不断地摸索选择最合理、最合适的消费分配方式。消费分配方式适应消费品价值形成方式，有利于消费品价值形成（生产）的发展；消费分配方式不适应消费品价值形成方式，不利于消费品价值形成（生产）的发展。消费品价值形成方式发展，要求消费分配方式跟着发展，所以消费分配方式必须适应消费品价值形成方式。一般情况下消费分配方式的发展要滞后于消费品价值形成方式的发展。

消费品价值形成与消费分配对应关系理论揭示了消费品价值形成与消费分配的对应关系，解释了消费分配制度形成与变革的价值原因。为人类根据消费品价值形成方式的变革选择最合理、最合适的消费分配方式提供了理论依据，并科学地预测了自动生产社会应该是必要消费分配社会，进而指出了社会消费分配方式变革的正确方向。

（七）价值比较理论

价值比较理论是依据人类的必要消费需要的共性进行价值比较的理论。人类对各种价值的需要程度不同，以直接维持生命最为重要，它是物质的最主要价值。根据人类必要消费需要满足顺序，对价值进行主次排序。物质的任何价值都是建立在相应功能的基础之上，可以通过功能对比来比较不同物质同种价值的差异。支持价值的功能指标越高，价值越高；支持价值的功能指标越低，价值越低。支持反价值的功能指标越高，反价值越高；支持反价值的功能指标越低，反价值越低。

价值比较理论论述了价值比较的目的、依据、价值等级、价值比较方法和价值利用原则，为人类正确比较和利用物质提供了理论依据和方法。

（八）人的价值与反价值理论

人的价值与反价值理论是揭示人的活动正反两个方面社会效用的理

论。该理论认为人的价值是人具有的维持或提高人类生存水平的效用，人的反价值是人具有的降低人类生存水平的效用；人的价值有利于社会进步，人的反价值阻碍社会进步；人的价值大小不在于财富的多少、地位的高低，而在于对社会贡献的大小；每个人都应当实现价值，而不要去实现反价值。

人的价值与反价值理论揭示了人的活动正反两个方面社会效用，揭示了人的正反两个方面社会效用与社会进步的关系，提供了一个判断人的价值的基本标准，对树立正确的人生观、价值观有重要指导意义。

二 效用规律体系

价值质量规律、反价值质量规律、总价值数量规律、总反价值数量规律、社会存在值规律和社会存在值与社会水平的关系规律六个社会规律形成了一个效用规律体系。

（一）价值质量规律

在时间、空间、人群等条件不变的情况下，在效用质量底线之上，物质质量变动影响物质价值正向变动；在效用质量底线之下，物质价值发生质的变化。在效用质量底线之上，价值物质的质量越高，价值越高；质量越低，价值越低；当质量低到效用质量底线之下时，价值物质就会转化为无价值物质或反价值物质。例如，住房居住价值与住房质量正向变化，质量越高，居住价值越高；质量越低，居住价值越低；危房居住价值为零，并具有伤害反价值。

（二）反价值质量规律

在时间、空间、人群等条件不变的情况下，在效用质量底线之上，物质质量变动影响物质反价值正向变动；在效用质量底线之下，物质反价值发生质的变化。反价值物质质量越高，反价值越高；质量越低，反价值越低。当质量低到在效用质量底线之下时，反价值物质转化为无价值物质。

（三）总价值数量规律

在总价值极量以内，价值数量变动引起总价值正向变动；在总价值极量以外，价值数量变动引起总价值反向变动。在总价值极量以内，价值数量越多，总价值越大；价值数量越少，总价值越小。价值数量达到总价值极量时，总价值最大；价值数量超过总价值极量时，总价值随着价值数量增加而减少；直至趋于 0。

（四）总反价值数量规律

反价值数量变动引起总反价值正向变动，即反价值数量越多，总反价值越大；反价值数量越少，总反价值越小。例如，武器、毒品、暴力宣传品数量越多，伤害总反价值就越大。

（五）社会存在值规律

环境总价值越大，环境总反价值越小，社会存在值就越大。当环境总反价值不变时，环境总价值变动引起社会存在值同向变动；当环境总价值不变时，环境总反价值变动引起社会存在值反向变动；当环境总价值和环境总反价值等量变动或不变时，社会存在值不变。

（六）社会存在值与社会水平的关系规律

当社会存在值增大时，社会进步；当社会存在值缩小时，社会倒退；当社会存在值不变时，社会停滞。

三　效用方法论

效用方法论是对社会进步有利的利用物质的基本方法。它是在效用理论的基础上推导出来的，更是千百年人类利用物质活动经验的归纳总结。每一条方法都是人类正确利用物质活动的最基本的原则。人类的每一项活动，大到治理国家，小到吃饭睡觉，只有符合这些原则才能对人类有利，而违背了这些原则就会遭到损失。应用效用方法论可以增促社会进步，减缩社会代价。

认识世界是非常重要的，人类只有认识世界才能更好地改造世界。效用方法论正是在深刻认识世界的基础上产生的改造世界的方法论体系。人类的一切活动都应该维持和提高人类的生存水平，而不应该降低人类的生存水平。人类应该根据这个人类活动基本准则利用物质。

利用物质的基本原则是利用物质的价值，防止物质反价值发挥作用，利用物质维持和提高人类的生存水平。

利用物质的基本次序是首选价值物质；在价值物质不足时，选择价混物质作补充；再不足时，谨慎选择平混物质；避免使用反混物质。在使用混价值物质时，要有效防止反价值发挥作用，尽量不使用反价值物质。

提高人类利用物质水平的基本方法是：不断提高人类的知识水平和品德水平。

实现社会进步的基本方法是不断提高社会总价值，不断降低社会总反价值。

增加社会总价值的基本方法是人类应当在总价值极量以内尽量增加价值的数量和质量，而且价值的数量不应当超过总价值极量。一是在社会总价值极量范围内增加生产价值物质产品。二是提高混价值物质的价值水平。

降低社会总反价值的基本方法是尽量降低反价值的数量和质量。一是不生产反价值、平混价值和反混价值产品；二是通过改善环境，降低自然环境的反价值；三是降低混价值物质的反价值水平。

多种价值的利用原则，一是当物质存在多个级别的价值时，要首先利用最高级别的价值，以满足相应的必要消费需要；当上一个级别价值对应的必要消费需要得到充分满足后，才可以利用下一个级别的价值。例如，树的固土价值高于木器价值，必须首先利用树的固土价值，当人类的固土需要得到满足后，才可利用木器价值。二是当上一个级别价值对应的必要消费需要得到充分满足之后，应该利用下一个级别的价值，否则会造成价值浪费。三是当同一级别存在不可替代价值、可部分替代价值和可替代价值时，利用的次序是不可替代价值、可部分替代价值、可替代价值。四是当同一级别存在长期价值和短期价值时，利用的次序是先长期价值，后短期价值。

同种价值的不同物质的利用原则：一是利用同种价值的不同物质，要首选价值最高的物质。例如，双层公交车与小轿车都具有公路交通价值，双层公交车载人数量指标远远高于小轿车，公路交通应发展双层公交车，限制小轿车。二是利用同种价值的不同混价值物质，必须同时考虑物质的价值差异和反价值差异，理想的办法是选择价值最大、反价值最小的物质。三是有的物质价值最大、反价值也最大；反价值小的，价值也小。对这类同种价值的不同物质利用就比较困难。如果选择价值最大的物质，必要消费需要可以得到最大限度满足，但同时也将受到最大的伤害；如果选择反价值最小的物质，虽然对人类的损害最小，但可能满足不了必要消费需要。这时选择价值最大的物质或反价值最小的物质都有问题。较佳的处理方案是采取折中办法，选择那些价值虽然不是最大，但反价值较小或反价值可以被完全压制的物质。还有一个较好的办法是选择反价值最小的物质，通过增加利用物质的数量来提高必要消费需要的满足程度。四是利用同种价值的不同物质时，应首选价值物质；在价值物质不足时，选择价混物质作为补充；再不足时，谨慎选择平混物质；避免使用反混物质。在使用混价值物质时，要有效防止反价值发挥作用。

消费的基本原则是选择价值消费品，进行价值消费活动。一是消费活动应尽量做到价值最大化，反价值最小化，采取一切可能的手段遏制可能产生的消费反价值。二是选择消费品在现有条件下应做到价值最大化，反价值最小化。三是用强有力的法律制约消费品的销售，全面禁止销售反价值消费品。

生产的基本原则是选择价值生产品，进行价值生产活动。一是生产活动在现有技术条件下应做到价值最大化，反价值最小化，采取一切可能的手段遏制可能产生的生产反价值。二是生产的产品在现有技术条件下应做到价值最大化，反价值最小化；生产的消费品在现有技术条件下应做到价值最大化，反价值最小化。三是启用对人类最有利最严厉的标准，用强有力的法律制约生产活动。不能用标准去适应反价值生产，而应用标准去消灭反价值生产。

因为物质的效用具有时间性、空间性和人群性，物质在某一时间具有价值，在另一时间可能具有反价值；在某一空间具有价值，在另一空间可能具有反价值；对某一人群具有价值，对另一人群可能具有反价值。所以，人类应当根据物质效用的时间性、空间性和人群性判断物质的效用，合理利用物质。

本章小结

第一，社会进步效用论是揭示社会要素效用与社会进步联系的理论体系。包括环境基本效用理论、社会存在值理论、直接效用与间接效用理论、消费效用与生产效用理论、消费品价值形成理论、消费品价值形成与消费分配关系理论、价值比较理论、人的价值与反价值理论 8 个理论，价值质量规律、反价值质量规律、总价值数量规律、总反价值数量规律、社会存在值规律、社会存在值与社会水平的关系规律 6 个规律和 1 个效用方法论。

第二，社会进步效用论并不是主观判断的产物，也不是评判"对与错"，而是对社会要素维持或提高人类生存水平与降低人类生存水平两大社会效用进行专题研究所得到的结果。

第三，社会进步效用论研究了两大社会效用的形成机理，总结其中的社会规律，找出顺应这些规律的科学方法，最终告诉人们怎样利用物质、怎样做人对社会进步更有利。

关键术语

效用、宏观效用、中观效用、微观效用、人的效用、环境效用、环境价值、环境反价值、环境反价值的极限、反价值物质、混价值物质、价混物质、反混物质、平混物质、无效用物质、物质效用的时间性、物质效用的空间性、物质效用的人群性、效用质量底线、总效用、总价值、总反价值、总价值极量、环境总价值、环境总反价值、社会存在值、人的价值、人的反价值、直接价值、直接反价值、间接价值、物质的社会属性、间接反价值、物的消费价值、物的消费反价值、人的消费价值、人的消费反价值、物的生产价值、生产价值存在的意义、物的生产反价值、人的生产价值、人的生产反价值、消费品价值、消费品价值形成、自然消费品价值形成、人生消费品价值形成、自动消费品价值形成、价值比较的目的、主要价值、次要价值、价值等级、A 级价值、B 级价值、C 级价值、D 级价值、E 级价值、F 级价值。

价值质量规律、反价值质量规律、总价值数量规律、总反价值数量规律、社会存在值规律、社会存在值与社会水平的关系规律。

社会进步效用论、环境基本效用理论、社会存在值理论、直接效用与间接效用理论、消费效用与生产效用理论、消费品价值形成理论、消费品价值形成与消费分配对应关系理论、价值比较理论、人的效用理论。

效用方法论、效用分析法、利用物质的基本原则、利用物质的基本次序、提高人类利用物质水平的基本方法、实现社会进步的基本方法、增加社会总价值的基本方法、降低社会总反价值的基本方法、判断人的价值的基本标准、社会对人的效用管理基本原则、提高抑制反价值的基本方法、价值比较的依据。

思考题

1. 怎样理解效用与自然功能的关系？

2. 举例说明环境价值、环境反价值对人类生存水平的影响。

3. 举例说明利用物质的基本原则和利用物质的基本次序。

4. 提高人类利用物质水平的基本方法是什么？

5. 举例说明物质效用的时间性、空间性和人群性。

6. 如何提高单个物质的价值？

7. 改革开放以来，各地都在招商引资，工厂建得越多越好吗？根据总价值数量规律和总反价值数量规律，评价追捧 GDP 的经济现象。

8. 用社会存在值与社会水平的关系规律解释为什么我国 GDP 增长快，而公民生存水平提高慢。

9. 论述实现社会进步的基本方法。

10. 论述判断人的价值的基本标准。

11. 论述社会对人的效用管理基本原则和提高抑制反价值的基本方法。

12. 举例说明人的消费价值和人的消费反价值。

13. 举例说明物的生产价值和物的生产反价值。

14. 举例说明人的生产价值和人的生产反价值。

15. 举例说明消费品价值形成的三种情况。

16. 如何区分主要价值和次要价值？

17. 简述社会进步效用论。

18. 简述环境基本效用理论。

19. 简述社会存在值理论。

20. 简述直接效用与间接效用理论。

21. 简述消费效用与生产效用理论。

22. 简述消费品价值形成理论。

23. 简述消费品价值形成与消费分配对应关系理论。

24. 试运用价值比较理论进行物质价值分析。

25. 试运用效用方法论进行决策分析。

26. 举例回答以下问题：

（1）反价值生产对在中国生活的人生存水平的影响。

（2）人们应对反价值消费品的方法。

（3）遏制反价值生产和生产反价值消费品的根本原因。

（4）根据效用方法论，提出消灭反价值生产和反价值消费品的政策措施。

第七章
消费进步

学习目的：

掌握消费与社会进步的关系理论

掌握消费进步的内容和目标

了解消费需要进步理论

了解消费需求进步理论

了解收入区间理论

了解消费的社会公平程度理论

了解消费总需求调节理论

掌握消费过程进步理论

掌握价值消费理论

了解品德获得理论

了解控制消费理论

掌握消费进步相关规律

掌握消费进步基本方法

    本章专门对消费进步做进一步的研究，应与第三章相关内容结合起来学习和应用。

    消费是指不制造任何产品的利用资源或者产品的人类活动。社会进步学上的消费是经济学意义上的非生产消费概念，是指生产过程之外执行人类生活职能的概念。生产与消费都利用资源或者产品，它们的区别在于生产是制造产品的，而消费则不制造任何产品，即除了生产之外的一切活动都是消费，如日常生活、政府工作、政党活动、战争等都只是消耗资源而不制造产品，所以它们都属于消费范畴。

消费可以分为个人消费和单位消费。个人消费是指个人及家庭进行的消费，包括个人及家庭的一切非生产性的物质利用活动，如吃饭、购物、旅游；单位消费是指工作单位进行的消费，包括除了家庭的所有社会设置或组织、群体的一切非生产性的物质利用活动，如政党、政府、法院、军队、警察局、协会、学校、媒体、教派、教堂等非经济单位的所有利用物质的活动，以及工厂、农场、商店、银行等经济单位的所有与生产无关的利用物质的活动。

显然，消费与资源和人的生存高度相关。生产为消费提供产品。消费的产品是由资源转化而来，而资源具有一定的稀缺性。只有节约利用资源，才能延长资源的使用时间，才更有利于人类生存。消费除了利用资源和产品外，还与人的生存水平密切相关。每个品德正常的人，消费的正确目的是维持自身生存和生存得更好，通过消费满足自己的身心需要。当然也有为了危害他人而消费的。

消费进步是指消费向耗费尽量少的资源，而使人类生存水平不断提高的方向发展。显然，消费进步包括两层含义，一是相同的生存水平，消费利用的资源应趋于减少，即物质利用水平的提高。二是消费活动能够使人的生存水平趋于提高，即消费活动的社会作用水平、作用范围水平、作用幅度水平、作用持续时间水平的提高。这两条也是衡量消费进步的基本标准。

第一节　消费需要进步

消费需要是指人类获得利用消费品和消费服务的欲望。例如，对衣食住行的欲望，对教育、艺术、旅游、医疗的欲望，以及对战争、色情、毒品的欲望。

消费需要具有同一性和差异性。消费需要的同一性来源于人类共同的生理特征，如所有的人都需要消费水、食品和空气。消费需要的差异性既源于人们知识水平和品德水平的差异，也源于生理的非本质差异，如有的人喜欢节俭，有的人喜欢奢侈；有的人喜欢艺术，有的人喜欢战争。

消费需要对消费活动乃至社会进步有重要影响。消费从人的需要开始，如果没有消费需要，就不可能有消费需求和消费活动。不同的消费需要会引起不同的消费活动，不同的消费活动会对人类的生存水平产生不同的影响。例如，对教育、艺术、旅游、医疗的消费需要，会引起教育、艺术、旅游、医疗的消费需求和消费活动，对人类的生存水平起到维持和提高作用；而对战争、色情、毒品的消费需要会引起战争、色情、毒品的消费需求和消费活动，对人类的生存水平起到降低作用。所以消费进步也要从消费需要进步开始。

根据消费需要对于人类生存水平的影响，可将消费需要划分为价值消费需要和反价值消费需要。

一　价值消费需要

价值消费需要是指维持或提高人类生存水平所必需的消费需要，又称必要消费需要，包括生命消费需要、健康消费需要和提高消费需要。

生命消费需要是指维持人的生命绝对不可缺少的价值消费需要，如空气消费需要、水消费需要、食品消费需要。它们是必须首先满足的第一消费需要，人只要失去了其中的任何一项，就不能继续生存下去。显然污染空气、水和食品的行为危害人类生命安全，具有反人类性质。

健康消费需要是指维持人的健康不可缺少的价值消费需要。健康消费需要主要包括住房消费需要、服装消费需要、能源消费需要、医疗消费需要、学习消费需要、安全消费需要、交通消费需要、沟通消费需要、家具消费需要等。健康消费需要是第二消费需要，人只要失去了其中的任何一项，就可能损害健康。例如，没有住房或居住条件很差会严重损害身体健康，没有服装可能被冻伤、晒伤，没有能源无法取暖、做饭，没有医疗不能治病，不学习则不能掌握生产知识和生活知识，不安全则身心易遭到伤害。任何降低住房、服装、能源、医疗、学习和安全水平的行为都是危害公众健康的错误行为。

提高消费需要是指提高人的生存水平所必需的价值消费需要。主要包括锻炼消费需要、娱乐消费需要、美化消费需要、艺术消费需要、旅游消费需要、电器消费需要等，满足这些消费需要可以提高人的生存水平。它们是第三消费需要。

社会应当同时满足公民的生命消费需要、健康消费需要和提高消费需要。如果不能同时满足三种需要，则应首先满足生命消费需要，第二满足健康消费需要，第三满足提高消费需要。人的最主要利益就是维持人的生命，利益与人的生命相关程度越高越重要。

人们的消费需要存在同一性和差异性。同一性决定了人们的价值消费需要基本一致，差异性决定了人们的价值消费需要在基本一致的基础上存在数量、结构的区别。由于产出产品、投入收入的差别，价值消费需要还存在不同的满足层次，所以价值消费需要并不是固定单一的，而是一个有跨度的范围。

价值消费需要区间是指维持或提高人的生存水平的物质最低需要量和最高需要量之间的范围，区间的下限是价值消费需要得到基本满足的位置，区间的上限是价值消费需要得到最大满足的位置。消费低于下限，人们的价值消费需要得不到满足，生存水平过低；消费超过上限，则浪费资源。例如，人的第一消费需要受生理限制，摄入适量的空气、水和食品可以保持健康，摄入量过多或过少都会损害健康，在适量的范围内，多摄入一点或少摄入一点不影响健康。人的第二消费需要也同样有数量区间，例如三口之家住一室一厅的房子，显然不利于健康生活，属于价值消费不足；三口之家住两室两厅的房子可以规划出两间卧室，一个客厅、一个餐厅，但无书房，只能满足健康生活的最低需要，达到了价值消费需要下限；三口之家住三室两厅的房子，可以规划出两间卧室、一间书房，提高了居住的舒适度；三口之家住四室两厅的房子，还可以规划出客房，已能满足健康生活的最高需要，达到了价值消费需要上限。如果再增加居室已没有提高健康生活水平的效用，形成浪费。第三消费需要也有数量区间，超量消费不仅不能提高生存水平，还可能降低生存水平。

价值消费需要区间内存在价值消费需要层次。低层次为温饱层，中间层次为舒适层，高层次为富裕层。价值消费需要区间可以根据维持和提高生存水平的需要计算出具体的货币量范围。

人类价值消费需要的物质种类、数量以及质量在不同国家存在差异，在同一国家不同地区也可能存在差异。而且随着社会变迁，价值消费区间也会发生改变。

价值消费需求以及价值消费也都存在区间，它们与价值消费需要区间是重合的。

二　反价值消费需要

反价值消费需要是指人类降低生存水平的消费需要，又称非必要消费需要。其包括超量消费需要、奢侈消费需要、伤害消费需要和破坏消费需要，这些都是浪费性消费需要。反价值消费需要不是维持或提高人类生存水平所必需的人类欲望，不能提高人类生存水平，反而能够直接或间接降低人类生存水平。例如，超量消费需要和奢侈消费需要导致超量消费和奢侈消费而浪费资源、产生过多的垃圾，进而间接降低人类生存水平；而伤害消费需要和破坏消费需要导致的伤害消费和破坏消费而直接降低人类生存水平。所以遏制人类的反价值消费需要是很重要的。

超量消费需要是指人们在消费需要数量上超过价值消费需要上限的反价值消费需要。它在消费需要的物质种类上与第一、第二、第三消费需要相同，只是在数量上超过了价值消费需要量。超量消费需要对于提高人类生存水平没有积极作用，反而浪费资源，形成过多的垃圾。它是第四消费需要。个人和单位都存在超量消费需要，如个人存储过多的消费品，单位过度的"三公"消费都源于超量消费需要。人们最直接看到的是餐馆吃饭浪费现象触目惊心，有的城市一天就产生1000多吨剩饭剩菜。浪费较大的一般缘自单位宴请。

奢侈消费需要是指人们在消费档次上超过公众水平的不可普及的反价值消费需要。它在消费需要的物质种类上与第一、第二、第三消费需要相同，只是档次过高，耗费资源过多，不具备普及性。它是第五消费需要。奢侈消费需要浪费资源，形成消费特权阶层。先进社会满足所有人的价值消费需要，不满足奢侈消费需要。值得注意的是，一些奢侈消费品也可以随着生产进步转化为价值消费品，这种转化有利于提高价值消费层次。比如，手机、计算机就经历了由奢侈品变为大众消费品的过程，这是社会进步的结果。

破坏消费需要是指人们破坏环境的反价值消费需要。它反映人们破坏环境的邪恶欲望，是人类的第六消费需要，如摧毁经济设施、民用设施的消费需要，以及战争消费需要等。

伤害消费需要是指人们损害健康甚至夺取生命的反价值消费需要。它反映人们之间相互残害或自我伤害的邪恶欲望，是人的第七消费需要，如谋杀、毒品消费需要。

破坏和伤害消费需要主要包括战争消费需要、暴力消费需要、损坏消费需要、毒品消费需要、赌博消费需要、色情消费需要、贿赂消费需要及其他危害健康嗜好等。

人类需要净化欲望。

三 消费需要与社会进步

消费需要与社会进步关系规律是：价值消费需要与社会进步正相关，反价值消费需要与社会进步负相关。扩大价值消费需要，缩小反价值消费需要，有利于社会进步；缩小价值消费需要，扩大反价值消费需要，不利于社会进步。价值消费需要越大，反价值消费需要越小社会进步越快；价值消费需要越小，反价值消费需要越大社会进步越慢；价值消费需要大于反价值消费需要，社会总的发展方向是进步的；价值消费需要小于反价值消费需要，社会总的发展方向是倒退的。例如，增加对教育、艺术、旅游、医疗的消费需要，会增加教育、艺术、旅游、医疗的消费需求和消费活动，对人类的生存水平起到提高作用，促进社会进步；而增加对战争、色情、毒品的消费需要，会增加战争、色情、毒品的消费需求和消费活动，对人类的生存水平起到降低作用，导致社会倒退。

消费需要与社会进步关系规律是客观的社会规律，不是人为创造的，也不能被人为消灭。但是，社会控制可以阻断或者加速消费需要向消费需求的传递，进而阻断或者加速消费需要对社会进步或倒退的影响。社会控制的阻断或者加速作用，既可以阻断或者加速反价值消费需要向反价值消费需求的传递，进而阻断或者加速社会倒退；也可以阻断或者加速价值消费需要向价值消费需求的传递，进而阻断或者加速社会进步。人类应当运用社会控制阻断社会倒退作用，推进社会进步。例如，政府阻断教育、艺术、旅游、医疗的消费需要向消费需求的传递，会降低公民的生存水平，导致社会倒退；而加速教育、艺术、旅游、医疗的消费需要向消费需求的传递，则会提高公民的生存水平，促进社会进步。如果政府阻断战争消费需要的传递，则会避免社会大的倒退；如果政府加速战争消费需要的传递，则会引起社会大的倒退。

消费需要向消费需求传递需要具有足够的支付能力，同时需要具有相应的产出产品。加速传递的基本方法是提高收入、降低产品价格或者免费、提供足够的产出产品。阻断传递的基本方法是降低收入、提高产品价格、不提供产出产品。

消费需要进步是指发展价值消费需要，抑制并最终消除反价值消费需要，提高价值消费需要层次。其中，发展价值消费需要，抑制反价值消费需要是消费需要结构的进步；提高价值消费需要层次是消费需要层次的进步。

价值消费需要对维持或提高人类生存水平有利，应当积极发展；反价值消费需要对维持或提高人类生存水平有害，应当限制。价值消费需要得到满足的层次越高，人类生存水平越高；价值消费需要得到满足的层次越低，人类生存水平越低。所以应当努力提高每个人的价值消费需要满足层次，这是社会进步的本质所在。例如，发展改善居住条件的需要，提高食品安全的需要，增加旅游次数的需要，收藏艺术品的需要等。提高价值消费需要满足层次不等于奢侈消费，要将两者严格区别开来，既不应该以提高价值消费需要满足层次为名，行奢侈消费之实；也不应该以防止奢侈浪费为名，不提高公民的价值消费需要满足层次。公民的价值消费需要满足层次是提高、不变，还是下降是判断社会是进步、停滞，或是倒退的重要标志。

符合人类利益的促进社会进步的消费需要政策包括三个方面：一是引导消费者保留价值消费需要；二是引导消费者消除反价值消费需要；三是引导消费者提高价值消费需要水平。

进行价值消费品德教育，提高公民品德水平。消费需要是人类的利用物质的欲望，而净化欲望只有靠提高品德水平来实现。

进行价值消费知识教育，强化社会宣传，提倡价值消费理念，反对反价值消费理念。提倡节约和简朴，反对浪费和奢侈。

在全社会形成只进行价值消费的良好消费习惯。社会只满足价值消费需要，不满足反价值消费需要，提高公民价值消费需要满足层次。满足所有人价值消费需要应该成为人类生产的唯一目的。

进行价值消费产品创新和先进消费示范，研制、推广先进消费品和消费方式。

加速价值消费需要向价值消费需求的传递。可采取提高公民收入、降低价值消费产品价格或者适度免费、提供足够的价值消费产品的方法。例如，公民有治疗重大疾病的消费需要，而几十万上百万元的医疗费用，对于月收入几千元的大多数公民可望而不可即，很多人卖房卖地也看不起病，医疗消费需要不能转化为消费需求，只有等死。如果通过医保等形式实行大病免费，医疗消费需要就可以转化为消费需求，而且不降低生存水平。

阻断反价值消费需要向反价值消费需求的传递。最有效的办法是禁止反价值消费品及消费服务的生产（见表7－1）。

表 7－1　人类主要的消费需要

价值消费需要			反价值消费需要			
生命需要	健康需要	提高需要	超量需要	奢侈需要	破坏需要	伤害需要
空气需要、水需要、食品需要	住房需要、服装需要、能源需要、医疗需要、学习需要、安全需要、交通需要、沟通需要、家具需要	锻炼需要、娱乐需要、美化需要、艺术需要、电器需要、旅游需要			战争需要、损坏需要	战争需要、暴力需要、毒品需要、赌博需要、色情需要、迷信需要、贿赂需要、自损嗜好

第二节　消费需求进步

一　消费需求对社会进步的影响

消费需求是指有足够货币支持的准备实现的消费计划。支付能力是消费需要转化为消费需求的必要条件。例如，某人想拥有洗衣机，但他没有足够的货币去购买，这时他的欲望只是一种不能满足的消费需要。而当他准备了足够的货币时，拥有洗衣机的消费需要转化为可以实现的消费需求。可见，消费需求是有支付能力的消费需要。

消费需求也分为价值消费需求和反价值消费需求。

价值消费需求是指维持或提高人类生存水平所必需的消费需求，又称为必要消费需求，包括生命消费需求、健康消费需求和提高消费需求。生命消费需求是指维持人的生命绝对不可缺少的价值消费需求，如空气消费需求、水消费需求、食品消费需求等。健康消费需求是指维持人的健康不可缺少的价值消费需求，如住房消费需求、服装消费需求、能源消费需求、医疗消费需求、学习消费需求、安全消费需求、交通消费需求、沟通消费需求和家具消费需求等，人只要失去了其中的任何一项，就可能损害健康。提高消费需求是指提高人的生存水平所必需的价值消费需求，主要包括锻炼消费需求、娱乐消费需求、美化消费需求、艺术消费需求、旅游消费需求和电器消费需求等，满足这类消费需求可以提高人的生存水平。

反价值消费需求是指降低人类生存水平的消费需求，又称为非必要消费需求，包括超量消费需求、奢侈消费需求、伤害消费需求和破坏消费需求。超量消费需求是指人们在消费需求数量上超过价值消费需求上限的反价值消费需求，它在消费需求的种类上与第一、第二、第三消费需求相同，只是在数量上超过了价值消费需求量；超量消费需求对于提高人类生存水平没有积极作用，反而浪费资源，形成过多的垃圾。奢侈消费需求是指人们在消费档次上超过公众水平的不可普及的反价值消费需求，它在消费需求的物质种类上与第一、第二、第三消费需求相同，只是档次过高，耗费资源过多，不具备普及性；奢侈消费需求浪费资源，形成消费特权阶层。破坏消费需求是指人们破坏环境的反价值消费需求，如摧毁经济设施、民用设施的消费需求。伤害消费需求是指人们损害人的健康甚至夺取生命的反价值消费需求，它反映人们之间相互残害或自我伤害的邪恶欲望，如谋杀、毒品消费，战争消费需求等。

消费需求与消费需要都是人们的消费准备，并没有进入真正的消费过程，只有人们发生了购买消费品或消费服务的行为消费过程才真正开始。但是消费需求比消费需要前进了一步，更接近与消费活动。

虽然消费需求不是消费活动，但是消费需求对于社会变迁却有着重大影响，甚至可以左右社会发展方向，决定社会是进步还是倒退。

消费需求对于生产性质有决定性影响。消费需求提供了产出产品的购买方，有了消费需求，消费品和消费服务才有市场，消费需求的大小就是消费市场的大小。生产部门根据消费需求而不是消费需要生产消费品和消费服务。价值消费需求引起有利于社会进步的生产，而反价值消费需求引起不利于社会进步的生产。价值消费需求大于反价值消费需求，必然导致有利于社会进步的生产大于不利于社会进步的生产。进步的生产活动超过倒退的生产活动，社会生产总方向是进步的。反之，反价值消费需求大于价值消费需求，必然导致不利于社会进步的生产大于有利于社会进步的生产。倒退的生产活动超过进步的生产活动，社会生产总方向是倒退的。显然这里指的进步或倒退不是生产技术，而是生产结果对人类生存水平的影响。

消费需求对于每一个公民更为重要，它决定人的生存水平，甚至生死。价值消费需求与公民生存水平正相关。价值消费需求越大，生存水平越高；价值消费需求越小，生存水平越低；没有价值消费需求，不能生存。这是价值消费需求与公民生存水平正相关规律。

消费需求与社会进步关系规律揭示：价值消费需求与社会进步正相关，反价值消费需求与社会进步负相关。扩大价值消费需求，缩小反价值消费需求，有利于社会进步；缩小价值消费需求，扩大反价值消费需求，不利于社会进步。价值消费需求越大，反价值消费需求越小，社会进步越快；价值消费需求越小，反价值消费需求越大，社会进步越慢；价值消费需求大于反价值消费需求，社会总的发展方向是进步的；价值消费需求小于反价值消费需求，社会总的发展方向是倒退的。例如，增加对教育、艺术、旅游、医疗的消费需求，会增加教育、艺术、旅游、医疗的消费活动，对人类的生存水平起到提高作用，促进社会进步；而增加对战争、色情、毒品的消费需求，会增加战争、色情、毒品的消费活动，对人类的生存水平起到降低作用，导致社会倒退。

价值消费需求引起维持或提高人类生存水平的价值消费，有利于社会进步；而反价值消费需求引起降低人类生存水平的反价值消费，导致社会倒退。显然这里指的进步或倒退不是产品的数量和质量，而是消费结果对人类生存水平的影响。

消费需求与社会进步关系规律是客观的社会规律，不是人为创造的，也不能被人为消灭。但是，社会控制可以阻断或者加速消费需求向生产和消费的传递，进而阻断或者加速消费需求对社会进步或倒退的影响。社会控制的阻断或者加速的作用，既可以阻断或者加速反价值消费需求向反价值生产和消费的传递，进而阻断或者加速社会倒退；也可以阻断或者加速价值消费需求向价值生产和消费的传递，进而阻断或者加速社会进步。人类应当运用社会控制阻断社会倒退，推进社会进步，如政府阻断教育、艺术、旅游、医疗的消费需求向消费的传递，会降低公民的生存水平，导致社会倒退；而加速教育、艺术、旅游、医疗的消费需求向消费的传递，则会提高公民的生存水平，促进社会进步。如果政府阻断战争消费需求的传递，则会避免社会大的倒退；如果政府加速战争消费需求的传递，则会引起社会大的倒退。

消费需求向消费传递需要具有相应的产出产品。加速传递的基本方法是鼓励生产足够的产出产品。阻断传递的基本方法是禁止或限制产出产品的生产和销售。

消费需求进步是指发展价值消费需求，抑制并最终消除反价值消费需求，提高价值消费需求层次。其中发展价值消费需求、抑制反价值消费需求是消费需求结构进步，提高价值消费需求层次是消费需求层次进步。

消费需求需要货币支持，可支配收入的多少直接影响消费需求的大小，而消费产品价格的高低直接影响购买力，所以可支配收入和价格是影响消费需求的重要因素。消费需求进步要求社会对可支配收入和产品价格进行合理调节。

二　可支配收入与价值消费需求

个人可支配收入是个人总收入减去税金和保险的个人收入。个人可支配收入基本上用于本期消费需求、远期消费需求和积累储蓄。本期消费需求是指在本经济时期内的所有消费需求。远期消费需求是指在本经济时期以后的消费需求。远期消费需求对于本期来说是一种储蓄，这种储蓄要在远期成为消费需求并用于消费支付，也称为远期消费储蓄。积累储蓄是可支配收入中不用于消费的部分，它不形成消费需求，而只是一种货币形式的财富。

个人消费需求的货币来源于个人可支配收入。个人可支配收入的进步与消费需求进步有着直接关系。消费需要进步是消费理念、消费品德的进步，为消费需求进步做了思想上的准备，而消费需求需要货币准备，消费需求的进步还需要社会分配的进步。

目前，人类社会存在着收入等级。个人可支配收入与价值消费需要区间之间存在着小于、等于和大于三种关系，每种关系反映一种收入水平。乏收入是指个人可支配收入小于价值消费需要货币量，适收入是指个人可支配收入等于价值消费需要货币量，超收入是指个人可支配收入大于价值消费需要货币量。

不同的时期，不同的地域价值消费需要所对应的货币量是不同的。一般来说，随着人类生存水平的提高，价值消费需要货币量也在增加。但是在同一时期、同一地域价值消费需要货币量则存在一个较为稳定的区间，并与价值消费需要区间相对应。

适收入区间的货币量可以根据人类的价值消费需要计算出来。把适收入区间一分为三，其中低收入人口为温饱人口，中收入人口为舒适人口，高收入人口为富裕人口。把乏收入区间分为三份，由低到高分为特困人口、贫困人口和不足人口。把超收入区间分为三份，其中收入高于适收入上限 1 倍以内的人口为超富人口，高于适收入上限 1 倍以上 2 倍内的人口为特富人口，高于适收入上限 2 倍以上的人口为奢华人口。

人类价值消费基本上是均等的，缩小直至消除两极分化，实现在适收入区间内比较均等的货币分配，符合人类利益。乏收入不能满足人们生存需要，超收入浪费资源，引起反价值生产。

有适当的收入差距，可以刺激劳动积极性，如果收入差距过大，形成了两极分化，则会打消人们的劳动积极性。乏收入人口对社会不满，感到分配不公；超收入人口无须再为社会做贡献，已能保持优越的生活条件。收入差距保持在适收入区间之内，既可以保持人们对社会贡献的积极性，又不浪费资源，兼顾效率和公平，有利于社会可持续进步。

三　消费的社会公平程度

消费、生产和管理是反映社会性质的三个基本方面，其中消费又是最基础的。收入公平程度通过展现社会在消费方面的公平程度而反映了社会的公平程度。

根据各层次收入人口比例可将社会分为完全公平消费社会、基本公平消费社会、不公平消费社会、严重不公平消费社会和超严重不公平消费社会。

完全公平消费社会是指适收入人口占总人口 100% 的社会，没有乏收入和超收入人口，社会公民的收入都在适收入区间，没有消费不足的人群，也不存在消费过剩的人群，虽然也存在收入差距，但其差距很小，在合理的范畴之内。基本公平消费社会是指适收入人口占总人口 80% 以上、乏收入人口小于 10% 的社会，基本公平消费社会虽然有消费不足人群，也存在消费过剩人群，收入差距也可能很大，但由于消费不足的人群较少，绝大多数人的生存和发展得到了保障，所以社会是基本公平的社会。不公平消费社会是指适收入人口占总人口 60%～80% 的社会，乏收入人口可能达到 30%，并且存在少量消费过剩的人群，虽然多数人的生存和发展得到了保障，但由于消费不足的人群也较多，社会是不公平的社会。严重不公平消费社会是指适收入人口占总人口 40%～60% 的社会，乏收入人口可能达到 50%。严重不公平消费社会有一半人口消费不足，所以社会严重不公平。超严重不公平消费社会是指适收入人口占总人口 40% 以下的社会，乏收入人口可能达到 70%。超严重不公平消费社会是极少数人富裕，绝大多数人贫穷的社会（见表 7－2）。

表 7－2　消费的社会公平程度

单位：%

消费社会类型	适收入占比	乏收入占比	超收入占比
公平消费社会	100	0	0
基本公平消费社会	80 以上	10	10
不公平消费社会	60～80	30	10
严重不公平消费社会	40～60	50	10
超严重不公平消费社会	40 以下	70	10

从宏观上讲，不公平消费社会向公平消费社会发展是社会公平程度的进步；公平消费社会向不公平消费社会发展是社会公平程度的倒退。社会公平程度的进步符合人类共同利益。

符合人类利益的促进社会进步的消费公平政策要促进不公平消费社会向公平消费社会发展。

四　可支配收入变动与社会进步的关系

（一）收入绝对变动和收入相对变动

可支配收入有两种变动，分别是收入绝对变动和收入相对变动。收入绝对变动是指可支配收入数值在不同时间的增减变化，如现收入相对于原收入的变动，比较期收入相对于基期收入的变动；现收入高于原收入为收入绝对上升，现收入低于原收入为收入绝对下降，现收入等于原收入为收入绝对稳定。收入相对变动是指可支配收入数值相对于产品价格数值的变化。这种变动比较复杂，共有 13 种情况，归纳为收入相对上升、收入相对稳定和收入相对下降。

1. 收入相对上升

收入相对上升是指可支配收入数值相对于产品价格数值增加，即现在的可支配收入比以前的可支配收入能够买更多的产品。收入相对上升有五种情况。

收入绝对上升 > 价格绝对上升

收入绝对上升　价格绝对稳定

收入绝对上升　价格绝对下降

收入绝对稳定　价格绝对下降

收入绝对下降 < 价格绝对下降

2. 收入相对稳定

收入相对稳定是指可支配收入数值相对于产品价格数值没有变化，即现在的可支配收入和以前的可支配收入买的产品数量相同。收入相对稳定有三种情况。

收入绝对上升 = 价格绝对上升

收入绝对稳定 = 价格绝对稳定

收入绝对下降 = 价格绝对下降

3. 收入相对下降

收入相对下降是指可支配收入数值相对于产品价格数值减少，即现在的可支配收入比以前的可支配收入买的产品减少。收入相对下降有五种情况。

收入绝对上升 < 价格绝对上升

收入绝对稳定　价格绝对上升

收入绝对下降　价格绝对上升

收入绝对下降　价格绝对稳定

收入绝对下降 > 价格绝对下降

（二）收入相对变动与消费需求正相关规律

社会进步学更重视公民的收入相对变动。因为收入相对增加或减少会引起公民消费需求的增加或减少，引起公民实际生存水平的提高或降低。如果公民实际生存水平的提高或降低带有普遍性，就是社会的进步或倒退。

收入相对变动与消费需求正相关规律是指收入相对变动引起消费需求同向变动的规律。收入相对上升引起消费需求上升，收入相对下降引起消费需求下降。

在需要饥渴时，需要量＞需求量，收入相对增加引起需求量扩大，收入相对减少引起需求量减少，或降低需求层次。

在需要饱和时，需要量＝需求量，收入相对增加不引起需求量扩大，但能提高需求层次。收入相对减少引起需求量减少，或降低需求层次。

（三）收入区间价值消费需求收入弹性

收入相对变动与消费需求正相关规律适合于大多数公民的情况，也就是适合于社会。但是不同的人和群体收入相对变动对消费需求的影响程度各异。

需求的收入弹性是指需求量的变化对消费者收入的敏感程度。价值消费需求收入弹性是指价值消费需求变动对消费者收入相对变动的敏感程度。这里不具体讨论某种产品的价值消费需求收入弹性，只讨论收入区间的价值消费需求收入弹性。不同的收入区间，价值消费需求收入弹性不同。

1. 乏收入区间价值消费需求收入弹性

乏收入人口的价值消费需求小于价值消费需要，所以乏收入人口没有用于积累储蓄的收入，全部收入都形成价值消费需求，其中绝大部分形成本期价值消费需求，少部分形成远期价值消费需求（远期消费储蓄）。乏收入使用结构用公式表示：

乏收入值＝本期价值消费需求值＋远期价值消费需求值

乏收入区间收入相对增加引起价值消费需求等值增加，收入相对下降引起价值消费需求等值下降，直接引起乏收入公民实际生存水平的等量提高或降低。

2. 适收入区间价值消费需求收入弹性

（1）适收入人口的价值消费需求等于价值消费需要。适收入人口的全部收入都形成价值消费需求，其中大部分形成本期价值消费需求，小部分形成远期价值消费需求（远期消费储蓄），没有积累储蓄。适收入使用结构用公式表示：

适收入值 = 本期价值消费需求值 + 远期价值消费需求值

（2）适收入区间收入相对增加引起价值消费需求等值增加，收入相对下降引起价值消费需求等值下降，直接引起适收入公民实际生存水平的等量提高或降低。

虽然适收入区间和乏收入区间价值消费需求收入弹性一样，但是两个区间收入相对变化对价值消费需求的影响有明显区别。由于乏收入人口消费需求不足，收入相对变化主要引起需求量的变化；而适收入人口消费需求基本满足，收入相对变化主要引起需求层次的变化。所以乏收入人口收入相对增加可以扩大总需求，适收入人口收入相对增加可以提高总需求层次；反之，乏收入人口收入相对减少可以缩小总需求，适收入人口收入相对减少可以降低总需求层次。

（3）乏收入区间和适收入区间存在储蓄缓冲。储蓄缓冲发挥储蓄在可支配收入或价格变动时逆向修正消费需求的作用。

乏收入区间和适收入区间的储蓄缓冲并不能增大或缩小消费总需求，它的作用是调整总需求的时间结构。在收入相对增加时，收入增量没有全部形成本期消费需求，而有一部分形成远期消费储蓄，使本期消费需求增量小于本期收入增量；在收入相对减少时，收入减量也没有等量减少本期消费需求，为了维持价值消费，注入远期消费储蓄，使本期消费需求减量小于本期收入减量。

两个区间消费储蓄缓冲力度不同。乏收入区间力度较弱，适收入区间力度较强。所以本期消费的消费需求弹性乏收入区间大于适收入区间。

3. 超收入区间价值消费需求收入弹性

超收入大于价值消费需要。超收入人口价值消费需要得到完全满足，反价值消费需要得到部分或完全满足，并且有积累储蓄。超收入使用结构用公式表示：

超收入值 = 本期消费需求 + 远期消费需求 + 积累储蓄

= 价值消费需求 + 反价值消费需求 + 积累储蓄

= 本期价值消费需求 + 远期价值消费需求 + 本期反价值消费需求

+ 远期反价值消费需求 + 积累储蓄

超收入者的收入有五种用途，分别为本期价值消费需求、远期价值消费需求、本期反价值消费需求、远期反价值消费需求、积累储蓄。一般情况下，收入变动首先引起最次要用途的数量变化。

所以，存在积累储蓄时，储蓄缓冲完全发挥作用，超收入者的收入变化只能引起积累储蓄的增减，不影响超收入者的消费需求。

当积累储蓄为 0 时，超收入者收入下降，首先引起反价值消费储蓄下降，而后引起本期反价值消费需求下降，价值消费需求保持不变；超收入者收入上升，首先引起反价值消费需求上升，价值消费的消费需求不变。反价值消费需求满足后，产生积累储蓄，此时反价值消费的消费需求也不变。

可见，超收入在区间内变动，价值消费需求保持不变，收入增加只会引起反价值消费需求和积累储蓄增加，收入下降只会引起反价值消费需求和积累储蓄下降，不引起实际生存水平的降低。所以，水电煤气、汽油价格的上涨只会降低乏收入和适收入公民的生存水平，而对超收入公民的生存水平没有影响。

（四）收入相对变动与社会进步关系规律

1. 收入相对变动与社会进步关系规律

（1）乏收入相对变动对社会进步的影响是：乏收入在区间内增长，扩大价值消费需求，引起价值生产增长，提高经济水平和公民生存水平，促进社会进步；乏收入在区间内下降，缩小价值消费需求，引起价值生产下降，降低经济水平和公民生存水平，导致社会倒退。

（2）适收入相对变动对社会进步的影响是：适收入在区间内增长，提高价值消费需求层次，引起高价值生产增长，低价值生产下降，提高经济水平和公民生存水平，促进社会进步；适收入在区间内下降，降低价值消费需求层次，引起低价值生产增长，高价值生产下降，降低经济水平和公民生存水平，导致社会倒退。

（3）超收入相对变动对社会进步的影响是：超收入在区间内增长，引起反价值消费需求和积累储蓄增长，价值消费需求不变；反价值消费需求增长引起反价值生产的增长，浪费资源，降低经济水平和公民生存水平，导致社会倒退。超收入在区间内下降，首先引起积累储蓄增量下降，继而引起反价值消费需求或积累储蓄下降，价值消费需求不变；反价值消费需求下降可以减少资源浪费，提高经济水平和公民生存水平，有利于社会进步。

（4）个别人收入的相对变动只会引起个别人生存水平的变化，不会引起社会变动。当收入相对变动具有普遍性并具有一定力度时，收入相对变动与社会进步关系规律就发生作用了。

（5）收入相对变动与社会进步关系规律是：在乏收入、适收入区间收入相对变动引起社会进步同向变动。收入相对上升，引起社会进步；收入相对下降，导致社会倒退。在超收入区间收入相对变动引起社会进步反向变动。收入相对上升，导致社会倒退；收入相对下降，引起社会进步。

2. 促进社会进步的收入政策

根据收入相对变动与社会进步关系规律，可以得出符合人类利益的促进社会进步的收入政策。一是缩小价值消费需求与价值消费需要之间差距，促进乏收入的相对增长使之转化为适收入；二是保持适收入在区间内的相对稳定增长，提高温饱人口的收入使之成为舒适人口；三是随着价值消费需要的增长而提高价值消费需求水平；四是抑制超收入的相对增长。因此采取的相关政策措施有以下几条。

（1）不断扩大公共消费。主要包括终身全程免费公共教育，终身无差别免费公共医疗，终身无差别免费公共交通，公共环境美化，公共消费设施建设，为乏收入人口提供廉租房或免费房。

（2）最低工资不得低于适收入区间，并逐步提高最低工资标准使之进入舒适收入区。

（3）最低生活保障线不得低于适收入区间并逐步提高使之进入舒适收入区。

（五）预期收入变动对社会进步的影响

1. 预期收入变动与社会进步关系规律

收入预期对消费需求时间结构能够产生重大影响。在乏收入和适收入区间，当人们预期未来收入稳定或收入增加时，未来的生存具有可靠保障，将会增加本期消费需求，或缩短消费实现时间；当人们预期未来将失去收入或收入减少时，为了能够维持未来的生存，将减少本期消费需求，或延长消费实现时间。例如，一个收入稳定增长的人可能会申请消费贷款扩大本期消费，而一个经常面临失业的人会节衣缩食为未来存钱。

（1）预期收入变动引起本期消费需求同向变动规律是：预期收入变动引起本期消费需求同向变动，即预期收入增加引起本期消费需求增加，预期收入减少引起本期消费需求减少。

如果人的货币收入处于长期稳定的增长状态将会扩大本期消费需求，刺激经济增长，其生存水平由于本期消费的增加而上升，人的生存水平上升是社会进步；如果人的货币收入处于长期震荡和减少状态将会缩小本期消费需求，引起经济衰退，其生存水平由于本期消费的减少而下降，人的生存水平下降是社会倒退。

（2）预期收入变动与社会进步关系规律是：在乏收入和适收入区间，预期收入变动引起社会进步同向变动，即预期收入增加促进社会进步，预期收入减少迟滞社会进步。

个别人的预期收入变动只会引起个别人生存水平的变化，不会引起社会变动；而预期收入变动具有普遍性并具有一定力度时，预期收入与社会进步关系规律就发生作用了。

2. 促进社会进步的预期收入政策

国家保障每一个公民有可预见的可靠的长期稳定的适度增长的货币收入，这是社会进步的需要。

（1）就业稳定。开除员工要有高额补偿，以消除员工的危机感。

（2）工资要相对增长。工资的增长必须高于物价的增长。

（3）社会保障的全面性和增长性。每一个无工资收入的人都应当有稳定增长的社会保障。

（4）大病完全免费治疗。

（5）个人税收稳定或下降。乏收入人口不收税，适收入人口不增税。

五　产品价格变动与社会进步的关系

对于消费部门来说，价格的变动是收入的反向变动，即产品价格变动对社会进步的影响是可支配收入变动对社会进步影响的反面。但是作为社会进步学仍有必要对产品价格变动对社会进步的影响进行阐述，以利于人们直观其详，方便应用。比如，当收入变动时，可以运用可支配收入变动与社会进步的关系理论进行评价和决策。当价格变动时，可以运用产品价格变动与社会进步的关系理论进行评价和决策。

（一）价格绝对变动和价格相对变动

产品价格有两种变动，分别是价格绝对变动和价格相对变动。

1. 价格绝对变动

价格绝对变动是指价格在不同时间的增减变化，如现价格相对于原价格的变动，比较期价格相对于基期价格的变动。现价格高于原价格为价格绝对上升，现价格低于原价格为价格绝对下降，现价格等于原价格为价格绝对稳定。

2. 价格相对变动

价格相对变动是指价格相对于可支配收入的变化。这种变动比较复杂，共有 13 种情况，归纳为价格相对上升、价格相对稳定和价格相对下降。

（1）价格相对上升是指产品价格相对于可支配收入增加，即现在的可支配收入比以前的可支配收入买的产品数量减少。价格相对上升有五种情况。

价格绝对上升 ＞ 收入绝对上升

价格绝对上升　收入绝对稳定

价格绝对上升　收入绝对下降

价格绝对稳定　收入绝对下降

价格绝对下降 ＜ 收入绝对下降

（2）价格相对稳定是指产品价格相对于可支配收入没有变化，即现在的可支配收入和以前的可支配收入买的产品数量相同。价格相对稳定有三种情况。

价格绝对上升 ＝ 收入绝对上升

价格绝对稳定　收入绝对稳定

价格绝对下降 ＝ 收入绝对下降

（3）价格相对下降是指产品价格相对于可支配收入减少，即现在的可支配收入比以前的可支配收入买的产品数量增加。价格相对下降有五种情况。

价格绝对上升 < 收入绝对上升

价格绝对稳定　收入绝对上升

价格绝对下降　收入绝对上升

价格绝对下降　收入绝对稳定

价格绝对下降 > 收入绝对下降

（二）价格相对变动与消费需求负相关规律

价格相对增加或减少引起人们消费需求的增加或减少，引起人们实际生存水平的提高或降低；如果人们实际生存水平的提高或降低带有普遍性，就是社会的进步或倒退。

价格相对变动与消费需求负相关规律是指产品价格相对变动引起消费需求逆向变动的规律。产品价格相对上升引起消费需求下降，产品价格相对下降引起消费需求上升。

这一规律根据可由以下两个公式表示：

$$消费需求 = 产品量 \times 价格$$
$$产品量 = 消费需求 \div 价格$$

当消费需求一定时，可购买的产品量与价格成反比。价格上升，可购买的产品量下降；价格下降，可购买的产品量上升。

价格相对变动与消费需求负相关规律选用相对价格变动，使这一规律不只适合于收入绝对稳定状态，还适合于收入绝对变动状态，使之更具有普遍指导意义。

但是，这一规律没有排除储蓄变动因素。因为消费需求 = 收入 − 储蓄，储蓄的变动也会影响消费需求的变动。而实际上相对价格的变动会引起储蓄变动。

在价格相对上升时，原消费需求可购买产品数量减少，为了保持原产品利用数量，首先动用消费注入；不够时，动用储蓄以增大消费需求以抵消价格相对上升引起的产品量下降，储蓄出现下降。

在价格相对下降时，原消费需求可购买产品数量增加，当需要饥渴时，消费需求上升；当需要饱和时，消费需求不变，原消费需求中一部分转入储蓄，储蓄出现上升。

储蓄缓冲可以将微幅非持续性相对价格变动引起的消费总需求变动基本修正。所以相对价格的非持续性微小变化不会引起消费总需求变化。这个相对价格变动区间称为需求呆滞区间。在需求呆滞区间并不是价格相对变动与消费需求负相关规律没发生作用，而是其作用被储蓄缓冲修正。

储蓄缓冲对于非微幅或微幅持续性相对价格变动只能进行部分修正。这时相对价格需求规律发生显著作用。但是，由于储蓄缓冲的修正，需求的变动要小于相对价格变动。这个相对价格变动区间称为需求反应区间，在这一区间消费需求变化小于价格变化。

有的时候产出产品总量价格绝对下降，且幅度较大而消费总需求并没有相应扩大，甚至萎缩，好像价格相对变动与消费需求负相关规律失去了真实性，实则不然。这是因为对于需要饥渴群体来说产品价格并没有相对下降，而是相对稳定或相对上升。例如，在农村农民收入绝对下降大于产品价格绝对下降，城市下岗职工收入绝对下降大于产品价格绝对下降的情况下，对于需要饱和群体来说，储蓄缓冲发挥了完全修正作用。

上述情况还可以表现为产出产品总量价格相对下降，且幅度较大，而消费总需求并没有扩大，甚至萎缩。这种情况出现在严重两极分化的国家。这时无论社会总收入增长多快，都不会引起消费总需求增长。这是因为：

消费群总收入 = 需要饥渴群体总收入 + 需要饱和群体总收入，

当社会严重两极分化时，需要饥渴群体总收入增长 ≤ 0，

消费群体总收入增量 ≤ 需要饱和群体总收入增量。

这时，产出产品总量价格相对下降只是针对需要饱和群体，而对于需要饥渴群体来说并不存在价格相对下降。对于需要饱和群体增加产品量只会引起消费漏出。

所以，只有产出产品对于需要饥渴群体产生价格相对下降，才能扩大消费总需求。正确的策略是持续提高消费饥渴群体的收入，同时保持价格绝对稳定或价格绝对上升 < 消费饥渴群体收入绝对上升。可以根据平均利润率规定价格上限，并同时规定质量下限；制定消费饥渴群体收入下限和

收入均衡上升机制。

收入相对变动与消费需求正相关规律同价格相对变动与消费需求负相关规律的社会意义相同。这是因为收入相对变动同价格相对变动方向相反，数量相等。收入相对上升就是价格相对下降，收入相对稳定也是价格相对稳定，收入相对下降就是价格相对上升。

（三）价格相对变动与社会进步关系规律

价格相对变动与社会进步关系规律是：在价值消费需要以内，价格相对变动引起社会进步逆向变动。价格相对下降，引起社会进步；价格相对上升，导致社会倒退。

在价值消费需要以内，价格相对下降，扩大价值消费需求，引起价值生产增长，提高经济水平和人的生存水平，促进社会进步。价格相对上升，缩小价值消费需求，引起价值生产下降，降低经济水平和人的生存水平，导致社会倒退。

局部的个别产品价格相对变动可能相互抵消，不致引起人的生存水平变化。而当价格相对变动具有普遍性并具有一定力度时，价格相对变动与社会进步关系规律就发生作用，如高通货膨胀，降低人的生存水平，导致社会倒退。

通过对价格绝对变动和价格相对变动以及相对价格需求规律的研究，可以得出符合人类利益的促进社会进步的价格政策。

符合人类利益的促进社会进步的价格政策是：价值消费需要的产品价格应保持价格相对下降的趋势，只有这样才能提高人的生存水平，促进社会进步；反价值消费的产品应保持价格相对上升，起到抑制反价值消费需求的作用。

六 社会进步与调节消费总需求

社会进步要满足价值消费需求，抑制反价值消费需求，提高全人类价值消费需求层次。所以社会进步需要对乏收入人口和适收入人口扩大消费总需求，对超收入人口缩小消费总需求。

（一）消费支出

消费支出是本期消费部门购买消费品和消费服务的货币支出。它是已经实现的本期消费需求。包括由管理部门代理的公共消费支出和个人消费支出。公式表示：

消费支出＝公共消费支出＋个人消费支出

公共消费支出＝政府公共消费开支＋社会公共消费捐赠

个人消费支出＝个人可支配收入－（远期消费储蓄＋积累储蓄）

个人可支配收入包括工资收入、资本收入、转移收入（政府的转移支付），再减去个人税。

消费支出来源于本期投入收入和消费货币注入。但是，投入收入并不一定全部转化为消费支出，有一部分漏出，包括资源收入漏出和投入收入结余，还要减去个人税。公式表示：

消费支出＝（投入收入＋消费货币注入）－（资源收入漏出＋投入收入结余＋个人税）

消费支出公式也是消费需求公式。它们的区别在于消费支出是实际支出，消费需求是预计支出。

投入收入由劳动收入和资源收入构成。劳动收入是工资，资源收入是税收－政府非消费经费＋个人资本收入。政府非消费经费是政府行政经费中减去工作人员的工资和非工资消费支出的部分。

消费货币注入由本期利用的远期消费储蓄、消费融资、消费捐赠构成。

资源收入漏出是政府的生产投资，包括减免税、退税、直接投资、借款等。

投入收入结余是远期消费储蓄和积累储蓄。

税收－政府非消费经费－资源收入漏出＝政府公共消费支出＋转移支付。

加入上述内容的消费支出公式为：

消费支出＝工资＋资本收入＋政府公共消费支出＋转移支付－
远期消费储蓄－积累储蓄＋远期消费储蓄注入＋
消费融资＋消费捐赠－个人税

（二）扩大和缩小消费总需求的方法

1. 调节消费总需求的原则

消费总需求规律是，在消费需要的范围内，投入收入、消费货币注入变动引起消费总需求正向变动；资源收入漏出、投入收入结余、个人税变动引起消费总需求逆向变动。

　　符合人类利益的促进社会进步的调节消费总需求的政策：消费总需求规律告诉人们，在宏观上如何扩大和缩小消费总需求。社会进步需要对乏收入人口和适收入人口扩大消费总需求，缩小消费总需求只适合超收入人口。对乏收入人口和适收入人口缩小消费总需求，是妨碍社会进步的行为。

2. 扩大消费总需求的方法

（1）增加工资。

（2）增加个人资本收入。

（3）增加企业税。

（4）减少政府非消费经费。

（5）减少政府生产投资。

（6）增加政府公共消费支出。

（7）增加转移支付。

（8）减少远期消费储蓄。

（9）减少积累储蓄。

（10）增加远期消费储蓄注入。

（11）增加消费融资。

（12）增加消费捐赠。

（13）减少个人税。

3. 缩小消费总需求的方法

（1）减少工资。

（2）减少个人资本收入。

（3）减少企业税。

（4）增加政府非消费经费。

（5）增加政府生产投资。

（6）减少政府公共消费支出。

（7）减少转移支付。

（8）增加远期消费储蓄。

（9）增加积累储蓄。

（10）减少远期消费储蓄注入。

（11）减少消费融资。

（12）减少消费捐赠。

（13）增加个人税。

上述对消费总需求的影响因素所起的效果存在着差异。有的因素可以独立发挥作用，如工资增减引起消费总需求同向变化。有的则需要几个因素联动，如政府生产投资减少必须引起转移支付或公共消费支出增加，如果引起政府非消费经费增加则对总需求不产生影响；又如超收入人口的工资、资本收入和个人税的变动对消费总需求几乎没有影响，它们的增减引起积累储蓄逆向变动。

第三节　消费过程的进步

消费需要是消费的心理准备，消费需求是消费的货币准备，消费过程是实实在在的消费活动。消费需要进步、消费需求进步是为消费过程进步做准备。

消费过程是指人们获得、利用消费品和消费服务、处理消费剩余物的过程。包括获得消费、利用消费和处理消费三个阶段。

社会进步学从两个方面探讨消费对社会进步的影响。一是消费性质，二是消费方式。消费过程进步是指发展价值消费，抑制并最终消除反价值消费，提高价值消费层次，用健康消费取代伤害消费，用清洁消费取代污染消费，用节约消费取代浪费消费，用循环消费取代废弃消费。其中发展价值消费、抑制反价值消费、提高价值消费层次是消费结构进步，用健康消费取代伤害消费、用清洁消费取代污染消费、用节约消费取代浪费消费、用循环消费取代废弃消费是消费方式进步。

通过消费过程进步，全面提高人类消费活动的价值水平、健康水平、清洁水平、节约水平和循环水平，实现人类消费活动的历史性飞跃。

一　消费性质对社会进步的影响

消费性质分为价值消费和反价值消费。价值消费是指维持或提高人类生存水平所必需的消费过程，又称必要消费。包括生命消费、健康消费和提高消费。生命消费是指维持人的生命绝对不可缺少的价值消费，如空气消费、水消费、食品消费是维持人的生命绝对不可缺少的消费；健康消费是指维持人的健康不可缺少的价值消费，如住房消费、服装消费、能源消费、医疗消费、学习消费、安全消费、交通消费、沟通消费和家具消费等；提高消费是指提高人的生存水平所必需的价值消费，主要包括锻炼消费、娱乐消费、美化消费、艺术消费、旅游消费和电器消费等，这些消费可以提高人的生存水平。

反价值消费是指降低人类生存水平的消费过程，又称非必要消费。包括超量消费、奢侈消费、破坏消费和伤害消费。超量消费是指人们在消费数量上超过价值消费上限的反价值消费，它在消费的物质种类上与第一、第二、第三消费相同，只是在数量上超过了价值消费量；超量消费对于提高人类生存水平没有积极作用，反而浪费资源，形成过多的垃圾。奢侈消费是指人们在消费档次上超过公众水平的不可普及的反价值消费，它在消费的物质种类上与第一、第二、第三消费相同，只是档次过高，耗费资源过多，不具备普及性；奢侈消费浪费资源，形成消费特权阶层。破坏消费是指人们破坏环境的反价值消费，如摧毁经济设施、民用设施的消费。伤害消费是指人们损害人的健康甚至夺取生命的反价值消费，它反映人们之间相互残害或自我伤害的邪恶欲望，如谋杀、毒品消费，战争消费等。

消费性质与社会进步关系规律是指：在进步消费方式下，价值消费与社会进步正相关；反价值消费与社会进步负相关。扩大价值消费，缩小反价值消费社会进步；缩小价值消费，扩大反价值消费社会倒退。价值消费越大，反价值消费越小社会进步越快；价值消费越小，反价值消费越大社会进步越慢。价值消费大于反价值消费，社会才可能进步；价值消费小于反价值消费，社会必然倒退。例如，增加公民对教育、艺术、旅游、医疗的消费，可以起到直接提高公民生存水平的作用，促进社会进步；而增加对战争、色情、毒品的消费，会起到直接降低公民生存水平的作用，导致社会倒退。

消费性质与社会进步关系规律是客观的社会规律，不是人为创造的，也不能被人为消灭。消费性质与人类生存水平之间是因果关系，不能被社会控制阻断或者加速。有什么样的消费性质就有什么样的人类生存水平。社会是进步、停滞还是倒退是消费过程的必然结果。

虽然消费性质与人类生存水平之间的因果关系不能被社会控制所改变，但是消费过程本身是可以被控制的。既然价值消费与社会进步正相关，反价值消费与社会进步负相关，人类就应当发挥社会控制的威力，发展价值消费，扼制反价值消费，提高价值消费层次，以推动社会进步。在消费行为制度方面以限制消费制取代任意消费制。

消费结构还与人类品德水平高度相关。

消费结构与人类品德水平关系规律揭示的是：价值消费比例与人类品德水平正相关，反价值消费比例与人类品德水平负相关。价值消费比例越高，反价值消费比例越低，人类品德水平越高；价值消费比例越低，反价值消费比例越高，人类品德水平越低。

价值消费与总消费的比值称为品德消费比率。公式为：

$$品德消费比率 = 价值消费 / 总消费$$

品德消费比率在 0 ~ 1 之间波动，其不仅反映国家的品德水平，还反映人民生存水平。品德消费比率越高，越适合于公民生存，越利于社会持续进步；品德消费比率超低，越不利于公民生存，越不利于社会进步。理性的状态是品德消费比率 = 1，这时国家处于绝对和平均衡的状态，人民安居乐业，无奢侈浪费，无伤害和破坏犯罪，无战争，社会公平程度极高，最有利于可持续发展。当品德消费比率趋向 0 时，两极分化严重，富者奢侈浪费，穷者衣食无着，资源浪费严重，伤害和破坏犯罪盛行，甚至发生战争。

二　消费方式对社会进步的影响

同样性质的消费可以采取不同的消费方式。有的消费方式能够维持或者提高人类生存水平，有的消费方式降低人类生存水平。例如，吃饭本来是维持人们生存所必须的价值消费，细嚼慢咽有利健康，暴饮暴食则可以导致疾病，甚至死亡，可见吃饭方式不同对人的健康影响也不同。进步消费方式是指能够维持或者提高人类生存水平的消费方式，包括健康消费方式、清洁消费方式、节约消费方式和循环消费方式。健康消费方式是指在消费过程中能够维持消费者及其他人员的身心健康的消费方式，如细嚼慢咽，生活有规律。清洁消费方式是指在消费过程中不向环境中排放任何污染物的消费方式，如乘坐零排放电动汽车。节约消费方式是指在消费过程中节约利用产出产品的消费方式，如生活中节约用水、节约用电，延长建筑物使用年限。循环消费方式是指在消费过程中循环使用产出产品的消费方式，如碗筷的反复使用。

落后消费方式是指降低人类生存水平的消费方式，包括伤害消费方式、污染消费方式、浪费消费方式和废弃消费方式。伤害消费方式是指在消费过程中损害消费者或其他人员身心健康的消费方式，如暴饮暴食，生活无规律。污染消费方式是指在消费过程中向环境排放污染物的消费方式，如乘坐尾气超标汽车。浪费消费方式是指在消费过程中浪费利用产出产品的消费方式，如生活中浪费粮食、水、电。废弃消费方式是指在消费过程中一次性使用产出产品的消费方式，如使用一次性碗筷吃饭。

消费方式的社会作用包括对人的作用和对环境的作用。对人的作用主要表现为对人的健康水平的影响，对环境的作用主要表现为对周边环境水平的影响。进步消费方式能够维持或者提高人类生存水平，对社会进步有积极作用；落后消费方式降低人类生存水平，对社会进步有阻碍作用，而且导致社会倒退。

消费方式与社会进步关系规律是指：在价值消费下，进步消费方式与社会进步正相关；落后消费方式与社会进步负相关。扩大进步消费方式，缩小落后消费方式社会进步；缩小进步消费方式，扩大落后消费方式社会倒退。进步消费方式越大，落后消费方式越小社会进步越快；进步消费方式越小，落后消费方式越大社会进步越慢。在反价值消费下，进步消费方式不会引起社会进步，也不会增强反价值消费的阻碍进步作用；落后消费方式增强反价值消费的阻碍进步作用。

符合人类利益的促进社会进步的消费方式政策是：推广循环式消费、节约式消费、保护式消费、清洁式消费和健康式消费，限制并逐步取缔废弃式消费、浪费式消费、破坏式消费、污染式消费和伤害式消费。具体措施包括在学校和社会进行系统的先进消费知识教育，进行先进消费示范；建立消费方式标准，并且不断提高标准，对违反标准的给予处罚；建立支持先进消费的设施和系统，如房屋循环用水系统、房屋太阳能供电系统、家具回收系统、汽车回收系统、家电回收系统、服装回收系统、日常垃圾分类回收系统等；根据价值消费需要上限实行消费定额管理；财政资金支持先进消费方式的研究和推广。

三 获得消费进步

获得消费是指取得消费品或消费服务的消费过程。购买行为将消费需求转化为消费过程。人们占有了货币，具有了占有消费品和消费服务的权利，并没有实际占有消费品和享受消费服务，只有通过购买行为，将货币置换成消费品和消费服务，才能实际占有消费品和享受消费服务。商业把生产和消费联系起来，商品流通使生产者完成了生产的最后阶段——消费品的出让，消费者完成了消费的起始阶段——获得消费。

获得消费是利用消费的准备阶段，没有获得，则无从利用。在自然生产社会里，没有产品，人们直接在环境中获得自然生产的消费品。在人类生产社会里，人类生产活动创造了大量的消费品，此时社会中的消费品不仅包括自然消费品（如空气），还包括人工消费品（如汽车）。获得过程是将人工消费品从生产者手中转移到消费者手中，获得消费是消费品和消费服务的社会分配过程；分配原则用习俗或法律固定下来，分配原则决定分配的公平程度。

根据获得消费的法律属性，获得消费分为合法获得消费和非法获得消费。合法获得消费是指通过合法活动取得消费品或享受消费服务，符合法律的获得消费都是合法获得，如通过公平购买、实物分配、合法继承、亲属供给、公益福利、社会捐赠；非法获得消费是指通过违法活动取得消费品或享受消费服务，如通过贪污、受贿、盗窃、抢劫、造假、诈骗等非法途径得到的获得消费。

根据获得消费的品德属性，可以把获得消费分为品德获得消费和负品德获得消费。品德获得消费是指通过正品德活动取得消费品或消费服务，负品德获得消费是指通过负品德活动取得消费品或消费服务的获得消费。合法获得不一定是品德获得，非法获得则都是负品德获得，这是由分配原则的公平性决定的。分配原则如果是公平的，则合法获得等于品德获得；如果不公平，则合法获得不等于品德获得。社会要提倡和发展品德获得消费，反对和抑制负品德获得消费。

在自由消费模式下，消费者获得消费品的种类和数量没有限制。只要消费者具有支付能力，就可以购买任何种类、数量的消费品，消费者既可以购买自己价值消费需要的消费品，也可以购买自己反价值消费需要的消费品；消费者既可以在价值消费需要量之内购买消费品，也可以超出价值消费需要量购买消费品。消费者占有的消费品如超量消费品只要来源正当，都属于合理占有，社会管理部门无权利剥夺其占有权。即使这些消费品长期处于闲置状态，甚至失去消费价值，而社会中其他人迫切需要这些消费品，社会管理部门也无权利对其进行再分配，以致造成资源浪费。

在控制消费模式下，消费者获得消费品的种类和数量受到社会管理部门的严格限制。即使消费者具有支付能力，也不可以任意购买任何种类、任何数量的消费品，消费者只可以购买自己价值消费需要的消费品，不可以购买自己反价值消费需要的消费品；消费者只可以在价值消费需要量之内购买消费品，不可以超出价值消费需要量购买消费品。消费者占有的反价值消费品如超量消费品无论其来源途径如何都属于不当占有，社会管理部门有权利无偿收回，分配给具有价值消费需要的人，从而避免资源浪费。

四　利用消费进步

利用消费是指使用消费品或享受消费服务的消费过程，它是消费活动的意义所在。没有利用消费，只有获得消费和处理消费，人类不能存在下去。

利用消费有三种情况。一是利用消费品和消费服务的价值，如进餐、欣赏健康的文化节目。二是利用消费品和消费服务的反价值，如吸毒、嫖娼。三是同时利用消费品和消费服务的价值与反价值，如服用有副作用的药品治病。人们应当利用消费品和消费服务的价值，而不应当利用消费品和消费服务的反价值。

在自由消费模式下，消费品的使用过程基本上不受社会管理部门的制约。消费者可以随意使用归自己所有的消费品，消费者具有消费品完全所有权和完全使用权。消费者可以使用消费品进行价值消费和反价值消费，可以浪费和毁坏归自己所有的消费品，在进行消费活动时污染环境或伤害他人也可能不受处罚。

在控制消费模式下，消费品的使用过程受到社会管理部门的监督和制约。消费者必须在相关消费法规的约束下使用消费品，消费者只具有消费品的有限所有权和有限使用权。消费者只可以利用消费品进行价值消费，而不可以利用消费品进行反价值消费，更不可以浪费和毁坏消费品，即使他已经出钱购买了，但在进行消费活动时也不可以污染环境和伤害他人。

五 处理消费进步

处理消费是指处理消费剩余物的消费过程，是消费的最后环节。

在自由消费模式下，消费者可以自主处置消费品。无论消费品是否具有消费价值，消费者都有权利将其当作垃圾丢弃。许多消费品没有经过充分消费甚至没有经过消费就被当作垃圾遗弃，浪费了大量的资源、产品和劳动，并且严重污染环境。

在控制消费模式下，消费者必须按照消费法规的规定处置消费品。消费者没有权力将仍然具有消费价值的消费品当作垃圾丢掉。商店既是消费品的销售部门，也是消费品的回收部门，人们必须将上次购买的已经消费过的旧产品交回商店，才具有购买新的同类产品的资格；不能以旧换新的消费垃圾要分类放置，不允许随意丢弃。"以旧换新"和"分类放置"是将垃圾资源化的重要环节。

人类在消费和生产中，都会产生大量垃圾。目前，处理垃圾的方法有污染性排放、完全无害化排放和资源化再利用三种。人类必须停止污染性排放。如果持续进行污染性排放，人的健康生存空间将越来越小，直到地球成为垃圾球，人类将彻底失去可食用的食品、可呼吸的空气、可饮用的水，以及可立足的土地。完全无害化排放不影响生态环境，是人类可以采用的垃圾处理方式。资源化再利用是人类处理垃圾最佳的选择。从地球提取的任何资源，都将变为垃圾，如果不把垃圾还原为资源，或者垃圾还原为资源的速度远远赶不上资源的提取速度，则地球将逐渐成为垃圾球。

第四节 消费进步的目标

消费进步的目标是在现有条件下尽量平等满足所有社会成员健康生存和发展的消费需要，扩大适收入人口而减少乏收入人口和超收入人口，不断扩大价值消费，缩减反价值消费，提高价值消费层次，最终实现全体公民以健康为核心的价值消费需要同时得到持续、均衡满足，无反价值消费和污染性废料的消费。

一　消费活动持续处于地球承载能力之内，能够高层次地持续发展

人类的消费活动应该在自然生态系统的承载能力之内。资源消费量与资源再生量要保持平衡，在资源总量不减少的前提下消费资源。人类与自然和谐共存，保持生态平衡，不破坏森林，不减少植被，不流失水土，不土地沙漠化，不污染大气、水和土地。总之，不能使自然圈退化，如果人类的活动引起自然圈退化，则超出了地球的承载能力。

自然界经过 30 多亿年的发展，形成了较为完善的生态系统，具有循环、转化和再生的机制。人类落后的消费对自然采取了掠夺的态度，破坏了生态系统的完整性，使之在许多方面发生严重退化，不仅生物圈遭到破坏，水圈、土圈、岩石圈、大气圈也遭到严重破坏。人类要生存必须消费资源，人口越多，消费的资源也就越多。人类消费的资源绝大部分是可以循环使用的。资源的耗用量应该等于再生量。如果资源耗用量大于资源再生量，则资源总量就会不断减少，人类将在不远的将来失去赖以生存的物质条件。

二　均衡分配消费权，没有贫富两极分化

国家无论贫富，都应该均衡分配消费权。社会始终处于发展变化状态，富裕是个相对概念。现在比过去富裕，如果发展的好，将来要比现在富裕。共同富裕是指在目前经济状态下，实现社会消费权较为均衡的分配。共同富裕不该成为人类远大的目标，而应该是各国政府现实的消费分配政策。国家无论贫富，都应该实行基本均衡的消费权分配政策。

均衡分配消费权并不是绝对平均，而是指所有人的消费权利都限制在价值消费区间之内，既不应低于价值消费区间，形成消费不足，也不应高于价值消费区间，形成消费过剩。对于没有为社会做出贡献的人也应当保证其生活在价值消费区间之内，如婴儿、学生、老人、失业者和残疾人等；对为社会做出贡献者，应当给予贡献补偿，其收入可以高于非贡献者。贡献差别也可以获得差别补偿，但是不应超过价值消费区间。当人类进入自动生产社会后，基本上脱离了生产活动，贡献补偿已没有存在意义，才能实现完全的平均分配消费权。

个人没有必要占有过多的社会财富，也不应该占有过少，只要能满足价值消费需要就应当知足了。

三 价值消费均衡发展

人类的价值消费应该得到均衡发展。消费数量得到满足，消费层次不断提高，生理健康和心理健康同时得到保障，物质水平和精神水平同时得到提高，知识和品德同时进步。

人类首要的任务是保证生命消费，无论在任何社会都应该首先确保空气、水和食品的质量和安全。第二消费和第三消费分别列在第二位和第三位，这是人类发展价值消费的基本次序。

消费进步的核心是提高人类健康水平。健康消费是先进消费的标志。过俭朴和健康的生活，使用"绿色产品""环保产品"是健康消费时尚。自动化消费和科技化消费并不等于健康消费。不适当地发展自动化消费和科技化消费反而会损害健康。例如，必须在保证不污染空气的前提下发展城市机械交通。

提高一种消费水平，不应该以降低另一种消费水平为代价，否则人类总体消费水平并没有提高。发展第三消费，不应损害第二消费；发展第三、第二消费不应损害第一消费。如果第一消费受到损害，即使第二、第三消费有较大发展，并不能认为是消费进步，而只能是消费倒退。

四 无反价值消费

反价值消费对人类危害巨大，人类应该培养高尚的品德情操，减少直至消灭反价值消费。

现代社会中存在着大量的反价值消费，如浪费资源，产生过多的非必要垃圾，形成本可以避免的环境损失，危害人类健康。

全世界每年的消费物质中至少有40%用于反价值消费。战争消费给人类和环境造成巨大损失；烟酒消费使许多人患上各种疾病，甚至过早结束生命；黄、赌、毒的危害更是世人皆知。伤害和破坏性消费带给人类的只能是痛苦和灾难。

奢侈消费使人们不惜掠夺自然和盘剥他人。少数人肆无忌惮地挥霍浪费着社会本已非常有限的资源，以占有大量高级奢侈品为荣耀，加速了资源的枯竭和环境退化。更可悲的是，浪费之风不只存在于少数高消费人群之中，而且成为一种群体现象。金属、玻璃、塑料和纸张等物质，经常用过一次就被扔掉，一次性消费和过度包装成为流行时尚；在水资源已严重不足的状态下，浪费水的现象比比皆是。总之，社会中浪费物质的现象不胜枚举。任何人都没有理由追求奢侈消费，即使对社会有突出贡献的人，也不能以贡献补偿为由进行反价值消费。节约资源，只进行价值消费是人类的基本品德。对社会有突出贡献的人应该是高尚的人，而不是自私、贪婪、损害人类长远利益的人。

五　垃圾完全资源化或无害化、无环境损失

先进消费不产生污染性垃圾。生活用水全部循环使用，固体垃圾分类处理，重新进入生产过程；厨房油烟经无害化处理后排放；使用无废气交通工具，如电力机车、太阳能汽车等。

消费与环境均衡发展。环境是人类生存条件，消费水平和环境水平具有完全一致性。环境水平的下降，即是消费水平的下降；环境水平的上升，也是消费水平的上升，二者不可分割。如空气、水、食品受到污染，人的第一消费水平必然同时下降。为了发展某方面消费而降低环境水平，实际上降低了消费水平。无环境损失，特别是不降低生态平衡水平是发展消费的基本前提。

第五节　理论、规律与方法

一　消费进步理论

消费进步理论根据消费对人类生存水平的作用揭示了消费进步原理，是社会进步学的经济进步理论之一。消费进步理论围绕消费与人类生存水平的关系，阐释了消费进步的基本理论。包括消费与社会进步的关系理论、消费进步的内容与目标、消费需要进步理论、消费需求进步理论、收入区间理论、消费的社会公平程度理论、消费总需求调节理论、消费过程进步理论等。

消费进步理论围绕消费与人类生存水平的关系展开，是消费人性化

理论。

（一）消费与社会进步的关系理论

消费与社会进步的关系理论是论述消费需要、消费需求、消费过程、收入相对变动、预期收入以及价格相对变动对社会进步影响的理论，包括消费需要与社会进步的关系理论、消费需求与社会进步的关系理论、消费过程与社会进步的关系理论、消费方式与社会进步的关系理论、收入相对变动与社会进步关系理论、预期收入与社会进步关系理论和价格相对变动与社会进步关系理论。

1. 消费需要与社会进步关系理论

消费需要对社会进步有重要影响，消费需要对社会进步的影响通过消费需求和消费活动传递。消费从人的需要开始。如果没有消费需要，就不可能有消费需求和消费活动。不同的消费需要会引起不同的消费需求，不同的消费需求又会引起不同的消费活动，不同的消费活动会对人类的生存水平产生不同的影响。其中价值消费需要与社会进步正相关，反价值消费需要与社会进步负相关。

社会控制可以阻断或者加速消费需要向消费需求传递，进而阻断或者加速消费需要对社会进步或者倒退的影响。加速传递的基本方法是提高收入、降低产品价格或者免费、提供足够的产品，阻断传递的基本方法是降低收入、提高产品价格、不提供产品。

2. 消费需求与社会进步关系理论

消费需求对社会进步有重要影响，消费需求通过向消费活动传递影响社会进步。不同的消费需求会引起不同的消费活动，不同的消费活动会对人类的生存水平产生不同的影响。其中价值消费需求与社会进步正相关，反价值消费需求与社会进步负相关。

社会控制可以阻断或者加速消费需求向生产和消费的传递，进而阻断或者加速消费需求对社会进步或倒退的影响。加速传递的基本方法是鼓励生产足够的产品，阻断传递的基本方法是禁止或限制产品的生产和销售。

3. 消费过程与社会进步关系理论

消费过程对社会进步有重要影响。价值消费维持和提高人类的生存水平与社会进步正相关，反价值消费降低人类的生存水平与社会进步负相关。扩大价值消费，缩小反价值消费社会进步；缩小价值消费，扩大反价值消费社会倒退。因此人类应当发挥社会控制的威力，发展价值消费，扼制反价值消费，提高价值消费层次，以推动社会进步。

4. 消费方式与社会进步关系理论

消费方式对社会进步有重要影响。在价值消费下，进步消费方式与社会进步正相关，落后消费方式与社会进步负相关。扩大进步消费方式，缩小落后消费方式社会进步；缩小进步消费方式，扩大落后消费方式社会倒退。进步消费方式越大，落后消费方式越小社会进步越快；进步消费方式越小，落后消费方式越大社会进步越慢。在反价值消费下，进步消费方式不会引起社会进步，也不会增强反价值消费的阻碍进步作用。落后消费方式增强反价值消费的阻碍进步作用。人类应当发挥社会控制的威力，发展进步消费方式，扼制落后消费方式，以推动社会进步。

5. 收入相对变动与社会进步关系理论

在乏收入、适收入区间收入相对变动引起社会进步同向变动。收入相对上升，引起社会进步；收入相对下降，导致社会倒退。

个别人的收入相对变动只会引起个别人生存水平的变化，不会引起社会变动。当收入相对变动具有普遍性并具有一定力度时，收入相对变动就会影响社会进步。

6. 预期收入与社会进步关系理论

在乏收入和适收入区间，预期收入变动引起社会进步同向变动。预期收入增加促进社会进步，预期收入减少迟滞社会进步。

个别人的预期收入变动只会引起个别人生存水平的变化，不会引起社会变动。当预期收入变动具有普遍性并具有一定力度时，则会引起社会变动。

7. 价格相对变动与社会进步关系理论

在价值消费需要以内，价格相对变动引起社会进步逆向变动。价格相对下降，引起社会进步；价格相对上升，导致社会倒退。

局部的个别的产品价格相对变动可能相互抵消，不至于引起公民生存水平的变化。当价格相对变动具有普遍性并具有一定力度时，价格相对变动就会影响到社会进步。

消费与社会进步的关系链如下。

价值消费需要→价值消费需求→价值消费→维持提高公民生存水平→社会进步

反价值消费需要→反价值消费需求→反价值消费→降低公民生存水平→社会倒退

（二）消费进步的内容和目标

1. 消费进步的内容

消费进步是指消费利用尽量少的资源，而使人类生存水平不断提高。显然，消费进步包括两层含义：一是相同的生存水平，消费利用的资源应趋于减少。二是消费活动能够使人的生存水平趋于提高。

消费进步的内容包括消费需要进步、消费需求进步和消费过程进步。消费需要进步包括消费需要结构进步和价值消费需要层次进步。消费需求进步包括消费需求结构进步和价值消费需求层次进步，以及公民可支配收入进步、社会消费公平进步、产品价格进步、社会总需求进步等内容。消费过程进步包括消费结构进步、价值消费层次进步和消费方式进步，以及获得消费进步、利用消费进步和处理消费进步等内容。

2. 消费进步的目标

消费进步的目标是在实现全体公民以健康为核心的价值消费需要同时得到持续、均衡满足，无反价值消费和污染性废料的消费。一是消费活动持续处于地球承载能力之内，能够高层次地持续发展。二是实现公平消费社会。三是价值消费均衡发展。四是无反价值消费。五是垃圾完全资源化或无害化，无环境损失。

（三）消费需要进步理论

消费需要进步理论是基于提高人类生存水平而改善人类消费需要的理论。消费从人的需要开始，不同的消费需要会引起不同的消费需求和消费活动，对人类的生存水平乃至社会进步产生不同的影响。根据消费需要对人类生存水平的影响，可将消费需要划分为价值消费需要和反价值消费需要。

价值消费需要是指维持或提高人类生存水平所必需的消费需要，包括生命消费需要、健康消费需要和提高消费需要。价值消费需要区间内存在价值消费需要层次，低层次为温饱层，中间层次为舒适层，高层次为富裕层。社会应当同时满足公民的生命消费需要、健康消费需要和提高消费需要，并应首先满足生命消费需要，第二满足健康消费需要，第三满足提高消费需要。

反价值消费需要是指降低人类生存水平的消费需要，包括超量消费需要、奢侈消费需要、伤害消费需要和破坏消费需要。

价值消费需要与社会进步正相关；反价值消费需要与社会进步负相关。

消费需要进步是指发展价值消费需要，抑制并最终消除反价值消费需要，提高价值消费需要层次。

消费需要进步的基本方法：一是提高公民品德水平。消费需要是人类利用物质的欲望，而净化欲望只有靠提高品德水平来实现。二是强化社会宣传，提倡价值消费理念，反对反价值消费理念。三是在全社会形成只进行价值消费的良好的消费习惯。四是加速价值消费需要向价值消费需求的传递，可采取提高人们收入、降低价值消费产品价格或者免费提供足够的价值消费产品的方法。

（四）消费需求进步理论

消费需求进步理论是基于提高人类生存水平而改善人类消费需求的理论。消费需求也分为价值消费需求和反价值消费需求。价值消费需求是指维持或提高人类生存水平所必需的消费需求，包括生命需求、维持需求和提高需求；反价值消费需求是指降低人类生存水平的消费需求，包括超量消费需求、奢侈消费需求、伤害消费需求和破坏消费需求。

消费需求对于社会变迁有重大影响，甚至可以左右社会发展方向，决定社会是进步还是倒退。价值消费需求与社会进步正相关，反价值消费需求与社会进步负相关。

消费需求对生产性质有决定性影响。价值消费需求引起有利于社会进步的生产，反价值消费需求引起不利于社会进步的生产。消费需求对于每一个公民更为重要，它决定人的生存水平，甚至生死。价值消费需求与公民生存水平正相关。价值消费需求越大，生存水平越高；价值消费需求越小，生存水平越低；没有价值消费需求，不能生存。

消费需求进步是指发展价值消费需求，抑制并最终消除反价值消费需求，提高价值消费需求层次。

消费需求需要货币支持，可支配收入的多少直接影响消费需求的大小，而产品价格的高低直接影响货币购买力。所以可支配收入和价格是影响消费需求的重要因素。消费需求进步要求社会对可支配收入和产品价格进行合理调节，所以消费需求进步理论还包括可支配收入与价值消费需求、消费的社会公平程度、可支配收入变动与社会进步的关系、产品价格变动与社会进步的关系、社会进步与调节消费总需求等内容。

（五）收入区间理论

收入区间理论是个人可支配收入与价值消费需要区间关系的理论。个人可支配收入与价值消费需要区间之间存在着小于、等于和大于三种关系，每种关系反映一种收入水平。乏收入是指个人可支配收入小于价值消费需要的货币量，适收入是指个人可支配收入等于价值消费需要的货币量，超收入是指个人可支配收入大于价值消费需要的货币量。

人类价值消费基本上是均等的，缩小至消除两极分化，实现在适收入区间内比较均等的货币分配，符合人类利益。

（六）消费的社会公平程度理论

消费的社会公平程度理论是根据各收入区间人口比例衡量社会消费公平程度的理论。根据各收入区间人口比例，可将社会划分为完全公平消费社会、基本公平消费社会、不公平消费社会、严重不公平消费社会和超严重不公平消费社会。

不公平消费社会向公平消费社会发展是社会公平程度的进步，公平消费社会向不公平消费社会发展是社会公平程度的倒退。社会公平程度的进步符合人类共同利益。

（七）消费总需求调节理论

消费总需求调节理论是根据消费总需求规律调整消费总需求结构的理论。社会进步要满足价值消费需求，抑制反价值消费需求，提高全人类价值消费需求满足层次。所以社会进步需要对乏收入人口和适收入人口扩大消费总需求，对超收入人口缩小消费总需求。可以根据消费总需求规律对消费总需求进行有利于社会进步的结构性调节。

（八）消费过程进步理论

消费过程进步理论是基于提高人类生存水平而改善人类消费过程的理论。消费过程进步理论阐释了什么是消费过程进步、消费过程与社会进步的关系、消费结构与人类品德水平的关系以及价值消费理论、品德获得理论、利用消费品和消费服务的价值理论、控制消费理论等。

价值消费是指维持或提高人类生存水平所必需的消费过程。包括生命消费、健康消费和提高消费。反价值消费是指人类降低生存水平的消费过程，包括超量消费、奢侈消费、伤害消费和破坏消费。

价值消费与社会进步正相关，反价值消费与社会进步负相关。

价值消费比例与人类品德水平正相关，反价值消费比例与人类品德水平负相关。价值消费比例越高，反价值消费比例越低，人类品德水平越高；反之，价值消费比例越低，反价值消费比例越高，人类品德水平越低。

消费过程进步是指发展价值消费，抑制并最终消除反价值消费，提高价值消费层次，用节约消费取代浪费消费，用清洁消费取代污染消费，用循环消费取代废弃消费。社会通过消费过程进步，全面提高人类消费活动的价值水平、节约水平、清洁水平和循环水平，实现人类消费活动的历史性飞跃。

1. 价值消费理论

价值消费理论是根据消费对人类生存水平的影响划分消费性质的理论，是消费过程进步理论的基础。根据消费对人类生存水平的影响，消费分为价值消费和反价值消费。

价值消费是指维持或提高人类生存水平所必需的消费过程，包括生命消费、健康消费和提高消费；反价值消费是指人类降低生存水平的消费过程，包括超量消费、奢侈消费、伤害消费和破坏消费。消费需要也分为价值消费需要和反价值消费需要。消费需求也分为价值消费需求和反价值消费需求。

人类应当发展价值消费、价值消费需要和价值消费需求，抑制并最终消除反价值消费、反价值消费需要和反价值消费需求，提高价值消费层次，

2. 品德获得理论

品德获得理论是基于提高人类生存水平而改善获得消费的理论。根据获得消费的品德属性，可以把获得消费分为品德获得消费和负品德获得消费。品德获得消费是指通过正品德活动取得消费品或享受消费服务得消费。负品德获得消费是指通过负品德活动取得消费品或享受消费服务。合法获得不一定是品德获得，非法获得则都是负品德获得。这是由分配原则

的公平性决定的。分配原则如果是公平的，则合法获得等于品德获得；如果不公平，则合法获得不等于品德获得。社会要提倡和发展品德获得消费，反对和抑制负品德获得消费。

3. 利用消费品和消费服务的价值理论

利用消费品和消费服务的价值理论是基于提高人类生存水平而改善利用消费的理论。利用消费有三种情况。一是利用消费品和消费服务的价值，如进餐、欣赏健康的文化节目。二是利用消费品和消费服务的反价值，如吸毒、嫖娼。三是同时利用消费品和消费服务的价值与反价值，如服用有副作用的药品治病。人们应当利用消费品和消费服务的价值，而不应当利用消费品和消费服务的反价值。

4. 控制消费理论

控制消费理论是基于提高人类生存水平而改善消费模式的理论。为了使消费活动维持或提高人类生存水平，不降低人类生存水平，人类应当摒弃自由消费模式代之以控制消费模式。建立和完善控制消费模式，全面提高人类消费活动的价值水平、节约水平、清洁水平和循环水平，实现人类消费活动的历史性飞跃。

在控制消费模式下，消费者获得消费品的种类和数量受到社会管理部门的严格限制。即使消费者具有支付能力，也不可以任意购买任何种类、任何数量的消费品，消费者只可以购买自己价值消费需要的消费品，不可以购买自己反价值消费需要的消费品；消费者只可以在价值消费需要量之内购买消费品，不可以超出价值消费需要量购买消费品，从而避免资源浪费。

在控制消费模式下，消费品的使用过程受社会管理部门的监督和制约。消费者必须在相关消费法规的约束下使用消费品，只可以利用消费品进行价值消费，不可以利用消费品进行反价值消费，更不可以浪费和毁坏消费品，并且在进行消费活动时不可以污染环境和伤害他人。

在控制消费模式下，消费者必须按照消费法规的规定处置消费品，消费者没有权力将仍然具有消费价值的消费品当作垃圾丢掉。开展以旧换新和消费垃圾分类放置，以便资源化再利用；必须停止污染性排放而进行完全无害化排放。

二 消费进步相关规律

消费进步相关规律包括消费需要与社会进步关系规律、价值消费需求与公民生存水平正相关规律、消费需求与社会进步关系规律、收入相对变动与消费需求正相关规律、收入相对变动与社会进步关系规律、预期收入变动引起本期消费需求同向变动规律、预期收入与社会进步关系规律、价格相对变动与消费需求负相关规律、价格相对变动与社会进步关系规律、总消费需求规律、消费性质与社会进步关系规律、消费结构与人类品德水平关系规律和消费方式与社会进步关系规律等社会规律。这些规律为人类进行正确的消费活动提供了科学依据。

（一）消费需要与社会进步关系规律

价值消费需要与社会进步正相关，反价值消费需要与社会进步负相关。扩大价值消费需要，缩小反价值消费需要，有利于社会进步；缩小价值消费需要，扩大反价值消费需要，不利于社会进步。价值消费需要越大，反价值消费需要越小，社会进步越快；价值消费需要越小，反价值消费需要越大，社会进步越慢。价值消费需要大于反价值消费需要，社会总的发展方向是进步的；价值消费需要小于反价值消费需要，社会总的发展方向是倒退的。

消费需要与社会进步关系规律是客观的社会规律，既不是人为创造的，也不能被人为消灭。但是，社会控制可以阻断或者加速消费需要向消费需求的传递，进而阻断或者加速消费需要对社会进步或倒退的影响。

（二）价值消费需求与人的生存水平正相关规律

价值消费需求与人的生存水平正相关。价值消费需求越大，人的生存水平越高；价值消费需求越小，人的生存水平越低；没有价值消费需求，公民不能生存。

（三）消费需求与社会进步关系规律

价值消费需求与社会进步正相关，反价值消费需求与社会进步负相关。扩大价值消费需求，缩小反价值消费需求，有利于社会进步；缩小价值消费需求，扩大反价值消费需求，不利于社会进步。价值消费需求越大，反价值消费需求越小，社会进步越快；价值消费需求越小，反价值消费需求越大，社会进步越慢。价值消费需求大于反价值消费需求，社会总的发展方向是进步的；价值消费需求小于反价值消费需求，社会总的发展方向是倒退的。

消费需求与社会进步关系规律是客观的社会规律，既不是人为创造的，也不能被人为消灭。但是，社会控制可以阻断或者加速消费需求向生产和消费的传递。进而阻断或者加速消费需求对社会进步或倒退的影响。

（四）收入相对变动与消费需求正相关规律

收入相对变动引起消费需求同向变动。收入相对上升引起消费需求上升，收入相对下降引起消费需求下降。

（五）收入相对变动与社会进步关系规律

在乏收入、适收入区间，收入相对变动引起社会进步同向变动。收入相对上升，引起社会进步；收入相对下降，导致社会倒退。在超收入区间收入相对变动引起社会进步反向变动。收入相对上升，导致社会倒退；收入相对下降，引起社会进步。

（六）预期收入变动与本期消费需求正相关规律

预期收入变动引起本期消费需求同向变动。预期收入增加引起本期消费需求增加，预期收入减少引起本期消费需求减少。

（七）预期收入与社会进步关系规律

在乏收入和适收入区间，预期收入变动引起社会进步同向变动。预期收入增加促进社会进步，预期收入减少迟滞社会进步。

（八）价格相对变动与消费需求负相关规律

产品价格相对变动引起消费需求逆向变动。产品价格相对上升引起消费需求下降，产品价格相对下降引起消费需求上升。

（九）价格相对变动与社会进步关系规律

在价值消费需要以内，价格相对变动引起社会进步逆向变动。价格相对下降，引起社会进步；价格相对上升，导致社会倒退。

（十）消费总需求规律

在消费需要的范围内，投入收入、消费货币注入变动引起消费总需求正向变动，资源收入漏出、投入收入结余、个人税变动引起消费总需求逆向变动。

（十一） 消费性质与社会进步关系规律

价值消费与社会进步正相关；反价值消费与社会进步负相关。扩大价值消费，缩小反价值消费社会进步；缩小价值消费，扩大反价值消费社会倒退。价值消费越大，反价值消费越小社会进步越快；价值消费越小，反价值消费越大社会进步越慢。价值消费大于反价值消费，社会才可能进步；价值消费小于反价值消费，社会必然倒退。

（十二） 消费结构与人类品德水平关系规律

价值消费比例与人类品德水平正相关，反价值消费比例与人类品德水平负相关。价值消费比例越高，反价值消费比例越低，人类品德水平越高；价值消费比例越低，反价值消费比例越高，人类品德水平越低。

（十三） 消费方式与社会进步关系规律

在价值消费的情况下，进步消费方式与社会进步正相关，落后消费方式与社会进步负相关。扩大进步消费方式，缩小落后消费方式社会进步；缩小进步消费方式，扩大落后消费方式社会倒退。进步消费方式越大，落后消费方式越小社会进步越快；进步消费方式越小，落后消费方式越大社会进步越慢。在反价值消费的情况下，进步消费方式不会引起社会进步，也不会增强反价值消费的阻碍进步作用，落后消费方式会增强反价值消费阻碍社会进步的作用。

三 消费进步基本方法

消费进步基本方法是根据消费进步经验、理论和规律总结的消费进步方法体系。

（一） 消费需要进步的基本方法

发展价值消费需要，抑制并最终消除反价值消费需要，提高价值消费需要层次。

第一，进行价值消费品德教育，提高公民品德水平。消费需要是人类利用物质的欲望，而净化欲望只有靠提高品德水平来实现。

第二，进行价值消费知识教育，强化社会宣传，提倡价值消费理念，反对反价值消费理念。提倡节约和简朴，反对浪费和奢侈。

第三，在全社会形成只进行价值消费的良好消费习惯。社会只满足价值消费需要，不满足反价值消费需要，提高公民价值消费需要满足层次，满足所有人价值消费需要应该成为人类生产的唯一目的。

第四，进行价值消费产品创新和先进消费示范，研制、推广先进消费品和消费方式。

第五，加速价值消费需要向价值消费需求的传递。可采取提高公民收入、降低价值消费产品价格或者免费提供足够的价值消费产品的方法。

第六，阻断反价值消费需要向反价值消费需求的传递。最有效的办法是禁止反价值消费品及消费服务的生产。

（二）消费需求进步的基本方法

发展价值消费需求，抑制并最终消除反价值消费需求，提高价值消费需求层次。

1. 促进社会进步的分配政策

一是促进乏收入的相对增长使之转化为适收入。二是保持适收入在区间内相对稳定的增长。三是抑制超收入的相对增长。不公平消费社会向公平消费社会发展是社会公平程度的进步；公平消费社会向不公平消费社会发展是社会公平程度的倒退。社会公平程度的进步符合人类共同利益。

2. 提高货币收入是社会进步的需要

国家保障每一个人们有可靠的长期稳定适度增长的货币收入，是社会进步的需要。政策措施：一是就业的稳定性。开除员工要有高额补偿，消除员工的危机感。二是工资的相对增长性。工资的增长必须高于物价的增长。三是社会保障的全面性和增长性。每一个无工资收入的人都应当有稳定增长的社会保障。包括青年人和刑满释放人员。四是大病的完全免费治疗。五是个人税收要稳定或下降。乏收入人口不纳税，适收入人口不增税。

3. 制定促进社会进步的价格政策

一是价值消费需要的产品价格应保持价格相对下降的趋势，只有这样才能提高公民生存水平，促进社会进步。二是反价值消费的产品应保持价格相对上升，起到抑制反价值消费需求的作用。

4. 调整价值消费总需求结构

扩大价值消费需求，抑制反价值消费需求，提高价值消费需求层次，对乏收入人口和适收入人口扩大其消费总需求，对超收入人口缩小消费总需求。对乏收入人口和适收入人口缩小其消费总需求，是妨碍社会进步的。

（1）扩大消费总需求可采取增加工资、增加个人资本收入、减少政府非消费经费、减少政府生产投资、增加政府公共消费支出、增加转移支付、减少远期消费储蓄、减少积累储蓄、增加远期消费储蓄注入、增加消费融资、增加消费捐赠和减少个人税等方法。

（2）缩小消费总需求可采取降低工资、减少个人资本收入、增加政府非消费经费、增加政府生产投资、减少政府公共消费支出、减少转移支付、增加远期消费储蓄、增加积累储蓄、减少远期消费储蓄注入、减少消费融资、减少消费捐赠和增加个人税等方法。

5. 消费需求向消费传递需要具有相应的产品

加速价值消费需求向价值消费过程的传递，基本方法是鼓励生产足够的价值消费品；阻断反价值消费需求向反价值消费过程的传递，基本方法是禁止或限制反价值消费品的生产和销售。

（三）消费过程进步的基本方法

发展价值消费，抑制并最终消除反价值消费，提高价值消费层次，用健康消费取代伤害消费，用清洁消费取代污染消费，用节约消费取代浪费消费，用循环消费取代废弃消费。

1. 严格限制消费者获得消费品的种类和数量

消费者只可以购买自己价值消费需要的消费品，不可以购买反价值消费需要的消费品；消费者只可以在价值消费需要量之内购买消费品，不可以超出价值消费需要量购买消费品，从而避免资源浪费。

2. 消费品的使用过程受社会管理部门的监督和制约

消费者必须在相关消费法规的约束下使用消费品。消费者只可以利用消费品进行价值消费，而不可以利用消费品进行反价值消费，更不可以浪费和毁坏消费品，即使他已经出钱购买了。可以循环使用的消费品应当循环使用。消费者在进行消费活动时不可以污染环境和伤害他人。

3. 消费者必须按照消费法规的规定处置消费品

消费者没有权力将仍然具有消费价值的消费品当作垃圾丢掉。开展以旧换新和消费垃圾分类放置，以便资源化再利用。必须停止污染性排放而进行完全无害化排放。

（四）改善消费方式的基本方法

改善消费方式政策包括推广循环式消费、节约式消费、保护式消费、清洁式消费和健康式消费，限制并逐步取缔废弃式消费、浪费式消费、破坏式消费、污染式消费和伤害式消费。

可采取如下政策措施：一是在学校和社会进行系统的先进消费知识教育，进行先进消费示范。二是建立消费方式标准，并且不断提高标准。对违反标准的给予处罚。三是建立支持先进消费的设施和系统，如房屋循环用水系统、房屋太阳能供电系统、家具回收系统、汽车回收系统、家电回收系统、服装回收系统、日常垃圾分类回收系统等。四是实行消费定额。五是财政资金支持先进消费方式的研究和推广。

本章小结

第一，消费进步理论是根据消费对人类生存水平的作用揭示消费进步原理的理论集合。是社会进步学的经济进步理论之一。

第二，消费进步理论围绕消费与人类生存水平的关系展开，阐释了消费进步的基本理论。包括消费与社会进步关系理论、消费进步的内容、消费进步的目标、消费进步相关规律、消费进步基本方法、价值消费理论、控制消费理论、消费需要进步理论、消费需求进步理论、消费过程进步理论等。

第三，消费进步是指消费向耗费尽量少的资源，而使人类生存水平不断提高的方向发展。显然，消费进步包括两层含义：一是相同的生存水平，消费利用的资源应趋于减少，即物质利用水平的提高。二是消费活动能够使人的生存水平趋于提高，即消费活动的社会作用水平、作用范围水平、作用幅度水平、作用持续时间水平的提高。

关键术语

消费、个人消费、单位消费、消费的目的、消费进步、消费需要、价值消费需要（必要消费需要）、生命消费需要、健康消费需要、提高消费需要、价值消费需要区间、温饱层、舒适层、富裕层、反价值消费需要（非必要消费需要）、超量消费需要、奢侈消费需要、破坏消费需要、伤害消费需要、消费需要进步、消费需求、价值消费需求（必要消费需求）、生命消费需求、健康消费需求、提高消费需求、反价值消费需求（非必要消费需求）、超量消费需求、奢侈消费需求、破坏消费需求、伤害消费需求、消费需求进步、个人可支配收入、本期消费需求、远期消费需求、积累储蓄、乏收入、适收入、超收入、完全公平消费社会、基本公平消费社会、不公平消费社会、严重不公平消费社会、超严重不公平消费社会、收入绝对变动、收入绝对上升、收入绝对下降、收入绝对稳定、收入相对变动、收入相对上升、收入相对稳定、收入相对下降、价值消费需求收入弹性、储蓄缓冲、价格绝对变动、价格绝对上升、价格绝对下降、价格绝对稳定、价格相对变动、价格相对上升、价格相对稳定、价格相对下降、需求呆滞区间、需求反应区间、消费支出、消费过程、价值消费（必要消费）、生命消费、健康消费、提高消费、反价值消费（非必要消费）、超量消费、奢侈消费、破坏消费、伤害消费、消费过程进步、品德消费比率、获得消费、合法获得消费、非法获得消费、品德获得消费、负品德获得消费、利用消费、处理消费。

消费需要与社会进步关系规律、价值消费需求与公民生存水平正相关规律、消费需求与社会进步关系规律、收入相对变动与消费需求正相关规律、收入相对变动与社会进步关系规律、预期收入变动与本期消费需求正相关规律、预期收入与社会进步关系规律、价格相对变动与消费需求负相关规律、价格相对变动与社会进步关系规律、消费总需求规律、消费性质与社会进步关系规律、消费结构与人类品德水平关系规律、消费方式与社会进步关系规律。

消费进步理论、消费与社会进步关系理论、消费需要与社会进步关系理论、消费需求与社会进步关系理论、消费过程与社会进步关系理论、消费方式与社会进步关系理论、收入相对变动与社会进步关系理论、预期收入与社会进步关系理论、价格相对变动与社会进步关系理论、消费需要进步理论、消费需求进步理论、收入区间理论、消费的社会公平程度理论、消费总需求调节理论、消费过程进步理论、价值消费理论、品德获得理论、利用消费品和消费服务的价值理论、控制消费理论。

消费进步基本方法。

思考题

1. 什么是消费，应当树立怎样的消费目的？

2. 什么是消费进步？

3. 举例说明什么是价值消费需要和反价值消费需要。

4. 生命消费需要和提高消费需要哪个更重要，为什么？举出 5 个为了提高消费需要而危害生命消费需要的例子，并提出解决措施。

5. 通过调查计算本地的价值消费需要区间，自己及家庭处于哪个收入区间的哪个层次。

6. 简述消费需要进步及基本方法。

7. 简述价值消费需求和反价值消费需求。

8. 收入绝对变动和收入相对变动的区别。

9. 什么是需求呆滞区间和需求反应区间？

10. 试分析汽油价格上涨对公民生存水平的影响，以及对社会进步的影响。

11. 简述价值消费和反价值消费。

12. 举例说明超量消费、奢侈消费、破坏消费和伤害消费。

13. 调查分析社会的品德消费比率。

14. 举例说明品德获得消费和负品德获得消费。

15. 论述消费需要与社会进步关系规律。

16. 举例说明价值消费需求与人的生存水平正相关规律。

17. 论述消费需求与社会进步关系规律。

18. 简述工资下降对消费需求的影响。

19. 论述相对收入变化或相对价格变化对不同收入者的生存水平影响。

20. 论述收入相对变动与社会进步关系规律。

21. 举例说明预期收入与社会进步关系规律。

22. 价格相对变动与消费需求负相关规律。

23. 举例说明价格相对变动与社会进步关系规律。

24. 论述消费总需求规律。

25. 试分析对适收入人口增加税收对社会进步的影响。

26. 举例说明消费结构与人类品德水平关系规律。

27. 论述消费过程与社会进步关系理论。

28. 简述消费需要进步理论。

29. 简述收入区间理论。

30. 简述消费的社会公平程度理论。

31. 简述消费总需求调节理论。

32. 简述消费过程进步理论。

33. 简述价值消费理论。

34. 简述控制消费理论。

35. 简述消费进步基本方法。

第八章

消费分配制度与宏观社会类型进步

学习目的：

掌握消费分配制度进步理论

掌握需要分配制理论

了解必要消费制理论

了解资源共有性理论

掌握福利变动对社会进步影响理论

掌握消费分配制度与宏观社会发展阶段对应理论

掌握消费分配制度与宏观社会类型进步相关规律

掌握消费分配制度进步基本方法

消费分配制度进步是宏观社会类型进步的一个重要方面，而且对整个宏观社会类型进步有着重要影响。当消费分配制度进步落后于宏观社会类型进步时，会阻碍宏观社会类型进步；当消费分配制度进步超前于宏观社会类型进步时，会迟滞宏观社会类型进步；只有当消费分配制度进步与宏观社会类型进步相适应，才最有利于宏观社会类型进步。各种消费分配制度都适应人类社会生产力发展和人的生存需要而存在。社会是否进步关键在于管理的水平，管理得好就会促进社会进步，管理得不好就会迟滞社会进步。

第一节　消费分配制度进步

人的消费以获得消费权为起点。消费权是指使用消费品和享受消费服务的权利。在使用货币作为支付手段的社会，人们掌握的货币量多少代表消费权的大小，消费权可以用货币来衡量。例如，有10万元，则具有购买10万元以下消费品或消费服务的消费权，不具有购买10万元以上消费品或消费服务的消费权。人们为了进行消费活动，就必须首先获得消费权。消费权的大小代表人们的富裕程度，关系到每个人的切身利益。人们普遍希望自己获得更多的消费权，进而改善自己的生活条件。社会对消费权的管理是消费管理的起点，也是消费管理的核心。

产品和服务分配包括消费分配和投资分配两个基本方面，消费分配关系到每个人的生存水平，是人们最关心的问题。

个人收入可以全部用来消费，也可以部分用来消费，部分用来投资，不能全部用来投资。个人收入的运用可以划分为三个部分：一是必须用于消费的消费资金，这是人的生存保障。二是既可用于消费，也可用于投资的资金。三是必须用于投资的资金。这部分资产不用于投资，就不能获得新的收入，如个体经营资金。前两部分属于消费分配的内容。

国家获得的收入也可运用于三个方面：一是通过社会管理、公益项目等公益投资转化为公共消费。二是通过福利制形式直接用于个人消费。三是进行生产投资。前两个方面属于消费分配的内容。

消费分配制度是指关于消费权分配规则的消费制度，是消费制度的核心。迄今为止，人类社会一共出现过三种基本的消费分配制度，分别是劳动分配制、占有分配制和需要分配制。

消费分配制度进步与消费需求进步高度相关，是消费需求进步的制度保障之一。

消费需求进步是指发展价值消费需求，抑制并最终消除反价值消费需求，提高价值消费需求层次。其中发展价值消费需求，抑制反价值消费需求是消费需求结构进步；提高价值消费需求层次是消费需求层次进步。

消费分配制度进步是指消费权的分配规则向有利于发展价值消费需求，抑制并最终消除反价值消费需求，提高价值消费需求层次方向发展，促进不公平消费社会向公平消费社会发展。

人类价值消费基本上是均等的，乏收入不能满足人们的价值消费需求，超收入超过了价值消费需求，可能引起反价值生产。将收入差距缩小至消除两极分化，实现在适收入区间内比较均等的货币分配，符合人类利益，是消费分配制度进步的目标。消费分配制度进步是同宏观社会发展阶段相联系的。

一 劳动分配制的进步

（一）劳动分配制的形式

劳动分配制是指人们由于参加劳动而获得消费权的消费分配制度。劳动分配制的前提条件是必须投入劳动，人的劳动包括消费性劳动、生产性劳动和管理性劳动。劳动分配制是在没有劳动就不能生存的条件下必须实行的分配制度，也是鼓励人们劳动的最佳制度，劳动可以获得消费权，所以人们就有了劳动就业的积极性。

劳动分配制有两种基本形式，一是劳动即得制，二是按劳分配制。

劳动即得制是指不区分劳动差别的劳动分配制度。它在自然生产社会和人类生产社会初期被广泛采用。劳动即得制不衡量人的劳动投入量和劳动成果，只要参加劳动就有权力参加消费权分配。

按劳分配制是指按劳动投入量或劳动成果量分配消费权的劳动分配制度。按劳分配制具有一定的公平性，可以被劳动者普遍接受，劳分配制有奖勤罚懒的功能，被现代社会普遍采用。

按劳分配制有三种基本形式，一是计时工资制，二是计件工资制，三是计时计件工资制。计时工资制是按劳动时间和劳动岗位分配消费权的按劳分配制，计件工资制是按劳动成果的数量分配消费权的按劳分配制，计时计件工资制是按劳动时间、劳动岗位和劳动成果的数量分配消费权的按劳分配制，如底薪加提成。

按劳分配制的三种基本形式都是人类所需要的。它们分别适合于不同的工作岗位，如计时工资制比较适合机关工作人员，计件工资制比较适合一线工人，计时计件工资制比较适合推销人员。

（二）按劳分配制的公平问题

按劳分配制并不能做到完全公平。一是资本分配和劳动分配各应占多大比例并没有明确标准，无法确定劳动分配总体份额的公平性。二是劳动投入或劳动成果很难准确度量。相同的劳动时间，投入的劳动并不相同，产生的劳动成果也不相同。一些产品需要经过几道工序才能完成，每道工序投入多少劳动也不能准确计算。三是劳动差异引起消费权差异。对于消费者来说仍然存在消费不平等。

在劳动分配制方面存在的主要问题是企业主侵占劳动者利益，造成劳资关系紧张，甚至引起激烈的社会矛盾。企业主拖欠工人工资，工人讨债杀死企业主。劳动者举行罢工要求改善劳动条件，提高工资，导致企业停工停产，损失巨大，甚至造成社会动荡，影响到国家政权的稳定和公民的正常生活。

劳资双方应当在企业发展中共同获益，企业主与劳动者的生存水平共同提高，这样才有利于企业的长远发展。企业主残酷剥削劳动者，必然导致劳资双方两败俱伤。

为了劳资双方的共同利益和长远利益，为了国家稳定，人民幸福，国家必须对工作单位的劳动分配制度进行规范性管理。

劳动分配制度进步是社会进步的重要内容，甚至是关键内容之一。社会进步是人类生存水平的提高，没有收入，何来生存？更谈不上提高了。

（三）劳动分配制进步的基本原则

劳动分配制进步的基本原则是：不断提高劳动者生存水平，同时要保护劳动者劳动的积极性，其内容包括适度提高工资性收入，不断降低劳动强度，不断降低精神压力，保持适当的工作效率。

国家对劳动分配制管理要点：一是合理确定劳动分配收入的最低限额，如建立最低工资标准。二是不限制劳动者的工资上限。三是建立合理的劳动分配收入的增长机制。四是严格控制工时，禁止超时工作。五是严格控制劳动强度，对于计件工资要核定合理的计件最高上限。六是严禁对劳动者施加精神压力。七是严禁以任何名目克扣工资。八是根据工作岗位选择适当的按劳分配制形式。

根据活动的社会进步准则，人类的一切活动都应该维持和提高人类的生存水平，而不应该降低人类的生存水平。所以要鼓励那些给职工高工资的行业和企业的发展，总结经验，向其他行业和企业推广。而那些给职工低工资的行业和企业则需要改革。

一般来说，垄断行业要比竞争行业职工生存水平高。主要原因是垄断行业可以合理进行产业布局，节约资源、成本低，有提高劳动者工资的实力。而竞争行业无宏观布局，企业过剩，浪费资源、成本高，为了企业生存，取得竞争优势，需要尽量压缩成本，而主要的办法就是压低职工工资。所以竞争行业应当向垄断行业发展。

在利润水平相同的条件下，国有单位要比民营单位职工生存水平高。主要原因是国有单位有工资增长机制；管理者与普通职工有一个固定的工资级差，管理者要提高自己的工资收入就必然要提高所有职工的工资收入。而民营单位则没有这样的机制，只要能低薪雇到人，没有人去高薪雇人。在劳动分配制度方面，民营单位要向国有单位看齐，建立职工工资与企业利润同步增长机制。

社会中绝大多数是劳动者，社会财富是劳动者创造的，每个工作单位都应当努力提高单位成员的生存水平。

（四）劳动分配比重递减规律

劳动分配比重递减规律揭示：劳动分配制在自然生产社会、人类生产社会和自动生产社会中都存在，但是随着社会进步，劳动分配制在消费分配制中所占的比重呈下降趋势。在自然生产社会中所占的比重最大，在自动生产社会中所占的比重最小。

在自然生产社会，人类主要从事采集野果、捕食动物的消费性劳动。社会中几乎有劳动能力的人都要参加劳动，并有权分享劳动成果。如果有劳动能力的人不参加劳动，就没有获得劳动成果的权利，也就失去了生存条件。

在人类生产社会，人类从事生产性劳动、消费性劳动和管理性劳动。其中生产性劳动最为重要，因为它为人类提供赖以生存的消费品。人们无论从事哪种劳动都可以获得一定的消费权。人类学会生产以后，消费品数量日益增多，社会在劳动生产率不断提高的作用下，对劳动力的需求日益减少，使越来越多有劳动能力的人失去参加劳动的机会，因此劳动分配制在消费分配制中所占的比重逐渐缩小。

在自动生产社会，自动化的机器生产取代了人类的大量劳动，包括生产性劳动、消费性劳动和管理性劳动。有劳动能力的人很多，但就业机会很少，绝大部分人没有就业机会，因而劳动分配制在消费分配制中已经处于绝对的次要地位。

二　占有分配制的进步

（一）占有分配制的形式

占有分配制是指人们由于占有并投入生产资料而获得消费权的消费分配制度。占有分配制的前提条件是必须占有生产资料，并且将生产资料投入生产过程。

主要形式有个人占有分配制、家庭占有分配制、合伙占有分配制、股份占有分配制。个人占有分配制是占有分配制的典型形式，也是私有制的代表形式。家庭占有分配制、合伙占有分配制、股份占有分配制都是以个人占有为基础的。家庭占有分配制往往是由家长个人占有，只有在分家之后，家庭其他成员才有权占有。合伙制是多个个人占有的结合，合伙人根据个人出资多少而参与分配。股份占有分配制是合伙占有制的发展，个人占有权以股票形式记录下来，凭股份参与分配。但是股份制也可以有国家股。

（二）占有分配制进步的基本原则

占有分配制进步的基本原则有以下几类：一是推进各种形式的私人占有分配制向股份占有分配制发展。二是合理处理按劳分配和按资分配的比例关系。三是鼓励资本所有者在满足私人合理消费及投资的前提下，最大限度投入社会公益事业。许多亿万富翁将自己辛苦创业获得的财富无偿贡献给社会，有的成立慈善基金，有的为家乡修路搭桥，有的直接帮扶困难群众。

三　需要分配制的进步

（一）需要分配制的形式

需要分配制是指社会单位成员由于需要消费而获得消费权的消费分配制度，参与分配与劳动和生产资料投入无关。虽然需要分配制不像劳动分配制和占有分配制那样有个人投入的前提条件，但是参与需要分配的人必须是本社会单位的成员，如参与家庭的需要分配必须是家庭成员，参与企业的需要分配必须是企业职工，参与社区的需要分配必须是社区居民，参与国家的需要分配必须是所在国的公民。

现代社会的需要分配制的主要形式有亲情制、公益制、福利制，未来还将出现必要消费制。

1. 亲情制

亲情制是指基于亲情关系的需要分配制。亲情制有两个显著特征：一是亲情分配只限于亲属或视为亲属的人，如父母负担子女的生活费用。二是亲情分配往往是亲属的劳动分配和占有分配之后的二次分配，如古代人将自己劳动得来的食物分给子女，现代人将工资或股息红利交给配偶。

亲情制是人类最古老的消费分配制度，没有亲情制人类是不能繁衍的。亲情制受法律保护，遗弃无经济来源的家庭成员要受到法律制裁。抚养、赡养制都是亲情制的重要形式。

2. 公益制

公益制是指政府针对公民的公共消费而实施的需要分配制。公益制是将部分社会总产品的资源价值通过公共使用的形式分配给全体公民。公益制的特点是公共福利，不限定消费个体，所有社会单位成员都有平等的消费权。例如，不收费的公路并不具体分配给某个人使用，而是允许所有人使用；自然环境得到改善以后，生活在环境中的每个人都受益，并不需要也不能够将自然环境改善的利益具体地分配给某个人。

公益制存在的时间相当久远，大禹治水的成果是古代公益制的典范。从古到今各种社会都存在公益制，公益制的产生和发展是公共消费的需要。许多公共消费的项目只宜采取公益制，例如空气污染得到治理以后，社会不能禁止任何人呼吸新鲜空气，也不能向任何人出售空气。

3. 福利制

福利制是指政府针对公民的个体消费实行的需要分配制，是将部分社会总产品的资源价值通过个体使用的形式分配给公民，如针对贫困人口的最低生活保障制度，针对失业人口的失业救济金制度，针对退休人员的养老金制度，针对患病人口的免费医疗制度，针对学龄人口的义务教育制度，针对灾民的国家救助制度等。

发展社会保障事业，建立公平的福利制度，已经被越来越多的国家所接受。这种制度不仅仅为无劳动收入和资本收入的人提供生活来源，是许多国家发展社会福利的主要目的，更重要的在于它是发展自动化生产力的必要条件，后一点对于社会进步非常重要。如果没有有效的社会保障体系，被自动劳动替换下来的劳动者为了维持生存必然要重新进入劳动领域，形成以低成本、低技术、旧设备为特征的落后生产力。落后生产力以维持生存为最低目标，以低价格同先进生产力争夺市场，以人力的廉价生产在价格上战胜昂贵的自动生产，严重阻碍社会生产力水平的提高。这种现象叫作"人吃机器"。如果政府禁止落后生产力的活动，而又不建立有效的社会保障体系，必然形成"机器吃人"。要发展先进生产力，就必须改革物质分配方式。社会福利保障的主要对象是没有劳动收入和资本收入的人群，也就是对他们实施"按需分配"。

4. 必要消费制

必要消费制是指社会单位完全满足单位成员的个体必要消费需要的需要分配制。必要消费制是福利制的发展，它有两个特点：一是只满足人们的必要消费需要，不满足单位成员的非必要消费需要。人的需要是无止境的，受资源产品的限制，以及为了节约利用资源和实现社会可持续发展，社会单位在任何时候都不能满足人们的所有需要，只满足人们的必要消费需要。二是不仅仅保障单位成员的最低生活水平，而且要保证单位成员具有满足所有必要消费的消费权。必要消费制在消费权的数量上等于社会平均必要消费量。这是必要消费制与最低生活保障制、养老金制、失业救济金制等在消费权数量上的基本区别。

亲情制、公益制、福利制和必要消费制都是社会进步所需要的，不存在优劣之分。它们的共同点都是因为需要而获得消费权，而不是因为劳动投入或生产资料投入，它们都是"按需分配"。它们的区别在于：公益制满足的是人们的公共消费，人们不需要获得消费许可而共同受益；亲情制和福利制满足的是人的个体消费，人们必须获得消费许可方能受益；亲情制只针对具有亲情关系的人；福利制则针对具有同等条件的所有公民或单位成员；必要消费制则是福利制的进一步完善。

（二）需要分配制的理论根据

实现公平消费是消费进步的首要目标，而公平分配是公平消费的前提条件。公平与效率是统一的，公平可以调动人们的积极性，获得最高效率。分配不公必然挫伤人们的积极性，形成不满情绪，不仅不能实现高效率，还会带来一系列社会问题。需要分配制是实现公平消费的重要形式。

需要分配制分配的是社会总产品的资源价值。地球在人类产生之前就已经存在，自然资源不是人类创造的，应当归全人类所有，每个人都有平等利用的权利。这是资源共有性理论。因为资源的共有性，而产品是由资源经过生产得来，社会总产品也就具有了共有的属性。需要分配制分配的正是社会总产品中具有共有性的资源价值部分。资源的共有性理论是需要分配制的理论基础。

社会总产品存在劳动价值。劳动归劳动者个人所有，具有劳动私有性。劳动者将自然资源加工成产品，劳动者有权利获得劳动收入。

社会总产品存在资本价值。资本所有者为生产提供了生产工具和资源，应该获得相应的资本收入。

在实行按劳分配和按资分配的同时实行按需分配，既保护了劳动者的劳动收入权和资本所有者的资本收入权，又保护了全体公民的资源收入权，实现了公平。劳动者和资本所有者高出非劳动者的收入，是对劳动和资本的合理补偿，具有公平性。

需要分配比重递增规律表明：需要分配制在自然生产社会、人类生产社会和自动生产社会中都存在；随着社会进步，需要分配制在消费分配制中所占的比重呈上升趋势，在自然生产社会中所占的比重最小；在自动生产社会中所占的比重最大；已经处于绝对的主要地位。

（三）需要分配制进步的基本原则

1. 政府组织原则

分配社会总产品的资源价值应当由政府组织实施。分配对象为全体人民，包括劳动者和未成年人、失业者、老年人等非劳动者。政府要围绕提高全国人民的生存水平这一核心使用资金。资金是有限的，要把有限的资金使用在刀刃上，要解决当前的民生问题，不要用巨额资金去考察与提高社会水平毫无相关性的问题，这样做全国人民的生存水平会提高得快一些。

2. 税收消费原则

国家的税收应当主要用于全社会的消费。劳动者和资本所有者使用的资源本质上应当归全社会所有，应当向全社会购买。企业向国家缴税本质上是向全社会购买资源。而全社会成员通过国家向企业出售资源的目的是获得消费权，即用自己拥有的资源向企业换取消费权。所以国家的税收应当主要用于全社会成员的消费，极少部分用于维持政府运转，以实现全社会成员的资源收入权。

3. 平等原则

因为社会总产品的资源价值属于全社会的，所以其本质特征是社会的每个成员都有平等的使用权。无论人们有无劳动收入和资本收入，都应获得平等的资源收入。这是对社会总产品的资源价值的公平分配。这种公平分配可以有两种形式，一是以货币形式平均分配给个人，如无论职位高低获得相同的养老金。二是对全体成员实施免费项目。因为公共福利是由全社会资源收入构成，每个成员都付出了平均的费用，都有权根据自己的需要免费获得由公共福利形成的利益。只有免费才能保证公共福利的公共性，避免富人对穷人利益的侵占，如每个人都有权利接受全程公共教育，都有权利进入公园休闲娱乐。公共福利不能用于只给少数人或部分人服务的领域，也不应该只应用于城市，不应用于农村。避免一部分人对另一部分人利益的侵占。

4. 兼顾公益制和福利制

推动福利制向必要消费制发展，保证所有人的必要消费都能得到满足。公共福利主要用于提高公民素质水平和生活水平的公共开支，如公共教育系统、公共品德宣传系统、计划生育保障系统、医疗保障系统、全民健身系统、公共休闲系统等。

（四）需要分配制进步的基本目标及社会进步意义

1. 需要分配制进步的基本目标

（1）没有贫困人。每个成员都能得到支持个人必要消费的收入，收入水平随着社会进步不断提高。

（2）普及大学教育。每个成员都能够受到正规大学教育，没有任何限制条件。

（3）足够的医疗保障。每个成员都能够获得足够的卫生保健，不会因为费用不足而失去任何治疗机会。

2. 需要分配制进步的社会进步意义

完善的需要分配制度可以全面促进社会进步。

（1）完善的需要分配制度推动生产力发展。在完善的按需分配制度下，人们已经没有必要从事损人害己的落后生产活动以维持生存，落后生产力没有继续存在的任何理由。社会具备了不断提高强制性生产标准来促进生产力进步的条件。

（2）完善的需要分配制度全面提高人的素质水平。人们都能够接受高级知识教育和高尚道德教育，国民的知识水平和道德水平普遍较高。良好的生活条件和医疗条件保证了国民的身体健康。

（3）完善的需要分配制度使人的生存环境日益改善。没有饭吃的人不会关心环境。

（4）完善的需要分配制度促进消费差距日益缩小。国民生活水平普遍提高。

（5）完善的需要分配制度促进社会安定、犯罪率低。人们不会为了面包而抢劫、偷盗和杀人。

实现社会的全面进步，并不能仅仅依靠完善的需要分配制度，如果没有完善的按需分配制度，现代社会就不可能全面进步。所以，建立完善的按需分配制度是推动现代社会生产力发展和社会进步的不可或缺的关键环节。

任何国家的公民都需要完善的福利制度，而不需要战争。例如，英国政府一边消减国民福利，一边派飞机轰炸利比亚。2011 年 3 月 26 日，25 万名英国人上街抗议。教师、护士、消防员、公务员学生、退休者以及社团组织参加了大规模示威，他们喊出了"要福利，不要战争"的口号，反映了人民的真实愿望。① 劳动分配制、占有分配制和需要分配制是三种不同的消费分配制度。三种制度都是人类维持生存、推动进步的必然选择，它们的存在都是合理的、必然的。不能用一种分配制否定另一种分配制，如果没有劳动分配制，人们就会失去劳动积极性，就不能有人类生产的发展；如果没有占有分配制，人们就会疏忽对生产资料的管理，生产力水平就不易提高；如果没有需要分配制，那些既不占有生产资料，又没有劳动能力和失去劳动机会的人就不能生存下去。正是三种社会消费分配制度共

---

① 《要福利，不要战争：伦敦 25 万民众游行抗议政府裁减预算》，《合肥晚报》2011 年 3 月 28 日。

同推动了生产力的发展，共同推动了社会进步。

（五）社会福利变动对社会进步的影响

政府运用社会福利调控经济的目的是缩小收入差距、实现共同富裕、促进经济进步。政府可根据社会进步的需要提高、降低和维持社会福利。

1. 提高社会福利对社会进步的影响

适度提高社会福利可以扩大消费需求、刺激经济增长，提高生存水平，促进人类生产社会向自动生产社会发展。

（1）扩大消费需求。适度提高社会福利，直接提高占人口一半以上的非劳动人口的收入。部分低收入的劳动者放弃劳动转为非劳动人口，劳动单位减少。为留住必要劳动力必须提高劳动者的工资，特别是首先提高广大低收入劳动者的工资，使劳动者平均收入增加。非劳动人口和低收入劳动人口占人口的80%以上，这部分人收入的增长直接扩大市场消费需求，缩小消费差距。

自由市场经济在分配领域的缺点是货币向少数管理人员、高智能人员集中，形成分配上的贫富两极分化，这种现象叫作货币市场性集中。少数富人集中了过多的货币，大量的货币结余储存起来，退出流通领域。而大多数穷人货币购买力不足，为了维持长期生存，又必须牺牲部分近期消费而储蓄，从而导致消费领域流通货币不足，市场需求不旺，物价下降，消费萎缩。中央银行通过放款途径向生产市场投放货币，生产资金转化为消费资金后，虽然消费资金总量增加，但是在货币市场性集中机制作用下，大部分没有进入消费活动，而成为银行的信贷资金。所以在货币市场性集中机制作用下，中央银行的货币投放启动消费有限。由于消费资金短缺，生产领域又集中了过多的资金，必然造成劳动工具过剩，产品过剩，形成巨大浪费。生产的目的就是为了人类消费，不是为了经济增长而生产（为了生产而生产）。由于广大低收入者消费资金短缺，一方面生产能力闲置、产品过剩，另一方面公民的消费需求得不到满足。生产活动违背了生产目的，成为少数人牟利的手段。

（2）推动生产进步。适度提高社会福利，扩大了消费市场需求，引起生产增长。在市场经济条件下，生产能力经常处于过剩状态，扩大消费市场必然引起生产增长。在生产能力不足时，扩大消费市场引起物价上涨。

上调社会福利，使部分劳动能力较差的低收入劳动人口转为非劳动人口，提高了劳动人口素质，减少了低价值劳动和浪费性劳动，节约了资源，提高了劳动生产率。在市场扩大、劳动力减少的条件下，企业必须用工具代替人工，提高劳动工具效率，促进了科技进步，推动人类生产向自动生产转化，引起生产进步。

（3）劳动人口正向移动。逐步提高社会福利，引起劳动人口正向移动，使劳动人口逐渐减少，非劳动人口逐渐增加，工具劳动逐步替代人类劳动，促进人类社会由人类生产社会向自动生产社会转变，提高人类生存质量。

总之，适度提高社会福利对促进社会发展有着不可低估的积极作用。但是要注意循序渐进，上调幅度不宜过猛，时间间隔不宜过短。上调过度，会引起劳动人口超量流失，市场供应不足，通货膨胀，当然这种情况只是短期的，因为市场具有社会福利修正机制，会立即对社会福利实施修正，只要不频繁调整，不会对经济造成破坏。适度上调社会福利对社会进步有三个方面的影响，一是在消费活动方面，如非劳动者私人获得增加、劳动者平均收入增加、缩小两极分化、消费需求增长等；二是在生产活动方面，如生产增长（或物价上涨）、节约资源、科技进步、提高劳动生产率、向自动生产发展、生产进步等；三是在人口变化方面，如劳动人口减少、非劳动人口增加、生活质量上升、向自动生产社会发展等。

2. 降低社会福利对社会进步的影响

降低社会福利可以缩小消费需求，收缩经济总量，降低生存水平，放慢社会进步速度，甚至引起社会倒退。

（1）消费需求萎缩。非劳动人口占人口比例一半以上，随着工具劳动的发展，这一比重还将扩大。降低社会福利直接使非劳动人口的收入减少。人口逆向移动，引起劳动者平均收入下降，低收入劳动者增加，扩大了收入差距。出现贫困人口或贫困人口增加，货币购买力不足，社会消费水平下降。

（2）生产停滞或倒退。货币购买力不足，市场萎缩，生产工具闲置增加，产品过剩；大量劳动水平低的非劳动者进入劳动领域，从事浪费资源、污染环境的浪费性劳动和低价值劳动。劳动生产率下降。落后生产以低成本、低价格、低利润、高回扣抢占先进生产的市场。生产的知识水平和道德水平下降。

（3）人口逆向移动。非劳动人口减少，劳动人口增加。由于市场对产品需求减少，劳动量不能增加。在劳动量不变或下降的条件下，人类劳动增加引起工具劳动减少，出现人类劳动替代工具劳动的生产方式倒退，阻碍人类劳动社会向自动生产社会发展。

总之，降低社会福利对社会发展起到阻碍作用，不宜采用。在出现严重通货膨胀和劳工不足时，可以考虑适当下调社会福利。下调社会福利会对社会进步造成以下几个方面的影响，一是在消费活动方面，如非劳动者私人获得减少、劳动者平均收入减少、扩大两极分化、消费需求减少等。二是在生产活动方面，如生产萎缩（或物价下降）、浪费资源、妨碍科技进步、降低劳动生产率、向人类生产发展生产退步等；三是在人口变化方面，如劳动人口增加、非劳动人口减少、生活质量下降等，不利于社会进步。

3. 维持社会福利对社会进步的影响

维持社会福利使劳动人口与非劳动人口收入差额固定，劳动人口与非劳动人口的比例相对稳定。这时的社会福利既不引导社会进步，也不引导社会倒退。

社会福利是最重要的社会调整杠杆，属于财政调控范畴。其作用力度很大，调整范围很广。运用得好，对社会进步能够起到巨大的推动作用。但是不能用它顶替诸如税率杠杆、利率杠杆、行政杠杆等其他调控手段，而应该适当配合运用。

每个合法公民在出生之日起就应从政府得到一个个体福利账户，该账户伴随人的一生，号码同身份证明相同，政府按月向每一个个体福利账户划拨等量的个体福利。

社会福利对社会进步的影响规律表现如下：在社会消费品数量可承受的范围内，提高社会福利，促进社会进步；降低社会福利，阻碍社会进步，甚至引起社会倒退；维持社会福利，不引导社会进步，也不引导社会倒退。

第二节　消费分配制度与宏观社会类型进步

劳动分配制、占有分配制和需要分配制与宏观社会类型进步有着密切的联系。它们共同存在于宏观社会类型进步的各个阶段之中，需要分配制不仅存在于自动生产社会，也存在于自然生产社会和人类生产社会。

随着宏观社会的发展，三种消费分配制度也在发展。它们的具体形式和所占比重在不同的宏观社会发展阶段存在显著变化。

消费分配制度与宏观社会类型进步关系规律表明：当消费分配制度落后于宏观社会类型进步时，会阻碍宏观社会类型进步；当消费分配制度超前于宏观社会类型进步时，也会迟滞宏观社会类型进步；只有当消费分配制度与宏观社会类型进步相适应，才最有利于宏观社会类型进步。

一 自然生产社会的消费分配制度

在自然生产社会，部落内部实行劳动分配制和需要分配制，部落之间实行占有分配制。

人类在自然生产社会中最主要的活动就是寻找食物以维持生存。这一点同其他动物并没有本质上的差别。人们有组织地生活在一定的地域内，从事以寻找食物为主的消费活动。每群人都有自己较为固定的活动范围，它是部落成员赖以生存的生存圈。人们非常重视它并且不允许其他部落侵犯。生存圈内存在自然生产资料和自然消费品，如动物、植物等。部落对生存圈内自然生产资料和自然消费品的占有实际上就是部落之间的占有分配制。哪个部落占有该生存圈，哪个部落就获得在该生存圈的消费权。部落对生存圈的公共占有，对本部落成员不存在约束力，部落成员并不能因为处在自己部落的生存圈内而获得个人的实际消费权。因为在生存圈内尚未采摘的果实和尚未捕获的动物虽然属于部落占有，但对于个人来说只是一种潜在的、可能的、不确定的消费权，不能进行消费。哪个动物、哪个果实归哪个人消费并不能因为存在部落公共占有分配制而得到具体落实。这个消费分配制只对部落间分配有效，对部落内分配无效。

食物需要分配给个人。劳动即得制和亲情制实现了消费品的公共占有向个人实际占有的转化。

人们只有通过采摘野果、捕捉动物等消费劳动，才能从自然界中获得这些食物，消费劳动使人们有了消费权。部落内部对消费品的第一次分配是劳动分配制，劳动是当时人们维持生存的第一需要，如果部落成员都不劳动，部落就会灭亡，因此劳动分配制是维持部落生存、鼓励人们劳动的必然选择。自然生产社会中的劳动分配制主要表现为劳动即得制，而不是按劳分配制。人们并不计算每个人的劳动投入和劳动成果，所有参与劳动的人都有权分得一份食物。对于少量食物人们往往同猴子一样边采摘边吃掉，对于较多的食物人们会拿回住地进行分配。没有家庭的群居部落，会将食物直接分配给每个劳动者和有正当理由没有参加劳动的部落成员；存在家庭的部落，会将食物直接分配给每个劳动者，由劳动者带回家庭分配给家庭其他成员。自然生产社会中除了劳动分配制外，还存在另一种分配制度，就是需要分配制。部落中没有参加劳动的人能够获得消费分配，完全是因为他们生存的需要。自然生产社会中的需要分配制是建立在劳动分配制基础之上的，如果没有劳动分配制，就不可能有需要分配制。劳动分配制是自然社会中主要的分配制度，需要分配制是劳动分配制的补充。需要分配制只适合部落中有正当理由没参加劳动的人口，不适合于所有人口，如果需要分配制适合所有人口，所有的人都有权力不劳而获、坐享其成，那么就没有人会去劳动，人类就会灭亡。有正当理由没参加劳动的人是指婴幼儿、老人、孕妇、丧失劳动能力的人以及存在其他公众认可理由的人。

自然生产社会的需要分配制表现为亲情制，参与分配的人基本上都是劳动者的亲属，人们不会将食物分给不相干的人。

二　人类生产社会的消费分配制度

人类生产社会的消费分配制度伴随生产力水平的不断提高而发展，社会中普遍存在着劳动分配制、占有分配制和需要分配制。

（一）人类生产社会的劳动分配制

劳动分配制在人类生产社会中得到充分发展。

奴隶主对奴隶实行的是劳动即得制。奴隶在失去人身自由的条件下从事劳动，拒绝劳动就会被处死。这种强制劳动使得奴隶主没有必要去计算奴隶投入的劳动量，无论奴隶做出多大贡献，都只能得到维持生命的最低报酬。调动奴隶劳动积极性的唯一方式就是暴力，积极劳动就不挨打或少挨打。

地主将土地租给农民，向农民收取一定的地租。农民收获的粮食越多，自己留下的越多，反之则越少。地主雇佣农民耕作，或按时间付酬，或按劳动效果付酬。上述情况都具有按劳分配的特征。

现代企业对员工实行的是典型的按劳分配制。国有企业、私人企业、股份制企业莫不如此。采取的主要形式是计时工资和计件工资，计时工资根据劳动者投入的劳动时间付酬，计件工资根据劳动者的劳动效果付酬。

在人类生产社会中，生产劳动、消费劳动和管理劳动都可以参加按劳分配。但是并不是所有劳动都参加了分配。有偿劳动参加分配，义务劳动不参加分配。

多劳多得的按劳分配制调动了劳动者的劳动积极性，促进了生产力的发展。

（二） 人类生产社会的占有分配制

人类生产社会产生了私人占有分配制，公共占有分配制也得到了进一步发展。

私有制是与人类生产一同产生的，如奴隶主、地主、资本所有者普遍实行私人占有分配制。奴隶主以强占手段获得占有分配，地主以地租形式获得占有分配，资本所有者的占有分配来源于企业利润。在人类生产社会，私有制的形式呈多样化，先后产生了个人制、家族制、合伙制和股份制。

私有制对于发展生产力有着重要意义。私有制充分调动了管理者的生产管理积极性，使之不断扩大生产力规模，提高生产力水平。人类生产史证明，调动管理者积极性的私人占有分配制和调动劳动者积极性的按劳分配制共同促进了生产力的发展。个人制、家族制和合伙制适合于小规模的生产活动；股份制则适合于各种规模的生产活动，特别是大型企业更宜实行股份制。

人类生产社会的公共占有分配制从自然生产社会演化而来。在自然生产社会，部落成员公共占有生存圈，公共占有分配是一种虚拟分配。在人类生产社会，国家对领土行使主权，国内所有生产资源都是国家资源，国家是生产资源的最终占有者。国家以税收制的形式实行国家最终占有分配制，税收制普遍存在于人类生产社会的各个历史时期。人类生产社会还存在着国家直接占有分配制。

（三）人类生产社会的需要分配制

需要分配制有着悠久的历史。它与人类社会一起产生，并伴随生产力的发展而发展。人类生产社会的需要分配制的主要形式有亲情制、公益制和福利制。

亲情制产生于自然生产社会，在人类生产社会中得到进一步发展。亲情制的范围仅限于家庭成员，其形式日趋规范化。目前，许多国家都以抚养制、赡养制等法律制度落实亲情制。

公益制是在人类学会生产以后产生的。公益制的存在需要有两个条件：一是有必需的公共消费，二是有足够的人类生产供给。在人类生产社会，公益制伴随人们公共消费需要的增长和生产力水平的提高而发展。奴隶社会时已经存在了公益制，如公用的交通设施、水利设施和防御设施等。当代公益制在强大的生产力支持下得以快速发展，公益设施日益增多，日臻完善。

福利制产生的晚一些。真正的福利制是从机器生产时代开始的，机器引入生产过程极大地提高了劳动生产率，科学技术的迅猛发展又促使劳动生产率不断提高，劳动生产率的日益提高为福利制的产生和发展提供了条件。一方面没有劳动收入和占有收入的家庭日益增多，许多人面临生存危机，迫切需要一种新的分配制度解决他们的生存问题。劳动力过剩又引起劳动价格下跌，广大劳动人民的收入也日趋减少，消费市场呈日益萎缩之势。另一方面企业生产能力日益扩大，产品数量日益增多，生产能力闲置和产品积压严重降低了企业效益，使企业生产经营陷入困境。企业迫切需要扩大市场需求。

产品日益过剩与人民日益贫困、生产能力日益增长与消费市场日益萎缩成为制约机器生产社会生产力发展和社会进步的主要矛盾。

失业和贫困的不断增长还引发了一系列严重的社会问题，社会秩序混乱，抢劫、偷盗、诈骗、拐卖人口、走私、卖淫、贩毒、赌博、凶杀等严重犯罪行为呈上升趋势。无业人员为了生存利用先进企业淘汰的设备建立了众多的落后生产单元，这些落后生产单元劳动环境恶劣，机器设备落后，严重浪费资源和污染环境，产品危害人们的健康，不利于社会进步；它们以低于先进企业的生产成本生产假冒伪劣产品，以低于先进企业产品的价格占领市场，冲击了先进企业的生产，导致先进企业的生产能力进一步过剩，失业人口进一步增加。这些新增失业人口又分流到落后生产单位和犯罪人口中，使落后生产力进一步扩大，犯罪率进一步上升，先进企业的市场份额进一步下降，形成恶性循环。

一些国家由于没有处理好失业和贫困问题，社会进步缓慢，或者生产停滞，或者生产增长依赖出口消化，人民生活水平得不到相应提高。一些对于失业和贫困处理得好的国家，其生产力水平迅速提高，相继走进发达国家的行列，社会呈现全方位进步的良好态势。这些国家的共同点是建立了比较完善的福利制度，利用福利制度从根本上解决失业和贫困问题。

生产力的发展必然推动物质分配方式的变革。自动生产力的持续发展引起"按劳分配"的持续减少和"按需分配"的持续增长。

三 自动生产社会的消费分配制度

自动生产社会的劳动分配制表现为按劳分配制，但社会对人类劳动需求较少，只有极少数人通过劳动获得收入，按劳分配制在个人消费分配制度中已经处于次要地位。

需要分配制中仍然存在着公益制和亲情制。福利制发展为必要消费制。在人类生产社会，福利制是解决少数最下层人民生存问题的个人分配制度。受生产力水平限制，它提供的往往是最低的生存保障，不能满足被分配者的全部必要消费需要。在自动生产社会，福利制要解决的是绝大多数人的生存问题，社会生产力水平已经完全能够满足全体人民的必要消费需要，所以自动生产社会的福利制表现为必要消费制。必要消费制取代了按劳分配制在个人消费分配制度中占主要位置。

在占有分配制方面仍然存在着公共占有分配制，私人占有分配制则以股份占有分配制为主。自动生产社会的生产和服务企业几乎全部为大型或超大型股份公司，个体经济、家族经济、合伙经济被淘汰出局。

自动生产社会进入高级阶段后，人们的道德水平已经很高，义务劳动得以普及，加之必要消费制度可以完全满足人们的必要消费需要，有酬劳动可能全部被义务劳动所取代。普及到每个人的必要消费制度最终将成为社会中最重要的消费分配制度。

四 消费分配制度比重变化

劳动分配制比重随着劳动生产率的提高而呈下降趋势，在自然生产社会中所占比重最大，几乎 100% 的家庭都依靠劳动生存；在人类生产社会中所占比重居中；在自动生产社会中所占比重最小。

需要分配制与劳动分配制的发展趋势正好相反，需要分配制比重呈日益上升趋势，需要分配制在自然生产社会中所占比重最小，在人类生产社会中所占比重居中，在自动生产社会中所占比重最大。其中福利制比重随着劳动生产率（失业率）的提高而呈上升状态，公益制比重随着公共消费水平的提高而呈上升状态。

占有分配制中公共占有分配制因公益制和福利制的比重增长而逐步增长，在自然生产社会中所占比重最小，在人类生产社会中所占比重居中，在自动生产社会中所占比重最大。私人占有分配制在自然生产社会末期产生，在人类生产社会达到高峰，进入自动生产社会趋于萎缩。

第三节 理论、规律与方法

一 消费分配制度与宏观社会类型进步理论

消费分配制度与宏观社会类型进步理论是消费分配制度进步以及与宏观社会类型进步关系的理论集合，是社会进步理论之一。该理论认为消费分配制度进步是宏观社会类型进步的一个重要方面，而且对整个宏观社会类型进步有着重要影响。当消费分配制度落后于宏观社会类型进步时，会阻碍宏观社会类型进步；当消费分配制度超前于宏观社会类型进步时，会迟滞宏观社会类型进步；只有当消费分配制度与宏观社会类型进步相适应，才最有利于宏观社会类型进步。

消费分配制度与宏观社会类型进步理论阐释了消费分配制度进步与宏观社会类型进步的关系，包括消费分配制度进步理论、需要分配制理论、必要消费制理论、资源共有性理论、福利变动对社会进步影响理论和消费分配制度与宏观社会发展阶段对应理论。

（一）消费分配制度进步理论

消费分配制度进步理论认为：消费分配制度进步应当使消费权的分配规则向有利于发展价值消费需求，抑制并最终消除反价值消费需求，提高价值消费需求层次的方向发展；促进不公平消费社会向公平消费社会发展；人类价值消费基本上是均等的，乏收入不能满足人们的价值消费需求，超收入超过了价值消费需求，可能引起反价值生产。所以，缩小直至消除两极分化，实现在适收入区间内比较均等的货币分配，符合人类利益，是消费分配制度进步的目标。

（二）需要分配制理论

需要分配制理论认为：需要分配制是社会单位成员由于需要消费而获得消费权的消费分配制度，主要形式有亲情制、公益制、福利制，未来还将出现必要消费制。

发展需要分配制，不仅仅为无劳动收入和资本收入的人提供生活来源，更重要的在于它是发展自动化生产力的必要条件，是人类生产社会向自动生产社会发展的必由之路。如果没有有效的社会保障体系，被自动劳动替换下来的劳动者为了维持生存必然要重新进入劳动领域，形成以低成本、低技术、旧设备为特征的落后生产力。落后生产力以维持生存为最低目标，以低价格同先进生产力争夺市场，以人力的廉价生产在价格上战胜昂贵的自动生产，严重阻碍社会生产力水平的提高。

需要分配制理论包括需要分配制的主要形式、需要分配制的理论根据、需要分配制进步的基本原则、需要分配制进步的基本目标、社会福利变动对社会进步的影响等。

（三）必要消费制理论

必要消费制理论认为：必要消费制是社会单位完全满足单位成员的个体必要消费需要的需要分配制，它是设想建立的消费分配制度。必要消费制有两个特点：一是只满足人们的必要消费需要，不满足单位成员的非必要消费需要。二是不仅仅保障单位成员的最低生活水平，而且要保证单位成员具有满足所有必要消费的消费权。一个进步的社会应当满足每一个成员的必要消费需要。人类生产社会向自动生产社会发展，必须进行消费分配制度改革，逐步实现必要消费制，必要消费制是自动生产社会的主要分配制度。

（四）　资源共有性理论

资源共有性理论是关于自然资源归全人类所有的理论，是需要分配制理论的理论基础。该理论认为地球在人类产生之前就已经存在，自然资源不是人类创造的，应当归全人类所有，每个人都有平等利用的权利。因为资源的共有性，而产品是由资源经过生产得来，社会总产品也就具有了共有的属性。需要分配制分配的正是社会总产品中具有共有性的资源价值部分，这是实现公平消费的重要形式。社会总产品还有劳动价值和资本价值，劳动者具有劳动收入权，资本所有者具有资本收入权。需要分配制赋予全体人民资源收入权。

（五）　福利变动对社会进步影响理论

福利变动对社会进步影响理论认为：一是适度提高社会福利可以扩大消费需求、刺激经济增长，提高生存水平，促进社会向自动生产社会发展。但是要注意循序渐进，上调幅度不宜过猛，时间间隔不宜过短。上调过度，会引起劳动人口超量流失，市场供应不足，通货膨胀，当然这种情况只是短期的，因为市场具有社会福利修正机制，会立即对社会福利实施修正。只要不频繁调整，不会对经济造成破坏。二是降低社会福利可以缩小消费需求，收缩经济总量，降低生存水平，放慢社会进步速度，甚至引起社会倒退。总之，降低社会福利对于社会发展有阻碍作用，不宜采用。在出现严重的通货膨胀和劳工不足时，可以考虑适当下调社会福利。三是维持社会福利使劳动人口与非劳动人口收入差额固定，劳动人口与非劳动人口的比例相对稳定。这时的社会福利既不引导社会进步，也不引导社会倒退。

社会福利是最重要的社会调整杠杆，属于财政调控范畴。其作用力度很大，调整范围很广。运用得好，对于社会进步能够起到巨大的推动作用。政府运用社会福利调控经济的目的是缩小收入差距、实现共同富裕、促进经济进步。可根据社会进步的需要提高、降低和维持社会福利。

（六）　消费分配制度与宏观社会发展阶段对应理论

消费分配制度与宏观社会发展阶段对应理论认为：消费分配制度与宏观社会发展阶段有着密切的对应关系。它们的具体形式和所占比重在不同的宏观社会发展阶段存在着显著变化。

自然生产社会以劳动分配制为主，需要分配制表现为亲情制。人类生产社会仍然以劳动分配制为主，产生了私人占有分配制。需要分配制产生了公益制和福利制。自动生产社会的劳动分配制已经处于次要地位。必要消费制取代了按劳分配制在个人消费分配制度中占主要位置。私人占有分配制则主要表现为股份占有分配制。

劳动分配制比重随着劳动生产率的提高而呈下降趋势。需要分配制比重随着劳动生产率的提高而呈上升趋势。生产力的发展必然推动物质分配方式的变革。自动生产力的持续发展引起"按劳分配"的持续减少和"按需分配"的持续增长。占有分配制中公共占有分配制因公益制和福利制的比重增长而逐步增长，在自然生产社会中所占比重最小，在人类生产社会中所占比重居中，在自动生产社会中所占比重最大。私人占有分配制在自然生产社会末期产生，在人类生产社会达到高峰，进入自动生产社会趋于萎缩。

二　消费分配制度与宏观社会类型进步相关规律

（一）劳动分配比重递减规律

劳动分配制在自然生产社会、人类生产社会和自动生产社会中都存在。但是随着社会进步，劳动分配制在消费分配制中所占的比重呈下降趋势。在自然生产社会中所占的比重最大，在自动生产社会中所占的比重最小。劳动分配制在自动生产社会中已经处于绝对的次要地位。

（二）需要分配比重递增规律

需要分配制在自然生产社会、人类生产社会和自动生产社会中都存在。但是随着社会进步，需要分配制在消费分配制中所占的比重呈上升趋势。在自然生产社会中所占的比重最小，在自动生产社会中所占的比重最大。需要分配制在自动生产社会中已经处于绝对的主要地位。

（三）社会福利对社会进步的影响规律

在社会消费品数量可承受的范围内，提高社会福利，促进社会进步；降低社会福利，阻碍社会进步，甚至引起社会倒退；维持社会福利，不引导社会进步，也不引导社会倒退。

（四） 消费分配制度与宏观社会类型进步关系规律

当消费分配制度落后于宏观社会类型进步时，会阻碍宏观社会类型进步；当消费分配制度超前于宏观社会类型进步时，也会迟滞宏观社会类型进步；只有当消费分配制度与宏观社会类型进步相适应，才最有利于宏观社会类型进步。

三 消费分配制度进步基本方法

消费分配制度进步基本方法是根据消费分配制度进步理论总结的消费分配制度进步方法体系。

（一） 劳动分配制进步的基本方法

一是合理确定劳动分配收入的最低限额，如建立最低工资标准。二是不限制劳动者的工资上限。三是建立合理的劳动分配收入的增长机制，不断提高劳动者生存水平。四是严格控制工时，禁止超时工作。五是严格控制劳动强度，对于计件工资要核定合理的计件最高上限。六是严禁对劳动者施加精神压力。七是严禁以任何名目克扣工资。八是根据工作岗位选择适当的按劳分配制形式。

根据活动的社会进步准则，人类的一切活动都应该维持和提高人类的生存水平，而不应该降低人类的生存水平。所以要鼓励那些给职工高工资的行业和企业的发展，并总结出经验向其他行业和企业推广。而那些给职工低工资的行业和企业则需要改革。

（二） 占有分配制进步的基本方法

一是推进各种形式的私人占有分配制向股份占有分配制发展。二是合理处理按劳分配和按资分配的比例关系。三是鼓励资本所有者在满足私人合理消费及投资的前提下，最大限度的投入社会公益事业。

（三） 需要分配制进步的基本方法

1. 政府组织原则

需要分配制应当由政府组织实施，分配对象为全体人民。政府要围绕提高全国人民的生存水平这一核心使用资金。

2. 税收消费原则

国家的税收应当主要用于全民的消费。劳动者和资本所有者使用的资源本质上应当归社会全体成员所有，应当向全体成员购买。企业向国家缴税本质上是向全民购买资源。而社会全体成员通过国家向企业出售资源的目的是获得消费权，即用自己拥有的资源向企业换取消费权。所以国家的税收应当主要用于全民的消费，极少部分用于维持政府运转，以实现全民的资源收入权。

3. 平等原则

社会总产品的资源价值属于全民，所以其本质特征是每个公民都有平等的使用权。无论人们有无劳动收入和资本收入，都应获得平等的资源收入，这是对社会总产品的资源价值的公平分配。这种公平分配可以有两种形式，一是以货币形式平均分配给个人，无论职位高低所获得的养老金相同。二是对全体公民实施免费项目。每个公民都能得到支持个人必要消费的收入，收入水平随着社会进步不断提高。每个公民都能够受到正规大学教育，没有任何限制条件。每个公民都能够获得足够的卫生保健，不会因为费用不足而失去任何治疗机会。

推动福利制向必要消费制发展，保证所有人的必要消费都能得到满足。

本章小结

第一，消费分配制度进步是宏观社会类型进步的一个重要方面。而且对于整个宏观社会类型进步有着重要影响。当消费分配制度进步落后于宏观社会类型进步时，会阻碍宏观社会类型进步；当消费分配制度进步超前于宏观社会类型进步时，也会迟滞宏观社会类型进步；只有当消费分配制度进步与宏观社会类型进步相适应，才最有利于宏观社会类型进步。

第二，各种消费分配制度都是适应人类社会生产力发展和人的生存需要而存在的，关键在于管理活动本身的水平。管理得好就会促进社会进步，管理得不好就会迟滞社会进步。

第三，消费分配制度与宏观社会类型进步理论阐释了消费分配制度进步与宏观社会类型进步的关系，包括消费分配制度进步理论、需要分配制理论、必要消费制理论、资源共有性理论、福利变动对社会进步影响理论、消费分配制度与宏观社会发展阶段对应理论。

关键术语

消费权、消费分配制度、消费分配制度进步、劳动分配制、劳动即得制、按劳分配制、计时工资制、计件工资制、计时计件工资制、占有分配制、需要分配制、亲情制、公益制、福利制、必要消费制、劳动私有性。

劳动分配比重递减规律、需要分配比重递增规律、社会福利对社会进步的影响规律、消费分配制度与宏观社会类型进步关系规律。

消费分配制度与宏观社会类型进步理论、消费分配制度进步理论、需要分配制理论、必要消费制理论、资源共有性理论、福利变动对社会进步影响理论、消费分配制度与宏观社会发展阶段对应理论。

消费分配制度进步基本方法。

思考题

1. 什么是消费权？

2. 什么是消费分配制度？

3. 举例说明劳动即得制和按劳分配制的联系和区别。

4. 什么是需要分配制？为什么说亲情制是需要分配制的古老形式？

5. 联系中国社会实际，论述发展必要消费制有何社会进步意义？

6. 简述需要分配制的主要形式。

7. 简述需要分配制的理论根据。

8. 简述需要分配制进步的基本原则。

9. 简述需要分配制进步的基本目标。

10. 论述社会福利变动对社会进步的影响

11. 结合宏观社会类型进步，论述劳动分配比重递减规律和需要分配比重递增规律。

12. 举例说明社会福利对社会进步的影响规律。

13. 论述消费分配制度与宏观社会类型进步关系规律。

14. 简述消费分配制度与宏观社会类型进步理论。

15. 简述消费分配制度进步理论。

16. 简述需要分配制理论。

17. 简述必要消费制理论。

18. 简述资源共有性理论。

19. 论述福利变动对社会进步影响理论。

20. 论述消费分配制度与宏观社会发展阶段对应理论。

21. 论述消费分配制度进步的一般方法。

第九章

生产进步

学习目的：

了解生产进步的内容和目标

掌握生产目的进步理论

掌握链条理论

掌握价值生产理论

掌握生产方式进步理论

掌握企业布局进步理论

掌握生产力规模进步理论

了解企业规模、数量进步理论

掌握生产的数量进步理论

了解价值经济波动理论

掌握企业准入进步理论

掌握生产进步相关规律

掌握生产进步基本方法

第三章阐述的活动水平及活动水平测量与比较等关于人类活动进步的基本知识，完全适合于生产活动。本章专门对生产进步做进一步的研究，应与第三章相关内容结合起来学习和应用。

生产是指为人类创造有用的东西的过程，其主体可以是自然界、人类和自动化设备。所以生产包括自然生产、人类生产和自动生产。生产的结果是产品和垃圾。人类生产是人类的两大基本活动之一，是为制造产品而利用资源或者产品的人类活动。简单地说，人类生产就是制造产品的人类活动。

生产进步是指生产向耗费尽量少的资源、不断降低对人类的危害、持续提高价值消费水平的方向发展。显然，生产进步包括三层含义：一是生产相同的产品，生产利用的资源应趋于减少，即生产的物质利用水平的提高。二是生产活动伤害人类健康，污染环境等对人类的危害以及产品本身对人类的危害应趋于减少。三是生产结果能够满足人的价值消费水平提高的需要。第一条使生产能够长期持续。后两条使人的生存水平趋于提高，生产进步即是生产的社会作用水平、作用范围水平、作用幅度水平、作用持续时间水平的提高，这三条是衡量生产是否进步的基本标准。

生产进步与环境进步高度相关。生产进步是环境进步的手段，环境进步是生产进步的结果。生产进步改善人类的物质生存条件，提高环境水平，包括提高自然生存条件水平（自然环境水平），提高人工生存条件水平（产品水平、垃圾处理水平），提高环境关系及环境互动水平。

生产进步与消费进步高度相关。消费的对象是环境，人们不仅消费自然环境如空气、水、海中的鱼，还消费人工环境，如房屋、汽车、面粉。生产进步改善了环境，为消费进步提供了物质条件。

社会进步学认为任何进步都是或多或少、或大或小的人类生存水平的提高，生产进步也是如此。生产什么产品，质量如何，数量多少，对人类生存水平有重要影响。但是生产对人类生存水平的影响不仅仅限于产品。为什么生产，采用什么方法生产，在哪里生产，经济政策如何都会对人类生存水平产生重要影响。所以，生产进步包括生产目的进步、生产性质进步、生产方式进步、企业布局进步、生产力规模进步、生产的数量进步、企业准入进步等丰富的内容。

当前，生产进步的主要矛盾不是产品不足，而是生产的人性化问题。本章所有内容都是围绕生产人性化展开的。生产人性化是指不适应社会进步的利润生产，向适应社会进步的人性生产转化。生产人性化是一场生产革命，是人性生产取代利润生产的革命。

利润生产是指以获得利润为目的，有损害人的健康、破坏环境和浪费资源等特征的生产。利润生产把利润放在人性之上，为了利润可以泯灭人性，如"三鹿毒奶粉事件""上海福禧事件""苏丹红事件""锦湖轮胎原料掺假事件"等充分体现了利润高于人性的特征。

人性生产是指以满足人的价值消费需要为目的，以维护人的健康，保护环境和节约资源为特征的生产。人性生产也要利润，但是人性生产把人性放在利润之上，为了人性可以牺牲利润。

利润生产向人性生产发展是生产人性化，是生产进步。把生产人性化放大到整个经济活动就是经济人性化。经济人性化是指不适应社会进步的利润经济，向适应社会进步的人性经济转化。经济人性化是一场经济革命，是人性经济取代利润经济的经济人性化变革。

第一节　生产目的进步

生产目的是指为什么而生产。生产目的指导整个生产过程，制约生产结果。生产者会主动选择最容易的办法达到生产目的。

在生产进步中，生产目的进步是第一位的，是生产进步的基础，解决为什么生产的问题。人性生产目的取代利润生产目的和就业生产目的是生产目的进步。

一　生产目的与社会进步的关系

人类自学会生产以来，生产产品只有两个目的。一是为了直接维持和提高自身生存水平而生产产品，即生产的产品用于维持和提高生存水平的消费活动。人类为了提高生存水平学会了生产。生产的产品用于自身消费，人们往往会尽最大能力生产好的产品，来提高自身生存水平。二是为了交换而生产产品。伴随着生产的日益发展，人们已经超出了消费的需要而去无休止地积累财富。生产的产品主要用于交换更多的财富支配权。生产与自身消费脱节导致生产者更注重生产利润，而忽视生产对人类生存的影响。许多生产活动不仅无助于提高人们的生存水平，反而严重危害人们的生存。例如，血汗工厂恶劣的劳动条件损害着劳动者的健康，有毒有害产品慢慢吞噬着消费者的生命。

一些生产者为了获得利润生产反价值消费产品。人们的消费需要多种多样，既有价值消费需要，又有反价值消费需要。作为以牟利为目的的企业来说，只要能获利，即使是反价值产出产品也在生产之列。而生产任何反价值产出产品都是浪费资源，对社会进步有害无益。

一些生产者为了获得利润生产假冒伪劣产品，通过向政府及企业采购决策者行贿或欺骗的手段推销中间产品，通过欺骗、低价出售等手段向消费者推销产出产品，生产者通过使用稀缺资源生产几乎无用的产品，既浪费了资源，又制造了垃圾。

一些生产者为了获得利润，在生产中不惜造成环境损失，降低人类生存水平。例如，过度耕种、过度放牧和乱砍滥伐，造成水土流失、土地沙漠化以及森林锐减，生产能造成大气污染、水体污染、固体污染的消费品。只顾自己获利，不顾他人受害；只顾眼前享受，不顾后代生存。一些产生污染的企业省去了治理污染的设备和资金投入，以此降低生产成本，提高利润，增强竞争优势。

一些生产者为了获得利润而浪费的资源数量巨大，这些被浪费的资源如果用在价值消费需要的供给上，可以大幅度提高人类现有的生存水平；如果暂时不用，形成资源结余，可为持续发展提供资源。

显然，以满足人的价值消费需要为目的的生产活动，在生产中重视维护人的健康、保护环境和节约资源，能够起到维持和提高人的生存水平的作用；而以获利为目的的生产活动会为了获得最大利润而不惜损害人的健康、破坏环境和浪费资源。2014年轰动全国的"上海福喜事件"，就是企业为了追求利润最大化而损害人的健康的典型事件。这样的事件在我国并非个案，具有普遍性。社会进步学将这两类生产目的分别称为人性生产目的和利润生产目的。

人性生产目的是为了维护人的健康、保护环境和节约资源，其生产活动表现了生产者的生产目的。人性生产目的是为了满足人的价值消费需要，在维护人的健康、保护环境和节约资源的基础上追求企业利润。以人性生产目的组织生产，企业利润要低于以利润生产目的的组织生产，但是有利于社会进步，造福于公民。利润生产目的是指为了利润不惜损害人的健康、破坏环境和浪费资源，其生产活动表现了生产者的生产目的。利润生产目的以获得利润为唯一目的，在损害人的健康、破坏环境和浪费资源基础上追求企业利润。以利润生产目的组织生产，企业利润要高于以人性生产目的的组织生产，但是有害于社会进步，祸害于人民。

生产目的与社会进步关系规律是：生产目的与社会进步高度相关。人性生产目的有利于社会进步，利润生产目的不利于社会进步；人性生产目的比重越高，利润生产目的的比重越低，社会进步越快；反之，人性生产目的的比重越低，利润生产目的的比重越高，社会倒退越快。

生产目的存在于企业家心中，但是可以通过其生产行为明显表现出来。判断生产目的不能听其言，只能观其行。以损害人的健康、破坏环境和浪费资源为特征的生产活动都具有利润生产目的，而在维护人的健康、保护环境和节约资源的基础上追求企业利润的生产活动都具有人性生产目的。

除了利润生产和人性生产，还有一种政府主导的单纯为扩大就业而生产的就业生产目的。在社会福利制度不完善的国家中，人们没有工作就意味着贫困，为了生存和提高生存水平就必须就业。在生产力高度发达的地区，只有扩大生产规模或降低效率，才可能增加就业机会。人类的价值消费需要是有限的。当生产规模小于价值消费需要时，扩大生产规模对人类有益，但同时要扩大价值消费需求；当生产规模已经等于或大于价值消费需要，只是由于分配两极分化造成价值消费需求过小，许多人由于没有工作而处在乏收入区间，这时如果采用增加新的生产力的办法解决贫困，必然导致生产过剩。

二　国家生产目的总原则

在市场经济条件下，企业应该追求利润，企业只有盈利，才能继续生产下去。但是放任企业追求利润，又会对社会造成严重危害。对于社会进步来讲，不能只以利润作为生产目的。社会管理部门在处理这个问题时，不应采取简单的方法，或者放任企业追求利润，或者禁止企业追求利润。应该通过正确的社会控制制约企业行为，使企业既可以追求利润，又节约资源，不损害环境，为社会可持续发展做出贡献。允许企业为满足价值消费需要而生产，在人性生产基础上追求利润最大化。

国家生产目的总原则是：鼓励引导企业建立人性生产目的，取缔坚持利润生产目的，完善社会福利制度，化解就业生产目的。

生产目的进步的基本方法有以下三个。

第一，社会舆论导向宣传人性生产目的，批评利润生产目的。广泛利用学校教育、广播电视、网络等宣传工具教育民众。提高生产组织者和参与者的品德水平和认知水平，让所有人都知道什么是人性生产，什么是利润生产，主动进行人性生产，抛弃利润生产。

第二，建立健全严格的生产法律。用法律手段鼓励在维护人的健康、保护环境和节约资源的基础上追求企业利润的生产活动。禁止进行损害人的健康、破坏环境和浪费资源的生产活动，将损害人的健康、破坏环境和浪费资源的生产活动视为严重犯罪。如果损害人的健康、破坏环境和浪费资源的生产活动大量存在，说明法律不够健全，处置力度不够，不足以震慑犯罪。法律要严，执法也要严。

第二，完善社会福利制度，化解就业生产目的。随着生产效率的不断提高，必要就业岗位将逐渐减少，人为增加就业机会会增加超需求生产，容易造成资源损失、环境损失和休闲损失。现在需要更新观念，改革分配制度，使没有就业机会的人的价值消费需要也能得到满足。

第二节　生产性质进步

从生产的社会作用上划分，生产分为价值生产和反价值生产。价值生产与反价值生产反映的是生产性质与社会进步的关系。

生产的社会进步意义与消费的社会进步意义相关。如果生产不与价值消费相联系，生产将没有任何社会进步意义。研究价值生产与反价值生产，首先要明确生产与消费的关系。

一　生产与消费关系基本链条

生产是为人类提供可利用物质的过程，消费是不制造任何产品的利用资源或者产品的人类活动。生产为消费提供产品，消费引起生产。生产与消费关系可以表示为：

消费→生产

进一步分析，引起生产的是消费需求，而引起消费需求的是消费需要。公式左边可用消费需求和消费需要替代：

消费需要→消费需求→生产

人类的消费活动只需要生产提供消费品和消费服务，并不需要机床、厂房等生产品和生产服务，所以消费需求引起的是消费品和消费服务的生产即产出生产。产出生产是指为消费部门的生产，而生产部门提供给消费部门的产品称作产出产品，它是生产部门的最终产品，包括消费品和消费服务。从产出产品效用角度划分，可分为价值产出产品和反价值产出产品。价值产出产品是指用于满足价值消费需要的产出产品，它用于维持或提高人类生存水平的消费品和消费服务；反价值产出产品是指用于满足反价值消费需要的产出产品，它用于降低人类生存水平的消费品和消费服务。

进行产出生产需要厂房、工具、能源、生产原料等生产品和生产性服务。产出生产需要形成生产需求，生产需要是指企业获得利用生产品和生产服务的欲望，生产需求是指有货币支持的准备实现的生产计划，生产需求引起了中间生产。中间生产是指在生产部门内部流通为生产服务产品的生产，中间产品是指在生产部门内部流通为生产服务的产品。例如，厂房、生产工具、生产能源、生产原料等生产品和金融生产服务、沟通生产服务、运输生产服务、市场生产服务等生产性服务，这些产品都在生产部门内部生产和流通，为生产产出产品而存在。

因为存在着消费部门，所以才存在生产部门；因为存在着消费对产出产品的需求以及产出生产对中间产品的需求，所以才存在产出生产和中间生产。

完整的社会生产过程是从自然界取得资源开始，到消费者得到产出产品为止。这与企业生产过程不同。由于生产分工的不断细化，企业生产过程只是社会生产过程中的一个阶段。有的企业只生产中间产品，有的企业只生产产出产品。为了较细地分析消费与生产之间的关系，生产与消费关系基本链条中包括了产出生产和中间生产，并且相应包括了产出产品需求（消费需求）和中间产品需求（生产需求）。生产与消费关系基本链条如下：

消费需要→消费需求→产出生产→生产需求→中间生产

消费需要引起消费需求，企业为满足消费需求而进行产出生产，产出产品生产企业为了进行产出生产而产生了生产需求。中间产品生产企业为满足产出产品生产企业及其他中间产品生产企业的生产需求而进行中间生产。

生产与消费关系基本链条反映了生产与消费的相关性，生产为满足人类消费需求而存在。人的消费需要存在差异性，消费需要差异引起消费需求差异，消费需求差异引起产出生产差异。根据生产与消费关系，生产活动也可以分为价值生产和反价值生产。

二　价值生产与社会进步的关系

价值生产是指为维持或提高人类生存水平的消费提供产品的生产，是只为价值消费需求提供产品的生产

生产的价值在于生产对人类的有益性，表现在能够维持人类生存水平或提高人类生存水平。价值生产对于人类来说是必要的，又称作必要生产。

价值生产是和价值消费相关联的。一种生产只要是给价值消费提供产品的，无论其规模大小、技术是否先进都是价值生产；而所有与价值消费无关的生产，无论其规模大小、技术是否先进都不是价值生产。价值生产与价值消费关系链条如下：

价值消费需要→价值消费需求→价值产出生产→价值生产需求→价值中间生产

价值消费需要引起价值消费需求，企业为满足价值消费需求而进行价值产出生产，产出产品生产企业为了进行产出生产而产生了价值生产需求。中间产品生产企业为满足产出产品生产企业及其他中间产品生产企业的价值生产需求而进行价值中间生产。

价值生产与社会进步高度相关。社会进步是人类和环境向有利于人类生存的方向变化的社会变迁，是人类生存水平的提高。价值消费是指维持或提高人类生存水平所必需的消费过程。价值生产是为价值消费需求提供产品的生产。社会进步需要价值消费，价值消费需要价值生产。价值消费将价值生产和社会进步联系起来。社会进步依靠价值生产提供产品和服务，发展价值生产可以推动社会进步。相对于一定数量的人口，增加价值生产，人的生存水平提高；减少价值生产，人的生存水平下降；没有价值生产，人不能生存。

价值生产与社会进步正相关规律认为：在价值消费以内，在进步生产方式下，价值生产与社会进步正相关。增加价值生产，社会进步；减少价值生产，社会倒退；停止价值生产，社会消亡。价值生产超过价值消费需

要，价值生产转化为反价值生产。因此，在价值消费需要区间内，应该大力发展价值生产，以推动社会进步。

根据满足价值消费需求的种类，价值生产可以进一步划分为生命生产、健康生产和提高生产。

生命生产是指为维持人的生命绝对不可缺少的价值消费需求提供产品的价值生产，是为生命需求提供产品的价值生产，如供人类呼吸的清新空气的生产、饮用水生产和食品生产，消除空气污染，改善空气质量的生产活动都属于生命生产。生命生产的生产与消费关系链条如下：

生命需要→生命需求→生命产出生产→生命生产需求→生命中间生产

健康生产是指为维持人的健康不可缺少的价值消费需求提供产品的价值生产，是为健康需求提供产品的价值生产，如住房、服装、能源、安全设施、交通工具、通信设施、家居产品等生产以及医疗服务、学校建设等。健康生产的生产与消费关系链条如下：

健康需要→健康需求→健康产出生产→健康生产需求→健康中间生产

提高生产是指为提高人类生存水平所必需的价值消费需求提供产品的价值生产，是为提高人类生存水平进行的生产，如体育场馆、运动器材、娱乐、美化、艺术产品、旅游生产、家用电器的生产等。提高生产的生产与消费关系链条如下：

提高需要→提高需求→提高产出生产→提高生产需求→提高中间生产

价值生产不为所有的消费需求提供产品，只为价值消费需求提供产品。价值生产只能等于或小于价值消费需求，不能大于价值消费需求，如果大于价值消费需求，大于的部分就不是价值生产，而是反价值生产。

根据重要和迫切程度，价值生产分为主要价值生产和次要价值生产。不同行业的价值生产分别满足不同种类的价值消费需求，各种价值消费需求对于维持和提高生存水平来说有轻重缓急之分。其中重要的和急迫的需要程度高，不重要、不急迫的需要程度低。主要价值生产是指对维持和提高生存水平来说重要的和急迫的价值生产，次要价值生产是指对于维持和提高生存水平来说不重要的和不急迫的价值生产。

价值生产也有优劣。根据生产方式的优劣，价值生产分为高价值生产和低价值生产。多种生产方式可以进行满足同一种类的价值消费需求的价值生产。有的生产方式效率高，节约资源，保护或改善环境；有的生产方式效率低，浪费资源，破坏环境。前者对人类的有益性要高于后者。高价值生产是指采用先进生产方式的价值生产，低价值生产是指采用落后生产方式的价值生产。

三　反价值生产与社会进步的关系

反价值生产是指为降低人类生存水平的消费需求提供产品的生产，是为反价值消费需求提供产品的生产。反价值生产与价值消费需求无关，它或者为反价值消费需求提供产品，或者干脆生产人们不需要的废品。反价值生产危害人类和环境，不能提高人类的生存水平，只能降低人类的生存水平。反价值生产对于人类来说是不必要的，又称作非必要生产。反价值生产与反价值消费关系链条如下。

反价值消费需要→反价值消费需求→反价值产出生产→
反价值生产需求→反价值中间生产

反价值消费需要引起反价值消费需求，企业为满足反价值消费需求而进行反价值产出生产，产出产品生产企业为了进行产出生产而产生了反价值生产需求。中间产品生产企业为满足产出产品生产企业及其他中间产品生产企业的反价值生产需求而进行反价值中间生产。

需要注意的是，有的产出产品专为反价值消费而生产，如核武器专为大规模屠杀人类而生产，任何国家无论何种原因的战争，只要使用核武器，都将大规模屠杀人类。但部分产出产品即可以用于反价值消费，也可以用于价值消费；而大部分的中间产品既可以用来满足反价值生产需求，也可以用来满足价值生产需求。所以有的反价值生产可以被我们直接认识，而有的反价值生产则不宜直接辨别，需要利用反价值生产与反价值消费关系链条，从反价值消费开始，倒追关联企业，进而摸清反价值产业链。

在宏观上，反价值生产等于全部生产减去价值生产，而价值生产与价值消费相关联。价值消费需要是可以计算出来的，如一国需要多少住房，多少粮食是可以计算的。计算出价值消费的产品数量，也就计算出了价值生产的产品数量。全部的产品数量减去价值生产的产品数量就是反价值生产的产品数量。

反价值生产与社会进步高度相关。反价值消费将反价值生产和社会进步联系起来。社会进步是人类生存水平的提高，反价值消费降低人类生存水平，反价值生产为反价值消费需求提供产品，与社会进步方向相反。发展反价值生产可以迟滞社会进步，其至可以引起社会倒退。在现实社会中存在着大量的反价值生产，而且还在不断扩大，为什么社会还在进步而没有倒退呢？这是因为价值生产的发展超过了反价值生产，所以社会总体上是进步的。如果反价值生产的发展超过了价值生产的发展，社会总体上就表现为倒退了。总之，反价值生产的作用就是引起社会倒退和迟滞社会进步。

扩大反价值生产，引起社会倒退，必然增加社会进步的阻力，对社会进步不利。减少反价值生产，虽然不能引起社会进步，却能减少社会进步的阻力，对社会进步有利。

反价值生产与社会进步负相关规律是：反价值生产与社会进步负相关。反价值生产越多，对社会进步的迟滞作用越大；反价值生产越少，对社会进步的迟滞作用越小。扩大反价值生产，增大社会进步的阻力，降低社会进步的速度；缩减反价值生产，减少社会进步的阻力，提高社会进步的速度。如果反价值生产的社会倒退作用超过了价值生产的社会进步作用，社会就会倒退。因为反价值生产与社会进步负相关，所以反价值生产越少越好。

反价值生产包括超量生产、奢侈生产、伤害生产、破坏生产和欺诈生产。任何反价值生产都浪费资源，都是浪费性生产。

（一）超量生产对社会进步的影响

超量生产是指为人们在消费数量上超过价值消费上限的反价值消费提供产品的反价值生产，是为超量需求提供产品的反价值生产。超量生产的生产与消费关系链条如下。

超量需要→超量需求→超量产出生产→超量生产需求→超量中间生产

1. 超量生产相对于价值消费需求是生产过剩

超量生产是第一、第二、第三类产品产量超过了相对应的价值消费需求量。许多情况下，由于分配不均，存在超量生产和生产过剩的同时还存在着价值消费不足。

2. 超量生产与价值生产的联系与区别

超量生产与价值生产的产出产品相同，都是具有价值的用以进行生命消费、健康消费和提高消费的消费品或消费服务。价值生产的产值全部在价值消费需求量以内，超量生产的产值全部在价值消费需求量以外。价值生产满足的是价值消费，超量生产满足的是非必要的超量消费（浪费消费）。价值生产能够起到维持或提高社会水平的社会作用，超量生产只能起到降低社会水平的社会作用。

3. 超量生产与社会进步的关系

超量生产的物质利用水平极低，为非常浪费级。超量生产对社会进步的危害在于将资源转化为不能实现价值的具有价值的产品，生产多余的产品和生产废品一样，都是将资源直接转化为垃圾。超量生产浪费资源和生产力，浪费劳动者的休闲时间，增加不必要的环境损失。从这几方面分析，超量生产降低了人类生存水平，超量生产只有降低人类生存水平的社会作用，没有提高人类生存水平的社会作用，所以超量生产不是推动社会进步的因素，而是导致社会倒退的因素。超量生产能够阻碍和迟滞社会进步。

（二）奢侈生产对社会进步的影响

奢侈生产是指为人们在消费档次上超过公众水平的不可普及的消费需求提供产品的反价值生产，是为奢侈需求提供产品的反价值生产。奢侈生产的生产与消费关系链条如下：

奢侈需要→奢侈需求→奢侈产出生产→奢侈生产需求→奢侈中间生产

1. 奢侈生产与价值生产的联系与区别

奢侈生产与价值生产产出产品的基本功能相同，它们的产出产品都是用以进行生命消费、健康消费和提高消费的物质产品或服务产品。价值生产的产出产品是可以普及的价值产品，而奢侈生产的产出产品是不能普及的奢侈产品；价值生产是满足人类价值消费需求的生产活动，而奢侈生产是满足少数人奢侈消费需求的生产活动。但价值生产不可以被奢侈生产取代，奢侈生产完全可以被价值生产取代。例如，一块百元手表与一块 30 万元手表的基本功能都是计时，而百元手表是普及的价值产品，30 万元手表是不普及的奢侈产品；百元手表的生产是为了满足大众价值消费需求的生产活动，30 万元手表的生产只是为了满足极少数超收入者奢侈消费需求的生产活动；百元手表的生产不可以被 30 万元手表的生产取代，否则大众的手表消费需求将不能得到满足，而 30 万元手表生产可以被百元手表生产取代。

2. 奢侈生产的物质利用水平极低，为非常浪费级

奢侈生产与价值生产相比较有益利用率超低，同效利用量超大，而生产相同功能的奢侈产品将使用更多的资源或更为稀缺的资源，耗用了更多的生产力，增加了更多的环境损失。例如，生产 30 万元的手表要比生产百元手表耗费更为稀缺的资源（使用钻石、黄金等资源），造成更大的环境损失（开采钻石、黄金要破坏大片植被），利用更多的劳动（需要工人多，生产周期长）。再如，一辆公交车每天运行 8 小时，每车乘客平均 30 人，人均乘车时间 15 分钟，每天将运送乘客 960 人次；而一辆私人小汽车每天运送乘客不足 6 人次。如果每天运送 960 人次乘客，只需要一辆公交车，而私人小汽车则需要 160 辆，比例为 1∶160。由此可见，完成同样的交通功能，私人汽车的生产要比公交车的生产多耗用百倍的资源，多破坏百倍的环境，多使用百倍的人工劳动。因此奢侈生产的危害是巨大的。社会应当首选发展公交车而不是私人用车。

3. 奢侈生产与社会进步的关系

从物质利用水平与社会进步关系规律可知，人类活动的物质利用水平与社会进步正相关。人类活动的物质利用水平越高，社会进步越快；人类活动的物质利用水平越低，社会进步越慢。人类活动物质利用准则告诉我们活动必须维持或提高物质利用水平，不能降低物质利用水平。而奢侈生产的物质利用水平极低，不利于社会进步。

4. 奢侈生产对社会进步的危害与超量生产基本相同

超量生产制造了多余的产品，浪费资源和生产力，浪费劳动者的休闲时间，增加不必要的环境损失。奢侈生产耗用了过多的资源，也浪费资源和生产力，浪费劳动者的休闲时间，增加不必要的环境损失，只能使个别人获利，大多数人蒙受损失。从这几方面分析，奢侈生产降低了人类生存水平。奢侈生产只有降低人类生存水平的社会作用，没有提高人类生存水平的社会作用，所以奢侈生产不是推动社会进步的因素，而是导致社会倒退的因素。因此奢侈生产阻碍和迟滞了社会进步。

（三）破坏与伤害生产对社会进步的影响

破坏生产是指为人们破坏环境的反价值消费需求提供产品的反价值生

产，是为破坏需求提供产品的反价值生产。破坏生产的产出产品的主要功能就是破坏自然环境和人工环境，降低人类生存条件水平，如核武器的生产、炮弹的生产等。破坏生产的生产与消费关系链条如下：

破坏需要→破坏需求→破坏产出生产→破坏生产需求→破坏中间生产

伤害生产是指为人们损害人的健康甚至夺取生命的消费需求提供产品的反价值生产，是为伤害需求提供产品的反价值生产。伤害生产的产出产品的主要功能就是伤害人类自己，使人致死、致残、致病，降低人的健康水平、知识水平和道德水平。伤害生产的生产与消费关系链条如下：

伤害需要→伤害需求→伤害产出生产→伤害生产需求→伤害中间生产

破坏和伤害生产与社会进步的关系是：破坏生产与伤害生产的共同点都是生产降低人类生存水平的产品，前者直接破坏环境，间接伤害人类；后者直接伤害人类，间接破坏环境。

许多产出产品兼有破坏和伤害功能，如炸弹既可以用来破坏环境，又可以用来杀人；有毒化学物质既可以用来污染环境，又可以使人中毒。由于破坏生产与伤害生产社会作用基本相同，这里把它们放在一起，称为破坏与伤害生产。破坏和伤害生产只有降低人类生存水平的社会作用，没有提高人类生存水平的社会作用，所以破坏和伤害生产不是推动社会进步的因素，而是导致社会倒退的因素。因此破坏和伤害生产能够阻碍和迟滞社会进步。

有些破坏与伤害生产容易被人们识别。只要生产的产品主要功能是破坏环境或伤害人类，就可以认定为破坏与伤害生产，如核武器、生化武器的主要功能就是摧毁城市、农村，杀伤公民；再如黄、赌、毒产品的生产也明显是破坏与伤害生产。

也有一些破坏与伤害生产不容易被人们识别。有的产品既可以用来破坏环境，满足一些人的破坏需求，又可以用来改善环境，满足人们价值消费需求。例如，炸药可以炸毁商场、住宅、铁路、桥梁，也可以用来拆除危房、修路建桥，对于这类产品的生产活动只能从其产品销售对象来辨别其生产的类型。有的产品对人类和环境的损害比较隐蔽，容易被人们所接受，如吸烟损害健康，但是仍然有许多人吸烟。

世界上许多国家对破坏与伤害生产的巨大危害已经有所认识，开始进行部分限制。20 世纪末，有 100 多个国家在一次关于有毒化合物的全球会议上达成广泛共识，采用社会控制手段禁止生产或使用 12 种持久性有机污染物。这些有毒化合物会顺着食物链进入鱼类、动物和人体内，对人类和野生动物造成严重危害。它们是艾氏剂、异狄氏剂、毒杀芬、氯丹、狄氏剂、七氯、灭蚁灵、滴滴涕、六氯苯、多氯联苯、二噁英和呋喃。

人类应当取缔一切破坏与伤害性生产。但是，由于世界上存在着道德低下的战争狂人，在一段时间内还必须生产一些自卫武器，以保卫国家和人民。

（四）欺诈生产对社会进步的影响

欺诈生产是指生产名不符实产品的反价值生产。欺诈生产的产品在名义上具有满足某种消费需求或生产需求的功能，但实际上并不具备该功能，甚至具备相反的功能。这种产品是欺诈产品。如假冒伪劣产品都属于欺诈产品。欺诈生产与消费关系链条如下。

各种需要→各种需求→欺诈生产

欺诈生产包括欺诈产出生产和欺诈中间生产。欺诈产出生产是指生产产出产品的欺诈生产。人们没有被欺诈的需要，也没有被欺诈的需求，所以欺诈产出生产没有对应的消费需求。但是，欺诈产出生产在名义上对应所有的消费需求。它不仅欺骗进行价值消费的消费者，也欺骗进行超量消费、奢侈消费、破坏消费及伤害消费的消费者。欺诈产出生产与消费关系链条如下：

```
生命需要→生命需求 ⎫
健康需要→健康需求 ⎪
提高需要→提高需求 ⎪
超量需要→超量需求 ⎬ 欺诈产出生产→欺诈生产需求→参与欺诈中间生产
奢侈需要→奢侈需求 ⎪
破坏需要→破坏需求 ⎪
伤害需要→伤害需求 ⎭
```

欺诈中间生产是指生产中间产品的欺诈生产。欺诈中间生产有两个类型，一是参与欺诈中间生产，二是独立欺诈中间生产。

参与欺诈中间生产是指为欺诈产出生产提供中间产品的欺诈中间生

产，而作为欺诈产出生产的中间产品提供者参与了欺诈生产。这时的欺诈中间生产的产品本身并不是欺诈产品，但是中间生产提供的设备、原材料及生产服务被用来进行欺诈产出生产，为欺诈产出生产提供支持的中间生产是欺诈生产过程的重要组成部分。

独立欺诈中间生产是指生产欺诈中间产品的欺诈中间生产。独立欺诈中间生产直接生产欺诈产品，用以欺骗购买其产品的产出生产商或其他中间生产商。独立欺诈中间生产的链条如下：

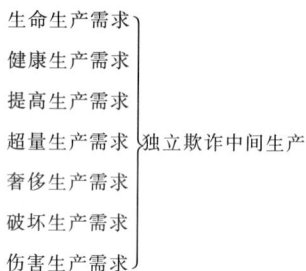

$$\left.\begin{array}{l}\text{生命生产需求}\\\text{健康生产需求}\\\text{提高生产需求}\\\text{超量生产需求}\\\text{奢侈生产需求}\\\text{破坏生产需求}\\\text{伤害生产需求}\end{array}\right\}\text{独立欺诈中间生产}$$

生产能够获得暴利，这是欺诈生产存在的唯一原因。

欺诈生产严重危害了社会。欺诈生产将宝贵的资源转化为人类并不需要的垃圾，极大地浪费资源，一些欺诈产品甚至严重损害人们的健康，严重破坏环境；许多欺诈产品兼有浪费资源、伤害人类、破坏环境的作用。其中，有的产品伤害和破坏作用较轻，以浪费资源为主的欺诈生产是废品性欺诈生产，以伤害人类健康为主的欺诈生产是伤害性欺诈生产，以破坏环境为主的欺诈生产是破坏性欺诈生产。欺诈生产只有降低人类生存水平的社会作用，没有提高人类生存水平的社会作用，所以欺诈生产不是推动社会进步的因素，而是导致社会倒退的因素。因此欺诈生产能够阻碍和迟滞社会进步。

四　国家生产性质总原则

（一）国家生产性质总原则

根据价值生产与社会进步正相关规律，在价值消费以内，在进步生产方式下，价值生产与社会进步正相关。增加价值生产，社会进步；减少价值生产，社会倒退；停止价值生产，社会消亡。价值生产超过价值消费需要，价值生产转化为反价值生产。所以在价值消费需要区间内，应该大力发展价值生产，以推动社会进步。

根据反价值生产与社会进步负相关规律，反价值生产越多，对社会进步的迟滞作用越大。反价值生产越少，对社会进步的迟滞作用越小。扩大反价值生产，增大社会进步的阻力，降低社会进步的速度；缩小反价值生产，减少社会进步的阻力，提高社会进步的速度。如果反价值生产的社会倒退作用超过了价值生产的社会进步作用，社会倒退。所以反价值生产越少越好，以减少社会进步的阻力，提高社会进步的速度。

运用上述规律可以得出国家生产性质总原则，即在价值消费需要区间内，应该大力发展价值生产，以推动社会进步；应严格限制并逐步取缔反价值生产，以减少社会进步的阻力，提高社会进步的速度。

（二）针对不同性质生产的基本原则

1. 发展价值生产的基本原则

（1）提高生产者的知识水平和道德水平。生产的价值水平与生产者的知识水平和道德水平正相关。知识水平和道德水平较高的生产者，进行价值及高价值生产的比例相对较大；知识水平和道德水平较低的生产者，进行低价值及反价值生产的比例相对较大。这是生产者的知识水平和道德水平与生产的价值水平正相关规律又称生产价值水平规律。所以，提高生产的价值水平，必须首先提高生产者的知识水平和道德水平。对于生产的组织者和执行者应有知识和道德门槛。

（2）积极推动价值生产的发展。价值生产与社会进步正相关，只有大力发展价值生产，才能为提高人类生存水平提供充足的产品。

（3）发展价值生产应控制在价值消费需要区间内，防止生产过剩。因为价值生产一旦超过价值消费需要，大于的部分就转化为反价值生产，没有社会进步意义了。而浪费资源和不必要的环境损失成为社会进步的阻力。

（4）摆正价值生产的主次地位，优先发展主要价值生产。将生命生产、健康生产、提高生产相比较，重要程度依次递减。在生产领域，政府的第一要务是保证空气、水和食品的充足与安全，这是衡量政府称职的基本底线。污染空气、水和食品的行为危害人类的生存，是最严重的犯罪，必须建立真正能遏制污染空气、水和食品的犯罪行为的法律。

（5）优先发展高价值生产，逐步淘汰低价值生产，促进低价值生产向高价值生产转化。发展那些生产方式效率高，节约资源，保护或改善环境的高价值生产；淘汰那些生产方式效率低，浪费资源，破坏环境的低价值生产。

（6）优先发展高等级价值生产，逐步淘汰低等级价值生产，促进价值生产进步。价值生产活动有活动水平等级，不同水平的价值生产对社会进步的作用是不同的。价值生产有 A、B、C、D 四级。其中 A、B、C 级价值生产的社会进步作用依次递减，而 D 级基本没有社会进步作用。可以运用教材第三章第一节中活动水平分析法，判断不同价值生产的水平。

2. 控制反价值生产的基本原则

（1）直接取缔明显的反价值生产。

（2）通过对反价值消费的控制，遏制反价值生产。

（3）取缔超过价值消费需要的生产。

（4）将反价值生产转化为价值生产。

3. 控制超量生产的基本原则

（1）扩大价值消费需求。在价值消费需求小于价值消费需要时，可以通过调整收入扩大价值消费需求，使部分超量生产转化为价值生产。

（2）取缔超量需求，使超量生产无需求。可以采用消费配额消除超量需求。

（3）控制生产力规模和压缩产量，将产量控制在价值消费需求以内。

（4）禁止进行超量生产，对于已发生的超量生产征收超量生产税。

4. 控制奢侈生产的基本原则

（1）强化社会宣传，提倡简朴消费理念，反对奢侈消费理念。

（2）控制奢侈需求，使奢侈产品需求减少，如采用的对奢侈消费征收消费税，对进口奢侈品征收高额关税。

（3）提高奢侈生产的准入门槛。奢侈生产的准入门槛要高于价值生产。

一些新的价值产品的产量低、价格高，这与奢侈产品相同。因此，在治理奢侈生产时，要注意以下两点：一是注意满足特殊价值消费需要的价值生产与奢侈生产的区别。它们的区别主要是前者具有不可替代性，而后者是可替代的。二是注意舒适品的价值生产与奢侈生产的区别。奢侈品虽然也具有舒适的特点，但奢侈品不能普及，只能为极少数人利用；而真正的舒适品可以普及，为公众利用。如普通的金银饰品可以普及，是舒适品；而数十万元的珠宝饰品不能普及，是奢侈品。

5. 控制破坏和伤害生产的基本原则

（1）逐渐取缔破坏生产和伤害生产。

（2）对于暂时不宜全部取缔的要严格控制产量，并尽量降低其产品的破坏或伤害作用。例如，制定烟酒产品的生产标准，降低对人体的伤害，禁止生产严重损害健康的烟酒产品；对破坏和伤害生产征收高额的破坏与伤害生产税。

（3）严格限制破坏和伤害生产的产品购买和使用。

6. 控制欺诈生产的基本原则

欺诈生产属于犯罪行为，应当坚决禁止。

（1）应当坚决取缔一切欺诈产出生产和独立欺诈中间生产。

（2）对参与欺诈中间生产要区别对待。对明知对方进行欺诈生产而提供中间产品的参与欺诈中间生产要依法严厉处罚，而对不知情的参与欺诈中间生产应进行教育，给予适当处罚。

第三节　生产方式进步

价值生产与反价值生产反映的是生产结果与消费需求的联系。毫无疑问，生产结果是非常重要的，它是消费的对象。也不能忽视生产方式的重要性，虽然生产方式不像生产结果那样可以直接用来满足消费需求，但是生产方式本身可以产生巨大的社会作用，它可以引起社会水平的提高或者降低。为了社会的可持续发展，防止社会倒退，必须不断关注和改进生产方式。

一　生产方式类型

生产方式是指生产过程的方法和形式。具体的生产方式是多种多样的。生产同样的产品可以用不同的生产方式，生产不同的产品也可能采用相同的生产方式。例如，同样的产品可以在不同的生产线上生产，同一条生产线也可能生产不同的产品。社会进步学研究生产方式虽然不直接研究某一产品的具体生产方式，但是其为具体产品的生产方式进步提供理论依据。

　　社会进步学根据生产过程对人类生存水平的影响划分生产方式，将生产方式划分为进步生产方式和落后生产方式两大类。进步生产方式是指能够维持或者提高人类生存水平的生产方式，包括健康生产方式、清洁生产方式、节约生产方式、循环生产方式和自动生产方式；落后生产方式是指降低人类生存水平的生产方式，包括伤害生产方式、污染生产方式、浪费生产方式、废弃生产方式和人力生产方式。生产方式进步是指落后生产方式向进步生产方式发展，提高进步生产方式的水平。

　　根据生产过程是否损害人的身心健康，可将生产方式划分为健康生产方式和伤害生产方式。健康生产方式是指在生产过程中能够维持生产者及其他人员的身心健康的生产方式；伤害生产方式是指在生产过程中损害生产者或其他人员身心健康的生产方式，例如，工人被要求每天使用已知的致癌物苯，但是又没有获得相关培训和个人防护设备，而患上职业性白血病。

　　根据生产过程是否向环境中排放污染物，可将生产方式划分为清洁生产方式和污染生产方式。清洁生产方式是指在生产过程中不向环境中排放任何污染物的生产方式，污染生产方式是指在生产过程中向环境排放污染物的生产方式。

　　根据生产过程中资源利用水平，可将生产方式划分为节约生产方式和浪费生产方式。节约生产方式是指在生产过程中节约利用资源的生产方式，浪费生产方式是指在生产过程中浪费利用资源的生产方式。

　　根据生产过程中资源利用方式，可将生产方式划分为循环生产方式和废弃生产方式。循环生产方式是指在生产过程中循环使用资源的生产方式，废弃生产方式是指在生产过程中一次性使用资源的生产方式。

　　自动生产方式是指在生产过程主要使用机器的生产方式，人力生产方式是指在生产过程主要使用人力的生产方式。

　　上述对生产方式的划分没有涉及劳动效率和技术水平，并不是说二者在生产方式中不够重要，而是二者不能单独反映生产方式的社会属性。劳动效率高或技术水平高的生产方式不一定是进步的，劳动效率低或技术水平低的生产方式不一定是落后的。例如，生产同一种产品，污染生产、浪费生产往往比清洁生产、节约生产劳动效率高，因为前者比后者生产程序少，生产时间短。再如，无论技术水平多高的废弃生产都是落后生产，而技术水平不高的循环生产仍然是进步生产。但是，如果同是进步生产，其劳动效率越高，技术水平越高，则生产方式的水平也越高。

二 生产方式与社会进步的关系

生产方式的社会作用包括对人的作用和对环境的作用。对人的作用主要表现为对人的健康水平的影响；对环境的作用主要表现为对自然环境水平的影响，特别是对资源水平的影响。进步生产方式能够维持或者提高人类生存水平，对社会进步有积极作用；落后生产方式降低人类生存水平，对社会进步有阻碍作用，而且导致社会倒退。

落后生产方式在创造了庞大的生产体系和丰富的产品的同时，给社会带来了严重的危害。

伤害生产方式每年使数亿劳动者患上各类疾病。重大的群死群伤事故时有发生，几乎所有行业都存在着职业病，即使在高档写字楼工作的白领也有相当多的人在工作中患上各种疾病。例如，长期接受电脑辐射患上电脑病，长期使用空调患上空调病，室内长期缺氧患上心脏病，长期加班加点患上高血压等。

污染生产方式促使全球生态环境水平日益下降，造成了严重的全球性大气污染、水体污染、固体污染、地球增温、臭氧层空洞、酸雨成灾、森林和草地减少、水土流失、土地沙漠化、物种灭绝及其他灾害。

浪费生产方式造成了资源的巨大浪费，特别是中间生产严重过剩，机器设备浪费严重。

废弃生产方式使资源日益减少，垃圾日益增加。民族出版社出版的《绿色消费》一书称：据对43种重要非能源矿产统计，其中静态储量在50年内枯竭的就有锰、铜、铅、金、银、金刚石、石棉、石墨、石膏等16种。大量的矿产资源不断向垃圾转化，全世界每年产生各种废料超过100亿吨，以至许多城市已经被垃圾包围。

人力生产方式占用人的休闲时间，许多人由于过度劳累而过早死亡。

生产方式与社会进步关系规律是：在价值生产下，进步生产方式与社会进步正相关，落后生产方式与社会进步负相关。扩大进步生产方式，缩减落后生产方式社会进步；缩减进步生产方式，扩大落后生产方式社会倒退。进步生产方式越多，落后生产方式越少社会进步越快；进步生产方式越少，落后生产方式越多社会进步越慢。在反价值生产下，进步生产方式不会引起社会进步，也不会增强反价值生产的阻碍社会进步作用。落后生产方式增强反价值生产阻碍社会进步作用。

三 国家生产方式总原则

国家生产方式总原则是：保护和促进采用先进生产方式的企业发展，强行限制并逐步取缔采用落后生产方式的企业。促进落后生产方式向进步生产方式发展，提高进步生产方式的水平；用健康生产方式、清洁生产方式、节约生产方式、循环生产方式和自动生产方式取代伤害生产方式、污染生产方式、浪费生产方式、废弃生产方式和人力生产方式。

社会控制企业选择生产方式，要比企业自主选择生产方式更利于社会进步。企业在市场经济条件下会主动选择自己能够获得最大利润的生产方式，而不会主动选择最先进的生产方式。生产同一种产品，最大利润生产方式往往不是最先进的生产方式，在很多情况下，落后生产方式比先进生产方式利润更大。例如，污染生产方式比清洁生产方式投入设备少、工序少、工时短、用工少，从而能够节省成本而获得更大的利润。所以，无论是发展中国家还是发达国家，生产方式的进步都离不开社会管理的推动。政府管理生产方式的基本方法如下。

第一，政府管理生产方式的基础工作是建立各行各业具体的强制性生产方式标准体系，并通过不断提高生产方式标准淘汰不达标生产单位，促进生产方式的不断进步。生产方式标准主要包括健康标准、清洁标准、节约标准、循环标准和自动化标准。

第二，政府要严把生产方式入口。当建立新的企业、原有企业建立新的生产线时必须是本行业具先进性的，既不允许新建采用落后生产方式的企业，也不允许企业新建采用落后生产方式的生产线。

第三，根据生产方式进步程度制定阶梯税率，生产方式越先进税率越低，生产方式越落后税率越高，政府通过差别税率降低先进生产方式的生产成本，提高落后生产方式的生产成本，使落后生产方式的生产成本要远大于先进生产方式的生产成本。通过价格限制，禁止落后生产方式的产品进行低价竞争；通过产量限制，核定落后生产方式的最大产量，禁止落后生产方式提高产量。

第四，当某种产品采用先进生产方式生产可以满足社会需要时，就必须完全取缔采用落后生产方式的企业。当先进生产方式不能满足社会需要，而不得不采用落后生产方式进行补充时，要限定两种生产方式的份额。保护和促进先进生产方式的发展，强行限制并逐步取缔落后生产方式。

*************** **社会之窗** ***************

英国发力抢占低碳经济高峰[①]

第一次工业革命属于英国的光荣与梦想，而在接下来的电气时代乃至宇航时代中，英国的影响逐渐式微。然而，在当前全球金融危机的寒冬下，这个暮霭沉沉的经济体似乎又发出新一轮的活力，这次或许能发挥当年蒸汽机作用的则是低碳技术。

基于低排放绿色技术的低碳经济让英国再次看到了抢占全球经济最高峰的希望。英国媒体自信满满地说："低碳技术对经济的带动作用，一如10多年前互联网兴起时对经济的刺激，而所不同的是，这次英国站在最前列。"

反复宣扬低碳理念

英国近来一直在为低碳经济摇旗呐喊，尤其是在将于2009年底在哥本哈根召开的联合国世界气候变化大会日益临近的时候，英国在这方面的种种努力更显得引人注目。

2009年7月15日，英国政府包活能源和气候变化大臣埃德·米利班德、商务大臣彼得·曼德尔森、交通事务国务大臣萨迪克·汗等在内的一干重臣联合出动，公布了名为《英国低碳转换计划》的国家战略文件，提出到2020年将碳排放量在1990年的基础上减少34%，其内容涉及能源、工业、交通、住房等多个方面。埃德·米利班德称：这份转换计划是英国到2020年的行动路线图，它要求所有方面都向低碳化发展。

这只是英国一系列针对低碳经济的活动之一。而在这之前，本报记者曾在伦敦动物园聆听了英国首相布朗所做的关于应对全球变暖而

---

① 王亚宏：《英国发力抢占低碳经济高峰》，《参考消息》2009年10月15日。

要采取的能源与环境政策的讲话。布朗当时不仅大肆描述了一番英国低碳经济宏伟蓝图，还不失时机地当着多国外交官和记者的面为英国打起了广告。他说，发展中国家不应再延续发达国家历史上那种高耗能的发展模式，因为旧模式带来了巨大的环境成本。发展中国家可以考虑发展低碳经济的新模式，对此英国可以给予经济和技术上的支持。

2009 年 4 月，英国还曾明确将低碳目标写进了 2009～2010 年财政预算报告，从而成为世界上第一个公布碳预算的国家。当时英国财政大臣阿利斯泰尔·达林在公布英国财政预算的同时，也宣布了具有法律约束力的碳预算。这份白纸黑字的"碳预算"尽显英国在低碳经济领域的底气和目标。

"三新"描画绿色构想

就像互联网对经济的影响很难用一句话说清楚一样，低碳经济也是一个庞大的范畴，其内容涉及社会各个层面。但就英国来说，他们主要在三个方面下功夫，一笔一画地完成绿色经济构想。

首先，大力发展新能源。按英国政府的计划，到 2020 年可再生能源在能源供应中要占 15% 的份额，其中 40% 的电力来自低碳领域，这包括对依赖煤炭的火电站进行低碳化改造，更重要的是发展核电、风电等清洁能源。到时，英国温室气体排放要降低 20%，石油需求降低 7%。要完成这份计划，新能源的推广是关键一环。目前，英国在风能利用上处于世界领先的地位。

其次，推广新的节能生活方式。如果说发展新能源是低碳经济中开源的手段，那么养成新生活方式的重点则是节流。在住房万面，英国政府拨款 32 亿英镑用于住房的节能改造，对那些主动在房屋中安装清洁能源设备的家庭进行补偿。预计将有 700 万个家庭因此受益。在交通方面，新生产汽车的二氧化碳排放标准在 2007 年基础上平均降低 40%。能源与气候变化部发表的《通向哥本哈根之路》报告认为，引导国民养成节能的新习惯是低碳经济的一个重要组成部分，并向全社会推广了不少节能小窍门，比如充电器不用时拔下插头每年能节约 30 英镑，换个节能灯每年能省 60 英镑。

最后，向全球推广低碳经济的新模式。英国认为世界各国都需要走上"低碳之路"，这对发展中国家尤其重要。发展中国家更容易受到干旱和洪水的影响，应对手段也相对匮乏。因此它们对实施低碳经济以抑制气候变化有着更紧迫的需求。英国能源与气候变化大臣米利班德在接受本报记者采访时说，发展高效的低碳技术并进行全球推广是应对气候变化的关键，英国会与发展中国家分享低碳技术。

借势实现多重获利

作为一个有着深厚战略传统的国家，英国政府这次大张旗鼓地推行低碳经济也是如此，因为目前打出"绿色牌"不仅有益环境，更能在政治、经济方面让英国多重获利。

从生态上看，英国的地理属性决定了它比很多国家更迫切地需要转向低碳增长方式。生态系统比起大陆国家要相对脆弱，受气候变化带来的海平面上升等问题影响较大，因此有积极应对气候变化的内在动机。如果低碳模式在全球得到广泛复制，全球温度升高得到遏制，英国在生态上也直接受益。

在政治方面，从1997年12月在日本东部召开的《联合国气候变化框架公约》缔约方第三次会议通过了旨在限制发达国家温室气体排放量以抑制全球变暖的《京都议定书》开始，经过10多年的发展，气候变化已经成为世界政治中的一个重要话题。在这个全球性问题上，英国很乐意再当一次已经久违了的政治领先者，使气候问题成为国家软实力的一部分。

低碳经济顾名思义，更重要的是能在经济上让英国获益。英国以政府投资为主导，大力促进商用技术的研发推广，已经占领低碳产业的技术制高点。在强大的技术力量的支持下，短期来看，英国的低碳战略可有效促使深陷衰退的经济尽快复苏。英国首相布朗就曾多次表示，英国将力争用低碳经济模式帮助经济复苏，因为以发展新能源和鼓励科技创新为重要特征的低碳经济符合当前油价高企、气候变暖等问题对节能和新能源技术的迫切要求，有望成为英国从经济危机中再度崛起的重要突破口。而长远来看，低碳经济还能提升未来英国国家和企业的核心竞争力，促进新能源的发展和传统产业的改造，还能让英国从碳排放交易中获利。

德国新能源产业 10 年 "蔚然成荫"①

在过去十几年中，德国几乎是单枪匹马完成了新能源领域的一系列创新。无论是在风能、太阳能，还是生物能、地热等领域，大部分由德国企业主导，完成了从概念设计到商业化产品开发，从公司创立到全球市场扩张的一系列进程。10 年间，一个全新的绿色产业从无到有，蔚然成荫。

作为基本国策推动

仅仅在 10 年前，谈论新能源替代传统能源，无异天方夜谭。直到 21 世纪之初，德国政府决定将发展新能源作为一项"基本国策"加以推动。这可以说是德国在经历了 20 世纪百年挫折后的战略选择。20 世纪，正是要试图解决本土能源紧缺的难题，德国发动了两次世界大战。在二战后，德国在石油进口上仰仗美国，限制了其在政治上的空间。施罗德政府转向俄罗斯谋求石油和天然气所付出的代价，同样是德国民众所不愿看到的。百年求索之后，德国政界清醒地意识到，全面开发可再生的新能源，是其实现能源自给自足的唯一出路。

2000 年 4 月，德国政府通过《可再生能源法》，在这部法律中，规定新能源占德国全部能源消耗的比例最终要超过 50%，并为此制定了政府补助、新能源发电无条件入网、新能源与传统能源非对等税收等一系列非常规政策，全力扶植新能源企业发展。

10 年间，在《可再生能源法》指导下，德国政府陆续采取了一系列措施，如新能源电价补贴、促进太阳能发展的"十万屋顶计划"等。2009 年 3 月，德国政府刚刚通过了《新取暖法》，政府继续提供 5 亿欧元补贴采用可再生能源取暖的家庭。当前德国政府的扶植重点还在向新能源下游产业转移，2009 年年初德国政府制订的 500 亿欧元经济刺激计划中，很大一部分用于研发电动汽车、车用电池。

在当前的经济危机之中。新能源产业作为德国未来经济发展的制高点已经隐然浮现。目前，可再生能源占德国全部能源消耗的比例已经超过 15%，德国新能源企业每年产值达到 250 亿欧元，创造的就业岗位超过 25 万个。如今，全世界每三块太阳能电池板、每两个风力发

---

① 郇公弟：《德国新能源产业 10 年"蔚然成荫"》，《参考消息》2009 年 10 月 15 日。

电机，就有一个来自德国。

创业天堂人才辈出

正是由于国家大力发展可再生能源的决心，德国新能源企业享受到"天堂"般的发展环境。

拜《可再生能源法》所赐，德国企业如果利用风能、太阳能和生物能等发电，可以完全"不计成本"，企业可以将全部的研发成本、制造成本加上一定的利润全部计入电价，电网巨头只能无条件接受，所生产的电力电网企业无条件采购、无条件入网。德国能源巨头被要求用高于市场 4 倍的价格购买太阳能电力，家庭、农场等如果采购相关设备直接利用太阳能，将得到政府的直接现金奖励。而这些仅仅是众多激励措施的一部分。10 年间德国新能源企业所享受的完美创业环境，是其他任何产业、全球任何地区都无可企及的。正是这样的创业天堂，激励着一批批人才投身其中，产业技术难题也以超乎想象的速度被一一突破。

德国"风电之父"阿洛伊斯·沃本正被誉为盖茨式的人物，他完成了第一台风车的设计草图，他创建的 ENERCON 风能公司如今居德国业界第一位。德国另一大风能公司 REPOWER 公司总裁弗里茨·法伦霍尔特原本是汉堡市环境部门的负责人，在大好政策中毅然"下海"经商，并成功制造出迄今最大功率的陆上和海上风电车。

人才辈出带动整个新能源产业实现了一次次革命性的技术突破。在风能领域，产业升级的速度不亚于当年 IT 领域芯片升级速度。与此同时，太阳能发电、生物柴油、地热利用等，也无一例外地实现了从单纯的概念设想到产业化运作的飞跃。

天然"软肋"有待克服

政府政策的改变也成为新能源企业最大的风险。自 2006 年开始，德国政府逐步减少对生物燃料的补贴，生物燃料销售随之显著放缓，业内企业倒闭不断。当前欧洲各国太阳能政策的转变，也造成了今年以来德国光伏企业营业额普遍大幅下滑，行业形势骤然趋紧。

这凸显出新能源产业自发展之初以来一直存在的一个尴尬——它始终未获资本市场的青睐。从资本角度来看，与传统的石油、煤炭等能源相比，扣除政府补贴，新能源的内在资本收益仍然悬殊。比如在德国，传统火力发电厂的生产成本每度仅有 3～5 欧分，只有在政府为每度风力发电提供 8.5 欧分补贴、为每度太阳能发电提供 48 欧分补贴后，才能实现统一的市场销售电价。

当前通过政府手段解决这一资本难题的途径，核心就是实现传统能源向新能源的转移支付。然而在未来发展中，新能源产业要真正成为"世界经济支柱产业"，必然要依赖全球资本市场而非各国政府政策。随着美国等全球各国将发展新能源产业提高到战略高度，寻找新的资本手段支持新能源产业的发展，预计将成为未来金融工具创新的一个亮点。正如过去 20 年中纳斯达克股市之于 IT 产业，适合新能源产业的金融工具创新，考验着华尔街的智慧，也考验着全球资本市场的智慧。

能源是全球战略性产业，新能源在向资本市场提出考验的同时，已经显示出政治上的巨大能量。正是依赖 10 年间新能源产业的不断发展，德国正在借助环保外交在国际舞台上获得政治能量。气候变暖已成为全球政治议题，为此德国政府宣布 2020 年二氧化碳排放虽比 1990 年降低 40%，相比之下日本的目标为降低 8%，美国的目标为回到原点。德国在传统的西方强权外交和人权外交话语之外，将环保主义打造成为一种新的普世价值观和国际政治话语，以此赢得更大的国际政治主导权。

德国新能源产业十年树木已然成材，新能源产业的发展对未来世界经济格局将产生重大影响，对全球政治格局转变也提供了全新的价值选项。

****

第四节　企业布局进步

社会进步学从两个方面研究企业布局。一是研究怎样布局更有利于社会进步，二是研究由谁来布局才更有利于社会进步。

人性化企业布局是指围绕有利公民健康、保护生存环境和节约国家资源进行企业布局。人性化企业布局以满足公民价值消费需要为目的，在维护人的健康、保护环境和节约资源的基础上配置经济资源，企业利润处于从属地位，人性化企业布局造福于公民，有利于社会进步。

利润化企业布局是围绕企业利润最大化进行布局。利润化企业布局以满足企业获得最大利润为目的，在企业利益的基础上配置经济资源，而维护人的健康，保护环境和节约资源则让位于企业利润。所以大量存在损害人的健康、破坏环境和浪费资源的现象。总的来说，利润化企业布局不利于社会进步，有害于人。

企业布局与社会进步关系规律为：企业布局与社会进步高度相关。人性化企业布局有利于社会进步，利润化企业布局不利于社会进步。人性化企业布局比重越高，利润化企业布局比重越低，社会进步越快；反之，人性化企业布局比重越低，利润化企业布局比重越高，社会倒退越快。

利润化企业布局是企业以市场化运作为基础，围绕利润最大化自发地进行企业布局，具有自发性和逐利性。控制性企业布局是社会管理部门利用权威进行的企业布局，社会管理部门的水平决定控制性企业布局的水平，如企业布局规则的水平和管理者的道德水平。国家企业布局是国家生产资源的政府配置，是控制性企业布局。

国家企业布局直接影响环境水平、资源利用水平和人类健康水平，社会控制企业布局是社会可持续发展的需要。自发性企业布局向控制性企业布局发展，利润化企业布局向人性化企业布局发展是国家企业布局的进步。

一　利润化企业布局对社会进步的危害

自发的企业布局对社会进步有严重的危害。即使采用进步生产方式的生产力，进行自发的布局对社会进步仍然有严重的危害；而采用落后生产方式的生产力，进行自发的布局会进一步加重对社会进步的危害。自发的企业布局会危害人民身心健康、破坏人类生存条件，导致社会倒退。当前，我国企业布局存在以下问题。

（一）农村企业布局存在一些问题

一是城市将严重污染环境的工厂从城市迁到农业生产区，造成农业生产区的严重污染，污染完城市再污染农村。二是在农村住宅区、农业生产区建设小型的轻、重工业，有的村落家家办工厂，技术设备落后，污染严重，并且大量生产危害社会的假冒伪劣产品。环保部在 2011 年开展的一项对土壤污染物的调查发现，"总计有 10% 的农田存在重金属含量超过（政府）标准的问题，这些重金属主要来自冶炼厂的烟囱、排出的废水和尾料"①。由于工厂违反环保法和农民使用有毒化肥，经常有报道指责铅、汞和致癌物镉等重金属污染毒害了整个村庄及其农田。铅和其他重金属污染能损害神经、生殖系统和肾脏，尤其是对儿童。但是许多农村地区支持兴建冶炼厂和铸造厂，这些工厂造成土壤和供水污染。三是城市周边地区农民将城市医用垃圾、电脑垃圾、工业垃圾、生活垃圾运进村，形成一个个垃圾村，农民生活在垃圾之中，他们把这些垃圾制成垃圾棉或其他产品再向城市销售。四是对人有害的化学农业在农村占主导地位，没有形成生态农业。五是小农经济占主导地位，大型现代化农场甚少。

（二）工业布局中的一些问题

一是随意在居住区、农业区和饮用、农用水源附近建立工业生产企业，污染环境、危害健康。二是企业布局分散，特别是小企业遍布城乡，多而散，对环境造成大范围的破坏。三是将工业流通企业、各类批发市场建在居住区，增加交通压力和城市噪声，破坏整体环境，降低居民生活质量。四是跨行政区重复建设以及行政区内重复建设。五是企业布局缺少国家统一控制，省、市、县、乡、村根据各自经济利益各行其是。往往在微观上看似合理的布局在宏观上则很不合理。六是各省、市、县、乡、村盲目引进外资，下达引进外资指标，对引进外资重奖。不考虑全国性企业布局，随意在农业生产区建立工业生产企业。七是投资狂热，在产品远远大于国内需求，不出口的企业在即将大量倒闭的情况下，仍然扩大工业投资，哪里没有开发就开发哪里，大量破坏原本脆弱的生态区和农业生产区，大量透支子孙资源。造成严重的污染，生态被破坏，资源大量浪费。

资源具有生态和生产两类社会功能。如果国家没有对企业布局的严格社会控制，那么在个人利益的驱动下，人们就会过分发展生产功能而舍弃生态功能，以破坏生态环境为代价进行生产活动，其后果是长期损害国家和公民的利益。例如，印度植被遭到生产的巨大破坏，引起干旱酷热，夏

---

① 《中国农田重金属超标威胁公众健康》，参考消息网，http://china.cankaoxiaoxi.com/2011/1108/5397.shtml，2011 年 11 月 8 日。

季最高气温达 51.5℃；户外已不利于人类生存，许多人死于热浪。

二 国家企业布局总原则

国家企业布局总原则是：国家企业布局要在有利公民健康、保护生存环境和节约国家资源的基础上进行全国统一布局。其中有利健康是首要原则，保护环境和节约资源是从属原则。因为保护环境就是为了有利健康，节约资源也是为人类的健康生存提供持续的物资保障。按照上述总原则进行的企业布局是国家生产力的人性化布局。

根据国家企业布局的总原则，我们可以推导出国家企业布局可操作的具体原则。在进行企业布局时应将划分为四类基本区域。一是生态区。国家要利用其生态价值维持自然环境水平，在生态区不能进行工农业生产活动。二是工业生产区。国家要利用其生产价值为居民提供工业价值产出产品。三是农业生产区。国家要利用其生产价值为居民提供农业价值产出产品，在农业生产区不能进行工业生产。四是消费区。国家要利用其居住价值为公民提供生活空间及生活服务，不能进行与生活服务无关的工农业生产活动。

根据企业布局的环境原则、资源原则和健康原则，在满足公民价值消费需要的前提下，生态区越大越多越好，生产区和消费区越小越少越好。生态区越大越多生态作用就越强，越有利于人类生存；生产区和消费区越小越少，对环境的污染和破坏就越容易治理，越有利于人的身体健康。生产企业和生产服务企业部署在生产区，生活服务企业主要部署在消费区，可以在生产区和生态区部署少量小规模的生活服务企业。生态区只能从事改善生态环境的活动，资金来源于公共支付。保持和扩大生态区规模，限制并努力缩小生产区规模，是社会控制生产力规模的首要任务。

许多行业企业需要国家进行统一的布局。例如，粮、棉、油生产基地，采掘业，能源生产，化学工业，机械设备制造，主要原材料生产，运输邮电业，金融保险业等。下级行政区要在上级行政区企业布局框架内进行本辖区企业布局，商业饮食业、公共事业及居民服务业等经营活动范围具有地域性的单位由所属行政区自主布局。

企业布局是区域规划的重要组成部分，企业布局失控，将严重影响公民生存水平。

三 农业区的企业布局

一个完整的农业区应当包括农业生产区、农产品贮藏加工流通区、农村社区和农业科研、高等教育区。

农业生产区要建设大型的农业生产企业，如大型综合农场，发展生态农业、机械化农业，农林牧渔全面发展。不要搞一家一户的小农经济。

农产品贮藏加工流通区集中建立大型粮库、冷库，建设大型农产品加工企业和流通企业。由企业进行农产品销售，而不是一家一户进行农产品加工，一家一户进城卖菜卖粮。农村社区要建成城市化的社区，供农村人口居住。社区宜采用风力发电、太阳能供电，以及推广使用沼气来解决生活能源。

农业科研和高等教育区可建在农村居住区内，便于进行科研活动，便于推广科研成果、普及农业生产知识。

不要在农业区开设非农工业，以防止污染农田、农业生产水源和动物饲料。

四 工业区的企业布局

工厂企业应该集中设置于工业区。集中设置工厂有利于社会控制，便于维护经济秩序，便于对企业的生产活动和生产力进行监督管理。集中设置工厂可以缩小对环境的破坏和污染范围，由于污染源集中便于集中治理污染，节约治污费用，减少对人类健康的伤害。集中设置工厂减少流通的中间环节，提高效率，降低流通成本，节约资源。工业区应该远离居民区、农业区、旅游区和饮用农用水源的地方，以防止污染空气、水源、农田，对人类健康造成危害。

工业区不得设立粮食、蔬菜、水果、肉类等农产品生产加工企业。工业区有以下几种设置方式。

1. 围绕资源平台建立企业群

利用矿物资源的企业设立在矿区。当矿区存在多种矿物资源时应当相应设立多种企业，避免在利用一种资源的同时破坏其他资源。

2. 围绕产品链建立企业群

应以矿产品为产品链起点，以矿物资源为主要原料的消费品为产品链终点，以联系两头的相关中间产品为中间链节，建立规模企业群。

3. 围绕同类产品建立企业群

建立软件企业群、陶瓷企业群、家具企业群等产业集群。工业品流通企业要设在工业区，以公司的形式经营，不得设在居住区、旅游区和农业区。

第五节　生产力规模进步

一　国家公民价值消费需要总量和结构

掌握国家公民价值消费需要总量和结构是政府管理经济的起点。如果政府不掌握国家公民价值消费需要总量和结构，其对经济的管理就失去了依据。生产是为消费服务的，没有消费需要生产就失去了存在的意义。为了社会可持续发展，生产只应满足人的价值消费需要，不应满足人的反价值消费需要。所以，国家对生产的管理必须首先掌握本国人民价值消费需要总量和结构，发展与之相适应的价值生产力。

影响国家公民价值消费需要总量和结构的主要因素有国家人口总量和结构，公民的知识、道德变化和产品创新。

人口总量和结构是影响国家公民价值消费需要总量和结构的基本因素，它是对人的价值消费量进行计算的基本依据。现在的人口数量和结构是已知的，未来的人口数量和结构是可预测的。政府还可以通过人口计划控制人口数量和结构，把人口控制在相对比较合理和比较稳定的水平上。根据人口数量和结构可以测算出人的价值消费需要总量和结构。例如，可以根据本国常住人口数量测算出食品、服装、住宅、交通工具、日用品等的价值消费需要总量，也可以测算出商店、银行、医院、学校、宾馆饭店、娱乐场所等服务部门的价值消费需要总量。

认识变化和产品创新是影响国家公民价值消费需要总量和结构变化的发展因素。国家公民价值消费需要总量和结构在人口稳定的状态下基本处于稳定状态。例如，住房、服装、食品的需要量基本稳定。但是，随着人们知识水平和道德水平的变化，随着新产品的不断开发上市，国家公民价值消费需要的总量和结构也会发生变化。这种变化是在总体稳定状态下的局部变化。只有当发生重大灾害时，这种总体稳定的局面才会被打破。尽管如此，政府也必须随时监测引起国家公民价值消费需要变动的所有变量，以便更准确地掌握国家公民价值消费需要总量和结构。

二 国家生产力规模与社会进步

（一）国家生产力规模与国家进步的关系

1. 国家生产力规模与国家进步关系规律

国家生产力规模与国家公民价值消费需要总量相适应，有利于国家进步；国家生产力规模高于或者低于国家公民价值消费需要总量的需要，不利于国家进步，二者差距越大，对国家进步危害越大。

生产活动是人类生存与发展所必需的。社会进步离不开生产活动。但是，生产活动也会给人类带来危害。反价值生产和落后生产方式对人类有危害，错误的企业布局也会对人类产生危害，还应该注意即使采用进步生产方式的价值生产，企业布局很合理，其生产活动仍然可能给人类造成伤害，主要是资源损失、环境损失和休闲损失。在生产方式和企业布局相同的情况下，这些损失与生产力规模正相关。

2. 国家生产规模与国家资源损失正相关规律

在生产方式和企业布局相同的情况下，国家生产规模与国家资源损失正相关。国家生产规模越大，国家资源损失越大；国家生产规模越小，国家资源损失越小。

3. 国家生产规模与国家环境损失正相关规律

在生产方式和企业布局相同的情况下，国家生产规模与国家环境损失正相关。国家生产规模越大，国家环境损失越大；国家生产规模越小，国家环境损失越小。

生产规模与自然环境反方向发展。目前的人类生产并不能做到完全无污染，即使能够做到也会由于占用自然空间而减少植被、导致自然环境水平下降。一些国家纷纷把生产基地向他国转移，使之成为世界产品的供应基地（名曰世界工厂），从而保护本国环境，将环境损失和治理环境污染的重担推给其他国家。

4. 国家生产规模与公民休闲损失正相关规律

在生产方式和企业布局相同的情况下，国家生产规模与公民休闲损失正相关。国家生产规模越大，公民休闲损失越大；国家生产规模越小，公民休闲损失越小。

（二）国家生产力规模总原则

国家生产力规模总原则是：国家生产力规模和结构应当与国家公民价值消费需要总量和结构相适应，并应当生产力规模控制在环境承受能力以内。生产能力应当刚好能够满足、不要超过国家公民价值消费需要，在满足本国人民的价值消费需要前提下，国家生产力规模越小越好，企业越少越好，生产活动越少越好。

1. 国家公民价值消费需要是建设国家生产力的根本依据

国家公民生存需要价值消费，价值消费又需要价值生产，所以国家生产力规模应当能满足公民价值消费需要。超过国家公民价值消费需要就会造成资源浪费，不必要的环境损失和公民休闲损失，低于国家公民价值消费需要就会出现消费需要不能满足，不能保证全体公民的必要生存水平。国家生产力结构还应当同全体公民的价值消费需要结构相一致，才能产生最高的效率，达到最佳效果。如果二者结构错位，必然会有一部分价值消费需要得不到满足，并且同时产生资源浪费。总之，国家公民价值消费需要多少产出产品是建设国家生产力的根本依据。

与国家公民价值消费需要总量相适应的国家生产力规模，包括了国际必要贸易出口产品的生产力规模，不包括国际盈利贸易出口产品的生产力规模。即国际必要贸易出口产品的生产力规模是公民价值消费需要所必需的，而国际盈利贸易出口产品的生产力规模超出了公民的价值消费需要。

最有利于社会进步的国家生产力规模是国家公民价值消费需要总量相对应的生产力规模，即内销产品的生产力规模与国际必要贸易出口产品的生产力规模之和国家管理经济以核定国家公民价值消费需要开始，而不是以核定国家公民价值消费需求开始。一般来说，价值消费需要大于或等于价值消费需求，当价值消费需要基本等于价值消费需求时，社会控制下的生产力规模恰好与社会价值消费需求相适应，这时的生产力效率最高，社会最公平；当价值消费需要大于价值消费需求较多时，社会控制下的生产力规模超过价值消费需求，出现生产力假性闲置，生产力规模假性过大，社会处于不公平状态。这时需要通过调整分配来扩大价值消费需求，而不是削减生产力规模。

2. 国家生产力规模要控制在生态环境能够承受的范畴以内

许多资源是有限的，环境对生产的承载能力也是有限的。生产能力过大必然造成空气、水体、土地污染，降低环境水平。

企业有义务接受社会控制。因为资源和环境是人类共有的生存条件，而任何生产都必然要利用资源，占用环境空间、影响环境水平。

3. 在满足本国公民的价值消费需要前提下，适度缩减生产力规模

资源损失、环境损失和休闲损失与生产力规模正相关。国家生产力规模越小，损失越小，对国家公民越有利；国家生产力规模越大，损失越大，对国家公民越有害。从这一点考虑，在满足本国公民的价值消费需要前提下，国家生产力规模越小越好。为了就业而扩大生产力规模，为了外汇而出口会阻碍社会进步，做世界工厂对本国人民也是不公平的。

4. 淘汰过剩生产力

当生产力规模过大时，应当淘汰落后生产方式的生产力，保留进步生产方式的生产力。在自由市场竞争中，设备先进、技术水平较高、污染较小的大中型企业，往往被设备落后、技术水平较低、污染严重的小企业所击败，出现落后生产力淘汰先进生产力的现象，严重阻碍了生产力进步。主要原因是先进企业遵守经济秩序、产品成本高、质量好、价格相对较高，而落后企业违规经营、偷逃税款、压低工人工资、拖欠贷款、借债不还、以次充好、行贿销售、不治理污染，以极低的价格占领市场，迫使进步企业退出市场而破产。为了防止落后淘汰先进，首先要通过社会控制规范市场秩序，使先进和落后在同等条件下竞争。其次，要通过社会控制强制淘汰落后设备和生产技术，不给它们生存的空间，给先进生产力留有足够的市场份额。

5. 控制生产力规模上限

根据国家公民价值消费需要上限，制定行业生产力规模上限，每年进行调整。当行业生产力不足时，允许企业在行业生产力规模以内发展企业生产力规模。政府和行业协会要控制新增生产力规模的生产方式水平，以确保只新增最先进的生产力，不新增需要淘汰的落后生产力。当行业生产力饱和时，企业扩大生产规模的途径有两个：一是通过参股、控股等资本运作扩大企业规模。例如一位民营企业家从 20 万元资本开始创业，通过资

本运作 7 年便使企业拥有 34 亿资产。他认为经过这么多年的发展，社会存量资本已积累的太多。所以在企业发展中一直强调要发展控股企业，不要建新企业。采用这种办法，既能激活存量资本，又能实现快速成长，于国、于民、于己都有利。二是在发展先进产能的同时，通过社会控制强制淘汰等量落后产能。在行业生产力饱和时期，仍然需要发展生产力，这时发展生产力不是扩大行业生产能力，而是进行技术升级。所以必须建立社会控制下的落后生产力淘汰机制，经常淘汰落后生产力，禁止一切被淘汰的落后生产力落入落后企业之手重新进入生产过程。

总之，社会控制鼓励企业竞争，但是不允许落后生产力参与竞争，不允许违规竞争；社会控制鼓励企业发展，但是不允许发展落后生产力，不允许超过国家公民价值消费需要的企业存在。

三 企业规模、数量与社会进步

（一）企业规模、数量对社会进步的影响比较

企业规模与数量反比规律是：在生产力规模一定的条件下，企业规模越大，企业数量则越少；企业规模越小，企业数量则越多。

在生产力规模、结构、布局确定之后，对于企业规模和数量可以有两种相反的选择。一是企业规模尽量大，数量尽量少；二是企业规模尽量小，数量尽量多。例如，一个地区彩电必要生产力规模为年产 1000 万台，如果企业规模为年产 500 万台，则只需两个企业就能满足该地区彩电的价值消费需要；如果企业规模为年产 1 万台，则需要 1000 个企业才能达到彩电必要生产力规模。

企业规模和数量对社会水平有重要影响。企业大而少和企业小而多的社会作用比较。

1. 社会控制比较

企业在许多方面都需要社会管理，如纳税、融资、资源利用、环境保护、技术设备水平、劳工待遇、生产标准、产品质量、产品数量、产品价格、经营范围、市场竞争、知识产权等。一般来说，企业大而少，社会管理成本低，速度快，效果好；企业小而多，社会管理成本高，速度慢，效果差。如上例对两个彩电厂的社会控制远远比对 1000 个彩电厂的社会控制

成本低，速度快，效果好。改革开放以来，许多地方企业过多过小，一些城市有十几万甚至数十万个企业，社会管理效果甚差。企业规模小，技术水平低，许多企业违规经营、偷逃税款、污染环境、浪费资源，克扣工资、制售伪劣品、骗买骗卖、贪污受贿等各方面违法违规活动屡禁不止。

2. 资源利用比较

大规模经济比小规模经济节约资源。一座矿山如果只有一家企业进行开采，就有条件做好统筹规划，科学开采，从而节约矿物资源；如果 10 家企业竞争开采，势必给矿山造成巨大破坏，浪费矿物资源。企业大而少比企业小而多节约厂房、设备等中间产品。还以彩电生产为例，该地区如果只有两个年产 500 万台的企业，每个企业上 10 条年产 50 万台的生产线，则只需 20 条生产线即可满足年产 1000 万台的价值消费需要。该地区如果有 1000 个年产 1 万台的企业，每个企业至少必须上一条年产 1 万台的生产线，则该地区必须上 1000 条彩电生产线。显然，20 条生产线要比 1000 条生产线占地面积少，节约土地、厂房、设备、能源等物质要素。

3. 环境影响比较

企业大而少比企业小而多污染源少，污染范围小，便于统一治理。企业越大技术力量越雄厚，清洁式生产和循环式生产的水平也越高，生产中产生"三废"也相对要少。如上例的两个企业只在两个地点存在污染源，便于集中治理，治理的费用相对较少。而 1000 个企业则在 1000 个地点存在污染，难以集中治理，治理 1000 个污染源的费用要远远高于治理两个污染源的费用。

4. 健康影响比较

企业规模大生产设备自动化水平高，用工少，生产者劳动强度低，工作环境好，工资待遇高，有利于员工的身体健康。许多小企业中的工人利益往往被业主剥夺，工人们常常超时工作，工资却很低，而且常常不能按时领到；住宿、伙食、医疗、工作条件都很差，没有保险和养老金。企业大而少，便于社会监督产品质量和售后服务，有利于使用者（生产者和消费者）的身体健康；企业小而多，不便于社会监督产品质量和售后服务，一些小企业大量生产假冒伪劣产品坑害使用者，严重危害人们的身体健康。

5. 社会销售成本比较

企业大而少产品运输距离长，在途时间长，但销售渠道少。企业小而多，在企业均匀分布并就近销售的情况下，产品运输距离短，在途时间短，销售成本低。但是，这种画地为牢的产品销售只会在产品经济极不发达的地区出现。而大多数情况是企业的产品交叉销售，比如虽然沈阳有服装厂，而广州的服装照样摆在沈阳的柜台。由于交叉销售，企业小而多与企业大而少相比并不存在运输成本优势，反而会增加社会运输成本。由于企业必须设有自己的销售渠道，企业小而多的社会销售渠道数量要远远多于企业大而少，所以企业大而少的社会销售成本要低于企业小而多，从而节约资源。

6. 国家生产力发展比较

发展国家生产力的目的是提高人类的生存质量，所以要不断提高生产自动化水平，以减少人类的劳动时间和劳动强度，增加休闲时间；要不断提高宏观效率以减少企业，保护生存环境；要不断提高循环生产水平，以节约资源；要不断提高清洁生产水平，以保护环境，维持人类健康。企业大而少符合生产力发展的需要。

综上所述，企业规模大而数量少比企业规模小而数量多对社会进步更为有利。

（二）企业规模数量总原则

企业规模数量总原则是规模尽量大、数量尽量少。社会管理部门在规定企业的规模和数量时，要以规模尽量大、数量尽量少为总原则。对生产不同产品的企业，要根据产品特点、地域特点等具体情况规定适当的规模和数量。一般来说，中间产品的企业规模越大，数量越少越好，如冶炼厂、机床厂等；产出产品中耐用消费品企业规模越大，数量越少越好，如彩电厂、冰箱厂、服装厂等。电网、有线电视网、电话线网、计算机网络、无线通讯网、自来水网、煤气网等设施每座城市有一套就足够了；一座矿山、一片油田只宜有一个企业进行开采；农村宜建立大型的农场、林场和牧场；饭店、理发店、超市、储蓄所等消费服务单元宜在居住区均匀分布，不宜建得过多和过于集中，规模不宜过大；同类消费服务单元宜采取连锁形式，便于社会管理。

第六节　生产的数量进步

价值生产与反价值生产反映的是生产性质与社会进步的关系。对于现代社会的管理者、生产者以及消费者，不仅应掌握生产性质与社会进步的关系，还应掌握生产数量与社会进步的关系。对于宏观社会来说，生产的数量主要指社会各种产品的产量、产值或 GDP，其中以产量最准确。同样的产量，由于产品价格不同会表现为不同的产值或 GDP。

生产是为消费而存在，脱离消费去研究生产的数量是没有意义的。生产的数量相对于消费的数量有大于、等于和小于三种关系。这三种状态对社会进步的影响是有重要区别的。

产品数量与社会进步关系规律是：价值产品数量与价值消费所需数量基本相等，有利于社会进步；价值产品数量高于或者低于价值消费所需数量，不利于社会进步，二者差距越大，对社会进步危害越大。反价值产品数量越多对社会进步危害越大，越少对社会进步危害越小。

一 供需均衡与社会进步

（一）供需均衡的类型

1. 供需均衡

供需均衡是指生产的产品等于对产品的需求。产出产品可能大于、等于或小于消费需求，中间产品也可能大于、等于或小于生产需求。当产出产品等于消费需求时，产出产品的生产正好适合于消费需求；当中间产品等于生产需求时，中间产品的生产正好适合于产出产品的生产。供需均衡链条如下。

消费需要→消费需求＝产出生产→生产需求＝中间生产

2. 价值生产均衡与反价值生产均衡

供需均衡是消费需求得到满足，没有生产过剩和生产不足。但是，消费需求分为价值消费需求和反价值消费需求，它们对社会进步的影响不同。价值生产均衡是指维持或提高人类生存水平的生产的生产均衡，是为价值消费需求提供产品的供需均衡；反价值生产均衡是指降低人类生存水平的生产的生产均衡，是为反价值消费需求提供产品的供需均衡。

3. 真实价值生产均衡

消费需求的满足并不一定表示消费需要得到了满足，消费需求等于或小于消费需要。当消费需求等于消费需要时，消费需要得到完全满足；当消费需求小于消费需要时，消费需要得到部分满足。没有消费需要不会出现消费需求，消费需求不会大于消费需要。

真实价值生产均衡是指价值消费需要得到完全满足时的价值生产均衡。此时，由于价值消费需要等于价值消费需求，因此价值生产与价值消费需求均衡时，价值生产与价值消费需要是均衡的，这时人们的物质生存水平处于最佳状态。真实价值生产均衡链条如下。

价值消费需要 = 价值消费需求 = 价值产出生产→价值生产需求 = 价值中间生产

4. 假性价值生产均衡

假性价值生产均衡是指价值消费需要没有得到完全满足时的价值生产均衡。此时，由于价值消费需要大于价值消费需求，因此价值生产与价值消费需求均衡时，价值生产与价值消费需要是失衡的，表现为产品供应不足。假性价值生产均衡链条如下。

价值消费需要 > 价值消费需求 = 价值产出生产→价值生产需求 = 价值中间生产

（二）供需均衡与社会进步的关系

1. 真实价值生产均衡有利于社会进步，假性价值生产均衡不利于社会进步

价值消费是为了维持或提高人类生存水平。价值产出产品的供需均衡表明价值消费需求得到完全满足，人们在现有支付能力的条件下，生存水平处于最优状态，同时在现有生产方式下，产品、资源浪费最小，环境损失最小。但是由于价值生产均衡有真、假两种情况，它们对社会进步的影响亦有所不同。

其中真实价值生产均衡时，所有公民的价值消费需要都能得到完全满足，最有利于社会进步。例如，人们的空气消费需要、水消费需要、食品消费需要、住房消费需要、服装消费需要、能源消费需要、医疗消费需要、学习消费需要、安全消费需要、交通消费需要、沟通消费需要、家具消费需要、锻炼消费需要、娱乐消费需要、美化消费需要、艺术消费需要、旅游消费需要、电器消费需要等都得到满足，社会处于最优状态。

而假性价值生产均衡时，虽然所有公民的价值消费需求都得到完全满足。但是由于支付能力的限制，部分公民的价值消费需要没有得到完全满

足，收入低的人口可能严重不足，生存水平可能很低。可能会出现两极分化的情况。一个严重两极分化的社会是一个假性价值生产均衡的社会，所以假性价值生产均衡是价值产出产品在支付能力掩盖下的供给不足，对社会进步有严重危害。

2. 反价值生产均衡对社会进步危害极大

反价值消费对维持或提高人类生存水平没有积极作用，反而是降低人类生存水平的因素，反价值产出产品的供需均衡表明反价值消费需求得到完全满足，对社会进步危害最大。例如，战争消费需求、暴力消费需求、损坏消费需求、毒品消费需求、赌博消费需求、色情消费需求、贿赂消费需求及其他危害健康的嗜好得到完全满足，善良的人们必将处于水深火热之中。更极端的情况是当核武器的消费得到满足时，人类将处于灭顶之灾。

二　生产过剩与社会进步

生产过剩是指生产的产品大于对产品的需求。当产出产品大于消费需求时，产出产品生产过剩，多余的产出产品不能实现消费；当中间产品大于生产需求时，中间产品生产过剩，多余的中间产品不能进入生产过程，造成浪费资源。

生产过剩是消费需求得到满足后出现了剩余产品。消费需求分为价值消费需求和反价值消费需求，它们对社会进步的影响不同。价值生产过剩是指维持或提高人类生存水平的生产的生产过剩，是指为价值消费需求提供的产品供大于求。反价值生产过剩是指降低人类生存水平的生产的生产过剩，是指为反价值消费需求提供的产品供大于求。

价值生产过剩也有两种情况。一是价值消费需要等于价值消费需求时的价值生产过剩，二是价值消费需要大于价值消费需求时的价值生产过剩。

真实价值生产过剩是指价值消费需要得到完全满足时的价值生产过剩。此时，由于价值消费需要等于价值消费需求，因此价值生产相对于价值消费需求过剩，相对于价值消费需要也一定是过剩的。真实价值生产过剩链条如下。

价值消费需要 = 价值消费需求 < 价值产出生产 → 价值生产需求 ≤ 价值中间生产

假性价值生产过剩是指价值消费需要没有得到完全满足时的价值生产

过剩。此时，由于价值消费需要大于价值消费需求，因此价值生产相对于价值消费需求过剩，而相对于价值消费需要则不一定过剩，只是可能不足，也可能是均衡的。假性价值生产过剩链条如下。

价值消费需要 > 价值消费需求 < 价值产出生产 → 价值生产需求 ≤ 价值中间生产

（一）生产过剩的类型

生产过剩有单纯中间生产过剩、产出生产过剩和双生产过剩三种类型。对生产过剩进行细分是为了便于人们根据不同的生产过剩，采取不同的应对措施。

1. 单纯中间生产过剩

单纯中间生产过剩是指中间产品大于生产需求，而产出产品并不大于消费需求的生产过剩。单纯中间生产过剩链条如下。

消费需要 → 消费需求 = 产出生产 → 生产需求 < 中间生产

单纯中间生产过剩时，中间产品大于生产需求，出现产品剩余，如设备闲置、企业倒闭。而产出产品则会等于消费需求，一般不会小于消费需求，这时的生产需求可以得到完全满足。单纯中间生产过剩由投资过多引起。

2. 产出生产过剩

产出生产过剩是指产出产品大于消费需求的生产过剩。这时中间生产可以不大于生产需求。产出生产过剩链条如下。

消费需要 → 消费需求 < 产出生产 → 生产需求 = 中间生产

产出生产过剩时，产出产品大于消费需求，出现产出产品剩余，中间产品等于生产需求，没有出现中间产品剩余。但是，由于产出生产大于消费需求，所以中间生产相对于消费需求也已经出现生产过剩。

3. 双生产过剩

双生产过剩是指产出产品大于消费需求的同时，中间产品也大于生产需求的生产过剩。双生产过剩链条如下。

消费需要 → 消费需求 < 产出生产 → 生产需求 < 中间生产

双生产过剩时，产出产品大于消费需求，中间产品大于生产需求，同时出现产出产品剩余和中间产品剩余。

（二） 生产过剩与社会进步的关系

1. 真实价值生产过剩不利于社会进步，假性价值生产过剩不能化解就会不利于社会进步

任何一种生产过剩都会浪费资源、产品和劳动，增加环境损失，都不利于社会进步。价值生产过剩的产品虽然可用于价值消费的产出产品，或者可用于价值生产的中间产品，但是由于超出价值消费需要或者受支付能力限制过剩产品不能进入价值消费或价值生产过程，过剩产品就会变成废品。

各行各业都可能存在生产过剩。在生产力建设领域，存在着许多重复建设，如建一个新厂、新宾馆、新饭店、新商店、新市场、新银行可以打垮几个老厂、老宾馆、老饭店、老商店、老市场、老银行，造成生产力的巨大浪费。多余的生产力建设既浪费资源，又降低效率。生产力无节制的盲目扩张，引起效率不断下降。许多生产力处于闲置和半闲置状态，这种情况在第二和第三产业中尤为突出。企业为了弥补效率下降带来的损失，一般采取降低成本的方法。低工资和假冒伪劣品充斥市场又使人的生存水平下降。

2. 反价值生产过剩对社会进步危害极大

反价值消费对维持或提高人类生存水平没有积极作用，反而是降低人类生存水平的因素，反价值生产过剩表明反价值消费需求不但得到完全满足并且还有剩余，对社会进步危害最大。

三 生产不足与社会进步

生产不足是指生产的产品少于对产品的需求。当产出产品少于消费需求时，产出产品生产不足。当中间产品少于生产需求时，中间生产不足。

生产不足是消费需求没有得到满足。消费需求分为价值消费需求和反价值消费需求，而它们对社会进步的影响不同。价值生产不足是指维持或提高人类生存水平的生产的生产不足，是为价值消费需求提供产品的供少于求。反价值生产不足是指降低人类生存水平的生产的生产不足，是为反价值消费需求提供产品的供少于求。

价值生产不足只有一种情况，不存在假性价值生产不足。无论是价值消费需要等于价值消费需求时的价值生产不足，还是价值消费需要大于价值消费需求时的价值生产不足，价值生产相对于价值消费需求不足，相对于价值消费需要也一定不足。价值生产不足链条如下。

价值消费需要≥价值消费需求＞价值产出生产→价值生产需求≥价值中间生产

（一）生产不足的类型

生产不足的情况有产出生产不足、单纯中间生产不足和双生产不足。

1. 单纯中间生产不足

单纯中间生产不足是指中间产品少于生产需求，而产出产品不少于消费需求的生产不足。单纯中间生产不足链条如下。

消费需要≥消费需求＝产出生产→生产需求＞中间生产

单纯中间生产不足时，产出产品可以满足消费需求，中间产品不能满足生产需求。但是，中间产品相对于消费需求已经处于可满足状态。这种情况的出现往往是经济过热的标志，是生产过剩的前奏。这时产出市场购销两旺，供需均衡。但是，投资仍然在不断增长，引起中间市场供少于求，生产资料价格上扬。中间生产在生产需求拉动下不断扩大规模，以满足过热的生产需求，最终导致产出生产过剩。

2. 产出生产不足

产出生产不足是指产出产品少于消费需求的生产不足。这时中间产品可以不少于生产需求。产出生产不足链条如下。

消费需要≥消费需求＞产出生产→生产需求＝中间生产

产出生产不足时，产出产品少于消费需求，部分消费需求得不到满足，出现消费物价上涨。产出生产不足且中间生产等于生产需求，说明产出生产已没有闲置的生产能力，中间生产相对于消费需求必然也存在生产不足。

3. 双生产不足

双生产不足是指产出产品少于消费需求的同时，中间产品少于生产需求的生产不足。双生产不足链条如下。

消费需要≥消费需求＞产出生产→生产需求＞中间生产

双生产不足时,产出产品不能满足消费需求,中间产品不能满足生产需求,消费品和投资品价格双双上扬。

(二) 生产不足与社会进步的关系

1. 价值生产不足不利于社会进步

价值消费是为了维持或提高人类生存水平。价值消费的生产不足表明价值消费需求不能得到完全满足,人们在现有支付能力的条件下,生存水平的提高受到价值产出产品不足的制约,不利于社会进步。

2. 反价值生产不足对社会进步仍然存在危害

反价值产出产品的生产不足对社会进步危害小于供需均衡和生产过剩。反价值消费对维持或提高人类生存水平没有积极作用,反而是降低人类生存水平的因素,所以反价值产出产品的生产越少对社会进步的危害就越少。最理想的状态是反价值产出产品的生产为零。

四 国家产品数量总原则

国家产品数量总原则是:本国价值产品数量与本国公民价值消费所需产品数量基本相等,价值产品数量不应高于或者低于价值消费所需产品数量,反价值产品数量应为零。

国家产品数量包括本国生产的产品数量和进口的产品数量。本国生产的产品数量包括内销产品的数量和国际必要贸易的出口产品的数量。

最有利于社会进步的国家生产数量与本国公民价值消费所需产品数量相同,即内销产品的数量和国际必要贸易的出口产品的数量(进口产品的数量)之和。

(一) 保持价值生产均衡的基本原则

供需均衡在市场机制的作用下可以向供需失衡转化。在供需均衡时期需要正确的社会控制保证动态供需均衡的延续,并且要不断提高消费水平,同时防止生产过剩和生产不足的发生。

1. 假性价值生产均衡

纠正假性价值生产均衡的基本原则是:当出现价值消费需求小于价值消费需要的假性价值生产均衡时,应当采用扩大价值消费需求使之等于价值消费需要的措施,同时在价值消费需要上限内扩大价值生产以达到真实价值生产均衡。

假性价值生产均衡时，需要通过扩大乏收入人口的价值消费需求，同时扩大价值生产来提高公民的生存水平，推动社会进步，使假性价值生产均衡向真实价值生产均衡发展。实施积极的财政政策，不断提高财政支付的公共消费水平，扩大转移支付，持续提高乏收入人口的收入，不断减少乏收入人口，并相应增加对高价值生产的投资。

2. 真实价值生产均衡

保持真实价值生产均衡的基本原则是：继续保持价值产出产品的供需均衡状态，不要盲目扩大生产或缩小生产，保持投资的稳定性。

真实价值生产均衡时，提高公民生存水平的办法是提高价值消费需要层次进而扩大价值消费需要，如产品升级换代，并扩大价值消费需求，在此基础上扩大价值生产。

对此，可采取如下政策措施：一是当价值消费需求不增长时，保持生产力规模和产值稳定；二是当价值消费需求增长时，相应扩大生产力规模，使价值生产等量增长；三是在不改变生产力规模的情况下，通过强迫性技术改造提高生产力水平；四是发展先进消费，同时发展与之相适应的生产力；五是保持社会稳定，避免战争或内乱以保护生产力，防止天灾人祸引起价值生产不足，防止居民收入下降引起价值消费需求不足；六是实施稳健的货币政策，不要频繁调整货币价格，维持物价稳定。

（二）纠正价值生产过剩的基本原则

纠正价值生产过剩的基本原则是：当出现价值生产过剩时，应当区分真实价值生产过剩和假性价值生产过剩。对于假性价值生产过剩应当提高公民收入水平，扩大价值消费需求，对于真实价值生产过剩应当限产。

1. 假性价值生产过剩

纠正假性价值生产过剩的基本原则是：当价值消费需求小于价值消费需要时，应当采用扩大价值消费需求使之等于价值消费需要的措施消化生产过剩。

提高乏收入和适收入人群的收入是扩大价值消费需求的主要措施。一是提高社会福利，二是提高社会工资。

市场经济本身是不能化解假性价值生产过剩的，必须政府出手。在市场经济条件下，企业经营的目的是利润最大化，也就是资本所有者的收入最大化。而企业收入是资本所有者和打工者收入之和，所以资本所有者希望打工者收入最小化。企业在能够雇到打工者的情况下，是不会给打工者涨工资的，企业更不会给无工作的人发工资。只有政府才会通过提高社会福利，提高最低工资标准来扩大价值消费需求，进而提高公民生存水平，推动社会进步。政府出手既是推动社会进步的需要，也是政府不可推卸的责任。政府干预必须是直接扩大价值消费需求，而不要扩大生产需求，虽然扩大生产需求可以间接带动一部分消费需求，但危害是巨大的，这会引起中间生产的进一步过剩，并最终导致产出生产的进一步过剩。

2. 真实价值生产过剩

当价值消费需求等于或大于价值消费需要时，即使采取了降低利率、扩大货币发行等措施也不会扩大价值消费需求。当出现生产过剩时，首先要考虑扩大价值消费需求，以消费过剩产品；在扩大消费规模不足以消化生产过剩时，必须压缩生产规模。

纠正真实价值生产过剩的最有效办法是政府用强制手段压缩生产规模。当价值生产规模过大时，首先要取缔采用落后生产方式的低价值生产。

当发生单纯中间生产过剩时，只需压缩中间生产规模，抑制过多的投资需求；当出现产出生产过剩时，必须同时压缩产出生产规模和中间生产规模；当出现双生产过剩时，必须进行双压缩，一是要根据消费需求压缩产出生产规模，二是要根据压缩的产出生产规模压缩中间生产规模，使之向价值生产均衡发展。

需要注意的是，即使是单纯中间生产过剩，也不能采取扩大生产需求的办法来消化过剩的中间产品，这样做会造成产出生产过剩。

在货币政策方面，要相对减少对企业的货币供应量，并相对增加对个人的货币供应量。例如，提高企业贷款利率，降低消费贷款利率。

在财政政策方面，可以扩大必要公共消费支出，减少政府对企业的投资支出；提高企业税率，降低个人收入税率，增加福利开支。

（三）纠正价值生产不足的基本原则

对于生产不足要进行结构分析。为价值消费需求提供产品的价值生产不足，会妨碍人们生活水平的提高，需要纠正。为反价值消费需求提供产品的反价值生产不足，不会影响公民生活水平，这种生产本身就同社会可持续发展相矛盾，需要逐步禁止。

市场机制会自动消除不足缺口。但是，市场不会识别价值生产不足与反价值生产不足。自动消除不足缺口机制会同时扩大价值生产规模和反价值生产规模，形成资源浪费。所以，政府控制是必不可少的。

1. 纠正价值生产不足的基本原则

解决生产不足的基本对策包括压缩反价值消费需求和扩大价值生产规模。出现生产不足时，先要压缩反价值消费需求；当超量需求被消灭后仍然存在价值生产不足，则必须扩大价值生产。扩大价值生产必须采取社会控制，一是控制生产力建设规模，防止发生生产力过剩；二是控制生产力质量，只允许发展最先进的生产力。

在货币政策方面，可以相对增加对企业的货币供应量，如降低贷款利率。

在财政政策方面，可以减少非必要公共消费支出，降低企业税率。

2. 纠正单纯中间生产不足的基本原则

单纯中间生产不足时，产出产品可以满足消费需求，中间产品不能满足生产需求。但是，中间生产相对于消费需求已经处于可满足状态，所以不能盲目扩大中间生产，而要抑制过多的投资需求。这时扩大中间生产会引起双生产过剩。

3. 纠正产出生产不足的基本原则

产出生产不足时，产出产品小于消费需求，中间产品不小于生产需求，应先扩大产出生产，使产出产品等于消费需求，当产出生产扩大引起中间产品不足时，方可扩大中间生产。

4. 纠正双生产不足的基本原则

当出现产出产品少于消费需求同时中间产品少于生产需求的生产不足时。应同时扩大产出生产和中间生产，通过扩大生产来推动社会进步。

（四）针对反价值生产均衡、过剩、不足的基本原则

无论反价值生产均衡、过剩和不足都是违背人类利益的，解决的基本原则就是禁止一切反价值生产。

针对反价值生产不足，不应扩大生产，而应进一步限制生产，使之趋于零。但是，有的地方为了追求 GDP 增长，不区分价值生产和反价值生产，只要有产值、有税收就一律支持，致使反价值生产持续扩大。例如，一些地方欺诈生产盛行，甚至欺诈生产成为当地人的主要经济来源。

五 价值经济波动与社会进步

经济是动态的，生产与消费的数量关系也会发生变化，供需均衡可以发展为生产不足或生产过剩，生产不足或生产过剩也可以发展为供需均衡。经济波动是指生产不足、生产过剩、供需均衡三者之间的变化。社会进步学只研究价值经济波动，即只研究价值生产不足、价值生产过剩和价值生产均衡的变动。因为反价值经济无论是否波动，都不利于社会进步，都应取缔。

社会进步学的经济波动概念与经济学的经济波动（经济周期）不同。经济学家关于经济周期的阐述：经济周期有时也称经济波动，是指总体经济活动的扩张和收缩交替反复出现的过程。对此，有两种不同的界定，一种是早期经济学家对经济周期的定义是建立在实际 GDP 或经济活动绝对量的变动基础上的，认为经济周期是指 GDP 上升和下降的交替过程。这一定义被称为古典的经济周期定义。另一种是经济学的现代经济周期定义，是建立在经济增长率变化基础上的，认为经济周期或经济波动是经济增长率的上升和下降的交替过程。根据这一定义，只要 GDP 的增长率下降，也可以称之为衰退。[①]

无论古典和现代，经济学研究的经济波动都是 GDP 的增减变化。表现为危机、萧条、复苏和高涨四个阶段。而社会进步学为提高人的生存水平而研究经济活动，研究的经济波动是生产与消费的数量对应关系变化，表现为价值生产不足、价值生产过剩和价值生产均衡三种状态。追求的目标是公民的物质生存水平处于最佳状态的真实价值生产均衡，即所有人的价值消费需要得到完全满足时的价值生产均衡。

（一）市场经济条件下的价值经济波动

价值生产不足与价值生产过剩可以频繁交替出现，形成波动周期。在

---

① 焦瑾璞：《宏观经济金融分析》，中国金融出版社，2007。

周期中可以长期保持价值生产不足状态或价值生产过剩状态。

价值生产不足时供少于求，价值生产过剩时供多于求，在二者之间存在着价值生产均衡状态（见图 9-1）。

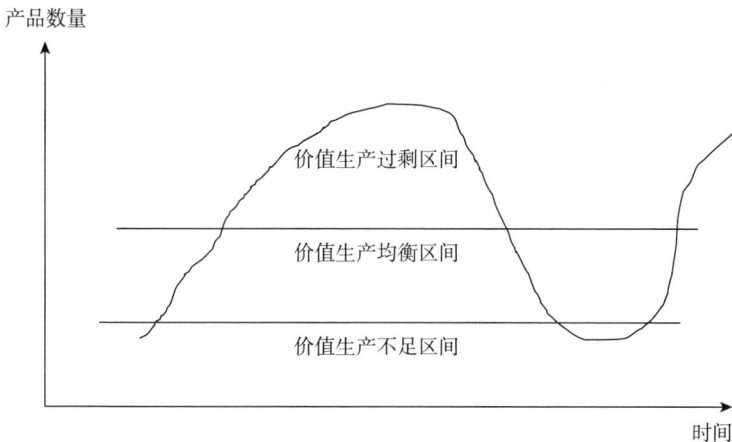

图 9-1 市场经济条件下的价值经济波动

图 9-1 是市场自动调节下的典型的供需周期。在两个价值生产不足区间之间存在着两个价值生产均衡区间，一个价值生产过剩区间；在两个价值生产过剩区间之间存在着两个价值生产均衡区间和一个价值生产不足区间。

市场自动调节下的价值生产均衡会向价值生产不足或价值生产过剩变动。一般来说，由价值生产不足变动引起的价值生产均衡会向价值生产过剩发展，而由价值生产过剩变动引起的价值生产均衡会向价值生产不足发展。

在市场经济条件下，需求和生产都处在变动之中，价值生产均衡是变动中的均衡。在价值生产均衡时，需求和生产处于同向等量变动状态。当需求和生产出现逆向变动或同向不等量变动时，价值生产均衡就会被打破，出现过剩缺口或者不足缺口。

当产出价值生产不足时，消费品供不应求，价格上涨，产出生产企业利润增加。在利润增长的诱惑下，引致投资和自发投资不断增加，由于项目从设计到投产需要有一个过程，同时由于投资的增长引起收入增加，使需求进一步增长，不足缺口在投资增加初期呈进一步扩大趋势，并且会持续到项目陆续投产时停止扩大。随着项目不断投产，产出生产规模不断扩大，不足缺口开始呈现逐步缩小趋势，直至达到价值生产均衡。

价值生产均衡初期，需求与生产同步增长，物价稳定，购销两旺，利润持续增长；在价值生产均衡后期，需求相对于生产增速放缓，但此时的生产规模仍在持续扩大。原因在于没有社会统一计划控制投资规模，在利润不断增长的刺激下，众多企业纷纷进行相同的投资，而每个企业的投资计划往往是商业机密，并具有投资自主权，在不足缺口仍在扩大的情况下，投资者并不能准确判断全社会的总投资规模，导致在价值生产不足时期的投资规模已经过大。加上许多后知后觉的投资者不甘心放过赚钱的机会，自我认为具有竞争优势，在不足缺口基本消失时仍然会盲目投资。而投资带来的收入增加引起的需求增长却逐渐放慢速度。所以由价值生产不足而引至的价值生产均衡，会自动向价值生产过剩发展。首先是由于过度投资引起中间价值生产过剩，其次是过多的项目投产引起产出生产和中间生产双过剩。

在价值生产过剩初期，企业库存持续增加，资金周转速度逐步下降，行业利润开始下滑。企业为了维持利润水平，物价仍然保持基本稳定。物价稳定掩盖了价值生产过剩，加上经济繁荣企业收入增长，资金充足，投资仍在不断增长。在价值生产过剩中期，生产项目不断投产，需求增长继续减缓，甚至出现负增长，过剩缺口日益增大。企业产品大量积压，资金周转不灵，拖欠货款增加，生产能力大量闲置。为了回笼资金，维持企业运转，企业开始进行大规模的降价销售。面对日益增大的过剩缺口，企业之间展开了激烈的价格竞争和质量竞争，盈利企业减少，亏损企业增加，甚至出现行业亏损。到价值生产过剩后期，经过激烈的市场竞争，随着破产企业日益增多，过剩缺口开始缩小。当社会生产规模缩小到可以维持微利经营时，将停止收缩，这时破产企业和新增企业在生产规模上保持了平衡，物价趋于稳定，价值生产过剩向价值生产均衡发展。

价值生产过剩后的均衡一般不会立即向不足变化。因为过剩后的均衡只是当期产销均衡，过剩期大量的闲置生产力仍然存在，只要需求增加、物价上涨、有利可图，随时可以开工生产。闲置生产力起到了平抑物价和压制利润增长的作用。

过剩后的均衡一般也不会向新的价值生产过剩变化。因为过剩后均衡期企业存在大量闲置生产力，市场竞争激烈，利润微薄，新上项目几乎无利可图。

在过剩后的均衡期间，消费需求总量会在人口增长和收入积累等因素的影响下继续增长。消费需求结构也会随着认识发展和新产品的出现而发生改变。开始需求的增长会被闲置生产力所消化，但是随着时间的推移，闲置生产力一部分被消化，另一部分成为废品，而长期的闲置生产力的存在已使装备行业萎缩，需求的持续增长和需求结构的变化对产出生产和中间生产有了新的要求。新的价值生产不足开始产生。

（二）引起价值经济波动的基本因素及社会管理手段

1. 价值经济波动对社会进步的影响

因为价值生产不足与价值生产过剩都不利于社会进步，所以在经济波动中，价值生产均衡向价值生产不足或价值生产过剩发展不利于社会进步，价值生产不足或价值生产过剩向价值生产均衡发展有利于社会进步。

2. 社会控制价值经济波动的基本原则

促进价值生产不足或价值生产过剩向真实价值生产均衡发展；阻止价值生产均衡向价值生产不足或价值生产过剩发展。

社会管理部门必须掌握影响经济变动的因素，从而找到控制经济波动的社会管理手段。经济波动是生产与消费的数量关系的变化，所以必须从消费和生产两方面寻找原因和解决办法。

3. 引起消费需求变动的主要因素及社会管理手段

（1）收入变动。在消费需要的范围内，收入增减会引起消费需求增减。政府可以通过货币政策、财政政策、分配政策影响收入变动，控制消费需求总量。

（2）消费需要变动。人们的知识水平和道德水平的变化以及产品的发展会引起消费需要变动。政府可以通过不断提高人们的知识水平和道德水平以及产品创新来实现对消费需要变动的影响。

（3）消费限制。消费限制可以直接控制消费需求总量和结构。政府可以通过采取禁止反价值消费的措施来控制消费需求总量和结构。

4. 引起生产变动的主要因素及社会管理手段

（1）需求的变动。需求的变动会引起生产的变动。政府可以通过控制需求总量和需求结构间接影响生产总量和生产结构。

（2）收入和利润变动。收入和利润变动会引起生产同向变动。政府可以通过货币政策、财政政策、价格政策等经济政策控制企业利润率和货币量，达到控制投资规模和结构、生产规模和结构的作用。

（3）资源变动。资源数量、价格和使用权对生产有重大影响。政府可以通过控制资源使用条件、资源使用权、资源使用数量、资源价格影响生产规模、结构、生产方式和产品质量实现控制。

（4）生产工具和技术的变动。生产工具和技术进步会提高社会劳动生产率、改进产品。政府可以通过控制生产工具和技术的最低标准、使用条件和发展方向使价值生产只为满足价值消费而发展。

（5）劳动者变动。劳动者的数量、价格、劳动技能对生产规模、结构及产品水平有重大影响。政府可以通过控制最低工资、最低劳动技能以及劳动使用条件控制生产规模及提高生产力水平。

（6）生产限制。生产限制可以对生产进行全面制约。例如，制约生产力规模使生产规模与价值消费需求规模相适应，制约生产力结构使生产结构与价值消费需求结构相适应，制约生产力水平使生产水平不断得到提高。生产限制通过一系列计划和标准在行政控制下得以实现。

第七节　企业准入进步

一　企业对社会进步的影响

任何一个企业都会通过三个途径对人和环境产生影响，进而对社会进步产生影响。一是企业必然要占用一定的空间，从而对所占用的空间及周围的人和环境产生影响。二是企业的物质生产活动或服务生产活动必然会对人和环境产生影响。三是企业的物质产品或服务产品也会对人和环境产生影响。

企业对人和环境的影响有两个不同的结果：一是提高人的健康水平，改善环境，促进社会进步。二是降低人的健康水平，污染环境，导致社会倒退。实践证明，一个完全自主控制的企业会以损害人的健康和破坏环境为代价追逐最大利润。所以，人们不应该随便建立企业，不仅不应该随便建立物质产品企业，也不应该随便建立服务产品企业。盲目建立企业，必然会浪费资源、浪费产品、破坏环境、危害人类健康。建立企业必须由社会统一管理，而且企业的经营更需要社会控制。

二　企业准入总原则

社会控制的直接作用是规范企业行为，使之符合社会根本利益。同时，通过企业标准控制给企业创造一个平等竞争的环境，并且通过不断提高企业标准以提升国家生产力水平。新建企业（包括自主创业）和扩建企业都必须遵守企业准入总原则。企业准入总原则是：企业必须符合国家生产目的总原则、国家生产性质总原则、国家生产方式总原则、国家生产力布局总原则、国家生产力规模总原则、企业规模数量总原则和国家生产数量总原则。

（一）国家生产目的总原则

只允许企业以满足公民价值消费需要为目的，在维护人的健康，保护环境和节约资源的基础上追求企业利润。取缔以获得利润为唯一目的，在损害人的健康、破坏环境和浪费资源基础上追求企业利润的企业。

（二）国家生产性质总原则

只允许建立进行价值生产的企业，禁止建立进行反价值生产企业，

（三）国家生产方式总原则

只允许新建采用先进生产方式的企业，强行限制并逐步取缔采用落后生产方式的企业。

（四）国家生产力布局总原则

企业地点必须有利公民健康、保护生存环境和节约国家资源。出口企业必须符合参与国际分工的总原则，只为满足本国公民的价值消费需要而建立出口产品的企业，不要建立超出本国公民的价值消费需要的出口产品企业。

（五）国家生产力规模总原则

企业不能超出国家生产力规模和结构的需要，应当在环境承受能力以内发展。在满足本国公民价值消费需要的前提下，国家生产力规模越小越

好，企业越少越好，生产活动越少越好。一些人为了营利，不顾社会生产能力是否过剩而新建生产力，导致国家生产力规模过大、生产能力持续过剩和产品过剩。

（六）企业规模数量总原则

企业的规模应尽量大、数量应尽量少。

（七）企业必须符合国家生产数量总原则

本国生产的价值产品数量与本国公民价值消费所需数量基本相等，价值产品数量不应高于或者低于价值消费所需数量。所以只有在原有生产单位价值生产不足时，才可以建立新的生产单位。简单地说，价值产品够用，就不能建立新的企业。

上述企业准入的总原则是任何国家的政府都应遵守的基本原则，这些原则还需要具体化，不同种类的企业具有各自的特殊性，必须根据企业的种类建立不同的企业标准。其内容包括资源标准、环境标准、健康标准、劳工标准、产品标准、生产方式标准、生产能力标准等。

第八节 理论、规律与方法

一 生产进步理论

生产进步理论是根据生产对人类生存水平的作用揭示生产进步原理的理论集合。生产进步理论围绕生产与人类生存水平的关系展开，阐释了生产进步的基本理论。生产进步理论包括生产进步的内容、生产进步的目标理论、生产目的进步理论、链条理论、价值生产理论、生产方式进步理论、企业布局进步理论、生产力规模进步理论、企业规模、数量进步理论、生产数量进步理论、价值经济波动理论和企业准入进步理论等。

生产进步理论围绕生产与人类生存水平的关系展开，不是围绕企业利润展开，所以它是人性化的经济理论，不是利润化的经济理论。

（一）生产进步的内容

生产进步是指生产向耗费尽量少的资源，不断降低对人类的危害，持续提高价值消费水平的方向发展。一是生产相同的产品，生产利用的资源应趋于减少，即生产的物质利用水平提高。二是生产活动伤害人类健康、污染环境等对人类的危害以及产品本身对人类的危害应趋于减少。三是生产结果能够满足人的价值消费水平提高的需要。

生产进步改善人类的物质生存条件，即提高环境水平。生产进步为消费进步提供了物质条件，包括生产目的进步、生产性质进步、生产方式进步、企业布局进步、国际贸易进步、参与国际分工进步、生产力规模进步、企业准入进步、生产数量进步、资源利用进步、产品进步等丰富的内容（资源利用进步、产品进步见第三章）。

（二）　生产进步目标理论

生产进步目标理论是基于提高人类生存水平的生产进步目标及衡量生产进步标准的理论。符合社会进步要求的生产进步目标：一是生产相同的产品，生产利用的资源应趋于减少，即生产的物质利用水平的提高。二是生产活动伤害人类健康、污染环境等对人类的危害以及产品本身对人类的危害应趋于减少。三是生产结果能够满足人的价值消费水平提高的需要。一国生产的产品能够满足本国人民的价值消费，能够提高价值消费的层次。不要生产超出本国人民价值消费需要的产品。

生产进步的目标同时也是衡量生产是否进步的基本标准。GDP 的增减变化不是衡量生产进步的标准，只是产量变化的指标。GDP 增加可能伴随生产进步，也可能伴随生产倒退；同样 GDP 减少可能伴随生产进步，也可能伴随生产倒退。

（三）　生产目的进步理论

生产目的进步理论是基于提高人类生存水平而改善人类生产目的的理论。在生产进步中，生产目的进步是第一位的。生产是人类有目的的活动，不同的生产目的会引起不同的生产活动，对人类的生存水平乃至社会进步产生不同的影响。当代中国存在三种生产目的，分别是人性生产目的、利润生产目的和就业生产目的。人性生产目的是指具有维护人的健康、保护环境和节约资源特征的生产活动，利润生产目的是指具有损害人的健康、破坏环境和浪费资源特征的生产活动，还有一种政府主导的单纯为扩大就业而开展的生产活动。人性生产目的有利于社会进步，利润生产目的和就业生产目的会阻碍社会进步。

人性生产目的取代利润生产目的和就业生产目的是生产目的进步。国家生产目的总原则是引导企业建立人性生产目的，取缔坚持利润生产目的的企业，化解就业生产目的。

政府可以通过社会舆论导向、法律强制手段及完善社会福利制度实现生产目的进步。

（四）链条理论

链条理论建立了生产与消费关系基本链条、价值生产与价值消费关系链条、反价值生产与反价值消费关系链条及欺诈生产链条等链条集合。链条理论说明了价值消费需要引起价值消费需求，价值消费需求引起价值产出生产，价值产出生产引起价值生产需求，价值生产需求引起价值中间生产；反价值消费需要引起反价值消费需求，反价值消费需求引起反价值产出生产，反价值产出生产引起反价值生产需求，反价值生产需求引起反价值中间生产；各种需要都会引起欺诈生产。

链条理论告诉我们，生产进步需要消费进步的引导。要发展价值消费，进而引起价值生产的进步；要遏制反价值消费，进而遏制反价值生产的发展；不要脱离本国人民的价值消费需要去发展生产；严格禁止欺诈生产。

全部的生产与消费关系的链条集合如下。

生产与消费关系基本链条

消费需要→消费需求→产出生产→生产需求→中间生产

价值生产与价值消费关系链条

价值消费需要→价值消费需求→价值产出生产→价值生产需求→价值中间生产

生命需要→生命需求→生命产出生产→生命生产需求→生命中间生产

健康需要→健康需求→健康产出生产→健康生产需求→健康中间生产

提高需要→提高需求→提高产出生产→提高生产需求→提高中间生产

反价值生产与反价值消费关系链条

反价值消费需要→反价值消费需求→反价值产出生产

→反价值生产需求→反价值中间生产

超量需要→超量需求→超量产出生产→超量生产需求→超量中间生产

奢侈需要→奢侈需求→奢侈产出生产→奢侈生产需求→奢侈中间生产

破坏需要→破坏需求→破坏产出生产→破坏生产需求→破坏中间生产

各种需要→各种需求→欺诈生产

（五）价值生产理论

价值生产理论是根据生产对人类生存水平影响划分生产性质的理论。生产的价值在于能够维持人类生存水平或提高人类生存水平。根据生产对人类生存水平的影响，可分为价值生产和反价值生产。价值生产是指为维持或提高人类生存水平的消费提供产品的生产，又称作必要生产，包括生命生产、健康生产和提高生产；反价值生产是为降低人类生存水平的消费需求提供产品的生产，是为反价值消费需求提供产品的生产，包括超量生产、奢侈生产、伤害生产、破坏生产和欺诈生产。

在价值消费之内，价值生产与社会进步正相关。增加价值生产，社会进步；减少价值生产，社会倒退；停止价值生产，社会消亡；价值生产超过价值消费需要，价值生产转化为反价值生产。

反价值生产与社会进步负相关，反价值生产越大，对社会进步的迟滞作用越大；反价值生产越小，对社会进步的迟滞作用越小。扩大反价值生产，增大社会进步的阻力，降低社会进步的速度；缩小反价值生产，减少社会进步的阻力，提高社会进步的速度；如果反价值生产的社会倒退作用超过了价值生产的社会进步作用，社会倒退。

因为价值生产与社会进步正相关，在价值消费需要区间内，应该大力发展价值生产，以推动社会进步。反价值生产与社会进步负相关，所以反价值生产越少越好。人类应当在价值消费需要区间内，发展价值生产，抑制并最终消除反价值生产，提高价值生产水平，这是生产性质进步。

（六）生产方式进步理论

生产方式进步理论是根据生产过程对人类生存水平影响划分生产方式的理论。社会进步学根据生产过程对人类生存水平影响。将生产方式划分为进步生产方式和落后生产方式两大类。进步生产方式是指能够维持或者提高人类生存水平的生产方式，包括健康生产方式、清洁生产方式、节约生产方式、循环生产方式和自动生产方式；落后生产方式是指降低人类生存水平的生产方式，包括伤害生产方式、污染生产方式、浪费生产方式、废弃生产方式和人力生产方式。生产方式进步是指落后生产方式向进步生产方式发展，提高进步生产方式的水平。

在价值生产下，进步生产方式与社会进步正相关，落后生产方式与社会进步负相关。扩大进步生产方式，缩小落后生产方式社会进步；缩小进步生产方式，扩大落后生产方式社会倒退。进步生产方式越大，落后生产方式越小，社会进步越快；进步生产方式越小，落后生产方式越大，社会进步越慢。在反价值生产下，进步生产方式不会引起社会进步，也不会增强反价值生产的阻碍进步作用。落后生产方式增强反价值生产的阻碍进步作用。

为了社会进步，防止社会倒退，必须不断关注和改进生产方式。国家生产方式总原则是通过行政手段保护和促进采用先进生产方式的企业发展，强行限制并逐步取缔采用落后生产方式的企业。促进落后生产方式向进步生产方式发展，提高进步生产方式的水平；用健康生产方式、清洁生产方式、节约生产方式、循环生产方式和自动生产方式，取代伤害生产方式、污染生产方式、浪费生产方式、废弃生产方式和人力生产方式。

（七）企业布局进步理论

企业布局进步理论是论述企业布局对社会进步影响的理论。国家企业布局直接影响环境水平、资源利用水平和人类健康水平，社会控制企业布局是社会可持续进步的需要。改革开放以来，我国强调企业的市场配置作用而忽视了国家统一控制造成了巨大的环境损失、资源损失和健康损失。自发性企业布局向控制性企业布局发展，利润化企业布局向人性化企业布局发展是企业布局进步。

国家企业布局总原则是企业布局要有利公民健康、保护生存环境和节约国家资源。

国家的领土应该划分为四类基本区域。一是生态区，在生态区不能进行工农业生产活动；二是工业生产区；三是农业生产区；四是消费区。在满足人的价值消费需要的前提下，生态区越大越多越好，生产区和消费区越小越少越好。保持和扩大生态区规模，限制并努力缩小生产区和消费区规模。国家进行统一的企业布局。下级行政区要在上级行政区企业布局框架内进行本辖区企业布局，禁止为了降低用工成本而进行产业转移。

如果掌握了社会进步学中企业布局理论，即可避免未来上万亿的资源损失，上万亿的环境损失，以及数亿人口的健康损失，对社会进步的贡献

是巨大的，

（八）生产力规模进步理论

生产力规模进步理论是论述生产力规模对于本国人民生存水平影响及有利于社会进步的生产力规模原则的理论。该理论论述了掌握国家公民价值消费需要总量和结构是政府管理经济的起点。如果政府不掌握国家公民价值消费需要总量和结构，其对经济的管理就失去了依据。国家生产力规模与国家公民价值消费需要总量相适应，有利于国家进步；国家生产力规模高于或者低于国家公民价值消费需要总量的需要，不利于国家进步，二者差距越大，对国家进步危害越大。

国家生产规模与国家资源损失正相关。国家生产规模越大，国家资源损失越大；国家生产规模越小，国家资源损失越小。

国家生产规模与国家环境损失正相关。国家生产规模越大，国家环境损失越大；国家生产规模越小，国家环境损失越小。

国家生产规模与公民休闲损失正相关。国家生产规模越大，公民休闲损失越大；国家生产规模越小，公民休闲损失越小。

国家生产力规模总原则是国家生产力规模和结构应当与国家公民价值消费需要总量和结构相适应，并应当控制在环境承受能力以内。生产能力应当刚好能够满足、不超过国家公民价值消费需要，在满足本国人民的价值消费需要前提下，国家生产力规模越小越好，企业越少越好，生产活动越少越好。

最有利于社会进步的国家生产力规模是与国家公民价值消费需要总量相对应的生产力规模，即内销产品的生产力规模和国际必要贸易的出口产品的生产力规模之和。

（九）企业规模、数量进步理论

企业规模、数量进步理论是论述企业规模、数量对社会进步影响的理论。该理论将企业规模和数量划分为企业大而少和企业小而多两种状态，通过对两种状态的社会控制比较、资源利用比较、环境影响比较、健康影响比较、社会销售成本比较及生产力发展比较，得出企业规模大而数量少比企业规模小而数量多对社会进步更为有利的结论。企业规模数量总原则是规模尽量大、数量尽量少。该理论对于组织社会生产有重大应用价值。

（十）生产数量进步理论

生产数量进步理论是论述产量对社会进步影响的理论。价值产品数量与价值消费所需数量基本相等，有利于社会进步；价值产品数量高于或者低于价值消费所需数量，不利于社会进步，二者差距越大，对社会进步危害越大。反价值产品数量越多对社会进步危害越大，越少对社会进步危害越小。

价值消费是为了维持或提高人类生存水平。价值产出产品的供需均衡表明价值消费需求得到完全满足。其中真实价值生产均衡时，所有公民的价值消费需要能得到完全满足，最有利于社会进步。其中假性价值生产均衡时，虽然对所有公民的价值消费需求能得到完全满足，但是由于支付能力的限制，部分公民的价值消费需要没有得到完全满足，收入低的人口可能严重不满足，生存水平可能很低。所以假性价值生产均衡是价值产出产品在支付能力掩盖下的供给不足，不利于社会进步。

任何一种生产过剩都会浪费资源、产品和劳动，增加环境损失，都不利于社会进步。价值生产过剩虽然生产的产品是可用于价值消费的产出产品，或者是可用于价值生产的中间产品，但是由于超出价值消费需要或者受支付能力限制的过剩产品不能进入价值消费或价值生产过程，过剩产品就成为废品。

价值消费的生产不足表明价值消费需求不能得到完全满足。人们在现有支付能力的条件下，生存水平的提高受到了价值产出产品不足的制约，不利于社会进步。

国家生产数量总原则是本国生产的价值产品数量应当与本国公民价值消费所需数量基本相等，价值产品数量不应高于或者低于价值消费所需数量。严格控制反价值产品数量。

（十一）价值经济波动理论

价值经济波动理论是论述价值经济波动对社会进步影响的理论。社会进步学的经济波动概念与经济学的经济波动（经济周期）不同。无论古典经济学还是现代经济学，其研究的经济波动都是以 GDP 的增减变化为内容，表现为危机、萧条、复苏和高涨四个阶段。而社会进步学研究经济活动是为提高公民生存水平，因此其研究的经济波动是生产数量与消费数量的对应关系变化，表现为价值生产不足、价值生产过剩和价值生产均衡三种状态，追求的目标是公民的物质生存水平处于最佳状态的真实价值生产均衡，即所有公民的价值消费需要得到完全满足时的价值生产均衡。

因为价值生产不足与价值生产过剩都不利于社会进步，所以在经济波动中，价值生产均衡向价值生产不足或价值生产过剩发展不利于社会进步，价值生产不足或价值生产过剩向价值生产均衡发展有利于社会进步。

社会控制价值经济波动的基本原则是促进价值生产不足或价值生产过剩向真实价值生产均衡发展，阻止价值生产均衡向价值生产不足或价值生产过剩发展。

经济波动是生产与消费的数量关系的变化，所以必须从消费和生产两方面寻找原因和解决办法。

（十二）企业准入进步理论

企业准入进步理论是论述企业对社会进步影响的理论。任何一个企业都会通过占用资源、生产活动和产品三个途径对人和环境产生影响，进而对社会进步产生影响。或者提高人的健康水平，改善环境，促进社会进步；或者降低人的健康水平，污染环境，导致社会倒退。实践证明，一个完全自主控制的企业会以损害人的健康和破坏环境为代价追逐最大利润。所以，建立企业必须由社会统一管理，必须同时符合国家生产目的总原则、国家生产性质总原则、国家生产方式总原则、国家生产力布局总原则、国家生产力规模总原则、企业规模数量总原则和国家生产数量总原则。

二　生产进步相关规律

（一）生产目的与社会进步关系规律

生产目的与社会进步高度相关。人性生产目的有利于社会进步，利润生产目的不利于社会进步，人性生产目的比重越高，利润生产目的比重越低，社会进步越快；反之，人性生产目的比重越低，利润生产目的比重越高，社会倒退越快。

（二）价值生产与社会进步正相关规律

在价值消费以内和进步生产方式条件下，价值生产与社会进步正相关。增加价值生产，社会进步；减少价值生产，社会倒退；停止价值生产，社会消亡。价值生产超过价值消费需要，价值生产转化为反价值生产。

（三）反价值生产与社会进步负相关规律

反价值生产与社会进步负相关。反价值生产越多，对社会进步的迟滞作用越大；反价值生产越少，对社会进步的迟滞作用越小。扩大反价值生产，增大社会进步的阻力，降低社会进步的速度；缩小反价值生产，减少社会进步的阻力，提高社会进步的速度。如果反价值生产的社会倒退作用超过了价值生产的社会进步作用，社会倒退。

（四）生产者的知识水平和道德水平与生产的价值水平正相关规律

生产的价值水平与生产组织者和执行者的知识水平和道德水平正相关。知识水平和道德水平较高的生产者，进行价值及高价值生产的比例相对较大；知识水平和道德水平较低的生产者，进行低价值及反价值生产的比例相对较大。所以，提高生产的价值水平，必须先提高生产者的知识水平和道德水平。对于生产的组织者和执行者应有知识和道德门槛。

（五）生产方式与社会进步关系规律

在价值生产下，进步生产方式与社会进步正相关；落后生产方式与社会进步负相关。扩大进步生产方式，缩小落后生产方式，社会进步；缩小进步生产方式，扩大落后生产方式，社会倒退。进步生产方式越大，落后生产方式越小，社会进步越快；进步生产方式越小，落后生产方式越大，社会进步越慢。在反价值生产下，进步生产方式不会引起社会进步，也不会增强反价值生产的阻碍社会进步作用，落后生产方式增强反价值生产的阻碍社会进步作用。

（六）企业布局与社会进步关系规律

企业布局与社会进步高度相关。人性化企业布局有利于社会进步，利润化企业布局不利于社会进步。人性化企业布局比重越高，利润化企业布局比重越低，社会进步越快；反之，人性化企业布局比重越低，利润化企业布局比重越高，社会进步越慢。

（七）国家生产力规模与国家进步关系规律

国家生产力规模与国家公民价值消费需要总量相适应，有利于国家进步；国家生产力规模大于或者小于国家公民价值消费需要总量的需要，不利于国家进步，二者差距越大，对国家进步危害越大。

（八）国家生产规模与国家资源损失正相关规律

在生产方式和企业布局相同的情况下，国家生产规模与国家资源损失正相关。国家生产规模越多，国家资源损失越大；国家生产规模越小，国家资源损失越少。

（九）国家生产规模与国家环境损失正相关规律

在生产方式和企业布局相同的情况下，国家生产规模与国家环境损失正相关。国家生产规模越多，国家环境损失越大；国家生产规模越小，国家环境损失越少。

（十）国家生产规模与公民休闲损失正相关规律

在生产方式和企业布局相同的情况下，国家生产规模与公民休闲损失正相关。国家生产规模越大，公民休闲损失越多；国家生产规模越小，公民休闲损失越少。

（十一）企业规模与数量反比规律

在生产力规模一定的制约下，企业规模越大，企业数量则越少；企业规模越小，企业数量则越多。

（十二）产品数量与社会进步关系规律

价值产品数量与价值消费所需数量基本相等，有利于社会进步；价值产品数量多于或者少于价值消费所需数量，不利于社会进步，二者差距越大，对社会进步危害越大。反价值产品数量越多对社会进步危害越大，越少对社会进步危害越小。

三　生产进步基本方法

（一）生产目的进步基本方法

1. 国家生产目的总原则

鼓励引导企业建立人性生产目的，取缔利润生产目的。完善社会福利制度，化解就业生产目的。

2. 引导生产目的进步的基本方法

（1）社会舆论导向宣传人性生产目的，批评利润生产目的。广泛利用学校教育、广播电视、网络等宣传工具，教育公民，提高生产组织者和参与者的品德水平和认知水平，让所有公民都知道什么是人性生产，什么是利润生产，主动进行人性生产，抛弃利润生产。

（2）建立健全严格的生产法律，用法律手段鼓励在维护人的健康、保护环境和节约资源的基础上追求企业利润的生产活动。禁止进行损害人的健康、破坏环境和浪费资源的生产活动。

（3）完善社会福利制度，化解就业生产目的。更新观念，改革分配制度，使没有就业机会的人的价值消费需要也能得到满足。

（二）生产性质进步基本方法

1. 国家生产性质总原则

在价值消费需要区间内，应该大力发展价值生产，以推动社会进步。应严格限制并逐步取缔反价值生产，以减少社会进步的阻力，提高社会进步的速度。

2. 发展价值生产的基本方法

（1）提高价值生产的水平，必须先提高生产者的知识水平和道德水平。

（2）积极推动价值生产的发展。价值生产与社会进步正相关，只有大力发展价值生产，才能为提高人类生存水平提供充足的产品。

（3）发展价值生产应控制在价值消费需要区间内，防止生产过剩。因为价值生产一旦超过价值消费需要，多余的部分就转化为反价值生产，就丧失了社会进步意义，这种被浪费的资源和不必要的环境损失成为社会进步的阻力。

（4）摆正价值生产的主次地位，优先发展主要价值生产。生命生产、健康生产和提高生产的重要程度依次递减。在生产领域，政府的第一要务是保证空气、水和食品的充足与安全，这是衡量政府作为称职的基本底线。污染空气、水和食品的行为危害人类的生存，是最严重的罪行。必须建立真正能起到遏制污染空气、水和食品的犯罪行为的法律。

（5）优先发展高价值生产，逐步淘汰低价值生产，促进低价值生产向高价值生产转化。发展那些生产方式效率高，节约资源，保护或改善环境的高价值生产；淘汰那些生产方式效率低，浪费资源，破坏环境的低价值生产。

（6）优先发展高等级价值生产，逐步淘汰低等级价值生产，促进价值生产进步。价值生产活动也有活动水平等级，不同水平的价值生产对社会进步的作用是不同的。价值生产有 A、B、C、D 四级，其中 A、B、C 级价值生产的社会进步作用依次递减，D 级基本没有社会进步作用。可以运用本教材第三章第一节活动水平分析法，判断不同价值生产的水平。

3. 控制反价值生产的基本方法

（1）直接取缔明显的反价值生产。

（2）通过对反价值消费的控制，遏制反价值生产。

（3）取缔超过价值消费需要的生产。

（4）将反价值生产转化为价值生产。

4. 控制超量生产的基本方法

（1）扩大价值消费需求。在价值消费需求小于价值消费需要时，可以通过调整收入扩大价值消费需求，使部分超量生产转化为价值生产。

（2）取缔超量需求，使超量生产无需求。可以采用消费配额消除超量需求。

（3）控制生产力规模和压缩产量，将产量控制在价值消费需求以内。

（4）禁止进行超量生产，对已发生的超量生产征收超量生产税。

5. 控制奢侈生产的基本方法

（1）强化社会宣传，提倡简朴消费理念，反对奢侈消费理念。

（2）控制奢侈需求，使奢侈产品需求减少。采用对奢侈消费征收消费税，对进口奢侈品征收高额关税。

（3）提高奢侈生产的准入门槛。奢侈生产的准入门槛应当高于价值生产。

6. 控制破坏和伤害生产的基本方法

（1）逐渐取缔破坏生产和伤害生产。

（2）对暂时不宜全部取缔的要严格控制产量，并尽量降低其产品的破坏或伤害作用。例如，制定烟酒产品的生产标准，降低对人体的伤害，禁止生产严重损害健康的烟酒产品；对于破坏和伤害生产征收高额的破坏与伤害生产税。

（3）严格限制购买和使用破坏和伤害生产的产品。

7. 控制欺诈生产的基本方法

欺诈生产属于犯罪行为，应当坚决禁止。

（1）坚决取缔一切欺诈产出生产和中间生产。

（2）对参与欺诈中间生产要区别对待。对明知对方进行欺诈生产而提供中间产品的参与欺诈中间生产要依法严厉处罚，对不知情的参与欺诈中间生产应进行教育，进行适当处罚。

（三）生产方式进步基本方法

1. 国家生产方式总原则

保护和促进采用先进生产方式的企业发展，强行限制并逐步取缔采用落后生产方式的企业。促进落后生产方式向进步生产方式发展，提高进步生产方式的水平。用健康生产方式、清洁生产方式、节约生产方式、循环生产方式和自动生产方式取代伤害生产方式、污染生产方式、浪费生产方式、废弃生产方式和人力生产方式。

2. 推动生产方式进步的基本方法

（1）政府管理生产方式的基础工作是建立各行各业具体的强制性生产方式标准体系，并通过不断提高生产方式标准，淘汰不达标生产单位，促进生产方式的不断进步。生产方式标准主要包括生产方式的健康标准、清洁标准、节约标准、循环标准和自动化标准。

（2）政府要严把生产方式入口。建立新的企业和原有企业建立新的生产线必须在本行业具有先进性，禁止新建采用落后生产方式的企业，禁止企业新建采用落后生产方式的生产线。

（3）根据生产方式进步程度制定阶梯税率，生产方式越先进税率越低，生产方式越落后税率越高，政府通过差别税率降低先进生产方式的生产成本，提高落后生产方式的生产成本，使落后生产方式的生产成本大于先进生产方式的生产成本。进行价格管制，禁止落后生产方式的产品进行低价竞争；通过产量限制，核定落后生产方式的最大产量，禁止落后生产方式提高产量。

（4）当某种产品采用先进生产方式生产可以满足社会需要时，就必须完全取缔采用落后生产方式的企业；当先进生产方式不能满足社会需要，必须采用落后生产方式进行补充时，要分清两种生产方式的份额。保护和促进先进生产方式的发展，强行限制并逐步取缔落后生产方式。

（四）企业布局进步基本方法

1. 国家企业布局总原则

自发性企业布局向控制性企业布局发展，利润化企业布局向人性化企业布局发展，国家企业布局要在有利公民健康、保护生存环境和节约国家资源的基础上进行全国统一布局。

2. 国家领土分区使用原则

国家的领土应该划分为四类基本区域。一是生态区，二是工业生产区，三是农业生产区，四是消费区。在满足公民价值消费需要的前提下，生态区越大越多越好，生产区和消费区越小越少越好。生态区越大越多生态作用就越强，越有利于人类生存；生产区和消费区越小越少，对环境的污染和破坏就越容易治理，越有利于人的身体健康。生产企业和生产服务企业部署在生产区，生活服务企业主要部署在消费区，可以在生产区和生态区部署少量小规模的生活服务企业。生态区只能从事改善生态环境的活动。

3. 行业统一布局原则

许多行业需要国家进行统一的企业布局。例如，粮、棉、油生产基地，采掘业，能源生产，化学工业，机械设备制造，主要原材料生产，运输邮电业，金融保险业等。下级行政区要在上级行政区企业布局框架内进行本辖区企业布局，商业饮食业、公共事业及居民服务业等经营活动范围具有地域性的单位由所属行政区自主布局。

4. 农业布局原则

农业生产区要建设大型的农业生产企业，如大型综合农场。发展生态农业、机械化农业，农林牧渔全面发展。逐步淘汰一家一户的小农经济。禁止在农业区开设非农工业，以防止污染农田、农业生产水源和动物饲料。

5. 工业布局原则

工厂应该集中设置于工业区。集中设置工厂有利于社会控制，便于维护经济秩序，便于对企业的生产活动和生产力进行监督管理。集中设置工厂可以缩小对环境的破坏和污染范围，由于污染源集中便于集中治理污染，节约治污费用，减少对人类健康的伤害。工业区应该集中设置在远离居民区、农业区、旅游区和饮用农用水源的地方，以防止污染空气、水源、农田，对人类健康造成危害。对工业区设置的几种设想。

（1）围绕资源平台建立企业群。利用矿物资源的企业设立在矿区。当矿区存在多种矿物资源时应当相应设立多种企业，避免利用一种资源的同时破坏其他资源。

（2）围绕产品链建立企业群。例如，以矿产品为产品链起点，以矿物资源为主要原料的消费品为产品链终点，以联系两头的相关中间产品为链节，建立规模企业群。

（3）围绕同类产品建立企业群。例如，建立软件企业群、陶瓷企业群、家具企业群等。

工业品流通企业要设在工业区，以公司的形式经营，不得设在居住区、旅游区和农业区。

（五）国家生产力规模进步基本方法

1. 国家生产力规模总原则

国家生产力规模和结构应当与国家公民价值消费需要总量和结构相适应，并应当控制在环境承受能力以内。生产能力应当刚好能够满足、不要超过国家公民价值消费需要，在满足本国人民的价值消费需要前提下，国家生产力规模越小越好，企业越少越好，生产活动越少越好。

国家公民价值消费需要多少产出产品是建设国家生产力的根本依据。国家生产力规模应当能够满足全国人民价值消费需要。超过国家公民价值消费需要就会造成资源浪费、不必要的环境损失和公民休闲损失；低于国家公民价值消费需要就会出现消费需要不能满足，不能保证全体公民的必要生存水平。与国家公民价值消费需要总量相适应的国家生产力规模，包括了国际必要贸易的出口产品的生产力规模，不包括国际盈利贸易的出口产品的生产力规模。最有利于社会进步的国家生产力规模是与国家公民价值消费需要总量相对应的生产力规模相等，即内销产品的生产力规模加上国际必要贸易的出口产品的生产力规模

国家生产力规模要控制在生态环境能够承受的范畴以内在满足本国公民的价值消费需要前提下，国家生产力规模越小越好，企业越少越好，生产活动越少越好

资源损失、环境损失和休闲损失与生产力规模正相关。国家生产力规模越小，损失越小，对国家公民越有利；国家生产力规模越大，损失越大，对国家公民越有害。为了就业而扩大生产力规模，为了外汇而出口可能会阻碍社会进步的。做世界工厂极有可能对本国的环境造成污染，不利于社会进步。

2. 淘汰过剩生产力

当生产力规模过大时，应当淘汰落后生产方式的生产力，保留进步生产方式的生产力。首先要通过社会控制规范市场秩序，使先进和落后在同等条件下竞争。其次要通过社会控制强制淘汰落后设备和生产技术，不给它们生存的空间，为先进生产力留有足够的市场份额。

3. 控制生产力规模上限

根据国家公民价值消费需要上限，制定行业生产力规模上限，每年进行调整。当行业生产力不足时，允许企业在行业生产力规模以内发展企业生产力规模。政府和行业协会要控制新增生产力规模的生产方式水平，以确保只新增最先进的生产力，不新增需要淘汰的落后生产力，禁止一切被淘汰的落后生产力落入落后企业之手重新进入生产过程。

（六）企业规模数量进步基本方法

企业规模数量总原则是规模尽量大、数量尽量少。

社会管理部门在规定企业规模和数量时，要以规模尽量大、数量尽量少为总原则。对生产不同产品的企业，要根据产品特点、地域特点等具体情况规定适当的规模和数量。一般来说，中间产品的企业规模越大，数量越少越好，如冶炼厂、机床厂等；产出产品中耐用消费品企业规模越大，数量越少越好；农村宜建立大型的农场、林场和牧场；饭店、理发店、超市、储蓄所等消费服务单元宜在居住区均匀分布，不宜建得过多和过于集中，规模不宜过大。同类消费服务单元宜采取连锁形式，便于社会管理。

（七）生产数量进步基本方法

1. 国家生产数量总原则

本国生产的价值产品数量与本国公民价值消费所需数量基本相等。价值产品数量不应高于或者低于价值消费所需数量。严格控制反价值产品数量。

最有利于社会进步的国家生产数量是本国公民价值消费所需数量,即内销产品的数量与国际必要贸易的出口产品的数量(进口产品的数量)之和

2. 发展价值生产均衡的基本原则

供需均衡在市场机制的作用下可以向供需失衡转化。在供需均衡时期需要正确的社会控制保证动态供需均衡的延续,并且要不断提高消费水平,同时防止生产过剩和生产不足的发生。

3. 纠正假性价值生产均衡的基本原则

当出现价值消费需求少于价值消费需要的假性价值生产均衡,应当采用扩大价值消费需求使之等于价值消费需要的措施,同时在价值消费需要上限内扩大价值生产以达到真实价值生产均衡。

假性价值生产均衡时,需要通过扩大乏收入人口的价值消费需求,同时扩大价值生产来提高公民的生存水平,推动社会进步,使假性价值生产均衡向真实价值生产均衡发展。实施积极的财政政策,不断提高财政支付的公共消费水平,扩大转移支付,持续提高乏收入人口的收入,不断减少乏收入人口。并相应增加对高价值生产的投资。

4. 保持真实价值生产均衡的基本原则

继续保持价值产出产品的供需均衡状态。不要盲目扩大生产或缩小生产,要保持投资的稳定性。

真实价值生产均衡时,提高公民生存水平的办法是提高价值消费需要层次进而扩大价值消费需要,如产品升级换代,并扩大价值消费需求,在此基础上扩大价值生产。

对此要采取如下政策措施。一是当价值消费需求不增长时,保持生产力规模和产值稳定;二是当价值消费需求增长时,相应扩大生产力规模,产值等量增长;三是在不改变生产力规模的情况下,通过强迫性技术改造提高生产力水平;四是发展先进消费,同时发展与之相适应的生产力;五是保持社会稳定,避免战争或内乱以保护生产力,防止天灾人祸引起价值生产不足,防止居民收入下降引起价值消费需求不足;六是实施稳健的货币政策,不要频繁调整货币价格,维持物价稳定。

5. 纠正价值生产过剩的基本原则

当出现价值生产过剩时,应当区分真实价值生产过剩和假性价值生产

过剩。对于假性价值生产过剩应当提高公民收入水平，扩大价值消费需求，对于真实价值生产过剩应当限产。

6. 纠正假性价值生产过剩的基本原则

当价值消费需求小于价值消费需要时，应当采用扩大价值消费需求使之等于价值消费需要的措施来消化生产过剩。提高乏收入和适收入人群的收入是扩大价值消费需求的主要措施。一是提高社会福利，二是提高社会工资。政府通过提高社会福利，提高最低工资标准来扩大价值消费需求，进而提高公民生存水平，推动社会进步。

7. 纠正真实价值生产过剩的基本原则

纠正真实价值生产过剩的最有效办法是政府用强制手段压缩生产规模，首先要取缔反价值生产；当价值生产规模过大时，首先要取缔采用落后生产方式的低价值生产。当发生单纯中间生产过剩时，只需压缩中间生产规模，抑制过多的投资需求；当出现产出生产过剩时，必须同时压缩产出生产规模和中间生产规模；当出现双生产过剩时，也必须进行双压缩。一是要根据消费需求压缩产出生产规模，二是要根据压缩的产出生产规模压缩中间生产规模，使之向价值生产均衡发展。

需要注意的是，即使是单纯中间生产过剩，也不能采取扩大生产需求的办法来消化过剩的中间产品，这样做会造成产出生产过剩。

在货币政策方面，相对减少对企业的货币供应量，相对增加对个人的货币供应量，如提高企业贷款利率，降低消费贷款利率。

在财政政策方面，可以扩大必要公共消费支出，减少政府对企业的投资支出；提高企业税率，降低个人收入税率，增加福利开支。

8. 纠正价值生产不足的基本原则

解决生产不足的基本对策包括压缩反价值消费需求和扩大价值生产规模。出现生产不足时，首先要压缩反价值消费需求。当超量需求被消灭后仍然存在价值生产不足，则必须扩大价值生产。扩大价值生产必须有社会控制。一是控制生产力建设规模，防止发生生产力过剩；二是控制生产力质量，只允许发展最先进的生产力。

在货币政策方面，可以相对增加对企业的货币供应量，如降低再贷款利率。

在财政政策方面，可以减少非必要公共消费支出，降低企业税率。

9. 纠正单纯中间生产不足的基本原则

在单纯中间生产不足时，产出产品可以满足消费需求，中间产品不能满足生产需求。但是，中间生产相对于消费需求已经处于可满足状态，所以不能盲目扩大中间生产，而要抑制过多的投资需求，这时扩大中间生产会引起双生产过剩。

10. 纠正产出生产不足的基本原则

在产出生产不足时，产出产品小于消费需求，中间产品不小于生产需求，应首先扩大产出生产，使产出产品等于消费需求，当产出生产扩大引起中间产品不足时，方可扩大中间生产。

11. 纠正双生产不足的基本原则

当出现产出产品小于消费需求的同时，而中间产品小于生产需求的生产不足时。应同时扩大产出生产和中间生产，通过扩大生产来推动社会进步。

12. 针对反价值生产均衡、过剩、不足的基本原则

无论反价值生产均衡、过剩和不足都是违背人类利益的，解决的基本原则就是禁止一切反价值生产。

针对反价值生产不足，不应扩大生产，而应进一步限制生产，使之趋于零。但是，有的地方为了追求 GDP 增长，不区分价值生产和反价值生产，只要有产值、有税收一律支持，致使反价值生产持续扩大。例如，一些地方欺诈生产盛行，甚至欺诈生产成为当地人的主要经济来源。

13. 控制价值经济波动的基本原则

促进价值生产不足或价值生产过剩向真实价值生产均衡发展；阻止价值生产均衡向价值生产不足或价值生产过剩发展。

社会管理部门必须掌握影响经济变动的因素，从而找到控制经济波动的社会管理手段。经济波动是生产与消费的数量关系的变化，所以必须从消费和生产两方面寻找原因和解决办法。

14. 引起消费需求变动的主要因素及社会管理手段

（1）收入变动。在消费需要的范围内，收入增减会引起消费需求增减。政府可以通过货币政策、财政政策、分配政策影响收入变动，控制消费需求总量。

（2）消费需要变动。人们的知识水平和道德水平的变化以及产品的发展会引起消费需要变动。政府可以通过不断提高人们的知识水平和道德水

平以及影响产品创新来实现对消费需要变动的影响。

（3）消费限制。消费限制可以直接控制消费需求总量和结构。政府可以通过采取禁止反价值消费的措施来控制消费需求总量和结构。

15. 引起生产变动的主要因素及社会管理手段

（1）需求变动。需求变动会引起生产变动。政府可以通过控制需求总量和需求结构间接影响生产总量和生产结构。

（2）收入和利润变动。收入和利润变动会引起生产同向变动。政府可以通过货币政策、财政政策、价格政策等经济政策控制企业利润率和货币量，达到控制投资规模和结构、生产规模和结构的作用。

（3）资源变动。资源数量、价格和使用权对生产有重大影响。政府可以通过控制资源使用条件、资源使用权、资源使用数量、资源价格影响生产规模、结构、生产方式和产品质量。

（4）生产工具和技术变动。生产工具和技术进步会提高社会劳动生产率、改进产品。政府可以通过控制生产工具和技术的最低标准、使用条件和发展方向使之只为满足价值消费而发展。

（5）劳动者变动。劳动者的数量、价格、劳动技能对生产规模、结构及产品水平有重大影响。政府可以通过控制最低工资、最低劳动技能以及劳动使用条件控制生产规模及提高生产力水平。

（6）生产限制。生产限制可以对生产进行全面制约。例如，制约生产力规模使之与价值消费需求规模相适应，制约生产力结构使之与价值消费需求结构相适应，制约生产力水平使之不断得到提高。生产限制通过一系列计划和标准在行政控制下得以实现。

（八）企业准入进步基本方法

企业准入总原则是：企业必须符合国家生产目的总原则、国家生产性质总原则、国家生产方式总原则、国家生产力布局总原则、国家生产力规模总原则、企业规模数量总原则和国家生产数量总原则。

1. 企业必须符合国家生产目的总原则

只允许企业以满足公民价值消费需要为目的，在维护人的健康，保护环境和节约资源的基础上追求企业利润。取缔以获得利润为唯一目的，在损害人的健康、破坏环境和浪费资源基础上追求利润的企业。

2. 企业必须符合国家生产性质总原则

只允许建立进行价值生产的企业，禁止建立进行反价值生产企业，

3. 企业必须符合国家生产方式总原则

只允许新建采用先进生产方式的企业，强行限制并逐步取缔采用落后生产方式的企业。

4. 企业必须符合国家生产力布局总原则

企业地点必须有利公民健康、保护生存环境和节约国家资源。出口企业必须符合参与国际分工的总原则，只为满足本国人民的价值消费需要而建立出口产品的企业，不要建立超出本国人民的价值消费需要的出口产品企业。

5. 企业必须符合国家生产力规模总原则

企业不能超出国家生产力规模和结构的需要，并应当在环境承受能力以内。在满足本国公民的价值消费需要前提下，国家生产力规模越小越好，企业越少越好，生产活动越少越好。一些人为了营利，不顾社会生产能力已经过剩而新建生产力，导致国家生产力规模过大、生产能力持续过剩和产品过剩。

6. 企业必须符合企业规模数量总原则

企业的规模应尽量大、数量应尽量少。

7. 企业必须符合国家生产数量总原则

本国生产的价值产品数量与本国人民的价值消费所需数量基本相等。价值产品数量不应高于或者低于价值消费所需数量。所以只有在原有生产单位价值生产不足时，才可以建立新的生产单位。简单地说，价值产品够用，就不能建立新的企业。

本章小结

第一，生产进步理论是根据生产对人类生存水平的作用揭示生产进步原理的理论集合，是社会进步学的经济进步理论之一。

第二，本章围绕生产与人类生存水平的关系展开，包括生产目的进步理论、价值生产理论、价值经济波动理论、生产与社会进步关系理论、生产进步的内容、生产进步的目标、生产进步相关规律、生产进步基本方

法等。

第三，因为生产进步理论围绕生产与人类生存水平的关系展开，而不是围绕企业利润展开，所以它是人性化的经济理论，而不是利润化的经济理论。

第四，生产进步是指生产向耗费尽量少的资源，不断降低对人类的危害，持续提高价值消费水平的方向发展。显然，生产进步包括三层含义：一是生产相同的产品，生产利用的资源应趋于减少，即生产的物质利用水平的提高。二是生产活动对人类健康、污染环境等的危害以及产品本身对人类的危害应趋于减少。三是生产结果能够满足人的价值消费水平提高的需要。

关键术语

生产、人类生产、生产进步、生产人性化、利润生产、人性生产、经济人性化、生产目的、生产目的进步、人性生产目的、利润生产目的、就业生产目的、产出生产、产出产品、价值产出产品、反价值产出产品、生产需要、生产需求、中间生产、中间产品、价值生产、生命生产、健康生产、提高生产、主要价值生产、次要价值生产、高价值生产、低价值生产、反价值生产、超量生产、奢侈生产、破坏生产、伤害生产、欺诈生产、欺诈产出生产、欺诈中间生产、参与欺诈中间生产、独立欺诈中间生产、废品性欺诈生产、伤害性欺诈生产、破坏性欺诈生产、生产方式、进步生产方式、落后生产方式、生产方式进步、健康生产方式、伤害生产方式、清洁生产方式、污染生产方式、节约生产方式、浪费生产方式、循环生产方式、废弃生产方式、自动生产方式、人力生产方式、人性化企业布局、利润化企业布局、市场性企业布局、控制性企业布局、国家企业布局进步、供需均衡、价值生产均衡、反价值生产均衡、真实价值生产均衡、假性价值生产均衡、生产过剩、价值生产过剩、反价值生产过剩、真实价值生产过剩、假性价值生产过剩、单纯中间生产过剩、产出生产过剩、双生产过剩、价值生产不足、反价值生产不足、单纯中间生产不足、产出生产不足、双生产不足、经济波动。

生产目的与社会进步关系规律、价值生产与社会进步正相关规律、反价值生产与社会进步负相关规律、生产者的知识水平和道德水平与生产的价值水平正相关规律、生产方式与社会进步关系规律、企业布局与社会进步关系规律、国家生产力规模与国家进步关系规律、国家生产规模与国家资源损失正相关规律、国家生产规模与国家环境损失正相关规律、国家生产规模与公民休闲损失正相关规律、企业规模与数量反比规律、产品数量与社会进步关系规律。

生产进步理论、生产进步的目标理论、生产目的进步理论、链条理论、价值生产理论、生产方式进步理论、企业布局进步理论、生产力规模进步理论、企业规模数量进步理论、生产的数量进步理论、价值经济波动控制理论、企业准入进步理论。

链条分析法、生产进步基本方法。

思考题

1. 什么是生产，应当树立怎样的生产目的？

2. 什么是生产进步？

3. 什么是利润生产、人性生产和生产人性化？

4. 什么是价值产出产品、反价值产出产品？

5. 什么是价值生产、主要价值生产、次要价值生产？

6. 什么是高价值生产、低价值生产？

7. 什么是反价值生产？

8. 什么是欺诈产出生产、欺诈中间生产、参与欺诈中间生产、独立欺诈中间生产？

9. 什么是进步生产方式、落后生产方式？

10. 自动生产方式和人力生产方式哪个有利于社会进步？

11. 简述人性化企业布局和利润化企业布局的区别。

12. 举例说明什么是人性化企业布局。

13. 举例说明什么是真实价值生产均衡、假性价值生产均衡。

14. 举例说明什么是真实价值生产过剩、假性价值生产过剩。

15. 举例说明生产目的与社会进步关系规律。

16. 举例说明价值生产与社会进步正相关规律。

17. 举例说明反价值生产与社会进步负相关规律。

18. 举例说明生产方式与社会进步关系规律。

19. 举例说明企业布局与社会进步关系规律。

20. 举例说明国家生产力规模与国家进步关系规律。

21. 举例说明国家生产规模与国家资源损失正相关规律。

22. 举例说明国家生产规模与国家环境损失正相关规律。

23. 举例说明国家生产规模与公民休闲损失正相关规律。

24. 举例说明企业规模与数量反比规律。

25. 举例说明产品数量与社会进步关系规律。

26. 简述生产进步的目标理论。

27. 简述生产目的进步理论。

28. 简述链条理论。

29. 运用价值生产理论分析一个企业的生产性质。

30. 运用生产方式进步理论分析一个企业的生产方式类型。

31. 运用企业布局进步理论分析一个城市的企业布局水平。

32. 运用国际贸易进步理论分析我国国际贸易对社会进步的影响。

33. 运用生产力规模进步理论评价城市一个行业的生产力规模对社会进步的影响。

34. 根据企业规模数量进步理论评价本地区企业规模数量对社会进步的影响。

35. 根据生产的数量进步理论规划本市住房数量。

36. 根据企业准入进步理论，制定企业准入法规。

37. 论述价值经济波动控制理论。

38. 运用生产进步基本方法制定几条生产法律。

| 第十章 |

宏观经济进步

学习目的：

掌握宏观经济调控目标进步理论

了解控制市场经济理论

掌握经济人性化变革理论

掌握经济增长性质理论

掌握经济增长对社会进步贡献率理论

掌握消费者在经济流程中地位理论

掌握投入产品与社会进步关系理论

掌握产出产品与社会进步关系理论

掌握投入产出关系与社会进步关系理论

掌握投入节余与社会进步关系理论

掌握产品漏出和注入与社会进步关系理论

了解政府的宏观经济功能理论

掌握经济流程的政治环境与社会进步关系理论

掌握经济流程的法律环境与社会进步关系理论

了解消费者税与社会进步关系理论

了解转移支付与社会进步关系理论

了解政府购买产品与社会进步关系理论

掌握经济政策与社会进步关系理论

掌握国际贸易性质对本国社会进步影响的理论

掌握产品国际流动与本国经济可持续发展关系理论

掌握经济可持续发展理论

　　了解生产延续理论

　　掌握宏观经济进步相关规律

　　掌握宏观经济进步基本方法

　　经济学家特别重视经济增长。用形象的比喻就是投资、出口、消费三匹马拉动经济增长一辆车，或者称作经济增长的三驾马车。无论投资、出口和消费都是为了经济增长。也就是说经济增长是经济活动的核心目标。出口不足用投资拉动，投资不足用出口拉动，投资、出口都不足则用消费拉动。总之一定要保增长。

　　社会进步学家研究经济与经济学家有着本质差别。社会进步学研究宏观经济的基本方法是消费者价值消费中心分析法。一是经济社会进步学以消费者价值消费水平的提高作为经济活动的核心目标。出口、投资都是为消费者消费服务的。二是投资完全是为消费者价值消费而生产消费品和消费服务（中间生产的投资是为了产出生产）。当投资不能满足价值消费需求时，应当增加；当投资超过价值消费需求时，应当减少。三是出口完全是为弥补国内消费者价值消费不足换取进口产品（包括中间产品）或出国消费。当出口换汇不能满足价值消费需求时，应当增加；当出口换汇超过价值消费需求时，应当减少。四是经济是增长、持平还是下降只是经济数量的记录，不是经济目标更不是核心，不应该为了单纯经济增长而投资和出口。五是只有价值消费的变化才应当引起投资或出口的变化。用形象的比喻就是投资、出口两匹马拉动满足价值消费一辆车，或者称作拉动价值消费的两驾马车。总之，投资和出口只能是为了保证本国公民价值消费。

　　本章与第七章消费进步、第九章生产进步共同构成了社会进步学的经济进步理论。

第一节　宏观经济调控目标进步

　　宏观经济调控目标对社会进步影响很大。不同的宏观经济调控目标对社会进步的影响不同，必须引起高度重视。建立有利于社会进步的宏观经济调控目标是政府干预经济的首要责任。

一 政府对市场经济的控制

(一) 控制市场经济

人类社会必然存在着控制，甚至是强力的控制。没有基本的控制，社会和社会群体就会陷于解体。人类社会自产生以来就有社会控制相伴随，这是由人的生物性和社会性这双重属性、个人利益与群体利益的相互矛盾所决定的。① 市场经济也需要社会控制。失去控制或控制不当的市场经济必然造成经济混乱，出现经济的大起大落，时而生产不足，时而生产过剩，造成公民生存水平的不稳定性。多余的设备和产品浪费资源，多余的生产浪费人类的休闲时间，并造成过多的环境污染。所以，政府必须介入市场经济之中，对其进行必要的社会控制。

控制市场经济是指政府控制下的市场经济。它既不是过去的计划经济，也不是纯粹的市场经济。在控制市场经济中，政府对经济活动起主导作用。政府的作用主要是运用行政和法律手段，辅以有限的经济手段管控经济运行。在此基础上发挥市场规律的作用。包括宏观调控和日常管理。

控制市场经济必须由国家权力部门代表全体公民的利益而不是企业利益，对经济实施控制，变自由市场经济为控制市场经济。必须控制生产目的、生产性质、生产方式、企业布局、国际贸易、生产力规模、生产的数量、产品质量、企业准入。建立符合社会进步标准的宏观经济调控目标，进行有利于提高公民生存水平的宏观经济管理。

通过完善的社会控制实现宏观经济调控目标。建立并实行以改善环境、节约资源、有利健康和公平分配为核心的经济规则；控制国家生产力的规模和结构使之与社会价值消费需要相吻合，防止生产力规模过度扩张和结构扭曲，防止"泡沫经济"和经济衰退；推广利润虽低但能有效改善环境、节约资源、有利健康的生产设备和技术，建立适应循环型社会的循环生产系统技术基础，强制推行进步生产方式，淘汰落后生产方式，推动生产方式的进步；支持企业在社会控制框架内进行节约性竞争和提高性竞争，禁止企业脱离社会控制进行浪费性竞争和降低性竞争。

---

① 王思斌：《社会学教程》（第 2 版），北京大学出版社，2003，第 234 页。

　　人类活动需要社会管理，生产是人类现阶段的基本活动之一，也需要社会管理。只有企业自我管理，缺乏完善的社会控制的生产活动必然造成对资源的巨大浪费，对环境的巨大污染和破坏，对人类健康的巨大伤害。一个宏观失控的社会只能是废弃型社会，不可能建成循环型社会。

　　生产是对环境的改造。生产需要从环境中取得资源，生产过程需要占用环境空间，生产的产品和废弃物需要放在环境之中。可以说，生产的各个环节都会引起环境水平的变化，或者引起环境水平上升，或者引起环境水平下降。我们知道，环境是人类的共同生存条件，生产活动只应该提高生存条件水平，不应该降低生存条件水平。地球环境是一个整体，环境的整体性决定了人类的生产活动必须在统一的社会控制之下进行，才可能达到提高人类共有的环境水平的目的。

　　资源利用需要社会控制。自然资源的开发利用需要社会统一规划，离开了社会控制必然造成巨大的资源浪费。对于无限资源，社会控制的核心是保护性利用，防止破坏资源，降低资源的价值。例如：利用海洋发展运输业和渔业不能污染大海，造成海洋生态恶化。对于有限资源，社会控制的核心是控制资源使用量，达到资源使用量与再生量的平衡，资源重复利用率达到最高水平。控制新开发利用资源数量，通过制订详细的资源总量使用计划，给后代人留有足够的资源，保证有限资源永续为人类生存服务。例如：森林资源需要社会控制。长期以来，企业各自为政，无计划乱采、计划外超采，造成森林过量采伐。更有甚者，毁林开垦，毁林烧柴，砍伐水源涵养林、护坡护岸林、草原向森林过渡林，破坏生态系统，造成森林覆盖率下降。草地资源需要社会控制。长期以来，人们各自为政，盲目乱开滥垦，过度放牧，造成草原退化、沙化、碱化，草原动植物资源严重破坏，干旱、沙尘暴等灾害频发。土地资源需要社会控制。长期以来，人们盲目开发利用土地，盲目开发居住用地、生产用地和交通用地，大量破坏植被，造成水土流失、土地污染、土地沙漠化和次生盐渍化，大大降低了自然生态系统的水平。矿物资源、水资源等也存在缺乏有效的、正确的社会控制而无计划盲目利用问题，造成严重的矿产资源损失、环境破坏、水体污染及诱发各种自然灾害。

（二）人性经济

　　中国缺乏社会进步学意义上的人性经济。计划经济时期，计划的制订脱离公民提高生活水平的需要，经济活动与公民消费需要脱节，这也是计划经济失败的根本原因。改革开放以后，虽然市场将生产与消费连接起来，解决了生产与消费脱节的问题，可供公民消费的物质产品极大丰富，并大量出口。但经济利润化损害了劳动者和消费者的健康，污染了空气、水和土壤，浪费大量资源。同时，出现了严重的收入两极分化，企业的丰厚利润及出口竞争力以压低劳动者工资，牺牲劳动者生存水平为代价。劳动者工资收入低竟然成为地方官员招商引资，发展经济的筹码。一方面产品过剩，靠出口消化；另一方面存在大量消费不足人口和贫困人口。

经济人性化是指由不适应社会进步的利润经济向适应社会进步的人性经济转化。经济人性化是一场经济革命，是人性经济取代利润经济的人性化变革。

在生产人性化方面：生产目的人性化、生产性质人性化、生产方式人性化、企业布局人性化、国际贸易人性化、生产力规模人性化、生产的数量人性化、产品质量人性化、资源利用人性化、企业准入人性化、宏观经济调控及目标人性化等。用质量经济取代数量经济，用消费经济取代投资经济和出口经济，使经济发展的成果充分惠及国民。用健康经济取代生存经济，用服务经济为主导取代工业经济为主导，变世界工厂为国外部门，变鼓励出口，限制进口为有选择地鼓励进口，限制出口。

在消费人性化方面实行分配人性化、医疗人性化、教育人性化、消费品人性化。用高收入、高福利取代低收入、低福利和无福利；用道德消费取代不道德消费；用健康型消费取代生存型消费和虚荣型消费；用节约消费取代浪费消费；用清洁消费取代污染消费；用循环消费取代废弃消费；变营利医疗为福利医疗；充分满足所有国民的知识消费需要。

人性化经济必须依托控制市场经济。经济人性化变革并不能依靠市场行为自动完成，必须从国家层面进行制度设计，构建相应的政策、法律平台。

（三）经济人性化变革

近几年，我国经济增长迅速，取得了举世瞩目的辉煌成就，经济发展挺进到从数量经济向质量经济腾飞的转折时期。为了继续保持我国经济发展的良好态势，亟须进行经济人性化变革。

1. 经济发展的人性化缺陷

中国经济应当为提高中国人的生存水平服务。人的核心生存水平是健康水平、知识水平和道德水平。经济通过为人们提供高质量的消费品和消费服务达到提高人的健康、知识和道德水平的根本目标。目前我国经济发展可以满足国民的基本生存需要，尚不能满足健康需求、知识需求和道德需求。一是健康消费品甚少。不少消费品对人的健康有害。很多所有的食品都有化学残留物。二是知识消费供给严重不足。三是培养高尚情操的道德消费供给严重不足。四是消费者劳动收入和福利收入过低，人看不起病。消费者只能购买低端产品。消费需求出现假性饱和，无力拉动经济增长。五是经济发展依靠投资和出口拉动，发展成果与国民生存水平提高脱节。六是劳动环境较差，重大人身伤亡事故不断，接触有职业病危害的工作者超过 2 亿人[①]。七是生产和消费浪费严重。如制造业能耗高于世界平均水平，居民大量使用一次性消费品。八是生产和消费污染严重。污染性工业遍布城市和农村，特别是工业设备落后的小企业污染更为严重。城市汽车尾气污染成为肺癌的帮凶。

2. 经济人性化变革架构

经济人性化变革是指将以经济增长、企业营利为核心的物本经济改造成为以提高国民健康、道德和知识素质为核心的人本经济。包括生产人性化变革和消费人性化变革两方面内容。

（1）生产人性化变革

生产目的变革。用为提高人的核心生存水平而生产取代为企业利润和经济增长而生产。在过剩经济时期，政府管理经济的核心由推动经济增长转化为约束企业的逐利行为，引导企业承担社会责任。用强制手段和经济手段控制企业在不损害人的健康、节约资源、不破坏环境的前提下追逐企业利润，引导企业不断为提高人的健康、知识和道德水平，改善环境做出积极贡献。

生产内容的变革。一是用质量经济取代数量经济。推动以产值增长为主向以质量提高为主转化。二是用消费经济取代投资经济，使经济发展的

---

① 张伟：《当前我国职业病危害接害人数逾 2 亿》，新华网，http://news.xinhanet.com/politics/2015_06/19/c_127933401.htm，2015 年 6 月 19 日。

成果充分惠及国民。以国民消费需求产品取代以满足出口和投资需求产品作为拉动经济增长的原动力。投资品生产为国民消费品生产服务。三是用健康经济取代生存经济，提高国民消费层次。生存型消费品生产向健康型消费品生产转化升级。四是以服务经济为主导取代工业经济为主导。推动投入性增长向结构性增长转变。大力发展效率高、附加值高、资源耗用少、环境影响小的服务型经济。五是大力发展知识生产，通过强有力的教育投资，普及中等和高等教育，充分满足国人的知识消费需求。六是变世界工厂为国外部门，变鼓励出口，限制进口为有选择地鼓励进口，限制出口。节约国家资源，保护国家环境，防止建立过多的为满足世界需求而非国民需求的工厂而降低本国环境质量，耗费过多资源，不利于经济可持续发展。

生产方式的变革。一是以能够维持劳动者及公众身心健康的健康生产方式取代损害劳动者和公众身心健康的伤害生产方式。改善劳动环境，消灭职业病，充分尊重劳动者的健康权。二是以不向环境排放污染物的清洁生产方式取代向环境中排放污染物的污染生产方式。三是以引起环境向有利于人类生存方向发展的改善生产方式取代引起环境向不利于人类生存方向发展的破坏生产方式。四是以节约利用资源的节约生产方式取代浪费利用资源的浪费生产方式。五是以循环使用物质的循环生产方式取代一次性使用物质的废弃生产方式。六是以自动化生产方式取代人工生产方式。在三次产业全面推进机器人和自动化工具生产。七是发展规模经济，以规模大、数量少取代规模小、数量多。发展大型、超大型企业集团。农村要用大型的农场、牧场取代一家一户的小农经济。八是以计划布局取代自发布局。资源具有生态和生产两类社会功能。如果国家没有对企业布局的有效控制，那么在个人利益驱动下，人们就会过分发展生产功能而舍弃生态功能，以破坏生态环境为代价进行生产营利活动。其后果是长期损害全体国民的根本利益。

（2）消费人性化变革

消费内容变革。一是以健康型消费取代生存型消费和虚荣型消费。我国衣食住行用的低端消费品绝大部分只能满足国人的基本生存需要，高端消费品绝大部分只能满足虚荣需要，都或多或少地对人体有害。一方面消费品过剩，另一方面真正的健康型消费品很少；一方面药品过剩，另一方面 50% 以上的人看不起病得不到及时治疗。消费变革要求经济活动首先要从为人们提供满足基本生存需要和虚荣需要的消费品和服务转移到为人们提供满足健康需要的消费品和服务上来，其次要大力发展福利医疗，变营利医疗为福利医疗，满足每一个人的医疗消费。二是大力发展知识消费，充分满足所有国民的知识消费需要。我国传统观念认为学习知识是为了工作，上大学是为了找个好工作，这是极端错误的。它严重阻碍国民平均素质水平的提高和国家进步。瑞士、加拿大、美国、日本 80% 以上的成人接受过正规大学教育，国民平均知识水平为大学。我国 80% 以上成人是初中以下文化程度。国民平均知识水平为初中。普及大学的社会作用是提高国民的知识素质，使之成为知识合格的公民。学习知识同吃饭、喝水、呼吸一样都是人的消费需要。先进社会必须充分满足人们上大学的欲望。目前我国小学、初中供给缺口较小，高中、大学供给缺口很大。我国应当在 5 年内将高中消费率提高到 90%，在 10 年内将大学消费率提高到 80%。变收费教育为免费教育，给每一个有上大学欲望的人免费提供接受正规大学教育的机会。三是以道德消费取代不道德消费，普及高尚道德。所有具有道德教育意义的设施都应免费向公众开放。道德教育书刊、电影、电视免费。四是以价值消费取代反价值消费，节约资源。

消费方式变革。一是以节约消费方式取代浪费消费方式。如用菜篮子取代塑料袋，用消毒筷子取代一次性筷子。二是以清洁消费方式取代污染消费方式。减少废水、废气、废物排放，实现消费垃圾减量化和无害化。如用交流电、充电电池代替一次性电池。三是以循环消费方式取代废弃消费方式。如建立公众水循环使用设备系统。四是以健康消费方式取代伤害消费方式。

消费权分配变革。以高收入、高福利取代低收入、低福利和无福利。低收入、低福利已经严重阻碍经济健康发展，阻碍国民生存水平由生存型向健康型转化。经济发展引起消费品生产不断增长，由短缺转向过剩，而低收入、低福利导致消费需求不足，不能推动消费升级，不能成为推动经济发展的动因。经济发展只能靠与国民消费脱节的投资和出口消化。国民从生存型消费转化为健康型消费，必须给国民以足够的支付能力。公正分配社会财富，建立完善的社会保障体系还是化解社会矛盾、建立和谐社会的根本性物质基础。

3. 政府、舆论、企业、公众合力推动

经济人性化变革涉及经济的所有方面及所有经济活动参与者，需要政府、舆论、企业、公众合力推动。

经济人性化变革并不能依靠市场行为自动完成，需要政府统一组织，强化领导。目前我国煤电油运紧张主要由过度投资和出口引起，从消费层面看我国仍然是过剩经济。各级政府应当抓住这一有利时机，将经济发展由量的扩张向质的提高转化，把组织领导经济人性化变革作为政府经济工作的重中之重。

从国家层面进行制度设计，构建相应的政策、法律平台。如建立鼓励和推广先进生产方式和消费方式的政策和法律组合，建立遏制落后生产方式和消费方式的政策和法律组合。从制度上形成经济人性化变革机制。

政府与先进企业及公众协商，借鉴国际成功经验，建立推动生产力进步和消费进步的生产标准体系、产品标准体系和消费标准体系。新建企业必须具有世界领先性，严禁新建落后企业，并且要通过不断提高标准来促进企业进步，淘汰落后企业。

科学技术提供强力支撑，构建生产人性化变革的技术平台。率先拥有健康、改善、清洁、节约、循环生产技术设备的企业将成为该平台的主角，在平台上进行平等竞争，共同发展。不能进入此平台的落后企业将在国家强制和经济手段作用下被淘汰出局。

广泛进行经济人性化变革的舆论宣传，让先进的经济理念深入人心，成为全民主流意识，从而促进各级政府、企业和公众自觉加入经济人性化变革中来。

二 经济增长与社会进步的关系

许多国家把经济增长当作社会发展的最主要目标。其实经济增长并不是社会发展的目标，而只是一种途径。社会发展的目标是提高以身心健康为核心的人类生存水平。由于把经济增长当作了目标，许多国家经济增长较快，而人民的生存水平却没有同步提高，甚至处于下降趋势。一方面经济增长，另一方面环境破坏，产品增加给人类带来的利益被环境破坏给人类带来的危害所部分抵消甚至全部抵消。可见，并不是所有的经济增长都能够提高人类生存水平。

片面追求经济增长目标，给社会造成的危害在我国已经充分显露出来，大范围持续的雾霾污染已经充分证明了这一点。

（一）经济增长性质

经济增长在性质上分为价值经济增长和反价值经济增长。

价值经济增长是指维持或提高人类生存水平的经济增长。价值经济增长是价值生产的经济增长，是满足价值消费需求的经济增长，可以提高人民生存水平，这时的经济增长促进社会进步，是具有社会进步意义的经济增长。

反价值经济增长是指降低人类生存水平的经济增长。它是反价值生产的经济增长。反价值生产是为反价值消费需求提供产品的生产。包括超量生产、奢侈生产、伤害生产、破坏生产和欺诈生产。反价值经济增长是满足超量消费需求、奢侈消费需求、伤害消费需求和破坏消费需求的经济增长，不仅不能提高人民生存水平，反而会降低人民生存水平。假冒伪劣产品的生产、破坏环境的生产增长得越快，人民生存水平下降得越快。这样的经济增长是阻碍社会进步的，不具有社会进步意义。

（二）经济增长与社会进步关系规律

经济增长与社会进步关系规律是指：一是在价值消费范畴内，价值经济增长与社会进步正相关。价值经济增长越快，社会进步越快；价值经济增长越慢，社会进步越慢。超出价值消费范畴，价值经济增长转化为反价值经济增长。二是反价值经济增长与社会进步负相关。反价值经济增长越快，社会倒退越快；反价值经济增长越慢，社会倒退越慢。三是价值经济增长大于反价值经济增长，则社会进步；价值经济增长小于反价值经济增长，则社会倒退；价值经济增长等于反价值经济增长，则社会停滞。

（三）影响经济增长对社会进步贡献率的因素

经济增长与社会进步存在三种数量关系：一是经济增长大于社会进步，这样的经济增长是低级经济增长；二是经济增长等于社会进步，这样的经济增长是中级经济增长；三是经济增长小于社会进步，这样的经济增长是高级经济增长。

经济增长对社会进步的贡献率与下列经济因素相关。

1. 经济增长性质影响经济增长对社会进步的贡献率

经济增长包含价值经济增长和反价值经济增长，价值经济增长与社会进步正相关，反价值经济增长与社会进步负相关。价值经济增长可引起社会进步，增长越快，社会进步越快；反价值经济增长不会引起社会进步，反而引起社会倒退，增长越快，社会倒退越快。

经济增长性质影响经济增长对社会进步的贡献率规律是：价值经济增长比重越大，反价值经济增长比重越小，经济增长对社会进步贡献率越高；价值经济增长比重越小，反价值经济增长比重越大，经济增长对社会进步贡献率越低。

调整经济增长结构，发展价值经济增长，抑制反价值经济增长，能提高社会进步速度。

2. 生产方式影响经济增长对社会进步的贡献率

生产方式有进步生产方式与落后生产方式之分。进步生产方式能够维持或者提高人类生存水平，对社会进步有积极作用；落后生产方式降低人类生存水平，对社会进步有阻碍作用，而且导致社会倒退。为价值消费提供产品的价值经济增长是维持或提高人类生存水平所必需的，但是如果采用污染环境、伤害健康、浪费资源的落后生产方式，不仅难以起到维持或提高人类生存水平的作用，而且会降低人类生存水平。

生产方式影响经济增长对社会进步的贡献率规律是：进步生产方式比重越大，落后生产方式比重越小，经济增长对社会进步贡献率越高；进步生产方式比重越小，落后生产方式比重越大，经济增长对社会进步贡献率越低。

调整生产方式结构，发展进步生产方式，抑制落后生产方式，能提高社会进步速度。

3. 收入分配均衡程度影响经济增长对社会进步的贡献率

根据收入相对变动与社会进步关系规律，在乏收入、适收入区间收入相对变动引起社会进步同向变动。收入相对上升，引起社会进步；收入相对下降，导致社会倒退。在超收入区间社会进步对收入相对变动不敏感。如果经济增长的成果在乏收入、适收入和超收入人口中均衡分配，即在经济增长的同时，乏收入、适收入人口的收入能够同步增长，而不仅仅是资本所有者的收入增加，那么经济增长对社会进步的贡献率就相对较大。如果经济增长的成果被资本所有者所独揽，不增加劳动者工资和社会福利，乏收入、适收入人口的收入得不到提高，这样的经济增长只是资本所有者财富的积累，与公民生存水平无关，不会引起社会进步。

收入分配均衡程度影响经济增长对社会进步的贡献率规律是：收入分配均衡程度越高，经济增长对社会进步贡献越大；收入分配均衡程度越低，经济增长对社会进步贡献越小。

4. 国际贸易影响经济增长对社会进步的贡献率

对国家来说，进口用来满足价值生产或价值消费的产品，能够提高本国公民生存水平，对本国社会进步有贡献作用。出口用于满足价值生产或价值消费的产品对他国社会进步有贡献作用，对本国社会进步没有贡献作用。反而由于耗用本国资源、污染本国环境而降低社会水平。

实物出口与实物进口之间有三种关系：一是实物出口小于实物进口。此时，国际贸易增加了本国的社会物质财富，可用于价值消费的产品的增加，提高了本国公民的生存水平，国际贸易对本国社会进步贡献率为正。二是实物出口等于实物进口。此时，国际贸易虽然没有增加本国的社会物质财富，但由于用多余的产品换取了需要的产品，等于增加了价值消费的产品量，从而提高了本国公民的生存水平，国际贸易对本国社会进步贡献率为正。三是实物出口大于实物进口。此时，国际贸易减少了本国的社会物质财富，可用于价值消费的产品量减少，增加了不必要的污染，降低了本国公民的生存水平，国际贸易对本国社会进步贡献率为负。

国际贸易影响经济增长对社会进步的贡献率规律是：进出口用来满足价值生产或价值消费的实物产品，进口越多，出口越少，国际贸易引起的经济增长对本国社会进步贡献率越大；进口越少，出口越多，国际贸易引起的经济增长对本国社会进步贡献率越小。

（四）在经济周期的不同阶段，经济增长与社会进步的关系

在经济周期的不同阶段，经济增长对社会进步产生不同的影响。

在生产不足时期，产量不足以满足价值消费需要，增产可以提高人民生存水平。价值生产应当有较大幅度增长，以期尽早达到供需均衡。这时的经济增长是必要的，对社会进步有促进作用。

在供需均衡时期，价值生产的增长基本等于价值消费需求的增长，即经济增长与价值消费需求的增长相适应。这时要防止发生生产过剩。当产量足以满足价值消费需求时，增产只能造成资源浪费，并不能提高人民生存水平。这时超需求的经济增长是不必要的。

在生产过剩时期，价值生产应当停止增长，防止经济增长扩大造成浪费。当产量大于价值消费需要时，已经存在产品浪费，继续增产可能有需求，但会造成更大的浪费，从可持续发展角度看，这样做只会降低人民生存水平。这时的经济增长是不必要的。

当经济处于下降状态时，只要支持价值消费的部分保持稳定或上升状态，支持反价值消费的部分即使下降很大，人民的生存水平也会保持稳定或提高。

任何经济状态下的反价值生产增长，都对社会造成危害。

三 符合社会进步目标的宏观经济调控目标

符合社会进步目标的宏观经济调控目标是：保证经济活动能够最大限度地提高公民以身心健康为核心的生存水平。实现在价值消费需求等于价值消费需要条件下的价值生产与价值消费需求之间的供需均衡。同时最大化地节约资源、保护和改善环境。并使反价值生产处于最小化状态。

符合社会进步目标的宏观经济调控目标包括四层意义。

（一）保证经济活动能够最大限度地提高公民以身心健康为核心的生存水平

人民需要社会进步，社会进步的本质就是公民生存水平的提高。宏观经济调控目标必须与社会进步目标相一致，应该是保证经济能够最大限度地提高公民以身心健康为核心的生存水平。经济是好是坏，不在于 GDP 的高低快慢，而在于公民生存水平的高低。

（二）实现在价值消费需求等于价值消费需要条件下的价值生产与价值消费需求之间的供需均衡

价值生产是维持和提高人民生存水平所必需的，最佳状态是价值生产与价值消费需求之间供需均衡。生产过剩浪费资源，生产不足难以提高人民生存水平，这些都需要通过社会控制进行纠正。在价值消费需求等于价值消费需要时，人民的价值消费需要完全得到满足，是理想状态。而当价值消费需求小于价值消费需要时，人民的价值消费需要不能得到完全满足。二者差距越大，需要的满足程度就越低。所以要尽量扩大价值消费需求使之基本等于价值消费需要或越接近越好，实现零差距供需均衡或低差距供需均衡。

（三）最大化地节约资源、保护和改善环境。社会经济控制不仅要控制数量，还要控制质量

在生产方式和消费方式方面要达到最大化地节约资源、保护和改善环境、提高人类身心健康水平的目标。通过控制措施，提高生产方式和消费方式的水平。发展健康生产方式、清洁生产方式、节约生产方式、循环生产方式和自动生产方式；限制并逐步取缔伤害生产方式、污染生产方式、浪费生产方式、废弃生产方式和人力生产方式。发展循环式消费、节约式消费、保护式消费、清洁式消费、健康式消费；限制并逐步取缔废弃式消费、浪费式消费、破坏式消费、污染式消费、伤害式消费。

（四）反价值生产处于最小化状态

反价值生产无助于提高人民生存水平，并且浪费资源，不利于社会可持续发展，所以无论生产过剩、生产不足，还是供需均衡都阻碍社会进步。社会控制的基本原则都是逐步取缔。

显然，上述社会控制目标只依靠中央银行的货币政策或政府的财政政策是不能达到的，必须很好地发挥社会管理系统的合力才有望实现。

***************　**社会之窗**　***************

大白菜是恼人的中国货币问题的真正关键[1]

在中国，看看大白菜吧。这种普通的蔬菜可能是二十国集团（G20）峰会上最热门话题的答案。

北京街头，一名清洁工看到一个人骑着自行车，车筐里装着一捆大白菜。她大声问："这多少钱一斤啊？"那人说："五毛五"。近来大家都在讨论食品价格。又到了大白菜大量上市的时候了，这是中国人在冬天常吃的蔬菜。普通人家一般都会囤积一些大白菜，存放在阳台

---

[1]　《大白菜是恼人的中国货币问题的真正关键》，转载于《参考消息》2010 年 11 月 13 日。

上，这在冬天就是天然的冰箱。

今年白菜的批发价是每斤 0.61 元，而去年是 0.21 元。这个涨幅可不小。媒体说，涨价是因为去年价格偏低导致今年种植面积减少，再加上运输成本上升。过去几天，柴油的短缺导致各地加油站都排起了长龙。

10 月份居民消费价格指数 CPI 同比上涨 4.4%，创下 25 个月来的新高。食品价格 10.1% 的涨幅是推高 CPI 的主要原因。由于蔬菜严重短缺，海南某地的居民甚至在路边的公共花坛里种起了蔬菜。福建则有人在丢弃的浴缸里种菜。

但中国北方大白菜的价格跟 G20 峰会有什么关系呢？答案就是汇率。中国正面临货币升值的压力，因为从美国到巴西再到印度尼西亚的各国领导人都对中国人为压低汇率以获得出口优势表示了忧虑。事实上，人民币对美元汇率今早又创新高。自 2005 年以来，人民币对美元涨幅已超过 25%，但这个涨幅仍无法令批评人士满意。他们该看看大白菜。

中国在推动名义汇率上涨方面可能过于缓慢，但中国的央行可以通过通货膨胀实现重要的实际汇率的上升。9 月份美国的通胀增长仅为 0.1%。这就是说，考虑到通胀因素后，中国的汇率上升实际要快得多，而且涉及贸易时还应从实际的汇率来计算。因此，大白菜价格的上涨显示了中国潜在的汇率调整——尽管这并不一定会通过人民币汇率牌价表现出来。

中国正在做一个艰难的决定：是让人民币升值而使出口商受损；还是让人民币不升值而允许通胀加剧，把痛苦转嫁到普通老百姓身上。鸡蛋和苹果的价格已经达到创纪录的新高。北京的蔬菜平均批发价格上涨了 50.2%，达到每公斤 3.1 元。这也是历史最高点。看起来等在白菜摊边上的老百姓才是为世界经济再平衡付出代价的人。留心观察中国大白菜的价格吧。

脱离国民幸福的经济增长[1]

多年来印度经济一直保持着高增长，很多国家将其视为一个值得

---

[1] 亚历杭德罗·纳达尔：《印度的掠夺性增长》，墨西哥，《每日报》2010 年 7 月 14 日。

仿效的榜样。甚至还有人认为，这个次大陆的经验表明新自由主义是可行的。但现实却是另外一回事。印度经济的发展是一个病态的发展过程，充斥着社会不平等和对环境的破坏。

1947 年独立之后印度经济缓步向前。1950~1980 年工业化的发展速度（4%）缓慢却稳健。在这个时期平均每年的人均年收入增长 1.3%。最近 10 年印度经济的年均增长率为 6.8%，国际媒体称之为经济奇迹。

但不可忽视的一个现象是，近年来印度的不平等和贫困现象日益恶化。目前在该国 11.73 亿总人口当中有 42% 的人生活在每天 1 美元的贫困线之下。75% 的人生活费在每天 2 美元之下，而且现有的经济模式将无法改变这种不公平的分配结构。

虽然经济增长率达到 6%~7%，但是正式工作岗位增长率微乎其微，每年不超过 1%。这意味着经济的扩张依赖于生产率的大幅提高。这种情况与引导资金投向出口产业的战略有关，而这种导向战略则要求尽可能降低工资成本以赋予出口产品竞争优势。

虽然经济增长率出现"奇迹"，但是印度的对外账目长期保持逆差，并且需要为其提供资金。为此印度已经开始接纳资金流，而且无论外国直接投资还是证券投资（短期资金）照单全收。但是这么做的代价也是高昂的：宏观经济政策必须遵守与印度人民需求毫不相干的游戏规则。

印度需要将资金引入经济领域，其货币政策就是基于这种需求制定的。这就意味着要保持较高的汇率。此外，只有特权阶层才能获得贷款。所有这一切都赋予了富裕阶层资产特权，并且导致了不平等情况进一步加剧，因此最终造成财产分配出现倒退。

印度财政政策遵循的是平衡预算原则，而且由于不能惹恼资金持有者以免影响投资，因此财政平衡是通过削减社会支出和减少环境保护资金投入的方式维持的。

印度在向外资敞开大门的同时也向后者出让了开采业、林业和旅游业的开发权。导致很多盛产矿产资源和森林资源等容易获得的贸易财富的土地遭到掠夺。其中很多土地是土著居民的家园。将他们的土地出让给开采业和旅游业大型企业是印度新自由主义经济"奇迹"最暴力的特征之一。

新德里贾瓦哈拉尔尼赫鲁大学退休教授阿米特·巴杜里称这一过程为掠夺性增长。必须说明的是，这并不是比喻，这确实是一个复杂的经济政治过程。在此过程中失败者要为"增长"出让自己的生活方式，而这种增长只能赋予少数人特权，却无法提高多数人的生活水平。

****

第二节　核心的宏观经济过程进步

整个宏观经济过程都与社会进步高度相关。通过对宏观经济过程与社会进步关系的研究，可以得出符合社会进步目标的宏观经济调控的原则和方法。

经济学总结的经济流程是对纷繁复杂、千变万化的经济活动的高度概括，便于我们据以研究宏观经济过程与社会进步的关系。本节参考了王国乡教授等编著的《西方经济学简明教程》，以及哈佛大学经济学教授 N. Gregory Mankiw 博士的著作《宏观经济学（第五版）》。

一　参与经济流程的部门

经济流程是指社会经济活动的运行过程。如一个国家、一个经济区域的经济循环运行过程。

经济全球化导致当代经济流程变成全球经济过程，具有空间的世界性和时间的持续性。但是，由于各个国家各自为政，目前人类并不能对世界经济流程进行卓有成效的统一控制。所以人们只能在一定的时空之内考察经济流程。政府通常需要考察本国以年为时间单位的经济流程。

为了研究方便，社会进步学把经济流程分为国内经济流程和开放经济流程。这样既便于研究本国经济整体水平，又便于研究国外部门对本国经济的作用。

经济部门是指在经济过程中发挥着同类功能的社会单位或个人的集合。分为消费者、企业、政府、金融市场和国外部门。在宏观经济学的经济流程中，消费者、企业、政府、金融市场和国外部门分别都是一个整体。社会进步学也将它们作为整体进行研究。

消费者是指国内经济流程中所有进行消费活动的经济部门。消费者是经济流程的核心，经济流程中其他部门都是为消费者而存在的。消费者既是消费的需求方，又是资源和劳动的供给方。经济流程中消费者的概念代表国家中所有公民，也是所有消费者或者所有个人或者所有家庭。

企业是指国内经济流程中所有进行生产活动的经济部门。在经济流程中，企业存在的目的是为消费者提供消费品和消费服务。经济流程中企业的概念代表国家中所有工厂、商店等公司以及个体商贩等，是所有生产单位。

企业内部分为产出生产单位和中间生产单位。产出生产单位是指进行消费品和消费服务生产的企业。中间生产单位是指进行生产品和生产服务生产的企业。

有的企业是单纯的产出生产单位，如食品生产企业是消费品生产单位，医院是消费服务单位。有的企业是单纯的中间生产单位，如原料生产企业是生产品生产单位。有的企业既进行产出生产，又进行中间生产，如电力生产企业同时为生产和消费提供能源产品，银行、电信、交通、市场等单位同时提供生产服务和消费服务。

尽管企业有千千万万个个体，但在经济流程中企业是指一个整体。

政府是指国家公共权利机关。从经济流程角度来说政府是所有管理经济流程的经济部门。包括各级政府、人大、法院、检察院、公安局、军队等。政府通过财政收入、财政支出、财政政策、货币政策等参与并管理经济流程。人大负责制定经济法律。法院、检察院、公安局、军队等负责维护经济流程秩序。

金融市场是指国内经济流程中融通资金的经济部门。各类金融机构是金融市场的主体，如银行和股票交易所。

国外部门是指参与国内经济流程的所有外国的经济部门。经济流程中的国外部门有两个基本特点：一是国外部门的主体是外国的经济部门，如外国的消费者、企业、政府和金融市场。二是这些外国经济部门必须与国内经济部门发生经济往来，如进行产品和劳务交换，发生货币往来等。由于国外部门在经济流程中主要功能是国际贸易，而许多国际贸易是在世界市场中进行的，所以一些经济著作称之为世界市场。

社会进步学家认为在所有经济部门中，消费者是第一位的。消费者和企业、政府、金融市场、国外部门的关系，不是平等关系。消费者的利益高于企业的利益，也高于政府、金融市场和国外部门的利益。因为有消费者，才有政府、企业、金融市场和国外部门存在的必要性。天平应该永远向消费者倾斜。提高消费者的生存水平是企业、政府、金融市场和国外部门的功能。

二　核心经济流程与社会进步

（一）核心经济流程

维持和提高消费者生存水平是经济流程的基本功能，也是经济流程的唯一正确功能。而企业则是实现经济流程基本功能的最基本的经济部门，它为消费者提供维持和提高消费者生存水平的产出产品。政府、金融市场和国外部门只是起到辅助的作用。所以，我们必须首先掌握消费者与企业之间的经济流程。

核心经济流程是指包含消费者与企业两个经济部门的国内经济流程，它反映了消费者和企业在经济活动中的作用。宏观经济学将其称为两部门经济流程。因为掌握了消费者与企业之间的经济流程也就掌握了宏观经济流程的核心，故社会进步学将其称为核心经济流程。在核心经济流程中存在着消费流程和生产流程、产品流程和货币流程、投入市场和产出市场。其中产品流程是经济流程的根本，货币流程起到辅助产品流动的作用（见图 10 - 1）。

1. 消费流程

图 10 - 1 中左半部为消费流程。消费流程是指消费者向企业出售投入产品（资源、劳动）取得投入收入（用于消费的可支配收入），使用投入收入向企业购买产出产品（消费品和消费服务），利用产出产品进行消费活动的经济过程。

消费流程全面反映了消费者的经济活动。它由出售、购买和消费三个阶段组成。

2. 生产流程

图 10 - 1 中右半部为生产流程。生产流程是指企业利用产出收入向消

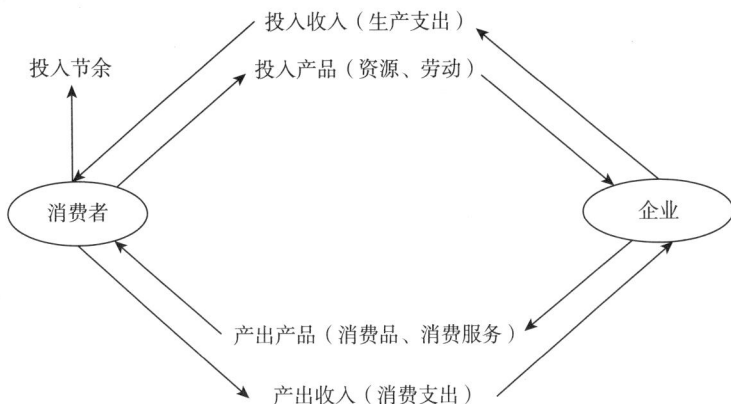

图 10 - 1 核心经济流程

资料来源：王国乡：《西方经济学简明教程》，中国人民大学出版社，1990，144。

费者购买投入产品，进行生产产出产品的生产活动，向消费者出售产出产品取得产出收入的经济过程。

生产流程反映了企业的经济活动。它由购买、生产和出售三个阶段组成。特别需要注意的是生产流程出售的产品只是消费品和消费服务，即产出产品，不包括生产品（投资品）和生产服务（投资服务），即中间产品。

3. 产品流程

图 10 - 1 内部是产品流程。产品流程是指在经济流程中投入产品与产出产品的流动过程。投入产品（资源和劳动）由消费者流向企业；产出产品（消费品和消费服务）由企业流向消费者。

投入产品是指消费者出售给企业的资源和劳动。

消费者占有资源的目的是为了出售给企业以获得资源收入。但是，资源在出售之前无法进行平均化处理，也不能平均分解到每一个人由个人进行出售。而当资源出售后获得的资源收入却可以平均分配。所以资源必须统一出售并统一分配资源收入。消费者是分散的个人，不具有统一出售和分配的能力，只能由政府代理。

人类生产社会将资源转化为消费品必须有劳动参与。劳动是消费者的个人贡献，不具有公共性。劳动差别性引起个人贡献的差别性。消费者占有劳动的目的是为了出售给企业以获得劳动收入。由于劳动的私人性，劳动收入只应为劳动者个人所有，不能在消费者内平均分配。所以，劳动者之间可以存在一定范围内的劳动收入差异。

产出产品是指企业出售给消费者的消费品和消费服务。

产出产品是企业的最终产品（外销产品）。企业内部还存在着中间产品（内销产品）。主要是厂房、生产工具、生产能源、生产原料等生产品和金融生产服务、沟通生产服务、运输生产服务、市场生产服务等。这些产品都在企业内部生产和流通，为生产产出产品而存在。

4. 货币流程

图 10 - 1 外部是货币流程。货币流程是指在经济流程中投入收入与产出收入的流动过程。投入收入由企业流向消费者；产出收入由消费者流向企业。

经济流程中货币在消费者和企业之间循环流动。

投入收入是指消费者向企业出售资源和劳动的收入。消费者的投入收入是企业的生产支出。

产出收入是指企业向消费者出售消费品和消费服务的收入。企业的产出收入是消费者的消费支出。

5. 投入市场和产出市场

图 10 - 1 中上半部为投入市场，下半部为产出市场。

投入市场是指消费者向企业出售投入产品取得投入收入的市场。同时也是企业向消费者支付生产支出购买资源和劳动的市场。

产出市场是指企业向消费者出售产出产品取得产出收入的市场。同时也是消费者向企业支付消费支出购买消费品和消费服务的市场。

在投入市场中消费者的出售部分与企业的购买部分重合，都是资源和劳动；在产出市场中消费者的购买部分与企业的出售部分重合，都是消费品和消费服务。即双方出售的正是对方购买的。

经济流程中存在着产品流程和货币流程。因为经济活动的目的就在于利用消费品，所以产品流程是基本流程。但是，产品流动需要货币媒介，货币流程是产品流程的辅助流程，与产品流程方向相反。货币少了，产品流动减少；货币多了，产品流动增加。

在产品流程中存在着物质流程和劳动流程。人类维持生存需要的是消费品和消费服务，它们来源于资源和劳动。其中劳动的作用是将资源转化为消费品和消费服务能力，并进行消费服务。资源是基础，劳动是手段。

综上所述，经济流程就是资源的改造和利用过程。企业将资源转化为产出产品，消费者利用产出产品进行消费。

（二）投入产品对社会进步的影响

因为社会进步的目的是人类生存水平的提高，所以我们在研究经济流程与社会进步关系时，应当用消费者的消费统领整个经济流程，而不能用企业的生产统领整个经济流程。应当时刻记住企业的生产是为消费者的消费而存在的。

1. 消费者出售的投入产品数量与社会进步的关系

从社会进步角度看，在消费流程中，消费者出售资源和劳动的唯一正确目的是为了购买消费品和消费服务，而购买消费品和消费服务是为了维持或提高生存水平。当消费者购买的消费品和消费服务量一定时，即其生存水平一定时，出售的资源和劳动越少，投入产出比就越高，对消费者越有利；出售的资源和劳动越多，投入产出比就越低，对消费者越不利。而且在相同消费的前提下，出售的资源越少，环境损失就越少，消费者的生存水平就越高；出售的劳动越少，消费者的休闲时间就越多，生存水平就越高。

消费者出售的投入产品数量与社会进步关系是：当消费者生存水平一定时，消费者出售的投入产品的数量与社会进步负相关。消费者出售的资源和劳动越少，对社会进步越有利；消费者出售的资源和劳动越多，对社会进步越不利。

这意味着在购买相同产出产品的条件下，消费者出售的资源和劳动越少越好。

2. 企业购买的投入产品数量与社会进步的关系

企业购买投入产品是企业的投资。

从社会进步角度看，在生产流程中，企业购买资源和劳动的唯一正确目的是为了生产并最终出售消费品和消费服务，而出售消费品和消费服务的目的是为了维持或提高消费者的生存水平。即企业投资是为了出售消费品和消费服务。

当出售的消费品和消费服务量一定时，企业购买资源和劳动越少，投入产出比就越高，越节约资源和劳动，越有利于经济的可持续发展。而且在出售相同产出产品的前提下，利用的资源越少，环境损失就越少，消费者的生存水平就越高；利用的劳动越少，消费者的休闲时间就越多，消费者的生存水平就越高。

反之，当出售的消费品和消费服务量一定时，企业购买资源和劳动越多，投入产出比就越低，越浪费资源和劳动，越不利于经济的可持续发展。而且在出售相同产出产品的前提下，利用的资源越多，环境损失就越多，消费者的生存水平就越低；利用的劳动越多，消费者的休闲时间就越少，消费者的生存水平就越低。

企业购买的投入产品数量与社会进步关系是：当消费者生存水平一定时，企业购买的投入产品的数量与社会进步负相关。企业购买的资源和劳动越少，对社会进步越有利；企业购买的资源和劳动越多，对社会进步越不利。

这意味着企业出售相同的产出产品，投资越少越好。

3. 投入产品数量与社会进步关系规律

我们研究了消费者出售的投入产品数量与社会进步关系规律，也研究了企业购买的投入产品数量与社会进步关系规律。无论是从消费者的消费角度，还是从企业的生产角度进行研究，投入产品数量对社会进步的影响是一致的。所以上述两个规律可以合并为一个投入产品数量与社会进步关系规律。

投入产品数量与社会进步关系规律是：当消费者生存水平一定时，经济流程中投入产品的数量与社会进步负相关。经济流程中投入的资源和劳动越少，对社会进步越有利；经济流程中投入的资源和劳动越多，对社会进步越不利。

（三）产出产品对社会进步的影响

1. 消费者购买的产出产品数量与社会进步的关系

从社会进步角度看，在消费流程中，消费者购买消费品和消费服务唯一正确目的是为了维持或提高生存水平。即满足价值消费需要，而不是满足反价值消费需要。

消费需要与社会进步关系规律是：价值消费需要与社会进步正相关；反价值消费需要与社会进步负相关。消费者为满足价值消费需要购买消费品和消费服务，有利于社会进步；消费者为满足反价值消费需要购买消费品和消费服务，不利于社会进步。

价值消费需要得到满足的层次越高，人类生存水平越高；价值消费需要得到满足的层次越低，人类生存水平越低。所以应当努力提高每个人的价值消费需要满足层次。

消费者购买产出产品的数量与社会进步的关系是：消费者购买的产出产品数量在价值消费需要以内，与社会进步正相关；消费者购买的产出产品数量在价值消费需要以外，与社会进步负相关。消费者购买的消费品和消费服务刚好等于价值消费需要上限，对社会进步最有利；超过或低于价值消费需要，对社会进步不利。

2. 企业出售的产出产品数量与社会进步的关系

从社会进步角度看，在生产流程中，企业出售消费品和消费服务的唯一正确目的是为了满足消费者价值消费需要，进而维持或提高消费者生存水平，而不是为满足消费者反价值消费需要。价值消费需要得到满足的层次越高，人类生存水平越高；价值消费需要得到满足的层次越低，人类生存水平越低。

企业出售的产出产品数量与社会进步的关系是：企业出售的产出产品数量在消费者价值消费需要以内，与社会进步正相关；企业出售的产出产品数量在消费者价值消费需要以外，与社会进步负相关。企业出售的消费品和消费服务刚好等于消费者价值消费需要上限时对社会进步最有利；超过或低于消费者价值消费需要时对社会进步不利。

3. 产出产品数量与社会进步关系规律

我们研究了企业出售产出产品的数量与社会进步关系规律，也研究了消费者购买产出产品的数量与社会进步关系规律。无论是从企业的出售角度，还是从消费者的购买角度进行研究，产出产品数量对社会进步的影响是一致的。所以上述两个规律可以合并为一个产出产品数量与社会进步关系规律。

产出产品数量与社会进步关系规律是：在经济流程中产出产品的数量在消费者价值消费需要以内，与社会进步正相关；产出产品的数量在消费者价值消费需要以外，与社会进步负相关。消费品和消费服务刚好等于消费者价值消费需要上限时对社会进步最有利；超过或低于消费者价值消费需要时对社会进步不利。

（四）投入产出关系对社会进步的影响

1. 消费者出售与购买的数量关系及对社会进步的影响

消费者出售的投入产品与购买的产出产品存在三种数量关系。即出售的投入产品少于购买的产出产品、出售的投入产品等于购买的产出产品、出售的投入产品多于购买的产出产品。我们研究投入产出数量关系时，应当假设所有的产出产品都是为价值消费准备的价值产出产品。因为所有的为反价值消费准备的反价值产出产品，都对社会进步有害。

当出售的投入产品少于购买的产出产品时，少于的部分是资源或劳动的节余，有利于社会进步。

当出售的投入产品等于购买的产出产品时，说明资源和劳动得到了消费品和消费服务的对等回报，有利于社会进步。

当出售的投入产品多于购买的产出产品时，多余的部分是资源或劳动的浪费，不利于社会进步。

消费者出售与购买的数量关系对社会进步的影响是：在价值消费需要以内，消费者出售的投入产品越少，购买的产出产品越多，对社会进步越有利；消费者出售的投入产品越多，购买的产出产品越少，对社会进步越不利。

2. 企业购买与出售的数量关系及对社会进步的影响

企业购买的投入产品与出售的产出产品存在三种数量关系。即企业购买的投入产品少于出售的产出产品，企业购买的投入产品等于出售的产出产品，企业购买的投入产品多于出售的产出产品。我们研究投入产出数量关系时，应当假设所有的产出产品都是为价值消费准备的价值产出产品，因为所有的为反价值消费准备的反价值产出产品，都对社会进步有害。

当企业购买的投入产品少于出售的产出产品时，少于的部分是资源或劳动的节余，有利于社会进步。

当企业购买的投入产品等于出售的产出产品时，说明资源和劳动得到了消费品和消费服务的对等回报，有利于社会进步。

当企业购买的投入产品多于出售的产出产品时，多余的部分是资源或劳动的浪费，不利于社会进步。多余的部分即是中间生产过剩的部分。这部分消耗在了企业部门，与生产产出产品没有关系。

企业购买与出售的数量关系对社会进步的影响是：在消费者价值消费需要以内，企业购买的投入产品越少，出售的产出产品越多，对社会进步越有利；企业购买的投入产品越多，出售的产出产品越少，对社会进步越不利。

3. 投入产出的数量关系对社会进步的影响规律

我们分别从消费者和企业角度研究了投入产出的数量关系对社会进步的影响。无论是从企业的角度，还是从消费者的角度进行研究，投入产出的数量关系对社会进步的影响是一致的。

投入产出的数量关系对社会进步的影响规律是：在消费者价值消费需要以内，投入产品越少，产出产品越多，对社会进步越有利；投入产品越多，产出产品越少，对社会进步越不利。

投入产品的数量应当刚好满足最佳产出产品量的生产需求。这时的投入产品数量称作最佳投入产品量。最佳投入产品量是消费者向企业投入资源和劳动的最佳数量上限。投入产品的数量超过最佳投入产品量，就会出现资源和劳动的浪费；而投入产品的数量低于最佳投入产品量，就不能满足生产最佳产出产品量的需要。

产出产品的数量应当刚好等于消费者的价值消费需求，这时的产出产品量称作最佳产出产品量。中间产品的数量应当正好满足生产最佳产出产品的需要，这时的中间产品量称作最佳中间产品量。最佳产出产品量是企业生产产出产品的最佳数量。产出产品的数量超过最佳产出产品量，就会出现产出产品的浪费；中间产品的数量超过最佳中间产品量就会出现中间产品的浪费。产出产品的数量少于最佳产出产品量，就不能满足消费者的价值消费需要；中间产品的数量少于最佳中间产品量就不能满足生产最佳产出产品量的需要。

需要特别重视的是产能过剩。产能过剩即中间生产过剩，浪费资源，污染环境，危害健康，严重危害社会进步。

产能过剩来源于缺少宏观计划，投资过多，货币政策宽松，没有宏观控制的市场竞争。

（五）投入结余对社会进步的影响

投入结余包括资源结余和劳动结余。

1. 资源结余

地球上的全部资源可以分为资源投入和资源结余两部分。资源投入是指已经进入生产过程的资源，资源结余是指尚未进入生产过程的资源。

在产出量一定的条件下，资源投入量越少，资源结余量越多，资源产出率越高，越有利于人类。资源结余虽然不进入当年生产过程，但是要陆续进入以后的生产过程。资源结余得越多，人类生产过程延续的时间就越长。所以，人类应当尽可能少开发利用自然资源，特别是在人类道德水平和知识水平较低的状态下，资源利用率较低，盲目开发自然资源会造成不可挽回的巨大损失。

在产出量一定、资源投入量一定的条件下，再生资源投入得越多，非再生资源投入得越少，越有利于人类。非再生资源总量处于绝对减少状态，再生资源则可以不断补充。所以，人类应该尽可能多地开发利用再生资源，少开发利用非再生资源，尽可能用再生资源替代非再生资源，不断提高再生资源的再生率。

2. 劳动结余

劳动结余表现为法定劳动人口的实际劳动时间低于法定劳动时间，部分劳动力在法定劳动时间没有进入生产过程，出现劳动力剩余。

在产出量一定的条件下，劳动投入量越少，劳动结余量越多，劳动产出率越高，越有利于人类。

生产进步必然引起劳动产出率提高，从而不断扩大劳动结余，引起失业人口绝对增加和人类总的休闲时间增加。这是人类生产水平提高的重要表现，符合人类根本利益。

劳动结余增加引起消费者劳动收入减少，如果不等量提高资源收入，就会引起投入收入减少，消费总需求下降。而劳动结余增加的前提是产出产品量一定。消费总需求下降会引起产出萎缩或产出浪费，同时使消费者消费萎缩，导致失业人口生存水平下降。所以，在失业人口不断增加的社会里，必须不断提高资源收入来弥补劳动收入下降引起的投入收入不足。提高资源收入的办法不是扩大资源供给，而是提高资源价格，从而使企业的生产支出保持不变。即劳动支出减量等于资源支出增量；对于消费者是劳动收入减量等于资源收入增量

总之，在产出一定的条件下，投入结余越多越好。投入结余引起的投

入收入（消费总需求）下降必须由提高资源价格补偿。提高资源价格的形式是直接增加企业税，或者通过向消费者的货币发行直接增加消费者收入，如增加社会福利支出。以加速资源的开发利用和制造就业机会的办法来维持和扩大消费总需求必然引起资源产出率和劳动产出率下降，从而使生产力水平下降。

三　产品的漏出、注入与社会进步

在经济总流程中投入产品总值和产出产品总值并不相等，这是因为在经济活动中存在着漏出与注入。一个完整的产品流程是这样的：资源和劳动进入企业，在企业中生产中间产品和产出产品，产出产品进入消费者部门，消费者进行消费。如果产品在某一个环节脱离了本产品流程，就形成了产品漏出。如果本产品流程之外的产品进入了本产品流程，就形成了产品注入（见图 10－2）。

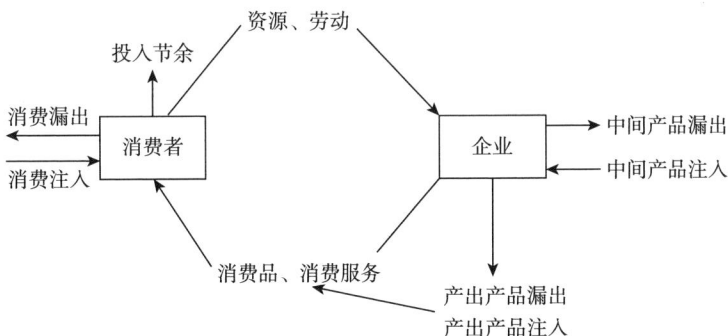

图 10－2　产品的漏出与注入

资料来源：王国乡：《西方经济学简明教程》，中国人民大学出版社，1990，第 145 页。

产品的漏出、注入与社会进步关系规律是：在价值生产条件下，产品的漏出与社会进步负相关；产品的注入与社会进步正相关。产品的漏出越多，注入越少对社会进步越不利；产品的漏出越少，注入越多对社会进步越有利。

（一）企业的中间产品漏出与注入

企业的中间产品漏出包括生产品漏出和生产服务漏出。它是对投入产品的第一次浪费。

现代社会中中间产品漏出非常普遍，它不仅存在于发展中国家，也存在于发达国家。自由市场经济形成了过多的中间产品，如过多的工厂、农牧业生产单位、银行、商店、设备，以及为生产这些多余的中间产品而浪费了大量的劳动、生产能源、生产原料、生产工具和生产服务，同时制造了过多的垃圾。

中间产品漏出浪费资源非常惊人。在许多领域，资源浪费率超过了50%，如商店、酒店、市场、服装工厂、机械加工、金融机构等。也就是说，这些企业减少50%，仍能满足消费者需求。

在产出产品一定时，中间产品越少对人类越有利。即中间产品与产出产品比值越小越好。这个比率称为宏观产品比率。

宏观产品比率随中间产品漏出同向变动。中间产品漏出越多，宏观产品比率越高；反之则越低。

企业的中间产品注入来源于本期以前的中间产品漏出以及生产品和生产服务进口。

中间产品注入不扩大本期中间产品生产，只扩大产出产品总量，因而能够节约资源。

（二）产出产品漏出与注入

产出产品在产出后未进入消费过程即是产出产品的漏出。中间产品的漏出和注入只存在于企业，而产出产品的漏出和注入可以发生于企业，也可以发生于消费者。企业的产出产品漏出和注入称为产出漏出和产出注入；消费者的产出产品漏出和注入称为消费漏出和消费注入。

产出产品漏出包括消费品漏出和消费服务漏出。

企业生产的消费品可以有合理存货。对于耐用消费品来说，在消费品有效期内，库存时间越长，可消费时间就越短，越浪费资源。任何消费品超过有效期即成为垃圾。过多的库存就形成消费品漏出。

生产的客观目的是为消费者提供消费品和消费服务。如果消费品滞留在企业而不进入消费过程，就失去了生产的积极意义。不仅浪费了资源和劳动，还浪费了生产品和生产服务，并制造了本可避免的垃圾。

消费者的消费漏出是消费者购买后没有利用的消费品。它是对投入产品的第三次浪费。

企业和消费者应该避免和减少消费品漏出。

消费服务漏出在数量上等于消费服务能力减去消费服务利用。用公式表示

$$消费服务漏出 = 消费服务能力 - 消费服务利用$$

如某国旅店年接待顾客能力为 1 亿人次，实际接待 0.6 亿人次，旅店业消费服务漏出为 0.4 亿人次（1 亿 - 0.6 亿），漏出率为 40%。

消费服务能力是由企业利用资源和劳动形成的。消费服务漏出形成消费服务能力浪费，从而也浪费了形成消费能力的资源和劳动以及中间产品、生产服务等，所以应当避免消费服务漏出。

产出产品注入来源于本期以前的产出产品漏出以及消费品和消费服务进口。

产出产品注入不扩大本期生产，只扩大产出产品总量，因此能够节约资源。

第三节　政府参与经济流程进步

我们首先应当了解政府在宏观经济流程中能够做什么，即政府能够发挥什么宏观经济功能。在此基础上，我们要研究政府如何做才能有利于消费者，进而促进社会进步，即政府应该发挥什么宏观经济功能。

政府在经济流程活动中能够发挥的宏观经济功能有两个方向。一是政府通过其活动促进经济流程向有利于消费者的方向发展，促进社会进步；二是政府通过其活动引导经济流程向有害于消费者的方向发展，阻碍社会进步，甚至导致社会倒退。

显然政府应该发挥的宏观经济功能是促进经济流程向有利于消费者的方向发展，即促进社会进步。

一　政府支配国内经济流程环境的功能与社会进步

政府掌握着国家机器，具有强大的支配国内经济流程环境的功能。

国内经济流程环境是指影响国内经济流程的一切本国的非经济因素和国外的一切因素。如国内的政治、法律、舆论，国外的侵略、经济制

裁等。

（一）国内经济流程的政治环境对社会进步的影响

政府是负责掌控政治环境的权力机构，其制定的对内对外政策，直接影响国内的经济流程。

自古以来，任何国家的政治都会对经济产生重大影响，甚至是决定性的影响。国内经济流程的政治环境是指所有能够对经济产生影响的政治因素。其中，最重要的政治环境包括和平与战争、稳定与动乱、廉洁与腐败、民主与专制、公平与不公平。

政府管理得当，会给经济流程创造一个和平、稳定、廉洁、民主、公平的政治环境；政府管理不当，会给经济流程造成一个战争、动乱、腐败、专制、不公平的政治环境。和平、稳定、廉洁、民主、公平的政治环境，有利于经济进步，有利于社会进步，与社会进步方向一致；战争、动乱、腐败、专制、不公平的政治环境，不利于经济进步，不利于社会进步，与社会进步方向相反。

价值政治环境是指和平、稳定、廉洁、民主、公平的政治环境。

反价值政治环境是指战争、动乱、腐败、专制、不公平的政治环境。

政治环境与经济进步关系的规律是：价值政治环境与经济进步正相关，反价值政治环境与经济进步负相关。发展价值政治环境，消灭反价值政治环境，促进经济进步；发展反价值政治环境，消灭价值政治环境，导致经济倒退。

因为经济进步是社会进步的一部分，所以价值政治环境与社会进步正相关，反价值政治环境与社会进步负相关。

和平是最重要的价值政治环境，战争是最危险的反价值政治环境。政府的最重大职责就是维护国家和平，防止国家发生任何战争。

战争可以造成经济全流程损失。这里我们以战争为例描述政治环境与经济进步关系的规律。

第二次世界大战，直接军费开支1.3万亿美元，占交战国国民收入的60%～70%，参战国物质损失达4万亿美元。[①]

---

① 张艳玲、隆仁主编《世界通史》，中国致公出版社，2001，第2838页。

日本侵华战争给中国造成特别巨大的人员伤亡及经济损失。1991 年 10 月国务院新闻办公室发表的《中国的人权状况》白皮书中，对日本侵华战争造成的中国军民伤亡有如下的概略统计数字："在 1937 年开始的日本帝国主义的全面侵华战争中，2100 余万人被打死打伤，1000 余万人被残害致死。"纪念抗日战争胜利 50 周年前夕，中国军队和地方研究机构与政府调查统计部门共同就日本侵华战争给中国造成的损害进行分析研究，得出如下结论："据近年调查研究的不完全统计，在抗日战争中，中国财产损失 600 余亿美元（按 1937 年美元计算），战争消耗 400 多亿美元，间接经济损失达 5000 亿美元。"至于日本侵华战争造成中国工业化迟滞所产生的损失更是数额巨大。[1]

发动侵略的国家也要付出沉重的代价。根据美国布朗大学提供的一份最新研究报告显示，美国 2003 年在伊拉克的侵略战争共使其损失 1.7 万亿美元，再加上为了补贴退伍军人而花费的 4900 亿美元，美国政府至今共为伊拉克战争花费 2.2 万亿美元。[2] 第二次世界大战中德国死亡 900 万人，德国年轻士兵的坟墓遍及欧、亚、非、美诸大洲几十个国家。德国损失达 3000 亿美元，日本损失 1000 亿美元。[3]

＊＊＊＊＊＊＊＊＊＊＊＊＊＊＊ 社会之窗 ＊＊＊＊＊＊＊＊＊＊＊＊＊＊＊

日本长期侵华战争对中国经济的巨大破坏[4]

在八年抗战中，诸如被掠夺的银行金银和被破坏的产业交通设备等，以 1937 年 7 月的美元币值换算，即达 313.3 亿美元之巨。而该年度的日本政府一般会计岁入乃为 7.7 亿美元，如以此金额充抵赔偿，则需要经过将近半个世纪的岁月才能偿还这笔巨债。

据联合国救济总署统计，1945 年战后至 1946 年，中国有饥民 3000 万人，灾区 19 个省。据战后至两湖地区宣慰视察的特使刘文岛

---

① 吴广义：《日本侵华战争遗留问题》，昆仑出版社，2005，第 3 页。
② 邵希炜：《伊拉克战争共花费美国 2.2 万亿美元》，中国经济网，http：//intl. ce. cn/specials/zxgjzh/201303/15/t20130315_24203847. shtml，2013 年 3 月 15 日。
③ 《第二次世界大战伤亡了多少人？全部损失相当于多少亿美元？》，360 问答，http：//wenda. so. com/q/1363071194061852，2013 年 3 月 12 日。
④ 张弓、牟之先：《国民政府重庆陪都史》，西南师范大学出版社。1993。

报告：长沙历经四次战火浩劫，只有百分之五战前房屋未遭破坏。衡阳的房屋仅有五幢完整，全市竟无一所学校留存。衡阳周围乡间，每户人口已饿死的人达 1/3，至少在 1/2 以上。同行的监察使苗培成报告称："湖南各地不仅耕牛没有，甚至沿粤汉走几百里，没有看见鸡犬，由岳阳至衡阳的田地都两三年没有下种了。"

广西遭日寇破坏更惨重，"全省 99 县受害者达 72 县。"河池县整个被焚毁，柳州剩余的房屋不过原来的 1/5。鹿寨县房舍也仅余 1/10。桂林战后所余的房屋最多，只有战前的 1%。有一目击者说：自柳州至梧州一带，"饥民载道，树皮草根，剥挖殆尽，目下用以残延生命者，仅松树之针叶而已。赶场之日，仅见白发老妪与少女相偕于途，以人出售（赶场只为卖儿女），年轻貌美之少女，可易谷一市担，无须身契也。"在忻城，战后霍乱流行，一些村庄已成鬼域，"有一家一晚上死了大小 4 口，第二天只余了一个小孩当着门哭，这真是惨绝人寰的事！"

河南也是受战火浩劫最多的地区之一。1945 年 11 月，中国善后救灾总署调查处同联合国善后救济总署及国民政府农林部对河南进行战时损失调查后称：迄 1945 年秋季止，全省 110 县几无一县未受敌寇侵扰，河南省战前人口达 3341 万人，战后亟待赈济的灾民就有 645.5 万人，房屋损失 156 万余间，牲畜损失 121 万余头，灾民终日以菜根、野草为食。

湖北武汉劫后余生的人口仅只有战前的 2/3，缺粮、少煤，房荒严重，难民以土为食。江西北部的灾民多达 500 多万人，农田大部荒芜，疫病流行，赣州遍地饿殍。赣南赣西则是百里内荒无人烟。广东沦陷长达 7 年，人民的生活已苦到不能再苦。"比较富裕"的村庄，连一件破棉衣也没有的人，至少在 50% 以上。国人惊呼，中国不是只有几个灾区，而是成了一个"灾国"！经历了这空前未有的惨重劫难，"战后复兴与建设，其艰巨更倍于战时。"

旷时日久的战争致使国力耗竭，民穷财尽。战后，经济复兴面临着百废待举的境况。

1945 年，农业因全国大部分地区受战争破坏和灾害严重歉收。湖南、湖北、广西等地因日军的"一号"攻势，使许多耕地抛荒未种。

到 1946 年，这些区仍大约有 30% ~ 40% 的土地未种上庄稼。河南"耕地未种者达 2/3。"

大兵之后，必有凶年。灾情最重的湖南，"去年（1945 年）受旱县份极为普遍。"广西"因旱灾……去年（1945）歉收，春间雨水不调，以致秧苗枯萎，秋收业已告绝望。"广东"抗旱，农田无法插秧"，"沿海各县竟至河塘龟裂，海水倒流。"湖北、浙江、安徽、陕西、甘肃、山西、青海等省，均遭水、旱、虫、雹等灾害，秋收歉薄。湖南的农作物产量只有正常年的 50%，湖南地区的收成只有往年的 25%。安徽省的收成减少 40% 左右。中国传统的大宗农产品生丝、茶叶、桐油、猪鬃的出口，也因农业的衰退而锐减。著名蚕乡——浙江的蚕丝生产仅及战前的 25%。1946 年，全国的生丝出口只有 1936 年出口数量的 1/8，茶叶只有 1/9，猪鬃只有 1/2，桐油只有 1/4。1945 年，全国秋收大范围减产，造成年底及次年大饥荒，"可能是战后初期世界上任何地方同类危机中最严酷和最广泛的一次危机。"《大公报》（1946 年 1 月 7 日）称：就现在这样的农村经济情形看来，再过两代恐怕也无法重建，……最终将是农村经济的枯竭和农村的崩溃！这将是敌人投降后的一个最可怕的敌人。

经济衰敝最明显的征象是财政失衡。仅 1945 年上半年，军费支出占财政总支出的 61.05%。当年财政总收入 3350 亿元，支出 12900 亿元，赤字达 74.1%。1945 年 7 月，趸售物价指数已达 235.922，比 1937 年上半年上涨了 2359 倍；零售物价则上涨了 2619 倍。通货膨胀已经成为经济复兴建设的最大障碍。

战争对世界经济的破坏[①]

除两次世界大战外，20 世纪 40 年代末迄今，战争对经济的负面影响不计其数。以中东为例，阿拉伯国家和以色列之间的冲突和战争绵延不息，单是大规模的战争即有 5 次。据不完全统计，5 次中东战争共造成 10 余万阿拉伯人伤亡，直接经济损失达数千亿美元。阿拉伯

[①] 《战争对经济的影响》，百度知道，https://zhidao.baidu.com/question/202915012.html，2014 年 5 月 22 日。

国家从此背上了沉重的军费开支负担，债台高筑，民生凋敝，基础设施受到严重破坏。譬如第三次中东战争后，埃及的工农业生产陷于停顿，电力和原材料供应脱节，许多工厂处于停产或半停产状态。苏伊士运河被迫关闭，旅游业不景气，埃及两项重要的外汇收入化为乌有。在生产下降、收入减少的同时，军费开支却急剧上升。作为战胜方的以色列，日子也并不好过。约3万以色列人在战争中伤亡，而长期的政治孤立和军事对峙，使以色列一直疲于应付，苦不堪言，严重制约了经济的发展。为防范阿拉伯国家，以色列全民皆兵，多年保持着庞大的军费开支，其国防支出在政府预算中的比例高居世界之首，1970～1980年平均为36%，有些年份竟在40%以上。

持续8年的两伊战争更是一场没有赢家的战争，双方死亡人数达60多万人，受伤人数95万人，比阿以5次战争伤亡人数的总和还高出许多倍。这场战争的直接经济损失高达9000亿美元，高额军费开支使原本富得流油的两伊入不敷出，国库告急。伊拉克的战争费用占国民生产总值的164%，平均每月支出5亿～10亿美元。伊朗军费占国民生产总值的60%，平均每月支出近6亿美元。双方一度将摧毁对方经济设施作为军事行动的首选目标，油田、港口、炼油厂、输油管、运油船等均在军事空袭目标之列，两国因空袭而导致上千亿美元的财政损失。伊拉克战前拥有370亿美元的外汇储备，战后竟负债800亿美元。两伊停战实乃因为双方都无力再打下去了。1988年8月，霍梅尼宣布无条件接受联合国要求两伊停火的598号决议时曾说："这是真主的意愿，即使这个意愿是一杯毒酒，我们也得把它喝下去。"

1991年的海湾战争，也是用金钱堆起来的。不包括军事装备等费用，战争直接消耗是611亿美元。伊拉克战争更是一种高强度战争，每打一天，就可能需要高达5亿美元的资金。事实上，随着现代军事科技的飞速发展，战争的高投入、高消耗特征越来越明显。至于战争的消耗，资料显示，平均每消灭一个敌人所花费用：第一次世界大战为2万美元，第二次世界大战为20万美元，朝鲜战争为55万美元，第四次中东战争为100万美元，20世纪80年代的局部战争为180万美元。伊拉克战争还没有具体数字，但估计要高得多。所以从这个角度来讲，维护和平，反对战争，是世界各国人民的共同愿望。

　　战争刺激了军火工业发展。在海湾战争彻底结束后的 1993 年，美国军火商拿到了价值 200 亿美元的订单，比战前的 1991 年和 1992 年都翻了一番。此次对伊拉克战争硝烟才起，敏锐的美国军火商已经嗅到了商机。军事专家认为，一般来说，经过实战考验的武器，相对于新开发的武器，销售量在 3 倍以上。而自海湾战争结束后，很多新型武器自研发出来后一直"待字闺中"，这次终于有机会亮相。而由于通讯的发达，美国的各种传媒，特别是电视，将伊拉克战场上的情况不间断地送到世界各地观众面前。除了关注战事进展，美国的电视屏幕活脱脱地成了各种新型武器的展台。军火商们认为，对于宣传武器，没有比一群英武的年轻人在战场实地演练效果更好的了。所以美国媒体开玩笑说，美国有线新闻网（CNN）现在是美国军火商最好的代理。但《华尔街日报》的文章说，对伊拉克的战争将无法像以往的军事冲突那样对经济产生推动。军事研究和开发项目已不具备过去的强大商业效应，而战争的负面效应，包括消费者信心的急剧下降、股市下跌和公司不愿进行投资等，远远超出了军费开支所带来的积极效应。对伊拉克战争的担心已经导致美国在 2002 年第四季度的经济增长率仅为 0.7%。

　　　　　　***

（二）国内经济流程的法律环境对社会进步的影响

　　政府是负责掌控国内经济流程法律环境的权力机构。

　　自古以来，任何国家管理经济活动的法律都会对经济活动产生重大影响，甚至是决定性的影响。国内经济流程的法律环境是指所有能够对经济活动产生影响的国家强制性的法律法规及其最终执行的效果。包括制定的法律法规是否符合活动的社会进步准则，是否能够维护消费者利益，维护的程度如何，等等。

　　其中，最重要的经济流程法律环境包括关于价值消费与反价值消费的法律及其执行效果、关于进步消费方式与落后消费方式的法律及其执行效果、关于价值生产与反价值生产的法律及其执行效果、关于进步生产方式与落后生产方式的法律及其执行效果。

　　政府管理得当，会给经济流程创造一个有利于价值消费、进步消费方式、价值生产、进步生产方式存在和发展的法律环境；政府管理不当，会给经济流程造成一个有利于反价值消费、落后消费方式、反价值生产、落后生产方式存在和发展的法律环境。有利于价值消费、进步消费方式、价值生产、进步生产方式存在和发展的法律环境，能够促进经济进步，有利于社会进步，与社会进步方向一致；有利于反价值消费、落后消费方式、反价值生产、落后生产方式存在和发展的法律环境，则不利于经济进步，阻碍社会进步，与社会进步方向相反。

价值法律环境是指有利于价值消费、进步消费方式、价值生产、进步生产方式存在和发展的法律环境。

反价值法律环境是指有利于反价值消费、落后消费方式、反价值生产、落后生产方式存在和发展的法律环境。

法律环境与经济进步关系规律是：价值法律环境与经济进步正相关，反价值法律环境与经济进步负相关。发展价值法律环境，消灭反价值法律环境，促进经济进步；发展反价值法律环境，消灭价值法律环境，导致经济倒退。

因为经济进步是社会进步的一部分，所以价值法律环境与社会进步正相关，反价值法律环境与社会进步负相关。

经济秩序包括管理秩序、消费秩序和生产秩序。这些秩序都需要形成法律，强制执行。政府的管理活动必须遵守维护管理秩序的法律、消费者的消费活动必须遵守维护消费秩序的法律，企业的生产活动必须遵守维护生产秩序的法律。

需要强调的是，必须有完善的制约政府经济行为的法律，政府本身也必须遵守法律，违法必究。

二 国内经济流程中政府的经济功能与社会进步

在国内经济流程中，政府具有强大的经济功能。

(一) 国内经济流程

国内经济流程是指消费者、企业、政府、金融市场参与的经济流程。

核心经济流程表明，人类社会只存在生产部门和非生产部门，非生产部门就是消费部门。我们用企业表示生产部门，消费者表示消费部门。显然政府属于非生产部门，即消费部门。明确政府是消费部门是很重要的。政府本身就是消费者的一员，政府的所有活动都是消费产出产品的活动，政府没有任何生产功能。但是政府是具有经济管理功能的消费者。把政府从消费者中分离出来，便于研究政府在经济流程中的特殊作用。

政府参与的经济流程是核心经济流程的展开，能够更加全面地反映国内的宏观经济过程。

政府从消费者中分离出来，在经济流程中扮演特殊消费者的角色，充当消费者和企业的"中间人"。这时消费者和企业之间存在两种经济关系：一是直接经济关系，二是间接经济关系。

直接经济关系是指消费者和企业之间直接发生的投入产出关系。如同核心经济流程所表述的那样，消费者向企业出售投入产品取得投入收入，企业向消费者出售产出产品取得产出收入。

间接经济关系是指消费者和企业通过政府发生的投入产出关系。在间接经济关系中，一方面政府代理消费者向企业出售一部分投入产品并代理消费者取得相应的投入收入，另一方面政府代理消费者向企业购买一部分产出产品并代理消费者支付。这时，核心经济流程中的投入产品、投入收入、产出产品和产出收入就分别一分为二。

$$投入产品 = 资源 + 劳动$$
$$= 直卖资源 + 代卖资源 + 劳动$$
$$投入收入 = 资源收入 + 劳动收入$$
$$= 直卖收入 + 代卖收入 + 劳动收入$$

直卖资源是指消费者直接出售给企业的实物性资源。

代卖资源是指消费者通过政府出售给企业的资源的公有性和实物性资源。任何产品的前身都是资源。资源是自然界对全人类的贡献，在人类没有产生之前就已经存在，资源不是任何人创造的，国内的资源应当属于每一个公民，这是资源的共有性。所以人类应该平均占有资源并且平均分配资源收入。但是由于私有制的客观存在，一些人掌握资源，一些人没有资源。掌握资源的人可以利用资源获得资源收入，没有掌握资源的人就没有这部分收入。这是私有制造成的资源私有性。

所以，企业除了直接向消费者或政府购买实物资源之外，还要为资源的公有性买单。企业之所以必须向政府纳税，并不是因为它们生产了产品，而是因为它们使用了资源。尽管税有多种，但其本质都是对资源的公有性的货币支付。

直卖收入是指消费者直接出售给企业的实物性资源所获得的投入收入。如股息。

代卖收入是指消费者通过政府出售给企业的资源的公有性和实物资源获得的投入收入。它是企业向政府支付的所有支出。如营业税、增值税、土地转让金等。政府的代卖收入用于政府购买支出和转移支付。

$$产出产品 = 个人购买产品 + 政府购买产品$$
$$产出收入 = 个人购买支出 + 政府购买支出$$

个人购买产品是指消费者直接向企业购买的产出产品。

政府购买产品是指政府代理消费者向企业购买的产出产品。它是为消费者利用的消费品和消费服务。其中一部分是消费者个人不能直接购买的公共设施和公共服务，如交通设施、国防设施、水利设施、政府办公设施等。另一部分是消费者个人可以直接购买，但由政府统一买单的教育医疗等消费服务。

个人购买支出是指消费者直接向企业购买产出产品的货币支出。

政府购买支出是指政府代理消费者向企业购买产出产品的货币支出。政府向企业支付的所有非购买产品的货币支出，本质上都是对企业的退税。

政府购买支出是企业产出收入的一部分。企业产出收入的另一部分是个人购买支出。

国内经济流程中，除了"消费者—企业"经济流程之外，政府分别与消费者和企业构成了两个经济流程，它们是"政府—企业"经济流程和"消费者—政府"经济流程。

1. "消费者—企业"经济流程

消费者的投入产品是直卖资源和劳动，从企业获得的投入收入是直卖收入和劳动收入，直卖收入和劳动收入作为个人购买支出，从企业购买的产出产品是个人购买产品。

简单地说就是消费者的直卖资源和劳动换回了企业的个人购买产品（见图10-3）。因为直卖资源和劳动完全属于消费者所有，所以，个人购买产品完全属于消费者所有。政府和企业无权占有消费者的个人购买产品。

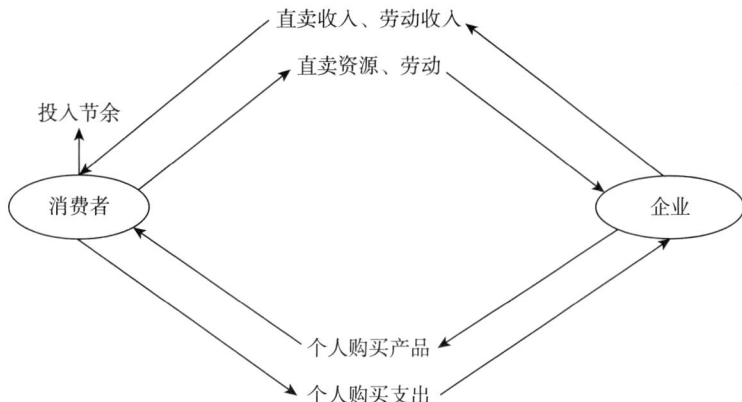

图 10 - 3　"消费者—企业"经济流程

2. "政府—企业"经济流程

政府的投入产品是代卖资源，从企业获得的投入收入是代卖收入，代卖收入一部分作为政府购买支出，从企业购买的产出产品是政府购买产品。

简单地说就是政府用消费者的资源换回了企业的政府购买产品（见图10 - 4）。因为代卖资源是属于消费者共同所有的，所以，政府购买产品完全属于消费者共同所有。政府和企业无权占有政府购买产品。政府购买产品的所有权和使用权归消费者共同所有，应当完全用于消费者的共同消费。当然消费者的共同消费包括政府运转所需的产出产品。政府运转本身是消费者的共同消费之一。

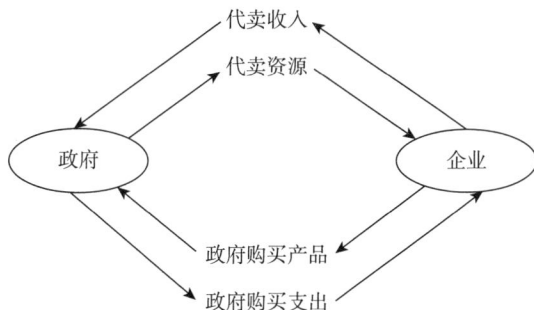

图 10 - 4　"政府—企业"经济流程

3. "消费者—政府"经济流程

消费者的投入产品是代卖资源，从政府获得的投入收入应当是全部代卖收入，但是政府没有必要把全部代卖收入返还给消费者，而只返还一部分——转移支付中的一部分。另一部分则代理消费者作为政府购买支出，从企业购买了产出产品——政府购买产品。而且由于消费者已经通过政府从代卖收入中支付了政府购买产品的货币，消费者不用向政府支付政府购买产品的支出。

消费税是指消费者向政府支付的所有支出。消费税不能用于政府购买产品，只能用于转移支付，作为转移支付的一部分返还给消费者。消费税的功能是调节不同收入层次消费者的收入。例如，向超收入人口征税，补贴给乏收入人口。

转移支付是指政府向消费者支付的所有支出（见图 10 - 5）。来源于消费税和代卖收入的一部分。转移支付是需要分配制中福利制和必要分配制的货币来源。

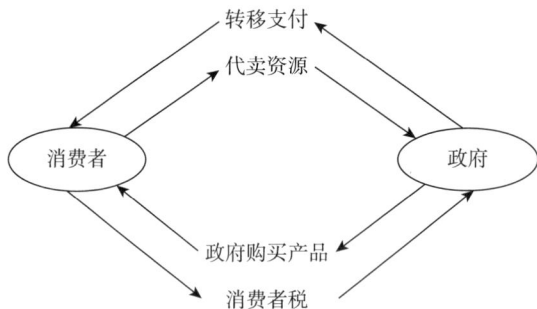

图 10 - 5 "消费者—政府" 经济流程

4. 完整的国内经济流程

国内经济流程中，"消费者—企业" 经济流程、"政府—企业" 经济流程和 "消费者—政府" 经济流程，构成了完整的国内经济流程（见图 10 - 6）。我们可以通过国内经济流程图，直观全面地了解一个国家国内经济部门之间的互动关系，全面把握除进出口之外的国内宏观经济运行过程。

（二）消费税对社会进步的影响

社会进步学认为，不公平消费社会向公平消费社会发展是社会公平程度的进步；公平消费社会向不公平消费社会发展是社会公平程度的倒退。社会公平程度的进步符合人类共同利益。因此提高适收入占比，减少乏收入占比和超收入占比是社会进步；而减少适收入占比，提高乏收入占比和

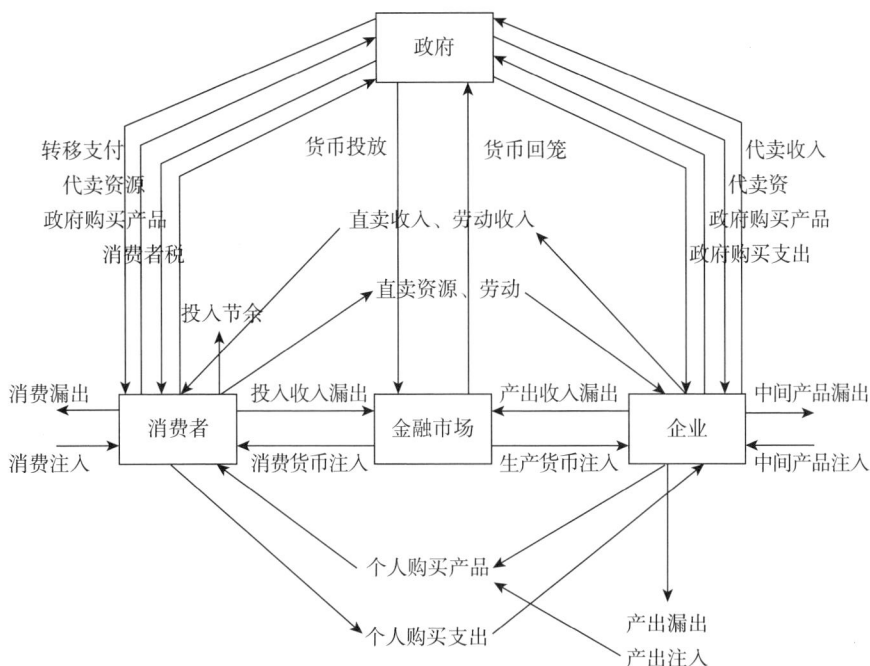

图 10 - 6　国内经济流程

资料来源：王国乡：《西方经济学简明教程》，中国人民大学出版社，1990，第 146 页。

超收入占比是社会倒退。

消费税的征收对象、征收数量和使用对社会进步有重要影响。

1. 消费税的税征收对象对社会进步的影响

消费者分为超收入人口、适收入人口和乏收入人口。超收入人口的收入超过了价值消费需要，在超收入区间内对其征收消费税不会影响其价值消费，不会降低其价值消费水平，只会减少反价值消费。适收入人口的收入等于价值消费需要，对其征收消费税必然影响其价值消费，降低其价值消费水平。乏收入人口的收入低于价值消费需要，对其征收消费税严重影响其价值消费，降低其价值消费水平。

消费税的征收对象对社会进步的影响规律是：在超收入区间内对超收入人口征收消费税有利于社会进步；对适收入人口和乏收入人口征收消费税阻碍社会进步。

2. 消费税的征收数量对社会进步的影响

在超收入区间内对超收入人口按收入比例适度征收消费税，只会减少超收入人口的反价值消费，并不会减少超收入人口的价值消费，对社会进步有利；对适收入人口和乏收入人口征收消费税，会减少适收入人口和乏收入人口的价值消费，对社会进步不利。特别是乏收入人口税负过重，会失去生活来源，会引起严重的社会动荡。

消费税的征收数量对社会进步的影响规律是：在超收入区间内对超收入人口按收入比例适度征收消费税，对社会进步有利；对适收入人口和乏收入人口征收消费税的数量越多，对社会进步越不利。

3. 消费税的使用对社会进步的影响

消费税的正确使用功能是调节不同收入层次消费者的收入。向超收入人口征税，补贴给乏收入人口。可以扩大消费者价值消费，缩小消费者反价值消费，对社会进步有促进作用。消费税不应用于政府购买和抵消给企业减税造成的财政收入损失。政府购买从代卖收入中支付。

消费税的使用对社会进步的影响规律是：消费税用于对乏收入人口的转移支付，有利于社会进步；消费税挪用于抵消企业税不利于社会进步。

4. 政府管理消费税的基本方法

（1）在超收入区间内对超收入人口按收入比例适度征收消费税，对适收入人口和乏收入人口不征收消费税。

（2）消费税只应该用于对乏收入人口的转移支付，不能挪作他用。

（三）转移支付对社会进步的影响

在国内经济流程中存在三种分配制度。直卖收入属于占有分配制，劳动收入属于劳动分配制，转移支付属于需要分配制。占有分配制、劳动分配制由企业负责实施；需要分配制由政府负责实施（见图 10 – 7）。

转移支付是需要分配制中除了亲情制之外的消费分配货币，是人类生产社会的福利制和自动生产社会的必要消费制的货币来源。

$$转移支付 =（代卖收入 – 政府购买支出）+ 消费者税$$

1. 转移支付的使用对象对社会进步的影响

在人类生产社会，对全部非劳动人口实施转移支付，有利于社会进步。因为人类生产社会需要大量的人类劳动，转移支付的主要对象是所有非劳动人口。如果对所有劳动者实施转移支付，会造成劳动力的缺乏，影响产出产品的生产，降低人类生存水平，导致社会倒退。但是对失业人口

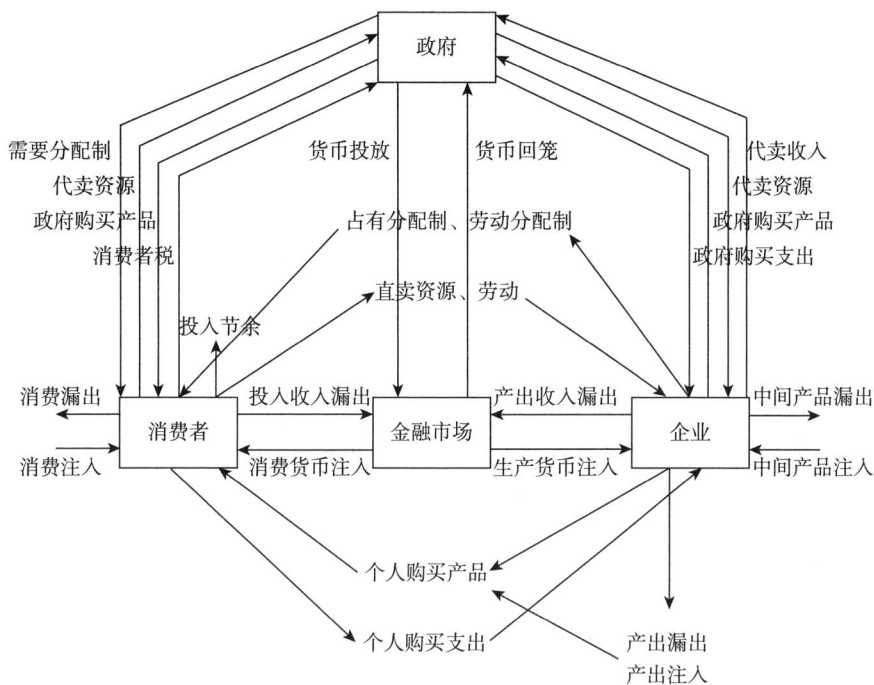

图 10 - 7 国内经济流程中的三种分配制度

应当给予适度的失业救济金。

在自动生产社会，绝大部分人类劳动被机器人取代，社会只需要少量的人类劳动，转移支付对象将是所有公民。

在人类生产社会向自动生产社会的过渡阶段，逐步扩大转移支付的对象范围使之与逐步扩大的自动化生产相适应，有利于社会进步；反之，迟滞社会进步。

转移支付的使用对象对社会进步的影响规律是：根据自动化生产的发展，逐步扩大转移支付的对象范围，有利于社会进步；逐步缩小转移支付的对象范围，不利于社会进步。

2. 转移支付的数量对社会进步的影响

转移支付的数量在适收入区间增长，可以促进价值消费，提高非劳动人口生存水平，有利于社会进步；转移支付的数量高于适收入区间，会促进反价值消费，低于适收入区间，则价值消费需要得不到满足，二者都不利于社会进步。

随着生产的不断进步，产出产品也会不断进步，适收入区间也会发生变化。提高公民生存水平是社会进步的目的，所以转移支付的数量根据适收入区间货币量的增加而不断提高，有利于社会进步；转移支付数量的增长低于适收入区间货币量的增长，不利于社会进步。

转移支付的数量对社会进步的影响规律是：转移支付的数量在适收入区间增长，有利于社会进步；转移支付的数量高于或低于适收入区间，不利于社会进步。

3. 政府管理转移支付的基本方法

（1）在人类生产社会，对全部非劳动人口实施转移支付，对失业人口应当给予适度的失业救济金。

（2）在人类生产社会向自动生产社会的过渡阶段，逐步缩小劳动人口的范围，逐步扩大转移支付的对象范围使之与逐步扩大的自动化生产相适应。

（3）在自动生产社会，对所有公民实施转移支付。

（4）转移支付的数量应当在适收入区间增长，不应高于或低于适收入区间。转移支付的数量应当根据适收入区间货币量的增加而不断提高，不应低于适收入区间货币量的增加。

（四）政府购买产品对社会进步的影响

政府的财政支出包括对企业的支出和对消费者的支出，它们分别只有一条合理的通道。对企业的支出只应是政府购买支出。对消费者的支出只能是转移支付。政府购买支出是对政府购买产品的支付，是企业出卖产出产品应当得到的回报。企业没有任何合理的理由白拿消费者的钱。转移支付来源于消费者的代卖资源的代卖收入，是对消费者应当获得的资源共有性的补偿。

1. 政府购买产品的用途对社会进步的影响

政府购买产品本质上是代理消费者购买产品。所有政府购买的产品应当是消费者消费所需要的。如政府为公民购买全程免费教育以提高公民的知识水平，政府为公民购买免费医疗以提高公民的健康水平。

我们在消费进步一章中研究过消费需要性质，价值消费需要是指维持或提高人类生存水平所必需的消费需要。包括生命消费需要、健康消费需要和提高性消费需要。反价值消费需要是指降低人类生存水平的消费需要。包括超量消费需要、奢侈消费需要、伤害性消费需要和破坏性消费需要。

政府购买产品的用途对社会进步的影响规律是：政府购买的产品是为满足价值消费需要的产品，有利于社会进步；政府购买的产品是为满足反价值消费需要的产品，不利于社会进步。

2. 政府购买产品的数量对社会进步的影响

政府购买产品的数量等于消费者价值消费需要，并随着消费者价值消费需要的增长而增长，能够维持和提高消费者的生存水平；政府购买产品的数量小于消费者价值消费需要，则不足以维持或提高消费者生存水平；政府购买产品的数量大于消费者价值消费需要，则造成产品和资源浪费。

政府购买产品的数量对社会进步的影响规律是：政府购买产品的数量等于消费者价值消费需要，有利于社会进步；政府购买产品的数量小于或大于消费者价值消费需要，不利于社会进步。

3. 政府购买产品的价格对社会进步的影响

政府购买往往是集中采购，属于大宗交易，应当是正常的批发市场价格，对于消费者和企业都公平，对社会进步有利。如果政府购买产品的价格高于批发市场价格，会减少产品数量，给消费者造成损失。如果低于批发市场价格，会影响企业的正常收入，降低产品质量，也会给消费者造成损失。所以政府购买产品价格高于或低于批发市场价格都对社会进步不利。

政府购买产品的价格对社会进步的影响规律是：政府购买产品的价格等于批发市场价格对社会进步有利；政府购买产品的价格高于或低于批发市场价格对社会进步不利。

4. 政府管理政府购买产品的基本方法

（1）政府购买的产品应当是为满足消费者价值消费需要的产品，不应是为满足反价值消费需要的产品。

（2）政府购买产品的数量应当等于消费者价值消费需要，不应当小于或大于消费者价值消费需要。

（3）政府购买产品的价格应当等于批发市场价格，不应当高于或低于批发市场价格。

（五）经济政策对社会进步的影响

经济政策包括财政政策、货币政策、宏观计划、资源政策、环境政策、劳动政策、分配政策和市场准入政策等。社会进步学家认为，经济政策应当引导企业的经济活动产生维持或者提高消费者生存水平的社会作用，而不应该引导企业的经济活动追求利润最大化而损害消费者利益。

经济政策的社会作用是指经济政策对国家公民生存水平的影响性质。包括经济政策对国家公民生存水平的提高作用、维持作用和降低作用。

经济政策的影响力巨大。经济政策直接作用于经济，但是可以通过经济变化影响到社会所有方面的水平。如明末李自成农民起义就是官府对农民实施残酷剥削的经济政策导致的，这是经济政策对政治影响的典型例子。经济政策可以产生如下的社会作用

提高品德水平、维持品德水平、降低品德水平；

提高知识水平、维持知识水平、降低知识水平；

提高体质水平、维持体质水平、降低体质水平；

提高管理水平、维持管理水平、降低管理水平；

提高生产水平、维持生产水平、降低生产水平；

提高消费水平、维持消费水平、降低消费水平；

提高自然环境水平、维持自然环境水平、降低自然环境水平；

提高产品水平、维持产品水平、降低产品水平；

提高人环关系水平、维持人环关系水平、降低人环关系水平；

提高人类关系水平、维持人类关系水平、降低人类关系水平；

提高环境关系水平、维持环境关系水平、降低环境关系水平。

有的经济政策可以产生单向的社会作用，如纯提高作用、纯维持作用纯降低作用。有的经济政策可以产生混合性社会作用，如混提高作用、混维持作用、混降低作用。

很多经济政策可以同时产生多种社会作用，如果我们只分析其中一种社会作用，就会得出片面的结论。所以我们必须对经济政策进行全面、系统、深入的分析，以求得出符合实际的结论，做出促进社会进步的经济政策。

第四节　国际贸易进步

一　开放经济流程

开放经济流程是指本国包含国际贸易的经济流程。作为一个封闭的国

内经济流程，只有本国消费者、企业、政府及金融市场参与。而作为一个开放的经济流程，则增加了国外部门。也就是说国内经济流程加国外部门等于开放经济流程。

作为一个对外开放的国家来讲，开放经济流程是完整的经济流程。消费者、企业、政府和金融市场实际面对的是开放经济流程（见图10-8）。

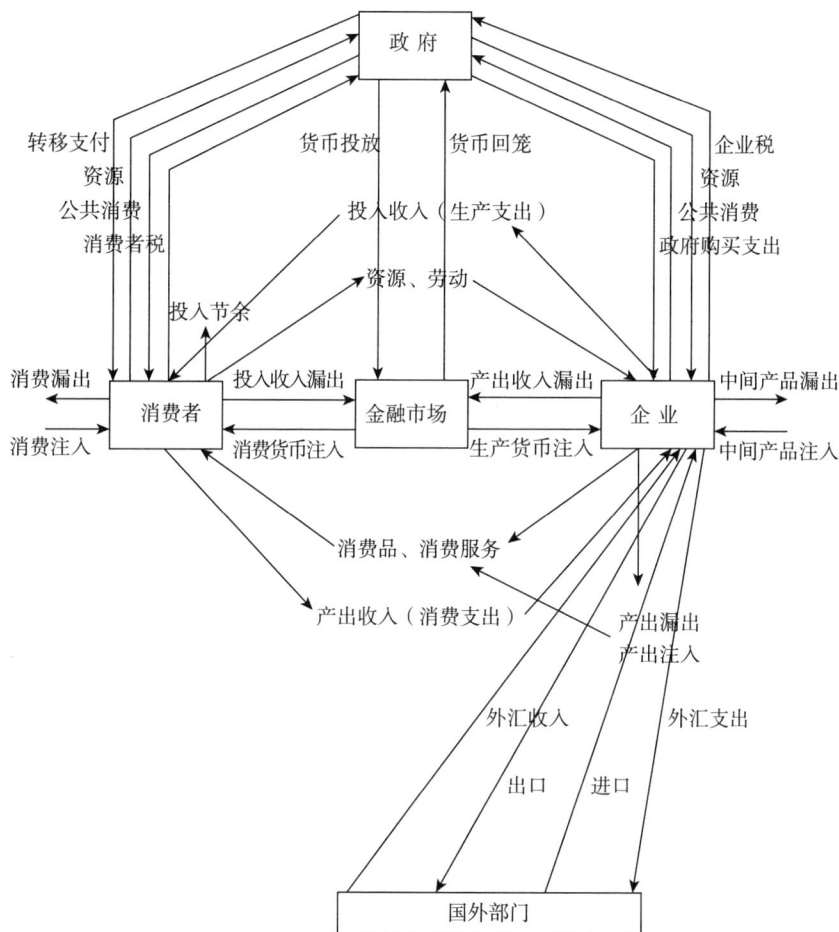

图 10-8 开放经济流程

资料来源：王国乡：《西方经济学简明教程》，中国人民大学出版社，1990，第147页。

为了更清晰地研究国外部门在开放经济流程中的作用，我们将开放经济流程进行简化。只表示国外部门与国内经济流程的经济关系（见图10-9）。

图内的箭头表示为国际产品流程。国际产品流程是指在开放经济流程

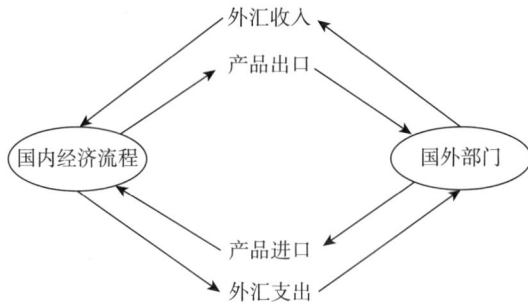

图 10 - 9　国外部门与国内经济流程

中出口产品与进口产品的流动过程。出口产品由国内经济流程流入国外部门；进口产品由国外部门流入国内经济流程。进出口产品包括国内经济流程中所有的产品，如资源和劳动、生产品和生产服务、消费品和消费服务。

图外的箭头表示为国际货币流程。国际货币流程是指在开放经济流程中外汇收入与外汇支出的流动过程。外汇收入由国外部门流入国内经济流程；外汇支出由国内经济流程流入国外部门。

国际产品流程和国际货币流程构成了国际贸易的两个方面。其中国际货币流程是为国际产品流程服务的。

国内经济流程引进国外部门的意义就在于产品进出口。产品进出口是用不需要的本国剩余产品换取需要的他国剩余产品的经济活动。国外政府的进出口政策能够对进出口的质和量产生影响。如提高或降低关税政策。

国外部门与经济流程的前三个部门都可能产生直接联系，如个人直接向国外购进奶粉。但进口与出口大部分都是国外部门与企业之间进行。企业进口之后或用于生产，或向消费者出售。

进口是指产品由国外部门流入经济流程的其他部门，即由国外流入国内。因为产品是财富，外国的产品流到国内，就增加了本国财富。进口本质上是国内经济流程的产品注入。

出口是指产品由经济流程的其他部门流入国外部门，即由国内流到国外。因为产品是财富，本国的产品流到国外，就减少了本国财富。出口本质上是国内经济流程的产品漏出。

进口和出口产品包括投入产品、产出产品，另外还有中间产品。在国内经济流程中，中间产品只在企业内部流动。而在开放经济流程中，中间产品可以在企业和国外部门间流动。

二　国际贸易性质对本国社会进步的影响

一个国家的生产活动应当以满足本国公民的价值消费为目的，当国内生产不能满足本国公民的价值消费需要时则需要进口，而进口的交换条件是出口。

在开放经济流程中，国家公民价值消费需要总量不全由本国生产，有一部分进口。进口的中间产品和产出产品由外国生产力生产，即国家公民价值消费需要总量等于本国生产力生产的内销价值产品总量加上外国生产力生产的进口价值产品总量

如何得到外国生产力生产的进口价值产品呢？国际通行的做法是本国生产力生产的出口产品与之交换，即进行国际贸易。

根据贸易与本国公民的价值消费需要关系，国际贸易可分为国际必要贸易和国际非必要贸易。

国际必要贸易是指在本国公民的价值消费需要范围内的国际贸易。它是本国生产力生产的出口产品总值等于或小于外国生产力生产的进口产品总值部分的国际贸易。国际必要贸易是贸易逆差或贸易平衡的国际贸易。包括直接用于价值消费的产出产品的进出口和用于价值生产的中间产品的进出口，不包括用于反价值消费的产出产品和用于反价值生产的中间产品的进出口，即包括用于生命消费、维持性消费和提高性消费的产品和服务的进出口，不包括超量消费、奢侈消费、伤害性消费和破坏性消费的产品和服务的进出口；包括用于生命生产、健康生产和提高性生产的产品和服务的进出口，不包括用于超量生产、奢侈性生产、伤害性生产、破坏性生产和欺诈性生产的产品和服务的进出口。

国际非必要贸易是指超出本国公民的价值消费需要范围的国际贸易。它是本国生产力生产的出口产品总值大于外国生产力生产的进口产品总值部分的国际贸易。国际非必要贸易不是本国公民价值消费所必需的，有没有国际非必要贸易本国公民的价值消费值不变。但却增加了本国资源损失、环境损失和公民休闲损失，因此，国际非必要贸易没有社会进步作用，只有社会倒退作用。

进行这些进出口活动的目的是企业所有者获得利润。国际非必要贸易没有本国公民的价值消费需要做后盾，具有很强的投机性。出口引起国内生产力盲目扩张，由于没有稳定的市场，易造成生产力闲置。进口冲击国内同类生产企业，造成价值生产力收缩。国际非必要贸易还会引起生产力规模和结构频繁调整，造成经济动荡和资源浪费。目前中国已经背负起了世界工厂的沉重负担，中国建厂生产产品，外国资本盈利。比如苹果公司的 iPhone 是中国制造的，一种高端款型的售价是 750 美元，中国能拿到 25 美元就不错了。如果是一双耐克鞋，中国则只能从每个美元中拿到 4 美分。①

综上所述，国际必要贸易有利于提高公民生存水平，是社会进步所必需的；国际非必要贸易不仅不能提高公民生存水平，反而降低公民生存水平，不利于社会进步。

国际贸易与社会进步关系的规律是：在物质贸易领域，国际必要贸易与社会进步正相关；国际非必要贸易与社会进步负相关。国际必要贸易越大，对社会进步越有利，扩大国际必要贸易，会推动社会进步；国际非必要贸易越大，对社会进步危害越大，扩大国际非必要贸易，会迟滞社会进步。而技术及智力的国际非必要贸易不受此规律制约。

国家正确的贸易原则是：发展国际必要贸易，避免国际非必要贸易。

在国际贸易中，存在少量的顺差或逆差是可以的。但不要追求顺差，追求的目标是平衡而不是顺差。持续的大量顺差危害国家、危害公民。

参与国际分工的总原则是：发展为满足本国公民价值消费需要而建立出口产品的生产力，不要建立超出本国公民价值消费需要的出口产品的生产力；为满足本国公民的价值消费需要进行出口产品的生产活动，发展国际必要贸易，尽量减少国际非必要贸易。

维护本国公民的生存水平，节约本国资源，保护本国环境。防止建立过多的工厂而降低本国公民的生存水平。不要把本国建成世界工厂和世界垃圾场。在满足本国公民的价值消费需要前提下，企业越少越好，国家生产力规模越小越好，生产活动越少越好。

---

① 约翰·庞弗雷特：《北京试图超越中国制造》，《参考消息》2010 年 5 月 26 日。

三　国际实物产品的漏出、注入对本国社会进步的影响

（一）实物产品国际流动与本国经济可持续发展关系

资源是社会可持续发展的物质基础。在国际贸易中，实物产品与本国经济可持续发展密切相关。进口实物产品无须利用本国资源，减少了本国资源的开发利用，延长了本国资源的利用时间。进口实物产品还避免了生产过程中的工业污染。减少了劳动投入，增加了国人的休闲时间。出口实物产品利用本国资源，增加了本国资源的开发利用，缩短了本国资源的利用时间。出口实物产品（包括来料加工）还增加了生产中的工业污染和治理污染的资源投入。增加了劳动投入，减少了国人的休闲时间。

实物产品国际流动与本国经济可持续发展关系的规律是：实物产品进口越多，出口越少，对本国经济可持续发展越有利；反之，实物产品出口越多，进口越少，对本国经济可持续发展越不利。

国际实物产品出口量大于进口量称为国际实物产品漏出；漏出即净流出大于零。国际实物产品进口量大于出口量称为国际实物产品注入，注入即净流入大于零。

国际实物产品漏出不利于本国社会进步；国际实物产品注入有利于本国社会进步。

国际实物产品的漏出与注入有三种主要表现，分别是差额性漏出与注入、汇率性漏出与注入、结构性漏出与注入。

（二）差额性漏出、注入与本国社会进步

国际贸易有平衡与失衡两种情况。失衡又可表现为顺差和逆差。

贸易差额＝产品出口－产品进口。

$$贸易平衡：产品出口－产品进口＝0$$
$$贸易顺差：产品出口－产品进口＞0$$
$$贸易逆差：产品出口－产品进口＜0$$

差额性漏出是指由于贸易顺差引起的资源净流出。差额性注入是指由于贸易逆差引起的资源净流入。

在去除进出口产品结构和汇率影响后，进口增加本国财富，出口减少本国财富。如果进口产品和出口产品等价等量，本国的财富则既不增加，

也不减少；如果出口大于进口，则为贸易顺差，财富流出；如果进口大于出口，则为贸易逆差，财富流入。

国际实物产品差额性漏出不利于本国社会进步；国际实物产品差额性注入有利于本国社会进步。

（三）汇率性漏出、注入与本国社会进步

实际汇率是两国产品的相对物价[①]。

实际汇率低是指本国物价低于他国物价。两国进行贸易时，本国必须用较多的产品换得他国较少的产品。汇率性漏出是指由于本国实际汇率低引起的资源净流出。

实际汇率高是指本国物价高于他国物价。两国进行贸易时，本国可以用较少的产品换得他国较多的产品。汇率性注入是指由于本国实际汇率高引起的资源净流入。

国际实物产品汇率性漏出不利于本国社会进步；国际实物产品汇率性注入有利于本国社会进步。

实际汇率是可以计算的。

$$实际汇率 = \frac{名义汇率 \times 国内产品的物价}{国外产品的物价}$$

即实际汇率 = 名义汇率 × 国内与国外物价的比值

设 E 代表名义汇率，P 代表本国用本币衡量的物价水平，P° 代表他国用其本币衡量的物价水平。那么，实际汇率 ε 就是：

$$\varepsilon = E \times (P/P^\circ)$$

经济学家经常使用麦当劳的巨无霸来计算物价和汇率。

如 2000 年，美国麦当劳的巨无霸是 2.51 美元，同年中国是 9.90 人民币。当年的名义汇率是 1 美元兑 8.28 人民币。即 1 元人民币兑 0.12 美元。[②]

当年的人民币实际汇率为

---

① 〔美〕格里高利·曼昆：《宏观经济学》（第五版），张帆、梁晓钟译，中国人民大学出版社，2005，第 123 页。

② 〔美〕格里高利·曼昆：《宏观经济学》（第五版），张帆、梁晓钟译，中国人民大学出版社，2005，第 133 页。

$$\varepsilon = E \times (P/P^\circ)$$
$$= 0.12 \times (9.9/2.51)$$
$$= 0.473 (美元/人民币)$$

人民币兑美元的实际汇率说明，中国与美国进行贸易，同样的产品，中国用 1 件只能换取美国的 0.473 件，损失 52.7%。贸易额越大损失越多。

国际贸易中使用的是名义汇率。如果不单独说明，所说的汇率都是指名义汇率。名义汇率是指两个国家通货的相对物价[1]。由实际汇率的方程式可以得出名义汇率。

因为

$$\varepsilon = E \times (P/P^\circ)$$

所以

$$E = \varepsilon \times (P^\circ/P)$$

$$名义汇率 = \frac{实际汇率 \times 国外产品的物价}{国内产品的物价}$$

即名义汇率 = 实际汇率 × 国外与国内物价的比值

当物价水平比率为 1 时，实际汇率为购买力平价水平，也等于 1，而此时的名义汇率也反映了购买力平价水平，是最公平的汇率。

"经济学的一个著名假说为一价定律，该定律说明同样的产品在同一时间在不同的地方不能以不同的物价出售。如果在纽约出售 1 蒲式耳小麦的物价低于芝加哥，在纽约买小麦然后到芝加哥卖就可以获利。精明的套利者会利用这种机会，从而将增加纽约的小麦需求并增加芝加哥的小麦供给。这就使纽约的小麦价格上升，而芝加哥的小麦价格下降——从而确保这两个市场上的价格相等。一价定律运用于国际市场则被称为购买力平价。"[2]

购买力平价的作用确实能在两国贸易中表现出来。在国际市场，实际汇率低，本国产品便宜，国外产品贵，在进出口商（国际套利者）低买高

---

[1] 〔美〕格里高利·曼昆：《宏观经济学》（第五版），张帆、梁晓钟译，中国人民大学出版社，2005，第 121 页。

[2] 〔美〕格里高利·曼昆：《宏观经济学》（第五版），张帆、梁晓钟译，中国人民大学出版社，2005，第 131 页。

卖的活动下，本国产品将向国外流动，出口增加。如果没有其他因素的影响，购买力平价将起到充分作用，两国的产品价格将趋于相等，实际汇率将趋于1。也就是说，出口引起实际汇率上升，反之，进口引起实际汇率下降。出口和进口结合起来看，出口大于进口引起实际汇率上升；进口大于出口引起实际汇率下降；出口等于进口，实际汇率将趋于1。

但是，在实际的国际贸易中，产品价格并不完全取决于套利者的投机。还有诸如政府管制、购买者偏好、产品信息的透明性、商家信誉、运输成本、税收成本、价差大小、套利的滞后性等很多因素影响。所以虽然购买力平价的作用机制有效，起着推动进出口贸易、调节两地价格、促进实际汇率趋于1的作用，但是由于其他因素的影响，并不能够使两国产品物价绝对相等。一般来说，发达国家间实际汇率基本接近。发达国家较欠发达国家实际汇率高。名义汇率偏离实际汇率的主要影响因素有以下几点。

第一，政府干预汇率，阻断了购买力平价的作用。国家为了持续扩大出口，而不惜牺牲本国资源和环境，通过控制名义汇率，降低本国的实际汇率。这是损害国家长远利益的、不可持续的短视行为。

第二，关税、配额、出口补贴、货币不可兑换、结售汇政策、政治动荡、国家体制等因素形成的不完全国际市场，使国际套利交易不易实现。

第三，进出口产品需求弹性的差异。一个国家进口需求弹性高，出口需求弹性低，实际汇率偏低；反之则偏高。

（四）结构性漏出、注入与本国社会进步

消费服务、生产服务等服务类产品与消费品、生产品等实物类产品相比较，服务类产品耗费资源极少，实物类产品耗费资源多。出口服务类产品，进口实物类产品，是用较少的资源换取较多的资源，有利于本国经济可持续发展。如出口专利技术、出口金融服务并不减少本国的资源，却能换来他国的巨额财富。反之，出口实物产品，进口服务类产品就是用较多的资源换取较少的资源，不利于本国经济可持续发展。如出口汽车减少了本国资源，而进口生产汽车的技术并没有增加本国资源。

高附加值产品与低附加值产品相比较，高附加值产品耗费资源少价格高，低附加值产品耗费资源多价格低。出口高附加值产品，进口低附加

产品是用较少的资源换取较多的资源，有利于本国经济可持续发展。反之，出口低附加值产品，进口高附加值产品就是用较多的资源换取较少的资源，不利于本国经济可持续发展。如我国出口廉价的消费品，进口昂贵的芯片、飞机，造成巨额资源损失。

结构性漏出是指由于进口与出口的产品结构不同引起的资源净流出。

结构性注入是指由于进口与出口的产品结构不同引起的资源净流入。

国际实物产品结构性漏出不利于本国社会进步；国际实物产品结构性注入有利于本国社会进步。

既然进口对国家有利，出口对国家不利，为什么各国还愿意出口呢？因为如果不出口，就没有外汇，不能进口。出口只是手段，而进口才是真正的目的。作为一个国家来说，不出口物质而只进口物质为上上策，出口物质少进口物质多为上策，出口物质与进口物质持平为中策，出口物质多进口物质少为下策，只出口物质而不进口物质为下下策。我国的香港和澳门基本上没有工业生产，香港以港口、金融、旅游、对外投资等服务类产品出口以换取实物类产品，可以看作是只进口物质，而不出口本地物质。这种进出口贸易就是典型的上上策。

在国际贸易中，争取差额性注入、汇率性注入和结构性注入，避免差额性漏出、汇率性漏出和结构性漏出有利于本国经济的可持续发展，有利于本国社会进步。

第五节　经济可持续发展与社会可持续进步

一　经济可持续发展与社会进步内涵一致

经济可持续发展是针对当代人过度投资开发、过度利用资源、透支环境而提出来的。目的是为了妥善解决当代人与后代人的经济关系，防止当代人过多消耗资源，后代人缺少资源。把经济可持续发展简单理解为当代经济持续增长，或把当代经济增长理解为经济可持续发展都违背了经济可持续发展的本意。

一些生态学家在1980年发表的《世界自然资源保护大纲》中阐述了可持续发展概念。他们认为，人类应当将发展和资源保护结合起来，既要满足当代人的最大利益，又要保持资源潜力，以满足后代的需要。世界自然保护联盟在 1981 年发表的《保护地球》中提出"改善人类生活质量，同时不要超过支持发展的生态系统的负荷能力"。世界环境与发展委员会在 1987 年发表的《我们的共同未来》中将可持续发展定义为"改善人类生活质量的同时，不损害人类后代满足其自身需要的能力"。

从上述定义可以看出，经济可持续发展与社会进步有着密切的联系。可以说经济可持续发展与社会进步在内涵上是一致的。经济可持续发展即是社会可持续进步。上述定义包括两个方面，一是对当代人的表述，二是对后代人的表述。对当代人的表述用了"满足当代人的最大利益""满足当代人的需要"和"改善人类生活质量"。毫无疑问，当代人的最大利益、当代人的需要都是改善人类生活质量，提高当代人的生存水平，即社会进步。对后代人的表述用了"保持资源潜力，以满足后代的需要""不要超过支持发展的生态系统的负荷能力"和"不损害人类后代满足其自身需要的能力"。这就是要求当代人要给后代留有足够的提高后代人生存水平的资源等物质基础，以保持人类社会能够持续进步。

经济可持续发展表述的是当代人与后代人的经济关系。后代人是哪些人呢？是所有未来的人。如百年以后的人类，千年以后的人类，万年以后的人类，乃至亿年以后的人类。所以，经济可持续发展是指百年以后的人类，千年以后的人类，万年以后的人类，乃至亿年以后的人类经济的继续发展。经济可持续发展对于当代人以及对于以后每一代人的要求是要尽可能少地开发利用不可再生资源，为后代留有足够的资源。

社会进步学家根据上述分析，对经济可持续发展进行了更加详细的定义。这个定义与上述国际社会的定义在内涵上完全一致，只是表述得更加详细和明确，更便于人们正确理解。

经济可持续发展是指在满足当代人价值消费需要的同时，尽可能节约资源和循环利用物质，给后代留有足够的资源，保护和改善满足后代人价值消费需要的环境，进而实现人类生存水平的世世代代的可持续提高。

这个定义有下述要点。

第一，当代人只应利用物质满足自身的价值消费需要。如生命消费需要、健康消费需要和提高性消费需要。不应利用物质满足反价值消费需要如超量消费需要、奢侈性消费需要、伤害性消费需要和破坏性消费需要等。

第二，当代人只应采用节约资源和循环利用物质的方式来满足自身价值消费需要，不应有任何形式的资源浪费，不应抛弃垃圾中断物质循环。这样才能为后代人保留足够的用以满足价值消费需要的资源。如不应发动战争来摧毁房屋、工厂、农田、矿山、油田等物质，要充分利用现有物质而不要频繁更新，不要建立过多的工厂，不要为了投资而投资，以免形成过剩生产能力造成浪费。在这方面法国人意大利人对建筑物的利用为人类树立了榜样。

第三，当代人的活动不应造成环境退化，而应保护环境，并且要不断改善环境以使后代人能够有更好的生存条件，使他们能够得到充足的资源、产品、适宜的生态系统，从而实现社会的可持续进步。如不应建立过多的工厂造成空气污染。如果人类生产活动造成环境的持续恶化，就不是社会可持续进步，而是社会的持续性倒退，这种趋势持续下去人类将失去生存的条件。

第四，经济可持续发展是指人类生存水平的持续提高，而不是指 GDP 的持续增长。经济可持续发展的内容与社会进步的内容完全一样。社会进步学研究人类如何行动才能使社会持续进步下去，既要保证当代人的生存水平，也要保证子孙万代人的生存水平。提高人类生存水平不一定就是生产规模的持续扩大，经济可持续发展与经济持续增长有本质区别。从一定角度看，减少一些投资、停止一些生产反而能够提高人类生存水平。如北京在 2014 年 APEC 会议期间部分停产停运换来了清新空气，提高了北京市民的生存水平。会议结束后取消了停产停运，污染又回来了，北京市民的生存水平也回到从前。

二　物质循环与生产延续

经济活动中存在资源、产品、垃圾三类物质。资源经过生产转化为产品，产品经过消费转化为垃圾，垃圾经过生产转化为资源。这就是经济流程中的物质循环。

资源包括生产资源和消费资源。生产资源直接应用于生产，一部分转化为产品，另一部分转化为生产垃圾。消费资源直接应用于消费，经过消费后转化为消费垃圾。

产品包括中间产品和产出产品。中间产品应用于生产，一部分转化为产出产品，一部分转化为生产垃圾。产出产品经过消费后转化为消费垃圾。多余的中间产品和产出产品没有经过生产和消费利用直接转化为垃圾。

人类对垃圾有资源化利用、无害化排放和污染性排放三种处理方法。人类通过生产活动将一部分垃圾转化为资源，形成产品。一部分垃圾实行无害排放。此外还将许多垃圾进行污染性排放，造成环境损失和资源损失。

物质循环中垃圾资源化是关键环节。如果不进行垃圾资源化，则物质循环就会中断，造成资源的巨大浪费，人类的生存环境将受到威胁。

物质循环分为完全物质循环和部分物质循环。垃圾全部转化为资源的是完全物质循环。垃圾部分转化为资源的是部分物质循环。

完全物质循环时物质处于平衡状态。物质平衡是指资源和垃圾相互等量转换，不存在垃圾漏出（见图 10 - 10）。

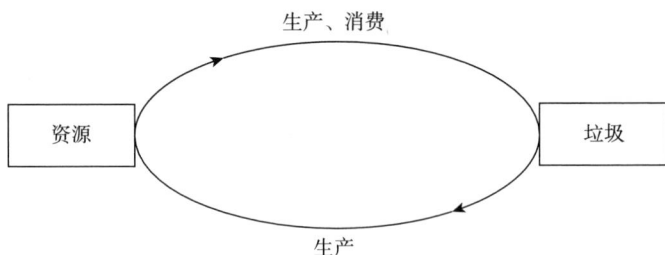

图 10 - 10　物质循环

人类希望生产无限延续下去。如果生产停止，就会导致经济流程中断。掌握生产延续规律，是实现可持续进步的需要。

经济可持续发展基本规律 1：生产延续时间同资源结余成正比。资源结余越多，生产延续时间越长；资源结余越少，生产延续时间越短；当资源结余为零时，生产不能延续。

经济可持续发展基本规律 2：在产出量、资源总量和资源投入量一定的条件下，生产延续时间同再生资源的投入量成正比，同非再生资源的投入量成反比。在资源投入量中，再生资源投入量越多，非再生资源投入量越少，生产延续时间越长；反之，在资源投入量中，再生资源投入量越少，非再生资源投入量越多，生产延续时间就越短。

三 经济可持续发展战略

1. 经济可持续发展战略包括的主要内容

（1）建立一个物质循环经济系统。防止物质循环中断，造成资源无补充消耗和垃圾灾害。

（2）人口数量及对物质的利用要维持在地球的可承载能力之内。节约使用物质，防止人口过剩和过度利用物质。

（3）保持地球生命多样性。维持生态平衡，防止生态退化。

（4）建立公平分配体系。消灭两极分化，提高人类价值消费水平，改善生活质量，禁止非必要生产和消费。

（5）尊重和保护生存环境。禁止人类活动（生产和消费）破坏自然，禁止破坏仍能继续使用的建筑物、机械设备等人工产品，特别要禁止用战争及其他方式摧毁人类生活社区。

（6）建立可持续发展的生存观念和生活方式。把健康和俭朴作为生活准则，摈弃浪费、奢侈的生活方式。

（7）建立覆盖全人类的教育网。进行可持续进步和高尚道德教育，使每一个公民都关心人类生存环境，关心后代人的生存。

（8）在民主的基础上建立全球性联盟，实现世界和平。人类在经济可持续发展战略指导下统一生产和消费行为，消灭军队、武器和战争。

2. 经济可持续发展的资源利用方法

（1）防止资源自然垃圾化，遏制自然灾害并最终消灭灾害性环境。

（2）严格控制生产资源利用数量，只允许利用生产资源进行满足价值消费的高价值生产，取缔非价值和低价值生产。

（3）提高生产资源利用质量，提高资源产出率，防止中间产品漏出。

（4）优先利用垃圾资源，减少利用自然资源。

（5）优先利用清洁自然资源，减少利用污染自然资源，禁止利用具有长期危害性的资源，如核资源。

（6）建立世界经济规则，严格控制市场竞争，防止资源浪费。进行合理的生产力配置，实行全球性的计划性生产。

（7）控制中间产品生产，使之与产出产品生产相适应。防止中间产品过多而形成中间产品漏出。

（8）控制产出产品生产，使之与价值消费需求相一致。防止产出产品过多而形成产出漏出。

（9）提高产品使用性能和延长产品利用时间，禁止非保质包装，减少产品浪费。

（10）控制消费资源的利用，减少浪费和污染破坏。

（11）节俭消费，只进行价值消费，不进行反价值消费，节约资源和产出产品，减少消费垃圾。

（12）对所有垃圾进行资源化生产。垃圾资源化生产能力要与垃圾排放量相适应。大部分垃圾要转化为产品。

（13）禁止垃圾污染性排放，在生产和消费时防止人为环境损失。

第六节　理论、规律、方法与总原则

一　宏观经济进步理论

（一）宏观经济调控目标进步理论

社会进步体现为公民生存水平的提高。经济增长并不是社会发展的目标，而只是一种途径。宏观经济调控的基本目标应该是保证经济能够最大限度地提高公民以身心健康为核心的生存水平。实现在价值消费需求等于价值消费需要条件下的价值生产与价值消费需求之间的供需均衡，同时最大化节约资源，最大化保护和改善环境，并使反价值生产处于最小化状态。

（二）控制市场经济理论

控制市场经济是指政府控制下的市场经济。它既不是过去的计划经济，也不是纯粹的市场经济。在控制市场经济中，政府对经济活动起主导作用。政府的作用主要是运用经济和法律手段，辅以有限的行政手段管控经济运行。在此基础上发挥市场规律的作用，包括宏观调控和日常管理。

（三）经济人性化变革理论

经济人性化是指由不适应社会进步的利润经济，向适应社会进步的人性经济转化。经济人性化是一场经济变革。是人性经济取代利润经济的经济变革。

在生产人性化方面：生产目的人性化、生产性质人性化、生产方式人性化、企业布局人性化、国际贸易人性化、生产力规模人性化、生产的数量人性化、产品质量人性化、资源利用人性化、企业准入人性化、宏观经济调控及目标人性化等。用质量经济取代数量经济。用消费经济取代投资经济和出口经济，使经济发展的成果充分惠及国民。用健康经济取代生存经济，用服务经济为主导取代工业经济为主导，变世界工厂为国民工厂，变鼓励出口，限制进口为有选择的鼓励进口，限制出口。

在消费人性化方面：分配人性化、医疗人性化、教育人性化、消费品人性化。用高收入、高福利取代低收入、低福利和无福利。用道德消费取代不道德消费。用健康型消费取代生存型消费和虚荣型消费。用节约消费取代浪费消费。用清洁消费取代污染消费。用循环消费取代废弃消费。变营利医疗为福利医疗。充分满足所有国民的知识消费需要。

人性化经济必须依托控制市场经济。经济人性化变革并不能依靠市场行为自动完成，必须从国家层面进行制度设计，构建相应的政策、法律平台。

（四）经济增长与社会进步关系理论

经济增长与社会进步关系理论包括经济增长性质理论、经济增长对社会进步贡献率理论、经济周期的不同阶段经济增长与社会进步的关系理论。经济增长在性质上分为价值经济增长和反价值经济增长。价值经济增长促进社会进步；反价值经济增长阻碍社会进步。经济增长性质、生产方式、收入分配均衡程度、国际贸易都会影响经济增长对社会进步的贡献率。在经济周期的不同阶段经济增长对社会进步产生不同的影响。

1. 经济增长性质理论

经济增长在性质上分为价值经济增长和反价值经济增长。

（1）价值经济增长是维持或提高人类生存水平的经济增长，是满足价值消费需求的经济增长，可以提高人民生存水平，这种经济增长促进社会进步。

（2）反价值经济增长是降低人类生存水平的经济增长，是为反价值消费需求提供产品的生产增长。反价值经济增长是满足超量消费需求、奢侈消费需求、伤害消费需求和破坏消费需求的经济增长，不仅不能提高人民生存水平，反而会降低人民生存水平。假冒伪劣产品的生产、破坏环境的生产增长得越快，人民生存水平下降得越快。这样的经济增长是阻碍社会进步的，不具有社会进步意义。

2. 经济增长对社会进步贡献率理论

经济增长与社会进步之间存在大于、等于、小于三种数量关系。

（1）价值经济增长比重越大，反价值经济增长比重越小，经济增长对社会进步贡献率越高；价值经济增长比重越小，反价值经济增长比重越大，经济增长对社会进步贡献率越低。

（2）进步生产方式比重越大，落后生产方式比重越小，经济增长对社会进步贡献率越高；进步生产方式比重越小，落后生产方式比重越大，经济增长对社会进步贡献率越低。

（3）收入分配均衡程度越高，经济增长对社会进步贡献越大；收入分配均衡程度越低，经济增长对社会进步贡献越小。

（4）用来满足价值生产或价值消费的实物产品进口越多，出口越少，国际贸易引起的经济增长对本国社会进步贡献率越大；进口越少，出口越多，国际贸易引起的经济增长对本国社会进步贡献率越小。

3. 经济周期不同阶段的经济增长与社会进步的关系理论

在经济周期的不同阶段，经济增长对社会进步产生不同的影响。

（1）在生产不足时期，产量难以满足价值消费需要，增产可以提高人民生存水平。价值生产应当有较大幅度增长，以期尽早达到供需均衡。这时的经济增长是必要的，对社会进步有促进作用。

（2）在供需均衡时期，价值生产的增长基本等于价值消费需求的增长，即经济增长与价值消费需求的增长相适应。这时要防止发生生产过剩。当产量足以满足价值消费需求时，增产只能造成资源浪费，并不能提高人民生存水平。这时超需求的经济增长是不必要的。

（3）在生产过剩时期，价值生产应当停止增长，防止经济增长扩大浪费。当产量多于价值消费需要时，已经存在产品浪费，继续增产可能有需求，但会造成更大的浪费，从可持续发展角度看，这样做只会降低人民生存水平。这时的经济增长是不必要的。

（4）当经济处于下降状态时，只要支持价值消费的部分保持稳定或上升状态，支持反价值消费部分即使下降很大，人民的生存水平也会保持稳定或提高。

（5）任何经济状态下的反价值生产增长，都对社会造成危害。

（五）核心经济流程与社会进步关系理论

整个宏观经济过程都与社会进步高度相关。通过对宏观经济过程与社会进步关系的研究，可以得出符合社会进步目标的宏观经济调控的原则和方法。该理论包括消费者在经济流程中地位理论、投入产品与社会进步关系理论、产出产品与社会进步关系理论、投入产出关系与社会进步关系理论、投入节余与社会进步关系理论、企业的中间产品漏出和注入与社会进步关系理论等。

1. 消费者在经济流程中地位理论

社会进步学家认为在所有经济部门中，消费者是第一位的。消费者和企业、政府、金融市场、国外部门之间不是平等关系，消费者的利益高于企业的利益，也高于政府、金融市场和国外部门的利益。因为有消费者，才有政府、企业、金融市场和国外部门存在的必要性。天平应该永远向消费者倾斜。提高消费者的生存水平是企业、政府、金融市场和国外部门的功能。

2. 投入产品与社会进步关系理论

（1）当消费者生存水平一定时，消费者出售的投入产品的数量与社会进步负相关。消费者出售的资源和劳动越少，对社会进步越有利；消费者出售的资源和劳动越多，对社会进步越不利。

（2）当消费者生存水平一定时，企业购买的投入产品的数量与社会进步负相关。企业购买的资源和劳动越少，对社会进步越有利；企业购买的资源和劳动越多，对社会进步越不利。

（3）当消费者生存水平一定时，经济流程中投入产品的数量与社会进步负相关。经济流程中投入的资源和劳动越少，对社会进步越有利；经济流程中投入的资源和劳动越多，对社会进步越不利。

3. 产出产品与社会进步关系理论

（1）消费者购买的产出产品数量在价值消费需要以内，与社会进步正相关；消费者购买的产出产品数量在价值消费需要以外，与社会进步负相关。消费者购买的消费品和消费服务刚好等于价值消费需要上限，对社会进步最有利；超过或低于价值消费需要，对社会进步不利。

（2）企业出售的产出产品数量在消费者价值消费需要以内，与社会进步正相关；企业出售的产出产品数量在消费者价值消费需要以外，与社会进步负相关。企业出售的消费品和消费服务刚好等于消费者价值消费需要上限，对社会进步最有利；超过或低于消费者价值消费需要，对社会进步不利。

（3）在经济流程中产出产品的数量在消费者价值消费需要以内，与社会进步正相关；产出产品的数量在消费者价值消费需要以外，与社会进步负相关。消费品和消费服务刚好等于消费者价值消费需要上限，对社会进步最有利；超过或低于消费者价值消费需要，对社会进步不利。

4. 投入产出关系与社会进步关系理论

（1）在价值消费需要以内，消费者出售的投入产品越少，购买的产出产品越多，对社会进步越有利；消费者出售的投入产品越多，购买的产出产品越少，对社会进步越不利。

（2）在消费者价值消费需要以内，企业购买的投入产品越少，出售的产出产品越多，对社会进步越有利；企业购买的投入产品越多，出售的产出产品越少，对社会进步越不利。

（3）在消费者价值消费需要以内，投入产品越少，产出产品越多，对社会进步越有利；投入产品越多，产出产品越少，对社会进步越不利。

5. 投入节余与社会进步关系理论

（1）资源节余理论。在产出量一定的条件下，资源投入量越少，资源结余量越多，资源产出率越高，人类生产过程延续的时间就越长。越有利于社会进步。在资源投入量一定的条件下，再生资源投入越多，非再生资源投入越少，越有利于社会进步。

（2）劳动节余理论。在产出量一定的条件下，劳动投入量越少，劳动结余量越多，劳动产出率越高，越有利于社会进步。生产进步必然引起劳动产出率提高，从而不断扩大劳动结余，引起失业人口绝对增加和人类总的休闲时间增加。这是人类生产水平提高的重要表现，符合人类根本利益。

6. 产品漏出和注入与社会进步关系理论

（1）在价值生产条件下，产品的漏出与社会进步负相关；产品的注入与社会进步正相关。产品的漏出越多，注入越少对社会进步越不利；产品的漏出越少，注入越多对社会进步越有利。

（2）中间产品漏出包括生产品漏出和生产服务漏出。它是对投入产品的第一次浪费。自由市场经济形成了过多的中间产品，生产了过多的企业和设备，浪费了大量的劳动和资源。在产出产品一定时，中间产品越少越对人类有利。

（3）产出产品漏出包括消费品漏出和消费服务漏出。

（六）政府的宏观经济功能理论

政府在经济流程中能够发挥的宏观经济功能有两个方面。一是政府通过其活动促进经济流程向有利于消费者的方向发展，即促进社会进步；二是政府通过其活动引导经济流程向有害于消费者的方向发展，即阻碍社会进步，甚至导致社会倒退。

（七）经济流程的政治环境与社会进步关系理论

任何国家的政治都会对经济产生重大影响，甚至是决定性的影响。国内经济流程的政治环境是指所有能够对经济产生影响的政治因素。和平、稳定、廉洁、民主、公平的政治环境，有利于经济进步，有利于社会进步，与社会进步方向相同；战争、动乱、腐败、专制、不公平的政治环境，不利于经济进步，不利于社会进步，与社会进步方向相反。

（八）经济流程的法律环境与社会进步关系理论

任何国家管理经济活动的法律都会对经济活动产生重大影响，甚至是决定性的影响。国内经济流程的法律环境是指所有能够对经济活动产生影响的国家强制性的法律法规及其最终执行的效果。有利于价值消费、进步消费方式、价值生产、进步生产方式存在和发展的法律环境，有利于经济进步，有利于社会进步，与社会进步方向相同；有利于反价值消费、落后消费方式、反价值生产、落后生产方式存在和发展的法律环境，不利于经济进步，不利于社会进步，与社会进步方向相反。

（九）消费税与社会进步关系理论

消费税与社会进步关系理论旨在说明：一是在超收入区间内对超收入人口征收消费税有利于社会进步；对适收入人口和乏收入人口征收消费税

阻碍社会进步。二是在超收入区间内对超收入人口按收入比例适度征收消费税，对社会进步有利；对适收入人口和乏收入人口征收消费税的数量越多，对社会进步越不利。三是消费税用于对乏收入人口的转移支付，有利于社会进步；消费者税挪用于抵消企业税不利于社会进步。

（十）转移支付与社会进步关系理论

转移支付与社会进步关系理论旨在说明：一是转移支付是需要分配制中除了亲情制之外的消费分配货币，是人类生产社会的福利制和自动生产社会的必要消费制的货币来源。二是在人类生产社会，对全部非劳动人口实施转移支付，有利于社会进步。在自动生产社会，社会绝大部分人类劳动被机器人取代，社会只需要少量的人类劳动，转移支付对象将是所有公民。在人类生产社会向自动生产社会的过渡阶段，逐步扩大转移支付的对象范围使之与逐步扩大的自动化生产相适应，有利于社会进步；反之则迟滞社会进步。三是转移支付的数量根据适收入区间货币量的增加而不断提高，有利于社会进步；转移支付数量的增长低于适收入区间货币量的增长，不利于社会进步。

（十一）政府购买产品与社会进步关系理论

政府购买产品与社会进步关系理论旨在说明：一是政府购买产品本质上是代理消费者购买产品。所有政府购买的产品应当是消费者消费所需要的。二是政府购买的产品是为满足价值消费需要的产品，有利于社会进步；政府购买的产品是为满足反价值消费需要的产品，不利于社会进步。三是政府购买产品的数量等于消费者价值消费需要，有利于社会进步；政府购买产品的数量小于或大于消费者价值消费需要，不利于社会进步。四是政府购买产品的价格等于批发市场价格对社会进步有利；政府购买产品的价格高于或低于批发市场价格对社会进步不利。

（十二）经济政策与社会进步关系理论

经济政策的社会作用是指经济政策对国家公民生存水平的影响性质。包括经济政策对国家公民生存水平的提高作用、维持作用和降低作用。有的经济政策可以产生纯社会作用，如纯提高作用、纯维持作用纯降低作用。有的经济政策可以产生混社会作用，如混提高作用、混维持作用、混降低作用。

（十三）国际贸易性质对本国社会进步的影响理论

国际必要贸易是指在本国公民价值消费需要范围内的国际贸易。国际非必要贸易是指超出本国公民价值消费需要范围的国际贸易。国际必要贸易与社会进步正相关；国际非必要贸易与社会进步负相关。国际必要贸易越大，对社会进步越有利，扩大国际必要贸易，会推动社会进步；国际非必要贸易越大，对社会进步危害越大，扩大国际非必要贸易，会迟滞社会进步。而技术及智力的国际非必要贸易不受此规律制约。

（十四）实物产品国际流动与本国经济可持续发展关系理论

实物产品国际流动与本国经济可持续发展关系理论旨在说明：一是实物产品进口越多，出口越少，对本国经济可持续发展越有利；反之，实物产品出口越多，进口越少，对本国经济可持续发展越不利。二是国际实物产品漏出不利于本国社会进步；国际实物产品注入有利于本国社会进步。国际实物产品差额性漏出不利于本国社会进步；国际实物产品差额性注入有利于本国社会进步。国际实物产品汇率性漏出不利于本国社会进步；国际实物产品汇率性注入有利于本国社会进步。国际实物产品结构性漏出不利于本国社会进步；国际实物产品结构性注入有利于本国社会进步。

（十五）经济可持续发展理论

在满足当代人价值消费需要的同时，尽可能节约资源和循环利用物质，给后代留有足够的资源，保护和改善满足后代人价值消费需要的环境，进而实现人类生存水平的世世代代的可持续提高。一是当代人只应利用物质满足自身的价值消费需要，不应利用物质满足反价值消费需要。二是当代人只应采用节约资源和循环利用物质的方式来满足自身价值消费需要，不应有任何形式的资源浪费，不应抛弃垃圾中断物质循环。这样才能为后代人保留足够的用以满足价值消费需要的资源。三是当代人的活动不应造成环境退化，而应保护环境，并且要不断改善环境以使后代人能够有更好的生存条件，使他们能够得到充足的资源、产品、适宜的生态系统，从而实现社会的可持续进步。四是经济可持续发展是指人类生存水平的持续提高。而不是指 GDP 的持续增长。提高人类生存水平不一定就是生产规模的持续扩大，经济可持续发展与经济持续增长有本质区别。

（十六）宏观生产延续理论

宏观生产延续理论旨在说明：一是生产延续时间同资源结余成正比。资源结余越多，生产延续时间越长；资源结余越少，生产延续时间越短；当资源结余为零时，生产不能延续。二是在产出量、资源总量和资源投入量一定的条件下，生产延续时间同再生资源（垃圾资源）的投入量成正比；同非再生资源的投入量成反比。在资源投入量中，再生资源（垃圾资源）投入量越多，非再生资源投入量越少，生产延续时间越长；反之，在资源投入量中，再生资源（垃圾资源）投入量越少，非再生资源投入量越多，生产延续时间就越短。

二 宏观经济进步相关规律

（一）经济增长与社会进步关系规律

一是在价值消费范围内，价值经济增长与社会进步正相关。价值经济增长越快，社会进步越快；价值经济增长越慢，社会进步越慢。超出价值消费范围，价值经济增长转化为反价值经济增长。二是反价值经济增长与社会进步负相关；反价值经济增长越快，社会倒退越快，反价值经济增长越慢，社会倒退越慢。三是价值经济增长大于反价值经济增长，社会进步；价值经济增长小于反价值经济增长，社会倒退；价值经济增长等于反价值经济增长，社会停滞。

（二）经济增长性质影响经济增长对社会进步的贡献率规律

价值经济增长比重越大，反价值经济增长比重越小，经济增长对社会进步贡献率越高；价值经济增长比重越小，反价值经济增长比重越大，经济增长对社会进步贡献率越低。

（三）生产方式影响经济增长对社会进步的贡献率规律

进步生产方式比重越大，落后生产方式比重越小，经济增长对社会进步贡献率越高；进步生产方式比重越小，落后生产方式比重越大，经济增长对社会进步贡献率越低。

（四）收入分配均衡程度影响经济增长对社会进步的贡献率规律

收入分配均衡程度越高，经济增长对社会进步贡献越大；收入分配均衡程度越低，经济增长对社会进步贡献越小。

（五）国际贸易影响经济增长对社会进步的贡献率规律

进出口用来满足价值生产或价值消费的实物产品，进口越多，出口越少，国际贸易引起的经济增长对本国社会进步贡献率越大；进口越少，出口越多，国际贸易引起的经济增长对本国社会进步贡献率越小。

（六）投入产品数量与社会进步关系规律

当消费者生存水平一定时，经济流程中投入产品的数量与社会进步负相关。经济流程中投入的资源和劳动越少，对社会进步越有利；经济流程中投入的资源和劳动越多，对社会进步越不利。

（七）产出产品数量与社会进步关系规律

在经济流程中产出产品的数量在消费者价值消费需要以内，与社会进步正相关；产出产品的数量在消费者价值消费需要以外，与社会进步负相关。消费品和消费服务刚好等于消费者价值消费需要上限时对社会进步最有利；超过或低于消费者价值消费需要时对社会进步不利。

（八）投入产出的数量关系对社会进步的影响规律

在消费者价值消费需要以内，投入产品越少，产出产品越多，对社会进步越有利；投入产品越多，产出产品越少，对社会进步越不利。

（九）产品的漏出、注入与社会进步关系规律

在价值生产条件下，产品的漏出与社会进步负相关；产品的注入与社会进步正相关。产品的漏出越多，注入越少对社会进步越不利；产品的漏出越少，注入越多对社会进步越有利。

（十）政治环境与经济进步关系规律

价值政治环境与经济进步正相关，反价值政治环境与经济进步负相关。发展价值政治环境，消灭反价值政治环境，促进经济进步；发展反价值政治环境，消灭价值政治环境，导致经济倒退。因为经济进步是社会进步的一部分，所以价值政治环境与社会进步正相关，反价值政治环境与社会进步负相关。

（十一）法律环境与经济进步关系规律

价值法律环境与经济进步正相关，反价值法律环境与经济进步负相

关。发展价值法律环境，消灭反价值法律环境，促进经济进步；发展反价值法律环境，消灭价值法律环境，导致经济倒退。因为经济进步是社会进步的一部分，所以价值法律环境与社会进步正相关，反价值法律环境与社会进步负相关。

（十二）消费税的征收对象对社会进步的影响规律

在超收入区间内对超收入人口征收消费税有利于社会进步，对适收入人口和乏收入人口征收消费者税阻碍社会进步。

（十三）消费税的征收数量对社会进步的影响规律

在超收入区间内对超收入人口按收入比例适度征收消费税，对社会进步有利；对适收入人口和乏收入人口征收消费者税的数量越多，对社会进步越不利。

（十四）消费税的使用对社会进步的影响规律

消费税用于对乏收入人口的转移支付，有利于社会进步；消费税挪用于抵消企业税不利于社会进步。

（十五）转移支付的使用对象对社会进步的影响规律

根据自动化生产的发展，逐步扩大转移支付的对象范围，有利于社会进步；逐步缩小转移支付的对象范围，不利于社会进步。

（十六）转移支付的数量对社会进步的影响规律

转移支付的数量在适收入区间增长，有利于社会进步；转移支付的数量高于或低于适收入区间，不利于社会进步。

（十七）政府购买产品的用途对社会进步的影响规律

政府购买的产品是满足价值消费需要的产品，有利于社会进步；政府购买产品是满足反价值消费需要的产品，不利于社会进步。

（十八）政府购买产品的数量对社会进步的影响规律

政府购买产品的数量等于消费者价值消费需要，有利于社会进步；政府购买产品的数量少于或多于消费者价值消费需要，不利于社会进步。

（十九）政府购买产品的价格对社会进步的影响规律

政府购买产品的价格等于批发市场价格对社会进步有利；政府购买产

品的价格高于或低于批发市场价格对社会进步不利。

（二十）　国际贸易与社会进步关系规律

在物质贸易领域，国际必要贸易与社会进步正相关；国际非必要贸易与社会进步负相关。国际必要贸易越大，对社会进步越有利，扩大国际必要贸易，能够推动社会进步；国际非必要贸易越大，对社会进步危害越大，扩大国际非必要贸易，则迟滞社会进步。而技术及智力的国际非必要贸易不受此规律制约。

（二十一）　实物产品国际流动与本国经济可持续发展关系规律

实物产品进口越多，出口越少，对本国经济可持续发展越有利；实物产品出口越多，进口越少，对本国经济可持续发展越不利。

（二十二）　经济可持续发展基本规律 1

生产延续时间同资源结余成正比。资源结余越多，生产延续时间越长；资源结余越少，生产延续时间越短；当资源结余为零时，生产不能延续。

（二十三）　经济可持续发展基本规律 2

在产出量、资源总量和资源投入量一定的条件下，生产延续时间同再生资源（垃圾资源）的投入量成正比，同非再生资源的投入量成反比。在资源投入量中，再生资源（垃圾资源）投入量越多，非再生资源投入量越少，生产延续时间越长；反之，再生资源（垃圾资源）投入量越少，非再生资源投入量越多，生产延续时间就越短。

三　宏观经济进步基本方法

（一）　消费者价值消费中心分析法

宏观经济分析的社会进步学基本方法是消费者价值消费中心分析法。社会进步学以消费者消费水平的提高作为经济活动的核心目标。出口、投资都是为消费者消费服务的，投资完全是为消费者生产消费品和消费服务（中间生产的投资是为了产出生产）。当投资不能满足消费需求时，应当增长；当投资超过消费需求时，应当下降。出口完全是为弥补国内消费者消费不足换取进口产品（包括中间产品）或出国消费。当出口换汇不能满足消费需求时，应当增加出口换汇；当出口换汇超过消费需求时，应当减少出口换汇。经济是增长、持平还是下降不是经济的根本目标，只是经济数量的记录，不应该制定经济增长目标。不应该单纯为了经济增长而投资和出口，只有消费的变化才是引起投资或出口变化的风向标。用形象的比喻就是投资、出口两匹马拉动满足消费一辆车，或者称作拉动消费的两驾马车。总之，投资和出口的目的是为了保证本国公民价值消费而不是为了经济增长。

（二）控制市场经济的基本方法

国家权力部门应代表全体公民的利益而不是企业利益对经济实施控制，变自由市场经济为控制市场经济。一是运用经济和法律手段，辅以一定的行政手段管控经济运行。在此基础上发挥市场规律的作用。二是建立符合社会进步标准的宏观经济调控目标。三是建立并运行以改善环境、节约资源、有利健康和公平分配为核心的经济规则。四是以提高公民生存水平为核心，控制生产目的、生产性质、生产方式、企业布局、国际贸易、生产规模、生产的数量、产品质量、企业准入。五是控制国家生产力的规模和结构使之与社会价值消费需要相吻合，防止生产力规模过度扩张和结构扭曲，防止"泡沫经济"和经济衰退。六是推广利润虽低但能有效改善环境、节约资源、有利健康的生产设备和技术。七是建立循环型社会的循环生产系统的技术基础，强制推行进步生产方式，强制淘汰落后生产方式，推动生产方式的进步。八是支持企业在社会控制框架内进行节约性竞争和提高性竞争，禁止企业脱离社会控制进行浪费性竞争和降低性竞争。

（三）经济人性化变革的基本方法

经济人性化变革是指将以经济增长、企业营利为核心的物本经济改造成为以提高国民健康、道德和知识素质为核心的人本经济。包括生产人性化变革和消费人性化变革两方面内容。

1. 生产人性化变革

（1）以为提高人的核心生存水平而生产取代为企业利润和经济增长而生产。在过剩经济时期，政府管理经济的核心由推动经济增长转化为约束企业的逐利行为，引导企业承担社会责任。用强制手段和经济手段控制企业在不损害人的健康、节约资源、不破坏环境的前提下追逐企业利润，引导企业不断为提高人的健康、知识和道德水平，改善环境做出积极贡献。

（2）以质量经济取代数量经济，推动产值增长为主向质量提高为主转化。

（3）以消费经济取代投资经济，使经济发展的成果充分惠及国民。以国民消费需求产品取代以满足出口和投资需求产品作为拉动经济增长的原动力。投资品生产为国民消费品生产服务。

（4）以健康经济取代生存经济，提高国民消费层次。促进生存型消费品生产向健康型消费品生产转化升级。

（5）以服务经济为主导取代工业经济为主导。促进投入性增长向结构型增长转变，大力发展效率高、附加值高、资源耗用少、环境影响小的服务经济。

（6）大力发展知识生产，通过强力的教育投资，普及中等和高等教育。充分满足国人的知识消费需求。

（7）变世界工厂为国民工厂，变鼓励出口，限制进口为有选择的鼓励进口，限制出口。从而节约国家资源，保护国家环境，防止建立过多的为满足世界需求而非国民需求的工厂而降低本国环境质量，耗费过多资源，不利于经济可持续发展。

（8）以能够维持劳动者及公众身心健康的健康生产方式取代损害劳动者和公众身心健康的伤害生产方式。改善劳动环境，消灭职业病，充分尊重劳动者的健康权。

（9）以不向环境排放污染物的清洁生产方式取代向环境中排放污染物的污染生产方式。

（10）以引起环境向有利于人类生存方向发展的改善生产方式取代引起环境向不利于人类生存方向发展的破坏生产方式。

（11）以节约利用资源的节约生产方式取代浪费利用资源的浪费生产方式。

（12）以循环使用物质的循环生产方式取代一次性使用物质的废弃生产方式。

（13）以自动化生产方式取代人工生产方式。在三次产业全面推进机器人和自动化工具生产。

（14）发展规模经济，以规模大、数量少取代规模小、数量多。发展大型、超大型企业集团。农村要用大型的农场、牧场取代一家一户的小农经济。

（15）以计划布局取代自发布局。资源具有生态和生产两类社会功能。如果国家没有对企业布局的有效控制，那么在个人利益驱动下，人们就会过分发展生产功能而舍弃生态功能，以破坏生态环境为代价进行生产营利活动，其后果是长期损害全体国民的根本利益。

2. 消费人性化变革

（1）以健康型消费取代生存型消费和虚荣型消费。经济活动首先要从为人们提供满足基本生存需要和虚荣需要的消费品和服务转移到为人们提供满足健康需要的消费品和服务上来。

（2）大力发展福利医疗，变营利医疗为福利医疗，满足每一个人的医疗消费。

（3）大力发展知识消费，充分满足所有国民的知识消费需要。

（4）以道德消费取代不道德消费。

（5）以价值消费取代反价值消费，节约资源。

（6）以节约消费方式取代浪费消费方式。

（7）以清洁消费方式取代污染消费方式。

（8）以循环消费方式取代废弃消费方式。

（9）以健康消费方式取代伤害消费方式。

（10）以高收入、高福利取代低收入、低福利和无福利。国民从生存型消费转化为健康型消费，必须给国民以足够的支付能力。

（11）公正分配社会财富，建立完善的社会保障体系。

3. 经济人性化变革的途径

（1）经济人性化变革并不能依靠市场行为自动完成，需要政府统一组织，强化领导。

（2）从国家层面进行制度设计，构建相应的政策、法律平台。

（3）政府与先进企业及公众协商，借鉴国际成功经验，建立推动生产力进步和消费进步的生产标准体系、产品标准体系和消费标准体系。新建企业必须具有世界领先性，严禁新建落后企业。并且要通过不断提高标准来促进企业进步，淘汰落后企业。

（4）科学技术提供强力支撑，构建生产人性化变革的技术平台。

（5）广泛进行经济人性化变革的舆论宣传，让先进的经济理念深入人心，成为全民主流意识，从而促进各级政府、企业和公众自觉加入到经济人性化变革中来。

（四）政府管理经济增长的基本方法

1. 提高经济增长的社会进步贡献率的方法

（1）发展价值经济增长，抑制反价值经济增长，可以提高经济增长对社会进步贡献率。

（2）发展进步生产方式，抑制落后生产方式，可以提高经济增长对社会进步贡献率。

（3）提高收入分配均衡程度，可以提高经济增长对社会进步贡献率。

（4）进出口用来满足价值生产或价值消费的实物产品，进口越多，出口越少，可以提高国际贸易引起的经济增长对本国社会进步贡献率。

2. 经济增长推动社会进步的方法

（1）在价值消费范围内，发展价值经济增长。

（2）防止价值经济增长转化为反价值经济增长。

（3）防止发生反价值经济增长。

（4）优先发展高级经济增长，允许中级经济增长，防止低级经济增长。

四 政府参与经济的总原则

（一）政府管理核心经济流程的总原则

1. 宏观投入产品总原则

（1）消费者在购买相同的产出产品时，出售的资源和劳动越少越好。

（2）企业在出售相同的产出产品时，投资越少越好。

（3）在宏观经济中，获得相同的公民生存水平，应尽可能投入更少的资源和劳动。

2. 宏观产出产品总原则

（1）消费者购买的产出产品数量应当在价值消费需要上限以内，不要超出价值消费需要。

（2）企业出售产出产品的数量应当在消费者价值消费需要上限以内，不要超出价值消费需要。

（3）在宏观经济中，争取做到消费品和消费服务刚好等于消费者价值消费需要上限。

3. 宏观投入产出总原则

（1）争取投入产品的数量等于最佳投入产品量，防止投入产品的数量超过最佳投入产品量。

（2）争取产出产品的数量等于最佳产出产品量，防止产出产品的数量超过最佳产出产品量。

（3）争取中间产品的数量等于最佳中间产品量，防止中间产品的数量超过最佳中间产品量，造成产能过剩。

（4）在消费者价值消费需要以内，争取投入产品最少，产出产品最多。

4. 投入节余基本原则

（1）人类应当尽可能少开发利用自然资源，特别是在人类道德水平和知识水平较低的状态下，资源利用率较低，盲目开发自然资源会造成不能挽回的巨大资源损失。

（2）人类应该尽可能多地开发利用可再生资源，少开发利用非再生资源，尽可能用再生资源替代非再生资源，不断提高再生资源的利用率。

（3）通过增加社会福利支出消化自动化生产引起的失业人口增加。

5. 产品漏出和注入的基本原则

（1）在价值生产条件下，防止产品的漏出，争取产品的注入。

（2）根据公民价值消费需要控制生产力规模，防止生产过多的企业和设备。

（二）政府参与经济流程的总原则

1. 政府发挥宏观经济功能的基本原则

政府应该发挥的宏观经济功能是促进经济流程向有利于提高消费者生存水平的方向发展，促进社会进步。

2. 政府管理经济流程政治环境的基本原则

政府应当努力为经济流程创造和平、稳定、廉洁、民主、公平的价值政治环境，避免战争、动乱、腐败、专制、不公平的反价值政治环境。

3. 政府管理经济流程法律环境的基本原则

政府应当给经济流程创造一个鼓励价值消费、进步消费方式、价值生产、进步生产方式存在和发展的法律环境；禁止反价值消费、落后消费方式、反价值生产、落后生产方式存在和发展的法律环境。

4. 政府管理消费税的基本原则

（1）在超收入区间内对超收入人口按收入比例适度征收消费税，对适收入人口和乏收入人口不征收消费税。

（2）消费税只应该用于对乏收入人口的转移支付，不能挪作他用。

5. 政府管理转移支付的基本原则

（1）在人类生产社会，对全部非劳动人口实施转移支付，对失业人口应当给予适度的失业救济金。

（2）在人类生产社会向自动生产社会的过渡阶段，逐步缩小劳动人口的范围，逐步扩大转移支付的对象范围使之与逐步扩大的自动化生产相适应。

（3）在自动生产社会，对所有公民实施转移支付。

（4）转移支付的数量应当在适收入区间增长，不要高于或低于适收入区间。转移支付的数量应当根据适收入区间货币量的增加而不断提高，转移支付数量的增长不要低于适收入区间货币量的增加。

6. 政府管理政府购买产品的基本原则

（1）政府购买的产品应为满足消费者价值消费需要的产品，不应为满足反价值消费需要的产品。

（2）政府购买产品的数量应当等于消费者价值消费需要，不应小于或大于消费者价值消费需要。

（3）政府购买产品的价格应当等于批发市场价格，不应高于或低于批发市场价格。

7. 政府制定经济政策的基本原则

经济政策应当引导企业的经济活动发挥提高或者维持消费者生存水平的社会作用，而不应该引导企业的经济活动追求利润最大化而降低消费者生存水平。

（三）政府管理开放经济的总原则

1. 国家正确的贸易原则

（1）发展国际必要贸易，避免国际非必要贸易。

（2）在国际贸易中，争取差额性注入、汇率性注入和结构性注入，避免差额性漏出、汇率性漏出和结构性漏出。在国际贸易中，存在少量的顺差或逆差是可以的。但不要过分追求顺差，追求的目标是平衡而不是顺差。持续的大量顺差危害国家、危害公民。

2. 参与国际分工总原则

（1）只为满足本国公民的价值消费需要而建立出口产品的生产力，不要建立超出本国公民的价值消费需要的出口产品的生产力。

（2）只为满足本国公民的价值消费需要进行出口产品的生产活动，发展国际必要贸易，尽量减少国际非必要贸易。

（3）维护本国公民的生存水平，节约本国资源，保护本国环境。防止建立过多的工厂而降低本国公民的生存水平。不要把本国建成世界工厂和世界垃圾场。在满足本国公民的价值消费需要前提下，企业越少越好。国家生产力规模越小越好，生产活动越少越好。

（四）政府组织经济可持续发展的基本原则

1. 经济可持续发展战略

经济可持续发展的基本原则包括以下主要内容。

（1）建立一个物质循环经济系统。防止物质循环中断，造成资源无补充消耗和垃圾灾害。

（2）人口数量及对物质的利用维持在地球的承载能力之内。节约使用物质，防止人口过剩和过度利用物质。

（3）保持地球生命多样性。维持生态平衡。防止生态退化。

（4）建立公平分配体系。消灭两极分化，提高人类价值消费水平，改善生活质量，禁止非必要生产和消费。

（5）尊重和保护生存环境。禁止人类活动（生产和消费）破坏自然，禁止破坏仍能继续使用的建筑物、机械设备等人工产品，特别要禁止用战争及其他方式摧毁人类生活社区。

（6）建立可持续发展的生存观念和生活方式。把健康和俭朴作为生活准则，摈弃浪费、奢侈的生活方式。

（7）建立覆盖全人类的教育网。进行可持续进步和高尚道德教育，使每一个公民都关心人类生存环境，关心后代人的生存。

（8）在民主的基础上建立全球性联盟，实现世界和平。人类在经济可持续发展战略指导下统一生产和消费行为，消灭军队、武器和战争。

2．资源利用原则

（1）防止资源自然垃圾化，遏制自然灾害并最终消灭灾害性环境。

（2）严格控制生产资源利用数量，只允许利用生产资源为满足价值消费进行高价值生产，取缔非价值和低价值生产。

（3）提高生产资源利用质量，提高资源产出率，防止中间产品漏出。

（4）优先利用垃圾资源，减少利用自然资源。

（5）优先利用清洁自然资源，减少利用污染自然资源，禁止利用具有长期危害性的资源，如核资源。

（6）建立世界经济规则，严格控制市场竞争，防止资源浪费。进行合理的生产力配置，实行全球性的计划性生产。

（7）控制中间产品生产，使之与产出产品生产相适应。防止中间产品过多而形成中间产品漏出。

（8）控制产出产品生产，使之与价值消费需求相一致。防止产出产品过多而形成产出漏出。

（9）提高产品使用性能和延长产品利用时间，禁止非保质包装，减少产品浪费。

（10）控制消费资源的利用，减少浪费和污染破坏。

（11）节俭消费，只进行价值消费，不进行反价值消费，节约资源和产出产品，减少消费垃圾。

（12）对所有垃圾进行资源化生产。垃圾资源化生产能力要与垃圾排放量相适应。大部分垃圾要转化为产品。

（13）禁止垃圾污染性排放，在生产和消费时防止人为环境损失。

3．宏观生产延续原则

（1）节约使用资源，只进行价值生产，不进行反价值生产，尽可能保持最多的资源结余。

（2）改善资源使用结构，尽可能使用再生资源，尽可能少用或不用非再生资源。

本章小结

第一，社会进步学家研究经济与经济学家有着本质差别。社会进步学研究宏观经济的基本方法是消费者价值消费中心分析法。社会进步学家以消费者消费水平的提高作为经济活动的核心目标。出口、投资都是为消费者消费服务的。

第二，投资完全是为消费者生产消费品和消费服务（中间生产的投资是为了产出生产）。当投资不能满足消费需求时，应当增加；当投资超过消费需求时，应当减少。

第三，出口完全是为弥补国内消费者消费不足换取进口产品（包括中间产品）或出国消费。当出口换汇不能满足消费需求时，应当增加出口换汇；当出口换汇超过消费需求时，应当减少出口换汇。

第四，经济是增长、持平还是下降不是经济目标更不是核心，只是经济数量的记录。不能为了经济增长而投资和出口，只能为了保证本国公民价值消费而投资和出口。只有消费的变化才应当引起投资或出口的变化。

第五，本章的理论包括：宏观经济调控目标进步理论、控制市场经济理论、经济人性化变革理论、经济增长与社会进步关系理论、经济增长性质理论、经济增长对社会进步贡献率理论、经济周期不同阶段的经济增长与社会进步的关系理论、核心经济流程与社会进步关系理论、消费者在经济流程中地位理论、投入产品与社会进步关系理论、产出产品与社会进步关系理论、投入产出关系与社会进步关系理论、投入节余与社会进步关系理论、产品漏出和注入与社会进步关系理论、政府的宏观经济功能理论、经济流程的政治环境与社会进步关系理论、经济流程的法律环境与社会进步关系理论、消费税与社会进步关系理论、转移支付与社会进步关系理论、政府购买产品与社会进步关系理论、经济政策与社会进步关系理论、国际贸易性质对本国社会进步的影响理论、实物产品国际流动与本国经济可持续发展关系理论、经济可持续发展理论、生产延续理论。

第六，本章的规律包括：经济增长与社会进步关系规律、经济增长性质影响经济增长对社会进步的贡献率规律、生产方式影响经济增长对社会进步的贡献率规律、收入分配均衡程度影响经济增长对社会进步的贡献率规律、国际贸易影响经济增长对社会进步的贡献率规律、投入产品数量与社会进步关系规律、产出产品数量与社会进步关系规律、投入产出的数量关系对社会进步的影响规律、产品的漏出注入与社会进步关系规律、政治环境与经济进步关系规律、法律环境与经济进步关系规律、消费税的征收对象对社会进步的影响规律、消费税的征收数量对社会进步的影响规律、消费税的使用对社会进步的影响规律、转移支付的使用对象对社会进步影响的规律、转移支付的数量对社会进步影响的规律、政府购买产品的用途对社会进步影响的规律、政府购买产品的数量对社会进步影响的规律、政府购买产品的价格对社会进步影响的规律、国际贸易与社会进步关系规律、实物产品国际流动与本国经济可持续发展关系规律、经济可持续发展基本规律1、经济可持续发展基本规律2。

第七，本章的方法包括：消费者价值消费中心分析法、控制市场经济的基本方法、经济人性化变革的基本方法、提高经济增长的社会进步贡献率的方法、经济增长推动社会进步的方法、宏观投入产品总原则、宏观产出产品总原则、宏观投入产出总原则、投入节余基本原则、产品漏出和注入的基本原则、政府发挥宏观经济功能的基本原则、政府管理经济流程政治环境的基本原则、政府管理经济流程法律环境的基本原则、政府管理消费税的基本方法、政府管理转移支付的基本方法、政府管理政府购买产品的基本方法、政府制定经济政策的基本原则、国家正确的贸易原则、参与国际分工总原则、经济可持续发展战略、宏观生产延续方法。

关键术语

控制市场经济、价值经济增长、反价值经济增长、低级经济增长、中级经济增长、高级经济增长、宏观经济调控的基本目标、经济人性化、经济流程、经济部门、消费者、企业、产出生产单位、中间生产单位、政府、金融市场、国外部门、核心经济流程、消费流程、生产流程、产品流程、投入产品、产出产品、货币流程、投入收入、产出收入、投入市场、产出市场、价值产出产品、反价值产出产品、最佳投入产品量、最佳产出产品量、最佳中间产品量、资源投入、资源结余、劳动结余、产品漏出、产品注入、宏观产品比率、产出漏出、产出注入、消费漏出、消费注入、国内经济流程环境、国内经济流程的政治环境、价值政治环境、反价值政治环境、国内经济流程的法律环境、价值法律环境、反价值法律环境、直接经济关系、间接经济关系、直卖资源、代卖资源、资源的共有性、资源的私有性、直卖收入、代卖收入、个人购买产品、政府购买产品、个人购买支出、政府购买支出、消费税、转移支付、国内经济流程、经济政策的社会作用、开放经济流程、国际产品流程、国际货币流程、进口、出口、国际必要贸易、国际非必要贸易、国际实物产品漏出、国际实物产品注入、差额性漏出、差额性注入、实际汇率、实际汇率低、实际汇率高、汇率性漏出、汇率性注入、名义汇率、结构性漏出、结构性注入、经济可持续发展。

经济增长与社会进步关系规律、经济增长性质影响经济增长对社会进步的贡献率规律、生产方式影响经济增长对社会进步的贡献率规律、收入分配均衡程度影响经济增长对社会进步的贡献率规律、国际贸易影响经济增长对社会进步的贡献率规律、投入产品数量与社会进步关系规律、产出产品数量与社会进步关系规律、投入产出的数量关系对社会进步的影响规律、产品的漏出注入与社会进步关系规律、政治环境与经济进步关系规律、法律环境与经济进步关系规律、消费者税的征收对象对社会进步的影响规律、消费者税的征收数量对社会进步的影响规律、消费者税的使用对社会进步的影响规律、转移支付的使用对象对社会进步的影响规律、转移支付的数量对社会进步的影响规律、政府购买产品的用途对社会进步的影响规律、政府购买产品的数量对社会进步的影响规律、政府购买产品的价格对社会进步的影响规律、国际贸易与社会进步关系规律、实物产品国际流动与本国经济可持续发展关系规律、经济可持续发展基本规律 1、经济可持续发展基本规律 2。

宏观经济调控目标进步理论、控制市场经济理论、经济人性化变革理论、经济增长与社会进步关系理论、经济增长性质理论、经济增长对社会进步贡献率理论、在经济周期的不同阶段，经济增长与社会进步的关系理论、核心经济流程与社会进步关系理论、消费者在经济流程中地位理论、投入产品与社会进步关系理论、产出产品与社会进步关系理论、投入产出关系与社会进步关系理论、投入节余与社会进步关系理论、产品漏出和注入与社会进步关系理论、政府的宏观经济功能理论、经济流程的政治环境与社会进步关系理论、经济流程的法律环境与社会进步关系理论、消费者税与社会进步关系理论、转移支付与社会进步关系理论、政府购买产品与社会进步关系理论、经济政策与社会进步关系理论、国际贸易性质对本国社会进步的影响理论、实物产品国际流动与本国经济可持续发展关系理论、经济可持续发展理论、生产延续理论。

消费者价值消费中心分析法、控制市场经济的基本方法、经济人性化变革的基本方法、提高经济增长的社会进步贡献率的方法、经济增长推动社会进步的方法、政府管理消费者税的基本方法、政府管理转移支付的基本方法、政府管理政府购买产品的基本方法。

宏观投入产品总原则、宏观产出产品总原则、宏观投入产出总原则、投入节余基本原则、产品漏出和注入的基本原则、政府发挥宏观经济功能的基本原则、政府管理经济流程政治环境的基本原则、政府管理经济流程法律环境的基本原则、政府制定经济政策的基本原则、国家正确的贸易原则、参与国际分工总原则、经济可持续发展战略、宏观生产延续方法。

思考题

1. 简述政府对市场经济控制的社会进步意义。
2. 简述控制市场经济的基本内容。
3. 简述经济人性化变革的内容。
4. 举例说明经济增长与社会进步关系规律。
5. 举例说明经济增长性质影响经济增长对社会进步的贡献率规律。
6. 举例说明生产方式影响经济增长对社会进步的贡献率规律。
7. 举例说明收入分配均衡程度影响经济增长对社会进步的贡献率规律。
8. 举例说明国际贸易影响经济增长对社会进步的贡献率规律。
9. 论述宏观经济调控目标进步理论。
10. 举例说明什么是价值经济增长和反价值经济增长。
11. 举例说明什么是低级经济增长、中级经济增长和高级经济增长。
12. 论述宏观经济调控的基本目标。
13. 论述投入产出关系对社会进步的影响。
14. 论述产品的漏出、注入与社会进步的关系。
15. 论述国内经济流程的政治环境对社会进步的影响。
16. 论述国内经济流程的法律环境对社会进步的影响。
17. 举例说明消费税对社会进步的影响。
18. 举例说明转移支付对社会进步的影响。

19. 举例说明政府购买产品对社会进步的影响。

20. 举例说明经济政策对社会进步的影响。

21. 举例说明国际贸易性质对本国社会进步的影响。

22. 举例说明产品国际流动与本国经济可持续发展的关系。

23. 举例说明差额性漏出、注入与本国社会进步的关系。

24. 举例说明汇率性漏出、注入与本国社会进步的关系。

25. 举例说明结构性漏出、注入与本国社会进步的关系。

26. 什么是经济可持续发展。

27. 简述生产延续规律。

28. 简述经济可持续发展战略。

第十一章

政治进步

学习目的：

> 了解政治制度的性质进步
>
> 掌握政治制度的民主化进步
>
> 掌握政治制度的公平性进步
>
> 了解政治进步的目标
>
> 了解先进的政治制度
>
> 掌握政治进步相关规律

政治以社会权力在约束条件下的行使为基本特征。[①] 如社会权力掌握在多少人手中，社会权力有多大，社会权力运用是否公平合理，社会权力维护的利益范围等。

在社会中政治具有不可忽视的重要作用，有时甚至决定了国家的消费水平和生产水平。政治进步对于改善人类活动进而促进整个社会进步有先导作用。

政治制约国家进步规律是：国家政治与国家进步高度相关。一般情况下，国家政治水平制约国家进步水平。国家政治水平越高，国家进步越快；国家政治水平越低，国家进步就越慢。国家政治水平变化引起国家水平同向变化。国家政治水平由低向高发展，国家水平随之由低向高发展；国家政治水平由高向低转化，国家水平也随之由高向低转化。提高国家政治水平，必然提高国家水平，推动社会进步；降低国家政治水平，必然降

---

① 〔美〕古丁、克林格曼：《政治科学新手册》，生活·读书·新知三联书店，2006，第 8 页。

低国家水平，导致社会倒退。

政治进步是指社会权力的运用向有利于全体公民利益的方向发展。

政治进步依赖于政治制度进步，如集团政治制度向全民政治制度发展，专制政治制度向民主政治制度发展，等级政治制度向平等政治制度发展等。

政治制度是制约社会权力的社会基本制度。政治制度的性质、政治制度的民主程度和政治制度的公平程度反映政治制度的基本特征。

政治制度进步的结果必须是提高公民生存水平，只有提高公民生存水平的政治制度改革才是政治制度进步。如果政治制度改革不能提高公民生存水平，则政治制度改革只是作秀，浪费资源，没有任何进步意义。如果政治制度改革降低了公民生存水平，引起社会动荡、经济衰退，甚至发生战争、民不聊生、逃离家园，则政治制度改革就是反动的，是政治制度的倒退。

总之，是否提高公民生存水平是衡量政治制度是否进步的唯一标准。

判断政治进步与否的基本标准是：公民生存水平提高，则为政治进步；公民生存水平降低，则为政治倒退。

政治进步的主要表现：一是战争向和平发展；二是动乱向稳定发展；三是腐败向廉洁发展；四是专制向民主发展；五是不公平向公平发展。

政治倒退的主要表现：一是和平向战争发展；二是稳定向动乱发展；三是廉洁向腐败发展；四是民主向专制发展；五是公平向不公平发展。

第一节　政治制度的性质进步

政治制度的核心问题是社会权力维护谁的利益的问题。政治制度的性质是指政治制度约定的社会权力维护的利益范围，是维护所有社会单位成员利益，还是只维护少数人利益。

广义上讲，政治制度不仅局限于国家层面，几乎所有的社会单位都存在着政治制度，有的是正式的，有的是非正式的。如公司的董事会制度，家庭的家长制都具有政治制度的色彩。它们都存在约定的社会权力，并维护一定范围的利益。但是，我们通常意义上讲的政治制度是指国家政治制度。

政治制度存在的意义在于通过确定权力，维护人的利益。由于社会分工、贫富差异、地域差异、民族差异的存在，形成了事实上的不同的利益集团。各个利益集团之间存在矛盾，最主要的矛盾表现为政治派别矛盾、阶级矛盾、阶层矛盾和民族矛盾，这些矛盾解决不好会导致矛盾激化，甚至发生屠杀和战争。

社会上存在两种性质的国家政治制度。一种是不代表任何利益集团的私利，维护所有利益集团的公共利益。这样的政治制度维护全体公民的利益，称为全民政治制度。另一种是维护一部分利益集团的利益，损害另一部分利益集团的利益。这样的政治制度只维护部分利益集团的利益，故称为集团政治制度。家族统治、阶层统治、阶级统治都属于集团政治制度。

政治制度的性质进步是指集团政治制度向全民政治制度发展。

全民政治制度和集团政治制度是两种基本的政治制度。世界上一切政治制度，如果不是全民政治制度，就必然是集团政治制度。判断政治制度的性质不能简单地以参加选举的人数作为依据。全民政治制度和集团政治制度的本质区别在于政治制度所维护的利益范围。

在社会发展过程中，人类创造了多种国家政治制度的形式。如君主制与共和制、军人政府与文官政府、单一制与联邦制、多党制与一党制、普选制与代议制等。

国家政治制度的性质只能通过国家政权的行为后果表现出来。全民政治制度的行为结果是维护全体公民的共同利益；集团政治制度的行为结果是维护一部分人的利益，损害另一部分人的利益。这是区分全民政治制度与集团政治制度的唯一依据。

判断政治制度性质的基本标准是：政治制度的行为结果是维护全体公民共同利益的是全民政治制度；政治制度的行为结果是维护一部分人利益，损害另一部分人利益的是集团政治制度。

在一党制状态下，执政党的性质决定了政治制度的性质。有两种可能：一是执政党代表某利益集团，国家政治制度为集团政治制度。二是执政党不代表任何利益集团，只是代表公共利益，这时的国家政治制度为全民政治制度。因为一党制不需要筹集竞选资金，也不需要来自利益集团的资金支持，所以不需要单独维护某一利益集团的利益。习近平主席指出："全心全意为人民服务，是我们党一切行动的根本出发点和落脚点，是我们党区别于其他一切政党的根本标志。党的一切工作，必须以最广大人民根本利益为最高标准。检验我们一切工作的成效，最终都要看人民是否真正得到了实惠，人民生活是否真正得到了改善，人民权益是否真正得到了保障。"①

在多党制状态下，每个政党代表着不同的利益集团，不同政党竞争执政权。政党在选举时获得来自利益集团的竞选资金，在成为执政党后，则为本利益集团谋取最大利益。国家政治制度往往表现为集团政治制度。由于竞选资金多数来源于资金最雄厚的各大资本集团，集团政治制度往往代表最大的金融资本和产业资本的利益，成为寡头政治。一些国家首脑本人就是富翁，如意大利前总理贝卢斯科尼是意大利第二大富翁。

以下是美国公民资深记者比尔·莫耶斯对美国民主的看法，他指出："华盛顿自由广场人山人海的状况没什么新鲜的，记者们还在挠着头皮问，他们为什么聚集在这里？但很显然他们占领华尔街是因为华尔街占领了整个国家。"②

莫耶斯在有关这一话题的一次演讲中说，很多人不解这些示威者为何不把他们的精力用在参与政党选举投票中，这是因为所谓的"民主"在美国并不在真正运转，两个党派的领袖们只是在维护最富有人群的利益，甚至连总统奥巴马也只是一边在口头上批评华尔街和经济决策机构，另一边却接受着大量的政治献金。

莫耶斯指出："我们一边在进行着选举，一边却都心知肚明这些选举很难产生惠及多数美国人的政策。我们不断口诛笔伐，但权贵们却对人民最急切的需求装聋作哑。我们高声疾呼，这个世界，我们共同的地球，本应好好传承给后代的土地，却始终在遭受掠夺。"

莫耶斯指出，美国并不是第一次面临这样的运动。在以前的类似抗议中，美国著名演说家玛丽·伊丽莎白·利兹说："华尔街是国家的主人。我们的法律披着骗子的外套，诚信已经支离破碎。各政党和政治演说家们无一例外在哄骗我们。真正当政的是金钱。"

---

① 《习近平谈治国理政》，外文出版社，2014，第28页。
② 《西班牙报纸称美国只有"名义上的民主"》，腾讯网，https://news.qq.com/a/20111115/000508.htm，2011年11月15日。

如今，所谓的"民主"只是政客们手中的玩物，正如诺贝尔经济学奖得主保罗·克鲁格曼所说的那样，这里正在创造着"美式的寡头政府"。他在《纽约时报》的专栏文章中指出："我们的社会财富正日益集中在少数人手中，这种收入和财富的分配状况正在使我们的民主变成名义上的民主，因为收入的高度集中与真正的民主无法相容。"①

美国社会学教授波普诺指出：美国的大部分权力是由一个精英群体所掌握，这一群体包括最大的公司领导、行政部门的高级官员以及重要的军队官员。他们基本上统治着整个国家，并且做出所有重要的决定。权力精英所做的确实只为达到自己的目的，他们的行为有可能有益于也可能根本无益于普通公众。②

第二节　政治制度的民主化进步

谁掌握社会的管理权是政治制度首先要解决的问题。政治制度的民主程度是指政治制度约定的社会权力掌握在多少人手中，是掌握在全体社会单位成员手中，还是只掌握在少数人手中？

政治制度的民主化进步是指政治制度的民主程度由低向高发展。如专制政治制度向民主政治制度发展，民主政治制度的民主程度由低向高发展。

民主政治制度的基本标准：一是国家法律符合全体公民的共同利益，二是国家权力机关依法行政。

一　民主及民主制度

政治制度的核心属性是维护利益，通过区分政治制度维护利益的范围可以认定政治制度的本质。而政治制度的形式多种多样，其中最重要的是决策形式。因为政治制度的决策形式能够深刻影响政治制度维护的利益范围。

政治制度反映社会权力问题，而社会权力的最高峰是决策权。决策权

① 〔墨〕戴维·布鲁克斯：《美国只是名义上的民主》，西班牙，《世界报》2011 年 11 月 12 日。
② 〔美〕戴维·波普诺：《社会学》（第 11 版），中国人民大学出版社，2007，第 547 页。

是政治制度的核心，是最重要也是最基本的政治权利。由多少人行使决策权反映政治制度的民主程度。古典民主理念认为，人民拥有国家的一切权力，有权决定国家一切事物。中国宪法规定"中华人民共和国的一切权力属于人民"。由于人们的想法具有多样性，对社会事务的判断会出现意见分歧，所以多数人决策，少数服从多数就具有了民主意义。

民主是指以平等和少数服从多数为原则的决策形式。民主是决策的一种形式，是公民所需要的符合多数人愿望的政治制度决策形式，基本上可以体现人人平等的公民政治权利。政府任何一个涉及相关人重大利益的决策都应该与相关人充分协商，而不应采取单方面强制手段。如澳大利亚政府在没有与采矿等资源行业进行广泛协商的情况下，仅提前三天通告就推行向采矿等资源行业征收高达40%的超额利润税。这样一个与行业利益密切相关的税收制度在专制决策下产生，必然引起相关人员强烈反对。澳大利亚总理陆克文因此而下台。

民主的基础首先是透明。我们社会主义建设的目标是把我国建设成为富强、民主、文明、和谐的现代化国家。信息公开是民主的基础，如果没有信息公开，人们在最基本的信息方面都处于不对称的地位，无论民主的形式多么绚烂多彩，民主都无法融到人民群众的生活点滴中去，都无法发挥民主应有的作用。廉洁的政府首先是一个阳光政府，阳光是最好的防腐剂，可以让人把一切事物看得真切。阳光政府从信息透明开始。信息透明需要有法律规定和实行责任追究；信息透明需要人大、政协和政府带头示范。①

民主制度是指以平等和少数服从多数为基本决策形式的政治制度。民主制度有两种基本形式，一是直接民主制，二是间接民主制。

二　直接民主制

（一）直接民主制的内容

任何政治制度都需要承担两个最基本的社会责任：一是决定社会事务，二是任免管理者。

---

① 郭文婧：《省级行政机关透明度为什么都不及格》，《经济参考报》2010年6月18日。

直接民主制是指全体有完全行为能力的有政治权利的社会单位成员平等投票表决决定社会事务及社会管理者任免的民主制度。

公决是直接民主制决定社会事务的基本方法，公举是直接民主制任免管理者的基本方法。在直接民主制度下，管理者只是会议召集人和活动组织者，每一个有完全行为能力的政治权利的社会单位成员都有平等的决策权。公决与公举相比较，公决更为重要。

1. 直接民主制的任免民主

任免民主是指全体有完全行为能力的有政治权利的社会单位成员都有平等的任免社会管理者的决策权利。直接民主制任用和罢免管理者的基本民主形式是公举。

公举是指全体有完全行为能力的有政治权利的社会单位成员平等投票表决任免社会管理者。公举包括提名民主和表决民主两个方面。

提名民主是指全体有完全行为能力的有政治权利的社会单位成员都有平等提出任用和罢免管理者的民主权利。公民可以提名自己认为可以胜任的管理者，包括自荐。公民也可以提出罢免不信任的管理者。

表决民主是指全体有完全行为能力的有政治权利的社会单位成员都有平等参与表决的民主权利。无论社会地位如何，每个人都拥有一张无差别选票。

2. 直接民主制的议事民主

议事民主是指全体有完全行为能力的有政治权利的社会单位成员都有平等的社会事务决策权利。协商是直接民主制处理社会事务的基本形式，体现为议事民主，采用公决形式。暴力解决问题不是民主方式。

公决是指全体有完全行为能力的有政治权利的社会单位成员平等投票表决决定社会事务。包括提案民主和表决民主两个方面。

提案民主是指全体有完全行为能力的有政治权利的社会单位成员都有平等提出和讨论提案的民主权利。

直接民主需要有一些限制条件。最基本的限制条件是参与者应当具有完全行为能力和政治权利。根据工作需要对被选举人还有其他限制条件，如限制国籍、道德、年龄、职业、学历、学位、毕业时间、工作时间、工作经历等。所以直接民主依然是有限民主。

在直接民主制中每个社会单位成员都直接参加决策过程，所以是名副其实的民主，这也是直接民主制的最大优势。直接民主制适合比较小的社会单位，大型的社会单位运作困难较多。但是，随着科技进步，互联网和计算机为大型社会单位进行全民公决提供了方便的技术条件，可以大幅度提高投票和计票速度。并不是所有社会事务都必须通过全民公决，只有关系到全体社会单位成员重要利益的重大社会事务才适合由全民公决。

社会管理机构和工作单位的决策很多，其中绝大部分决策活动只能由管理者直接参加，而不能由全体公民直接参加。由全体公民直接参加所有的社会决策，既是不可能的，也是没必要的。如果每个公民都直接参加各级政府的所有决策活动，那么每个公民每天要面对大量的决策工作，将没有时间进行生产和消费活动，决策效率也必然很低。

与公民利益高度相关的小范围的决策活动可以进行全体社会单位成员的直接投票表决。对于较大的社会单位来说，公民只能有选择地参与一些个人认为很重要的决策过程，没有必要也不可能参与所有的决策过程。

（二）影响直接民主制决策效果的因素

全民公决在形式上符合决策平等的要求，但是在决策内容上并不一定就能够代表公共利益。公民对于国家政治制度的要求，并不是简单的形式上的决策平等，而是决策内容应该代表公共利益，即希望国家实行全民政治制度。

那么，直接民主制的形式是否就一定是全民政治制度，是否就能符合全体社会成员利益呢？答案是不确定的。直接民主制可能选出为公民服务的优秀领导者，也可能选出祸国殃民的独裁者；可能做出符合公众利益的决策，也可能做出违背公众利益的决策。

1. 公决公举原则的制约

多数人决策，少数服从多数，并不意味着多数保护少数，多数人可能损害少数人的正当利益。而全民政治制度要维护所有人的正当利益，包括少数人的正当利益。所以直接民主制的进步必须加上一条重要的制约条件，就是决策结果必须保护而不能损害少数人的合法的正当利益，如生命权、财产权和发展权。损害少数人的合法的正当利益的决策结果对于少数人不公平，应该是无效的。

2. 公民道德水平的制约

大多数单位成员应当具有公众道德水平，即多数人的道德水平高于少数人。这样才能保证决策具有公平性。

3. 公民知识水平的制约

外行决策很可能导致决策失误。大多数人必须具有能够进行科学决策的知识水平，即多数人的知识水平高于少数人。这样才能做出科学决策。有时真理掌握在少数人手里。

4. 信息透明度制约

被选举人或提案人为了获得通过，往往会夸大优势，隐瞒劣势，误导公众决策者。特别是误导那些外行决策者。信息不够透明，人们可能产生误判。

5. 公决公举相关技术和过程的制约

全民公决如果被少数别有用心的人所左右，就会成为其实现政治野心的工具。他们通过欺骗宣传蒙蔽人民，通过贿选、舞弊等手段拉取选票。投票结果并不公正，也不能代表公共利益。

关系到政权更替的全民投票表决很可能引起社会动荡，甚至引发暴乱和内战。如在科特迪瓦，瓦塔拉和巴博两大阵营因对 2010 年 11 月总统选举结果持有异议而发生武装冲突，至少有 3000 人死亡。[1] 所以，全民公决必须防止发生损害人民利益的社会动乱。

*************** 社会之窗 ***************

英国全民公投决定脱欧[2]

英国 23 日就是否留在欧洲联盟举行全民公投。24 日清晨，完整的计票结果出炉，出乎所有人的预料，支持脱欧的票数过半，脱欧派阵营获胜。随后，英国首相发表讲话，称尊重英国人的选择，自己也将辞职。

计票结果显示，投票支持脱欧的占 51.9%，支持留欧的占 48.1%，脱欧获得超过 1740 万票，留欧获得大约 1610 万票，投票率为 72%。从地区来看，铁了心脱欧的是英格兰和威尔士，而留欧最坚决的则为苏格

---

[1] 倪红梅：《潘基文呼吁科特迪瓦选民积极参与总统选举》，新华网，http://news. xinhuanet. com/world/2015 – 10/24/c_128352396. htm，2015 年 10 月 24 日。

[2] 《英国全民公投决定脱欧，首相卡梅伦称将辞职》，《新京报》2016 年 6 月 25 日。

兰和北爱尔兰，尤其是苏格兰，每个投票点都是留欧派获得多数。

分析人士认为，导致英国公投结果脱欧的主要原因是英格兰北部工业区最终大多投票脱欧。由于这些地区长期经济不振，成为英国工业的"生锈"地带，当地的萧条与伦敦大城市的繁华形成巨大反差，最终上演"草根"对精英的"起义"。卡梅伦或于10月"让位"于新首相。

英国首相戴维·卡梅伦于当地时间早晨8时在唐宁街10号首相府前发表讲话。卡梅伦在讲话中宣布辞职。他说，英国人决定走另外一条道路，所以需要一名新的首相，他将"在今后几周或者几个月尽职尽责，稳住（英国）这艘船"。他就离职没有给出具体的时间表，但暗示今年10月保守党大会前会"让位"给新的首相人选。卡梅伦预计将在今后几天内会晤欧盟官员，正式通知英国脱欧的决定。英国脱欧将触发欧盟《里斯本条约》第50条。主张留欧的工党领袖杰里米·科尔宾接受英国广播公司采访时，呼吁政府投入《里斯本条约》第50条的相关谈判，立即启动脱欧程序。科尔宾说，尽管前路艰难，"我们应该竭尽全力，确保（英国人的）工作机会"。

"脱欧"派领军人物、独立党领袖奈杰尔·法拉奇在投票结果明朗后发表演讲，将这天称作英国的"独立日"。问及公投发起者首相戴维·卡梅伦是否应该下台，他毫不犹豫地说："马上！"

支持留欧的英国外交大臣菲利普·哈蒙德说，英国选民已经明确表明他们的选择，政府接下来的工作应该是"执行这个决定，保护国家经济，竭尽一切为英国争取最好的结果"。

****

三　间接民主制

政治制度有两种基本的决策形式。一是多数人决策，少数服从多数；二是少数人决策，多数服从少数。前者称为民主，后者称为权威。前文阐述的直接民主制就是典型的民主制度。但是，因为直接民主制有一定的局限性，所以人们又创造了间接民主制。

间接民主制是指由多数人通过选举活动选出代表，再由代表在公众监督下按照多数人通过的权限、规则和程序直接决定社会事务的民主制度。

间接民主制有两个基本特征：一是间接民主制中的决策人及其权限、规则和决策程序由直接民主制决定，二是任何公民都有权利对权力的使用者加以监督制约。

间接民主制是少数人决策，多数服从少数，具有权威的典型特征。但是由于间接民主制中的决策人及其权限、规则和决策程序由直接民主制决定，因此间接民主制的基础是直接民主制。所以间接民主制是有限权威制，是民主基础上的权威。"民主主要表现为自下而上运行的权力，它是在政治管理系统中处于被管理地位的多数人对于处于管理地位的少数人的制约"。[①] 在间接民主制中，管理者（如政府）与被管理者（如公民）之间是委托代理关系和监督制约关系。政府与人民的关系是一种委托代理的关系，人民将自身拥有的权利委托给政府，并有权利对权力的使用者加以监督制约，使政府的行为反映人民的意愿。[②] 管理者与被管理者之间的委托代理和监督制约关系称为间接民主关系。管理者与被管理者之间是否存在间接民主关系是判断政治制度是否是间接民主制的主要依据。

理想的社会政治制度是直接民主制与间接民主制的合理结合。在直接民主制与间接民主制相结合的政治制度下，公民的民主权利主要通过下述形式实现

1. 公民选举和罢免管理者

公民推举能够代表绝大多数公民利益的代表组成各级社会管理部门，授权公民代表行使日常决策权。

这是一种被广泛采用的公民间接参加决策的形式。利用这一形式实现公民决策平等权需要两个前提条件：一是公民代表必须具有公众道德，代表公共利益而不是个人利益或集团利益进行决策；二是公民代表必须有较高的知识水平，有进行科学决策的能力。

2. 建立和不断完善符合绝大多数公民利益的法律制度

各级管理者依据法律制度进行决策活动。全体公民通过代表自身利益的制度制约管理者的决策内容，实现自己的意愿。

---

① 《李景鹏文集》，中国法制出版社，2002。
② 徐家良：《政府评价论》，中国社会科学出版社，2006，第129页。

这是一种被广泛采用的公民间接参加决策的形式。利用这一形式实现公民决策平等权需要两个前提条件：一是法律制度必须是符合绝大多数公民利益的制度；二是管理者的决策必须完全符合法律制度（即法大于权）。

3. 公民监督和制约管理者的行为

所有公民都可以根据维护公民利益的需要对管理者的行为进行检查和提出质疑，检查管理者是否利用职权损害多数人利益，是否越权、违规、违反程序和不作为。任何公民在任何时间都可以通过一定程序提出取消管理者决策，制裁越权、违规、不守程序和不作为的管理者。

无数事实证明，缺乏有效的监督制约机制，管理者会利用手中的权力损害国家利益和公民利益，获取个人利益。

4. 公民有选择地直接参与决策过程

每个有政治权利的公民都有权参加关系公民重要利益的重大社会事务的全民公决。每个有政治权利的公民都可以根据自己的意愿按照一定程序提出公决议案，并可以对别人提出的议案提出修正意见。管理部门在进行决策前通过公示、听证会、座谈会等形式广泛听取公民意见。

*************** **社会之窗** ***************

对拉票贿选坚持"零容忍"①

为期一天的十二届全国人大常委会第二十三次会议，审议通过了代表资格审查委员会关于辽宁省人民代表大会选举产生的部分第十二届全国人大代表当选无效的报告，依法确定45名拉票贿选的全国人大代表当选无效；审议通过了关于成立辽宁省第十二届人民代表大会第七次会议筹备组的决定。

严肃依纪依法查处拉票贿选案，充分彰显了以习近平同志为总书记的党中央坚持全面从严治党、全面依法治国，严肃党纪国法，坚决惩治腐败的鲜明态度和坚定决心。

辽宁拉票贿选案是新中国成立以来查处的第一起发生在省级层面、严重违反党纪国法、严重违反政治纪律和政治规矩、严重违反组织纪律和换届纪律、严重破坏党内选举制度和人大选举制度的重大案

---

① 人民日报评论员：《对拉票贿选坚持"零容忍"》，《人民日报》2016年9月13日。

件。涉案人数众多、性质恶劣、情节严重，触目惊心。目前，45 名拉票贿选的全国人大代表已被确定当选无效。

《选举法》明确规定，以金钱或者其他财物贿赂选民或者代表，妨害选民和代表自由行使选举权和被选举权的，其当选无效。此次全国人大常委会确定 45 名拉票贿选的全国人大代表当选无效，决定成立辽宁省人民代表大会下一次会议筹备组，于法有据，程序严密。

对拉票贿选案的处理，充分体现了党中央对拉票贿选"零容忍"的坚定决心。坚定不移地惩治腐败，是我们党依法执政的必然要求。党纪国法面前人人平等，不论涉及什么人，不论涉及多少人，只要触犯了党纪国法，都将一查到底，绝不姑息迁就。党的十八大以来，在惩治腐败问题上，党中央的态度一直非常坚决，坚持有腐必反、有贪必肃。习近平总书记多次强调，反腐败高压态势必须继续保持，坚持以"零容忍"态度惩治腐败。只有彻底查清选举领域的违法腐败行为，并依纪依法严肃处理，才能赢得民心，才能维护我们党在人民群众心中的地位和威信。

对拉票贿选案的处理，有力维护了我国的人民代表大会制度。人民代表大会制度是我国的根本政治制度，是坚持党的领导、人民当家做主、依法治国有机统一的根本制度安排。搞拉票贿选，是对我国人民代表大会制度和社会主义民主政治的公然挑战。选举制度作为我国人民代表大会制度的组织制度基础，是我国社会主义民主法治的重要组成部分。选举是否公正，直接关系到公民选举权和被选举权能否得到实现，直接关系到各级人大代表能否真正代表人民的利益。党中央多次强调，严肃选举纪律，严禁权钱交易，确保选举风清气正。

辽宁拉票贿选案再一次给我们敲响了警钟。当前正值地方各级领导班子和县乡人大换届选举，这是党和国家政治生活中的一件大事。做好换届选举工作，对于坚定不移走中国特色社会主义政治发展道路，巩固党的执政地位，保障人民当家做主，具有十分重要的意义。人大代表作为国家权力机关组成人员，代表人民的利益和意志依法参加行使国家权力。这种光荣的使命，绝不能用金钱来换取。绝不允许金钱渗透到人民代表大会制度中，绝不允许通过任何手段干扰破坏人大代表的选举。

反思拉票贿选案，我们得出深刻的警示：党纪国法是高压线、警戒线，任何人都不得触犯。每一个党员，尤其是党的领导干部，必须带头遵守党纪国法，带头营造良好政治生态。我们应从全面从严治党、全面依法治国的高度，深刻吸取拉票贿选案的教训。全党同志和各级国家机关工作人员必须切实增强政治意识、大局意识、核心意识、看齐意识，自觉在思想上政治上行动上同以习近平同志为总书记的党中央保持高度一致，大力推进党风廉政建设和反腐败斗争。必须坚持党的领导，充分发扬民主，严格依法办事，长期坚持、全面贯彻、不断发展好人民代表大会制度。

****

四　间接民主制与专制的区别

间接民主制与专制都具有权威的特性，二者容易混淆。但是它们是截然对立的不同性质的权威，只要我们掌握了间接民主制的特点，是可以将二者区分开的。

权威是指多数被管理者服从少数管理者的决策形式。政府中市长向公务员下达指示，军队中长官向士兵下达命令，公司中总经理向员工布置工作，都属于少数人决策，多数人服从的决策形式。市长相对于公务员、长官相对于士兵、总经理相对于员工都是少数。显然，人类的群体性活动离不开权威，权威也是一种必要的决策形势。

人类社会有两种权威，一是有限权威，二是无限权威。

间接民主制是有限权威，是以民主为基础的在多数人监督和制约下的符合程序、符合多数人意愿的协商决策的权威。专制是无民主基础的无多数人监督制约的单方面决策的权威，是无限权威，又称为独裁。它们的区别有以下几点。

（一）政治制度是否以民主为基础

间接民主制以民主为基础，管理者的决策是在被管理者民主决策通过的权限、规则和程序内进行的，决策必须完全符合民主授权的相关规则和程序。专制不以民主为基础，管理者的决策超越民主授权，违背相关规则和违反程序。或者管理者自定权限、规则和程序，这些权限、规则和程序只是少数管理者个人意愿的反映，不是被管理者意志的体现。

（二）政治制度是否在多数人监督下运行

间接民主制在被管理者监督下运行。与决策相关的所有信息对所有被管理者透明，所有被管理者都可以对管理者的行为进行检查和提出质疑，检查其决策是否损害多数人利益，检查管理者是否越权、违规、违反程序和不作为。专制则是在没有被管理者监督的状态下运行。与决策相关的信息对被管理者不透明，被管理者无权对管理者的行为进行检查和提出质疑。

信息是人们决策、监督和执行的依据。信息的公开程度影响着决策、监督和执行的水平。在决策方面，不同的人对同一事物进行决策，由于掌握的信息差异，可能做出不同的甚至相反的决策。只有掌握完整的信息，才能做出符合自己意愿的清醒决策，而不是糊涂决策。在监督方面，对涉及人、财、物等利益的行为监督是公民重要的民主权利。人们行使监督权时必须完全掌握被监督对象的相关信息，如果不掌握或只是部分掌握相关信息，则不能进行有效监督。例如，常规决策一般由少数领导者进行，其决策是否合规需要单位成员共同监督。只有完全知情的人，才具有真正的监督权，能够进行清醒监督，而不是糊涂监督。在执行方面，人们具有选择执行或不执行的民主权利。当决策违反人们的利益时，人们有权拒绝执行。只有当人们完全掌握相关信息时，才能做出符合自己利益的选择。或者拒绝执行，或者清醒执行而不是糊涂执行。

综上所述，公开透明是民主决策、民主监督和民主执行的前提条件。

（三）政治制度是否在多数人制约下运行

间接民主制在被管理者制约下运行。社会事务的最终决定权在被管理者手中。任何被管理者在任何时间都可以通过一定程序提出取消管理者决策，制裁越权、违规、不守程序和不作为的管理者。专制则是在没有被管理者制约的状态下运行。权力归管理者所有，管理者是最终决策者。被管理者无权取消管理者决策，无权制裁越权、违规、不守程序和不作为的管理者。

（四）政治制度是否体现多数人的意愿

间接民主制可以体现多数被管理者的意愿，管理者的决策维护被管理者的利益。专制一般体现少数管理者的意愿，管理者的决策往往只维护少数人利益，损害多数被管理者的利益。

（五） 政治制度是否采用协商方式解决纠纷

在间接民主制制度下，管理权属于被管理者所有，管理者代表被管理者行使权力，管理者与被管理者之间没有根本的利益冲突，管理者与被管理者之间的纠纷采用协商方式解决。在专制制度下，管理者与被管理者相互对立，管理者采用暴力手段维持权威。

五　民主程度与决策人占比正相关规律

公民对决策的参与程度不仅反映决策民主程度，而且反映社会权力的民主程度，反映政治制度的民主程度。

政治制度的民主程度由决策人占比决定。决策人占比是指决策人直接或间接占被决策人的比例。决策人是指所有直接或间接平等参与决策的人或群体。被决策人是指所有被决策结果影响而引起利益或活动变动的人或群体。如公民选举社会单位管理者，是选择胆识过人、清正廉洁、为民谋利的人，还是选择庸庸碌碌、贪污腐化、损公肥私的人，选什么人关系到每一个公民的切身利益，所以被决策人不仅是被选举人，而且是社会单位中的全体公民。再如乳制品质量标准关系到所有食用乳制品的人的健康，所以被决策人不仅是乳制品生产企业，而且是所有可能食用乳制品的人。

民主程度与决策人占比正相关规律是：民主程度同决策人占比正相关。决策人占比越高，民主水平越高；决策人占比越低，民主水平越低。

六　涉内决策的民主程度

一个社会单位做出的决策，有的只影响本社会单位成员的利益，有的影响社会单位以外的公众利益。它们分别是涉内决策和涉外决策。

涉内决策是指社会单位做出的只影响本社会单位成员利益的决策。涉内决策应该由本社会单位做出，不应该由其他社会单位做出，由其他社会单位做出的本社会单位的涉内决策是专制决策。

涉内决策分为非常规涉内决策和常规涉内决策。

（一） 非常规涉内决策的民主

非常规涉内决策是无制度规定的、重大的、非经常性的涉内决策。

需要进行非常规涉内决策的主要事项有：领导者的任免决策；各种制

度的制定与修改决策，如法律制度、工作制度；其他重大事项的决策；无制度规定事项的决策；非经常性的决策。

非常规涉内决策一般应采用直接民主制。决策的民主程度由决策人占比决定。如果决策人占比高，则决策民主程度就高；如果决策人占比低，则决策民主程度就低。

（二）常规涉内决策的民主

常规涉内决策是依据非常规涉内决策所制定的制度进行的涉内决策。常规涉内决策一般具有经常性、重复性的特点，一般应采用间接民主制。

常规涉内决策有两种决策人：一是直接进行决策的直接决策人，二是直接进行制度决策的制度决策人。后者是常规涉内决策的间接决策人。非常规涉内决策只有直接决策人，不存在间接决策人。常规涉内决策是大量的、有规律的日常性决策活动，如果由全体社会单位成员参加，就会很费时间。特别是像国家层面的常规涉内决策，由全体公民共同参加几乎是不可能的，也没有必要。为了保证决策的效率，常规涉内决策一般由社会单位的领导或领导集体进行，他们一般在人数上处于绝对少数。常规涉内决策虽然由少数人进行，但不一定就是专制决策，既可能是专制决策，也可能是民主决策。要具体情况具体分析。

常规涉内决策分为合规涉内决策和违规涉内决策。

合规涉内决策是完全符合制度规定的常规涉内决策。

当常规涉内决策完全符合制度规定时，直接决策人是在间接决策人利益关系已经调整完毕的制度内进行决策，决策完全符合间接决策人的决策意图，直接决策人真正代表了间接决策人。所以直接决策人做出的常规决策等同于由间接决策人做出的决策。间接决策人占比是认定合规决策民主程度的依据。如果间接决策人占比高，则决策民主程度就高；如果间接决策人占比低，则决策民主程度就低。

违规涉内决策是违背制度规定的常规涉内决策。

在违规涉内决策中，直接决策人的决策部分或全部违背间接决策人的决策意图，直接决策人并不能代表间接决策人，所以违规涉内决策只是直接决策人的决策，不能等同于由间接决策人做出的决策。判断违规涉内决策的民主程度只能依据直接决策人占比情况。如果直接决策人占比高，则决策民主程度就高；如果直接决策人占比低，则决策民主程度就低。一般情况下，常规涉内决策的直接决策人都是少数人，因而违规涉内决策的民主程度都很低，只有多数人参与的违规涉内决策，才具有民主性质。

（三）涉内决策的民主等级

根据决策人占比，涉内决策民主程度可以分为 13 级，即绝对民主决策、超高度民主决策、高度民主决策、中度民主决策、基本民主决策、准民主决策、中间决策、准专制决策、基本专制决策、中度专制决策、高度专制决策、超高度专制决策、绝对专制决策（见表 11－1）。

提高非常规涉内决策民主程度的方法是提高决策人占比。提高常规涉内决策民主程度的方法是提高间接决策人占比。

表 11－1　涉内决策的民主等级

等级	名称	常规涉内决策：合规决策间接决策人占比（x） 违规决策直接决策人占比（x） 非常规涉内决策决策人占比（x）
1	绝对民主决策	x = 100%
2	超高度民主决策	90% ≤ x < 100%
3	高度民主决策	80% ≤ x < 90%
4	中度民主决策	70% ≤ x < 80%
5	基本民主决策	60% ≤ x < 70%
6	准民主决策	50% < x < 60%
7	中间决策	x = 50%
8	准专制决策	40% ≤ x < 50%
9	基本专制决策	30% ≤ x < 40%
10	中度专制决	20% ≤ x < 30%
11	高度专制决策	10% ≤ x < 20%
12	超高度专制决策	x < 10%
13	绝对专制决策	1 人决策

七　涉外决策的民主程度

涉外决策是指社会单位做出的影响其他社会单位成员利益的决策。涉外决策分为非常规涉外决策和常规涉外决策。

（一）非常规涉外决策的民主

非常规涉外决策是指没有相关各方共守制度约束的涉外决策。在无共守制度条件下，社会单位的涉外决策对于社会单位外部所涉及的人来说属于非常规涉外决策。如一国在没有与他国共同约定的规则下做出的影响他国利益的决策。非常规涉外决策分为涉外独立决策和涉外公共决策。

1. 涉外独立决策

涉外独立决策是社会单位独立做出的非常规涉外决策。如一国未经他国同意而做出的影响他国利益的非常规涉外决策。

在无共守制度条件下，社会单位独立进行的涉外决策由于没有外部被涉人员参与，该决策对于所有社会单位外部涉及人员来说都是强加在他们身上的绝对专制决策。例如，在自由市场经济社会，企业几乎拥有完全的经营决策自主权，企业的涉外决策几乎都是在无共守制度条件下进行的涉外独立决策。这些涉外独立决策的目的只有一个，就是为企业带来最大利润，其中大部分决策是建立在损害公共利益基础之上的。所以，自由市场经济存在着自身永远不能克服的浪费资源、破坏环境和损害人类健康的重大缺陷。

2. 涉外公共决策

涉外公共决策是社会单位与决策影响单位或个人共同做出的非常规涉外决策。其民主程度由决策人占比决定。其决策人占比的分母不仅限于本社会单位成员，还包括决策所涉的所有社会单位的人员。如一国经他国同意而做出的影响他国利益的非常规涉外决策。

在无共守制度条件下，如果要提升涉外决策的民主程度，就必须将社会单位的独立决策上升为包括所有决策涉及者的涉外公共决策。但是，在自由市场经济制度下，这是行不通的。一是企业不可能主动放弃涉外决策的独立决策权；二是许多涉外决策都是企业日常决策，决策数量巨大。如果天天进行公共决策，企业将无法正常经营，公众也无法正常生活。所以，自由市场经济具有企业专制经济的特征。

（二）常规涉外决策的民主

解决涉外决策民主缺陷的唯一办法就是建立共守制度。共守制度是涉外决策相关社会单位和个人同意的共同遵守的行为制度。共守制度将社会单位和个人的行为分类，按类制定行为规则。社会单位或个人的决策活动以及执行活动都必须符合行为规则。当为所有的企业都建立了强制性的共守制度后，自由市场经济就发展为控制市场经济。显然自由市场经济只是市场经济的初级形式，控制市场经济才是市场经济的高级形式。

常规涉外决策是指在相关各方共守制度约束下的涉外决策。常规涉外决策应当由社会单位进行独立决策，分为合规涉外决策和违规涉外决策。

1. 合规涉外决策

合规涉外决策是指完全符合共守制度的常规涉外决策。合规涉外决策的民主程度由制定共守制度的决策人占比即社会单位涉外决策的间接决策人占比决定。

不同的共守制度维护的利益范围是有区别的。由少数人制定的共守制度代表少数人的愿望，属于专制共守制度，据此进行的合规涉外决策属于专制决策。由多数人制定的共守制度代表多数人的愿望，属于民主共守制度，据此进行的合规涉外决策属于民主决策。

在控制市场经济条件下，如果共守制度只维护少数企业家的利益，只为企业追求最大利润创造条件，那么绝大多数人的利益必将受到损害，控制市场经济也将全面继承自由市场经济的弊端，并且有过之而无不及。必须建立维护全体公民共同利益的共守制度，如在资源利用、环境保护、公民健康保护和消灭贫困等方面制定严格的符合公共利益的企业行为标准，控制市场经济才能克服自由市场经济的弊端，从而使经济发展与社会进步方向一致。

2. 违规涉外决策

违规涉外决策是指违背共守制度的常规涉外决策。违规涉外决策的民主程度由社会单位涉外决策的直接决策人占比决定。由于常规涉外决策一般由占社会单位少数的负责人进行，而且一个社会单位相对于其他社会单位只能表现为1，所以违规涉外决策只能是完全专制决策。

八 决策水平决定规律

决策可以简单地分为正确决策和错误决策。因为社会进步学家认为社会进步是社会中大多数人生存水平的提高，只有少数人生存水平的提高而没有大多数人生存水平的提高不是社会进步。生存水平的提高是所有人的最大利益，这是社会进步学家判断决策正确与否的依据。

正确决策是指符合多数被决策人利益的决策，错误决策是指损害多数被决策人利益的决策。

决策水平是指决策对社会水平的影响状态。表现为决策执行效果是提高社会水平，维持社会水平，还是降低社会水平。决策本身是人的活动，决策水平属于活动水平（见表 11 - 2）。

表 11 - 2　决策水平等级

先进决策	较大幅度提高社会水平	非常节约资源产品
进步决策	提高社会水平	节约资源产品
中间决策	维持社会水平	平均状态
落后决策	降低社会水平	浪费资源产品
反动决策	严重降低社会水平	严重浪费资源产品

解决一个问题可以有多种方案。既可以有先进决策方案、进步决策方案，还可以有落后决策方案、反动决策方案。同是先进决策方案，也可以有很多种，它们在提高社会水平的程度、范围、速度、持续时间上都可能存在差异，最有利于提高社会水平的决策是最佳决策。

决策是由决策人做出的，决策人的道德水平和知识水平决定决策的道德质量和知识质量。

决策道德质量反映决策所代表的道德水平等级。道德是人们处理利益的态度。决策维护的利益范围越大，决策的道德质量就越高；决策损害的利益范围越大，决策的道德质量就越低。决策人的道德水平高，才可能使决策道德质量高。

决策知识质量反映决策所代表的知识水平等级。知识是对人和环境的社会属性和自然属性的认识。决策人对被决策的事物认识得越全面、越深入，就越可能做出正确的决策；决策人对被决策的事物认识得越片面、越浮浅，就越可能做出错误的决策。所以，决策人的知识水平高，才可能使决策知识质量高。

决策水平决定规律是：决策人的道德和知识水平决定决策水平。决策水平同决策人的道德和知识水平正相关。决策人的道德和知识水平越高，决策水平越高；决策人的道德和知识水平越低，决策水平越低。

根据决策水平决定规律，只有推举道德水平和知识水平高的人担任社会管理者，才能做出高水平的常规决策。

在民主制度下，要进一步完善民主制度，提高非常规决策水平，必须首先提高全民道德水平和知识水平。

提高民主决策水平的基本政策措施是：

（1）普及先进道德教育，提高全民道德水平。通过提高全民道德等级，引导公民自觉参加民主决策和民主监督，关心社会进步。公民在行使民主权利时，自觉维护公共利益和长远利益，主动进行先进决策，抵制落后决策。

（2）普及高等教育，提高全民知识水平。通过免费教育，给全体社会成员提供支持先进决策的先进科学知识，使之具有正确行使民主权利的知识基础。

（3）在民主决策前完全公开相关信息，普及相关知识。任何人都不是全才，即使是创新型人才，也有知识盲区。所以，人们在参加民主决策前，应当学习相关知识，做好充足的知识准备，从而进行清醒决策，杜绝糊涂决策。

*************** **社会之窗** ***************

意大利对核电等政策进行全民公投①

西班牙《国家报》6月13日报道：意大利12日开始就是否恢复实施核电厂计划、是否将公共供水系统私有化，以及是否给予政府高官司法豁免权等议题进行全民公投。

意大利内政部13日宣布，投票率达到55.8%，超出了公投结果有效需要的50%的投票率。计票结果显示，绝大多数投票者都反对贝卢斯科尼主张的恢复发展核电、公共供水系统私有化和提高水价，以及给予政府高官豁免权等政策。约95%的投票者反对政府提出的政策。

早已预见公投结果的反对派领导人皮耶路易吉·贝尔萨尼指出，

① 《意大利对核电等政策进行全民公投》，《参考消息》2011年6月15日。

这次大规模的民主表达证明，"国家还活着，但与政府离婚了"，他要求贝卢斯科尼辞职。贝卢斯科尼在一份简短声明中指出，意大利人已经"完全表达了他们的意愿"，但他重申自己要干完剩下的两年任期。此前在与以色列总理会晤后举行的记者会上，贝卢斯科尼已经承认失败，指出"意大利准备和核电说再见，我们必须坚定致力于发展可再生能源"。

环保组织和反对派聚集在大街上庆祝公投结果，网上也出现了大量反对贝卢斯科尼及其政府的视频和评论。

反对派认为，四项公投议题的全军覆没是对贝卢斯科尼政治主张和其日益专制的统治国家和政党的方式的打击。一方面，贝卢斯科尼提出的能源政策失去了基础；另一方面，民众通过投票否决政府高官享有豁免权提醒了贝卢斯科尼，法律面前人人平等。

****

第三节 政治制度的公平性进步

公平社会是公民对社会的基本要求，公平的政治制度则是公民对政治制度的基本要求。因为无论民族、性别、地位、财富如何，人人生而平等，所以政治制度及社会应该公平。

政治制度的公平性进步是指等级政治制度向平等政治制度发展。

一 公平政治制度的意义

政治制度的公平具体表现为各项社会管理活动的公平。如政府行政活动的公平，司法活动的公平，法律法规的公平，税费的公平，政府支出的公平等。

（一）政治制度的公平程度决定社会的公平程度规律

政治制度公平程度决定社会公平程度的规律是：政治制度的公平程度与社会的公平程度正相关。政治制度的公平程度越高，社会的公平程度越高；政治制度的公平程度越低，社会的公平程度越低。提高政治制度公平程度，必然提高社会的公平程度；降低社会公平程度，必然降低社会的公平程度。

公平的政治制度是公平社会的基石，没有公平的政治制度，就没有公平的社会。

（二）公平与稳定正相关规律

公平与稳定正相关规律是：政治制度的公平程度与社会稳定程度正相关。政治制度的公平程度越高，社会稳定程度越高；政治制度的公平程度越低，社会稳定程度越低。提高政治制度公平程度，必然提高社会稳定程度；降低政治制度公平程度，必然降低社会稳定程度。

一个公平的社会是高度和谐的社会，而一个极不公平的社会则是一座火山，随时可能喷发。公民在不公平的政治制度下生活，正当利益屡屡受到侵犯，就会产生逆反心理。2011 年 8 月英国伦敦等多城发生骚乱。"连续几届的英国政府孵化了贫困、不平等和不人道的社会状况，而金融动荡又让这种状况雪上加霜。"不平等、失业、贫困和绝望引发了底层阶级的群体性骚乱。① 民意不可违。为了政权的稳固，国家的稳定，就必须不断提高政治制度的公平程度，而不能以任何借口降低政治制度的公平程度，公平永远是国家公民对政治制度的第一选项。

（三）公平与廉洁正相关规律

公平与廉洁正相关规律是：政治制度的公平程度与社会廉洁程度正相关。政治制度的公平程度越高，社会廉洁程度越高；政治制度的公平程度越低，社会廉洁程度越低。提高政治制度公平程度，必然提高社会廉洁程度；降低社会公平程度，必然降低社会廉洁程度。

廉洁的反面是腐败，公平与廉洁正相关，必然与腐败负相关。政治制度的公平程度越高，社会腐败程度越低；政治制度的公平程度越低，社会腐败程度越高。提高政治制度公平程度，必然降低社会腐败程度；降低社会公平程度，必然提高社会腐败程度。

不公平背后往往存在着腐败，腐败的前面往往明摆着不公平。不公平导致腐败，腐败也导致不公平。

---

① 雷蒙德·邦那：《群体骚乱，今天是英国，明天会是美国吗?》，美国，《大西洋月刊》2011 年第 8 期。

腐败隐藏在不公平背后，不易被公民看到，可以根据不公平来发现腐败，打击腐败。而消灭腐败也是实现公平的重要途径。

（四）民主与公平正相关规律

在一般情况下，政治制度的民主程度与公平程度成正比关系。

民主与公平正相关规律是：政治制度的民主程度与公平程度正相关。政治制度的民主程度越高，公平程度越高；政治制度的民主程度越低，公平程度越低。提高政治制度民主程度，必然提高公平程度；降低政治制度民主程度，必然降低公平程度。

（五）判断政治制度是否公平的基本标准

政治制度约定的社会权力运用是否对所有人平等和符合公理是判断政治制度是否公平的基本标准。政治制度约定的社会权力运用对所有人平等并符合公理，是公平的政治制度；政治制度约定的社会权力运用不对所有人平等或违背公理，是不公平的政治制度。

社会公平就是社会的政治利益、经济利益和其他利益在全体社会成员之间合理而平等的分配，它意味着权利的平等、分配的合理、机会的均等和司法的公正。

公平的政治制度在运用社会权力时要求人人平等。即在分配利益或惩处时用同一标准对待所有的人，或在相同条件下人人相同，不偏袒任何一方或任何人。每个人或单位都必须平等地参与社会活动，没有经济地位（财富）、政治地位（权力）、社会地位（声望）和阶级阶层的差异。

公平的政治制度在运用社会权力时要求符合公理。即政治制度必须制定符合公理的社会规范，社会中的法律法规、政策、道德等都必须符合公理。同时，政治制度必须严格遵守符合公理的社会规范，并据以保护所有公民的合法利益，剥夺任何单位和个人的非法利益。符合公理还要求分配权利或惩处必须是正义的，即公平是正义基础上的公平，邪恶的即使人人平等也不是公平。

二　公平四项基本原则

公平是指利益面前人人平等并符合公理。公平与否解决的是人类的利益分配或剥夺的原则问题，也是政治制度的核心问题。因为利益的本质是人的生存水平，所以公平要求在提高、维持和降低生存水平方面人人平等并符合公理。

公平具有四个基本要素。因为可以运用这四个基本要素作为衡量是否公平的基本标准，所以将之称为公平四项基本原则。

第一，公平的同一原则。社会单位在分配、获得、维持、剥夺利益时，对所有单位成员必须使用同一标准或者同一规则。

第二，公平的均等原则。社会单位在分配、获得、维持、剥夺利益时，在相同的条件下，对所有单位成员必须相同。

第三，公平的合理原则。社会单位在分配、获得、维持、剥夺利益时，必须符合公理和扩展公理。

第四，公平的透明原则。社会单位在分配、获得、维持、剥夺利益时，必须对所有单位成员公开透明，不能暗箱操作。

符合公平四项基本原则就做到了基本公平。

三 公理与扩展公理

公理是指被人类普遍认同的符合人类共同利益的基本道理。公理符合多数人的愿望，符合多数人的利益，对多数人最有利。公理是建设民主公平正义社会的思想基础。

人类在社会实践中总结出了许多公理，其中最基本的公理包括：自由公理、民主公理、平等公理、博爱公理、透明公理、对等公理、均等公理、排队公理、救助公理和不损害公理等。

自由公理是指在不损害他人利益的前提下，人人都享有言论和行动自由的公理。

民主公理是指人人都具有参与社会管理权利的公理。

平等公理是指人人生而平等，没有高低贵贱之分，人们的政治、经济、文化等各方面应该平等的公理。

博爱公理是指人人应当相互友爱，不应当相互仇恨的公理。

透明公理是指信息应该对所有相关人公开透明，不得通过隐瞒信息获得特殊利益或损害他人利益的公理。

对等公理是指所有人的利益与投入、惩罚与过失应当对等的公理。

均等公理是指在相同的条件下所有人应当均等获得利益或均等受到利

益损失的公理。

排队公理是指所有人都应当按先到先得、后到后得的顺序分配利益的公理。

救助公理是指社会中所有人都有义务扶危济困，对没有能力获得利益的人给予必要的利益的公理。

不损害公理是指所有人都不应损害他人正当利益的公理。包括少数人不得损害多数人的正当利益，也包括多数人不得损害少数人的正当利益。损害他人正当利益的人或单位应当受到惩罚并且加倍补偿受害人。

扩展公理是指社会单位根据公理建立的约束单位成员活动的社会规范。如符合公理的法律法规、政策、道德等。需要特别强调的是法律法规、政策、道德等社会规范只有符合公理，才是扩展公理。违背公理的社会规范不是扩展公理，应当取缔。

四　公平的类型与应用

公民对社会公平的要求随着知识水平的提高越来越高。公民已经不满足于大概公平，而要求精细公平。大概公平已经被看作是不公平。所以，一个符合公民要求的政治制度必须是精细公平的政治制度。而要做到精细公平，则必须真正理解公平。

掌握了公平四项基本原则，就基本掌握了公平的本质。但是，公平具有多种表现形式，我们必须认真研究每种公平形式的特征，才能更准确地理解公平，在实践中灵活运用不同的公平形式。

公平可以表现为机会公平、对应公平和需要公平。不同的公平类型在应用时有一定的区别，有各自的应用时空。

（一）机会公平

机会公平是指单位成员获得某种合法利益的机会均等的公平。

机会公平是现代公平社会必不可少的最基础的公平。机会公平适合于利益稀缺的情况。利益稀缺是指利益小于人们的需要，即不够人人都能得到的利益。如名牌大学的录取名额、公务员职务数量、繁华地区的停车位都具有稀缺性。利益充裕是指利益大于或等于人们的需要。现代社会利益稀缺是普遍现象，社会根据什么进行稀缺性利益分配呢？若根据权力、财富、社会关系进行分配，显然是不公平的。怎样才能公平呢？资本主义社会提出了机会公平的理念：社会给与每个人获得财富的机会，而只有通过个人奋斗才能获得财富。机会公平是社会分配稀缺性利益的基本的公平形式。

机会公平提供了获得稀缺性利益的可能性，要获得利益还必须具备获利条件。获利条件是指获得某种利益必须具备的条件。如考试达到录取分数线方能录取、选举得票最多才能当选、企业符合市场准入门槛方可经营、产品质量达标才允许销售等。能否做到机会公平，关键看获利条件的设置。获利条件设置不当，会造成机会不公平。

严格意义上的机会公平是全体机会公平。

全体机会公平是指没有限制条件的社会单位中所有人都具有相同的机会。因为任何人都具有平等的生存权和发展权，所以在衣食住行、教育、医疗等人类基本生存权和发展权方面应当实行全体机会公平。

但是在社会单位中存在着大量的部分机会公平。部分机会公平是指有限制条件的社会单位中部分人具有的机会公平。这些获得机会需要的具备条件被称作机会条件。比如知识、道德、身体、经验方面的条件。有了机会条件，才有参与利益竞争的机会。部分机会公平是针对部分人的机会公平，而不是全体社会单位成员的机会公平，对于不具备机会条件的人是不公平的。所以部分机会公平一定要慎用。特别是在人类基本的生存权领域不能采用部分机会公平。只有在不设置机会条件就不利于维护大多数人利益的情况下，才可以实行部分机会公平。如社会管理者必须有高尚的道德、渊博的知识和丰富的管理经验，所以必须对候选人设置道德、知识和经验机会条件。

1. 机会公平的基本原则

（1）机会公平的同一原则。设置的机会条件和获利条件对所有人应当具有一致性，即所有人应当适用相同的机会条件和获利条件，不应有例外。设置的机会条件和获利条件应当具有精确性和便于客观衡量，不能过紧或过松，不应给管理者预留寻租空间。机会条件应当与获利条件一致，并比获利条件宽泛。如高考加分使少数被加分考生与大多数没有加分的考生获利条件不一致，违反了机会公平的同一原则。

（2）机会公平的均等原则。在合法的获利机会面前人人平等，机会相同，不能因为性别、地位、民族、家庭、亲疏等差别而存在差异。应当实行全体机会公平的社会事务不能实行部分机会公平。如关系到人类基本的生存权和发展权领域不能采用部分机会公平，无论男女老幼、地位高低，生存权和发展权都是平等的。

（3）机会公平的合理原则。设置的机会条件和获利条件应当符合公理并获得多数人认可。符合法律法规与符合公理有一定区别。因为有的法律法规符合公理，有的法律法规不符合公理。用符合公理的法律法规设置机会条件和获利条件是公平的，用违背公理的法律法规设置机会条件和获利条件是不公平的。

机会公平给予的获利机会仅限于获得合法利益，而不包括获得非法利益。剥夺获得合法利益的机会是机会不公平；剥夺获得非法利益的机会不属于机会不公平。

（4）机会公平的透明原则。机会条件和获利条件设置的过程以及权力运用过程公开透明，没有秘密，能够经受所有人监督检查而没有问题，做到过程公平。

我们可以运用机会公平的衡量标准，测量社会权力的运用是否做到了机会公平。

2. 机会公平的局限性

（1）机会公平的逐富性。机会相同，但是个人的自身条件、家庭背景、富裕程度和努力不同，影响获利结果不同，具有优胜劣汰的性质。如许多高获利市场机会需要具有大量资金才能把握，许多高薪岗位需要具有专业知识才可能竞聘。金钱门槛、知识门槛、家族门槛、社会关系门槛和个人能力门槛等实际上剥夺了一部分人的获利机会。所以即使严格按照机会公平四原则进行操作，许多机会对于弱势群体仍然不公平。机会公平本身会导致富者更富，贫者更贫，引起严重的贫富两极分化。对于一个公平社会来说，机会公平不是唯一的公平形式，还需要其他公平形式作为补充。

（2）机会公平的主观性。机会条件和获利条件的设置及运行本身不一定公平。具有条件设置权的人可能徇私舞弊，设置有利于自己胜出或受贿的条件。一些人可能利用损害他人利益的非法手段达到机会条件或获利条件。

（3）机会公平的初级性。机会公平是初级的低层次的公平，不是利益公平。机会公平给予人们的是获得利益的平等机会，而不是获得利益的平等结果。机会公平本身并不是真正意义上获利，并没有提高生存水平。人们真正需要得到的是利益，而不是得到利益的机会。例如，高中生要得到的真正利益是接受高等教育，提高知识水平，而不是考试机会。上大学的需要公平要高于上大学的机会公平。

3. 提高机会公平水平的基本方法

（1）严格遵守机会公平基本原则。

（2）机会条件和获利条件的设置及运作应当实行民主决定，并进行有效的社会监督。

（3）尽量减少利益稀缺现象，缩小或消除稀缺利益与富裕利益的利益差，进而减少人们追逐稀缺利益的愿望。

机会公平虽然存在着缺陷，但是对于现代社会进步来讲却是非常重要的，它是分配稀缺利益的最公平的方式。获得利益的平等竞争机会比不给人们获得利益的平等竞争机会是伟大的进步。

（二）对应公平

对应公平是指分配、剥夺利益与单位成员的行动后果相关相当的公平。对应公平是人类古老的公平理念，如有功则奖，有过则罚，杀人偿命，欠债还钱，按股分红，按劳分配都属于对应公平的范畴。对应公平是对等公理的体现。

对应公平涉及对应原因、对应结果和对应标准三个基本概念。

对应原因是指引起分配、剥夺利益的单位成员的相关行为。对应结果是指由单位成员的相关行为引起的分配、剥夺利益的后果。

对应公平涉及分配、剥夺利益与单位成员的行为是否相关相当的问题。如劳动者应当得到多少工资才公平？罪犯应当得到怎样的惩罚才合理？解决这些问题需要有对应标准。对应标准是指人的行为与对应的利益得失之间相关相当性的衡量标准。如法律法规、单位的奖惩标准、工资标准等。对应标准往往会成为约束对象的行为准则，所以应当是扩展公理，真正做到相关相当。

从应用角度划分，对应公平可分为激励性对应公平和惩戒性对应公平。

激励性对应公平是指分配利益与投入对等的对应公平。激励性对应公平最适合于调动资本、劳动、智力投入者的投入积极性，从而能推动生产增长，鼓励创新，提高产品的水平。激励性对应公平具有促进社会进步的重大社会作用。

惩戒性对应公平是指剥夺利益与过失对等的对应公平。惩戒性对应公平预防、减少犯错和犯罪，清除阻碍社会进步的障碍，具有伸张社会正义，彰显法律威严，震慑犯罪，维护社会秩序，保持社会和谐稳定的重大社会作用。新华社 2011 年 6 月 7 日发表时评指出："备受社会关注的药家鑫被执行死刑，体现了司法公正，也彰显了社会的公平正义。"这里所说的"公平"即是惩戒性对应公平。

1. 对应公平的基本原则

（1）对应公平的相关相当原则。对应公平有两个特殊要件：一是对应公平的相关性。即存在确实的对应原因。表现为人的行动必须与利益或损害有因果关系。如果人的行动与利益或损害没有因果关系，就没有对应公平的依据。二是对应公平的相当性。即对应结果与对应原因相当。表现为分配利益与投入对等，剥夺利益与过失对等。

（2）对应公平的同一原则。设置的法律、奖惩条例、工资标准等对应标准对所有人应当具有一致性。即所有人应当适用相同的对应标准，不应有例外。设置的对应标准应当具有精确性、解释的唯一性和便于客观衡量，对应结果与评定人主观意志无关。如绩效由谁来评定，是领导者评定还是群众评定或自我评定，不同的评定人运用相同的对应标准应该会得出相同的结果。如果对应标准不精确、具有多种解释和不便于客观衡量，同一对应原因可以得出多种对应结果，就会给管理者预留寻租空间，产生不公平和腐败。

（3）对应公平的同因均等原则。设置的法律、奖惩条例、工资标准等对应标准以及应用这些对应标准应当"同因均等"。即相同的对应原因，应当得到相同的对应结果。如相同的贡献，应当得到相同的报酬；相同的罪行，应当得到相同的惩罚。若相同的贡献没有得到相同的报酬，相同的罪行没有得到相同的惩罚，就违反了对应公平的均等原则。

（4）对应公平的合理原则。设置的法律、奖惩条例、工资标准等对应标准应当符合公理并获得多数人认可，应当是扩展公理，真正做到相关相当。对应公平仅限于获得合法利益，而不包括获得非法利益，违背公理的对应性行为不是对应公平。如根据作用大小进行贪污受贿分赃，因其违背清正廉洁的公理，不属于对应公平。

（5）对应公平的透明原则。法律、奖惩条例、工资标准等对应标准的设置过程以及对应标准本身应当公开透明，保证公众的广泛参与权。主持标准的制定者不应通过隐瞒对公众不利的目的和可预知的结果，谋取私利，损害公众利益。对应标准的运用过程对所有相关人公开透明，没有秘密，能够经受所有人监督检查而没有问题，做到过程公平。

2. 对应公平的局限性

（1）对应公平的扶强抑弱特征本身存在一定的不公平性。对应公平具有优胜劣汰的性质，缺少人情味，没有投入的人将不能获得任何利益。如果强调不劳动者不得食的对应公平理念，对于既没有劳动投入条件，又没有资本投入条件的人来说，就失去了生活来源。对应公平本身会导致富者更富，贫者更贫，引起严重的贫富两极分化，对于弱势群体仍然不公平。对于一个公平社会来说，对应公平不是唯一的公平形式，还需要其他公平形式作为补充。所以在人类生产社会中，只宜对有投入的资本所有者和劳动者实行占有分配制和劳动分配制，而对于没有条件投入的人则宜实行需要分配制。如对失业者发放失业救济金，就是非对应公平的社会福利。

（2）对应标准设置和运作存在一定的缺陷。在现代社会，法律法规、行业规章、企业制度等各项对应标准一般都是由少数管理者制定、解释并组织实施。故此，许多对应标准在利益上对管理者倾斜，而对被管理者则可能存在着不公平。如在企业主、高管与劳动者之间的利益分配上，很难区分各自贡献的大小。当分配决策者是企业主、高管时，往往会为自己多分，给劳动者少分，在企业主、高管和劳动者这一层面上实行对应不公平分配。而这种不公平分配，大多数是符合对管理者有利的法律法规等社会规则的。

3. 提高对应公平水平的基本方法

（1）严格遵守对应公平基本原则。

（2）对应标准的设置及运作应当实行民主决定，并进行有效的社会监督。

对应公平虽然存在着缺陷，但是对应公平对于现代社会进步来讲却是非常重要的，它是调动资本、劳动、智力投入者的投入积极性最公平的方式。

（三）需要公平

需要公平是指根据人们的必要需要分配利益的公平。需要公平表现为人们必要需要的共同满足。例如：吃饱是人们的必要需要，当人们同时达到了吃饱状态，则出现了吃饱需要公平；穿暖是人们的必要需要，当人们同时达到了穿暖状态，则出现了穿暖需要公平。需要分配制根据人们的需要进行分配。需要公平是救助公理的体现和发展。社会管理的目的在于尽可能地给予每个成员以必要的福利，保证每个成员能够满足自己生存必要的需要。

在人类生产社会，需要公平主要应用于社会福利分配，以及保证无收入和低收入社会成员的基本生活需要。如义务教育、全民免费医疗、退休金、最低生活保障金、失业救济金、公租房、廉租房等。在自动生产社会，需要公平则是社会主要的利益分配的公平方式。

对什么人进行需要分配，在什么条件下进行需要分配，分配多少，应当有一个需要分配标准。如义务教育制度、养老金制度等都属于需要分配标准。需要分配标准是关于需要分配的制度，解决的是如何进行需要分配的问题。而需要公平解决的是需要分配标准、需要分配过程和结果是否公平的问题。如果需要分配标准、过程和结果符合需要公平的基本原则，那么就基本做到了需要公平。

1. 需要公平的基本原则

（1）需要公平的必要原则。需要公平满足的是必要的需要，而不是非必要的需要。如给病人开药满足的是必要需要，而给健康人开药满足的则是非必要需要。需要公平只满足必要的需要。

需要公平是最人性化的公平，也是人类最伟大最高尚的公平。需要公平以满足全体人民的必要消费需要为基础，符合社会进步的宗旨。它不向机会公平那样，必须获得机会才可能满足需要；它不向对应公平那样，必须投入才可能满足需要。

（2）需要公平的同一原则。设置的法律法规等需要分配标准对所有人应当具有一致性。即所有人应当适用相同的需要分配标准，不应有例外，不应当有城乡差别，脑体差别，男女差别。设置的需要分配标准应当具有精确性、具有解释的唯一性和便于客观衡量。如果需要分配标准不精确、具有多种解释和不便于客观衡量，就会给管理者预留寻租空间，产生不公平和腐败。

（3）需要公平的均等原则。设置的法律法规等需要分配标准以及应用这些标准应当符合均等原则。需要公平没有投入前提条件，而人的必要消费需要基本相同，所以分配利益的基本均等是需要公平的重要原则。需要公平的均等有两种：一是数量均等。如失业人员从国家福利制度中获得相同的失业救济金，退休人员从国家福利制度中获得相同的养老金。二是结果均等。如医疗保障制度保障每一个人都得到充分的医疗服务，医疗费用数量不均等，医疗服务结果均等。

（4）需要公平的合理原则。设置的法律法规等需要分配标准必须符合公理并获得多数人认可，应当是扩展公理。在实施利益分配时，应当严格遵守排队公理和救助公理，无论职务高低、亲疏、贫富都应排队，危急者优先。

（5）需要公平的透明原则。法律法规等需要分配标准设置的过程以及标准本身应当公开透明，保证公众的广泛参与权。主持标准的制定者不应隐瞒对公众不利的目的和可预知的结果，谋取私利，损害公众利益。需要分配标准的运用过程对所有相关人公开透明，没有秘密，能够经受所有人监督检查而没有问题，做到过程公平。

2. 需要公平的局限性

（1）需要公平没有投入前提条件，不适合鼓励人类劳动。由于不考虑投入差别，会严重影响人们的投入积极性，需要公平不适合作为工资发放原则。所以在人类生产社会中不宜实行单一的需要分配制。而在自动生产社会，由于大部分人已经无从投入，需要分配制则应占主导地位。

（2）需要公平必须具备能够满足人们需要的客观条件，当利益稀缺时难以做到需要公平。例如，在直升制度下，所有高中生都能升入大学，在上大学层面上做到了需要公平。但是并不是所有高中生都能上名牌大学，在上什么大学层面上不能做到需要公平。这是因为大学不稀缺，可以做到需要公平，而名牌大学稀缺则不能做到需要公平，只能采用机会公平的方式竞争报考。学生上大学只能采用需要公平与机会公平相结合的方式。

3. 提高需要公平水平的基本方法

（1）严格遵守需要公平基本原则。

（2）需要分配标准的设置及运作应当实行民主决定，并进行有效的社会监督。

需要公平虽然存在着缺陷，但是需要公平对于现代社会进步来讲却是非常重要的，它是推动人类生产社会向自动生产社会发展的最关键的公平方式。

公平是相对于某一时间、范围、层面和某一标准的公平。各种基本公平状态很难同时满足。一种公平可能就是另一种不公平。

人们在解决公平问题时，应该充分利用各类公平的长处，尽量避免各类公平的短处，将几类公平结合起来加以运用。人类在宏观管理实践中也是这样做的。因为只有这样做才会化解矛盾，保持社会稳定和促进社会进步。例如：实行占有分配制、劳动分配制和需要分配制并存的消费分配制度。这样既调动了资本投入者和劳动投入者的投入积极性，又保障了无投入者的生存权利，实现了效率与公平的基本统一。

第四节　政治进步的目标

习近平主席说："我们的人民热爱生活，期盼有更好的教育、更稳定的工作、更满意的收入、更可靠的社会保障、更高水平的医疗卫生服务、更舒适的居住条件、更优美的环境，期盼孩子们能成长得更好、工作得更好、生活得更好。人民对美好生活的向往就是我们的奋斗目标。"[①]

政治制度进步的目标是通过政治制度改革不断提高公民的生存水平。包括社会更加稳定，公民更加幸福，政治制度更加先进。引起社会动荡和公民生存水平下降的政治制度改革不是政治进步。

一　社会稳定目标

"中华民族是爱好和平的民族。消除战争，实现和平，是近代以后中

---

① 《习近平谈治国理政》，外文出版社，2014，第4页。

国人民最迫切、最深厚的愿望。走和平发展道路,是中华民族优秀文化传统的传承和发展,也是中国人民从近代以后苦难遭遇中得出的必然结论。中国人民对战争带来的苦难有着刻骨铭心的记忆,对和平有着孜孜不倦的追求,十分珍惜和平安定的生活。中国人民怕的就是动荡,求的就是稳定,盼的就是天下太平。"①

社会稳定是政治制度进步的基础目标,有了社会稳定,才可能有公民幸福。在动荡社会中,公民连生命财产都得不到保障,能活着就不错了,还能奢谈幸福吗?所以,实现和保持社会稳定,是政府的第一责任,也是政治制度进步的第一目标。社会动荡是政府管理失败的重要表现之一。

国家稳定的标准:一是对外关系良好,协商解决外部事务。没有外敌入侵,没有对外战争。二是政治渐进式发展,政治派别之间、民族之间、宗教之间平等协商,关系融洽,没有内乱、内战。三是经济渐进式发展,经济组织和结构相对稳定,没有大规模的企业倒闭,没有经济危机。四是政府与公民、企业与公民关系融洽,没有侵犯公民利益的行为,没有动荡和不安定因素。五是社会秩序良好,公民遵纪守法,犯罪率极低。六是物价稳定,没有通货膨胀。七是环境良好,没有人为的环境危机。八是没有大规模传染病流行。九是没有政治难民和经济难民。

*************** **社会之窗** ***************

第一次世界大战对人类的危害②

1914～1918 年同盟国集团和协约国集团之间为重新瓜分殖民地和势力范围、争夺世界霸权而进行了第一次世界规模的战争。这场帝国主义战争历时 4 年 3 个月,战火燃遍欧洲大陆,延及非洲和亚洲,大西洋的北海海域、地中海和太平洋的南部海域都曾发生激烈的海战。先后卷入这场战争的有 33 个国家。大战使各国人民遭受了空前的灾难。交战双方动员兵力共 7340 余万人,直接参战部队 2900 多万人,死于战场的约 1000 多万人,受伤的约 2000 万人,受战祸波及的人口

---

① 《习近平谈治国理政》,外文出版社,2014,第 247 页。

② 向阳院:《第一次世界大战简介》,360doc 个人图书馆,http://www.360doc.com/content/11/0219/03/53332_94332439.shtml。

在 13 亿人以上，约占当时世界总人口的 75%，战争造成的经济损失达 2700 亿美元。

第二次世界大战对人类的危害①

　　1939 年 9 月 1 日至 1945 年 9 月 2 日，从欧洲到亚洲，从大西洋到太平洋，先后有 61 个国家和地区、20 亿以上的人口被卷入战争，占当时世界人口的 80%。作战区域面积达 2200 万平方公里。

　　第二次世界大战是历史上死伤人数最多的战争。大约有 7000 万人死亡，平民占到多数。其中，苏联死亡约为 2800 多万人；中国死亡约为 1800 多万人；美国共有 42 万人死亡；英国共有 40 万人死亡；法国有 80 多万人死亡。另有至少 1.3 亿人受伤，合计伤亡 2 亿人（其中苏联约为 6000 万人伤亡，中国约为 3500 万人伤亡）。轴心国方面，德国有 2800 万人死伤；日本有 690 万人死伤；意大利有 70 万人死伤。

　　交战双方动员兵力达 1 亿人，直接军费开支总计约 3 万亿美元，占交战国国民总收入的 60% ~ 70%，参战国物资总损失价值达 4 万亿美元。按 1937 年的比价计算，日本侵略者给中国造成的直接经济损失达 1000 亿美元，间接经济损失达 5000 亿美元。

****

二　公民幸福目标

社会稳定是为了公民幸福，是为公民幸福提供良好的社会环境。政治制度进步是为了公民幸福，公民幸福是政治制度进步的核心目标。权为民所赋，民赋权于政府就是为了民众的幸福。公民不幸福是政府管理的最大失败。

幸福是使人心情舒畅的境遇和生活，在社会进步学的术语中"幸福"是指公民满意的生存水平。进一步幸福，就是不断提高公民生存水平。政治制度通过对社会的良好管理来实现公民进一步幸福。

公民幸福不是一句抽象的口号，也不是知足常乐者的自我感觉良好，

---

　　① 冷雨凌：《第二次世界大战简介》，360doc 个人图书馆，http://www.360doc.com/content/13/0414/06/2822760_278231667.shtml。

而是有具体的实实在在的内容。在社会不同的发展时期，公民幸福的内容是不同的。

现代社会公民幸福的基本内容是：食品安全、充足；住房舒适；免费医疗；大学教育；水、电、燃气等生活必需品充足；生命权和财产权得到充分尊重；个人利益的话语权和重要社会事项的知情权得到充分体现；物价稳定；生活稳定、方便；无精神压力，轻松愉快；中等收入人口达总人口的80%以上，低收入人口由国家补贴，保证必要消费得到基本满足；紧急救助。

人民需要食品安全、居住安全、医疗保障、教育保障、收入稳定、税赋轻微、物价稳定、社会稳定、社会平等、人身自由、无环境污染。

*************** **社会之窗** ***************

法国工人抗议养老金改革①

[德新社巴黎9月7日电]　今天，法国各地的铁路和公路交通都受到严重影响：全国工人举行为期一天的大罢工。抗议萨科齐总统提出的养老金改革法案。

各大工会都呼吁工人采取抗议行动并走上街头，说服萨科齐放弃在2018年前逐步把退休年龄从60岁提高到62岁的计划。这项议案将在今天晚些时候提交议会。

罢工从昨天晚些时候开始，鉴于铁路工人纷纷离开工作岗位，国内国际的所有夜班车次都被取消。

罢工发生的同时，法国各地的上百座城镇还暴发街头抗议，工会预计至少有200万人参加示威活动。最近的民意调查显示，约有70%的法国人支持抗议活动。尽管罢工和抗议的规模很大，萨科齐估计仍将坚持自己的改革措施，他认为这将是自己执政的转折点。

法国工会总同盟负责人蒂博警告说：如果政府没有反应，法国可能暴发更多、甚至更激烈的抗议活动。②

① 路透社：《仍在继续的罢工使法国的铁路和机场运输陷入混乱》，《参考消息》2010年10月29日。
② 德新社：《法国工人抗议养老金改革》，《参考消息》2010年9月8日。

[路透社巴黎10月28日电] 28日仍在继续的罢工使法国的铁路和机场运输陷入混乱，不过因提高退休年龄计划而引发的罢工从整体上看正趋向缓和，此前一天议会通过了退休制度改革法案。

工会领导人说，政府无视劳动者的要求而带来的损害不会消失。法国总工会负责人贝尔纳·蒂博说："什么法律也不能阻止工会的斗争。"

法国总统萨科齐对退休制度改革法案抗议浪潮持强硬立场。议会批准了他将退休年龄提高到62岁的退休制度改革法案，萨科齐取得的胜利只会在选民心中留下令人厌恶的印象，并毁灭他重塑其政治核心地位的希望。

法国舆论研究所发表的一项意见调查显示，经历了一个夏季的罢工、抗议和反移民浪潮之后，萨科齐的个人支持率首次降至30%以下。政治家斯特凡纳·罗泽斯表示：选民不仅反对退休制度改革法案本身，而且还反感萨科齐推行该法案的傲慢方式。公众对于他领导的政府表现出强烈的愤慨，感觉受到了欺骗。

2007年当选总统的萨科齐是在巴黎一家顶级酒店庆祝选举获胜的。当时的支持者众多，后来他又在亿万富翁借给他的游艇上度假，常常因为身着惹人注目的昂贵服饰而被指责为富人的总统。长期以来，萨科齐一直坚持对富人的"财政庇护"政策，以鼓励富裕阶层保有财富。然而，这种做法每年只能使18704人受益，却要让国家付出6.79亿欧元的代价。

****

第五节 先进的政治制度

在社会稳定和公民幸福基础之上，还应该发展先进政治制度。先进政治制度在更高水平上实现社会稳定和公民幸福。先进政治制度是政治制度进步的高层次目标。

先进政治制度包括民主平等制度、国际主义制度和人类进步制度。

一 民主平等制度

政治管理的目的是维护辖内所有公民的利益。既维护管理者的利益，也维护被管理者的利益。管理者在被管理者中间产生，本身也是被管理者。被管理者可以运用制度和法律程序监督、管理和罢免管理者。管理者与被管理者具有同等的政治权利。社会决策从社会单位成员的整体利益出发。被管理者有权参与政治决策。

先进的政治管理代表社会中所有人的共同利益，不具有阶级性，不维护特权阶层的特殊利益，不是阶级压迫和阶级剥削的工具。管理者与被管理者同甘共苦，完全平等。管理者无任何区别于被管理者的特殊利益。

二　国际主义制度

政治管理的目的在维护辖内所有公民利益的基础上，兼顾其他国家的利益。在处理国与国之间的关系时，互相尊重主权和领土完整，互不侵犯，互不干涉内政，平等互利，和平共处。在组织本国社会进步的同时，不损害他国的社会进步，并支持和帮助他国政府和人民共同进步。维护世界和平和可持续发展。

三　人类进步制度

政治管理的根本目标在于维护全人类的共同利益。人类进步制度的显著特点是立足于人类利益，协调和指导各国各民族的活动，促进全世界的共同进步。

人类进步制度的发展目标是在全球建立先进、民主、平等的政治体系。

国家差异和民族差异引起人类活动水平的差异。高水平的人类活动可以提高社会水平；低水平的人类活动可以降低社会水平。为了实现人类社会的共同进步，有必要提高国家活动水平和民族活动水平。因此，人类进步制度非常必要。

人类进步制度的主要任务是保证全人类在民主、和平的基础上实现可持续发展，即民主、和平与发展。其主要内容包括普及先进思想和人类道德；普及先进知识，促进各国经济均衡发展；以和平方式推广进步的社会基本制度；以和平方式化解国家矛盾和民族矛盾，禁止相互残杀的战争，不以任何借口向主权国家动用武力或以武力相威胁；维持和提高自然环境水平，防止环境水平下降；控制全球人口数量，解决贫困、饥饿、难民和传染病问题；消除国家间、地区间两极分化，提高全人类的生存水平。

第六节 理论、规律与方法

一 政治进步相关理论

(一) 政治进步理论

政治进步是指社会权力的运用向有利于全体公民利益的方向发展。政治进步依赖于政治制度进步,如集团政治制度向全民政治制度发展,专制政治制度向民主政治制度发展,等级政治制度向平等政治制度发展等。

政治制度进步的结果必须是提高公民生存水平,只有提高公民生存水平的政治制度改革才是政治制度进步,如果政治制度改革不能提高公民生存水平,则政治制度改革只是作秀,浪费资源,没有任何进步意义。如果政治制度改革降低了公民生存水平,则政治制度改革就是反动的,是政治制度的倒退。

总之,是否提高公民生存水平是衡量政治制度改革性质的唯一标准。

判断政治进步的基本标准是:政治活动引起公民生存水平提高,则为政治进步;政治活动引起公民生存水平降低,则为政治倒退。

政治进步的主要表现是:战争向和平发展;动乱向稳定发展;腐败向廉洁发展;专制向民主发展;不公平向公平发展。

政治倒退的主要表现是:和平向战争发展;稳定向动乱发展;廉洁向腐败发展;民主向专制发展;公平向不公平发展。

(二) 政治制度性质理论

政治制度的性质是指政治制度约定的社会权力维护的利益范围。社会上存在两种性质的国家政治制度,一种是不代表任何特定利益集团的私利,维护全体公民利益的全民政治制度。另一种是维护一部分利益集团的利益,损害另一部分利益集团利益的集团政治制度。全民政治制度和集团政治制度是两种基本的政治制度。世界上一切政治制度,如果不是全民政治制度,就必然是集团政治制度。判断政治制度的性质不能简单地以参加选举的人数作为依据。全民政治制度和集团政治制度的本质区别在于政治制度所维护的利益范围。

国家政治制度的性质只能通过国家政权的行为后果表现出来。全民政治制度的行为结果是维护全体公民的共同利益；集团政治制度的行为结果是维护少数人利益，损害多数人利益。这是区分全民政治制度与集团政治制度的唯一依据，也是判断政治制度性质的基本标准。

政治制度进步是指集团政治制度向全民政治制度发展。

（三） 政治制度的民主化理论

政治制度的民主化进步是指政治制度的民主程度由低向高发展。如专制政治制度向民主政治制度发展，民主政治制度的民主程度由低向高发展。政治制度的民主程度是指政治制度约定的社会权力掌握在多少人手中。民主是少数服从多数的政治制度决策形式。民主制度是以少数服从多数为基本决策形式的政治制度。民主制度有两种基本形式，一是直接民主制，二是间接民主制。

民主政治制度的基本标准：一是国家法律符合全体公民的共同利益，二是国家权力机关依法行政。

1. 直接民主制理论

直接民主制是指全体有完全行为能力的有政治权利的社会单位成员平等投票决定社会事务及社会管理者任免的民主制度。在直接民主制度下，管理者只是会议召集人和活动组织者，每一个有完全行为能力的有政治权利的社会单位成员都有平等的决策权。

公决是直接民主制决定社会事务的基本方法，包括提案民主和表决民主两个方面。公举是直接民主制任免管理者的基本方法，包括提名民主和表决民主两个方面。

在直接民主制中每个社会单位成员都直接参加决策过程，所以是名副其实的民主，这也是直接民主制的最大优势。但是也不能所有社会事务都必须通过全民公决，只有关系到全体社会单位成员重要利益的社会事务才适合由全民公决。

社会管理机构和工作单位的决策很多，其中绝大部分的决策活动只能由管理者直接参加，而不能由全体公民直接参加。由全体公民直接参加所有的社会决策，既是不可能的，也是没必要的。如果每个公民都直接参加各级政府的所有决策活动，那么每个公民每天要面对大量的决策工作，将没有时间进行生产和消费活动，决策效率也必然很低。

全民公决在形式上符合决策平等的要求，但是在决策内容上并不一定就能够代表公共利益。直接民主制可能选出为公民服务的优秀领导者，也可能选出祸国殃民的独裁者；可能做出符合公众利益的决策，也可能做出违背公众利益的决策。影响直接民主制决策效果的因素包括：公决公举原则是否合理；公民品德水平的制约；公民知识水平的制约；信息透明度的制约；公决公举相关技术和过程的制约。

2. 间接民主制理论

间接民主制是指由多数人通过选举活动选出代表，再由代表在公众监督下按照多数人通过的权限、规则和程序直接决定社会事务的民主制度。间接民主制有两个基本特征：一是间接民主制中的决策人及其权限、规则和决策程序由直接民主制决定；二是任何公民都有权利对权力的使用者加以监督制约。间接民主制的基础是直接民主制。所以间接民主制是有限权威制，是民主基础上的权威。在间接民主制中，管理者（如政府）与被管理者（如公民）之间是委托代理关系和监督制约关系。理想的社会政治制度是直接民主制与间接民主制合理的结合。

3. 决策人占比决定民主程度理论

决策人占比是指决策人直接或间接占被决策人的比例。决策人是指所有直接或间接平等参与决策的人或群体。被决策人是指所有被决策结果影响而引起利益或活动变动的人。公民对决策的参与程度反映社会权力的民主程度，反映政治制度的民主程度。决策人占比越高，民主水平越高；决策人占比越低，民主水平越低。

4. 涉内决策民主理论

涉内决策是指社会单位做出的只影响本社会单位成员利益的决策。涉内决策只应由本社会单位做出，不应由其他社会单位做出，由其他社会单位做出的本社会单位的涉内决策是专制决策。

非常规涉内决策一般应采用直接民主制。决策的民主程度由决策人占比决定。如果决策人占比高，则决策民主程度就高；如果决策人占比低，则决策民主程度就低。

常规涉内决策具有经常性、重复性的特点，一般应采用间接民主制。常规涉内决策分为合规涉内决策和违规涉内决策。间接决策人占比是认定合规涉内决策民主程度的依据。如果间接决策人占比高，则决策民主程度就高；如果间接决策人占比低，则决策民主程度就低。

违规涉内决策的民主程度一般都很低，只有多数人参与的违规涉内决策，才具有民主性质。

5. 涉外决策民主理论

涉外决策是指社会单位做出的影响其他社会单位成员利益的决策。涉外决策分为非常规涉外决策和常规涉外决策。

非常规涉外决策是指没有相关各方共守制度约束的涉外决策。非常规涉外决策分为涉外独立决策和涉外公共决策。涉外独立决策是社会单位独立做出的非常规涉外决策。涉外独立决策对于所有社会单位外部涉及人员来说都是强加在自己身上的绝对专制决策。涉外公共决策是社会单位与决策影响单位或个人共同做出的非常规涉外决策。其民主程度由决策人占比决定。其决策人占比的分母不仅限于本社会单位成员，还包括决策所涉及的所有社会单位的人员。

常规涉外决策是指在相关各方共守制度约束下的涉外决策。常规涉外决策应当由社会单位进行独立决策。常规涉外决策分为合规涉外决策和违规涉外决策。合规涉外决策是指完全符合共守制度的常规涉外决策。合规涉外决策的民主程度由制定共守制度的决策人占比即社会单位涉外决策的间接决策人占比决定。不同的共守制度维护的利益范围是有区别的。由少数人制定的共守制度代表少数人的愿望，属于专制共守制度，据此进行的合规涉外决策属于专制决策。由多数人制定的共守制度代表多数人的愿望，属于民主共守制度，据此进行的合规涉外决策属于民主决策。违规涉外决策是指违背共守制度的常规涉外决策。违规涉外决策只能是完全专制决策。

6. 决策水平理论

决策可以分为正确决策和错误决策。正确决策是指符合多数被决策人利益的决策。错误决策是指损害多数被决策人利益的决策。决策水平是指决策对社会水平的影响状态。表现为决策执行效果是提高社会水平、维持社会水平还是降低社会水平。决策是由决策人做出的，决策人的道德水平和知识水平决定决策的道德质量和知识质量。

在民主制度下，要进一步完善民主制度，提高非常规决策水平，必须首先提高全民道德水平和知识水平。

（四）政治制度的公平性理论

公平社会是公民对社会的基本要求，公平的政治制度则是公民对政治制度的基本要求。政治制度的公平性进步是指等级政治制度向平等政治制度发展。政治制度约定的社会权力运用是否对所有人平等和符合公理是判断政治制度是否公平的基本标准。政治制度约定的社会权力运用对所有人平等并符合公理，是公平的政治制度；政治制度约定的社会权力运用不对所有人平等或违背公理，是不公平的政治制度。

公平的政治制度在社会权力运用时人人平等，即在分配利益或惩处时用同一标准对待所有的人，或在相同条件下人人相同，不偏袒任何一方或任何人。

公平的政治制度在社会权力运用时符合公理。社会中的法律法规、政策、道德等都必须符合公理。并据以保护所有公民的合法利益，剥夺任何单位和个人的非法利益。

1. 政治制度的公平程度与社会的公平程度关系理论

公平的政治制度是公平社会的基石，没有公平的政治制度，就没有公平的社会。政治制度的公平程度与社会的公平程度正相关。政治制度的公平程度越高，社会的公平程度越高；政治制度的公平程度越低，社会的公平程度越低。提高政治制度的公平程度，必然提高社会的公平程度；降低政治制度的公平程度，必然降低社会的公平程度。

2. 政治制度的公平程度与社会的稳定程度关系理论

一个公平的社会是高度和谐的社会，而一个极不公平的社会则是一座火山，随时可能喷发。公民在不公平的政治制度下生活，正当利益屡屡受到侵犯，就会产生逆反心理。为了政权的稳固，国家的稳定，就必须不断提高政治制度的公平程度。公平永远是国家公民对政治制度的第一选项。政治制度的公平程度与社会稳定程度正相关。政治制度的公平程度越高，社会稳定程度越高；政治制度的公平程度越低，社会稳定程度越低。提高政治制度公平程度，必然提高社会稳定程度；降低政治制度公平程度，必然降低社会稳定程度。

3. 政治制度的公平程度与社会廉洁程度关系理论

权力运用得公平，公民不需要行贿即可获得公平的利益；权力运用得不公平，公民为了获得利益只有行贿。不公平导致腐败，腐败也导致不公平。政治制度的公平程度与社会廉洁程度正相关。政治制度的公平程度越高，社会廉洁程度越高；政治制度的公平程度越低，社会廉洁程度越低。提高政治制度公平程度，必然提高社会廉洁程度；降低社会公平程度，必然降低社会廉洁程度。所以可以根据不公平的社会规范和现象来发现腐败，打击腐败。而消灭腐败也是实现公平的重要途径。

4. 政治制度的民主程度与公平程度关系理论

在一般情况下，政治制度的民主程度与公平程度成正比关系。政治制度的民主程度越高，公平程度越高；政治制度的民主程度越低，公平程度越低。提高政治制度民主程度，必然提高公平程度；降低政治制度民主程度，必然降低公平程度。

5. 公平理论

公平是指在利益面前人人平等并符合公理。公平与否解决的是人类的利益分配或剥夺的原则问题，也是政治制度的核心问题。因为利益关乎人的生存水平，所以公平要求在提高、维持和降低生存水平方面人人平等并符合公理。公平可以表现为机会公平、对应公平和需要公平。公平是相对于某一时间、范围、层面和某一标准的公平。各种基本公平状态很难同时满足。一种公平可能就是另一种不公平。公平有四项基本原则。

（1）公平的同一原则。社会单位在分配、获得、维持、剥夺利益时，对所有单位成员必须使用同一标准或者同一规则。

（2）公平的均等原则。社会单位在分配、获得、维持、剥夺利益时，在相同的条件下，对所有单位成员必须相同。

（3）公平的合理原则。社会单位在分配、获得、维持、剥夺利益时，必须符合公理和扩展公理。

（4）公平的透明原则。社会单位在分配、获得、维持、剥夺利益时，必须对所有单位成员公开透明，不能暗箱操作。

符合公平四项基本原则就做到了基本公平。

6. 社会规范必须符合公理理论

法律法规、政策、道德等社会规范只有符合公理，才是扩展公理；违背公理的法律法规、政策、道德等社会规范不是扩展公理，应当取缔。公理是指被人类普遍认同的符合人类共同利益的基本道理。公理对多数人最有利，是建设民主公平正义社会的思想基础。最基本的公理包括：自由公理、民主公理、平等公理、博爱公理、透明公理、对等公理、均等公理、排队公理、救助公理和不损害公理等。扩展公理是社会单位根据公理建立的约束单位成员活动的法律法规、政策、道德等社会规范。

7. 机会公平理论

机会公平是指单位成员获得某种合法利益的机会均等。机会公平是现代公平社会必不可少的最基础的公平。机会公平适合于利益稀缺的情况。

机会公平可分为全体机会公平和部分机会公平，严格意义上的机会公平是全体机会公平。机会公平的基本原则有以下几条。

（1）机会公平的同一原则。设置的机会条件和获利条件对所有人应当具有一致性。

（2）机会公平的均等原则。在合法的获利机会面前人人平等，机会相同。应当实行全体机会公平的社会事务不能实行部分机会公平。

（3）机会公平的合理原则。设置的机会条件和获利条件应当符合公理并获得多数人认可。

（4）机会公平的透明原则。机会条件和获利条件设置的过程以及权力运用过程公开透明，没有秘密，能够经受所有人监督检查而没有问题，做到过程公平。

我们可以运用机会公平的衡量标准，测量社会权力的运用是否做到了机会公平。

机会公平是初级的低层次的公平。机会公平给予人们的是获得利益的平等机会，而不是获得利益的平等结果。机会条件和获利条件的设置及运行本身不一定公平。对于一个公平社会来说，机会公平不是唯一的公平形式，还需要其他公平形式作为补充。

8. 对应公平理论

对应公平是指分配或剥夺利益与单位成员的行动后果相关相当的公平。对应公平是对等公理的体现。对应公平可分为激励性对应公平和惩戒性对应公平。对应公平的基本原则有以下几条。

（1）对应公平的相关相当原则。对应公平有两个特殊要件：一是对应公平的相关性。即存在确实的对应原因。表现为人的行动必须与利益或损害有因果关系。如果人的行动与利益或损害没有因果关系，就没有对应公平的依据。二是对应公平的相当性。即对应结果与对应原因相当。表现为分配利益与投入对等，剥夺利益与过失对等。

（2）对应公平的同一原则。设置的法律、奖惩条例、工资标准等对应标准对所有人应当具有一致性。

（3）对应公平的同因均等原则。设置的法律、奖惩条例、工资标准等对应标准以及应用这些标准应当"同因均等"。即相同的对应原因，应当得到相同的对应结果。

（4）对应公平的合理原则。设置的法律、奖惩条例、工资标准等对应标准应当符合公理并获得多数人认可。

（5）对应公平的透明原则。法律、奖惩条例、工资标准等对应标准的设置过程以及对应标准本身应当公开透明，保证公众的广泛参与权。

尽管对应公平存在着扶强抑弱特征，但是对应公平对于现代社会进步来讲却是非常重要的，它是调动资本、劳动、智力投入者积极性的最公平的方式。

9. 需要公平理论

需要公平是指根据人们的必要需要分配利益的公平。

在人类生产社会，需要公平主要应用于社会福利分配，以及保证无收入和低收入社会成员的基本生活需要。在自动生产社会，需要公平则是社会主要的利益分配的公平方式。需要公平的基本原则有以下几条。

（1）需要公平的必要原则。需要公平满足的是必要的需要，而不是非必要的需要。

需要公平是最人性化的公平，也是人类最伟大最高尚的公平。需要公平以满足全体人民的必要消费需要为基础，符合社会进步的宗旨。它不向机会公平那样，必须获得机会才可能满足需要；也不向对应公平那样，必须投入才可能满足需要。

（2）需要公平的同一原则。设置的法律法规等需要分配标准对所有人应当具有一致性。

（3）需要公平的均等原则。设置的法律法规等需要分配标准以及应用这些标准应当符合均等原则。

（4）需要公平的合理原则。设置的法律法规等需要分配标准必须符合公理并获得多数人认可，应当是扩展公理。

（5）需要公平的透明原则。法律法规等需要分配标准的设置过程以及标准本身应当公开透明，保证公众的广泛参与权。

需要公平没有投入前提条件，不适合鼓励人类劳动。需要公平必须具备能够满足人们需要的客观条件，当利益稀缺时难以做到需要公平。

需要公平虽然存在着缺陷，但是需要公平对于现代社会进步来讲却是非常重要的，它是推动人类生产社会向自动生产社会发展的最关键的公平方式。

（五）政治制度进步的目标理论

政治制度进步的目标是通过政治制度改革不断提高公民的生存水平。包括社会更加稳定，公民更加幸福，政治制度更加先进。引起社会动荡和公民生存水平下降的政治制度改革不是政治进步。

社会稳定是政治制度进步的基础目标，有了社会稳定，才可能有公民幸福。社会动荡是政府管理失败的重要表现之一。

公民幸福是政治制度进步的核心目标。公民不幸福是政府管理的最大失败。在社会进步学的术语中，"幸福"是指公民满意的生存水平。进一步幸福，就是不断提高公民生存水平。政治制度通过对社会的良好管理来实现公民进一步幸福。

公民幸福不是一句抽象的口号，也不是知足常乐者的自我感觉良好，而是有具体的实实在在的内容。

二　政治进步相关规律

（一）政治制约国家进步规律

国家政治与国家进步高度相关。一般情况下，国家政治水平制约国家进步水平。国家政治水平越高，国家进步越快；国家政治水平越低，国家进步就越慢。国家政治水平变化引起国家水平同向变化。国家政治水平由低向高发展，国家水平随之由低向高发展；国家政治水平由高向低转化，国家水平也随之由高向低转化。提高国家政治水平，必然提高国家水平，推动社会进步；降低国家政治水平，必然降低国家水平，导致社会倒退。

（二）民主程度与决策人占比正相关规律

民主程度同决策人占比正相关。决策人占比越高，民主水平越高；决策人占比越低，民主水平越低。

（三）决策水平决定规律

决策人的道德和知识水平决定决策水平。决策水平同决策人的道德和知识水平正相关。决策人的道德和知识水平越高，决策水平越高；决策人的道德和知识水平越低，决策水平越低。

根据决策水平决定规律，只有推举道德水平和知识水平高的人担任社会管理者，才能做出高水平的常规决策。

（四）政治制度的公平程度决定社会的公平程度规律

政治制度的公平程度与社会的公平程度正相关。政治制度的公平程度越高，社会的公平程度越高；政治制度的公平程度越低，社会的公平程度越低。提高政治制度公平程度，必然提高社会的公平程度；降低社会公平程度，必然降低社会的公平程度。

公平的政治制度是公平社会的基石，没有公平的政治制度，就没有公平的社会。

（五）公平与稳定正相关规律

政治制度的公平程度与社会稳定程度正相关。政治制度的公平程度越高，社会稳定程度越高；政治制度的公平程度越低，社会稳定程度越低。提高政治制度公平程度，必然提高社会稳定程度；降低政治制度公平程度，必然降低社会稳定程度。

（六）公平与廉洁正相关规律

政治制度的公平程度与社会廉洁程度正相关。政治制度的公平程度越高，社会廉洁程度越高；政治制度的公平程度越低，社会廉洁程度越低。提高政治制度公平程度，必然提高社会廉洁程度；降低社会公平程度，必然降低社会廉洁程度。

（七）民主与公平正相关规律

政治制度的民主程度与公平程度正相关。政治制度的民主程度越高，公平程度越高；政治制度的民主程度越低，公平程度越低。提高政治制度民主程度，必然提高公平程度；降低政治制度民主程度，必然降低公平程度。

本章小结

第一，国家政治与国家进步高度相关。在社会中政治活动处于重要的地位，国家政治水平决定国家消费水平和生产水平。政治进步对于改善人类活动进而促进整个社会进步有先导作用。

第二，政治制度是制约社会权力的社会基本制度。政治制度的性质、民主程度和公平程度反映政治制度的基本特征。

第三，政治进步是指社会权力的运用向有利于全体公民利益的方向发展。政治进步依赖于政治制度进步，如集团政治制度向全民政治制度发展，专制政治制度向民主政治制度发展，等级政治制度向平等政治制度发展等。

第四，政治制度改革的结果必须是提高公民生存水平，只有提高公民生存水平的政治制度改革才是政治制度进步。如果政治制度改革不能提高公民生存水平，则政治制度改革只是作秀，浪费资源，没有任何进步意义。如果政治制度改革降低了公民生存水平，则政治制度改革就是反动的，是政治制度的倒退。

总之，是否提高公民生存水平是衡量政治制度改革性质的唯一标准。

关键术语

政治进步、政治制度、政治制度的性质、政治制度进步、全民政治制度、集团政治制度、政治制度的民主程度、政治制度的民主化进步、民主、民主制度、直接民主制、任免民主、公举、提名民主、表决民主、议事民主、公决、提案民主、间接民主制、间接民主关系、权威、有限权威、无限权威、决策人占比、决策人、被决策人、涉内决策、非常规涉内决策、常规涉内决策、直接决策人、制度决策人、间接决策人、合规涉内决策、违规涉内决策、涉外决策、非常规涉外决策、涉外独立决策、涉外公共决策、共守制度、常规涉外决策、合规涉外决策、违规涉外决策、正确决策、错误决策、决策水平、政治制度的公平性进步、判断政治制度是否公平的基本标准、公平、公理、自由公理、民主公理、平等公理、博爱公理、透明公理、对等公理、均等公理、排队公理、救助公理、不损害公理、扩展公理、机会公平、利益稀缺、利益充裕、获利条件、全体机会公平、部分机会公平、机会条件。

公平四项基本原则、公平的同一原则、公平的均等原则、公平的合理原则、公平的透明原则、机会公平的同一原则、机会公平的均等原则、机会公平的合理原则、机会公平的透明原则、对应公平、对应原因、对应结果、对应标准、激励性对应公平、惩戒性对应公平、需要公平的合理原则、需要公平的透明原则、政治制度进步的目标、幸福、对应公平的相关相当原则、对应公平的同一原则、对应公平的同因均等原则、对应公平的合理原则、对应公平的透明原则、需要公平、需要公平的必要原则、需要公平的同一原则、需要公平的均等原则。

政治制约国家进步规律、民主程度与决策人占比正相关规律、决策水平决定规律、政治制度的公平程度决定社会的公平程度规律、公平与稳定正相关规律、公平与廉洁正相关规律、民主与公平正相关规律。

政治进步理论、政治制度性质理论、政治制度的民主化理论、直接民主制理论、间接民主制理论、决策人占比决定民主程度理论、涉内决策民主理论、涉外决策民主理论、决策水平理论、政治制度的公平性理论、政治制度的公平程度与社会的公平程度关系理论、政治制度的公平程度与社会的稳定程度关系理论、政治制度的公平程度与社会廉洁程度关系理论、政治制度的民主程度与公平程度关系理论、公平理论、社会规范必须符合公理理论、机会公平理论、对应公平理论、需要公平理论、政治制度进步的目标理论。

思考题

1. 什么是政治进步，应当树立什么样的政治制度进步目标？
2. 什么是政治制度的性质？
3. 什么是民主？
4. 什么是民主制度？
5. 分析直接民主制和间接民主制的联系与区别。
6. 什么是间接民主关系？
7. 什么是常规涉外决策、合规涉外决策和违规涉外决策？

8. 什么是正确决策、错误决策？

9. 什么是判断政治制度是否公平的基本标准？

10. 简述公平四项基本原则。

11. 什么是公理、扩展公理？

12. 什么是自由公理、民主公理、平等公理？

13. 什么是机会公平、全体机会公平、部分机会公平？

14. 什么是非常规涉内决策？

15. 举例说明政治制约国家进步规律。

16. 举例说明民主程度与决策人占比正相关规律。

17. 举例说明决策水平决定规律。

18. 举例说明政治制度的公平程度决定社会的公平程度规律。

19. 举例说明公平与稳定正相关规律。

20. 举例说明公平与廉洁正相关规律。

21. 举例说明民主与公平正相关规律。

22. 简述政治制度性质理论。

23. 简述政治制度的民主化理论。

24. 简述直接民主制理论。

25. 简述间接民主制理论。

26. 为什么决策人占比决定民主程度？

27. 运用涉内决策民主理论分析一个涉内决策的民主程度。

28. 运用涉外决策民主理论分析一个涉外决策的民主程度。

29. 简述决策水平理论。

30. 简述公平理论。

31. 为什么社会规范必须符合公理？

32. 举例说明哪些社会规范符合公理，哪些社会规范违背公理，如何改进。

33. 运用机会公平理论分析高考加分的性质。

34. 运用对应公平理论分析一个社会事件。

35. 运用需要公平理论分析社会物质分配。

第十二章

品德进步

学习目的:

掌握品德进步的内容

掌握判断品德思想先进性的社会进步标准和方法

掌握先进的范围品德思想体系

掌握品德进步的相关规律和基本方法

第一节 品德进步的内容

人类需要知识进步,也需要品德进步。只有将知识应用于正品德活动,才能促进社会进步。如果将知识应用于负品德活动,必然导致社会倒退。

品德在人的活动中起着主导作用。品德水平不同的人和群体,活动水平也不同。正品德引导人们进行先进活动,有利于社会进步;负品德引导人们进行落后活动,不利于社会进步。如"9·8"襄汾溃坝事故就是一起典型的负品德危害社会的重大责任事故。一些相关领导收受贿赂为非法生产提供便利,非法生产者为巨额利润而漠视生命,造成 277 人身亡。①

品德进步是指人类的品德等级、品德思想和品德理论向提高人类生存水平的方向发展,是品德等级水平、品德思想水平和品德理论水平的提高。品德进步是用正品德取代负品德、高级品德取代低级品德、先进品德思想和理论取代落后品德思想和理论,从而达到提高人的活动水平,促进

---

① 谭浩:《襄汾溃坝背后暗藏"千万级"巨贪》,《沈阳日报》2010 年 1 月 22 日。

社会进步的目的。

品德等级进步是指个人或群体的品德水平由低级向高级发展。个人品德水平由负品德向基础品德和正品德发展，即由损人利己向利己不损人和利人利己转变；公民平均品德水平由基础品德向公众品德、国家品德发展，即公民由争取本人、本群体利益向维护公众利益和国家利益转变；不同民族的品德水平由民族品德向国家品德发展，即各民族人民由争取本民族利益向维护国家各族人民的共同利益转变；各国人民的品德水平由国家品德向世界品德发展，即各国人民由争取本国人民的利益向维护世界人民的共同利益转变。

品德有利于人类生存，品德水平就高；品德不利于人类生存，品德水平就低。品德等级由低向高发展则社会进步；品德等级由高向低转变则社会倒退。

品德思想和品德理论会随着社会的变化而发展。品德思想进步是指某级别的品德思想在人们认识能力提高的基础上发生有利于提高社会水平的变化。如民族品德中的民族独立观念，被先进的民族融合观念所取代。品德理论进步是指建立和发展与时俱进的符合社会进步需要的品德理论，以指导人类的品德进步。如范围品德思想体系即是对品德理论的发展。

第二节　先进的品德思想

品德思想和道德思想、伦理思想是一致的。道德思想、伦理思想同时也是品德思想。为了研究的一致性，本书将道德思想、伦理思想统称为品德思想。研究品德思想的学科是伦理学（或称道德学、道德哲学）。伦理学是以道德现象作为研究对象的科学。[①] 社会进步学研究品德理论显然与伦理学产生了交叉。社会进步学研究品德理论仅仅限于应用社会进步学的基本理论去研究人类的品德进步。

一　先进品德思想的社会功能

社会中的规范和约制体现了品德思想，或体现正品德思想，或体现负

---

① 张传有：《伦理学引论》，人民出版社，2006。

品德思想。

先进的品德思想是社会进步的强大精神推动力，它为制定和改革一切社会规范和约制奠定了符合人类利益的思想基础。所有的民间规范、单位规范和法律规范都应当建立在先进的品德思想基础之上；所有的民间约制、单位约制和政府约制都应当遵循先进的品德思想。先进的品德思想体系本身也可以作为道德规范使用，所以同时也是先进的道德规范体系。

社会在前进，人类的品德思想也在更新。先进的品德思想能够推动社会进步，造福于人类；而落后的品德思想则禁锢人们的思想，阻碍社会进步。先进品德思想代替落后品德思想符合人类根本利益。但是，由于原有品德思想在社会舆论、传统习俗和法律规章的作用下，逐渐形成了稳定的传统观念，不易改变。所以先进品德思想在刚产生时，很难被人们所接受。用先进品德思想战胜落后品德思想需要一个提高品德认识水平的过程。

建立先进的品德思想体系，可以帮助人们全面、系统理解先进品德思想，用先进的品德思想指导人们的活动。

二 判断品德思想先进性的社会进步标准和方法

（一）品德思想先进性的判断标准

新产生的品德思想不一定是先进的，也可能是落后的，甚至是反动的。而旧的品德思想不一定是落后的，可以是先进的。如"学雷锋，做好事"就是一个永远先进的品德思想。

如何判断品德思想是先进的还是落后的？所有的思想家都会说自己的品德思想是先进的，没有人承认自己的品德思想是落后的或是反动的。但是不同的品德思想确实存在着社会功能上的差异。社会进步学家根据人们活动所维护或损害的利益范围划分品德水平。利益的本质是人的生存水平。

品德思想先进性的判断标准是：根据品德思想对人类生存水平的影响性质和影响程度，只有提高人类生存水平的品德思想才是先进的。降低人类生存水平的品德思想是落后的，甚至是反动的。

先进的品德思想具有下述特征

1. 必须有利于提高人们的核心生存水平，而不是降低人们的核心生存水平

必须有利于提高人们的体质水平，而不是降低人们的体质水平；必须有利于提高人们的品德水平，而不是降低人们的品德水平；必须有利于提高人们的知识水平，而不是降低人们的知识水平。

2. 必须有利于提高人们的主动生存水平，而不是降低人们的主动生存水平

必须有利于提高活动的社会作用水平，而不是降低活动的社会作用水平；必须有利于提高活动的社会作用范围水平，而不是降低活动的社会作用范围水平；必须有利于提高活动的社会作用幅度水平，而不是降低活动的社会作用幅度水平；必须有利于提高活动的社会作用时间水平，而不是降低活动的社会作用时间水平；必须有利于提高活动的物质利用水平，而不是降低活动的物质利用水平。

必须有利于提高管理水平，而不是降低管理水平；必须有利于提高生产水平，而不是降低生产水平；必须有利于提高消费水平，而不是降低消费水平。

3. 必须有利于提高人们的物质生存条件水平，而不是降低人们的物质生存条件水平

必须有利于提高自然环境水平，而不是降低自然环境水平；必须有利于提高产品水平，而不是降低产品水平。

（二）判断品德思想性质的基本方法

品德思想先进性的判断标准可用来评价现有的和新产生的价值观、社会习俗、道德规范、法律规范的先进性。

评价品德思想的先进性必须结合社会实际情况，看其对社会的影响效果。

没有劳动能力的群体和失业人口群体应该得到相应的社会福利，维持和提高他们的生存水平。

三　先进的范围品德思想体系

先进的品德思想必然是先进的正品德思想，负品德思想是落后或反动的，没有先进性。

品德思想是用来指导人类活动的。先进的品德思想体系必须覆盖所有人类活动，包括活动范围和种类。

范围品德思想体系是指根据活动范围建立的有利于维护和发展人类根本利益的品德思想体系。包括世界品德思想、国家品德思想、民族品德思想、公众品德思想、单位品德思想、家庭品德思想和基础品德思想。种类品德思想体系是指根据活动种类建立的有利于维护和发展人类根本利益的品德思想体系。先进的范围品德思想和先进的种类品德思想内涵一致，表述角度不同。

（一）世界品德思想

世界品德思想是指获得和维护世界人民的共同利益的品德思想，属于世界品德水平的思想内容。它是品德思想的最高级。先进的世界品德思想基于人类共同进步的伟大思想，将各国利益统一于人类共同利益，指导世界各国人民进行既符合本国人民利益，又符合全人类利益的进步活动。

先进的世界品德思想主要包括世界共有观念、经济全球化观念、世界秩序观念、世界融合观念、世界平等观念、世界民主观念、世界和平观念和世界共同进步观念。

1. 世界共有观念

世界共有观念的核心思想认为，社会是超越国家、民族等传统分割的人类与环境的统一体。人类利益至高无上，社会有权根据社会进步的需要协调各国、各民族的活动。各国、各民族的权利为有限权利，必须接受人类共同利益的约束。

世界共有观是先进的世界品德思想的基础思想，在推动人类社会共同进步中具有重要的实践意义。它指导人类建立先进的国际秩序，指导各国建立有利于共同进步的政治、经济、文化等各方面制度。

世界共有观念主要包括环境共有观、活动共有观、水平共有观。其中环境共有观是世界共有观念的基础。

（1）环境共有观

环境共有观的核心思想是地球及宇宙为人类共同拥有，全人类应当共同建设环境、共同爱护环境。不允许任何人、任何团体、任何民族和任何国家破坏环境。

环境共有观念认为，地球为人类共有，人类存在于一个共同的环境之中，建设和保护地球符合人类根本利益。任何人、任何团体、任何民族和任何国家都有权利和义务建设地球、保护地球，建设与保护地球无国界。一国人民既可以在本国建设和保护地球，也可以到他国建设和保护地球。无论在任何地方破坏地球的行为都是对人类的犯罪。任何人、任何团体、任何民族、任何国家都有权利和义务制止破坏行为，即使这些破坏行为发生在他国。

环境共有观念包括自然环境共有观和人工环境共有观。下面对其中的资源共有观和产品共有观重点加以阐述。

资源共有观认为，空气、海洋、陆地资源为人类共有，人类有权利超越国界开发利用这些资源。如各国之间相互投资办厂，跨国公司在世界各国兴办子公司、合资公司等。虽然资源为全人类所共有，但不是所有人都可以随意利用任何资源，需要有制度约束利用资源的行为。知识优先观念认为，只有达到一定的知识水平，具备先进的生产能力，才有权利利用生产资源。

社会中存在着与资源共有观对立的落后观念。他们认为，在国家界疆内的资源即为本国独有，别国无权参与开发利用。即使本国人民由于知识水平低进行着浪费资源、破坏环境的落后生产甚至反动生产，也同别国无关。国外先进生产的进入，必然要与国内的落后生产争市场，甚至摧毁落后生产。以保护民族工业为由，阻止或迟滞先进生产的进入，实际上阻止或迟滞了国家的进步。这种"爱国主义"本质上是"害国主义"。

产品共有观认为，既然资源为人类共有，那么利用资源生产的产品也应该人类共享，产品的生产国和非生产国都有权利使用产品。产品剩余的国家有义务拿出部分产品支援产品短缺的国家，任何国家都应该在平等的原则下接受进口产品，不能以保护民族企业为由抵制进口产品。

虽然产品为人类共有，但是一个国家不能随意到他国取得产品。取得产品必须有一定的合理规则。比如联合国组织的国际援助，正常的国际贸易等。

（2）活动共有观

活动共有观的核心思想是各国人民的活动都是人类活动的组成部分，

都将引起人类的共同财产——环境发生变化。各国都有责任和义务提高本国人民的活动水平，也有权利和义务帮助他国人民提高活动水平。

活动共有观认为，一个国家的管理、生产和消费活动，并不只是本国人民的事，也是世界人民的事。如果一个国家从事先进的管理、生产和消费活动，那么它不仅符合本国人民的利益，也符合世界人民的利益，是对人类做出的伟大贡献。如果一个国家从事落后的甚至反动的管理、生产和消费活动，那么它不仅违背本国人民的利益，同时也违背世界人民的利益，是对人类的严重损害。所以，应该对各国人民的活动进行统一协调，相互支援，发展先进和进步活动，控制维持活动，取缔落后和反动活动。目前，一些促进社会进步的国际公约，就具有协调各国人民活动的功能。

活动共有观以人类共同利益约束各国人民的活动，冲破了狭隘的国家利益和民族利益的束缚，是人类品德思想的伟大升华。

活动共有观由环境共有观推导得来。因为环境具有世界公共性，所以利用环境的活动必然带有世界公共性。

（3）水平共有观

水平共有观的核心思想是各国人民的水平都是人类水平的组成部分，都直接影响人类共同活动的水平，影响人类共有的环境水平。各国都有责任和义务提高本国人民的知识、品德、生育和健康水平，也有权利和义务帮助他国人民提高知识、品德、生育和健康水平。

水平共有观认为，一个国家人民的知识、品德、生育和健康水平，不只代表本国人民的素质，也代表世界人民的素质。如果一个国家尽最大努力提高人民的各种素质，使之处于高水平状态，不仅符合本国人民的利益，而且符合全世界人民的利益。例如，人均知识水平很高，达到大学以上水平；人均品德水平很高，社会犯罪率极低；节约资源，环境得到很好保护和改善；人均生育水平很高，新生儿健康，人口得到合理控制；人均健康水平很高，很少发生各类流行病、传染病。如果一个国家不注重提高人民的各种素质，人民处于低水平状态，这不仅违背本国人民的利益，而且损害整个人类的利益。如下述情况：人均知识水平很低，处于初中以下水平；人均品德水平很低，社会犯罪率高、浪费现象严重、人们在各种活动中肆意破坏环境；人均生育水平低，不健康婴儿多，落后人口膨胀；人均健康水平低，流行病、传染病蔓延。

水平共有观认为，既然人的水平为人类所共有，提高人类水平就必须提高每一个国家人民的水平。一国政府既要努力提高本国人民的水平，也要帮助其他国家提高人民水平。我国政府向非洲国家派出医疗队就是帮助当地人民提高健康水平。每一个国家都应该欢迎能够提高人民水平的先进知识和先进品德思想的流入，都应该坚决抵制降低人民水平的落后知识和落后品德思想的流入。

水平共有观用人类共同利益约束各国人民的水平，冲破了狭隘的素质个人论和素质内政论的束缚，有利于提高全人类的水平，是人类品德思想的伟大升华。

水平共有观源于环境共有观和活动共有观。因为环境和活动具有公共性，所以决定其水平的人的水平也具有公共性。

2. 经济全球化观念

经济全球化观念认为，世界本来就是一个整体，人类的经济活动也应该打破国家分割融为一个整体。经济将不属于任何一个国家，而属于全人类。通过全球统一的经济规则约束各国人民的经济活动，取缔不平等贸易等国际剥削行为。

经济全球化促进世界经济进步。随着经济全球化的发展，先进经济将在世界各国，特别是贫困国家中取代落后经济，使各国的经济水平趋于一致，统一于高水平状态，从而逐渐缩小并最终消除地区间、国家间的贫困差距。在世界范围内而不是国家内实现财富再分配，改变社会财富集中于发达国家的不平等现象。经济全球化促进世界政治进步。各国家、各民族的经济交织在一起，不仅可以促进人类共同富裕，还将促进政治稳定，减少并最终消灭战争，推动世界和平。

经济全球化促进各国管理进步。经济全球化要制定各国共同遵守的先进的经济活动规则，加入经济全球化的国家必须修改不适合的社会管理规则，在国家管理中吸收先进知识和先进品德思想，促进国家管理进步。

经济全球化促进各国人民素质水平的提高。经济全球化将世界人民联系起来，先进的知识和品德得以传播，其结果不仅引起经济进步，还将引起素质水平、活动水平、环境水平的普遍提高。推行经济保护主义或民族经济，使本国经济游离于世界经济体系之外，只会使本国人民吃苦头。

经济全球化观念产生于跨国经济的实践，其思想基础是世界共有观念。当前，经济全球化趋势已不可逆转。

经济全球化观念以共同的人类经济规则约束各国、各民族的经济活动，冲破了狭隘的国家经济、民族经济的束缚，是人类经济观的伟大进步。那种国家经济利益、民族经济利益高于一切的经济观，被世界经济利益高于一切的观念所取代，任何国家、任何民族的经济活动都必须遵守世界经济规则，并不得损害世界经济利益。

3. 世界秩序观念

国际秩序或世界秩序是各国政府和人民都必须遵守的活动规则。为了世界的持久和平与进步，建立以人类利益为基础的权威性的国际秩序迫在眉睫。

国际秩序观念认为，人类是一个统一的大家庭，为了保证各国人民在政治、经济、文化等方面利益平等，保证一国人民的活动不损害他国人民以及全人类的利益，必须建立以人类共同利益为基础的各国共同遵守的国际秩序。任何国家都必须遵守国际规则，而不能凌驾于国际规则之上。

国际秩序观认为，国家权和民族权都是有限权力。人类权凌驾于国家权和民族权之上。

国际规则应该在各国平等的基础上，通过民主协商制定。要防止国际规则只对少数强国有利，而对广大弱国不利，成为强国压迫弱国的工具。

国际规则在人类共同利益的基础上协调各国活动，应当覆盖社会的各个方面，建立各国公认的知识规则、品德规则、人口规则、健康规则、管理规则、生产规则、消费规则和环境规则等。国际规则不仅约束国际行为，也约束国内行为。

维护国际规则的目的是促进各国共同进步。所以，应当以和平方式解决争端。

4. 世界融合观念

各个独立的国家应该在民主、平等的基础上以和平方式逐渐实现政治、经济、文化以及空间的融合。国家融合可以消除引起战争的国家仇视、领土争端、资源争夺；传播先进文化、先进政治和先进经济；缩小并最终消除国家间在知识水平、管理水平、民主程度、贫富之间的差距，实现人类共同进步。

欧洲人开始走上了国家融合的道路，为世界人民做出了表率。美国和加拿大共享世界上最长的不设防边界，两国正变得难以区分。西德和东德实现了和平统一。融合给这些国家带来了和平与发展，符合各国人民的共同利益。

分裂是导致战争的重要因素。如俄罗斯的车臣战争、南联盟的科索沃战争等给人民带来深重灾难。领土争端是迄今导致冲突的最重要因素。如历次中东战争、伊科战争、英阿战争、印巴冲突等。国家融合使争取民族独立的分裂战争和领土争端变得毫无意义。全球性的国家融合首先受益的是"和平"，军队和武器将被人类所抛弃，这是避免人类自行毁灭的共同选择。

经济融合是国家融合的先导。

5. 世界平等观念

国家无论大小一律平等。不允许任何国家凌驾于他国之上，不允许任何国家以任何理由、任何形式干涉他国内政，侵犯他国主权。在世界秩序面前，每一个国家都处于平等地位，必须共同遵守国际规则，不得违背国际规则。无论强国还是弱国，在处理国家矛盾时，都必须在平等的基础上，以国际规则为准绳，和平谈判解决。

6. 世界民主观念

各国有相同的民主权利，具有管理功能的国际组织、国际公约、国际行动必须保证各国的民主权利，通过民主程序产生和发挥作用。

7. 世界和平观念

人类需要和平，不需要战争。世界各国之间应当和平相处，禁止任何国家战争、民族战争和各种暴力活动。战争严重降低社会水平，违背人类的根本利益。世界人民必须团结起来，反对任何暴力活动，特别要避免发生战争，坚决制止战争。

8. 世界共同进步观念

世界共同进步观念认为，世界各国共同进步是人类的最大利益。人类利益与国家利益、民族利益、企业利益、个人利益具有一致性，世界共同进步与国家进步、民族进步、企业进步、个人进步也是一致的。人类是一个大家庭，环境给人类提供了共同生存与发展的条件。人类不需要隔离、仇视、封锁，而需要融合、友爱、开放，实现共同进步。

人类生活在共同的环境之中，环境需要人类共同维护和改善。如果只有少部分人掌握先进的生存方式，而大部分人仍然进行落后的破坏性生存活动，只能加重环境恶化，逐渐破坏整个生态系统，日益威胁人类的生存。落后国家环境恶化，必然波及先进国家乃至整个世界。落后企业对环境的破坏使建立在同一块土地上的先进企业也同时受害。为了保住某一国家、企业在管理、生产、消费活动的领先地位，而拒绝向其他国家、企业传播先进管理、先进生产和先进消费，是阻碍人类进步的行为。以维护国家尊严、保护民族工业、继承传统文化、独立自主发展经济为借口拒绝接受先进管理、先进生产、先进消费，同样是阻碍人类进步的行为。

人类共同进步是政治、经济、文化的共同进步，是管理、生产、消费的共同进步，是人类素质水平、人类活动水平、环境水平、环境运动水平的共同进步。所以，世界共同进步观念包括先进知识共享观、先进品德思想共享观、人口共同控制观、健康共享观、先进管理（社会管理、企业管理）共享观、先进生产（先进技术、先进工具、先进产品等）共享观、先进消费共享观、共同保护改善自然环境观、共同节约使用产品观等。

先进知识共享观念要求人类共享科学进步的成果，打破对先进知识使用权的垄断。科学无国界，每个国家都应当无条件地、毫无保留地将最先进的科学技术传授给其他国家。每个国家、每个企业以及每个人都有权利将先进知识应用于社会进步活动。而能够引起社会倒退的反动知识则不能共享，并且应当消灭。如制造核武器的技术不能扩散。

先进品德共享观念认为，既然人类共同利益高于国家利益和民族利益，各国各民族人民就应当遵守维护人类共同利益的先进品德思想。如世界共有观念、环境保护观念、经济全球化观念、国家平等观念、维护和平观念等等。事实上许多先进的品德思想已经成为世界各国人民的共识。先进品德共享是用人类利益约束各国、各民族人民的活动，不是将一国的意志强加于其他国家，不是为了维护一国利益而损害其他国家的利益。

************** **社会之窗** **************

一带一路①

"一带一路"（英文：The Belt and Road，缩写 B&R）是"丝绸之

---

① 幽兰嘉颖：《一带一路》，360 百科，https：∥baike.so.com/doc/7487210 - 7757266.html。

路经济带"和"21 世纪海上丝绸之路"的简称。它将充分依靠中国与有关国家既有的双多边机制，借助既有的、行之有效的区域合作平台。"一带一路"旨在借用古代丝绸之路的历史符号，高举和平发展的旗帜，积极发展与沿线国家的经济合作伙伴关系，共同打造政治互信、经济融合、文化包容的利益共同体、命运共同体和责任共同体。

2015 年 3 月 28 日，国家发展改革委、外交部、商务部联合发布了《推动共建丝绸之路经济带和 21 世纪海上丝绸之路的愿景与行动》。

"一带一路"实施后，承包工程项目突破 3000 个。2015 年，我国企业共对"一带一路"相关的 49 个国家进行了直接投资，投资额同比增长 18.2%。2015 年，我国承接"一带一路"相关国家服务外包合同金额达 178.3 亿美元，执行金额达 121.5 亿美元，同比分别增长 42.6% 和 23.45%。

2016 年 6 月底，中欧班列累计开行 1881 列，其中回程 502 列，实现进出口贸易总额达 170 亿美元。2016 年 6 月起，中欧班列穿上了统一的"制服"，深蓝色的集装箱格外醒目，品牌标志以红、黑为主色调，以奔驰的列车和飘扬的丝绸为造型，成为丝绸之路经济带蓬勃发展的最好代言与象征。

2017 年 5 月 14~15 日，"一带一路"国际合作高峰论坛在北京举行，习近平主席出席高峰论坛开幕式，并主持领导人圆桌峰会。

****

（二）国家品德思想

国家品德思想是指获得和维护全国公民的共同利益，同时不损害其他国家和人类利益的品德思想，属于国家品德水平的思想内容。先进的国家品德思想基于国内公民共同进步的思想，将国内各地区、各民族、各阶层的利益统一于国家利益，并将国家利益置于世界利益的约束之下。

先进的国家品德思想主要包括国家政治民主观念、国家清正廉洁观念、国家贤人治国观念、国家尊重人权观念、国家人人平等观念、国家依法治国观念、国家公民团结友爱观念、国家免费教育观念、国家各民族融合观念、国家尊重科学观念、国家公民共同富裕观念、国家救助观念、国家保护环境观念、国家勤俭节约观念、国家品德经济观念、国家协调发展观念。

1. 国家政治民主观念

国家应当实行广泛的政治民主制度，保障各民族、各地区、各阶层公民的民主权利，使政府利益与全国公民的共同利益相一致。尊重民意，公民享有充分的知情权。

如果政府仅代表少数统治者的利益，不代表大多数公民的利益，政府必然成为少数统治者实现政治野心和剥削大多数公民的阶级压迫工具。

2. 国家清正廉洁观念

国家各级管理人员都应当清正廉洁、克己奉公，不应当以权谋私、损公肥私、徇私枉法、贪污腐化、买官卖官、作威作福。

3. 国家贤人治国观念

国家领导集团必须由公民选举的国家中最优秀的管理人才组成。

4. 国家尊重人权观念

国家必须充分尊重人类权和个体人权，防止发生和制止侵犯人权的行为。

5. 国家人人平等观念

国家公民人人平等。不允许存在特权民族、特权地区、特权阶层、特权单位和特权人物。

6. 国家依法治国观念

政府必须在法律制约下开展工作，依据公民公认的法律治理国家，不能凌驾于法律之上。法律必须符合人类共同利益，能够公正、全面、精确地约束公民活动。

7. 国家公民团结友爱观念

国内各地区、各民族、各阶层公民都应当团结友爱、不应当分裂敌视。

8. 国家免费教育观念

国家要担负起对公民的教育责任。要对全体公民进行知识和品德的全程免费公共教育。坚决取缔利用教育谋利和进行反动教育的行为。

9. 国家各民族融合观念

国内各民族公民应该在政治、经济、文化等各方面实现优势互补，全面融合。

10. 国家尊重科学观念

国家应当尊重科学、宣传科学、学习科学、发展科学。

11. 国家公民共同富裕观念

国家应当实行共同富裕政策，共同贫穷和贫富两极分化都是错误的。贫富差距悬殊是严重的不平等现象。先进社会的重要标志就是共同富裕，消灭贫穷。

12. 国家救助观念

政府有责任扶危济困，对困难公民开展无偿的国家救助，通过国家救助达到公民共同进步的社会发展目标。

13. 国家环境保护观念

环境是人类生存的外部条件，保护环境就是保护人类自己。政府应当负责保护环境，改善环境，禁止破坏环境。

14. 国家勤俭节约观念

节约社会财富是人类的美德。政府必须提倡勤俭节约，反对奢侈浪费。要节约资源和产品。实行适量生产，适度消费，均衡提高人类和环境的水平。

15. 国家品德经济观念

国家的经济活动要遵守品德准则，不进行损坏环境的破坏经济，也不进行损害他人利益的损人经济，破坏经济和损人经济同为负品德经济，它们的区别是破坏经济直接损害环境，间接损害他人利益；损人经济则直接损害他人利益。

16. 国家协调发展观念

政府应当担负起国家协调发展的责任。实现人类与环境协调发展，国民的知识水平、品德水平、人口水平和健康水平协调发展，国家的政治、经济、文化协调发展，国家的管理活动、生产活动、消费活动协调发展，产品环境与自然环境协调发展。

（三）民族品德思想

民族品德思想是指获得和维护全民族人民共同利益，而不损害其他民族利益、国家利益和世界人民利益的品德思想。属于民族品德水平的思想内容。民族品德思想的核心是民族融合观念，反对民族对立和民族战争。

通过民族融合，消除各民族间在文化、生产、消费等各方面的差距，实现各民族共同进步。

各自独立的民族，有着独立的政治、经济、文化或者武装，形成独立的民族社会系统。各个民族社会系统由于发展的不平衡性存在着显著的差异，甚至相互对立。民族差异是民族矛盾、民族压迫和民族战争的根源。1994 年，卢旺达总统朱韦纳尔·哈比亚利马纳遇刺，引发了 20 世纪最大规模的民族大屠杀。在 100 天内造成 80 万人死亡。① 实行民族融合，加强民族团结是解决民族矛盾、防止民族压迫和民族战争、实现各民族人民平等的根本性措施。

民族融合是一个优势互补的过程。要用先进的政治、经济、文化取代落后的政治、经济、文化，实现各民族共同发展。民族融合不仅在政治上可以杜绝民族战争，还将在经济上融合民族经济，进而消除各民族间在文化、生产、消费等各方面的差距，最终实现各民族共同进步。

（四）公众品德思想

公众品德思想是指维护、获得、不损害社会公共利益的品德思想。公众品德思想的核心要求每一个人、家庭、单位无论在公共场所还是在私人场合都要维护公共利益，而不能损害公共利益。公共利益高于单位利益、家庭利益和个人利益。

公众品德思想包括遵纪守法观念、文明礼貌观念、助人为乐观念、见义勇为观念、诚实守信观念、爱护环境观念、宣传进步观念等。

20 世纪 60 年代的雷锋是公众品德的典型代表。现代社会也有活雷锋，沈阳的普通人高殿骐就是一个。得知高殿骐又来免费给大家修家电了，楼上楼下的邻居把家里坏了的东西都搬到了他的面前，数了数，一共 21 个电饭锅。从早上 8 时他就开始了紧张的维修工作，他拿着电笔和螺丝刀，把毛病都一一搞定。高殿骐说"学雷锋不是做样子，我奉献了，我也感到一丝丝快乐。"②

（五）单位品德思想

单位品德思想是指在国家利益和公众利益约束之下，维护、获得单位

---

① 《卢旺达"屠杀夫人"在法被捕》，《参考消息》2010 年 3 月 4 日。

② 周芳、孙为仁：《热心高大爷一天修了 12 个电饭锅》，《辽沈晚报》2010 年 3 月 5 日。

成员共同利益的品德思想。单位品德思想的核心是单位成员都要维护单位中每一个成员的共同利益，个人利益服从于单位利益。单位成员在追求单位利益时，不得损害其他人、其他家庭、其他单位的利益以及民族、国家和人类的共同利益。

先进的单位品德思想主要包括单位必要存在观念、单位品德经营观念、单位保护环境观念、单位以人为本观念、单位勤俭节约观念、单位社会贡献观念、单位民主管理观念、单位任人唯贤观念、单位勤奋工作观念、单位团队意识观念、单位守法竞争观念、单位分工协作观念和单位进步创新观念等。

1. 单位必要存在观念

单位的存在相对于社会进步来说具有必要性。单位必须能够起到维持或提高社会水平的功能。降低社会水平或阻碍社会进步的单位是多余的，应当取缔。多余的生产单位和服务单位浪费资源，破坏环境，降低劳动生产率。社会是一台机器，单位是机器零件。机器可以有备件，但过多的备件或坏的备件是无用的。

2. 单位品德经营观念

任何单位都必须在先进品德约束下运行，遵纪守法。不允许在损害其他利益的基础上追求单位利益。

3. 单位保护环境观念

单位活动要有益于环境或不损害环境。单位损害环境后必须进行完全补偿。

4. 单位以人为本观念

单位运行必须为单位全体成员谋取利益或同时为人类谋取利益。不允许进行损害单位成员和公众利益的活动。

5. 单位勤俭节约观念

任何单位在运行时都应厉行勤俭节约，不得奢侈浪费。

6. 单位社会贡献观念

单位应该为社会进步做出积极贡献，不应该只追求单位利益，而不考虑社会利益。要把社会贡献放在首位。

7. 单位民主管理观念

单位内部也必须实施民主管理，反对专制和压迫。

8. 单位任人唯贤观念

单位的领导者应该是单位成员中品德和知识的佼佼者。

9. 单位勤奋工作观念

单位成员要有敬业精神，勤奋努力工作。

10. 单位团队意识观念

单位成员要团结一致，为单位的进步共同奋斗。

11. 单位守法竞争观念

单位之间必须在法律的约束下，开展有利于社会进步的竞争。

12. 单位分工协作观念

单位如同机器上的零件，既有分工，也有协作。只有良好的分工与协作，社会才能健康发展。

13. 单位进步创新观念

任何单位都应当进行以推动社会进步为宗旨的创新活动。

（六）家庭品德思想

家庭品德思想是指获得、维护家庭成员的共同利益，不损害其他人利益的品德思想。家庭品德思想的核心是要求每一个家庭成员都要维护家庭的共同利益，个人利益服从于家庭利益。家庭成员在追求家庭利益时，不损害其他人、其他家庭利益以及单位、民族、国家和人类的共同利益。

先进的家庭品德思想主要包括家庭遵纪守法观念、家庭学习科学观念、家庭正当收入观念、家庭勤俭持家观念、家庭健康生活观念、家庭自主婚恋观念、家庭计划生育观念、家庭民主和睦观念、家庭赡养扶助观念、家庭正面教育观念、家庭清洁卫生观念、家庭邻里互助观念等。

（七）基础品德思想

基础品德思想是指获得、维护个人利益，同时不损害其他人利益的品德思想。基础品德的核心是在不降低他人生存水平的前提下，维持和提高个人生存水平。

先进的基础品德思想是在不损害他人利益的前提下，追求个人利益。主要包括个人品德修养观念、个人遵纪守法观念、个人更新知识观念、个人尊重科学观念、个人合法致富观念、个人勤俭节约观念、个人文明礼貌观念、个人健康娱乐观念、个人适当锻炼观念、个人保护环境观念、个人卫生清洁观念等。

（八）种类品德思想体系

人类活动多种多样，各行各业都应当有自己的品德规范。人类的主要活动是管理、生产和消费，相应地要建立管理品德、生产品德、消费品德。还可进行另外的分类，如政治品德、经济品德、文化品德。还有必要对种类品德进一步细分。一个比较完整的种类品德体系至少包括下述分支品德：生产品德、融资品德、投资品德、农业品德、工业品德、建筑品德、信息品德、医药品德、科学品德、教育品德、宣传品德、艺术品德、影视品德、广播品德、出版品德、文物品德、管理品德、政治品德、官员品德、法律品德、规划品德、外交品德、人口品德、福利品德、消费品德、财政品德、贸易品德、价格品德、质量品德、饮食品德、穿着品德、居住品德、交通品德、体育品德、娱乐品德、旅游品德、安全品德、获取品德、储存品德、排放品德。

************** **社会之窗** **************

温医生是百万中挑一①

他很瘦，中等个儿，眉毛浓，眼神温润。西服左胸衣袋里，叠放着半旧的干净手帕。坚持为女性开车门，非常老派的绅士作风。老人陪我们东走西看一整天，不显一点疲态。

一辆皮卡掠过我们时忽然减速停下，一对壮硕的中年夫妻降下车窗，满脸笑容，手臂恨不得飞出车窗，对着他大喊一声："温医生，我爱你！"车里的男子，是他40多年前亲手接生到这个世界的。

老人名叫温天爵，英文名字是理查德·温。

在肯塔基州南部巴特勒县府摩根敦，他行医50年，接生过大约2000个孩子。不只接生，他也是小镇和巴特勒县居民的儿科医生、家庭医生、全科医生。从骨折到内科疾病到心脏病甚至肿瘤，什么病都看。

"温医生是摩根敦的财富，待人好，总是帮助别人"，到处听见当地人这样称赞。

---

① 徐剑梅、郭一娜：《温医生是百万中挑一》，《参考消息》2017年4月27日。

　　温医生祖籍广东新会，曾祖父是在美国修铁路的华工，父母是留日学生，在日本生下他。还在襁褓中，他就随父母返回祖国，少年时期从香港到台湾学医，后赴北美。在肯塔基州最大城市路易斯维尔儿童医院当住院医生时，有位国会议员劝说他放弃大城市到乡村环抱的摩根敦，因为镇上唯一的医生年纪太大，不能再行医，镇上就要没有医生了。

　　1966 年 1 月 2 日，"温医生医疗中心"在摩根敦开张。风吹落草种，就这样生根发芽。那时，还有之后很多年，温天爵是镇上唯一的医生、唯一的华人。小镇居民 95% 以上是白人，很多人从没见过东方面孔。起初几年，他获得的回头率很高，连晚上睡什么样子的床，都被好奇八卦。刚开始，一天只有三四个病人，很快，他凭医术和医德赢得了信任。几十年间，他常常一天要看约 100 位病人。一周 7 天，每天工作十几个小时，忙得没时间吃饭喝水。

　　他的家从不锁门，任何人都可以直接进到卧室门口把他叫醒。上门诊治也是常事。那时可没有导航仪，有人家在电话里这样指路：往前走，左边有匹白马；再往前，右边有头黄牛；继续往前，会遇见一群鸡，跟着它们就到了。小镇不富裕，对家境窘迫的病人，温医生不收取诊费。镇上有一所中学、两所小学。他给学校运动队的孩子们免费体检，充当随叫随到的免费队医。小镇养老院，乃至设在法院大楼地下室的监狱，也是他经常出诊的地方。

　　"温医生是百万中挑一！他总是帮助病人和他们的家庭，不论他们有什么需要。他是我知道的最好的人之一"，肯塔基州卫生协会的帕齐·赫德森在一封表彰信里写道。

　　行医之外，他热心慈善和公益。每逢圣诞节，他就为县里早教项目的孩子们组织圣诞派对，一一派送礼物，坚持了足有 30 年，被称为不穿红衣的圣诞老人。他资助过很多学生念书，甚至帮忙交大学学费，还为镇上学校捐赠奖学金。就这样生活和工作，直到两年前以 78 岁的年龄退休。

　　镇长比利·菲尔浦斯常常称赞中国人"辛勤工作，友善礼貌，帮助他人"。这也正是当地人对温医生——镇上第一位华裔居民的评价。温医生是摩根敦的"中国组带"，菲尔浦斯笑着说。摩根敦居民对中国的友好热情，难以用笔墨形容。从镇长到农场主、法官、警察局长、普通居民，全都欢迎中国企业到摩根敦镇投资办厂。镇上的中学和小学，专门请来中文教师教汉语。一年级小学生，已经会用中文从1数到10。

温医生获得过许多荣誉：杰出社区成就奖、圣诞大游行的年长者总指挥、美国家庭医生学会终身会员表彰等等。行医满30年时，美国国会众议院议长和肯塔基州联邦众议员共同签名，宣布1996年1月28日是肯塔基州的"理查德·温日"。有一年圣诞节后，县里早教项目给他写信，感谢他让孩子们度过一个精彩的圣诞节。信中写道"从现在起100年后，没人在意你开什么车，住什么房子，银行里有多少钱，或者穿着什么衣服。但是，世界或许会变得更好一点点，因为在一个孩子的生活里，你，曾经很重要。"

他还收藏着另外一张奖状，上面写道："巴特勒县早教项目的孩子们认为，理查德·温医生是我们家乡的英雄。"

****

第三节　品德进步的基本方法

一　全面传播正品德，禁止传播负品德

社会品德教育水平与社会品德水平正相关规律是：接受正品德教育和受正品德活动影响越多，社会品德水平就越高；接受负品德教育和受负品德活动影响越多，社会品德水平就越低。

积极开展正品德教育和正品德活动，禁止负品德教育和负品德活动，是提高社会品德水平的主要措施之一。应积极开展家庭正品德教育、学校正品德教育、单位正品德教育、社会正品德教育、社会舆论的正品德教育；取缔家庭负品德教育、学校负品德教育、单位负品德教育、社会负品德教育、社会舆论的负品德教育。

政府部门及政府官员的行为对所辖社会公民具有超强的品德示范效应。政府的政策、政府官员的品德表现直接起到品德教育和传播的功能。

焦裕禄为人民做出了品德表率，而那些腐败的官员则成为负品德的代表。

社会精英、公众人物具有品德感召力，他们的品德可以影响很多人。雷锋精神影响了几代人。学雷锋，做好事，是非常好的品德教育效应。

家庭、学校、单位、媒体、网络都具有品德传播的社会功能。家庭是最早的、最基础的品德教育基地，父母的品德对子女有非常重要的影响。

电影、电视、电脑、智能手机是品德教育的重要阵地，视频节目内容反映品德思想，每一类视频节目都是品德教育的形象教材。视频节目应当宣传进步的品德思想，批判落后的品德思想。

社会舆论直接影响人的品德思想观念，引起受影响者进行相应水平的活动。进步舆论提高人的品德思想水平，提高进步活动的比例，引导社会进步；落后舆论降低人的品德思想水平，增加落后活动的比例，阻碍社会进步。为了社会进步这一人类根本利益，必须用先进品德思想主导社会舆论，禁止传播落后的品德思想。

网络游戏对人的品德有重大影响，特别是对青少年的品德形成作用甚大。热衷于暴力游戏的青少年往往漠视生命，有较强的暴力倾向。传播暴力、色情、强奸、偷盗等负品德的网络游戏，对公民的品德产生重大的负面影响。应当禁止传播负品德的网络游戏，开发助人为乐、勤奋好学、尊老爱幼、见义勇为、普及科学、提高智力的网络游戏，使网络游戏为提高公民的品德服务。

所有的先进品德思想都应该成为传播的主题。社会中美好的思想和行为占绝大多数，题材很多，内容也很丰富，传播工作者不应该放弃宣传进步的责任。应该对落后的现象进行批判，但是这种批判不应成为变相传播，不应占据过高比例，不应进行细节描写和过程描写，更不应只复制不批判。

积极推动先进品德思想的传播。要对所有传播工作者进行先进的范围品德和种类品德培训，引导传播工作者进行文明的传播活动。

二 发挥社会规范和约制鼓励正品德行为，处罚负品德行为方面的品德导向作用

社会规范和约制具有强大的品德导向作用。如果社会政治机制和经济

机制只适合品德水平低下的人发展，而不适合品德水平较高的人发展，那么这种社会机制应当改革，代之以适合高尚的人发展的社会机制。

规范是特定的社会单位对人们品德、行为的要求。它告诉人们应该做什么、不应该做什么，规定人们的权利和义务。如社会习俗、宗教信仰、道德规范、单位制度、法律法规等都属于规范。其中如单位制度、法律法规等明文规定的规范属于正式规范，而社会习俗、宗教信仰、道德规范等通过言传身教、心领神会等方式传播的属于非正式规范。

几乎所有的群体都存在规范。规范的种类很多，大致可将其分为民间规范、单位规范、国家规范和国际规范。其中国家规范和国际规范一般是通过法律形式实现的规范，称为法律规范（见图 12 − 1）。

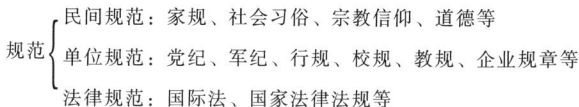

规范 $\begin{cases} \text{民间规范：家规、社会习俗、宗教信仰、道德等} \\ \text{单位规范：党纪、军纪、行规、校规、教规、企业规章等} \\ \text{法律规范：国际法、国家法律法规等} \end{cases}$

图 12 − 1　社会规范

约制是对被约制对象的控制过程。约制与规范一样都带有品德色彩，约制与规范的品德水平来源于决策者和制定者的品德水平。规范在没有约制界入时，只要求人们自觉遵守，对人们的行为并无外界束缚，而约制则是对人们行为的直接约束和警示。所以约制对人们的品德水平影响力度更大，超过规范。

社会规范和约制水平与社会品德水平正相关规律是：社会规范和约制越有利于鼓励正品德、惩戒负品德，社会品德水平就越高；社会规范和约制越有利于鼓励负品德、惩戒正品德，社会品德水平就越低。

提高社会规范和约制的品德水平，积极开展鼓励正品德、惩戒负品德的制约活动，是提高社会品德水平行之有效的根本途径。

品德是个体自我要求自己在利益面前如何做，规范是群体要求个体在利益面前如何做。品德和规范的交集是利益主导下的行为。由于规范和品德相交于利益，而规范的作用往往强于品德，可以抑制品德的作用，所以，规范对个人和群体的品德具有导向作用。一切与利益有关的规范的品德导向都应该向有利于提高人的品德水平的方向发展。如社会习俗、宗教信仰、道德规范、单位制度、法律法规等都应该发挥鼓励正品德行为，遏制负品德行为的社会作用，而不应该相反。所以，用高尚的正品德衡量规范、改革规范是品德进步的必然要求。

道德规范直接对人们的品德提出要求。如中华民族在历史上就提倡扶危济困、尊老爱幼、见义勇为的道德规范。改革开放以后，我国政府又提出五讲四美、八荣八耻、社会主义核心价值观等道德规范。这些规范都是告诉人们应当具有怎样的品德，应当摒弃怎样的品德。

即使是关于工作流程的规范，也具有品德导向。比如最简单的卖馒头的工作流程就能反映卖者的品德水平。改革开放初期，卖馒头的多了起来，大部分卖者为了图省事省时，直接用收钱的手抓馒头装袋递给顾客。钱上的病菌传到了馒头上，损害顾客健康。也有少数卖馒头的人，用手收钱后，用食品夹子夹馒头装袋，虽然比用手抓馒头费时间，还麻烦，却能防止顾客得传染病。上述简单的卖馒头的工作流程反映了操作者不同的品德。用手抓馒头的操作者损人利己，反映在品德水平上是负公众品德。用食品夹子夹馒头装袋的操作者维护公众健康，反映在品德水平上是公众品德。

规范的品德导向作用是双向的。如市场经济的一些规则引导人们积极进取、努力奋斗；另一些规则引导人们唯利是图、损人利己。2006 年及以前，每逢春运铁路部门就会提高火车票价，有成千上万的农民工因买不起票而不得不放弃回家过年，放弃与父母、兄妹、配偶团聚的机会。铁路部门的做法虽然符合市场经济规则，价格可以随需求的增加而提高，但数亿人的利益则因铁路部门利用此规则而受到不同程度损害。2007 年春运，铁路部门放弃了这个规则没有涨价，而且还推行购票实名制以打击黄牛党，受到广大农民工的欢迎。决策者的品德水平由负公众品德提升至正公众品德。显然，"价格可以随需求的增加而提高"的规则需要决策者的品德水平来制约，或者在这一规则前应加上"在不损害公众利益的前提下"。在一些特殊情况下，哄抬物价的效果等于杀人抢劫。历史上，很多国家对在饥荒时哄抬粮价的投机商给予严惩。进入 21 世纪，我国仍然有许多医生会严格执行医院"不交钱不看病"的规范，对没交钱的危重病人见死不救，等待病人慢慢地死去。

在社会习俗之中存在着陋习。陋习是指那些损人利己、害人害己、愚昧无知、浪费资源、污染环境的社会习俗。如在节日期间无节制地燃放烟花爆竹，清明节烧纸给故人"送钱"就属于此类。引导人们形成只图自己快乐，不关心他人，随意破坏环境的不良品德。

燃放烟花爆竹浪费资源，造成严重的环境污染。空气中可吸入颗粒物、二氧化硫、二氧化氮浓度升高，危害吸入者健康。垃圾成山，仅沈阳市在 2010 年大年初一凌晨，就出动 10347 名环卫工人清扫鞭炮渣 576 吨。[①] 大量燃放烟花爆竹，噪音污染侵犯老人、病人、婴儿等人群休息及健康权。医生在震耳欲聋的鞭炮声中不得不暂停手术。

燃放烟花爆竹的人每年都有死伤。2010 年春节，广东普宁市石桥头村燃放烟花爆竹造成 20 人死，49 人伤。[②] 全国燃放烟花爆竹伤亡 1000 多人，有的人失去了眼睛，有的人失去了手指。沈阳市仅武警总队一家医院就收治了 69 名燃放烟花爆竹的受害者。[③] 对于因习俗身亡的人来说节日变成了祭日。鞭炮厂、鞭炮小摊爆炸也时有发生。2009 年 1 月 3 日，潍坊市鞭炮爆炸造成 13 人身亡，同年 5 月 12 日庆云鞭炮爆炸造成 13 人身亡。2009 年 2 月 9 日中央电视台新台址燃放烟花爆竹引起大楼起火，造成 1 人死亡，8 人受伤，直接经济损失 1.6 亿元。

陋习不仅仅在中国有，世界许多国家都存在。比如，某国的习俗西红柿大战，不仅浪费大量的西红柿，还引导人们形成浪费资源的不良品德。

人们应当对社会习俗进行梳理。品德高尚的习俗要发扬光大；正负品德相间的习俗要取其精华，去其糟粕；而对那些主要传播负品德信息的习俗要坚决废止。

道德是人们在社会生活中形成的关于善与恶、公正与偏私、诚实与虚伪等观念，并依靠社会舆论和良心指导的人格完善与调节人与人、人与自然关系的规范体系。[④] 这一定义告诉我们，道德首先是一种评价人的行为的观念，即道德观念，人们运用道德观念约束自己的行为或要求他人的行为，道德观念即成为道德规范。

规范进步是指通过修改现有规范和制定新规范，用反映正品德和先进品德思想的规范取代反映负品德和落后品德思想的规范，使社会规范向提

---

① 王月宏：《鞭炮渣屑扫出近 576 吨》，《辽沈晚报》2010 年 2 月 21 日。
② 詹奕嘉：《广东普宁烟花爆炸 20 死 49 伤》，《沈阳日报》2010 年 2 月 28 日。
③ 王月宏：《鞭炮渣屑扫出近 576 顿》，《辽沈晚报》2010 年 2 月 21 日。
④ 魏英敏：《新伦理学教程》，北京大学出版社，1993，第 114 页。

高人们行为的品德水平的方向发展。从而达到提高公民活动的品德水平，促进社会进步的目的。

（1）提高规范制定者的品德水平。规范进步是促进品德进步的重要措施，反过来品德进步同样也是促进规范进步的重要方法。两者是相互促进的关系。

（2）提高人们的认知水平。

（3）在民主、公平、公开的环境下制定和修改规范。

（4）用正品德的法律规范来强制提高其他规范的品德水平。

*************** **社会之窗** ***************

梵蒂冈与避孕套①

梵蒂冈内部人士说，教皇本笃十六世试图"开启一场辩沦"，他说使用避孕套在一定程度上是合理的。这给教廷带来了发挥作用的希望，因为教廷希望撤销完全禁止使用避孕套的禁令并让避孕套在抗艾滋病战斗中发挥作用。

教皇没有提及使用避孕套节育，这是罗马教廷禁止的行为。他没有提到妓女，也没有提到一方感染艾滋病病毒的已婚夫妇使用避孕套的问题。不过，一些人认为，教皇的言论旨在使教廷在避孕套和健康风险问题上有所进步。

多年来，梵蒂冈的分歧使得教廷在避孕禁令与帮助阻止艾滋病传播的需求之间难以达成一致。神学家们也在研究容忍有限度地使用避孕套、将其视为一项小罪的可能性。

对于教皇本笃十六世来说，这似乎是朝向现代性的飞跃。教皇的言论在天主教徒、政治家和医疗工作者之间引发激烈争论，其反响定会持续很长时间。除了罗马天主教廷在其避孕套政策上的辩论外，目前还不清楚这一转变对非洲的卫生政策会产生多大影响。

日内瓦世界卫生组织艾滋病专家凯文·奥赖利说，教皇的言论会在非洲消除一些障碍。他说："梵蒂冈展现出灵活性，对现实世界使用避孕套进行仔细思考，这个事实鼓舞人心。"

---

① 《梵蒂冈与避孕套》，《参考消息》2010年11月24日。

消灭潜规则①

潜规则是指违背道德、制度、法律等规范的获得某种利益的非正式的不能明示的规范，是不成文的见不得光的一些暗箱操作的规定和原则。潜规则在我国已经无孔不入地渗透到了各个领域。2003 年，湖北女演员张钰大胆揭露娱乐圈"性交易"黑幕，自称每一部戏都是用身体交换的。一些在艺术学校上学的女学生为了实现明星梦不得不去走潜规则。在官场上跑官要官、买官卖官更是屡见不鲜。

潜规则在其他国家也存在。奥地利《新闻报》2010 年 3 月 2 日报道：反贪污组织透明国际的最新调查表明，2009 年希腊人均行贿 1355 欧元。希腊人为快点拿到驾照、为搞到建筑许可证、为尽快被公立医院收治或干脆为逃税而行贿。贿赂深深根植于希腊社会，这也体现在语言上：希腊人专门创造了个新词来称"贿款"。

透明国际估算，希腊全体国民 2009 年总计行贿 7.87 亿欧元：其中 4.62 亿欧元进了公务员的腰包，3.25 亿欧元流入私营经济领域。贿款短短 2 年就增加了约 23%。透明国际估算，2007 年希腊的贿款总额为 6.39 亿欧元。

****

三　不断完善法律制度，发挥法律的强制性规范和约制作用

法律是指由国家颁布的用以控制人类行为的规范。② 法律的各种规定实际上也是道德的规定，而且是最基本的最底线的道德规定。③ 法律是对一些人们认为相对重要的道德规范的权威化，它是人们必须遵守的强制性规范，违法行为要受到制裁。

法律是所有规范中最高级别的规范。也是对人们行为和品德制约力度最强的规范。

法律存在的社会进步意义就在于保护和鼓励正品德活动，预防、禁止

---

① 陈锐：《希腊去年人均行贿 1355 欧元》，《北方新报》2010 年 3 月 5 日。
② 戴维·波普诺：《社会学》（第 11 版），中国人民大学出版社，2007，第 84 页。
③ 张传有：《伦理学引论》，人民出版社，2006，第 16 页。

和惩罚负品德活动，通过社会司法强制引导社会品德和行为的进步，维持社会向着有利于人类生存与发展的方向有序运行。

国家应当使法律成为促进社会进步的效果显著的强制力量，根据社会发展需要不断调整法律，使之对社会进步起到推动作用而不是迟滞作用。坚持社会进步标准，排斥其他任何标准，有效地保护先进品德行为，有效地禁止落后和反动的品德行为。

法律面前应当人人平等，法律要维护所有人的合法利益。但是法律条文本身并不一定对所有人平等，并不一定维护了所有人的利益。例如我国法律规定男性 60 岁退休，女性 55 岁退休，男女工作权不平等，形成性别歧视。显然这样的男女不平等法律就需要改进。改进的方法很多，如男女同时 55 岁退休，减少就业人口；男女同时 60 岁退休，增加就业人口；男女同时 57.5 岁退休，就业人口基本不变；男女同时 55 岁退休，可自愿延长至 60 岁。无论采取何种方案，其基本点都应该男女平等就业。法律维护利益的范围是判定法律代表的品德水平的基本标准。

法律反映的品德水平代表着制定者的品德水平。提高法律品德水平是法律进步的重要内容。

1. 健全保护和鼓励正品德行为的法律

法律不仅要禁止负品德行为，还要保护和鼓励正品德行为。

下面列举一些重要的需要法律保护或鼓励的先进品德行为。

（1）民主政治必须通过立法确定下来。

（2）先进生产过程和产品受法律保护和鼓励。不允许落后生产同先进生产争市场，妨碍先进生产的发展和推广；对先进生产实施减税或免税的政策。

（3）先进消费受法律保护和奖励。使用完全环保产品如绿色冰箱、空调、太阳能汽车、电动汽车等应受到减免有关税费的奖励。

（4）先进的科学研究受法律保护和奖励。先进的科学研究是对人类的伟大贡献，应当依法进行保护。为研究人员创造基本的研究条件。无论是专业人士或非专业人士，在从事先进的科学研究期间，无论与职务是否有关，任何单位都不得解聘，并且要依法给予一定的奖励，以保证其生活来源和研究经费。国家对科学工作的拨款，要用法律固定下来。对重大研究成果依法给予重奖。

（5）传播先进知识受法律保护和鼓励。应当以法律形式规定财政要优先保证公共教育经费；教师享受终身高薪待遇；先进知识教育对所有人敞开大门；各地在建设时要优先建设校舍，在校舍不足地区，不允许不建校舍而建任何建筑。

（6）传播先进品德受法律保护和鼓励。财政要对积极传播先进品德的传媒给予资助；影视传媒必须插播免费公益广告；报刊传媒必须在显要位置开辟先进品德宣传专版，并刊登公益广告；广播传媒必须在黄金时间插播免费公益广告，并开辟先进品德专题宣传节目。

（7）维护和平，反对战争受法律保护和鼓励。

（8）计划生育受法律保护和奖励。

（9）民族融合受法律保护和鼓励。保护和鼓励跨民族通婚和跨国通婚，给予一定的物质和精神奖励。制定民族融合法，使民族融合走上法制轨道。

（10）见义勇为、慷慨助人受法律保护和鼓励。

（11）公民检举犯罪、抓捕罪犯受法律保护和鼓励。司法机关要保护检举人的安全，对检举有功人员依法给予奖励。

（12）保护和改善环境受法律保护和奖励。

2. 健全预防、禁止和惩罚负品德行为的法律

所有落后和反动的行为都应当在法律禁止和惩罚的范围之内。下面列举一些需特别禁止的负品德行为。

（1）禁止政治独裁、军队控制政权、政变、武装暴乱、发动内战或侵略战争。

（2）禁止制造民族矛盾，挑起民族争端和国家争端，进行民族压迫和民族屠杀。

（3）禁止宣传暴力、色情、战争、破坏等落后的品德行为。

（4）禁止传播与社会进步抵触的落后知识。

（5）禁止落后生产过程和生产落后的产品。落后生产严重阻碍社会进步。从事落后生产的人，有的是为了牟取暴利，有的是为了维持生存。对于以牟取暴利为目的的落后生产要严厉打击，根据其对社会的危害实施处罚；对于为了生计不得不从事落后生产的人，要令其停止落后生产，并给予一定的先进生产培训和社会援助，使之开辟维持生存的新途径。

（6）禁止落后消费行为。落后消费严重损害人类利益。必须禁止使用含氯氟烃的冰箱、空调、消防设备、气溶胶等产品。必须禁止一切浪费性消费、污染性消费、伤害性消费等落后消费行为。

（7）禁止传播疾病的行为。对于恶意传播疾病者要严惩。

（8）禁止破坏计划生育的行为。

（9）禁止以破坏为目的的科学研究。禁止研制毁灭人类的武器。禁止一切旨在伤害人类和破坏环境的科学研究。

（10）禁止一切破坏环境、浪费资源的行为。

（11）禁止一切刑事犯罪行为。

第四节　理论、规律与方法

一　品德进步理论

品德进步是指人类的品德等级、品德思想和品德理论向提高人类生存水平的方向发展。品德进步是用正品德取代负品德、高级品德取代低级品德、先进品德思想和理论取代落后品德思想和理论，从而达到提高人的活动水平，促进社会进步的目的。人类需要知识进步，也需要品德进步。只有将知识应用于正品德活动，才能促进社会进步；如果将知识应用于负品德活动，必然导致社会倒退。

因为品德水平越高，越有利于人类生存；品德水平越低，越不利于人类生存。所以品德等级由低向高发展，则社会进步；品德等级由高向低发展，则社会倒退。

品德思想进步是指某级别的品德思想在人们认识能力提高的基础上发生有利于提高社会水平的变化。如民族品德中民族独立观念，被先进的民族融合观念所取代。品德理论进步是指建立和发展与时俱进的符合社会进步需要的品德理论，以指导人类的品德进步。如范围品德思想体系即是对品德理论的发展。

二　品德进步的相关规律

（一）社会品德教育水平与社会品德水平正相关规律

接受正品德教育和受正品德活动影响越多，社会品德水平就越高；接受负品德教育和受负品德活动影响越多，社会品德水平就越低。

积极开展正品德教育和正品德活动，禁止负品德教育和负品德活动，是提高社会品德水平的主要措施之一。

（二）社会规范和约制水平与社会品德水平正相关规律

社会规范和约制越有利于鼓励正品德、惩戒负品德，社会品德水平就越高；社会规范和约制越有利于鼓励负品德、惩戒正品德，社会品德水平就越低。

提高社会规范和约制的品德水平，积极开展鼓励正品德、惩戒负品德的制约活动，是提高社会品德水平行之有效的根本途径。

三　品德进步的基本方法

全面传播正品德，禁止传播负品德。发挥规范和约制在鼓励正品德行为、处罚负品德行为中的品德导向作用。不断完善法律制度，发挥法律的强制性作用。健全保护和鼓励正品德行为的法律，健全预防、禁止和惩罚负品德行为的法律。

本章小结

第一，品德进步是用正品德取代负品德、高级品德取代低级品德、先进品德思想和理论取代落后品德思想和理论，从而达到提高人的活动水平，促进社会进步的目的。

第二，人类需要知识进步，也需要品德进步。只有将知识应用于正品德活动，才能促进社会进步；如果将知识应用于负品德活动，必然导致社会倒退。

第三，社会品德教育水平与社会品德水平正相关。接受正品德教育和受正品德活动影响越多，社会品德水平就越高；接受负品德教育和受负品德活动影响越多，社会品德水平就越低。

第四，社会规范和约制水平与社会品德水平正相关规律。社会规范和约制越有利于鼓励正品德、惩戒负品德，社会品德水平就越高；社会规范和约制越有利于鼓励负品德、惩戒正品德，社会品德水平就越低。

第五，品德进步的基本方法。全面传播正品德，禁止传播负品德；发挥规范和约制的鼓励正品德行为、处罚负品德行为的品德导向作用；不断完善法律制度，发挥法律的强制性规范和约制作用。

关键术语

品德进步、品德等级进步、品德思想进步、品德理论进步、品德思想先进性的判断标准、范围品德思想体系、种类品德思想体系、世界品德思想、世界共有观念、环境共有观、活动共有观、水平共有观、经济全球化观念、世界秩序观念、世界融合观念、世界平等观念、世界民主观念、世界和平观念、世界共同进步观念、先进知识共享观念、先进品德共享观念、国家品德思想、国家政治民主观念、国家清正廉洁观念、国家贤人治国观念、国家尊重人权观念、国家人人平等观念、国家依法治国观念、国家公民团结友爱观念、国家免费教育观念、国家各民族融合观念、国家尊重科学观念、国家公民共同富裕观念、国家救助观念、国家环境保护观念、国家勤俭节约观念、国家品德经济观念、负品德经济、破坏经济、损人经济、国家协调发展观念、民族品德思想、公众品德思想、单位品德思想、单位必要存在观念、单位品德经营观念、家庭品德思想、基础品德思想、规范、约制、陋习、规范进步、潜规则、法律。

社会品德教育水平与社会品德水平正相关规律、社会规范和约制水平与社会品德水平正相关规律。

品德进步理论。

品德进步的基本方法。

思考题

1. 简述品德进步的内容和社会作用。

2. 用品德思想先进性的判断标准和判断方法分析助人为乐观念的品德先进性。

3. 简述范围品德思想体系。

4. 简述世界品德思想。

5. 简述环境共有观、活动共有观和水平共有观。

6. 用世界品德思想评价伊拉克战争。

7. 简述国家品德思想。

8. 试论民族品德思想的伟大意义。

9. 用公众品德思想试分析看病不排队和超速开车现象。

10. 简述单位品德思想。

11. 论述单位必要存在观念的社会进步意义。

12. 简述基础品德思想。

13. 举例说明为何要废除陋习。

14. 举例说明社会品德教育水平与社会品德水平正相关规律。

15. 举例说明社会规范和约制水平与社会品德水平正相关规律。

16. 简述品德进步的基本方法。

第十三章

知识进步

学习目的：

> 了解知识的双向社会作用
>
> 了解科学进步的社会作用
>
> 掌握科学进步的重要原则
>
> 了解教育进步
>
> 掌握发展教育的基本原则
>
> 了解完全教育系统
>
> 掌握应用知识进步的途径

第一节　知识的双向社会作用

人在认识活动中首先得到的是经验知识。经验知识是理论知识的基础，理论知识是经验知识的升华。经验和理论都是人类不可缺少的。

知识有真理和谬误之分。符合社会实际情况的知识是真理；不符合社会实际情况的知识是谬误。人类应该发展真理，纠正谬误。大多数科学知识属于真理，但是一些科学研究成果中也存在着谬误。

人们常说知识就是力量。社会发展史证明，知识力可以推动社会变迁。但是，知识对于社会水平的作用是双向的。有的知识可以用来提高社会水平；有的知识可以用来降低社会水平；有的知识可以用来维持社会水平；还有的知识兼具以上多种作用。真理只有用于提高和维持社会水平时，对于人类才是有益的；将真理用于降低社会水平，对于人类有害。谬误对于人类有害无益。人类应该将真理应用于提高社会水平的活动之中。

20 世纪，科学技术迅猛发展，信息革命如同蒸汽革命和电力革命一样提升了人类的生活水平。科学突飞猛进，将继续改变人类的社会文明。但是，科学技术的发展，也给人类带来了灾难。原子弹引爆成功，使人类掌握了迅速消灭自己的能力；科学知识的滥用，造成了大量的资源浪费并严重损害环境。

知识具有双向社会功能。知识提高人类生存水平的功能，推动社会进步；知识降低人类生存水平的功能，导致社会倒退。

因为知识对于社会具有双重作用，所以人类不能简单地对待知识，更不能简单地认为发现和应用新知识就是知识进步。只有发现先进知识、推广先进知识并应用先进知识于人类活动，才能称得上是知识进步。

知识进步是指发现知识、推广知识和应用知识向提高人类生存水平的方向发展。知识进步是科学研究水平、知识教育水平和应用知识水平的提高。

知识进步包括三方面的内容。一是发展知识的进步——科学研究进步；二是推广知识的进步——教育进步；三是应用知识的进步——人类活动进步。第三条所指的应用知识于人类活动，其中自然也包括应用知识于科研活动和教育活动。所有人类活动的进步，都是应用知识的进步。

知识进步的作用就在于通过发现、推广和运用先进知识，提高人类活动的水平，进而推动社会进步。

知识进步与社会进步正相关规律是：知识进步越快，则社会进步越快；知识进步越慢，则社会进步越慢；知识停止进步，则社会停止进步。

科学进步通过广泛、彻底地探求社会（人类和环境），从而产生能够提高人类生存水平的新知识。教育进步通过各种先进的教育形式向全人类推广维持人类生存水平所必需的旧有知识和提升人类生存水平所必需的新知识。应用知识进步不断将新知识应用于提高人类生存水平的实践活动之中。知识进步的三方面内容——科学进步、教育进步和应用知识进步共同推动了社会进步。

知识进步是社会进步的起点。知识进步的首要地位不可替代。一个国家如果不把知识进步放在社会发展的首位，这个国家即使有进步的愿望，也不可能有较快的发展；一个国家如果轻视知识进步，或者根本就不进行知识进步的努力，这个国家只能长期处于落后甚至衰退状态。

知识进步可以提高劳动生产率，使人类生存与发展的必要劳动量相对减少，就业率下降，即失业率上升。知识进步越快，就业率下降越快；知识进步越慢，就业率下降越慢。

知识进步是人类生产社会向自动生产社会发展的基本途径。由知识进步导致的失业率上升，是人类生产社会向自动生产社会发展的必然结果，是社会进步的体现。与由经济衰退引起的失业率上升具有本质区别。这种在社会进步前提下的失业，可以采取发展社会福利的方法，将所有失业人口纳入社会保障体系，这是唯一根本的解决办法。

第二节　科学进步

科学进步是指通过广泛、彻底地探求社会（人类和环境），从而产生能够提高人类生存水平的新知识。

科学进步不是指发展所有知识，而只是发展能够用来提高社会水平的新知识。发展降低社会水平的反动知识不是科学进步。

科学进步的目的是通过基础研究和应用研究，产生能够提高人类生存水平的新知识。人类利用这些先进知识，可以使社会取得实质性进步。

社会由人类与环境组成。科学研究也可以分为关于人类科学的研究和关于环境科学的研究。人类科学主要研究人类素质和人类活动，如生理学、心理学、伦理学、管理学等。环境科学主要研究环境物质和环境运动，如气象学、海洋学、地质学、机械学、电子学等。由于人类与环境联系紧密，许多学科综合研究人类与环境。社会进步学就是综合研究人类与环境的科学。

一　科学进步的社会作用

1999 年，世界科学大会通过了《科学和利用科学知识宣言》及《科学议程——行动框架》两个重要文件，提出了以科学促知识，以科学促和平，以科学促发展，以科学服务于社会的重要思想。这四个方面就是科学进步的主要作用。其核心思想是以科学进步促世界进步。

以科学促知识是指通过科学研究发展知识，不断以先进知识充实人类的教育、文化、智力、技术，提升人类的知识水平。

以科学促和平是指通过对用于世界和平的社会科学和自然科学的研究，以科学技术作为消除冲突的根源及影响的重要工具。反对将科学技术应用于战争。

以科学促发展是指通过应用科研成果推动社会全面进步。一个国家的公民素质进步和环境进步，一个国家的政治、经济、文化的进步都以科学进步为基础。发展中国家需要自然科学成果，更需要社会科学成果。因为利用社会科学成果改善社会管理是发展中国家的首要任务。

科学服务于社会是指科学研究成果应当始终为改善人类的生存水平服务。如实现民主、平等、自由，尊重人的尊严和权利，消灭贫困，减少疾病，保护和改善全球环境。

二 科学进步的重要原则

1. 围绕社会进步发展科学的原则

发展科学的目的在于提高社会水平。所有科研单位都必须围绕社会进步发展科学。包括围绕提高人类水平发展知识，围绕提高活动水平发展知识和围绕提高环境水平发展知识。

（1）发展提高人类知识水平的科学。如发展关于科研和教育方面的科学。

（2）发展提高人类道德水平的科学。如发展关于道德和法律方面的科学。

（3）发展提高人口水平的科学。如发展控制人口数量、提高人口质量以及提高生育水平方面的科学。

（4）发展提高人类健康水平的科学。如发展医疗保健、体育、饮食等方面的科学。

（5）发展提高管理水平的科学。如发展政治管理、经济管理、企业管理和文化管理方面的科学。

（6）发展提高生产水平的科学。如发展工业、农业、建筑业、信息业等方面的科学。

（7）发展提高消费水平的科学。如发展关于消费品和消费活动的科学。

（8）发展提高自然环境水平的科学。如发展关于大气圈、水圈、生物圈、土圈、岩石圈的科学。

（9）发展提高人工环境水平的科学。如发展关于人类活动对环境的影响和通过改善人类活动提高环境水平的科学。

（10）发展全面指导人类活动，综合提高社会水平的科学。如发展社会进步科学。

"没有这些发明世界会更好：核武器、塑料瓶、塑料袋、水银温度计、垃圾邮件、露天垃圾场等。"① 更有甚者，一些无德研究人员为了牟取暴利而发明各种危害人类健康的"食品"和制造工艺。如牛肉膏和瘦肉精。

2. 科学研究成果要有益于人类健康的原则

世界人口增长迅猛，而耕地面积则不断缩小，为了解决吃饭问题，人类发明了农药和化肥，使农作物产量得到较大提高。人类并不满足于农业的丰收，相继研制出促进各类可食动物生长的合成饲料，使动物产量增加。这些科研成果满足了人口增长的食物需要，同时有害化学物质在动植物体内的残留又严重威胁着人类健康。不仅仅是食物，人类在其他方面的科研成果也存在一些危害人类健康的问题，甚至危害人的生命。

科学是为人类服务的，任何科研活动都要首先考虑对人类健康的影响。应进行有益于人类健康的科学研究，如绿色食品、绿色药品、绿色电器、绿色家居、绿色交通、绿色生产等等应该是科学的主要研究方向。

3. 发展科学应当为避免战争、维护和平服务的原则

里夏尔·英厄姆在《发明的世纪·创造与毁灭》中称：两次世界大战和一次冷战使得许多杰出的科学家成了毁灭而不是进步的工具，……人们对实验室中进行的研究时常感到恐惧和怀疑。知识领域的两项最伟大的发明——核裂变和DNA研究同时也带来了两种最大的危险：核武器的扩散和克隆人的危险。

毁灭人类是最大的犯罪。研究毁灭人类的方法无疑是反动的科学研究。人类应当禁止一切反动的科研活动，而对人类可能产生危害的科研活动应对其严格管控。

世界科学大会明确提出了以科学促进和平和解决冲突的科学家工作的重要原则。在《科学议程——行动框架》中，对这一原则进行了完整阐

---

① 阿尔瓦罗·伊瓦涅尔：《没有这10项发明世界会更好》，《参考消息》2010年3月17日。

述，内容如下。

科学界的学子们应该明确他们有责任避免将科学知识和技能用来威胁和平和安全。

各国政府和私营部门应该建立和发展将科学技术用于和平事业的研究组织。各国都应当以适当的方式投身到和平利用科学技术的事业中来。公共部门和私营部门都应当加大对于有关战争的根源和后果，防止和消除冲突等研究课题的支持。

政府和私营部门应该在与一些可能引起冲突的敏感问题（如能源利用、争夺资源、空气、土壤和水污染等）相关的科学技术领域扩大投入。

军事机构和民间机构以及这些部门的科学家和工程师，都应当通力合作以寻求解决由于武器和地雷的大量积聚而造成的问题。

应当促进政府、民间团体和科学家的对话，以减少军事开支和将科学用于军事目的的倾向。

特别要提高科学家的道德水平。哲学家罗素认为：科学提高了人类控制大自然的能力，可以增加人类的快乐和富足，但必须建立在理性的基础之上。

4. 必须在保护全球环境的前提下开展科学研究的原则

科研成果应该为保护环境做出贡献，而不应当损害环境。

科学家们应当在保护地球的自然资源、生态系统、生物多样性、产品对自然环境的无害化、垃圾无害化等方面，加强研究，为提高环境水平做出重要贡献。

各国政府要禁止进行任何可能损害环境的科研活动，并禁止使用损害环境的科研成果。某些可以降低成本、提高经济利益的科研成果，一方面给环境造成严重破坏，另一方面也给使用者带来高额利润，给政府带来高额税收。因此，牺牲环境换取经济利益的人类活动仍然在许多国家肆无忌惮地进行着。为了人类的长远利益，禁止损害环境的科研活动是完全必要的。

5. 大力发展教育，壮大科学家队伍的原则

通过在全球范围内强化知识推广工作，使更多的人具备科学研究的能力，从而扩大科学研究的队伍。

6. 加强国际科学合作的原则

加强国际科学合作，对于发展先进知识，提高各国知识水平，特别是提高欠发达国家的知识水平，有着非常重要的作用。加强国家和地区科学合作，可以促进人类创造力的均衡发展，促进人类创造成果的传播和利用，实现人类共同进步。

《科学和利用科学知识宣言》阐述了国际合作方面的基本观点。

发达国家和发展中国家应该在信息公开分享、平等互利的基础上开展政府间及非政府间各种形式的科学合作。

（1）建立全球科学研究网络，集中科研力量，节约科研资源，提高科研效率，加速科研成果推广。

（2）各国联合制定科学研究计划，开展联合研究。

（3）各国政府为联合研究项目提供资金。

（4）建立国际认证科研中心。

（5）加强双边、多边的知识交流，召开国际研讨会。

（6）开展跨国培训研究生。

7. 政府和民间要共同投资于科学研究事业的原则

符合人类利益的科学研究成果可以提高社会水平，带来技术进步和经济利益。政府是一个国家社会进步的领导部门，必须高度重视科学进步，建立科研体系，组织或引导科学家进行有利于社会进步的科学研究。科学研究离不开经费，政府必须不断加大科学研究投入，不能指望以科学养科学。

以科学养科学的结果是迟滞科学进步和科学推广，迟滞社会进步。

（1）基础科学和社会科学由于不能直接产生经济效益而无法以科学养科学，它们得不到充分的资助，其发展势必受到严重影响，不利于科学的整体发展。

（2）应用科学需要基础科学作为基础，只有在基础科学不断发展的前提下，应用科学的发展才能提高层次。而且无论是基础科学还是应用科学，都与社会科学密切相关，其最终结果都是为人类服务的。社会科学的发展对于指导自然科学的发展和整个人类活动水平的提高有重大意义。

（3）很多应用科学的研究周期很长，以科学养科学，只能鼓励人们研究周期短、见效快、获利高的项目，不利于应用科学的整体发展。

（4）以科学养科学不利于人类活动水平的提高，延缓社会进步。科学研究的目的是发现提升社会水平的先进知识，而这些知识必须推广才能实现提升社会水平的目的。知识推广得越快，掌握的人越多，人类整体的活动水平就越高。毫无疑问，以科学养科学完全背离了科学研究的根本目的。把科学当作产品，只有有钱的人才能获得足够的先进知识，形成人类知识水平的两极分化，并导致人类活动水平的两极分化。延迟先进知识的推广，也就是延迟社会进步。

利用税款支持科学发展，是政府不可推卸的责任之一。税收支持的科研成果是公民的共同投资成果，应该由公民分享，不能成为政府或少数人营利的产品。

政府应该为具有科研能力，热衷于进步科研事业的人提供优良的科研条件，使人们的创造力能够充分发挥出来。民间直接资助科学研究事业同样重要，社会发展不仅是政府的事，也是公民的事。只有政府和民间在科学研究的投入方面建立长期的合作互补关系，才能最有效地推动科学研究事业的发展。

＊＊＊＊＊＊＊＊＊＊＊＊＊＊＊　社会之窗　＊＊＊＊＊＊＊＊＊＊＊＊＊＊＊

世界第一次使用科学发明的原子弹[①]

1945 年夏，日本败局已定。美国总统杜鲁门和美国政府选定日本东京、京都、广岛、长崎、小仓、新潟等城市作为投掷原子弹的备选目标。8 月 6 日和 9 日，美军对日本广岛和长崎投掷了原子弹。

广岛人口为 34 万多人，靠近爆炸中心的人大部分死亡，当日死者计 8.8 万余人，负伤和失踪的为 5.1 万余人，以上数字不含军人（据估计军人伤亡在 4 万人左右）；全市 7.6 万幢建筑物全被毁坏的有 4.8 万幢，严重毁坏的有 2.2 万幢。

原子弹爆炸的强烈光波，使成千上万人双目失明；高达 10 亿度的温度，把一切都化为灰烬；放射雨使一些人在随后 20 年中缓慢地走向死亡；冲击波形成的狂风，又把所有的建筑物摧毁殆尽。处在爆心极

---

① 长传冲吊：《广岛长崎原子弹事件是怎么回事？》，核辐射百科，http：//hefushe.baike.com/article - 11183. html。

点影响下的人和物，像原子分离那样分崩离析。轰炸长崎的"胖子"爆炸当量比"小男孩"大，但由于长崎地形三面环山，所以损失小于广岛。据日方统计死亡近7万人，伤6万余人。

****

第三节　教育进步

一　教育进步的内容

科学发展的直接结果是科学家们掌握了新知识，但这是远远不够的。仅仅停留在新知识的发现上并不能提高人类的知识水平，只有通过教育，将新知识在社会中普遍推广，才能使人类的知识水平得到提高，进而提高人类活动水平，实现社会进步。

教育进步是指通过各种先进的教育形式向全人类推广维持人类生存水平所必需的旧有知识和提升人类生存水平所必需的新知识。

教育进步包括教育内容的进步、教育形式的进步和教育范围的进步。

在教育内容方面，教育进步并不是向人类推广所有知识，而只是推广维持和提高社会水平所需要的先进知识。对于降低社会水平的反动知识如破坏自然环境、毁灭人类文明、破坏民主、破坏和平、宣传民族国家仇恨等知识则不在教育的内容之列。教育内容要不断更新，不断去除那些无用过时的无益内容，不断增加有用的先进知识。

在教育形式方面，无论是学校教育、家庭教育、社会教育，还是道德教育、文化教育，都要努力探索提高教育质量和教育效率的新形式。

在教育范围方面，世界上每个人都是教育对象，都有权利得到先进教育。应该给每一个人提供接受教育的机会。

先进教育的目的是普及知识，提高人类的活动水平，包括提高人类的管理水平、生产水平和消费水平。

成功的教育应该使受教育者得到全面的发展。一是应当使受教育者具有高尚的道德品质。二是应当使受教育者掌握基础知识和专业知识。三是应当使受教育者保持身心健康。必须减轻学生负担，提倡快乐学习、轻松学习和健康学习。四是应当使受教育者成为合格公民，能够胜任公民职责。教育不仅是为工作单位培养劳动人才，而且是为社会培养合格人才，即全面提高人的素质，使之成为具有高知识、高道德的现代人才。因此，所有的人都应该接受也应该得到足够的良好教育。五是能够提高人类活动水平。根据社会基本规律和社会进步规律，只有对人类进行良好的教育，才能提高人类活动水平，进而提高社会水平。保持身心健康、掌握先进知识、具有高尚道德和成为合格公民是提高人类活动水平的前提条件。

二　教育发展问题

公民的知识水平相差悬殊，极不利于社会的均衡发展。一些国家教育发展较快，人们的平均知识水平较高，其社会活动的水平也较高，国家就发达；而另一些国家教育发展较慢，公民的平均知识水平较低，其社会活动的水平较低，国家就落后。

教育发展不平衡引起的知识和道德水平的两极分化，必然引起人类活动的两极分化。

受到良好知识和道德教育的人群进行着先进的活动。他们发展知识，改进工具，创造更适合人们生活的产品，改善自然环境，使人们生存更舒适。没有受良好的知识和道德教育的人群进行着大量的落后活动。他们在生产中使用落后的机械设备，生产低质量产品，造成资源的巨大浪费，严重破坏自然环境。由于没有受到良好的知识和道德教育的人群占人口的绝大部分，因而低水平人类活动的比重远远超过高水平人类活动的比重，人类活动总体水平较低。根据社会基本规律，活动水平对环境水平能够产生重大影响，且影响是同向的。在教育发展极不平衡的国家中，必然出现这样的情况。

从产品来看，一方面，由于高水平人群的科技投入，使产品品种和数量的增加，反映为经济增长。另一方面，大部分产品是由低知识水平的人生产的，产品质量较差，价值较低，价值低又引起产品数量的增加，形成资源浪费，这种增长是低价值增长。当今一些发展中国家经济增长较快，而发达国家经济增长较慢，但两者之间的差距仍然在加大，其原因就在于发展中国家的经济增长很大一部分是低价值增长，而发达国家的经济增长则主要是高价值增长，如果两者都减去低价值增长，则发展中国家的增长速度要低于发达国家，这是发展中国家赶不上发达国家的重要原因。

在自然环境方面，由于高水平人群占比过低，人类保护和改善环境的活动虽然有较高的效率和较好的效果，但是仍然不能弥补人们对环境的持续破坏。不发达地区的自然环境不断恶化，必然波及发达地区，造成社会自然环境水平呈总体下降状态。所以，解决欠发达地区的教育问题，提高他们的知识水平，不仅有利于欠发达地区的社会进步，同时也对发达地区继续进步有重要作用。

三 发展教育的基本原则

正确的教育观是人类教育进步的基础。解决教育问题的关键在于政府，只有政府才有能力全面推动本国教育进步。人们应当认识到普及教育是为了提高人类素质，而不单纯是为生产服务。

以下提到的教育原则有些已经在一些国家实行，推动了教育进步和国家进步。这些原则无论对发达国家还是发展中国家都有着重要的指导意义。

（一）教育推动进步原则

教育推动进步原则是指公民教育必须全面提升人的素质水平、人的活动水平和环境水平，促进社会可持续发展。

社会中存在着两种性质的教育。正教育是对教育对象进行有利于维持或提高人类生存水平的知识和道德的教育。负教育是对教育对象进行降低人类生存水平的反动知识和反动道德的教育。如电影电视中各种盗窃、强奸、杀人技术和过程的描写，就是典型的刑事犯罪技术教育。正教育推动社会进步，负教育导致社会倒退。当正教育占上风时，社会呈现总的进步趋势，但可能存在着局部的倒退趋势；当负教育占上风时，社会呈现总的倒退趋势，但可能仍然存在着局部的进步趋势。

正教育和负教育之间存在着矛盾和斗争。负教育经扩张阵地势必挤占正教育阵地。所以人类一方面要坚决扼制负教育，另一方面则必须积极推进正教育。

社会教育的基本方针是围绕社会进步发展教育。要围绕提高公民的道德水平、知识水平、生育水平和健康水平发展教育；要围绕提高公民的消费水平、生产水平和管理水平发展教育；要围绕提高公民的保护环境水平、节约资源水平和产品水平发展教育。

（二）教育的政府负责原则

教育的政府负责原则是指公民教育必须由国家建立教育体系、提供资金、建立教育法规、控制教育方向，实行统一管理。生存问题解决之后，发展科学和教育是政府的第一任务。

政府的职责是领导公民维持和提高社会水平，包括提高公民的知识水平。而且提高社会水平必须首先提高知识水平。

政府管理教育主要包括四项内容。一是建立健全教育体系；二是对教育体系提供充足的资金；三是建立健全教育法规；四是控制教育方向，通过发展进步教育提高公民素质。

（三）教育平等原则

教育平等原则是指人人都有接受完全教育的权利和机会。具体地说，不能由经济状况好坏决定受教育的权利，贫富不同的人教育平等；不能由社会地位决定受教育的权利，权力、地位不同的人教育平等；不能由民族族属决定受教育权利，各民族受教育平等；不能由智商决定受教育的权利，低智商者与高智商者教育平等；不能由身体情况决定受教育的权利，体质差者与体质好者教育平等；不能由年龄决定受教育的权利，年龄大者与年龄小者教育平等；不能由性别决定受教育的权利，女性与男性教育平等；不能由地域差别决定受教育的权利，农村和城市教育平等。

教育平等是进步社会的基本标志之一。没有教育平等，就没有生存权和发展权的平等。剥夺了一个人受教育的权利，就等于剥夺了他平等生存和平等发展的权利。

目前，教育不平等的问题仍很严重。例如：教育体制不健全引起地域性失学；收费教育引起经济性失学；入学智力和体质考试引起智力性失学、体质失学；家庭重男轻女引起性别歧视性失学；等等。

从"科教兴国"战略意义上来说，只要政府真正重视教育，把发展教育当作社会进步的关键环节，就能够使教育发展突飞猛进。实现教育平等必须做好以下工作：一是建立全覆盖的教育体系，使每一个需要上学的人都有学校可上；二是废除考试升学制，无入学考试，只有学位资格考试，宽进严出；三是随着社会的不断进步，在条件允许的情况下实行全程免费教育，从小学直至取得博士学位免除学费、书费、宿费、杂费，甚至伙食费，保证不产生经济性失学；四是由国家财政保证教育经费。

（四）教育的公民义务原则

教育的公民义务原则是指接受教育不仅是公民的合法权利，也是公民的应尽义务。

维持和提高人的水平，维持和提高活动水平，维持和提高环境水平，维持和提高环境活动水平是人类的根本利益。没有经过良好教育的人素质相对较低，活动水平也相对较低。低水平的活动将引起环境水平和环境活动水平的下降。良好的教育与人类自身根本利益密切相关。

为了人类自身的根本利益，每一个公民都有义务接受良好教育。

四 完全教育系统

完全教育系统是造就具备人类道德水平、大学以上知识水平、较高活动水平和健康身体的合格公民的全覆盖终身教育系统。包括三个子系统：社会正教育宣传系统、全程免费公共教育系统和继续教育系统。

电视、广播等社会宣传系统是对公民进行全覆盖终身教育的重要阵地。正教育占领这块阵地对于提高人类道德水平、知识水平和活动水平有着非常重要的意义。政府应当加强对宣传单位的管理，取缔一切负教育，推行正教育。通过社会宣传系统向全体公民宣传先进的道德思想和社会行为规范，推广先进知识。

全程免费公共教育系统由公办基础学校、公办高等学校和公办研究生院组成，是人类系统教育的主要场所。

继续教育系统由社区继续教育学院、企业职业教育部门等组成。

这里主要讨论全程免费公共教育系统。

全程免费公共教育系统是指以青少年为主要教育对象的，由政府组织的，全程免费传授从小学到大学博士阶段的公益性教育系统。我国公共教育系统已经有了较好的基础，但是还不够完善。为了提高我国的教育水平和公民知识水平，必须尽快健全公共教育系统。

（一）基础学校

基础学校是按行政区划设立的，实行 12 年一贯制教育的免费学校。就近吸收所有适龄青少年入学。

基础学校采取免试入学、全额免费、全部入学、全部毕业、不得退学的免费教育、强制教育和全程教育政策。禁止设立重点学校和挑选学苗。

基础学校由原小学、初中、高中、职业中学等初、中等学校合并组成，采用12年制，不进行初考和中考，只进行一次毕业考试。

基础学校只教授基础科学知识和道德知识，不进行职业教育。职业教育由大学和企业职业教育来完成。

基础学校要合理安排教育内容，削减落后知识的比重，增加高级知识的比重。减少低级知识的重复和复杂化。低年级学生可以使用计算器计算，避免把大量的时间浪费在简单运算上，要让孩子们学得轻松愉快，兴趣盎然。

基础学校的高年级学生可适当开设社会进步学、人类道德学、人口进步学、文明消费学、文明生产学、民主管理学、环境保护学、节约资源与产品学等其中的课程。

（二）社区学院

社区学院隶属于大学，教授大学公共课程。基础学校毕业生免费免试直升对口社区学院。社区学院采用学分制，学生积满学分后可免试直升社区学院对口的大学，也可申请上其他大学。

社区学院是普及高等公共教育的场所，是大学的延伸。对于一个人口众多、大学设施不足的国家来说，建立社区学院可以弥补大学的不足，有效地提高公民知识层次和活动水平。社区学院的毕业生已学习了大学公共课，进入大学后只选修专业课，缩短了在校学习时间，大学在不增加规模的情况下，增加了学生数量。社区学院的毕业生，即使不升入大学，也已具备了准大学的知识水平，可以随时选修某所大学的专业课。

（三）大学

大学分为地方大学和国家大学。取消大专、中专、职大，将之并入地方大学。大学只教专业课和外语。不计学年，只计学分。只要积满学分就可获得学士学位。实行完全免费教育。

地方大学免试入学、免费学习，宽进严出。学生在社区学院积满学分后可直升对口地方大学。

地方大学设在地级市，每市至少要有 2 所地方大学，较大的城市可设 5 所。全国共有地级市 236 个，至少要设立 500 所地方大学。每所地方大学都要设立分校。全国县级区划 2109 个，至少要设立 2109 个分校。平均一所地方大学有 4 所分校，一所分校辖 10 余所社区学院，1 所社区学院对口 5 所基础学校。

国家大学考试入学，考大学公共课程。没考上的学生可以通过远程教育学习，校园生和远程教育生积满学分都可获得相应的学位。

（四）研究生院

每所大学都要设立研究生院。研究生院采取考核入学制。优先录取大学高才生。研究生院的规模应占大学规模的 30% 以上。以保证至少 30% 以上的学士可继续攻读硕士、博士学位。

全程免费公共教育系统最低目标要使所有青少年都取得学士学位，30% 以上的青年取得硕士学位，10% 以上的青年取得博士学位。

建立全社会完全教育系统需要一个过程，它的实现有赖于社会总体进步水平的提高。同时，完全教育系统的建立作为一项社会基础工程，必须放在优先发展的位置。

五 教育资金循环

公共教育资金以政府投入为主，社会捐赠为辅。政府的投入应该能够基本维持全程免费公共教育系统的正常运转，社会捐赠可起到补充的作用。

政府的教育投入是对社会财富的再分配，来源于企业、公民缴纳的税款和购买的政府债券。政府的作用是把企业和公民能够投入教育的资金集中起来，统一投资于公共教育，所以公共教育对每一个家庭、每一个人都应当是平等的和免费的。政府充足的公共教育投入直接提高公民的知识水平和道德水平，进而提高公民活动水平，使 GNP 和财政收入达到并保持在一个良好的水平，这也使政府有资金继续扩大教育投入和偿还教育债券，形成良好的公共教育资金循环系统。

公共教育投入量受财政收入和国债规模的制约。财政收入和国债收入占 GNP 的比重越大，可投入教育的资金就越多。发展中国家的教育投入应当占 GNP 的 8% 以上，发达国家虽然教育体系比较完整，也应达到 7% 以上。20 世纪 90 年代，加拿大的投入比例最高，达到过 6.9%。发展中国家的投入比例普遍低于发达国家。

政府负责公共教育资金是发展公共教育的最佳选择，能够全面提高社会水平。

（一）全面提高公民的知识水平

免费、免试教育给予所有人包括穷人和富人接受 16 年教育系统的机会，使今后每一代公民都具备很高的知识水平。

（二）全面提高公民的道德水平

通过 16 年以上的良好教育可以提高公民的道德水平，降低犯罪率。免费免试教育使所有 22 岁以下的青少年在学校的良好环境下接受教育，可以有效地遏制青少年犯罪。

（三）全面提高人口水平

公民知识水平提高后会主动节制生育，优生优育，有效地减轻人口对环境的压力。

（四）全面提高健康水平

免费免试教育使青少年轻松愉快学习，德、智、体全面发展。而应试教育则加重学生负担，降低学生健康水平。

（五）全面提高生产水平

免费免试教育使所有劳动者的知识水平达到大学程度，从而大幅度提高生产水平，逐渐形成高价值经济。充足教育形成高价值经济，残缺教育形成低价值经济，这是教育影响经济发展的客观规律。

（六）全面提高消费水平

知识水平高的消费者乐于接受先进的消费观念，进行适度消费、节约消费和环保消费，减少破坏消费和伤害消费。

（七）全面提高管理水平

管理者和被管理者知识水平的提高可以使管理趋向公平和民主，减少社会腐败。

瑞典依靠全球最高的税率支持了庞大的公共教育支出。教育质量很高的公立学校和大学完全免费，成人教育系统和再培训系统也靠税收支持。"瑞典这种福利制度所取得的成绩是有目共睹的。据经济合作与发展组织关于教育的调查说，在欧洲瑞典人受教育的程度最高。教育投入还使瑞典人能够较快地接受新观点，并对新技术始终保持着好奇心。北欧企业能够吸引众多全球著名客户的事实证明了它们的竞争优势。"①

成功的公共教育保证了瑞典人进入发达的知识经济时代。没有高智慧的劳动者，不可能有高智慧的经济。

*************** **社会之窗** ***************

广东石排镇的全程教育支持②

从幼儿园到博士，实施长达 25 年的免费教育。广东东莞石排镇一石激起千层浪，被称为"中国最牛教育强镇"。

著名经济学家茅于轼 5 月 12 日来到东莞石排镇，他说，"政府推进免费教育的钱来自税收，用群众的钱帮扶贫困者读书是非常合理的"。石排镇这个富庶的现代城镇，希望通过"中国镇"理想，为中国提供一个开启福利时代的发展样本。

2008 年是石排镇实行高中免费教育的第一年，今年石排镇财政将拿出 1000 多万元用于从幼儿园到大学的免费教育。届时，拥有石排镇户籍的全日制大专生、本科生、硕士生、博士生每年可分别领到补贴。这使石排的免费教育从国家规定的 9 年一下延长到 25 年。"石排模式"在全国的免费教育中尚属首例。

事实上，免费教育等民生福利只是石排镇建设"中国镇"的一项内容。石排镇的生活，幸福指数越来越高，在石排公园，几位来晨练的老人说："这几年，不但是经济发展，老百姓也得到了非常大的好处。养老保险、医疗保险落实了，读书不用钱，住房也解决了，坐公交也免费了。"

****

---

① 《瑞典模式引导欧洲经济发展》，新加坡《海峡时报》2003 年 3 月 5 日。
② 《中国最牛教育强镇》，《辽沈晚报》2010 年 5 月 26 日。

第四节　应用知识进步

发展和推广知识是为了应用知识。人类所有有意识的活动都是应用知识的活动。比如饮食活动需要应用食物知识，建造房屋需要应用建筑知识。没有知识，就没有人类的文明。

应用知识进步是指不断地将新知识应用于提高人类生存水平的实践活动之中。

应用知识进步有两层含义：一是将知识持续应用于提高或维持人类生存水平的活动，而不是应用于降低人类生存水平的活动。应用知识进步离不开品德进步。二是在维持或提高人类生存水平的活动中要不断用先进知识代替落后知识。应用知识进步离不开科学创新和教育进步。

应用知识进步的直接作用是提高人类的活动水平，推动社会进步。人类必须高度重视应用知识进步，因为它决定社会水平和社会进步速度。

一　人类应用知识的主要问题

人类在应用知识方面存在着一些问题，延迟了社会前进的脚步。

（一）一些单位和个人将知识运用于旨在降低社会水平的活动

高科技一旦应用于降低社会水平的破坏活动，将给人类带来严重灾难。人类关于战争的记忆是惨痛的。在世界和平还没有真正实现的情况下，为了战争与反战争的需要，人类还在不断地利用高科技研制与生产大量杀伤性武器。事实上，用于战争的武器更新得越快，给人类社会造成的破坏和损失也就越大。

（二）人类浪费知识的现象非常严重

许多能够大幅度提高社会水平的知识得不到广泛应用。如光电太阳能技术已经发明了几十年，目前，只有少数发达国家建造了部分太阳能建筑，发展中国家很少采用这一先进技术。联合国粮农组织在 2000 年 10 月发表了《太阳能促进可持续农业和农村发展》的报告，建议各国更多地使用太阳能，将使用范围从目前的家庭扩大到农业、牧业和其他经济部门。使用太阳能可以极大地缓解地球能源不足的问题。

人类浪费知识的原因是多方面的：一是教育不发达，人类平均知识水平过低，先进知识只掌握在少数人手里。二是知识产权保护使知识应用受到限制。专利制度保护了发明者的个人利益，却在一定程度上限制了应用知识的推广和普及。高额的专利使用费限制了人们对先进知识的使用，专利制度至少使先进知识普及延误达十年以上；而技术有偿转让更是制约贫穷国家和地区发展的长期障碍。三是一些生产部门为了经济利益而不应用先进知识。市场经济并不存在及时推广先进知识的机制。先进产品的技术费用、设备费用和市场费用较落后产品要高，再加上企业要获得利润，产品价格必然很高，市场占有率则较低。市场经济在供需规律和价格规律的作用下，给落后生产留下了广泛的市场空间。企业在选择技术、设备和产品时，以获得最大收益为前提，并不考虑提高社会水平。可以给企业获得高额利润的先进知识，企业愿意采用；不能给企业获得高额利润的先进知识，企业则弃之不用。

二　应用知识进步的途径

应用知识进步的基本规律是：①品德水平、科学水平和教育水平与应用知识水平正相关。品德水平、科学水平和教育水平越高，应用知识水平就越高；品德水平、科学水平和教育水平越低，应用知识水平就越低。应用知识水平受品德水平、科学水平和教育水平的制约。②品德进步速度、科学进步速度和教育进步速度与应用知识进步速度正相关。品德进步速度、科学进步速度和教育进步速度越快，应用知识进步速度越快；品德进步速度、科学进步速度和教育进步速度越慢，应用知识进步速度越慢。品德进步、科学进步和教育进步从不同方面推动应用知识进步。

人类应该认真解决应用知识问题。如果我们能够很好地应用已知的先进知识，则饥饿、人口过剩、难民、战争、灾难等困扰人类的问题都可以得到妥善的解决，并且能够很快进入自动生产社会。

根据应用知识进步基本规律，可以采取如下措施推动应用知识进步。

（一）加强对应用知识的管理，利用政府权力引导和鼓励使用先进知识

通过税收调节使用知识的活动。在生产领域，要制定使用先进知识的先进生产和先进产品目录，以及使用落后知识的落后生产和落后产品目

录。对于先进生产和先进产品实施免税或减税；对于一般生产厂家和一般产品要逐年增税。在消费领域，对使用先进产品要免征各种税费，如使用太阳能车、电动车、空气车可以免税；对使用落后产品征收使用落后产品税。

要坚决取缔一切落后生产、落后产品以及落后的消费方式。对于落后生产的组织者要没收所有资本，防止其重操旧业，继续危害社会。要运用市场准入制度将落后生产和落后产品排斥在市场之外。

中央银行要运用再贴现等调控手段，引导资金流向先进部门，严格禁止任何金融单位向落后部门投放资金。

（二）大力发展教育，推广先进知识

应用知识进步的前提条件是推广知识进步。必须大力发展教育，使公民掌握先进知识，具备应用先进知识于各项活动的知识水平和道德水平。提高认识能力，特别是辨别能力，主动抵制那些使用落后知识的管理、生产和消费活动。不应用知识进行落后的活动。

社会宣传单位要把宣传先进知识作为主要任务。要利用广播、电影、电视、戏剧、书刊、报纸、网络、广告等宣传先进知识，使之家喻户晓、深入人心。

（三）加强国家间知识援助，发达国家应毫无保留地向欠发达国家无偿输出先进知识，帮助它们提高活动水平

地球是一个整体，各个国家和地区唇齿相依，如果落后地区环境恶化、人口膨胀、疾病蔓延、战争频繁、难民如潮，必然波及发达地区。发达地区帮助落后地区提高社会水平，自身也同样受惠。

（四）消除知识壁垒，改革专利制度和技术转让制度

所有技术受保护时限均不超过三年。

政府对于能够有效提高社会水平的专利和非专利技术实施一次性购买，并无偿在国内推广，任何单位和个人均有权获得该技术。

（五）禁止使用知识研制破坏工具、杀人工具以及从事破坏目的的活动

知识应当为社会进步服务，提高人的水平和环境水平。不应当利用知识研制破坏环境和损害人的健康的工具和方法，不应当利用知识从事降低

社会水平的反动活动。

第五节　理论、规律与方法

一　知识进步的相关理论

知识进步理论是根据知识对人类生存水平的作用揭示知识进步原理的理论集合。知识进步理论从知识具有的双向社会功能进行研究，进而概括出知识进步概念的内涵。从发展知识的进步、推广知识的进步和应用知识的进步三方面阐释了知识进步的基本理论。知识进步理论包括知识双向社会作用理论、科学进步理论、教育进步理论和应用知识进步理论等。

知识进步是指发现知识、推广知识和应用知识向提高人类生存水平的方向发展。一是发展知识的进步——科学研究进步；二是推广知识的进步——教育进步；三是应用知识的进步——人类活动进步。所有人类活动的进步，都是应用知识的进步。

（一）知识双向社会作用理论

知识的双向社会作用理论是揭示知识对人类生存水平的作用的理论。该理论揭示了知识具有的双向推动社会变迁的功能。知识能够提高人类生存水平，推动社会进步；知识也可能降低人类生存水平，导致社会倒退。为了社会进步，人类不能毫无选择地发现、推广和应用知识，更不能盲目地推崇知识，而应当选择那些有利于提高人类生存水平的知识，去发现、推广和应用。充分发挥知识提高人类生存水平的功能，推动社会进步；坚决遏制知识降低人类生存水平的功能，防止社会倒退。

知识的双向社会作用理论是知识进步理论的基础，由此推导出知识进步概念、发展知识进步的理论、推广知识进步的理论和应用知识进步的理论。

（二）科学进步理论

科学进步理论是围绕提高公民生存水平发展科学的理论，是知识进步理论之一。科学进步是指通过广泛、彻底地探求社会（人类和环境），从而形成能够提高人类生存水平的新知识。科学进步不是发展所有知识，而只是发展能够用来提高人类生存水平的新知识。发展降低人类生存水平的反动知识不是科学进步。

科学进步要以提高人类生存水平为目标，围绕社会进步发展科学。科学研究成果要有益于人类健康。发展科学应当为避免战争、维护和平服务。必须在保护全球环境的前提下开展科学研究。壮大科学家队伍。加强国际科学合作。政府和民间要共同投资于科学研究事业。

（三）教育进步理论

教育进步理论是围绕提高公民生存水平发展教育的理论，是知识进步理论之一。教育进步是指通过各种先进的教育形式向全人类推广维持人类生存水平所必需的旧有知识和提升人类生存水平所必需的新知识。教育进步包括知识内容的进步、形式的进步和范围的进步。通过教育提高人类的素质水平、活动水平和环境水平。

（四）全程免费教育理论

全程免费教育理论是以普遍提高公民知识水平为目的的教育普及理论，是知识进步理论之一。因为知识进步是社会进步的起点。一个国家必须把知识进步放在社会发展的首位。一个国家如果轻视知识进步，或者根本就不进行知识进步的努力，这个国家只能长期处于落后甚至衰退状态。

为了社会进步，根据教育平等原则和政府负责原则，应当对全体公民开放由政府组织的从小学到大学博士层次的全程免费公益性教育系统。

（五）应用知识进步理论

应用知识进步理论是围绕提高公民生存水平使用知识的理论，是知识进步理论之一。发展和推广知识是为了应用知识。人类的所有有意识的活动都是应用知识的活动。应用知识进步是指不断将新知识应用于提高人类生存水平的实践活动之中。应用知识进步有两层含义：第一，将知识持续应用于维持或提高人类生存水平的活动，不能将知识应用于降低人类生存水平的活动。应用知识进步离不开品德进步。第二，在维持或提高人类生存水平的活动中要不断用先进知识代替落后知识。应用知识进步离不开科学创新和教育进步。

应用知识进步的直接作用是提高人类的活动水平，推动社会进步。人类必须高度重视应用知识进步，因为它决定社会水平和社会进步速度。

人类在应用知识方面存在着一些问题，延迟了社会进步的脚步。最主要问题是：第一，一些单位和个人将知识运用于旨在降低社会水平的活动。第二，人类浪费知识的现象非常严重，教育不发达，大量进步知识得不到推广；知识产权保护使知识应用受到限制；一些生产部门为了经济利益而不采用先进知识。

应用知识水平受品德水平、科学水平和教育水平的制约。品德水平、科学水平和教育水平与应用知识水平正相关。品德水平、科学水平和教育水平越高，应用知识水平就越高；品德水平、科学水平和教育水平越低，应用知识水平就越低。所以，提高应用知识水平的途径是不断提高人类的品德水平、科学水平和教育水平。

二　知识进步相关规律

（一）知识进步与社会进步正相关规律

知识进步越快，社会进步越快；知识进步越慢，社会进步越慢；知识停止进步，社会停止进步。科学进步通过广泛、彻底地探求社会（人类和环境），从而产生能够提高人类生存水平的新知识。教育进步通过各种先进的教育形式向全人类推广维持人类生存水平所必需的旧有知识和提升人类生存水平所必需的新知识。应用知识进步不断将新知识应用于提高人类生存水平的实践活动之中。知识进步的这三方面内容共同推动了社会进步。

知识进步是社会进步的起点。知识进步的首要地位不可替代。一个国家如果不把知识进步放在社会发展的首位，这个国家即使有进步的愿望，也不可能有较快的发展；一个国家如果轻视知识进步，或者根本就不进行知识进步的努力，这个国家只能长期处于落后甚至衰退状态。

（二）品德水平、科学水平和教育水平与应用知识水平正相关规律

1. 品德水平、科学水平和教育水平与应用知识水平正相关

品德水平、科学水平和教育水平越高，应用知识水平就越高；品德水平、科学水平和教育水平越低，应用知识水平就越低。应用知识水平受品德水平、科学水平和教育水平的制约。

2. 品德进步速度、科学进步速度和教育进步速度与应用知识进步速度正相关

品德进步速度、科学进步速度和教育进步速度越快，应用知识进步速度越快；品德进步速度、科学进步速度和教育进步速度越慢，应用知识进步速度越慢。品德进步、科学进步和教育进步从不同方面推动应用知识进步。这一规律也是应用知识进步基本规律。

人类应该认真解决应用知识问题。如果我们能够很好地应用已有的先进知识，饥饿、人口过剩、难民、战争、灾难等困扰人类的问题都可以得到妥善的解决，并且能够很快进入自动生产社会。

根据应用知识进步基本规律，可以采取如下措施推动应用知识进步：加强对应用知识的管理，利用政府权力引导和鼓励使用先进知识，限制使用一般知识，禁止使用落后知识；大力发展免费教育，推广先进知识；加强社会单位间知识援助，发达国家应毫无保留地向欠发达国家无偿输出先进知识，帮助它们提高活动水平；消除知识壁垒，改革专利制度和技术转让制度；禁止使用知识研制破坏工具、杀人工具以及从事破坏目的的活动。

三　知识进步基本方法

（一）人类选择知识的基本准则

人类应当围绕提高人类的素质水平、活动水平和环境水平选择知识。选择内容包括提高人类知识水平的知识、提高人类道德水平的知识、提高人类健康水平的知识、提高管理水平的知识、提高生产水平的知识、提高消费水平的知识和提高环境水平的知识。

（二）发展科学的基本原则

科学进步要以提高人类生存水平为目标，其基本原则有以下几点。一是围绕社会进步发展科学的原则。要围绕提高公民的道德水平、知识水平、生育水平和健康水平发展科学；要围绕提高公民的消费水平、生产水平和管理水平发展科学；要围绕提高公民的保护环境水平、节约资源水平和产品水平发展科学。二是科学研究成果要有益于人类健康的原则。三是发展科学应当为避免战争、维护和平服务的原则。四是必须在保护全球环境的前提下开展科学研究的原则。五是大力发展教育，壮大科学家队伍的原则。六是加强国际科学合作的原则。七是政府和民间要共同投资于科学研究事业的原则。

（三）发展教育的基本原则

一是教育推动进步原则是指要积极发展正教育，坚决打击负教育，围绕社会进步发展教育。要围绕提高公民的道德水平、知识水平、生育水平和健康水平发展教育；要围绕提高公民的消费水平、生产水平和管理水平发展教育；要围绕提高公民的保护环境水平、节约资源水平和产品水平发展教育。二是教育的政府负责原则是指必须由国家建立公民教育体系、提供教育资金、建立教育法规、控制教育方向，实行统一管理。生存问题解决之后，发展科学和教育是政府第一任务。三是教育平等原则是指人人都有接受完全教育的权利和机会。具体地说，不能由经济状况决定受教育的权利，贫富不同的人教育平等；不能由社会地位决定受教育的权利，权力、地位不同的人教育平等；不能由民族决定受教育权利，主体多数民族和少数民族教育平等；不能由智商决定受教育的权利，低智商者与高智商者教育平等；不能由身体情况决定受教育的权利，体质差者与体质好者教育平等；不能由年龄决定受教育的权利，年龄大者与年龄小者教育平等；不能由性别决定受教育的权利，女性与男性教育平等；不能由地域决定受教育的权利，农村和城市教育平等。四是教育的公民义务原则是指接受教育不仅是公民的合法权利，也是公民的应尽义务。为了人类的根本利益，每一个公民都有义务接受良好教育。

（四）应用知识的基本原则

根据应用知识进步基本规律，可以采取如下措施推动应用知识进步：一是加强对应用知识的管理，利用政府权力引导和鼓励使用先进知识，限制使用一般知识，禁止使用落后知识。二是大力发展免费教育，推广先进知识。三是加强社会单位间的知识援助，发达国家应毫无保留地向欠发达国家无偿输出先进知识，帮助它们提高活动水平。四是消除知识壁垒，改革专利制度和技术转让制度。五是禁止使用知识研制破坏工具、杀人工具以及从事破坏目的的活动。

本章小结

第一，知识进步理论从知识具有的双向社会功能进行研究，进而概括出知识进步概念的内涵。从发展知识的进步、推广知识的进步和应用知识的进步三方面阐释了知识进步的基本理论。

第二，科学进步是指通过广泛、彻底地探求社会（人类和环境），从而产生能够提高人类生存水平的新知识。科学进步不是发展所有知识，而只是发展能够用来提高人类生存水平的新知识。发展降低人类生存水平的反动知识不是科学进步。

第三，教育进步是指通过各种先进的教育形式向全人类推广维持人类生存水平所必需的旧有知识和提升人类生存水平所必需的新知识。教育进步包括知识内容的进步、形式的进步和范围的进步。通过教育提高人类的素质水平、活动水平和环境水平。

第四，应用知识进步是指不断将新知识应用于提高人类生存水平的实践活动之中。一是将知识持续应用于提高或维持人类生存水平的活动，而不是应用于降低人类生存水平的活动。二是在维持或提高人类生存水平的活动中要不断用先进知识代替落后知识。

关键术语

知识进步、知识进步的作用、科学进步、科学进步的目的、教育进步、正教育、负教育、完全教育系统、全程免费公共教育系统、基础学校、应用知识进步。

知识进步与社会进步正相关规律、品德水平、科学水平和教育水平与应用知识水平正相关规律。

知识进步理论、知识的双向社会作用理论、科学进步理论、教育进步理论、全程免费教育理论、应用知识进步理论。

发展科学的基本原则、社会教育的基本方针、发展教育的基本原则、人类选择知识的基本准则、应用知识的基本原则、教育的政府负责原则、教育平等原则、教育的公民义务原则、教育推动进步原则。

思考题

1. 简述知识双向社会作用理论。

2. 用科学进步、科学进步的社会作用和科学进步的重要原则等理论分析一个科学研究成果（如核武器、核电站）的社会进步学意义。

3. 为什么要围绕社会进步发展科学？

4. 用科学进步的重要原则分析食品科研问题，研究食品科研的正确方向。

5. 简述发展教育的基本原则。试应用发展教育的基本原则建立区域教育发展计划。

6. 用教育进步理论分析教育产业化是否属于社会进步。教育产业化违反哪些发展教育的基本原则？

7. 收取择校费符合政府负责原则吗？符合教育平等原则吗？

8. 试论建立完全教育系统的伟大意义。

9. 试分析一部电视剧或电影中的正教育和负教育。

10. 用知识双向社会作用理论、人类选择知识的基本准则或社会教育的基本方针分析一部影视作品的社会作用。

11. 知识进步理论的核心思想是什么？

12. 论述知识双向社会作用理论和人类选择知识的基本准则。

13. 举例说明如何应用知识进步基本规律。

14. 简述知识进步与社会进步正相关规律。

15. 举例说明为什么知识进步与社会进步正相关。

16. 举例说明知识进步是社会进步的起点。

17. 简述知识进步对就业的影响。

18. 举例说明人类知识进步与就业率负相关，知识进步必然导致就业率下降。

19. 人为提高社会就业率，人为控制大学招生规模是否有利于社会进步？

20. 简述品德水平、科学水平和教育水平与应用知识水平正相关规律。

|第十四章|

人口进步

学习目的：

> 了解人口进步理论
>
> 了解人口方向理论
>
> 掌握生育保证理论
>
> 了解生育人权关系理论
>
> 掌握人口进步基本方法

第一节 人口数量标准

古代人口数量极少，遗传学家凭借人类基因组的结构算出 120 万年前的人类规模。当时地球上的"有效"人口只有 1.85 万人，但这只包括能生育的个体。实际人口可能多两倍，约为 5.5 万人。全世界的人都是他们的后代。[①]

人类进入生产社会后，对地球资源进行了野蛮的破坏性利用。特别是工业革命之后，随着科技水平的不断提高，人类对自然的破坏力度也不断增强，生态平衡被无情打破，环境处于衰退状态。也是这一百年来，世界人口开始加速增长。1830 年世界人口达到 10 亿人，1930 年人口突破 20 亿人，1960 年达到 30 亿人，1975 年达到 40 亿人，1987 年达到 50 亿人，1999 年达到 60 亿人，2011 年达到 70 亿人。[②] 人口与资源的逆向运动，使

---

① 尼古拉斯·韦德：《基因组研究提供早期人类人口状况》，《纽约时报》2012 年 1 月 19 日。

② 联合国：《飞驰的人口列车》，联合国微信公众号：lianheguo，2017 年 7 月 11 日。

人均财富不断减少。如果这种人类与环境的逆向运动持续下去，社会将逐步走向衰亡。

人口数量应该控制在地球供给能力之内并保持生态平衡，这是最基本的人口数量标准。人类不仅要生存，还需要维持和提高生存质量，维持和提高人均财富水平。这里提到的人均财富是人类可利用的所有自然财富和人工财富的人均值。

面对严峻的人口资源矛盾，人类或者任其发展，或者主动纠正。选择后者是明智之举。目前最迫切的任务是停止人口增长，扼制环境衰退并改善环境，维持生态平衡，提高人类生存质量。这些工作需要人类统一行动。为了人类的利益，我们必须从狭隘的国家观念、民族观念、意识形态观念中解放出来。欧洲在人口控制、环境保护、生存质量方面积累了一些经验可资借鉴。1995～2000 年，全球人口年增长 1.4%。其中欧洲为零增长，北美洲为 0.8%，大洋洲为 1.3%，亚洲为 1.4%，拉丁美洲和加勒比海地区为 1.5%，非洲为 2.6%。

2017 年联合国为世界人口日确立的主题是"计划生育：赋予女性权利，利于发展国家"。

目前，发达国家普遍存在人口老龄化问题，中国人口老龄化也渐行渐近。有关方面预测：到 2025 年，中国 60 岁以上人口将达到 3 亿，到 2030 年总抚养比将达到 50%。但这并不能成为我们放松计划生育工作的借口。因为笔者预测到 2030 年，如果不发生战争，政府采取鼓励自动生产政策，中国将基本进入自动生产社会，工业和服务业将先于农业进入自动生产过程。目前我国已经有许多工厂实现了全自动化的无人生产。支付宝、手机银行、网上银行将很快推动消灭现金和消灭银行网点；网上购物、无人超市、无人机物流、自动驾驶货车将使商业进入自动化；自动驾驶汽车和共享汽车将使司机失业；机器人警察、机器人律师、机器人医生、机器人理发师、机器人厨师、机器人店员、机器人教师将相继出现。中国的自动化生产力将取代人力走在世界的前列。

第二节　人口进步政策

目前，我国同其他国家和地区一样存在着人口质量结构恶化的趋势。

在人口增长方面，落后地区高于发达地区，乡村高于城镇，贫困人口高于富裕人口，低知识人群高于高知识人群。这种人口增长状态促使在人口总量中低水平人口比例不断扩大，高水平人口比例不断缩小，产生了降低人口素质水平的作用。由于这种生育状态同人类进步方向相反，称作逆向繁衍。

形成逆向繁衍的原因是知识贫乏、经济贫困和道德观念落后。

人类除了逆向繁衍之外，还存在正向延续。正向延续是指在人口总量保持不变时，高水平人口比例不断扩大，低水平人口比例不断缩小，起到提高人类水平的进步作用。一些欧洲国家处于正向延续状态。

人口进步的基本原则是消除逆向繁衍，实现正向延续，达到人口与资源在总量上的平衡。

一　提高全民知识水平，优先提高贫困人口的知识水平

知识贫乏引起逆向繁衍。提高全民知识水平，是消除逆向繁衍的行之有效的政策措施。只有提高落后地区、贫困人口和低知识人群的知识水平，才能从根本上扭转逆向繁衍的局面，实现正向延续，提高新生人口的水平。新生人口一旦具备了较高的知识水平，先进生育观念就会取代落后生育观念，人类就会一代代地主动节制生育。要在全社会建立起能够保证所有青少年接受16年以上教育的全程教育体系，在贫困地区建立完全免费的16年教育体系，使每一个贫困孩子都能学到高级知识。

二　消除贫困

消除贫困是解决人口问题的根本办法。社会中普遍存在着越穷越生、越生越穷的现象。在一些农村地区，许多家庭家徒四壁，八九岁的儿童就必须参与生产劳动，分担家中过重的生活压力。要消除贫困，一要提高贫困地区人口的知识水平，推行全程免费教育。二要给予生产援助，为贫困地区建立现代生产体系。三要给予产品援助，使之过上温饱生活。

三　适当的人口转移

适当的人口转移，可以缓解贫困地区的人口压力，并使贫困人口逐渐融入发达地区，对于提高贫困人口水平有一定作用。但是，人口转移过度

会产生严重的负面影响。第一，给发达地区造成经济和治安压力，降低发达地区的生存水平。第二，不能从根本上扭转贫困超生现象，反而给超生创造了避风港，形成了贫困地区向富裕地区源源不断输送贫困人口的局面。第三，阻碍经济发展。在城市劳动力不足时，农村劳动力向城市的流动能够推动经济发展。但是，当城市劳动力过剩时，农村劳动力向城市的流动会阻碍经济发展。一是降低生产的科技含量。在成本机制作用下，经营者会首先选择廉价劳动力而不是科技进步。二是降低劳动者整体素质。素质较低的农村劳动力取代素质较高的城市劳动力。三是增加落后生产。一些涌入城市的劳动者，为了维持生存，建立落后的生产系统，生产假冒伪劣产品。由于成本低廉，以价格优势打入市场，同时把部分先进生产打垮，形成"蚂蚁吞大象"现象。所以必须严格控制人口转移。城市要根据对移入人口的控制能力和消化能力制定人口吸纳计划，防止贫困人口盲目流入。

四　政府控制生育

我国计划生育工作在总量控制方面取得了举世瞩目的成绩。人口自然增长率在 1999 年降到了 0.88%。其中北京市几乎趋近于零增长，为 0.09%；上海市出现负增长，为 - 0.11%。两地的人口实践证明，我国正朝着更科学合理地控制人口增长方向过渡。

目前，我国控制人口数量的目标应该是使人口总量零增长。在零增长的总目标控制下，改善人口出生结构，推行正向延续。要下决心将低素质人口、贫困人口的出生率降下来。

只有高质量的人口，才能进行高水平的人类活动。提高人口质量，是提高人类生存质量的重要方面。把好生育关，是提高人口质量的第一个环节，政府和国民都必须高度重视计划生育工作。

政府控制生育，除了要严格控制生育总量之外，还要引导正向延续，改善生育质量。主要的政策措施是制定并实行生育质量保证制度。生育质量保证制度是由政府制定的保证公民生育质量的法律制度。包括生育健康保证制度、生育品德保证制度、生育知识保证制度、生育经济保证制度生育年龄保证制度和生育婚姻保证制度。

（一）生育健康保证制度

生育健康保证制度是指人类的生育行为必须保证子代出生健康和子代成长健康的生育质量保证制度。它是人类最古老的生育限制制度。为了生产健康的后代，人类很早就开始禁止近亲通婚。而现代的健康保证已经不仅局限于此。

对患有遗传病、传染病、智力障碍、肢体障碍及其他可能对儿童健康和成长造成危害的疾病的人生育要慎重。患有遗传病的人可能将病遗传给孩子；患有传染病的人可能将病传染给孩子；智力障碍者不具备抚养教育儿童的能力；肢体障碍者本身就需要别人照顾，不能给婴儿以良好照顾；患有慢性疾病身体衰弱者照顾儿童的能力较差，不利于儿童健康成长。

健康保证既要保证子代出生健康，还要保证子代成长健康。所以父母不但必须具备生育健康子女的身体条件，还必须具备哺育健康子女的身体条件。

如果您爱孩子，您就必须给予孩子健康。如果您不能让孩子健康成长，就不要去制造生命。这是对下一代负责任的态度。

（二）生育品德保证制度

生育品德保证制度是指人类的生育行为必须保证子代品德优良的生育质量保证制度。

品德存在继承性。品德继承是普遍的社会现象，它存在于家庭，也存在于学校、工作单位和公共场所。其中父母品德非常重要，父母品德对子女的潜移默化影响，在子女品德观念形成中起着重要的作用。所以，为了维护下一代在家庭中获得良好的品德教育的权利，为了提高人类的品德水平，必须对生育及抚养进行品德保证。育龄夫妻双方都必须具有良好的品德记录是生育子女的先决条件。而许多国家的法律已经开始剥夺品德极为不端的父母的子女抚养权。

生育的品德保证制度是人类生育观和抚养观的伟大进步。全面实施品德保证，必将提高人类素质，促进社会进步。

（三）生育知识保证制度

生育知识保证制度是指育龄父母必须具备一定的知识水平才可以生育的生育质量保证制度。

实践证明，母代的知识水平对子代的素质有重要影响。文化水平低的母代不具备向儿童传授科学知识的能力，也不具备科学监护儿童的能力。在人类死亡率很高的远古时期，保证高出生率是人类得以延续的必要手段。当时除了近亲限制以外，没有知识保证和道德保证的必要。在必须控制人口增长的今天，调整人口质量结构日益重要。现代人的生育与古代人的生育一样，都不只是个人传宗接代的问题，而且是人类的延续问题。在高质量延续与低质量延续可以选择时，理所当然地应该选择高质量延续。

要采取一定的措施，使父母必须支持子女完成法定学业，失学儿童将大幅度减少，由此可以起到提高公民生育水平和知识水平的双重作用。

（四）生育经济保证制度

生育经济保证制度是指父母必须具备抚养子女的良好的经济条件才可以生育的生育质量保证制度。经济保证在人口进步中也是至关重要的。它的作用是为了保障新生儿过得更好，给儿童提供健康成长所必需的物质生活条件。

经济保证一定要与脱贫致富结合起来。要通过各种途径，消除贫困人口，使之具有生育的经济基础。通过免费教育提高贫困人口的知识水平和道德水平，使之具有掌握先进生产的能力。实施生产援助，无偿提供资金、设备、技术等生产条件。进一步完善社会保障制度，提高最低生活费标准。通过上述措施，保证每一个家庭都具备生育和抚养子女的经济条件。

（五）生育年龄保证制度和生育婚姻保证制度

生育年龄保证制度是指父母必须达到一定的年龄才可以生育的生育质量保证制度。生育婚姻保证制度是指必须具有法定婚姻资格才可以生育的生育质量保证制度。生育年龄控制在 23～36 岁。只有建立法定婚姻关系，并且夫妻感情良好的家庭，才可申请生育指标。

第三节　人口控制与人权

人权包括人类权和个体人权。处理人权关系的基本原则是个体人权服从人类权。人类权至高无上，统辖个体人权。所以个人生育权要服从人类生存权。当人口数量过多，超出环境供给能力，降低了人类生存水平时，为了维护人类生存权，就必须实行计划生育。如果超生就侵犯了人类权。

人类除了要控制人口数量之外，还要提高人口质量。提高人口质量也要从生育开始。这里涉及母代人权与子代人权的关系问题。因为婴儿不具备侵犯他人人权的能力，所以在生育方面只存在母代侵犯子代人权的情况。在生育方面处理母子两代人权关系的基本原则是母代人权服从子代人权。历史上，人们只重视父母的生育权，而忽视了子代人权。子代人权包括子代生存权和子代发展权。子代生存权的核心是子代健康权。包括出生时必须获得健康的身体——出生健康权；出生后要获得维持身心健康所必需的经济条件——成长健康权。子代发展权的核心是知识发展权和品德发展权，即获得良好的知识教育和品德教育。

母代与子代相比，子代是弱者，权利易遭到母代侵犯，必须用法律加以保护。为了保护子代的出生健康权、成长健康权、知识发展权和品德发展权，必须对母代生育权进行健康保证、经济保证、知识保证和品德保证。

*************** **社会之窗** ***************

针对女婴的全球战争①

中国社会科学院 2010 年 1 月指出，由于中国男多女少，10 年后将有 1/5 的青年男子找不到配偶。在和平国家，这是个前所未有的数字。

社科院是根据 19 岁以下人口的性别比得出上述结论的。同时表示，到 2020 年，中国处于这个年龄段的男性将比女性多 3000 万 ~ 4000 万人。

套用玛丽·安妮·沃伦 1985 年出版的一本书的名字，"性别灭绝"往往被视作贫穷或无知的产物。然而，这并非百分之百的事实。光棍过剩问题似乎是在 1990 ~ 2005 年加剧的，与 1979 年开始实行的独生子女政策没有明显联系。而且，针对女婴的"战争"并不仅限于中国。

在印度的某些地区，男女比率失调问题像中国一样严重。其他东亚国家的男婴出生率同样高得异乎寻常。自从苏联解体以来，高加索

---

① 《针对女婴的全球战争》（英国《经济学家》，2010 年 3 月 6 日），载《参考消息》2010 年 3 月 17 日。

和巴尔干西部地区呈现出相同的趋势。甚至连美国人口中的一些种族群体也不例外。

美国企业研究所的人口学家尼克·埃伯施塔特认为，真正的原因不在于任何国家的特定政策，而在于对男孩的过分偏好、孕期确定胎儿性别技术的快速推广、生育率不断下降这3个因素发生了激烈碰撞。这些都是全球趋势，有选择地消灭女婴也是全球行为。

并非所有传统社会都明显地重男轻女。不过，在重男轻女的社会中，尤其是靠男孩来维系家族血脉、养活年老父母的社会中，儿子比女儿更重要。女儿最终要嫁入夫家，成为泼出门的水。如同印度俗语的说法：养女儿就像给邻居的花园浇水。民意测验结果清楚地显示出了"重男"的倾向。1999年印度政府询问妇女，她们希望接下来生个男孩还是女孩。有1/3没有孩子的妇女想生个男孩，2/3的人无所谓，只有极少数人说想要女孩。巴基斯坦和也门的民意测验也出现了类似结果。在有些发展中国家，想生儿子和想生女儿的女性比例是10：1。在中国，产婆接生男孩比接生女孩的收费高。

重男轻女的不寻常之处在于，在生第二胎或者更多孩子时，这种偏好急剧增强。在有两个孩子的印度妇女当中，有60%的人表示下次想生个男孩，几乎占头胎想生男孩的妇女的两倍。这表明已经有两个女儿的妇女非常希望生个儿子。在有3个孩子的妇女当中，这一比例上升到了75%。父母对头胎和后来生育子女的性别偏好存在严重差异。

直到20世纪80年代，穷国的民众对此还毫无办法：孩子出生前，只能是老天说了算。不过，就在那10年间，超声波扫描和其他判断胎儿性别的手段开始出现。这些技术改变了一切。印度医生开始大做超声波扫描的广告，口号是：现在花5000卢比（110美元），将来省5万卢比（省下的是女儿的嫁妆）。大批想要男孩但又不愿杀死女婴的父母选择了堕胎。

印度和中国分别在1994年和1995年禁止了意在性别选择的堕胎行为。这种堕胎行为在大多数国家是不合法的（但瑞典在2009年宣布这种行为合法）。但是，由于几乎无法证实堕胎是为了性别选择，所以这种做法仍然非常普遍。一次超声波扫描的费用大约为12美元，是许多（也许是大多数）中国和印度家庭能够承受的。在印度北部旁遮普邦的一家医院，所有在超声波扫描后仍然得以降生的女婴要么是被错误判断为男孩，要么是有一个男性的孪生兄弟。

现代化和高收入降低了选择子女性别的难度。最重要的是比较富裕的小家庭更想要个男孩。如果家族规模很大，至少会有一个男孩维系家族血脉。但是，如果只有一两个孩子，生一个女儿就意味着损失了一个儿子。因此，由于收入提高，生育率下降，越来越多的家庭承受着生儿子的沉重压力。

单身男子更容易参与犯罪活动。如果失意的单身男子不断增加，就意味着更多的麻烦。在性别比上升的这20年间，中国的犯罪率几乎提高了一倍。关于拐卖妇女、强奸和卖淫的报道极多。有研究表明，这些问题确实是相互关联的。在增加的犯罪活动中，有大约1/7与性别比失调有关。在印度，各邦的犯罪率也与性别比有关。性别比扭曲所导致的一些后果出乎人们的意料。这也许提高了中国的储蓄率。原因在于有独生子的夫妇要攒钱，在竞争极为激烈的婚姻市场中增加他吸引女性的可能性。

****

第四节　理论与方法

一　人口进步理论

人口进步理论立足于维持与提高人类的生存水平这一社会进步的宗旨，从人类与环境关系入手，阐释了人口数量标准、逆向繁衍、正向延续、人口进步的基本原则、人口进步的主要政策措施、生育质量保证制度和在生育方面处理人权关系的基本原则。人口进步理论为提高人类的生育水平，为政府进行生育管理提供了社会进步学的理论依据和基本原则。

（一）人口方向理论

当生育总量不变时，高水平人口生育下降，低水平人口生育上升，产生的是降低人类水平的倒退作用，这种生育状态同人类进步方向相反；当生育总量不变时，高水平人口生育上升，低水平人口生育下降，起到的是提高人类水平的进步作用，这种生育状态同人类进步方向一致。

（二）生育保证理论

母代在生育时应具备给予子代获得健康的身体、良好的知识教育和品德教育的基本条件。包括生育健康保证、生育品德保证、生育知识保证、生育经济保证、生育年龄保证和生育婚姻保证。政府应制定生育质量保证制度。

（三）生育人权关系理论

个体人权要服从人类权。个人生育权要服从人类生存权。在生育方面母代人权要服从子代人权。母代生育权要服从子代生存权和子代发展权，即母代生育权要服从子代出生健康权、子代成长健康权、子代知识发展权和子代品德发展权。生育人权关系理论是政府管理生育和制定生育政策的重要理论依据。

二　人口进步基本方法

人口进步的基本原则是：消除逆向繁衍，实现正向延续，并且达到人口与资源在总量上的平衡。

（一）提高全民知识水平，优先提高贫困人口的知识水平

知识贫乏引起逆向繁衍。提高全民知识水平，是消除逆向繁衍的行之有效的政策措施。只有提高落后地区、贫困人口和低知识人群的知识水平，才能从根本上扭转逆向繁衍的局面，实现正向延续，提高新生人口的水平。要在全社会建立起保证所有青少年能够接受 16 年以上教育的全程教育体系，使每一个贫困孩子都能学到高级知识。

（二）消除贫困

消除贫困是解决人口问题的根本办法。社会中普遍存在着越穷越生、越生越穷的现象。要消除贫困，一要提高贫困地区人口的知识水平，推行全程免费教育；二要给予生产援助，为贫困地区建立现代生产体系；三要给予产品援助，使之过上温饱生活。

（三）适当的人口转移

适当的人口转移，可以缓解贫困地区的人口压力，并使贫困人口逐渐

融入发达地区，对于提高贫困人口水平有一定作用。城市要根据对移入人口的控制能力和消化能力制定人口吸纳计划，防止贫困人口盲目流入。

（四）政府控制生育

政府控制生育，除了要严格控制生育总量之外，还要引导正向延续，改善生育质量。主要的政策措施是制定并实行生育质量保证制度。包括生育健康保证制度、生育品德保证制度、生育知识保证制度、生育经济保证制度、生育年龄保证制度和生育婚姻保证制度。

本章小结

人口进步理论立足于维持与提高人类的生存水平这一社会进步的宗旨，从人类与环境关系入手，阐释了人口数量标准、逆向繁衍、正向延续、人口进步的基本原则、人口进步的主要政策措施、生育质量保证制度和在生育方面处理人权关系的基本原则。

第一，母代在生育时应具备给予子代获得健康的身体、良好的知识教育和品德教育的基本条件。

第二，个人生育权要服从人类生存权。在生育方面母代人权要服从子代人权。母代生育权要服从子代生存权和子代发展权，即母代生育权要服从子代出生健康权、子代成长健康权、子代知识发展权和子代品德发展权。

第三，人口进步的基本原则。消除逆向繁衍，实现正向延续，并且达到人口与资源在总量上的平衡。

关键术语

人口数量标准、人均财富、逆向繁衍、正向延续、生育质量保证制度、生育健康保证制度、生育品德保证制度、生育知识保证制度、生育经济保证制度、生育年龄保证制度、生育婚姻保证制度。

人口进步理论、人口方向理论、生育保证理论、生育人权关系理论。

人口进步的基本原则、人口进步的基本方法、处理人权关系的基本原则。

思考题

1. 怎样理解人口数量标准？人口数量与社会进步有何联系？

2. 举例说明逆向繁衍和正向延续。

3. 论述人口进步的基本原则与社会进步速度的关系。

4. 论述人口进步政策。

5. 试论提高全民知识水平，优先提高贫困人口的知识水平与人口进步的关系。

6. 试论消除贫困与人口进步的关系。

7. 为什么要进行适当的人口转移？

8. 社会管理生育有什么社会进步意义？应建立哪些生育保证制度？

9. 简述生育保证理论。

10. 简述生育人权关系理论。

11. 为什么在生育方面母代人权要服从子代人权，母代生育权要服从子代生存权和子代发展权？

12. 简述人口进步理论。

术语说明

A 级产品　指在正常使用时能够大幅度提高社会水平或保持社会水平处于 A 级状态、没有降低作用的产品。

A 级活动　指提高作用范围大于等于公众、提高作用幅度大于等于 20%、提高作用时间大于等于平均值 20%、物质利用水平为非常节约级的纯提高活动。

A 级价值　指维持人类生命的直接价值。

A 级社会单位　指 60% 以上的人和环境处于 A 级水平的社会单位。

A 级社会理论　在社会分级理论基础之上建立的阐释以人类生存水平为基础的理想社会的理论。现实社会之中存在着 A 级素质的人、A 级活动、A 级自然环境和 A 级产品。只要 A 级率达到 60% 以上就进入了 A 级社会。所以，A 级社会是可以实现的理想社会。A 级社会是人类社会进步的正确方向和可实现目标。社会进步学从 A 级社会人的素质和数量水平、人的活动水平、自然环境水平、产品水平等方面描绘了顶级人类社会的蓝图。

A 级社会　指 A 级人口占主导地位，人口数量控制在环境可承受能力以内，主要活动是 A 级活动，自然环境处于健康理想级，主要产品是先进产品，所有人的必要消费需要都能得到满足的社会。

A 级素质　指同时具有世界品德水平、博士水平和健康水平的人的素质水平。

A 级自然环境　指自然生态系统完全有利于人类的健康生存，没有自然灾害、环境污染和生态破坏的自然环境。

B 级产品　指在正常使用时能够提高社会水平或保持社会水平处于 B

级状态、没有降低作用的产品。

B级活动 指提高作用范围不限、提高作用幅度大于等于5%、提高作用时间大于等于平均值5%、物质利用水平为节约级以上的纯提高活动和混提高活动。

B级价值 指直接维持人类生命的产品的生产价值或维持人类生命的间接价值。

B级社会单位 指60%以上的人和环境处于B级和B级以上水平的社会单位。

B级素质 指同时具有公众品德水平、大学水平和亚健康水平的人口素质水平。

B级自然环境 指自然生态系统基本有利于人类的健康生存，虽然存在着极轻微的自然灾害、环境污染或生态破坏，但尚未威胁到人类健康的自然环境。

C级活动 指物质利用水平为平均级以上的纯提高活动、混提高活动、纯维持活动和混维持活动。

C级产品 指在正常使用时能够保持社会水平处于C级状态，或提高某一方面水平、降低另一方面水平的产品。

C级价值 指维持人类身心健康水平的直接价值。

C级社会单位 指60%以上的人和环境处于C级或C级以上水平的社会单位。

C级素质 指同时具有基础品德水平、高中水平和准健康水平的人的素质水平。

C级自然环境 指自然生态系统已经轻度不利于人类生存，存在着轻微的自然灾害、环境污染，或者存在轻微的生态破坏，已经轻度威胁到人类健康生存的自然环境。

D级产品 指在正常使用时即可降低社会水平或使社会水平处于D级状态的产品。

D级活动 指物质利用水平为浪费级的纯提高活动、混提高活动、纯维持活动、混维持活动；降低作用范围小于公众、降低作用幅度小于5%、降低作用时间小于平均值5%、物质利用水平为浪费级的纯降低活动和混降低活动。

D 级价值　指直接维持人类健康水平的产品的生产价值或维持人类健康水平的间接价值。

D 级社会单位　指 60% 以上的人和环境处于 D 级或 D 级以上水平的社会单位。

D 级素质　指品德水平为负公众品德水平，知识水平高中以下，体质水平准健康以下的人的素质水平。

D 级自然环境　指自然生态系统已经中度不利于人类健康生存，存在中度的自然灾害、环境污染，或者存在中度的生态破坏，已经中度威胁到人类健康生存的自然环境。

E 级产品　指在正常使用时严重降低社会水平或使社会水平处于 E 级状态的产品。

E 级活动　指降低作用范围大于等于公众、降低作用幅度大于等于 5%、降低作用时间大于等于平均值 5%、物质利用水平为非常浪费级的纯降低活动、混降低活动。

E 级价值　指直接降低人类生存水平的价值。

E 级社会单位　指人和环境的 E 级率超过 40% 的社会单位。

E 级素质　指品德水平低于负公众品德的人的素质水平。

E 级自然环境　指自然生态系统已经严重不利于人类健康生存，存在严重的自然灾害、环境污染，或者存在严重的生态破坏，已经严重威胁到人类健康生存的自然环境。

F 级价值　指直接降低人类生存水平的产品的生产价值或降低人类生存水平的间接价值。

F 级自然环境　指自然生态系统极为脆弱，处在亡境边缘，可能发生剥夺人类生命的自然灾害和环境污染事件，或者生态环境正在人为因素的作用下快速退化，人类生存条件将要丧失，人们随时随地有生命危险的自然环境。

G 级自然环境　指基本不存在可供人类生存的自然生态系统，频繁发生剥夺人类生命的自然灾害和环境污染事件，或者生态环境遭到人类彻底破坏，人类没有生存条件的自然环境。

按劳分配制　指按劳动投入量或劳动成果量分配消费权的劳动分配制度。

被决策人 指所有被决策结果影响而引起利益或活动变动的人。

本期消费需求 指在本经济时期内的所有消费需求。

必要消费制 指社会单位完全满足单位成员的个体必要消费需要的必要分配制。必要消费制是福利制的发展。必要消费制有两个特点：（1）只满足单位成员的必要消费需要，不满足单位成员的非必要消费需要。（2）不仅保障单位成员的最低生活水平，而且要保证单位成员具有满足所有必要消费的消费权。

必要消费制理论 一个进步的社会，应当满足每一个公民的必要消费需要。人类生产社会向自动生产社会发展，必须进行消费分配制度改革，逐步实现必要消费制。必要消费制是自动生产社会的主要分配制度。

表决民主 指全体有完全行为能力的有政治权利的社会单位成员都有平等参与表决的民主权利。

博爱公理 指人人应当相互友爱，不应当相互仇恨的公理。

不公平消费社会 指适收入人口占总人口 60%~80% 的社会。乏收入人口可能达到 30%。

不损害公理 指所有人都不应损害他人正当利益的公理。包括少数人不得损害多数人的正当利益，也包括多数人不得损害少数人的正当利益。损害他人正当利益的人或单位应当受到惩罚并且加倍补偿受害人。

部分机会公平 指有限制条件下社会单位中部分人具有的机会公平。

参与国际分工总原则 （1）只为满足本国公民的价值消费需要而建立出口产品的生产力，不要建立超出本国公民的价值消费需要的出口产品的生产力。（2）只为满足本国公民的价值消费需要进行出口产品的生产活动，发展国际必要贸易，尽量减少国际非必要贸易。（3）维护本国公民的生存水平，节约本国资源，保护本国环境。防止建立过多的工厂而降低本国公民的生存水平。不要把本国建成世界工厂和世界垃圾场。在满足本国公民价值消费需要的前提下，企业越少越好，国家生产力规模越小越好，生产活动越少越好。

参与欺诈中间生产 指为欺诈产出生产提供中间产品的欺诈中间生产。参与欺诈中间生产的产品本身并不是欺诈产品，但是中间生产提供的设备、原材料及生产服务被用来进行欺诈产出生产。为欺诈产出生产提供支持的中间生产是欺诈生产过程的重要组成部分。

差额性漏出 指由于贸易顺差引起的资源净流出。

差额性注入 指由于贸易逆差引起的资源净流入。

产出漏出 指企业产出产品的漏出。

产出产品 指企业出售给消费者的消费品和消费服务。产出产品是企业的最终产品，是生产部门提供给消费部门的产品（外销产品）。企业内部还存在着中间产品（内销产品）。

产出产品数量与社会进步关系规律 经济流程中产出产品的数量在消费者价值消费需要以内，与社会进步正相关；产出产品的数量在消费者价值消费需要以外，与社会进步负相关。消费品和消费服务的数量刚好等于消费者价值消费需要上限，对社会进步最有利；超过或低于消费者价值消费需要，对社会进步不利。

产出产品与社会进步关系理论 （1）消费者购买的产出产品的数量在价值消费需要以内，与社会进步正相关；消费者购买的产出产品的数量在价值消费需要以外，与社会进步负相关。消费者购买的消费品和消费服务数量刚好等于价值消费需要上限，对社会进步最有利；超过或低于价值消费需要，对社会进步不利。（2）企业出售的产出产品数量在消费者价值消费需要以内，与社会进步正相关；企业出售的产出产品数量在消费者价值消费需要以外，与社会进步负相关。企业出售的消费品和消费服务数量刚好等于消费者价值消费需要上限，对社会进步最有利；超过或低于消费者价值消费需要，对社会进步不利。（3）经济流程中产出产品的数量在消费者价值消费需要以内，与社会进步正相关；产出产品的数量在消费者价值消费需要以外，与社会进步负相关。消费品和消费服务数量刚好等于消费者价值消费需要上限，对社会进步最有利；超过或低于消费者价值消费需要，对社会进步不利。

产出生产不足 指产出产品小于消费需求。这时中间产品可能不小于生产需求。

产出生产单位 指进行消费品和消费服务生产的企业。

产出生产过剩 指产出产品大于消费需求。

产出生产 指生产部门提供给消费部门的产品的生产。

产出市场 指企业向消费者出售产出产品取得产出收入的市场。同时也是消费者向企业支付消费支出购买消费品和消费服务的市场。

产出收入 指企业向消费者出售消费品和消费服务的收入。企业的产出收入是消费者的消费支出。

产出注入 指企业的产出产品的注入。

产品的人类作用 指产品直接对人类素质或活动水平产生的提高作用、维持作用和降低作用。

产品的社会作用 指产品对人类生存水平的影响。

产品对自然环境的贡献作用 指产品引起自然环境向有利于人类生存的方向转化，阻止自然环境向不利于人类生存的方向转化，使自然环境的水平得到维持或提高。

产品对自然环境的破坏作用 指产品在形成时、使用中和废弃后引起自然环境向不利于人类生存的方向转化。

产品进步方向 向 A 级产品发展。

产品进步目标 达到 A 级产品。

产品 生产出来满足人类某种需要的任何东西。

产品数量与社会进步关系规律 价值产品数量与价值消费所需数量基本相等，有利于社会进步；价值产品数量高于或者低于价值消费所需数量，不利于社会进步，二者差距越大，对社会进步危害越大。反价值产品数量越多对社会进步危害越大；越少对社会进步危害越小。

产品水平分析法 根据产品对人类生存水平的影响分析产品水平的方法。（1）产品的人类作用分析。分析产品对人类的生存水平直接产生的提高作用、维持作用和降低作用，体现为产品对人的素质水平和活动水平两个方面的影响。在产品对人的素质水平作用方面，包括对人的体质水平、品德水平、知识水平以及数量水平的作用。在产品对人的活动水平作用方面，包括产品对管理水平、消费水平和生产水平的作用等。（2）产品对自然环境水平的作用分析。分析产品对自然环境水平产生的提高作用、维持作用和降低作用。产品对自然环境的贡献作用是指产品引起自然环境向有利于人类生存的方向转化，阻止自然环境向不利于人类生存的方向转化，使自然环境的水平得到维持或提高。产品对自然环境的破坏作用是指产品在形成时、使用中和废弃后引起自然环境向不利于人类生存的方向转化。产品的破坏作用导致地球生态系统退化，降低人类的生存水平。（3）产品的资源利用水平分析。分析有益利用水平、同效利用水平、循环利用水平、重复利用水平和持续利用水平。划分为非常节约级、节约级、平均级、浪费级和非常浪费级。除此之外，还要注意分析产品利用资源的种类。资源的种类划分为 4 级，从社会可持续发展角度考虑，同类产品利用上级资源要比利用下级资源更有利于社会进步。在其他条件相同时，产品利用资源的级别越高，产品的资源利用水平越高。(4) 产品水平等级评价。

产品水平　指产品对人类生存的作用状态，它反映产品以自然属性为基础的社会属性。

产品水平理论　根据产品对人类生存水平的作用揭示产品水平的理论。(1) 产品水平即产品对人类生存水平的作用状态，它反映产品以自然属性为基础的社会属性。产品的社会属性表现为产品对人类生存水平的提高作用、维持作用和降低作用，包括产品的人类作用水平、产品的环境作用水平及资源利用水平。根据产品的社会作用，将产品划分为 5 个基本等级。(2) 产品水平是产品本身的自然功能所支持的产品的社会作用，使用产品的水平属于人类活动水平的范畴，人类既需要提高产品水平，又需要提高产品的使用水平。

产品准则　指活动必须维持或提高产品水平，不能降低产品水平的人类活动基本准则。

产品漏出　指产品在某一个环节脱离了本产品流程。

产品注入　指产品流程之外的产品进入了本产品流程。

产品的漏出、注入与社会进步关系规律　在价值生产条件下，产品的漏出与社会进步负相关；产品的注入与社会进步正相关。产品的漏出越多，注入越少对社会进步越不利；产品的漏出越少，注入越多对社会进步越有利。

产品流程　指在经济流程中投入产品与产出产品的流动过程。投入产品（资源和劳动）由消费者流向企业；产出产品（消费品和消费服务）由企业流向消费者。

产品漏出和注入的基本原则　(1) 在价值生产条件下，防止产品的漏出，争取产品的注入。(2) 根据公民价值消费需要控制生产力规模，防止投入过多的企业和设备。

产品漏出和注入与社会进步关系理论　(1) 在价值生产条件下，产品的漏出与社会进步负相关；产品的注入与社会进步正相关。产品的漏出越多，注入越少对社会进步越不利；产品的漏出越少，注入越多对社会进步越有利。（2）中间产品漏出包括生产品漏出和生产服务漏出，它是对投入产品的第一次浪费。自由市场经济形成了过多的中间产品，投入了过多的企业和设备，浪费了大量的劳动和资源。在产出产品一定时，中间产品越少越对人类有利。（3）产出产品漏出包括消费品漏出和消费服务漏出。

常规涉内决策　依据非常规涉内决策制定的制度所进行的涉内决策。常规涉内决策具有经常性、重复性的特点，一般应采用间接民主制。

常规涉外决策　指在相关各方共守制度约束下的涉外决策。常规涉外决策应当由社会单位进行独立决策。

超量生产　指为超过人们价值消费上限的反价值消费提供产品的反价值生产。

超量消费　指人们在消费数量上超过价值消费上限的反价值消费。它在消费的物质种类上与第一、第二、第三消费相同，只是在数量上超过了价值消费量。超量消费对于提高人类生存水平没有积极作用，反而浪费资源，产生过多的垃圾。

超量消费需求　指人们在消费需求数量上超过价值消费需求上限的反价值消费需求。它在消费需求的种类上与第一、第二、第三消费需求相同，只是在数量上超过了价值消费需求量。超量消费需求对于提高人类生存水平没有积极作用，反而浪费资源，产生过多的垃圾。

超量消费需要　指人们在消费需要数量上超过价值消费需要上限的反价值消费需要。它在消费需要的物质种类上与第一、第二、第三消费需要相同，只是在数量上超过了价值消费需要量。超量消费需要对于提高人类生存水平没有积极作用，反而浪费资源，产生过多的垃圾。

超收入　指个人可支配收入大于价值消费需要货币量。

超严重不公平消费社会　指适收入人口占总人口 40% 以下，乏收入人口可能达到 70% 的社会。超严重不公平消费社会是极少数人富裕，绝大多数人贫穷的社会。

惩戒性对应公平　指剥夺利益与过失对等的对应公平。

持续利用时间　指物质在保持原有功能和能够满足人的需要的条件下，持续使用的时间。

持续利用水平　指物质持续使用的时间水平，主要指标是持续利用时间和持续利用效率。

持续利用效率　指物质利用时间占社会平均利用时间的比率。持续利用效率＝物质利用时间/社会平均利用时间。

冲突关系　指主要对人类产生有害影响的环境关系。

冲突环境　指主要对人类产生有害影响的环境。

抽象利益　指通过抽象概括得出的某类别的利益。

出口　指产品由经济流程的其他部门流入国外部门，即由国内流到国外。因为产品是财富，本国的产品流到国外，就减少了本国财富。出口本质上是国内经济流程的产品漏出。

初级知识水平　指高中及以下的知识水平。

储蓄缓冲　指储蓄在可支配收入或价格变动时逆向修正消费需求的作用。

处理人权关系的基本原则　个体人权服从人类权。

处理消费　指处理消费剩余物的过程。处理消费是消费的最后环节。

创新级知识水平　指以科学家水平、博士水平为代表的在知识领域具有重要创新成果的知识水平。

纯降低作用　指活动起到的只是降低人类生存水平，不提高人类生存水平的纯社会作用。

纯社会作用　指一项活动只产生一类社会作用。

纯提高作用　指活动起到的只是提高人类生存水平，不降低人类生存水平的纯社会作用。

纯维持作用　指活动既不提高人类生存水平，也不降低人类生存水平，只是使人类原有生存水平继续保持下去的纯社会作用。

次要价值生产　指对于维持和提高生存水平来说不重要不急迫的价值生产。

次要价值　指同一物质中在满足必要消费需要方面重要程度较低的价值。

次要利益　指几种利益相比较时，与人的生命相关程度较低的利益。

错误决策　指损害多数被决策人利益的决策。

代卖收入　指消费者通过政府出售给企业的资源公有性和实物资源所获得的投入收入。它是企业向政府支付的所有支出，如营业税、增值税、土地转让金等。

代卖资源　指消费者通过政府出售给企业的资源公有性和实物性资源。

单纯中间生产不足　指中间产品小于生产需求，而产出产品不小于消费需求的生产不足。

单纯中间生产过剩　指中间产品大于生产需求，而产出产品不大于消费需求的生产过剩。

单位必要存在观念　单位的存在相对于社会进步来说必须具有必要性。单位应当能够起到维持或提高社会水平的作用，降低社会水平或阻碍社会进步的单位是多余的，应当取缔。

单位品德经营观念　任何单位都必须在先进品德的约束下运行，遵纪守法。不允许在损害其他利益的基础上追求单位利益。

单位品德水平　指维护、获得单位成员的共同利益，不损害其他利益的活动所反映的品德水平。

单位品德思想　指在国家利益和公众利益的约束之下，维护、获得单位成员的共同利益的品德思想。

单位消费　指工作单位进行的消费。

等级关系　指在权力、财富、声望等方面处于不同等级位置的人之间的地位关系。

低级经济增长　指经济增长大于社会进步。

低价值生产　指采用落后生产方式的价值生产。

地位关系　指人与人之间存在的带有等级位置色彩的关系。地位关系可以分为两种不同的性质，一是平等关系，二是等级关系。

独立欺诈中间生产　指生产欺诈中间产品的活动。独立欺诈中间生产直接生产欺诈产品，用以欺骗购买其产品的产出生产商或其他中间生产商。

对等公理　指所有人的利益与投入、惩罚与过失应当对等的公理。

对抗关系　指双方或一方对另一方使用暴力措施危害人身财产安全的互动关系。

对应标准　指人的行动后果与对应的利益得失之间相关相当性的衡量标准。

对应公平的合理原则　指设置的法律、奖惩条例、工资标准等对应标准应当符合公理并获得多数人认可，应当是扩展公理，真正做到相关相当。

对应公平的同一原则　指设置的法律、奖惩条例、工资标准等对应标准对所有人应当具有一致性。

对应公平的同因均等原则　指相同的对应原因，应当得到相同的对应结果。对应公平的同因均等原则。设置的法律、奖惩条例、工资标准等对应标准以及应用这些对应标准应当"同因均等"。即相同的对应原因，应当得到相同的对应结果。

对应公平的透明原则　指法律、奖惩条例、工资标准等对应标准的设置过程以及对应标准本身应当公开透明，保证公众的广泛参与权。

对应公平的相关相当原则　指人的行动与利益或损害有因果关系时，对应结果与对应原因应该相当。对应公平有两个特殊要件：（1）对应公平的相关性。即存在确实的对应原因。表现为人的行动必须与利益或损害有因果关系。如果人的行动与利益或损害没有因果关系，就没有对应公平的依据。（2）对应公平的相当性。即对应结果与对应原因相当。表现为分配利益与投入对等，剥夺利益与过失对等。

对应公平理论　对应公平是指分配或剥夺利益与人的行动后果相关相当的公平。对应公平是对等公理的体现。对应公平可分为激励性对应公平和惩戒性对应公平。对应公平的基本原则包括对应公平的相关相当原则、对应公平的同因均等原则、对应公平的同一原则、对应公平的透明原则、对应公平的合理原则等。尽管对应公平存在着扶强抑弱特征，但是对应公平对于现代社会进步来讲却是非常重要的，它是调动资本、劳动、智力投入者的投入积极性最公平的方式。

对应公平　指分配或剥夺利益与人的行动后果相关相当的公平。

对应结果　指由人的行动后果引起的分配或剥夺利益的行为。

对应原因　指引起分配或剥夺利益的人的行动后果。

发展价值生产的基本原则　（1）提高价值生产的水平，必须首先提高生产者的知识水平和道德水平。（2）积极推动价值生产的发展。价值生产与社会进步正相关，只有大力发展价值生产，才能为提高人类生存水平提供充足的产品。（3）发展价值生产应控制在价值消费需要区间内，防止生产过剩。因为价值生产一旦超过价值消费需要，超出的部分就转化为反价值生产，不但没有社会进步意义，反而由于浪费资源和不必要的环境损失而成为社会进步的阻力。（4）摆正价值生产的主次地位。优先发展主要价值生产。生命生产、健康生产、提高生产相比较，重要程度依次递减。（5）优先发展高价值生产，逐步淘汰低价值生产，促进低价值生产向高价值生产转化。发展那些生产方式效率高，节约资源，保护或改善环境的高价值生产；淘汰那些生产方式效率低，浪费资源，破坏环境的低价值生产。（6）优先发展高等级价值生产，逐步淘汰低等级价值生产，促进价值生产进步。

发展教育的基本原则　（1）教育推动进步原则是指要积极发展正教育，坚决打击负教育，围绕社会进步发展教育。要围绕提高公民的道德水平、知识水平、生育水平和健康水平发展教育；要围绕提高公民的消费水平、生产水平和管理水平发展教育；要围绕提高公民的保护环境水平、节约资源水平和产品水平发展教育。（2）教育的政府负责原则是指公民教育必须由国家建立教育体系、提供教育资金、建立教育法规、控制教育方向，实行统一管理。生存问题解决之后，发展科学和教育是政府的第一任务。（3）教育平等原则是指人人都有接受完全教育的权利和机会。具体地说，不能由经济状况决定受教育的权利，贫富不同的人教育平等；不能由社会地位决定受教育的权利，权力、地位不同的人教育平等；不能由民族决定受教育权利，各个民族教育平等；不能由智力决定受教育的权利，低智商者与高智商者教育平等；不能由身体情况决定受教育的权利，体质差者与体质好者教育平等；不能由年龄决定受教育的权利，年龄大者与年龄小者教育平等；不能由性别决定受教育的权利，女性与男性教育平等；不能由地域决定受教育的权利，农村和城市教育平等。（4）教育的公民义务原则是指接受教育不仅是公民的合法权利，也是公民的应尽义务。为了人类的根本利益，每一个公民都有义务接受良好教育。

发展科学的基本原则　科学进步要以提高人类生存水平为目标。（1）围绕社会进步发展科学的原则。要围绕提高公民的道德水平、知识水平、生育水平和健康水平发展科学；要围绕提高公民的消费水平、生产水平和管理水平发展科学；要围绕提高公民的保护环境水平、节约资源水平和产品水平发展科学。（2）科学研究成果要有益于人类健康的原则。（3）发展科学应当为避免战争、维护和平服务的原则。（4）必须在保护全球环境的前提下开展科学研究的原则。（5）大力发展教育，壮大科学家队伍的原则。

（6）加强国际科学合作的原则。（7）政府和民间共同投资于科学研究事业的原则。

乏收入　指个人可支配收入小于价值消费需要的货币量。

法律环境与经济进步关系规律　价值法律环境与经济进步正相关，反价值法律环境与经济进步负相关。发展价值法律环境，消灭反价值法律环境，促进经济进步；发展反价值法律环境，消灭价值法律环境，导致经济倒退。因为经济进步是社会进步的一部分，所以价值法律环境与社会进步正相关，反价值法律环境与社会进步负相关。

法律　指由国家颁布的用以控制人们行为的强制性规范。法律是所有规范中最高级别的规范，也是对人们行为和品德制约力度最强的规范。法律存在的社会进步意义就在于保护和鼓励正品德活动，预防、禁止和惩罚负品德活动，通过社会司法强制引导社会品德和行为的进步，保证社会向着有利于人类生存与发展的方向有序运行。

反混物质　指以反价值为主的混价值物质。

反价值　指降低人类生存水平的效用。

反价值生产不足　指降低人类生存水平的生产的产能不足。它表现为满足反价值消费需求的产品供小于求。

反价值产出产品　指用于满足反价值消费需要的产出产品，包括用于降低人类生存水平的消费品和消费服务。

反价值法律环境　指有利于反价值消费、落后消费方式、反价值生产、落后生产方式存在和发展的法律环境。

反价值生产过剩　指降低人类生存水平的生产的产能过剩。它表现为满足反价值消费需求的产品供大于求。

反价值经济增长　指降低人类生存水平的经济增长。它是反价值生产的经济增长。

反价值生产均衡　指降低人类生存水平的生产的产能均衡。它表现为满足反价值消费需求的产品供需均衡。

反价值生产　指为降低人类生存水平的消费需求提供产品的生产。反价值生产为反价值消费需求提供产品，也称非必要生产。

反价值生产与社会进步负相关规律　反价值生产与社会进步负相关。反价值生产越大，对社会进步的迟滞作用越大；反价值生产越小，对社会进步的迟滞作用越小。扩大反价值生产，会增大社会进步的阻力，延缓社会进步的速度；缩小反价值生产，会减少社会进步的阻力，加快社会进步的速度。如果反价值生产的社会倒退作用超过了价值生产的社会进步作用，则社会倒退。

反价值物质　指具有降低人类生存水平效用的物质。

反价值消费　指降低人类生存水平的消费。又称非必要消费。包括超量消费、奢侈消费、伤害消费和破坏消费。

反价值消费需求　指降低人类生存水平的消费需求。又称非必要消费需求。包括超量消费需求、奢侈消费需求、伤害消费需求和破坏消费需求。

反价值消费需要　指降低人类生存水平的消费需要。又称非必要消费需要。包括超量消费需要、奢侈消费需要、伤害消费需要和破坏消费需要。

反价值政治环境　指战争、动乱、腐败、专制、不公平等降低人类生存水平的政治环境。

反价值质量规律　在时间、空间、人群等条件不变的情况下，在效用质量底线之上，物质质量变动影响物质反价值正向变动；突破效用质量底线，物质反价值发生质的变化。即反价值物质质量越高，反价值越高；质量越低，反价值越低。当质量低到突破效用质量底线时，反价值物质转化为无价值物质。

范围品德思想体系　指根据活动范围建立的有利于维护和发展人类根本利益的品德思想体系。包括世界品德思想、国家品德思想、民族品德思想、公众品德思想、单位品德思想、家庭品德思想和基础品德思想。

非常规涉内决策　指无制度规定的、重大的、非经常性的涉内决策。

非常规涉外决策　指没有相关各方共守制度约束的涉外决策。

非常节约水平　指有益利用率、持续利用时间、重复利用次数、重复利用率、循环利用率高于平均水平20%，同效利用量低于平均水平20%的物质利用水平。

非常浪费水平　指有益利用率、持续利用时间、重复利用次数、重复利用率、循环利用率低于平均水平20%，同效利用量高于平均水平20%的物质利用水平。

非法获得消费　指通过违法活动获得的消费品或消费服务。

废品性欺诈生产　指产品以浪费资源为主的欺诈生产。

废弃生产方式　指在生产过程中一次性使用资源的生产方式。

福利变动对社会进步影响理论　（1）适度提高社会福利可以扩大消费需求，刺激经济增长，提高生存水平，促进社会向自动生产社会发展。但是要注意循序渐进，上调幅度不宜过猛，时间间隔不宜过短。上调过度，会引起劳动人口超量流失，市场供应不足，通货膨胀。当然这种情况只是短期的，因为市场具有社会福利修正机制，会立即对社会福利实施修正。只要不频繁调整，不会对经济造成破坏。（2）降低社会福利可以缩小消费需求，收缩经济总量，降低生存水平，放慢社会进步速度，甚至引起社会倒退。总之，降低社会福利对于社会发展有阻碍作用，不宜采用。在出现严重的通货膨胀和劳动力不足时，可以考虑适当下调社会福利。（3）维持社会福利使劳动人口与非劳动人口的收入差额固定，劳动人口与非劳动人口的比例相对稳定。这时的社会福利既不引起社会进步，也不引起社会倒退。（4）社会福利是最重要的社会调整杠杆，属于财政调控范畴。其作用力度大，调整范围广，运用得好，对于社会进步能够起到巨大的推动作用。政府运用社会福利调控经济的目的是缩小收入差距、实现共同富裕、促进经济进步。可根据社会进步的需要提高、降低和维持社会福利。

福利制　指政府针对公民的个体消费实行的需要分配制。福利制是将部分社会总产品的资源价值通过个体使用的形式分配给公民。

负单位品德水平　指损害本单位利益的活动所反映的品德水平。

负公众品德水平　指损害公众利益的活动所反映的品德水平。

负国家品德水平　指损害国家利益的活动所反映的品德水平。

负家庭品德水平　指损害家庭利益的活动所反映的品德水平。

负教育　指对教育对象进行降低人类生存水平的反动知识和反动道德的教育，即传播负能量。

负民族品德水平　指损害民族利益的活动所反映的品德水平。

负品德获得消费　指通过负品德活动取得消费品或消费服务。

负品德经济　指破坏环境或伤害他人利益的经济活动。

负世界品德水平　指损害世界人民利益的活动所反映的品德水平。

富裕层　指价值消费需要区间内的最高层次。

改变水平规律　人类的活动水平制约人类对环境的改变水平。活动水平的变化引起改变水平同向变化。

高级经济增长 指经济增长小于社会进步的经济增长。

高级知识水平 指硕士或大学水平的知识水平。

高价值生产 指采用先进生产方式的价值生产。

个人购买产品 指消费者直接向企业购买的产出产品。

个人购买支出 指消费者直接向企业购买产出产品的货币支出。

个人可支配收入 指个人总收入减去税金和保险的个人收入。个人可支配收入基本上用于本期消费需求、远期消费需求和积累储蓄。

个人利益 指个人的利益，反映个人的生存水平。

个人消费 指个人及家庭进行的消费。

工作单位利益 指工作单位全体成员的公共利益。

工作单位 指除了家庭的所有社会设置或组织、群体。如政党、政府、军队、警察局、工厂、农场、商店、银行、学校、媒体、教派、教堂等。人们或者在其中扮演工作者角色，或者在其中扮演工作对象角色。

公共利益 指社会单位成员的群体利益。公共利益不分阶层，是所有阶层和个人的共同利益。

公举 指全体有完全行为能力的有政治权利的社会单位成员平等投票表决任免社会管理者。公举包括提名民主和表决民主两个方面。

公决 指全体有完全行为能力的有政治权利的社会单位成员平等投票表决决定社会事务。包括提案民主和表决民主两个方面。

公理 指被人类普遍认同的符合人类共同利益的基本道理。

公利关系 指关系各方以公共利益为前提而追求自身利益的利益关系。

公平的合理原则 指社会单位在分配、获得、维持、剥夺利益时，必须符合公理和扩展公理。

公平的均等原则 指社会单位在分配、获得、维持、剥夺利益时，在相同的条件下，对单位成员所有必须相同。

公平的同一原则 指社会单位在分配、获得、维持、剥夺利益时，对单位所有成员必须使用同一标准或者同一规则。

公平的透明原则 指社会单位在分配、获得、维持、剥夺利益时，必须对单位所有成员公开透明，不能暗箱操作。

公平理论 公平是指在得到或丧失利益方面人人平等并符合公理。公平与否解决的是人类的利益分配或剥夺的原则问题，也是政治制度的核心问题。因为利益的本质是人的生存水平，所以公平要求在提高、维持和降低生存水平方面人人平等并符合公理。公平可以表现为机会公平、对应公平和需要公平。公平是相对于某一时间、某一范围、某一层面和某一标准的公平。各种基本公平状态很难同时满足。一种公平可能就是另一种不公平。

公平　指在得到或丧失利益方面人人平等并符合公理。

公平四项基本原则　指公平的同一原则、公平的均等原则、公平的合理原则和公平的透明原则。

公平与廉洁正相关规律　社会的公平程度与社会廉洁程度正相关。社会的公平程度越高，社会廉洁程度越高；社会的公平程度越低，社会廉洁程度越低。提高社会公平程度，必然提高社会廉洁程度；降低社会公平程度，必然降低社会廉洁程度。

公平与稳定正相关规律　社会的公平程度与社会稳定程度正相关。社会的公平程度越高，社会稳定程度越高；社会的公平程度越低，社会稳定程度越低。提高社会公平程度，必然提高社会稳定程度；降低社会公平程度，必然降低社会稳定程度。

公益制　指政府针对公民的公共消费而实施的需要分配制。公益制是将部分社会总产品的资源价值通过公共使用的形式分配给全体公民。

公众利益　指人们的公共利益。如公共汽车内的全体人员的公共利益，商场内全体公民的公共利益，某一社会行动临时涉及的全体公民的公共利益。

公众品德水平　指维护、获得社会公共利益的活动所反映的品德水平。

公众品德思想　指维护、获得、不损害社会公共利益的品德思想。

供需均衡　指生产的产品等于对产品的需求。

共守制度　涉外决策相关社会单位和个人同意并共同遵守的行为制度。

贡献运动　指环境产生和供给物质的运动。

关键比较法　指只对各个活动对人类生命水平影响最大的结果进行比较的方法。

关键活动样本　指反映活动主体在重大利益关头的行为的活动样本。

关键品德　指活动主体在重大利益关头的行为表现的品德。

管理关系　指活动的指挥者与活动的执行者之间的人类关系。

广义社会关系理论 在双素社会理论的基础上建立的社会进步学的一个基本理论。（1）广义社会关系是指社会中物质之间的社会性联系。既然社会是人类和环境两个物质要素构成的物质实体，缺少任何一个要素，社会都不能存在，那么人类和环境之间的关系就是维持社会存在以及导致社会变迁的基本关系。而维持社会存在与发展的关系是社会性联系，即社会关系。所以，人环关系也是社会关系。（2）广义社会关系具有层次性。人与环境之间存在社会关系，人与人之间、环境与环境之间也存在社会关系。人与环境是构成社会的基本要素，它们的关系是第一层次社会关系，社会要素内部的关系是第二层次社会关系。（3）广义社会关系理论将人环关系、环境关系纳入社会关系的研究视野，建立了人环关系、环境关系理论。社会进步学的一些重要理论是建立在人环关系理论基础之上的。如社会基本规律理论、宏观社会类型进步理论、生产进步理论、消费进步理论、社会进步效用理论等。理解人环关系理论可以更好地理解社会进步学的理论体系。

广义社会关系 指社会中物质之间的社会性联系。

广义社会互动 指社会物质之间的相互的社会性作用。可以发生在人与人之间、人与环境之间，也可能发生在环境与环境之间。

规范进步 指通过修改现有规范和制定新规范，用反映正品德和先进品德思想的规范取代反映负品德和落后品德思想的规范，使社会规范向提高人们行为的品德水平方向发展，从而达到提高公民活动的品德水平，促进社会进步的目的。

规范 指特定的社会单位对人们品德、行为的要求。它告诉人们应该做什么、不应该做什么，规定人们的权利和义务。如社会习俗、宗教信仰、道德规范、单位制度、法律法规等都属于规范。其中如单位制度、法律法规等明文规定要求必须遵守的规范属于正式规范；社会习俗、宗教信仰、道德规范等通过言传身教、心领神会等方式传播的规范属于非正式规范。

国际必要贸易 指在本国公民价值消费需要范围内的国际贸易。

国际非必要贸易 指超出本国公民价值消费需要范围的国际贸易。

国际货币流程 指在开放经济流程中外汇收入与外汇支出的流动过程。外汇收入由国外部门流入国内经济流程；外汇支出由国内经济流程流入国外部门。

国际贸易性质对本国社会进步的影响理论　国际必要贸易是指在本国公民价值消费需要范围内的国际贸易。国际非必要贸易是指超出本国公民价值消费需要范围的国际贸易。国际必要贸易与社会进步正相关；国际非必要贸易与社会进步负相关。国际必要贸易越大，对社会进步越有利，扩大国际必要贸易，会推动社会进步；国际非必要贸易越大，对社会进步危害越大，扩大国际非必要贸易，会迟滞社会进步。

国际贸易影响经济增长对社会进步贡献率的规律　在进出口用来满足价值生产或价值消费的实物产品方面，进口越多，出口越少，国际贸易引起的经济增长对本国社会进步贡献率越大；进口越少，出口越多，国际贸易引起的经济增长对本国社会进步贡献率越小。

国际贸易与社会进步关系规律　在物质贸易领域，国际必要贸易与社会进步正相关；国际非必要贸易与社会进步负相关。国际必要贸易越大，对社会进步越有利，扩大国际必要贸易，会推动社会进步；国际非必要贸易越大，对社会进步危害越大，扩大国际非必要贸易，会迟滞社会进步。而技术及智力的国际非必要贸易不受此规律制约。

国际产品流程　指在开放经济流程中出口产品与进口产品的流动过程。出口产品由国内经济流程流入国外部门；进口产品由国外部门流入国内经济流程。

国际实物产品漏出　指国际实物产品出口量大于进口量。

国际实物产品注入　指国际实物产品进口量大于出口量。

国家各民族融合观念　国内各族人民应该在政治、经济、文化等各方面实现全面融合。

国家公民共同富裕观念　国家应当实行共同富裕政策，共同贫穷和贫富两极分化都是错误的。贫富差距悬殊是严重的不平等现象。先进社会的重要标志就是共同富裕，消灭贫穷。

国家公民团结友爱观念　各地区、各民族、各阶层公民都应当团结友爱、不应当分裂敌视。

国家依法治国观念　政府必须在法律制约下开展工作，依据公民公认的法律治理国家，不能凌驾于法律之上。

国家环境保护观念　环境是人类生存的外部条件，保护环境就是保护人类自己。政府应当负责保护环境，改善环境，禁止破坏环境。

国家救助观念 政府有责任对贫困群体开展无偿的社会援助，通过社会援助达到公民共同进步的社会发展目标。

国家利益 指全体公民的公共利益。国家利益在于维持和不断提高全体公民的生存水平，也就是不断提高公民水平和环境水平。

国家免费教育观念 国家要担负起对公民的教育责任。要对全体公民进行知识和品德的全程免费公共教育。坚决取缔利用教育牟利和进行反动教育的行为。

国家品德经济观念 政府要保护品德经济，禁止负品德经济。国内经济活动要遵守品德准则，不进行损坏环境的破坏经济，也不进行损害他人利益的损人经济。破坏经济和损人经济同为负品德经济，它们的区别是破坏经济直接损害环境，间接损害他人利益；损人经济直接损害他人利益。

国家品德水平 指维护和获得全国公民的共同利益，同时不损害其他国家和人类利益的活动所反映的品德水平。

国家品德思想 指维护和获得全国公民的共同利益，同时不损害其他国家和人类利益的品德思想，属于国家品德水平的思想内容。

国家企业布局进步 指自发性企业布局向控制性企业布局发展，利润化企业布局向人性化企业布局发展。

国家企业布局总原则 自发性企业布局向控制性企业布局发展，利润化企业布局向人性化企业布局发展。国家企业布局要在有利公民健康、保护生存环境和节约国家资源的基础上进行全国统一布局。

国家勤俭节约观念 国家必须提倡勤俭节约，反对奢侈浪费。要节约资源和产品。实行适量生产，适度消费，均衡提高公民的生存水平。

国家清正廉洁观念 国家各级社会管理人员都应当清正廉洁、克己奉公，不应当以权谋私、损公肥私、徇私枉法、贪污腐化、买官卖官、作威作福。

国家人人平等观念 国家公民人人平等。不允许存在特权民族、特权地区、特权阶层、特权单位和特权人物。

国家生产方式总原则 保护和促进采用先进生产方式的企业发展，强行限制并逐步取缔采用落后生产方式的企业。促进落后生产方式向进步生产方式发展，提高进步生产方式的水平。用健康生产方式、清洁生产方式、节约生产方式、循环生产方式和自动生产方式取代伤害生产方式、污染生产方式、浪费生产方式、废弃生产方式和人力生产方式。

国家生产规模与公民休闲损失正相关规律　在生产方式和企业布局相同的情况下，国家生产规模与公民休闲损失正相关。国家生产规模越大，公民休闲损失越大；国家生产规模越小，公民休闲损失越小。

国家生产规模与国家环境损失正相关规律　在生产方式和企业布局相同的情况下，国家生产规模与国家环境损失正相关。国家生产规模越大，国家环境损失越大；国家生产规模越小，国家环境损失越小。

国家生产规模与国家资源损失正相关规律　在生产方式和企业布局相同的情况下，国家生产规模与国家资源损失正相关。国家生产规模越大，国家资源损失越大；国家生产规模越小，国家资源损失越小。

国家生产力规模与国家进步关系规律　国家生产力规模与国家公民价值消费需要总量相适应，有利于国家进步；国家生产力规模高于或者低于国家公民价值消费需要总量的需要，不利于国家进步，二者差距越大，对国家进步危害越大。

国家生产力规模总原则　国家生产力规模和结构应当与国家公民价值消费需要总量和结构相适应，并应当控制在环境承受能力以内。生产能力应当刚好能够满足而不是超过国家公民价值消费需要，在满足本国公民价值消费需要的前提下，国家生产力规模越小越好，企业越少越好，生产活动越少越好。

国家生产目的总原则　引导企业建立人性生产目的，取缔利润生产目的，完善社会福利制度，化解就业生产目的。

国家生产数量总原则　本国生产的价值产品数量应当与本国公民价值消费所需数量基本相等。价值产品数量不应高于或者低于价值消费所需数量。严格控制反价值产品数量。

国家生产性质总原则　在价值消费需要区间内，应该大力发展价值生产，以推动社会进步。应严格限制并逐步取缔反价值生产，以减少社会进步的阻力，加快社会进步的速度。

国家贤人治国观念　国家领导集团必须由公民选举的国家中最优秀的管理人才组成。

国家协调发展观念　人类与环境协调发展。国民的知识水平、品德水平、人口水平和健康水平协调发展。国家的政治、经济、文化协调发展。

国家的管理活动、生产活动、消费活动协调发展。产品环境与自然环境协调发展。

国家正确的贸易原则 （1）发展国际必要贸易，避免国际非必要贸易。（2）在国际贸易中，争取差额性注入、汇率性注入和结构性注入，避免差额性漏出、汇率性漏出和结构性漏出。在国际贸易中，存在少量的顺差或逆差是可以的，但不要追求顺差，追求的目标是平衡而不是顺差。持续的大量顺差危害国家、危害公民。

国家政治民主观念 国家应当实行广泛的政治民主制度，保障各民族、各地区、各阶层公民的民主权利，使政府利益与全体公民的共同利益相一致。

国家尊重科学观念 国家应当尊重科学、宣传科学、学习科学、发展科学。

国家尊重人权观念 国家必须充分尊重人类权和个体人权，防范和制止侵犯人权的行为。

国内经济流程的法律环境 指所有能够对经济活动产生影响的国家强制性的法律法规及其最终执行的效果。

国内经济流程的政治环境 指所有能够对经济活动产生影响的政治因素。其中，最重要的政治环境包括：和平与战争、稳定与动乱、廉洁与腐败、民主与专制、公平与不公平。

国内经济流程环境 指影响国内经济流程的一切本国非经济的因素和国外的一切因素。如国内的政治、法律、舆论，国外的侵略、经济制裁等。

国内经济流程 指消费者、企业、政府、金融市场参与的经济流程。包括三个子流程：消费者—企业经济流程、政府—企业经济流程和消费者—政府经济流程。

国外部门 指参与国内经济流程的所有外国的经济部门。

合法获得消费 指通过合法活动取得消费品或消费服务。

合规涉内决策 指完全符合制度规定的常规涉内决策。

合规涉外决策 指完全符合共守制度的常规涉外决策。合规涉外决策的民主程度由制定共守制度的决策人占比即社会单位涉外决策的间接决策人占比决定。

和谐关系 指互动双方尊重对方人身财产安全的关系。

核心经济流程　指包含消费者与企业两个经济部门的国内经济流程。

核心经济流程与社会进步关系理论　整个宏观经济过程都与社会进步高度相关。通过对宏观经济过程与社会进步关系的研究，可以得出符合社会进步目标的宏观经济调控的原则和方法。该理论包括消费者在经济流程中地位理论、投入产品与社会进步关系理论、产出产品与社会进步关系理论、投入产出关系与社会进步关系理论、投入节余与社会进步关系理论、企业中间产品的漏出和注入与社会进步关系理论、产出产品漏出和注入与社会进步关系理论。

核心生存水平　指人类的体质水平、知识水平和品德水平。

主动生存水平　指人类活动水平。人可以通过活动提高、维持或降低生存水平。

宏观产出产品总原则　（1）消费者购买的产出产品数量应当在价值消费需要上限以内，不要超出价值消费需要范围。（2）企业出售产出产品的数量应当在消费者价值消费需要上限以内，不要超出价值消费需要范围。（3）在宏观经济中，争取做到消费品和消费服务刚好等于消费者价值消费需要上限。

宏观经济调控的基本目标　保证经济能够最大限度地提高以身心健康为核心的公民生存水平。实现在价值消费需求等于价值消费需要条件下的价值生产与价值消费需求之间的供需均衡，同时最大化地节约资源、最大化地保护和改善环境、并使反价值生产和反经济消费处于最小化状态。

宏观经济调控目标进步理论　经济增长并不是社会发展的目标，而只是一种途径。社会进步的本质是公民生存水平的提高。

宏观产品比率　指中间产品与产出产品的比率。

宏观社会类型进步规律　自然生产社会发展为人类生产社会，人类生产社会发展为自动生产社会是宏观社会类型进步规律。

宏观社会类型进步机制理论　（1）宏观社会类型进步是由人类基本意识引起的。知识和品德水平的提高推动了宏观社会类型进步。人类基本意识的内容是希望维持和提高自身的生存水平，反对降低自身的生存水平，这是人类推动宏观社会类型进步的意识基础。在人类基本意识的作用下，人们在实践中积极探索知识，运用知识于各项活动，特别是知识进步带动了生产力的进步，推动生产力由自然生产力发展为人类生产力，人类生产力向自动生产力发展，进而引起人类社会由自然生产社会向人类生产社会发展，人类生产社会向自动生产社会发展。同时，品德水平在人类努力提高生存水平的实践中起着非常重要的作用。战争使社会生产力遭到严重破坏，人类大量伤亡。而只有处于和平时期，人们之间和谐相处，相互帮助，才能有利于提高生产力水平，提高生存水平。可以说知识进步和品德进步共同推动生产力进步和社会管理进步，生产力进步和社会管理进步又共同推动宏观社会全面进步。（2）宏观社会类型进步机制理论揭示了宏观社会类型进步的机制，为进行正确的宏观社会管理提供了非常重要的理论指导。

宏观社会类型进步理论　阐释宏观社会类型进步的理论集合，是社会进步学的一个基本理论。（1）该理论以宏观社会类型进步三阶段为特征，简称为宏观社会三段论。它通过揭示人类与环境关系的本质以及发展，划分了宏观社会类型，预测了宏观社会类型进步方向，揭示了宏观社会类型进步目标、进步阶段、进步规律以及进步机制；扩展了生产力概念，揭示了生产力的发展阶段、发展规律和发展方向，阐述了生产力发展的基本特点和派生特点，为制定现阶段及长期的生产力发展政策及配套的社会管理政策提供了根本性的理论支撑；宏观社会类型理论为更新观念提供了理论依据，揭示了社会消费分配制度的发展趋势，描述了未来社会的蓝图。（2）宏观社会类型进步理论包括宏观社会类型理论、宏观社会类型进步规律、宏观社会类型进步机制理论、扩展生产力概念的理论、生产力发展阶段理论、生产力发展基本规律、生产力发展的方向理论、生产力发展的动力理论、生产力发展的基本特点和基本政策、社会消费分配制度发展趋势理论、自动生产社会理论等。

宏观社会类型理论　（1）根据生产力发展三个阶段的特点，将宏观社会划分为自然生产社会、人类生产社会和自动生产社会三个宏观社会类型。（2）宏观社会类型进步方向是人类生产社会向自动生产社会发展，宏观社会类型进步目标是实现自动生产社会。（3）宏观社会类型理论预测了宏观社会类型进步方向，揭示了宏观社会类型进步目标和进步阶段。

宏观生产延续方法　（1）节约使用资源，只进行价值生产，不进行反价值生产，尽可能保持最多的资源结余。（2）改善资源使用结构，尽可能使用再生资源，尽可能少用非再生资源。

宏观生产延续理论　人类希望生产无限延续下去。（1）生产延续时间同资源结余成正比。资源结余越多，生产延续时间越长；资源结余越少，生产延续时间越短；当资源结余为零时，生产不能延续。（2）在产出量、资源总量和资源投入量一定的条件下，生产延续时间同再生资源的投入量成正比，同非再生资源的投入量成反比。在资源投入量中，再生资源投入量越多，非再生资源投入量越少，生产延续时间越长；反之，在资源投入量中，再生资源投入量越少，非再生资源投入量越多，生产延续时间就越短。

宏观投入产出总原则　（1）争取投入产品的数量等于最佳投入产品量，防止投入产品的数量超过最佳投入产品量，（2）争取产出产品的数量等于最佳产出产品量，防止产出产品的数量超过最佳产出产品量。（3）争取中间产品的数量等于最佳中间产品量，防止中间产品的数量超过最佳中间产品量，造成产能过剩。（4）在消费者价值消费需要以内，争取投入产品最少，产出产品最多。

宏观投入产品总原则　（1）消费者购买相同的产出产品，出售的资源和劳动越少越好。（2）企业出售相同的产出产品，投资越少越好。（3）在宏观经济中，获得相同的公民生存水平，尽可能投入更少的资源和劳动。

宏观效用　指影响社会全局的效用。

环境倒退　指环境向不利于人类生存的方向发展，从而降低人类的生存水平。

环境的社会作用　指环境对人类生存水平的影响。

环境反价值的极限　指人的生存水平降为零。

环境反价值　指环境具有的降低人类生存水平的效用。

环境共有观　地球及宇宙为人类所共同拥有，全人类应当共同建设环境、共同爱护环境。不允许任何人、任何团体、任何民族和任何国家破坏环境。

环境关系　指对人类生存水平有影响的，环境中各物质之间的关系。包括人工环境与自然环境的关系、人工环境与人工环境的关系以及自然环境与自然环境的关系。

环境基本效用理论　解释环境及其环境中物质的基本社会功能的理论。（1）该理论认为环境存在价值与反价值两种基本的社会功能；环境中的物质可以分为价值物质、反价值物质、价混物质、反混物质、平混物质、无效用物质六类；物质效用在不同的时间、空间和人群可以存在差异；物质质量与物质价值之间、物质质量与物质反价值之间、物质数量与总价值之间、物质数量与总反价值之间存在着稳定的规律性的联系。（2）环境基本效用理论阐释了环境价值与环境反价值、物质的基本效用分类，研究了物质效用的时间、空间和人群属性，揭示了效用同物质的质量和数量的联系，提出了利用物质的基本原则和基本次序。

环境价值　指环境具有的维持或提高人类生存水平的效用。

环境进步　指自然环境、产品和垃圾向提高人类生存水平的方向发展。环境进步是人类物质生存条件水平的提高，是自然环境水平、产品水平和垃圾水平的提高。

环境　指人类自身之外的能够影响人类生存和活动的物质。

环境水平理论　该理论综合了环境科学家的有关研究成果，根据环境对人类生存水平的作用揭示环境水平。（1）社会进步学将环境定义为人类自身之外的一切能够影响人类生存和活动的物质。如自然环境、人工环境。人类作用于自然生成两类物质：一类是产品，另一类是垃圾。（2）环境的社会作用是指环境对人类生存水平的影响。环境可以对人类产生两类影响：一类是为人提供生存的条件，称为环境的生存作用。另一类是给人类带来各种灾难，称为环境的灭亡作用。（3）环境水平是指环境对于人类生存的作用状态，即人类的物质生存条件水平。它反映环境以自然属性为基础的社会属性。（4）环境可以向提高人类生存水平的方向发展，从而提高人类的生存水平，对于人类来说，这就是环境进步；环境也可以向不利于人类生存的方向发展，从而降低人类的生存水平，对于人类来说，这就是环境倒退。提高环境水平符合人类利益，降低环境水平损害人类利益。

环境水平　指环境对于人类生存的作用状态。它反映环境以自然属性为基础的社会属性。

环境污染　指人类生产和生活产生的"三废"对大气、水体、土壤和生物的影响，使环境的化学组成和物理状态发生了变化，扰乱和破坏了生态系统和人类生存条件。

环境效用　指由环境中物质引起的效用。

环境总反价值　指社会中环境要素降低人类生存状态的总效用。它是所有反价值的总和，是环境消灭人类的总功能。包括自然界反价值物质的反价值总和，人类生产形成的混价值物质、反价值物质的反价值总和。

环境总价值 指社会中环境要素维持和提高人类生存状态的总效用。它是人类必要消费以内的所有价值总和，是人类生存的外部条件。包括人类必要消费以内的自然资源价值总和，人类生产形成的价值物质、混价值物质的价值总和。

汇率性漏出 指由于本国实际汇率低引起的资源净流出。

汇率性注入 指由于本国实际汇率高引起的资源净流入。

混价值物质 指同时具有提高人类生存水平效用与降低人类生存水平效用的物质。

混降低作用 指活动同时具有既提高人类生存水平，也降低人类生存水平的作用，但降低作用大于提高作用，从而导致人类生存水平下降。

混社会作用 指一项活动产生多种社会作用。

混提高作用 指活动同时具有既提高人类生存水平，也降低人类生存水平的作用，但是提高作用大于降低作用，总体提高人类生存水平。

混维持作用 指活动同时具有既提高人类生存水平，也降低人类生存水平的作用，提高作用和降低作用相等，从而保持原有人类生存水平不变。

活动的社会进步准则 指人类的一切活动都应该维持和提高人类的生存水平，而不能降低人类的生存水平。这也是正确的人类活动基本准则，包括体质准则、品德准则、知识准则、自然环境准则、产品准则和物质利用准则。

活动的社会作用范围 指活动对人类生存水平影响的范围。

活动的社会作用幅度 指活动对人类生存水平影响的程度。

活动的社会作用时间 指活动对人类生存水平产生影响所保持的时间。

活动的社会作用 指活动对人类生存水平影响的性质。

活动共有观 各国公民的活动都是人类活动的组成部分，都将引起人类的共同财产——环境发生变化。各国都有责任和义务提高本国公民的活动水平，也有责任和义务帮助他国公民提高活动水平。

活动进步方向 向 A 级活动发展。

活动进步目标 达到 A 级活动。

活动进步 指人类活动的社会作用、作用范围、作用幅度、作用持续时间和物质利用向提高人类生存水平的方向发展。活动进步是人类主动生存水平的提高，是活动的社会作用水平、作用范围水平、作用幅度水平、作用持续时间水平和物质利用水平的提高，是消费水平、生产水平和政治水平的提高，是人类活动水平的提高。

活动客体 指活动过程和活动结果所作用的人类或环境。

活动水平比较 指运用社会进步学的活动水平理论，对多个活动进行社会作用、社会作用范围、社会作用幅度、社会作用时间和物质利用水平的分析比较，判断这些活动水平的高低。

活动水平测量报告 指研究人类活动水平的研究报告。

活动水平的测量 指运用社会进步学的活动水平理论，对活动进行社会作用、社会作用范围、社会作用幅度、社会作用时间和物质利用水平的分析，判断活动的水平等级。

活动水平分结论 指分别对活动的起因、过程、结果、目的、未来结果预测做出的结论。

活动水平分析法 社会进步学根据活动水平理论对人的活动进行测量和比较的方法，是社会进步学基本的分析方法——生存水平分析法的组成部分。它包括活动水平的社会进步学测量法和活动水平的社会进步学比较法。从社会作用水平、社会作用范围水平、社会作用幅度水平、社会作用时间水平、物质利用水平等方面全面分析活动对人类生存水平的影响。在物质利用方面具体分为有益利用水平、重复利用水平、持续利用水平、循环利用水平、同效利用水平等。并根据活动对人类生存水平的影响划分活动水平等级。

活动水平规律 人类的素质水平制约人类的活动水平，人类素质水平的变化引起人类的活动水平同向变化。

活动水平理论 根据活动对人类生存水平的作用揭示活动水平的理论。（1）该理论从社会作用水平、社会作用范围水平、社会作用幅度水平、社会作用时间水平、物质利用水平等方面全面分析活动对人类生存水平的影响，并据此划分活动的水平等级，建立判断人类活动正确与否的社会进步标准和人类活动基本准则，介绍活动水平测量与比较的方法，总结人类活动与社会进步关系规律。（2）活动水平理论对于准确评价人类活动，进行社会重大决策的社会进步评估有着重要的操作价值。任何国家、省、市、县、乡、村等行政单位，任何公司、非公司企业等经济单位，任何文化单位，都可以应用活动水平理论评价经济、政治、文化活动水平，评价生产、消费、管理活动水平，评价本单位所有的政策和决策，进而选择最有利于社会进步的政策和决策。

活动水平　指活动对人的生命、人的活动及人的外部生存条件影响的基本状态。包括社会作用水平、作用范围水平、作用幅度水平、作用持续时间水平和物质利用水平五个方面。

活动水平总结论　对活动总体水平做出的结论。

活动样本　指采集的社会单位和个人的活动事实样本。

活动主体　指活动的决策者和执行者。

货币流程　指在经济流程中投入收入与产出收入的流动过程。

获得利益　指提高了人的生存水平。

获得消费　指取得消费品或消费服务的过程。

获利条件　指获得某种利益必须具备的条件。

机会公平的合理原则　指设置的机会条件和获利条件应当符合公理并获得多数人认可。

机会公平的均等原则　指所有人在合法的获利活动面前机会相同，人人平等。

机会公平的同一原则　指设置的机会条件和获利条件对所有人应当具有一致性，即所有人应当适用相同的机会条件和获利条件，不应有例外。

机会公平的透明原则　指机会条件和获利条件的设置过程以及权力运用过程公开透明，没有秘密，能够经受所有人监督检查而没有问题，做到过程公平。

机会公平理论　机会公平是指单位成员获得某种合法利益的机会均等。机会公平是现代公平社会必不可少的最基础的公平。机会公平适合于利益稀缺的情况。机会公平可分为全体机会公平和部分机会公平，严格意义上的机会公平是全体机会公平。机会公平的基本原则包括机会公平的同一原则、机会公平的均等原则、机会公平的合理原则、机会公平的透明原则等。机会公平是初级的低层次的公平。机会公平给予人们的是获得利益的平等机会，而不是获得利益的平等结果。机会条件和获利条件的设置及运行本身不一定公平。对于一个公平社会来说，机会公平不是唯一的公平形式，还需要其他公平形式作为补充。

机会公平 指单位成员获得某种合法利益的机会均等。机会公平提供了获得稀缺性利益的可能性。

机会条件 指部分机会公平，即获得机会需要具备一定的条件。比如知识、道德、身体、经验方面的条件。

积累储蓄 指可支配收入中不用于消费的部分，它不形成消费需求，而只是一种货币形式的财富。

基本公平消费社会 指适收入人口占总人口 80% 以上、乏收入人口低于 10% 的社会。

基础品德水平 指维护、获得个人利益，同时不损害其他利益的活动所反映的品德水平。

基础品德思想 指维护、获得个人利益，同时不损害其他利益的品德思想。基础品德的核心是在不降低他人生存水平的前提下，维持和提高个人生存水平。

基础生存水平 指人的体质水平。

基础学校 指按行政区划设立的小学、初中和高中 12 年一贯制教育的免费学校。

激励性对应公平 指分配利益与投入对等的对应公平。

集团政治制度 指仅仅维护部分利益集团利益的政治制度。集团政治制度维护一部分利益集团的利益，损害另一部分利益集团的利益。

计件工资制 指按劳动成果的数量分配消费权的按劳分配制。

计时工资制 指按劳动时间和劳动岗位分配消费权的按劳分配制。

计时计件工资制 指按劳动时间、劳动岗位分配消费权和按劳动成果数量分配消费权相结合的按劳分配制。

家庭利益 指家庭全体成员的公共利益。

家庭品德水平 指维护、获得家庭成员的共同利益，不损害其他利益的活动所反映的品德水平。

家庭品德思想 指维护、获得家庭成员的共同利益，不损害其他利益的品德思想。

价格绝对变动 指价格在不同时间的增减变化。如现价格相对于原价格的变动，比较期价格相对于基期价格的变动。

价格绝对上升　指现价格高于原价格。

价格绝对稳定　指现价格等于原价格。

价格绝对下降　指现价格低于原价格。

价格相对变动　指价格相对于可支配收入的变化。这种变动比较复杂，共有 13 种情况，归纳为价格相对上升、价格相对稳定和价格相对下降。

价格相对变动与社会进步关系规律　在价值消费需要以内，价格相对变动引起社会进步逆向变动。价格相对下降，引起社会进步；价格相对上升，导致社会倒退。

价格相对变动与社会进步关系理论　（1）在价值消费需要以内，价格相对变动引起社会进步逆向变动。价格相对下降，引起社会进步；价格相对上升，导致社会倒退。（2）局部的个别产品价格相对变动可能相互抵消，不致引起公民生存水平的变化。而当价格相对变动具有普遍性并具有一定力度时，价格相对变动就会影响到社会进步。

价格相对变动与消费需求负相关规律　产品价格相对变动引起消费需求逆向变动。产品价格相对上升引起消费需求下降；产品价格相对下降引起消费需求上升。

价格相对上升　指产品价格相对于可支配收入增加。即现在的可支配收入比以前的可支配收入购买的产品数量减少。价格相对上升有 5 种情况：价格绝对上升大于收入绝对上升；价格绝对上升同时收入绝对稳定；价格绝对上升同时收入绝对下降；价格绝对稳定同时收入绝对下降；价格绝对下降小于收入绝对下降。

价格相对稳定　指产品价格相对于可支配收入没有变化。即现在的可支配收入和以前的可支配收入购买的产品数量相同。价格相对稳定有 3 种情况：价格绝对上升等于收入绝对上升，价格绝对稳定同时收入绝对稳定，价格绝对下降等于收入绝对下降。

价格相对下降　指产品价格相对于可支配收入减少。即现在的可支配收入比以前的可支配收入购买的产品数量增加。价格相对下降有 5 种情况：价格绝对上升小于收入绝对上升，价格绝对稳定同时收入绝对上升，价格绝对下降同时收入绝对上升，价格绝对下降同时收入绝对稳定，价格绝对下降大于收入绝对下降。

价混物质　指以价值为主的混价值物质。

价值　指维持或提高人类生存水平的效用。

价值比较的目的　为了正确地利用物质价值。

价值比较的依据　根据人类的必要消费需要所具有的共性进行价值比较。

价值比较理论　（1）该理论认为人类的必要消费需要的共性是价值比较的依据。人类对各种价值的需要程度不同，以直接维持生命最为重要，它是物质的最主要价值。根据人类必要消费需要满足顺序，对价值进行主次排序。物质的任何价值都建立在相应的功能基础之上，可以通过功能对比来比较不同物质同种价值的差异。支持价值的功能指标越高，价值越高；支持价值的功能指标越低，价值越低。同理，支持反价值的功能指标越高，反价值越高；支持反价值的功能指标越低，反价值越低。（2）价值比较理论阐述了价值比较的目的、依据、价值等级、价值比较方法和价值利用原则，为人类正确地比较和利用物质提供了理论依据和方法。

价值生产不足　指维持或提高人类生存水平的生产存在不足，即为价值消费需求而提供的产品供小于求。

价值产出产品　指用于满足价值消费需要的产出产品。它是用于维持或提高人类生存水平的消费品和消费服务。

价值等级　指根据人类必要消费需要满足顺序，对价值进行的主次排序。

价值法律环境　指有利于价值消费、进步消费方式、价值生产、进步生产方式存在和发展的法律环境。

价值生产过剩　指维持或提高人类生存水平的生产存在过剩，即为价值消费需求提供的产品供大于求。

价值经济波动理论　该理论是关于价值经济波动对社会进步影响的理论。（1）社会进步学的经济波动概念与经济学的经济波动（经济周期）不同。无论古典还是现代，经济学研究的经济波动都是 GDP 的增减变化，表现为危机、萧条、复苏和高涨四个阶段。而社会进步学为提高公民生存水平而研究经济活动，研究的经济波动是生产与消费的数量对应关系变化，表现为价值生产不足、价值生产过剩和价值生产均衡三种状态。追求的目标是公民的物质生存水平处于最佳状态的真实价值生产均衡，即所有公民的价值消费需要得到完全满足时的价值生产均衡。（2）因为价值生产不足与价值生产过剩都不利于社会进步，所以在经济波动中，价值生产均衡向价值生产不足或价值生产过剩发展不利于社会进步；反之，价值生产不足或价值生产过剩向价值生产均衡发展有利于社会进步。（3）社会控制价值经济波动的基本原则是促进价值生产不足或价值生产过剩向真实价值生产均衡发展；阻止价值生产均衡向价值生产不足或价值生产过剩发展。（4）因为经济波动是生产与消费的数量关系变化，所以必须从消费和生产两方面寻找原因和解决办法。

价值经济增长 指维持或提高人类生存水平的经济增长。它是价值生产的经济增长。

价值生产均衡 指维持或提高人类生存水平的生产处于均衡状态，即为价值消费需求提供的产品供需均衡。

价值生产理论 根据生产对于人类生存水平的影响划分生产性质的理论。（1）生产的价值在于能够维持人类生存水平或提高人类生存水平。根据生产对于人类生存水平的影响，生产分为价值生产和反价值生产。价值生产是指为维持或提高人类生存水平的消费提供产品的生产，又称作必要生产。包括生命生产、健康生产和提高生产。反价值生产是降低人类生存水平的生产，即为反价值消费需求提供产品的生产。包括超量生产、奢侈生产、伤害生产、破坏生产和欺诈生产。（2）在价值消费区间内，价值生产与社会进步正相关。增加价值生产则社会进步；减少价值生产则社会倒退。停止价值生产则社会消亡。价值生产超过价值消费需要区间，价值生产转化为反价值生产。（3）反价值生产与社会进步负相关，反价值生产越大，对社会进步的迟滞作用越大；反价值生产越小，对社会进步的迟滞作用越小。扩大反价值生产会增大社会进步的阻力，降低社会进步的速度；缩小反价值生产则减少社会进步的阻力，加快社会进步的速度。如果反价值生产的社会倒退作用超过了价值生产的社会进步作用，社会会出现倒退。（4）价值生产与社会进步正相关，在价值消费需要区间内，应该大力发展价值生产，以推动社会进步；反价值生产与社会进步负相关，所以反价值生产越少越好。人类应当在价值消费需要区间内，发展价值生产，抑制并最终消除反价值生产。

价值生产 指为维持或提高人类生存水平的消费提供产品的生产。价值生产只为价值消费需求提供产品，又称作必要生产。

价值生产与社会进步正相关规律　在价值消费区间内，在进步生产方式下，价值生产与社会进步正相关。增加价值生产则社会进步；减少价值生产则社会倒退。停止价值生产则社会消亡。价值生产超过价值消费需要区间，价值生产转化为反价值生产。

价值物质　指具有维持或提高人类生存水平效用的物质。

价值消费理论　根据消费对于人类生存水平的影响划分消费性质的理论。(1) 根据消费对于人类生存水平的影响，消费分为价值消费和反价值消费。价值消费是指维持或提高人类生存水平所必需的消费过程。包括生命消费、健康消费和提高消费。反价值消费是指降低人类生存水平的消费过程。包括超量消费、奢侈消费、伤害消费和破坏消费。消费需要也分为价值消费需要和反价值消费需要。消费需求也分为价值消费需求和反价值消费需求。(2) 人类应当发展价值消费、价值消费需要和价值消费需求，抑制并最终消除反价值消费、反价值消费需要和反价值消费需求，提高价值消费层次。

价值消费　指维持或提高人类生存水平的消费。又称必要消费。包括生命消费、健康消费和提高消费。

价值消费需求　指维持或提高人类生存水平的消费需求。又称必要消费需求。包括生命需求、维持需求和提高需求。

价值消费需求收入弹性　指价值消费需求变动对消费者收入相对变动的敏感程度。

价值消费需求与公民生存水平正相关规律　价值消费需求与公民生存水平正相关。价值消费需求越大，公民生存水平越高；价值消费需求越小，公民生存水平越低；没有价值消费需求，公民不能生存。

价值消费需要区间　指维持或提高人的生存水平的物质最低需要量和最高需要量之间的范围。区间的下限是价值消费需要得到基本满足的位置；区间的上限是价值消费需要得到最大满足的位置。

价值消费需要　指维持或提高人类生存水平的消费需要。又称必要消费需要。包括生命消费需要、健康消费需要和提高消费需要。

价值政治环境　指和平、稳定、廉洁、民主、公平等能够维持或提高人类生存水平的政治环境。

价值质量规律　在时间、空间、人群等条件不变的情况下，在效用质量底线之上，物质质量变动影响物质价值正向变动；突破效用质量底线，物质价值发生质的变化。即在效用质量底线之上，价值物质的质量越高，价值越高；质量越低，价值越低。当质量低到突破效用质量底线时，价值物质就会转化为无价值物质或反价值物质。

假性价值生产过剩　指价值消费需要没有得到完全满足时的价值生产过剩。

假性价值生产均衡　指价值消费需要没有得到完全满足时的价值生产均衡。

间接反价值　指物质具有的不能直接应用的反价值。

间接价值　指物质具有的不能直接应用的价值。

间接经济关系　指消费者和企业通过政府发生的投入产出关系。在间接经济关系中，一方面政府代理消费者向企业出售一部分投入产品并代理消费者取得相应的投入收入，另一方面政府代理消费者向企业购买一部分产出产品并代理消费者支付。

间接利益　指利益主体由于直接获得或被损害的利益而引发的其他获得或被损害的利益。

间接民主关系　指管理者与被管理者之间的委托代理和监督制约关系。

间接民主制理论　（1）间接民主制是指由多数人通过选举活动选出代表，再由代表在公众监督下按照多数人通过的权限、规则和程序直接决定社会事务的民主制度。（2）间接民主制有两个基本特征：一是间接民主制中的决策人及其权限、规则和决策程序由直接民主制决定；二是任何公民都有权利对权力的使用者加以监督制约。（3）间接民主制的基础是直接民主制。所以间接民主制是有限权威制，是民主基础上的权威。在间接民主制中，管理者（如政府）与被管理者（如公民）之间是委托代理关系和监督制约关系。（4）理想的社会政治制度是直接民主制与间接民主制的合理结合。

间接民主制　指由多数人通过选举活动选出代表，再由代表在公众监督下按照多数人通过的权限、规则和程序直接决定社会事务的民主制度。

健康生产方式　指在生产过程中能够维持生产者及其他人员的身心健康的生产方式。

健康生产 指为维持人的健康不可缺少的价值消费需求提供产品的价值生产。

健康水平 指人的生理机能完全正常，无任何疾病，抵抗力强的体质水平。

健康消费 指维持人的健康不可缺少的价值消费。健康消费主要包括：住房消费、服装消费、能源消费、医疗消费、学习消费、安全消费、交通消费、沟通消费和家具消费等。

健康消费需求 指维持人的健康不可缺少的价值消费需求。健康消费需求主要包括：住房消费需求、服装消费需求、能源消费需求、医疗消费需求、学习消费需求、安全消费需求、交通消费需求、沟通消费需求和家具消费需求等。

健康消费需要 指维持人的健康不可缺少的价值消费需要。健康消费需要主要包括：住房消费需要、服装消费需要、能源消费需要、医疗消费需要、学习消费需要、安全消费需要、交通消费需要、沟通消费需要和家具消费需要等。

降低社会总反价值的基本方法 （1）不生产反价值、平混价值和反混价值产品。（2）通过改善环境，降低自然环境的反价值。（3）降低混价值物质的反价值水平。

降低作用 指降低人类生存水平的社会作用。

教育的公民义务原则 指接受教育不仅是公民的合法权利，也是公民的应尽义务。

教育的政府负责原则 指公民教育必须由政府建立教育体系、提供资金、建立教育法规、控制教育方向，实行统一管理。

教育进步理论 围绕提高公民生存水平发展教育的理论，是知识进步理论之一。教育进步是指通过各种先进的教育形式推广维持人类生存水平所必需的旧有知识和提升人类生存水平所必需的新知识。教育进步包括知识内容的进步、形式的进步和范围的进步。通过教育提高人类的素质水平、活动水平和环境水平。

教育进步 指通过各种先进的教育形式推广维持人类生存水平所必需的旧有知识和提升人类生存水平所必需的新知识。

教育平等原则 指人人都有接受完全教育的权利和机会。具体地说，不能由经济状况决定受教育的权利，贫富不同的人教育平等；不能由社会地位决定受教育的权利，权力、地位不同的人教育平等；不能由民族决定受教育权利，各民族教育平等；不能由智力决定受教育的权利，低智商者与高智商者教育平等；不能由身体情况决定受教育的权利，体质差者与体质好者教育平等；不能由年龄决定受教育的权利，年龄大者与年龄小者教育平等；不能由性别决定受教育的权利，女性与男性教育平等；不能由地域决定受教育的权利，农村和城市教育平等。

教育推动进步原则　指公民教育必须全面提升人的素质水平、人的活动水平和环境水平，促进社会进步。

阶层利益　指社会单位中某一阶层的群体利益。阶层利益小于公共利益，是阶层的特殊利益。

节约生产方式　指在生产过程中节约利用资源的生产方式。

节约水平　指有益利用率、持续利用时间、重复利用次数、重复利用率、循环利用率高于平均水平的5%，同效利用量低于平均水平的5%的物质利用水平。

结构性漏出　指由于进口与出口的产品结构不同引起的资源净流出。

结构性注入　指由于进口与出口的产品结构不同引起的资源净流入。

金融市场　指国内经济流程中融通资金的经济部门。各类金融机构是金融市场的主体。

进步生产方式　指能够维持或者提高人类生存水平的生产方式。包括健康生产方式、清洁生产方式、节约生产方式、循环生产方式和自动生产方式。

进口　指产品由国外部门流入经济流程的其他部门，即由国外流入国内。因为产品是财富，外国的产品流到国内，就增加了本国财富。进口本质上是国内经济流程的产品注入。

经济波动　指生产不足、生产过剩和供需均衡三者之间的变化。

经济部门　指在经济过程中发挥着同类功能的社会单位或个人的集合。分为消费者、企业、政府、金融市场和国外部门。

经济可持续发展基本规律1　生产延续时间同资源结余成正比。资源结余越多，生产延续时间越长；资源结余越少，生产延续时间越短；当资源结余为零时，生产不能延续。

经济可持续发展基本规律 2　在产出量、资源总量和资源投入量一定的条件下，生产延续时间同再生资源的投入量成正比，同非再生资源的投入量成反比。在资源投入量中，再生资源投入量越多，非再生资源投入量越少，生产延续时间越长；反之，再生资源投入量越少，非再生资源投入量越多，生产延续时间就越短。

经济可持续发展理论　在满足当代人价值消费需要的同时，尽可能节约资源和循环利用物质，给后代留有足够的资源，保护和改善满足后代人价值消费需要的环境，进而实现人类生存水平的世世代代的可持续提高。(1) 当代人只应利用物质满足自身的价值消费需要，不应利用物质满足反价值消费需要。(2) 当代人只应采用节约资源和循环利用物质的方式来满足自身价值消费需要，不应有任何形式的资源浪费，不应抛弃垃圾中断物质循环。这样才能为后代人保留足够的用以满足价值消费需要的资源。(3) 当代人的活动不应造成环境退化，而应保护环境，并且要不断改善环境以使后代人能够有更好的生存条件，使他们能够得到充足的资源、产品、适宜的生态系统，从而实现社会的可持续进步。(4) 经济可持续发展是指人类生存水平的持续提高，而不是指 GDP 的持续增长。提高人类生存水平不一定就是生产规模的持续扩大，经济可持续发展与经济持续增长有本质区别。

经济可持续发展　指在满足当代人价值消费需要的同时，尽可能节约资源和循环利用物质，给后代留有足够的资源，保护和改善满足后代人价值消费需要的环境，进而实现人类生存水平的世世代代的可持续提高。

经济可持续发展战略　经济可持续发展战略应该包括以下主要内容：(1) 建立一个完整的物质循环经济系统，防止物质循环中断，造成资源无补充消耗和垃圾灾害。(2) 人口数量及对物质的利用维持在地球的承载能力之内，节约使用物质，防止人口过剩和过度利用物质。(3) 保持地球生命多样性，维持生态平衡，防止生态退化。(4) 建立公平分配体系，消灭两极分化，提高人类价值消费水平，改善生活质量，禁止非必要生产和消费。(5) 尊重和保护生存环境。禁止人类活动（生产和消费）破坏自然，禁止毁坏仍能继续使用的建筑物、机械设备等人工产品。特别要禁止用战争及其他方式摧毁人类生活社区。(6) 建立可持续发展的生存观念和生活方式。把健康和俭朴作为生活准则，摈弃浪费、奢侈的生活方式。(7) 建立覆盖全人类的教育网，进行可持续进步和高尚道德教育，使每一个公民都关心人类生存环境，关心后代人的生存。（8）在民主的基础上建立全球性联盟，实现世界和平。人类在经济可持续发展战略指导下统一生产和消费行为，消灭军队、武器和战争。

在资源利用方面应做到：（1）防止资源自然垃圾化，遏制自然灾害并最终消灭灾害性环境。（2）严格控制生产资源利用数量，只允许利用生产资源为满足价值消费进行高价值生产，取缔非价值生产和低价值生产。（3）提高生产资源利用质量，提高资源产出率，防止中间产品漏出。（4）优先利用垃圾资源，减少利用自然资源。（5）优先利用清洁自然资源，减少利用污染自然资源，禁止利用具有长期危害性的资源，如核资源。（6）建立世界经济规则，严格控制市场竞争，防止资源浪费。进行合理的生产力配置，实行全球性的计划性生产。（7）控制中间产品生产，使之与产出产品生产相适应。防止中间产品过多而形成中间产品漏出。（8）控制产出产品生产，使之与价值消费需求相一致。防止产出产品过多而形成产出漏出。（9）提高产品使用性能和延长产品利用时间，禁止非保质包装，减少产品利用和浪费。（10）控制消费资源的利用，减少浪费和污染破坏。（11）节俭消费，只进行价值消费，不进行反价值消费，节约资源和产出产品，减少消费垃圾。（12）对所有垃圾进行资源化生产。垃圾资源化生产能力要与垃圾排放量相适应，大部分垃圾要转化为产品。（13）禁止垃圾污染性排放，在生产和消费时防止人为环境损失。

经济流程的法律环境与社会进步关系理论　任何国家管理经济活动的法律都会对经济活动产生重大影响，甚至是决定性的影响。国内经济流程的法律环境是指所有能够对经济活动产生影响的国家强制性法律法规及其最终执行的效果。有利于价值消费、进步消费方式、价值生产、进步生产方式存在和发展的法律环境，有利于经济进步，有利于社会进步，与社会进步方向相同；有利于反价值消费、落后消费方式、反价值生产、落后生产方式存在和发展的法律环境，不利于经济进步，不利于社会进步，与社会进步方向相反。

经济流程的政治环境与社会进步关系理论　任何国家的政治都会对经济产生重大影响，甚至是决定性的影响。国内经济流程的政治环境是指所有能够对经济产生影响的政治因素。和平、稳定、廉洁、民主、公平的政治环境，有利于经济进步，有利于社会进步，与社会进步方向相同；战争、动乱、腐败、专制、不公平的政治环境，不利于经济进步，不利于社会进步，与社会进步方向相反。

经济流程　指社会经济活动的运行过程。如一个国家、一个地区的经济运行过程。

经济全球化观念　世界本来就是一个整体，人类的经济活动也应该打破国家分割融为一个整体。经济将不属于任何一个国家，而属于全人类。通过全球统一的经济规则约束各国公民的经济活动，取缔不平等贸易的国际剥削行为，促进世界各国经济共同进步。各国家、各民族的经济交织在一起，不仅可以促进人类共同富裕，还将促进政治稳定，减少并最终消灭战争，推动世界和平。

经济人性化变革的基本方法　经济人性化变革是指将单纯以经济增长、企业营利为核心的物本经济改造成为以提高国民健康、道德和知识素质为核心的人本经济，包括生产人性化变革和消费人性化变革两方面内容。

生产人性化变革。（1）用为提高人的核心生存水平而生产取代单纯为企业利润和经济增长而生产。在过剩经济时期，政府管理经济的核心由推动经济增长转化为约束企业的逐利行为，引导企业承担社会责任。用强制手段和经济手段控制企业在不损害人的健康、节约资源、不破坏环境的前提下追逐企业利润，引导企业不断为提高人的健康、知识和道德水平，改善环境做出积极贡献。（2）用质量经济取代数量经济。推动产值增长为主向质量提高为主转化。（3）用消费经济取代投资经济，使经济发展的成果充分惠及国民。以满足国民消费需求取代以满足出口和投资需求作为拉动经济增长的原动力。（4）用健康经济取代生存经济，提高国民消费层次。推动生存型消费品生产向健康型消费品生产转化升级。（5）用服务经济为主导取代工业经济为主导。推动投入性增长向结构型增长转变。大力发展效率高、附加值高、资源耗用少、环境影响小的服务经济。（6）大力发展知识生产，通过强有力的教育投资，普及中等和高等教育，充分满足国人的知识消费需求。（7）变世界工厂为国民工厂，变鼓励出口，限制进口为有选择地鼓励进口，限制出口，从而节约国家资源，保护国家环境，防止建立过多的为满足世界需求而非国民需求的工厂而降低本国环境质量，耗费过多资源，不利于经济可持续发展。（8）用能够维持劳动者及公众身心健康的健康生产方式取代损害劳动者和公众身心健康的伤害生产方式。改善劳动环境，消灭职业病，充分尊重劳动者的健康权。（9）用不向环境排放污染物的清洁生产方式取代向环境中排放污染物的污染生产方式。（10）用引起环境向有利于人类生存方向发展的改善生产方式取代引起环境向不利于人类生存方向发展的破坏生产方式。（11）用节约利用资源的节约生产方式取代浪费资源的浪费生产方式。（12）用循环使用物质的循环生产方式取代一次性使用物质的废弃生产方式。（13）用自动化生产方式取代人工生产方式。在三次产业全面推进机器人和自动化工具生产。（14）发展规模经济，用规模大、数量少取代规模小、数量多。发展大型、超大型企业集团。农村要用大型的农场、牧场取代一家一户的小农经济。（15）用计划布局取代自发布局。资源具有生态和生产两类社会功能。如果国家没有对企业布局实行有效控制，在个人利益驱动下，人们就可能过分发展生产功能而舍弃生态功能，以破坏生态环境为代价进行生产营利活动。其后果是长期损害全体国民的根本利益。

消费人性化变革。（1）用健康型消费取代生存型消费和虚荣型消费。经济活动要从为人们提供满足基本生存需要和虚荣需要的消费品和服务转移到为人们提供满足健康需要的消费品和服务上来。（2）大力发展福利医疗，变营利医疗为福利医疗，满足每一个人的医疗消费。（3）大力发展知识消费，充分满足所有国民的知识消费需要。（4）用道德消费取代不道德消费。（5）用价值消费取代反价值消费，节约资源。（6）用节约消费方式取代浪费消费方式。（7）用清洁消费方式取代污染消费方式。（8）用循环消费方式取代废弃消费方式。（9）用健康消费方式取代伤害消费方式。（10）用高收入、高福利取代低收入、低福利和无福利。低收入、低福利严重阻碍经济健康发展，阻碍国民生存水平由生存型向健康型转化。目前经济发展引起消费品生产不断增长，已经由短缺转向过剩，而低收入、低福利导致消费需求不足，不能推动消费升级，不能成为推动经济发展的动因。经济发展只能依靠与国民消费脱节的投资和出口拉动。国民从生存型消费转化为健康型消费，必须给国民以足够的支付能力。（11）公正分配社会财富，建立完善的社会保障体系。

经济人性化变革的途径。（1）经济人性化变革不能依靠市场行为自动完成，需要政府统一组织，强化领导。（2）从国家层面进行制度设计，构建相应的政策、法律平台。（3）政府与先进企业及公众协商，借鉴国际成功经验，建立推动生产力进步和消费进步的生产标准体系、产品标准体系和消费标准体系。新建企业必须具有世界领先性，严禁新建落后企业。并且要通过不断提高标准来促进企业进步，淘汰落后企业。（4）以科学技术提供强力支撑，构建生产人性化变革的技术平台。（5）广泛进行经济人性化变革的舆论宣传，让先进的经济理念深入人心，成为全民主流意识，从而促进各级政府、企业和公众自觉加入经济人性化变革中来。

经济人性化变革理论　经济人性化由是指不适应社会进步的利润经济，向适应社会进步的人性经济转化。经济人性化是一场经济变革，是人性经济取代利润经济的变革。在生产人性化方面：要实现生产目的人性化、生产性质人性化、生产方式人性化、企业布局人性化、国际贸易人性化、生产力规模人性化、生产数量人性化、产品质量人性化、资源利用人性化、企业准入人性化、宏观经济调控及目标人性化等。以质量经济取代数量经济，以消费经济取代投资经济和出口经济，使经济发展的成果充分惠及国民。以健康经济取代生存经济，以服务经济为主导取代工业经济为主导，变世界工厂为国民工厂，变鼓励出口、限制进口为有选择地鼓励进口、限制出口。在消费人性化方面：要实现分配人性化、医疗人性化、教育人性化、消费品人性化。用高收入、高福利取代低收入、低福利和无福利。以道德消费取代不道德消费，以健康型消费取代生存型消费和虚荣型消费，以节约消费取代浪费消费，以清洁消费取代污染消费，以循环消费取代废弃消费。变营利医疗为福利医疗。充分满足所有国民的知识消费需要。人性化经济必须依托控制市场经济。经济人性化变革并不能依靠市场行为自动完成，必须从国家层面进行制度设计，构建相应的政策、法律平台。

经济人性化　指由不适应社会进步的利润经济，向适应社会进步的人性经济转化。经济人性化是一场经济革命，是人性经济取代利润经济的变革。

经济增长对社会进步贡献率理论　经济增长与社会进步存在大于、等于和小于三种数量关系。（1）价值经济增长比重越大，反价值经济增长比重越小，经济增长对社会进步贡献率越高；价值经济增长比重越小，反价值经济增长比重越大，经济增长对社会进步贡献率越低。（2）进步生产方式比重越大，落后生产方式比重越小，经济增长对社会进步贡献率越高；

进步生产方式比重越小，落后生产方式比重越大，经济增长对社会进步贡献率越低。（3）收入分配均衡程度越高，经济增长对社会进步贡献率越大；收入分配均衡程度越低，经济增长对社会进步贡献率越小。（4）进出口用来满足价值生产或价值消费的实物产品，进口越多，出口越少，国际贸易引起的经济增长对本国社会进步贡献率越大；进口越少，出口越多，国际贸易引起的经济增长对本国社会进步贡献率越小。

经济增长推动社会进步的方法 （1）在价值消费范围内，发展价值经济增长。（2）防止价值经济增长转化为反价值经济增长。（3）防止发生反价值经济增长。（4）优先发展高级经济增长，允许中级经济增长，防止低级经济增长。

经济增长性质理论 经济增长在性质上分为价值经济增长和反价值经济增长。（1）价值经济增长是指维持或提高人类生存水平的经济增长。价值经济增长是价值生产的经济增长，是满足价值消费需求的经济增长，可以提高公民生存水平，促进社会进步。（2）反价值经济增长是降低人类生存水平的经济增长，是反价值生产的经济增长，是为反价值消费需求提供产品的生产增长。反价值经济增长满足超量消费需求、奢侈消费需求、伤害消费需求和破坏消费需求，不仅不能提高公民生存水平，反而会降低公民生存水平。假冒伪劣产品的生产、破坏环境的生产增长得越快，公民生存水平下降得越快。这样的经济增长是阻碍社会进步的，不具有社会进步意义。

经济增长性质影响经济增长对社会进步的贡献率规律 价值经济增长比重越大，反价值经济增长比重越小，经济增长对社会进步贡献率越高；价值经济增长比重越小，反价值经济增长比重越大，经济增长对社会进步贡献率越低。

经济增长与社会进步关系规律 （1）在价值消费范围以内，价值经济增长与社会进步正相关。价值经济增长越快，社会进步越快；价值经济增长越慢，社会进步越慢。超出价值消费范围，价值经济增长转化为反价值经济增长。（2）反价值经济增长与社会进步负相关。反价值经济增长越快，社会倒退越快；反价值经济增长越慢，社会倒退越慢。（3）价值经济增长大于反价值经济增长，则社会进步；价值经济增长小于反价值经济增长，则社会倒退；价值经济增长等于反价值经济增长，则社会停滞。

经济增长与社会进步关系理论 经济增长对社会进步影响的理论包括：经济增长性质理论、经济增长对社会进步贡献率理论、经济周期不同阶段的经济增长与社会进步的关系理论。经济增长在性质上分为价值经济增长和反价值经济增长，价值经济增长促进社会进步，反价值经济增长阻碍社会进步。经济增长性质、生产方式、收入分配均衡程度、国际贸易都会影响经济增长对社会进步的贡献率。在经济周期的不同阶段，经济增长对社会进步产生不同的影响。

经济政策的社会作用 指经济政策对公民生存水平的影响性质。经济政策对公民生存水平具有提高、维持和降低三种作用。

经济政策与社会进步关系理论 经济政策的社会作用是指经济政策对公民生存水平的影响性质。经济政策对公民生存水平具有提高、维持和降低三种作用。有的经济政策可以产生纯社会作用，如纯提高作用、纯维持作用和纯降低作用；有的经济政策可以产生混社会作用，如混提高作用、混维持作用和混降低作用。

纠正产出生产不足的基本原则 产出生产不足时，产出产品小于消费需求，中间产品不小于生产需求，应首先扩大产出生产，使产出产品等于消费需求，当产出生产扩大引起中间产品不足时，方可扩大中间生产。

纠正单纯中间生产不足的基本原则 单纯中间生产不足时，产出产品可以满足消费需求，中间产品不能满足生产需求。但是，中间生产相对于消费需求已经处于可满足状态。所以不能盲目扩大中间生产，而要抑制过多的投资需求。这时扩大中间生产会引起双生产过剩。

纠正价值生产不足的基本原则 （1）解决生产不足的基本对策包括压缩反价值消费需求和扩大价值生产规模。出现生产不足时，首先要压缩反价值消费需求。当超量需求被消灭后仍然存在价值生产不足，则必须扩大价值生产。扩大价值生产必须有社会控制。一是控制生产建设规模，防止发生生产力过剩；二是控制生产力质量，只允许发展最先进的生产力。（2）在货币政策方面，可以相对增加对企业的货币供应量，如降低再贷款利率。（3）在财政政策方面，可以减少非必要公共消费支出，降低企业税率。

纠正价值生产过剩的基本原则 当出现价值生产过剩时，应当区分真实价值生产过剩和假性价值生产过剩。对于假性价值生产过剩应当提高公民收入水平，扩大价值消费需求；对于真实价值生产过剩应当限产。

纠正假性价值生产过剩的基本原则　当价值消费需求小于价值消费需要时，应当采用扩大价值消费需求使之等于价值消费需要的措施消化生产过剩。提高乏收入和适收入人群的收入是扩大价值消费需求的主要措施。一是提高社会福利，二是提高社会工资。政府通过提高社会福利，提高最低工资标准来扩大价值消费需求。进而提高公民生存水平，推动社会进步。

纠正假性价值生产均衡的基本原则　（1）当出现价值消费需求小于价值消费需要的假性价值生产均衡的，应当采用扩大价值消费需求使之等于价值消费需要的措施，同时在价值消费需要上限内扩大价值生产以达到真实价值生产均衡。（2）当出现假性价值生产均衡时，需要通过扩大乏收入人口的价值消费需求，同时扩大价值生产来提高公民的生存水平，使假性价值生产均衡向真实价值生产均衡发展。其措施是实施积极的财政政策，不断提高财政支付的公共消费水平，扩大转移支付，持续提高乏收入人口的收入，不断减少乏收入人口，并相应增加对高价值生产的投资。

纠正双生产不足的基本原则　当出现产出产品小于消费需求同时中间产品小于生产需求的生产不足时，应同时扩大产出生产和中间生产，通过扩大生产来推动社会进步。

纠正真实价值生产过剩的基本原则　（1）纠正真实价值生产过剩的最有效办法是政府用强制手段压缩生产规模。首先要取缔反价值生产。当价值生产规模过大时，首先要取缔采用落后生产方式的低价值生产。（2）当发生单纯中间生产过剩时，只需压缩中间生产规模，抑制过多的投资需求；当出现产出生产过剩时，必须同时压缩产出生产规模和中间生产规模；当出现双生产过剩时，也必须同时进行双压缩，既要根据消费需求压缩产出生产规模，也要根据压缩的产出生产规模压缩中间生产规模，使之向价值生产均衡发展。（3）需要注意的是，即使是单纯中间生产过剩，也不能采取扩大生产需求的方法来消化过剩的中间产品，因为这样做会造成产出生产过剩。（4）在货币政策方面，相对减少对企业的货币供应量，相对增加对个人的货币供应量。如提高企业贷款利率，降低消费贷款利率。（5）在财政政策方面，可以扩大必要公共消费支出，减少政府对企业的投资支出；提高企业税率，降低个人收入税率，增加福利开支。

救助公理　指社会中所有人都有义务扶危济困，对没有能力获得利益的人给予必要救助的公理。

就业生产目的 指政府主导的单纯为扩大就业而进行生产的目的。

具体利益 指具有具体形式的利益。

决策人 指所有直接或间接平等参与决策的人或群体。

决策人占比决定民主程度理论 公民对决策的参与程度反映社会权力的民主程度和政治制度的民主程度。决策人占比越高，民主水平越高；决策人占比越低，民主水平越低。

被决策人 指所有被决策结果影响而引起利益或活动变动的人。

决策人占比 指决策人直接或间接占被决策人的比例。

决策水平等级 （1）先进决策。能够较大幅度提高社会水平并且非常节约资源产品。（2）进步决策。能够提高社会水平并且节约资源产品。（3）中间决策。能够维持社会水平并且利用资源产品水平处于平均状态。（4）落后决策。降低社会水平或者浪费资源产品。（5）反动决策。严重降低社会水平或者严重浪费资源产品。

决策水平决定规律 决策人的道德和知识水平决定决策水平。决策水平同决策人的道德和知识水平正相关。决策人的道德和知识水平越高，决策水平越高；决策人的道德和知识水平越低，决策水平越低。根据决策水平决定规律，只有推举道德水平和知识水平较高的人担任社会管理者，才能做出高水平的常规决策。

决策水平理论 决策可以分为正确决策和错误决策。正确决策是指符合多数被决策人利益的决策，错误决策是指损害多数被决策人利益的决策。决策水平是指决策对社会水平的影响状态，表现为决策执行效果是提高社会水平、维持社会水平，还是降低社会水平。决策是由决策人做出的，决策人的道德水平和知识水平决定决策的道德质量和知识质量。在民主制度下，要进一步完善民主制度，提高非常规决策水平，必须首先提高全民道德水平和知识水平。

决策水平 指决策对社会水平的影响状态。表现为决策执行效果是提高社会水平、维持社会水平，还是降低社会水平。

均等公理 指在相同的条件下所有人应当均等获得或损失利益的公理。

开放经济流程 指本国包含国际贸易的经济流程。国内经济流程加国外部门等于开放经济流程。

科学进步的目的 指通过基础研究和应用研究，形成能够提高人类生存水平的新知识。人类利用这些先进知识，可以使社会取得实质性进步。

科学进步理论　围绕提高公民生存水平发展科学的理论。（1）科学进步是指通过广泛、彻底地探求社会（人类和环境），从而形成能够提高人类生存水平的新知识。科学进步不是发展所有知识，而是发展能够用来提高人类生存水平的新知识。发展降低人类生存水平的反动知识不是科学进步。（2）科学进步要以提高人类生存水平为目标，围绕社会进步发展科学。科学研究成果要有益于人类健康，发展科学应当为避免战争、维护和平服务，必须在保护全球环境的前提下开展科学研究，壮大科学家队伍，加强国际科学合作，政府和民间要共同投资于科学研究事业。

科学进步　指通过广泛、彻底地探求社会（人类和环境），从而形成能够提高人类生存水平的新知识。

控制超量生产的基本原则　（1）扩大价值消费需求。在价值消费需求小于价值消费需要时，可以通过调整收入扩大价值消费需求，使部分超量生产转化为价值生产。（2）取缔超量需求，使超量生产无需求。可以采用消费配额的方式消除超量需求。（3）控制生产力规模和压缩产量，将产量控制在价值消费需求以内。（4）禁止进行超量生产，对于已发生的超量生产征收超量生产税。

控制反价值生产的基本原则　（1）直接取缔明显的反价值生产。（2）通过对反价值消费的控制，遏制反价值生产。（3）取缔超过价值消费需要的生产。（4）将反价值生产转化为价值生产。

控制价值经济波动的基本原则　促进价值生产不足或价值生产过剩向真实价值生产均衡发展；阻止价值生产均衡向价值生产不足或价值生产过剩发展。

控制破坏生产和伤害生产的基本原则　（1）逐渐取缔破坏生产和伤害生产。（2）对于暂时不宜全部取缔的要严格控制产量，并尽量降低其产品的破坏或伤害作用。如制定烟酒产品的生产标准，禁止生产严重损害健康的烟酒产品。对于破坏生产和伤害生产征收高额的税费。（3）严格限制破坏生产和伤害生产产品购买和使用。

控制欺诈生产的基本原则　欺诈生产属于犯罪行为，应当坚决禁止。（1）人类应当坚决取缔一切欺诈产出生产和独立欺诈中间生产。（2）对于参与欺诈中间生产要区别对待。对于明知对方进行欺诈生产而提供中间产品的参与欺诈中间生产要依法严厉处罚，而对于不知情的参与欺诈中间生产应进行教育，进行适当处罚。

控制奢侈生产的基本原则 （1）强化社会宣传，提倡简朴消费理念，反对奢侈消费理念。（2）控制奢侈需求，使奢侈产品需求减少。如已经采用的对奢侈消费征收消费税，对进口奢侈品征收高关税。（3）提高奢侈生产的准入门槛。奢侈生产的准入门槛应当高于价值生产。

控制市场经济的基本方法 国家权力部门应代表全体公民的利益而不是企业利益，对经济实施控制，变自由市场经济为控制市场经济。（1）运用行政和法律手段，辅以有限的经济手段管控经济运行。在此基础上发挥市场规律的作用。（2）建立符合社会进步标准的宏观经济调控目标。（3）建立并运行以改善环境、节约资源、有利健康和公平分配为核心的经济规则。（4）以提高公民生存水平为核心，控制生产目的、生产性质、生产方式、企业布局、国际贸易、生产规模、生产的数量、产品质量、企业准入。（5）控制国家生产的规模和结构使之与社会价值消费需要相吻合，防止生产规模过度扩张和结构扭曲，防止"泡沫经济"和经济衰退。（6）推广利润虽低但能有效改善环境、节约资源、有利健康的生产设备和技术。（7）建立循环生产系统的技术基础，强制推行进步生产方式，强制淘汰落后生产方式，推动生产方式的进步。（8）支持企业在社会控制框架内进行节约性竞争和提高性竞争，禁止企业脱离社会控制进行浪费性竞争和降低性竞争。

控制市场经济理论 控制市场经济是指政府控制下的市场经济。它既不是过去的计划经济，也不是纯粹的市场经济。在控制市场经济中，政府对经济活动起主导作用。政府的作用主要是运用行政和法律手段，辅以有限的经济手段管控经济运行。在此基础上发挥市场规律的作用。

控制市场经济 指政府控制下的市场经济。

控制消费理论 基于提高人类生存水平而改善消费模式的理论，是消费进步理论之一。（1）为了使消费活动维持或提高人类生存水平，人类应当摒弃自由消费模式而代之以控制消费模式。在控制消费模式下，消费者获得消费品的种类和数量受到社会管理部门的严格限制，消费品的使用过程受社会管理部门的监督和制约。消费者必须按照消费法规处置消费品。（2）通过建立和完善控制消费模式，全面提高人类消费活动的价值水平、节约水平、清洁水平和循环水平，实现人类消费活动的历史性飞跃。

控制性企业布局　指社会管理部门利用权威进行的企业布局。

扩展公理　指社会单位根据公理建立的约束单位成员活动的社会规范。如符合公理的法律法规、政策、道德等。需要特别强调的是法律法规、政策、道德等社会规范只有符合公理，才是扩展公理。违背公理的社会规范不是扩展公理，应当取缔。

浪费生产方式　指在生产过程中浪费资源的生产方式。

浪费水平　指有益利用率、持续利用时间、重复利用次数、重复利用率、循环利用率低于平均水平的5%，同效利用量高于平均水平的5%的物质利用水平。

劳动分配比重递减规律　劳动分配制在自然生产社会、人类生产社会和自动生产社会中都存在。但是随着社会进步，劳动分配制在消费分配制中所占的比重呈下降趋势。在自然生产社会中所占的比重最大，在自动生产社会中所占的比重最小。劳动分配制在自动生产社会中处于绝对的次要地位。

劳动分配制　指人们由于参加劳动而获得消费权的分配制度。

劳动既得制　指不区分劳动差别的劳动分配制度。

劳动结余　表现为法定劳动人口的实际劳动时间低于法定劳动时间，部分劳动力在法定劳动时间没有进入生产过程，出现劳动力剩余。

劳动私有性　指劳动归劳动者个人所有。

理性活动决定理论　人的素质水平决定人的理性活动水平。（1）该理论认为素质从利益取向、认知程度和体质强弱三方面影响人类的活动水平。素质对人类活动的影响力是素质力。品德和知识是人类理性活动的根源，体质是人类理性活动的载体。品德理性告诉人类为什么而做，知识理性告诉人类怎样做，体质理性告诉人类能否做（即是否具有行为能力——体质力）。但是完成理性活动还需要考虑外部客观条件是否允许，也就是还要具备条件理性。完全理性活动是指品德理性、知识理性、体质理性、条件理性都具备的理性活动。而缺少某一方面的理性活动都属于部分理性活动。（2）在外部客观条件相同条件下，品德水平、知识水平和体质水平共同决定了人类理性活动水平。所以，提高人的素质水平是社会进步的根本目标和首要任务。理性活动决定理论是把提高人的素质水平作为社会进步的根本目标和首要任务的理论基础。

利供不足　指当代人的必要消费不能得到满足的利供关系。其原因可以有三个方面：（1）人类缺乏满足当代人必要消费的能力。（2）人口数量超过环境承受能力，环境不具备满足当代人及后代人必要消费的物资条件。（3）人类对环境的过度利用及破坏使环境供给能力不足。

利供关系　指人类与环境之间利用与供给的人环关系。利供关系通过人类的生产和消费活动表现出来。

利供过剩　指当代人的必要消费得到满足，同时存在明显的物质浪费的利供关系。表现为人类超过自身生存与发展的必要需要而进行了过多的物质生产和消费。

利供适度　指当代人的必要消费得到满足，同时环境可持续提供满足后代人必要消费的物资条件的利供关系。

利润化企业布局　指围绕企业利润最大化进行企业布局。

利润生产目的　指追求利润最大化，具有损害人的健康、破坏环境和浪费资源特征的生产活动表现的生产目的。

利润生产　指以获得利润为目的，具有损害人的健康、破坏环境和浪费资源的特征的生产。

利益充裕　指利益数量大于或等于人们的需要。

利益的本质　指人的生存水平。

利益关系　指涉及关系人利益的人类关系。

利益稀缺　指利益数量小于人们的需要，即不是所有人的利益都能得到满足。

利益与社会进步的关系理论　社会进步的根据理论之一。利益、个人利益、公共利益、人类根本利益的核心内容都是提高人类的生存水平，而人类生存水平的提高正是社会进步的本质体现。所以，维持、获得人类的核心利益是人类推动社会进步的根据。社会进步学围绕实现人类核心利益展开，是全面、系统、深入研究维持、获得人类核心利益的科学。

利用活动　指人类取得和利用物质的活动。

利用物质的基本次序　首选价值物质；在价值物质不足时，选择价混物质作补充；再不足时，谨慎选择平混物质；避免使用反混物质。在使用混价值物质时，要有效防止反价值发挥作用。不应该使用反价值物质。

利用物质的基本原则　利用物质的价值，防止物质反价值发挥作用。利用物质维持和提高人类的生存水平，不利用物质降低人类生存水平。

利用消费品和消费服务的价值理论　基于提高人类生存水平而改善利用消费的理论，是消费进步理论之一。利用消费有三种情况：（1）利用消费品和消费服务的价值，如进餐、欣赏健康的文化节目。（2）利用消费品和消费服务的反价值，如吸毒、嫖娼。（3）同时利用消费品和消费服务的价值与反价值。如服用有副作用的药品治病。人们应当利用消费品和消费服务的价值，而不应当利用消费品和消费服务的反价值。

利用消费　指使用消费品或消费服务的过程。

链条分析法　社会进步学分析生产与消费关系的基本方法。生产和消费的价值在于对人类的有益性，表现为能够维持或提高人类生存水平。但是生产和消费也存在降低人类生存水平的情况。社会进步学根据生产和消费对人类生存水平的影响，分析生产与消费关系基本链条、价值生产与价值消费关系链条、反价值生产与反价值消费关系链条及欺诈生产链条等。

链条理论　（1）它是关于生产与消费关系基本链条、价值生产与价值消费关系链条、反价值生产与反价值消费关系链条及欺诈生产链条等的链条集合。（2）链条理论说明：价值消费需要引起价值消费需求，价值消费需求引起价值产出生产，价值产出生产引起价值生产需求，价值生产需求引起价值中间生产；反价值消费需要引起反价值消费需求，反价值消费需求引起反价值产出生产，反价值产出生产引起反价值生产需求，反价值生产需求引起反价值中间生产。各种需要都会引起欺诈生产。（3）链条理论告诉我们：生产进步需要消费进步的引导。要发展价值消费，进而引起价值生产的进步；要遏制反价值消费，进而遏制反价值生产的发展；不要脱离本国公民的价值消费需要去发展生产；严格禁止欺诈生产。

陋习　指那些损人利己、害人害己、愚昧无知、浪费资源、污染环境的社会习俗。

落后生产方式　指降低人类生存水平的生产方式。包括伤害生产方式、污染生产方式、浪费生产方式、废弃生产方式和人力生产方式。

灭亡作用　指环境给人类带来各种灾难的社会作用。

民主程度与决策人占比正相关规律　民主程度同决策人占比正相关。决策人占比越高，民主水平越高；决策人占比越低，民主水平越低。

民主公理　指人人都具有参与社会管理权力的公理。

民主关系　指管理者与被管理者充分协商的管理关系。

民主　指以平等和少数服从多数为原则的决策形式。

民主与公平正相关规律　政治制度的民主程度与公平程度正相关。政治制度的民主程度越高，公平程度越高；政治制度的民主程度越低，公平程度越低。提高政治制度的民主程度，必然提高公平程度；降低政治制度的民主程度，必然降低公平程度。

民主政治制度的基本标准　（1）国家法律符合全体公民的共同利益。（2）国家权力机关依法行政。

民主制度　指以平等和少数服从多数为基本决策形式的政治制度。民主制度有两种基本形式，一是直接民主制，二是间接民主制。

民族利益　指全民族人民的公共利益。

民族品德水平　指维护和获得全民族人民共同利益，而不损害其他民族利益、国家利益和世界人民利益的活动所反映的品德水平。

民族品德思想　指维护和获得全民族人民共同利益，而不损害其他民族利益、国家利益和世界人民利益的品德思想。属于民族品德水平的思想内容。

名义汇率　指两个国家通货的相对物价。名义汇率＝实际汇率/物价水平

逆向繁衍　指在人口总量保持不变时，高水平人口比例缩小，低水平人口比例扩大。

排队公理　指所有人都应当按先到先得、后到后得的顺序分配利益的公理。

判断活动正确与否的社会进步标准　维持和提高人类水平和环境水平的活动都是正确的活动；降低人类水平和环境水平的活动都是错误的活动。

判断人的价值的基本标准　做有利于社会的事就有价值，做不利于社会的事就没有价值，而有反价值。人的价值大小不在于财富的多少和地位的高低，而在于对社会贡献的大小。

判断政治进步的基本标准　政治活动引起公民生存水平提高，即为政治进步；政治活动引起公民生存水平降低，即为政治倒退。

判断政治制度是否公平的基本标准　政治制度约定的社会权力运用对

所有人平等并符合公理，属于公平的政治制度；政治制度约定的社会权力运用不是对所有人平等或违背公理，属于不公平的政治制度。

判断政治制度性质的基本标准 政治制度维护全体公民的共同利益，属于全民政治制度；政治制度维护一部分人的利益，损害另一部分人的利益，属于集团政治制度。

品德等级测量法 社会进步学根据活动维护和损害的利益范围，评估活动主体品德水平的分析方法，是社会进步学的基本分析方法——生存水平分析法的组成部分。（1）选择活动样本。一是要采集活动主体经常性行为的日常活动样本；二是要采集活动主体在重大利益关头的关键活动样本。（2）描述活动样本。客观地描述活动样本的起因、过程和结果。（3）全面、具体、详细分析并确定活动样本涉及的活动主体和活动客体，确定活动样本维护或损害的对象范围。（4）进行利益分析。①在分析对象上，一是要分析活动对活动主体利益的作用，分别研究对活动的决策者和执行者的利益影响。二是要分析活动对活动客体利益的作用。②在分析内容上，一是要分析具体利益的得失。二是要分析具体利益中主要利益得失和次要利益得失。三是要分析具体利益中直接利益得失和间接利益得失。四是要区分个人利益和群体利益，公共利益和阶层利益。对于公共利益要具体区分世界利益、国家利益、民族利益、公众利益、工作单位利益和家庭利益。五是将具体利益得失划归为抽象利益得失。（5）根据活动主体品德水平的评价标准，即根据活动维护和损害的利益范围，得出活动主体品德等级结论。（6）做出活动主体品德水平报告。

品德等级进步 指个人或群体的品德水平由低级向高级发展。如正品德取代负品德、高级品德取代低级品德。

品德分级理论 根据人们活动所维护或损害的利益范围划分品德水平等级的理论。该理论通过根据人们活动所维护或损害的利益范围划分品德水平等级。品德水平是人们通过活动表现出来的对待利益的态度水平，是人的价值观的一部分。因为人们的品德水平只能通过行为表现出来，所以根据人们活动所维护或损害的利益范围划分品德水平，把人的品德水平分为正品德、负品德和基础品德三类13级。正品德有世界品德、国家品德、民族品德、公众品德、单位品德和家庭品德6级。负品德有负家庭品德、负单位品德、负公众品德、负民族品德、负国家品德和负世界品德6级。

品德获得理论　基于提高人类生存水平而改善获得消费的理论。根据获得消费的品德属性，可以把获得消费分为品德获得消费和负品德获得消费。品德获得消费是指通过正品德活动取得消费品或消费服务的获得消费。负品德获得消费是指通过负品德活动取得消费品或消费服务的获得消费。合法获得不一定是品德获得，非法获得则都是负品德获得。这是由分配原则的公平性决定的。分配原则如果是公平的，则合法获得等于品德获得。如果不公平，则合法获得不等于品德获得。社会要提倡和发展品德获得消费，反对和抑制负品德获得消费。

品德获得消费　指通过正品德活动取得消费品或消费服务的获得消费。

品德进步的基本方法　全面传播正品德，禁止传播负品德。发挥规范和约制在鼓励正品德行为、处罚负品德行为方面的品德导向作用。不断完善法律制度，发挥法律的强制性规范和约制作用。健全保护和鼓励正品德行为的法律，健全预防、禁止和惩罚负品德行为的法律。

品德进步方向　向世界品德发展。

品德进步理论　品德进步是指人类的品德等级、品德思想和品德理论向提高人类生存水平的方向发展。品德进步是用正品德取代负品德、高级品德取代低级品德、先进品德思想和理论取代落后品德思想和理论，从而达到提高人的活动水平，促进社会进步的目的。人类需要知识进步，也需要品德进步。只有将知识应用于正品德活动，才能促进社会进步。如果将知识应用于负品德活动，必然导致社会倒退。

品德进步　指人类的品德等级、品德思想和品德理论向提高人类生存水平的方向发展。

品德理论进步　指建立和发展与时俱进的、符合社会进步需要的品德理论，以指导人类的品德进步。如范围品德思想体系即是对品德理论的发展。

品德力　指人的利益取向影响人的活动的素质力。

品德　指人类通过活动表现出来的对待利益的态度。表现为人的善与恶。

品德水平、科学水平和教育水平与应用知识水平正相关规律　（1）品德水平、科学水平和教育水平与应用知识水平正相关。品德水平、科学水平和教育水平越高，应用知识水平就越高；品德水平、科学水平和教育水平越低，应用知识水平就越低。应用知识水平受品德水平、科学水平和教育水平的制约。（2）品德进步速度、科学进步速度和教育进步速度与应用知识进步速度正相关。品德进步速度、科学进步速度和教育进步速度越快，应用知识进步速度越快；品德进步速度、科学进步速度和教育进步速度越慢，应用知识进步速度越慢。品德进步、科学进步和教育进步从不同方面推动应用知识进步。这一规律也是应用知识进步基本规律。

品德水平　指人们通过活动表现出来的对待利益的态度状态。它是人的善与恶的表现。

品德水平与社会变迁方向和速度正相关规律　（1）人类品德水平与社会进步速度正相关。人类品德水平越高，社会进步越快；人类品德水平越低，社会进步越慢。（2）人类品德水平变化方向与社会变迁方向正相关。人类品德水平处于提高趋势，社会处于进步状态；人类品德水平处于降低趋势，社会处于倒退状态。

品德思想进步　指某级别的品德思想在人们认识能力提高的基础上发生有利于提高人类生存水平的变化。如民族品德中民族独立观念，被先进的民族融合观念所取代。

品德思想先进性的判断标准　根据品德思想对人类生存水平的影响性质和影响程度，只有提高人类生存水平的品德思想才是先进的。降低人类生存水平的品德思想必然是落后的，甚至是反动的。

品德消费比率　指价值消费与总消费的比值。

品德准则　指活动必须维持或提高品德水平，不能降低品德水平的人类活动基本准则。

平等公理　指人人生而平等，没有高低贵贱之分，在政治、经济、文化等各方面拥有相同权利的公理。

平等关系　指在权利、财富、声望方面处于同一等级位置的人们之间的地位关系。

平混物质　指价值反价值不分主次的混价值物质。

平均水平　指社会中所有同类活动物质利用水平的平均值，区间为±5%的物质利用水平。

评估比较法　指分别对多个活动进行活动水平测量并进行比较的方法。

破坏经济　指破坏环境的经济活动。

破坏生产　指为人们破坏环境的反价值消费需求提供产品的反价值生产。

破坏消费　指人们破坏环境的反价值消费。

破坏消费需求 指人们破坏环境的反价值消费需求。

破坏消费需要 指人们破坏环境的反价值消费需要。

破坏性欺诈生产 指产品以破坏环境为主的欺诈生产。

破伤关系 指人类与环境之间破坏与灾害的人环关系。

欺诈产出生产 指制造产出产品的欺诈生产。

欺诈生产 指生产名不副实产品的反价值生产。

欺诈中间生产 指生产中间产品的欺诈生产。欺诈中间生产有两个类型，一是参与欺诈中间生产，二是独立欺诈中间生产。

企业布局进步理论 论述企业布局对社会进步影响的理论。（1）国家企业布局直接影响环境水平、资源利用水平和人类健康水平，社会控制企业布局是社会可持续进步的需要。改革开放以来，我国强调企业的市场自发配置而忽视了国家统一控制，造成了巨大的环境损失、资源损失和健康损失。（2）自发性企业布局向控制性企业布局发展，利润化企业布局向人性化企业布局发展是企业布局进步。（3）国家企业布局的总原则是企业布局要有利公民健康、保护生存环境和节约国家资源。（4）国家的领土应该划分为四类基本区域。一是生态区，在生态区不能进行工农业生产活动；二是工业生产区；三是农业生产区；四是消费区。在满足公民价值消费需要的前提下，生态区越大越多越好，生产区和消费区越小越少越好。保持和扩大生态区规模，限制并努力缩小生产区和消费区规模。国家进行统一的企业布局，下级行政区要在上级行政区企业布局框架内进行本辖区企业布局，禁止为了降低用工成本而进行产业转移。（5）如果我们掌握了社会进步学中企业布局理论，即可避免未来巨大的资源损失、环境损失，以及数亿人口的健康损失。对社会进步的贡献是巨大的。

企业布局与社会进步关系规律 企业布局与社会进步高度相关。人性化企业布局有利于社会进步，利润化企业布局不利于社会进步。人性化企业布局比重越高，利润化企业布局比重越低，社会进步越快；反之，人性化企业布局比重越低，利润化企业布局比重越高，社会进步越慢。

企业规模、数量与社会进步理论 论述企业规模、数量对于社会进步影响的理论。该理论将企业规模和数量划分为企业大而少和企业小而多两种状态，通过对两种状态在社会控制、资源利用、环境影响、健康影响、社会销售成本及生产力发展等各方面的比较，得出企业规模大而数量少比企业规模小而数量多对社会进步更为有利的结论。企业规模数量总原则是规模尽量大、数量尽量少。该理论对于组织社会生产有重大应用价值。

企业规模数量总原则　规模尽量大、数量尽量少。

企业规模与数量反比规律　在生产力规模一定的制约下，企业规模越大，企业数量则越少；企业规模越小，企业数量则越多。

企业　指国内经济流程中所有进行生产活动的经济部门。

企业准入进步理论　论述企业对社会进步影响的理论。因为任何一个企业都会通过占用资源、生产活动和产品三个途径对人和环境产生影响，进而对社会进步产生影响；或是提高人的健康水平，改善环境，促进社会进步；或是降低人的健康水平，污染环境，导致社会倒退。实践证明，一个缺乏有效控制的企业往往会以损害人的健康和破坏环境为代价追逐最大利润。所以，建立企业必须由社会统一管理，必须符合企业准入总原则。

企业准入总原则　企业必须符合国家生产目的总原则、国家生产性质总原则、国家生产方式总原则、国家生产力布局总原则、国家生产力规模总原则、企业规模数量总原则和国家生产数量总原则。

潜规则　指违背道德、制度、法律等规范而获得某种利益的非正式的、不能明示的规范，是一些暗箱操作的规定和原则。

亲情制　指基于亲情关系的需要分配制。亲情制有两个显著特征：（1）亲情分配只限于亲属或视为亲属的人，如父母负担子女的生活费用。（2）亲情分配往往是亲属的劳动分配和占有分配之后的二次分配。如古代人将自己劳动得来的食物分给子女，现代人将工资或股息红利交给配偶。

轻丧失水平　指人的生理机能轻度丧失，疾病轻度影响行为能力的体质水平。

清洁生产方式　指在生产过程中不向环境中排放任何污染物的生产方式。

全程免费公共教育系统　指以青少年为主要教育对象的，由政府组织的，从小学到博士全程免费的公益性教育系统。

全程免费教育理论　以普遍提高公民知识水平为目的的教育普及理论。（1）知识进步是社会进步的起点，一个国家必须把知识进步放在社会发展的首位。一个国家如果轻视知识进步，或者根本就不努力推动知识进步，这个国家只能长期处于落后甚至衰退状态。（2）根据教育平等原则，人人都有接受完全教育的权利和机会，不能由经济状况决定受教育的权利，贫富不同的人教育平等。根据教育的政府负责原则，公民教育必须由国家建立教育体系，提供教育资金。综上所述，为了社会进步，实现教育平等原则和政府负责原则，应当对全体公民开放由政府组织的从小学到博士的全程免费公益性教育系统。

全民政治制度　指不代表任何利益集团的私利，维护全体公民公共利益的政治制度。

全体机会公平　指没有限制条件的社会单位中所有人都具有相同机会的公平机制。

权威　指多数被管理者服从少数管理者的决策形式。人类社会有两种权威，一种是有限权威，另一种是无限权威。

群体利益　指群体成员共同的利益，反映群体成员共同的生存水平。群体利益可划分为公共利益和阶层利益。

人的反价值　指人具有的降低人类生存水平的效用。

人的基本活动过程　指人类取得资源、使用资源（生产、消费）和排放垃圾的过程。

人的价值　指人具有的维持或提高人类生存水平的效用。

人的生产反价值　指人类生产活动产生的降低人类生存水平的效用。

人的生产价值　指人类生产活动产生的维持或提高人类生存水平的效用。

人的消费反价值　指人类消费活动产生的降低人类生存水平的效用。如战争消费。

人的消费价值　指人类消费活动产生的维持或提高人类生存水平的效用。

人的效用理论　揭示人的活动两方面社会效用的理论。（1）该理论认为人的价值是人具有的维持或提高人类生存水平的效用，人的反价值是人具有的降低人类生存水平的效用。人的价值有利于社会进步，人的反价值阻碍社会进步。人的价值大小不在于财富的多少和地位的高低，而在于对社会贡献的大小。每个人都应当实现价值，而不要去实现反价值。（2）社会对人的效用管理基本原则：提高人的价值、抑制人的反价值。（3）人的价值与反价值理论揭示了人的活动两方面社会效用及与社会进步的关系，提供了一个判断人的价值的基本标准，对树立正确的人生观、价值观有重要指导意义。

人的效用　指由人类活动引起的效用。

人工环境　指经过人类活动改造后形成的环境。如房屋、道路、耕地、机器、计算机等都是人工环境。

人环关系　指人类与环境之间的社会关系。

人均财富　指人类可利用的所有自然财富和人工财富的人均值。

人口方向理论　在生育总量不变时，高水平人口生育下降，低水平人口生育上升，会产生降低人类水平的倒退作用，这种生育状态同人类进步方向相反。在生育总量不变时，高水平人口生育上升，低水平人口生育下降，会产生提高人类水平的进步作用，这种生育状态同人类进步方向一致。

人口进步的基本原则　消除逆向繁衍，实现正向延续，达到人口与资源在总量上的平衡。

人口进步基本方法　消除逆向繁衍，实现正向延续，并且达到人口与资源在总量上平衡的方法。（1）提高全民知识水平，优先提高贫困人口的知识水平。知识贫乏引起逆向繁衍，提高全民知识水平是消除逆向繁衍行之有效的政策措施。只有提高落后地区、贫困人口和低知识人群的知识水平，才能从根本上扭转逆向繁衍的局面，实现正向延续，提高新生人口的水平。要在全社会建立起保证所有青少年都能够接受16年以上教育的全程教育体系，使每一个贫困孩子都能学到高级知识。（2）消除贫困。消除贫困是解决人口问题的根本办法。社会中普遍存在着越穷越生、越生越穷的现象。要消除贫困，一是提高贫困地区人口的知识水平，推行全程免费教育；二是给予生产援助，为贫困地区建立现代生产体系；三是给予产品援助，使之过上温饱生活。（3）适当的人口转移。适当的人口转移，可以缓解贫困地区的人口压力，并使贫困人口逐渐融入发达地区，对于提高贫困人口水平有一定作用。城市要根据对移入人口的控制能力和消化能力制定人口吸纳计划，防止贫困人口盲目流入。（4）政府控制生育。政府控制生育，除了要严格控制生育总量之外，还要引导正向延续，改善生育质量。主要的政策措施是制定并实行生育质量保证制度。包括生育健康保证制度、生育品德保证制度、生育知识保证制度、生育经济保证制度、生育年龄保证制度和生育婚姻保证制度。

人口进步理论　人口进步理论立足于维持与提高人类的生存水平这一

社会进步的宗旨，从人类与环境的关系入手，阐释人口数量标准、逆向繁衍、正向延续、人口进步的基本原则、人口进步的主要政策措施、生育质量保证制度和在生育方面处理人权关系的基本原则。人口进步理论为提高人类的生育水平，为政府进行生育管理提供社会进步学的理论依据和基本原则。

人口数量标准 指人口数量应该控制在地球供给能力之内并保持生态平衡。

人类处理利益的基本原则 （1）争取获得利益和维护利益，尽量避免损害利益。（2）人的各种利益应该均衡增长。（3）最好的情况是主要利益和次要利益同时得到满足。当二者不能兼得时，应当首先满足主要利益。（4）最好的情况是直接利益和间接利益同时得到满足。要避免获得直接利益，损害间接利益。（5）每个人都应该拥有获得个人利益的平等机会。保护正当得利，禁止不当得利。个人利益应当服从群体利益。（6）小范围的公共利益要服从大范围的公共利益。（7）阶层利益要服从公共利益。（8）全世界所有的人，所有的政府和企业都应当维护人类根本利益。

人类的核心利益 参见人类根本利益。

人类根本利益分析法 人类根本利益分析法是根据事物对人类根本利益的影响做出选择的研究方法，是社会进步学研究问题的基本方法。人类根本利益分析法与传统的利益分析方法相比，有自己独特的地方。它建立在实证法基础之上，运用事实判断，围绕人类根本利益得失展开。人类根本利益是人类的存在与发展，是维持和提高人类的生存水平，是每个人的共同利益，所以是最高的公共利益。社会进步学创始人利用人类根本利益分析法，以人类根本利益得失为主线，构建了社会进步学的知识体系。

人类根本利益 指人类的存在与发展。人类根本利益的内容是维持和提高人类的生存水平，即社会进步。人类根本利益是每个人的共同利益，所以是最高的公共利益。人类根本利益也是人类的核心利益。

人类关系 指人与人之间的社会关系，即狭义社会关系。

人类活动基本准则理论 根据对人类生存水平的影响来约束人类活动。（1）该理论阐释什么是人类活动基本准则、人类活动基本准则的内容以及为什么要建立人类活动基本准则，为人类的一切活动提供符合人类根本利益的、有利于社会进步的行为规范，为政府制定有利于社会进步的政策和决策提供基本依据。（2）人类活动基本准则是指人类的一切活动都应该遵守的最基本规范。社会进步学家认为人类根本利益要求人的活动首先要满足生存的需要，进而要为生存得更好而努力。所以，人类活动基本准则的内容是指人类的一切活动都应该致力于维持和提高人类的生存水平，而不能降低人类的生存水平。这一准则也称为人类活动的社会进步准则或活动的生存水平准则。（3）人类活动基本准则包括体质准则、品德准则、知识准则、自然环境准则、产品准则和物质利用准则。体质准则是指活动必须维持或提高体质水平，不能降低体质水平。品德准则是指活动必须维持或提高品德水平，不能降低品德水平。知识准则是指活动必须维持或提高知识水平，不能降低知识水平。自然环境准则是指活动必须维持或提高自然环境水平，不能降低自然环境水平。产品准则是指活动必须维持或提高产品水平，不能降低产品水平。物质利用准则是指活动必须维持或提高物质利用水平，不能降低物质利用水平。

人类活动基本准则　指人类的一切活动都应该遵守的最基本的规范。内容是人类的一切活动都应该维持和提高人类的生存水平，而不能降低人类的生存水平。

人类活动与社会进步关系规律　包括社会作用与社会进步关系规律、作用范围与社会进步关系规律、作用幅度与社会进步关系规律、作用时间与社会进步关系规律和物质利用水平与社会进步关系规律。

人类基本关系　指管理关系。

人类基本意识　指人类普遍存在的最基本的观念和想法，是人们活动的根本出发点。人类基本意识的内容是希望维持和提高自身的生存水平，反对降低自身的生存水平。更通俗地说就是人们希望自己生存得好一些，并且生存得越来越好，不希望自己生存得差，特别反对生存得越来越差。

人类基本意识与社会进步的关系理论　社会进步的理论根据之一。人类基本意识是人类推动社会进步的意识基础。有人类基本意识，才有社会进步；有人类基本意识，必然有社会进步。人类基本意识的内容是希望维持和提高自身的生存水平，反对降低自身的生存水平。社会进步是人类生存水平的提高，是人类基本意识所希望的理想状态。

人类基本意识与社会进步意识的关系理论　社会进步的理论根据之一。人类基本意识和社会进步意识都是人们对待利益的态度。人类基本意识是人类普遍存在的趋利避害意识，出发点是获得或维护个人利益；社会进步意识是人类群体的趋利避害意识，出发点是有利于群体，当然也包括个人。社会进步意识包括什么是社会进步、社会进步的原理、推动社会进步的基本方法三方面内容。社会进步意识为人们提供了一个系统地指导人类行动的科学。社会进步意识将人类基本意识科学化，具有推动社会进步的伟大作用。

人类进步　指人类的素质和活动向提高人类生存水平的方向发展。人类进步是人类的核心生存水平和主动生存水平的提高，是人类体质、知识和品德水平的提高，是人类活动的社会作用水平、作用范围水平、作用幅度水平、作用持续时间水平和物质利用水平的提高，是人类消费、生产和政治水平的提高，是人环关系、人类关系及人环互动、人类互动水平的提高。

人类理性活动　根源是品德和知识。品德告诉人类为何而做，知识告诉人类怎样做。人类理性活动的载体是指体质。

人类生产力阶段　指人类主要依靠人类生产力生存的生产力发展阶段。这个时期与前一时期的根本区别是人类生产力取代自然生产力成为社会主导生产力。

人类生产社会　指社会中人类生产力占主导地位的宏观社会类型。

人类生产　指制造产品的人类活动。

人类生存水平的关键信息　指对人类健康以及人类生存环境产生影响的信息。

人类生存水平　指人类生命、人类活动、人类外部生存条件的基本状态，即人类基本的生存状态。人类生存水平表现在构成社会的物质——人类和环境水平上，还表现在物质的社会性运动、物质的社会性联系等方面，后两者是前者的属性。

人类素质水平与社会变迁关系规律　包括品德水平与社会变迁方向和速度正相关规律、知识水平与社会变迁速度正相关规律和体质水平与社会变迁速度正相关规律。

人类选择知识的基本准则　人类应当围绕提高人类的生存水平选择知识。（1）选择提高人类知识水平的知识。（2）选择提高人类道德水平的知识。（3）选择提高人类健康水平的知识。（4）选择提高管理水平的知识。

（5）选择提高生产水平的知识。（6）选择提高消费水平的知识。（7）选择提高环境水平的知识。（8）选择提高产品水平的知识。（9）选择提高垃圾处理水平的知识。

人力生产方式　指在生产过程主要使用人力的生产方式。

人生消费品价值形成　指资源消费价值在人类作用下形成消费品价值。

人性化企业布局　指围绕有利公民健康、保护生存环境和节约国家资源进行企业布局。

人性生产目的　指具有维护人的健康、保护环境和节约资源特征的生产活动表现出的生产目的。

人性生产　指以满足公民价值消费需要为目的，具有维护人的健康、保护环境和节约资源的特征的生产。

任免民主　指全体有完全行为能力的、有政治权利的社会单位成员都有平等的任免社会管理者的决策权力。

日常活动样本　指反映活动主体经常性行为的活动样本。

日常品德　指活动主体经常性行为表现的品德。

伤害生产方式　指在生产过程中损害生产者或其他人员身心健康的生产方式。

伤害生产　指为损害人的健康甚至夺取生命的消费需求提供产品的反价值生产。

伤害消费　指损害人的健康甚至夺取生命的反价值消费。

伤害消费需求　指损害人的健康甚至夺取生命的反价值消费需求。

伤害消费需要　指损害人的健康甚至夺取生命的反价值消费需要。

伤害性欺诈生产　指产品以伤害人类健康为主的欺诈生产。

上层生存水平　指人的知识水平和品德水平。

奢侈生产　指为那些超过公众消费水平的不可普及的消费需求提供产品的反价值生产。

奢侈消费　指那些超过公众消费水平的不可普及的反价值消费。它在消费的物质种类上与第一、二、三消费需要相同，只是档次过高，耗费资源过多，不具备普及性。奢侈消费浪费资源，形成消费特权阶层。也称为奢侈消费需求和奢侈消费需要。

社会变迁 指人类生存水平发生明显变化的社会状态。

社会规范必须符合公理理论 法律法规、政策、道德等社会规范只有符合公理，才是扩展公理。违背公理的法律法规、政策、道德等社会规范不是扩展公理，应当取缔。公理是指被人类普遍认同的符合人类共同利益的基本道理。公理对多数人最有利，是建设民主、公平、正义社会的思想基础。最基本的公理包括：自由公理、民主公理、平等公理、博爱公理、透明公理、对等公理、均等公理、排队公理、救助公理和不损害公理等。扩展公理是社会单位根据公理制定的约束单位成员活动的法律法规、政策、道德等社会规范。

社会差异 指同类社会单位之间存在的社会水平差异。

社会存在规律 即生存规律。

社会存在值规律 环境总价值越大，环境总反价值越小，社会存在值就越大。当环境总反价值不变时，环境总价值变动引起社会存在值同向变动；当环境总价值不变时，环境总反价值变动引起社会存在值反向变动；当环境总价值和环境总反价值等量变动或不变时，社会存在值不变。

社会存在值理论 揭示环境要素与社会存在、社会变迁及社会进步的联系的基本原理。（1）该理论认为社会存在的基本环境条件是环境总价值大于环境总反价值。大于部分发挥着维持人类生存的总效用。社会存在值是环境总价值与环境总反价值的差。根据社会存在价值规律，当社会存在值增大时，社会进步；当社会存在值缩小时，社会倒退；当社会存在值不变时，社会停滞。实现社会进步的基本方法是不断提高社会总价值，不断降低社会总反价值。（2）社会存在值理论解释了环境总价值、环境总反价值和社会存在值；揭示了社会存在值规律和社会存在值与社会水平关系规律，同时揭示了环境要素方面社会变迁暨社会进步的基本原理；得出增加社会总价值和降低社会总反价值的基本方法；推导出实现社会进步的基本方法。

社会存在值 指环境总价值与环境总反价值的差。

社会存在值与社会水平的关系规律 当社会存在值增大时，社会进步；当社会存在值缩小时，社会倒退；当社会存在值不变时，社会停滞。

社会单位 指社会体系结构中的单位。每个社会单位都是具有范围、功能、人员和环境的社会系统。

社会单位水平　指社会单位中绝大多数人的生存水平。

社会倒退基本规律　降低科研和知识、品德教育水平，必然降低人类的素质水平。降低人类的素质水平，必然降低人类的活动水平。降低人类的活动水平，必然降低人类改变环境的水平。降低人类改变环境的水平，必然降低环境水平。降低环境水平，必然降低人类的生存条件水平，导致人类和环境的共同倒退。了解社会倒退基本规律的目的是为了避免出现社会倒退的错误。

社会倒退　指降低人类生存水平的社会变迁，即人类和环境向不利于人类生存的方向变化。

社会地位　指人在一个群体或社会中所处的社会位置。在一个社会等级体系或分层体系中，社会地位是指人的等级位置。

社会对人的效用管理基本原则　提高人的价值、抑制人的反价值。

社会分级理论　根据社会中大多数人生存状态揭示社会水平等级的理论。（1）该理论根据不同社会单位中大多数人生存状态的差异，把社会单位划分为五级，通过对社会水平等级标准的研究，推导出先进社会单位的基本标准。这些标准通过人类实践是可以达到的。社会分级理论是建立社会进步方向理论和社会进步目标理论的基础。（2）根据社会分级理论建立的社会水平分级标准体系，为社会提供了全面、明确而具体的评价标准，任何国家、省、市、县、乡、村等社会单位都可以应用这一标准评价本地及异地社会水平等级，从而正确地认识自我，寻找差距，制定科学的社会（含经济、政治、文化等）中长期发展规划。

社会福利对社会进步的影响规律　在价值消费品数量可承受的范围内，提高社会福利，促进社会进步；降低社会福利，阻碍社会进步，甚至引起社会倒退。维持社会福利，既不引导社会进步，也不引导社会倒退。

社会功能　同社会作用。

社会关系进步　指社会关系向提高人类生存水平的方向发展。表现在人环关系上就是破伤关系向利供关系发展，不足关系、过剩关系向适度关系发展；表现在人类关系上就是专制关系向民主关系发展，等级关系向平等关系发展，对立关系向和谐关系发展，私利关系向公利关系发展；表现在环境关系上就是冲突关系向协调关系发展。

社会规范和约制水平与社会品德水平正相关规律　社会规范和约制越

有利于鼓励正品德、惩戒负品德，社会品德水平就越高；社会规范和约制越有利于鼓励负品德、惩戒正品德，社会品德水平就越低。提高社会规范和约制的品德水平，积极开展鼓励正品德、惩戒负品德的活动，是提高社会品德水平行之有效的根本途径。

社会基本关系　指人环关系。人环关系是社会赖以存在和进步的社会基本关系。

社会基本规律理论　介绍社会存在与变化的基本规律的理论体系。阐释了社会基本规律的概念、体系以及方法。包括社会基本规律的概念、生存规律、有限改变规律、改变水平规律、活动水平规律、素质水平规律、社会总水平规律、社会进步基本规律、社会进步根本规律、社会倒退基本规律、社会进步基本方法、社会进步根本方法等。

社会基本规律　指社会存在和变化的基本原理，是最基本的社会规律。它揭示社会基本要素之间相互联系、相互作用的关系，适合于所有类型的社会，具有客观性和普适性。

社会基本运动　指维持社会存在和推动社会发展的社会物质活动，包括利用活动和贡献运动。

社会教育的基本方针　围绕社会进步发展教育。

社会进步的本质学说　社会进步是提高人类生存水平的社会变迁。社会进步的本质是人类和环境向更有利于人类生存的方向变化，即人的素质、人的活动、产品和自然环境向更有利于人类生存的方向发展。反之，降低社会成员生存水平的社会变迁是社会倒退。社会停滞是社会在一定时期内人类生存水平没有发生显著变化，保持期初基本状态。该理论将人类生存水平与社会进步紧密联系起来，揭示了社会进步的本质。在此基础上进一步阐释了人类生存水平、社会进步内容、社会进步体系、社会关系进步、社会进步的根本目标和途径等关于社会进步的基本问题，形成了比较完整的社会进步本质学说。

社会进步的分级目标　E 级社会进步的目标是进入 D 级社会；D 级社会进步的目标是进入 C 级社会；C 级社会进步的目标是进入 B 级社会；B 级社会进步的目标是进入 A 级社会。

社会进步的根本目标　持续地提高人类体质水平、知识水平和品德水平。

社会进步的根据理论 （1）通过对社会进步与人类基本意识和人类核心利益的关系研究，揭示了社会进步的根据，同时也揭示了建立社会进步学的根据。社会进步的根据理论包括人类基本意识与社会进步的关系理论、人类基本意识与社会进步意识的关系理论、利益与社会进步的关系理论。（2）社会进步的根据理论说明社会进步对于人类是最重要的。人类的一切活动，如政治活动、经济活动、文化活动都必须服务于社会进步。这些活动对社会进步的影响是衡量其是否正确的尺度。如果这些活动与社会进步发生矛盾，就说明这些活动偏离了方向，危害了人类核心利益，就需要改进。它还告诉人们建立、发展、推广研究社会进步原理和方法的社会进步学对于人类是非常重要的。社会进步意识将人类基本意识科学化，具有推动社会进步的伟大作用。建立、发展、推广社会进步学从而把人类基本意识升华为系统的社会进步意识，是更好地实现人类基本意识的需要，是更好地维持、获得人类核心利益的需要，是推动社会进步的需要。

社会进步的基本标志 人类素质进步。

社会进步的途径目标 指人类活动进步目标、自然环境进步目标和产品进步目标以及社会关系进步目标。人类活动进步、社会关系进步和环境进步是实现素质进步目标的途径。

社会进步的终极目标 进入 A 级社会。

社会进步方向理论 以人类生存水平差异为基础的阐释社会进步方向的理论，是社会水平理论之一。（1）该理论通过揭示人类生存水平的 A、B、C、D、E 五个等级优劣差异，提出了人类社会系统、明确、具体的进步方向。（2）社会进步的方向是人类生存水平由低向高发展。社会进步总的方向是向 A 级社会发展；素质进步方向是向 A 级素质发展；品德进步方向是向世界品德发展；知识进步方向是向创新级知识水平发展；体质进步方向是向健康级体质水平发展；活动进步方向是向 A 级活动发展；自然环境进步方向是向 A 级环境发展；产品进步方向是向 A 级产品发展。

社会进步根本方法 人类必须不断地进行科学创新，不断地在实践中发展知识，不断提高知识教育和品德教育水平。只有把知识和道德放在发展的首位，才能少走弯路，提高社会发展的效率，推动社会科学地发展。

社会进步根本规律 提高人类的科研和知识、品德教育水平是社会进步的根本动力。

社会进步基本方法 不断提高科研和知识、品德教育水平；不断提高人类的素质水平；不断提高人类的活动水平；不断提高人类改变环境的水平；不断提高环境水平。

社会进步基本规律 只有提高科研和知识、品德教育水平，才能提高人类的素质水平；只有提高人类的素质水平，才能提高人类的活动水平；只有提高人类的活动水平，才能提高人类改变环境的水平；只有提高人类改变环境的水平，才能提高环境水平；只有提高环境水平，才能提高人类的生存条件水平，实现人类和环境的共同进步。提高科研和知识、品德教育水平是社会进步的先导。

社会进步目标理论 以人类生存水平差异为基础的阐释社会进步目标的理论。（1）该理论在揭示人类生存水平 A、B、C、D、E 五个基本等级的优劣差异基础上，为人类社会进步提出了系统、明确、具体的社会进步的终极目标、社会进步的分级目标、社会进步的根本目标和途径，阐述了社会进步目标体系的特点。（2）社会进步的终极目标是进入 A 级社会；素质进步目标是 A 级素质；活动进步目标是 A 级活动；自然环境进步目标是 A 级环境；产品进步目标是 A 级产品。（3）社会进步的分级目标包括 E 级社会的进步目标是进入 D 级社会；D 级社会的进步目标是进入 C 级社会；C 级社会的进步目标是进入 B 级社会；B 级社会的进步目标是进入 A 级社会。（4）社会进步的根本目标是素质进步目标，即达到 A 级素质。人的活动进步和环境进步是实现素质进步目标的途径。社会进步目标是一个多层次、渐进式、可实现的体系。所有目标都是人类社会现实状态在不同等级上的组合，不存在任何假设。

社会进步认定标准 社会进步认定标准的根据是社会进步本质学说。具体来说，向有利于人类生存方向变化的，提高社会成员生存水平的社会变迁是社会进步；降低社会成员生存水平的社会变迁是社会倒退。社会成员生存水平包括核心生存水平、主动生存水平和物质生存条件水平。

社会进步 指提高人类生存水平的社会变迁。即人类和人类赖以生存的环境向提高人类生存水平的方向发展。

社会进步效用论 揭示社会要素效用与社会进步关系的理论体系。（1）该理论体系由概念、理论、规律、方法论构成。包括环境基本效用理论、社会存在值理论、直接效用与间接效用理论、消费效用与生产效用理论、消费品价值形成理论、消费品价值形成与消费分配关系理论、价值比较理论、人的价值与反价值理论、效用方法论、价值质量规律、反价值质量规律、总价值数量规律、总反价值数量规律、社会存在值规律、社会存在值与社会水平的关系规律等丰富的内容。（2）社会进步效用论研究两大社会效用的形成机理，总结其中的社会规律，找出顺应这些规律的科学方法，最终告诉人们怎样利用物质、怎样做对社会进步更有利。

社会进步学 指全面、系统、深入、客观研究社会中人的素质、人的活动、自然环境和人工环境向更加适合人类生存的方向发展的基本规律和基本方法的社会科学，是研究提高人类生存水平的原理和基本方法的社会科学，是研究社会进步的原理与方法的社会科学。

社会进步意识 指人类基本意识的升华，包括什么是社会进步、社会进步的原理、推动社会进步的科学方法三方面内容。

社会进步的总方向 向 A 级社会发展。

社会品德教育水平与社会品德水平正相关规律 接受正品德教育和受正品德活动影响越多，社会品德水平就越高；接受负品德教育和受负品德活动影响越多，社会品德水平就越低。积极开展正品德教育和正品德活动，禁止负品德教育和负品德活动，是提高社会品德水平的主要措施。

社会 指一个存在正式边界的、具有一致主流文化的、独立自主的、大规模的人类和环境的集合。包括国家社会、国家联盟社会和非国家社会。

社会水平理论 以人类生存水平差异为基础的阐释社会水平的理论集合，是社会进步学的一个基本理论，也是社会进步学的基础理论。（1）该理论认为社会中大多数人的生命基本状态、活动基本状态、外部生存条件基本状态的优劣决定社会水平。根据人类基本生存状态把社会划分为五级，建立了明确而具体的社会水平标准体系，通过对社会水平等级的研究，推导出先进社会的基本标准。社会水平理论以人类生存水平的客观发展为基础，揭示了社会进步的科学方向，建立了社会进步的目标体系、内容体系，建立了全面、系统评价社会水平的标准体系，建立了判断人类活动正确与否的根本标准，描绘了顶级社会的蓝图。（2）社会水平理论包括社会进步方向理论、社会进步目标理论、社会进步内容体系、素质水平理论、活动水平理论、环境水平理论、产品水平理论、社会分级理论、A 级社会理论等。（3）社会水平理论是指引人类社会进步的根本性理论，为制定社会（含经济、政治、文化等）的中长期发展规划提供了社会科学理论基础。国家、省、市、县、乡、村都可以应用该理论指导当地社会进步。

社会水平 指社会中大多数人的基本生存状态。即大多数人的生存水平。

社会停滞 指人类生存水平保持原状的社会状态。即社会在一定时期内人类生存水平没有发生显著变化，保持期初基本状态。

社会消费分配制度的发展趋势理论 生产力的发展必然推动物质分配方式的变革。自动生产力的持续发展引起劳动分配制比例的持续减少和需要分配制比例的持续增长。同时发展社会保障事业，建立公平的福利制度，也是发展自动化生产力的必要条件。

社会性联系 指物质对象之间的反映社会功能的联系。

社会总水平规律 科研和知识、品德教育水平制约社会总水平。科研和知识、品德教育水平的变化引起社会总水平同向变化。

社会作用 指对人类生存水平的影响。根据对人类生存水平影响的性质，社会作用可以分为三类：一是提高人类生存水平的社会作用，二是维持人类生存水平的社会作用，三是降低人类生存水平的社会作用。

社会作用表 指包括了人类活动可能产生的所有社会作用的表格。供人们测量和分析人类活动的社会作用，防止得出片面性结论。

社会作用测量标准表 指用于测量社会作用性质的表格。

活动的社会作用与社会进步关系规律 （1）人类活动的提高作用与社会进步正相关。人类活动的提高作用越大，社会进步越快；人类活动的提高作用越小，社会进步越慢。（2）人类活动的降低作用与社会倒退正相关。人类活动的降低作用越大，社会倒退越快；人类活动的降低作用越小，社会倒退越慢。（3）人类活动的提高作用大于降低作用，社会进步；人类活动的提高作用小于降低作用，社会倒退；人类活动的提高作用等于降低作用，社会停滞。

涉内决策民主理论 （1）涉内决策是指社会单位做出的只影响本社会单位成员利益的决策。涉内决策只应该由本社会单位做出，不应该由其他社会单位做出，由其他社会单位做出的本社会单位的涉内决策是专制决策。（2）非常规涉内决策一般应采用直接民主制。决策的民主程度由决策人占比决定。如果决策人占比高，则决策民主程度就高；如果决策人占比低，则决策民主程度就低。（3）常规涉内决策一般具有经常性、重复性的特点，应采用间接民主制。常规涉内决策分为合规涉内决策和违规涉内决策。间接决策人占比是认定合规涉内决策民主程度的依据。如果间接决策人占比高，则决策民主程度就高；如果间接决策人占比低，则决策民主程度就低。（4）违规涉内决策的民主程度一般都很低，只有多数人参与的违规涉内决策，才具有民主性质。

涉内决策 指社会单位做出的只影响本社会单位成员利益的决策。

涉外独立决策 社会单位独立做出的非常规涉外决策。

涉外公共决策 社会单位与决策影响单位或个人共同做出的非常规涉外决策。

涉外决策民主理论 涉外决策是指社会单位做出的影响其他社会单位成员利益的决策。涉外决策分为非常规涉外决策和常规涉外决策。（1）非常规涉外决策是指没有相关各方共守制度约束的涉外决策。非常规涉外决策分为涉外独立决策和涉外公共决策。涉外独立决策是社会单位独立做出的非常规涉外决策。涉外独立决策对于所有社会单位外部涉及人员来说都是强加在自己身上的绝对专制决策。涉外公共决策是社会单位与决策影响单位或个人共同做出的非常规涉外决策，其民主程度由决策人占比决定。决策人占比的分母不仅限于本社会单位成员，还包括决策所涉及的所有社会单位的人员。（2）常规涉外决策是指在相关各方共守制度约束下的涉外决策。常规涉外决策应当由社会单位进行独立决策。常规涉外决策分为合规涉外决策和违规涉外决策。合规涉外决策是指完全符合共守制度的常规涉外决策。合规涉外决策的民主程度由制定共守制度的决策人占比即社会单位涉外决策的间接决策人占比决定。不同的共守制度维护的利益范围是有区别的。由少数人制定的共守制度代表少数人的愿望，属于专制共守制度，据此进行的合规涉外决策属于专制决策；由多数人制定的共守制度代表多数人的愿望，属于民主共守制度，据此进行的合规涉外决策属于民主决策。违规涉外决策是指违背共守制度的常规涉外决策。违规涉外决策只能是完全专制决策。

涉外决策 指社会单位做出的影响其他社会单位成员利益的决策。涉外决策分为非常规涉外决策和常规涉外决策。

生产的数量进步理论 论述产量对于社会进步影响的理论。（1）价值产品数量与价值消费所需数量基本相等，有利于社会进步；价值产品数量高于或者低于价值消费所需数量,不利于社会进步,二者差距越大,对社会进步危害越大。反价值产品数量越多对社会进步危害越大,越少对社会进步危害越小。(2)价值消费是维持或提高人类生存水平所必需的。价值产出产品的供需均衡表明价值消费需求得到完全满足。其中真实价值生产均衡表明所有公民的价值消费需要都能得到完全满足,最有利于社会进步;而假性价值生产均衡则表明,虽然产出产品可以满足所有公民的价值消费需求,但是由于受支付能力的限制,部分公民的价值消费需要并没有得到完全满足,收入低的人口可能严重不足,生存水平可能很低。所以假性价值生产均衡是价值产出产品在支付能力掩盖下的供给不足,不利于社会进步。(3)任何一种生产过剩都会浪费资源、产品和劳动,增加环境损失,都不利于社会进步。价值生产过剩时,虽然生产的产品是可用于价值消费的产出产品或是可用于价值生产的中间产品,但是由于超出价值消费需要或者受支付能力限制,过剩产品不能进入价值消费或价值生产过程,变成了废品。(4)价值消费的生产不足表明价值消费需求不能得到完全满足。人们在现有支付能力的条件下,生存水平的提高受到价值产出产品不足的制约,不利于社会进步。(5)国家生产数量总原则是本国生产的价值产品数量应当与本国公民价值消费所需数量基本相等。价值产品数量不应高于或者低于价值消费所需数量。严格控制反价值产品数量。

生产方式进步理论 根据生产过程对于人类生存水平的影响划分生产方式的理论。(1)社会进步学根据生产过程对人类生存水平的影响划分生产方式,将生产方式划分为进步生产方式和落后生产方式两大类。进步生产方式是指能够维持或者提高人类生存水平的生产方式。落后生产方式是指降低人类生存水平的生产方式。(2)在价值生产下,进步生产方式与社会进步正相关;落后生产方式与社会进步负相关。扩大进步生产方式,缩小落后生产方式则社会进步;缩小进步生产方式,扩大落后生产方式则社会倒退。进步生产方式越大,落后生产方式越小则社会进步越快;进步生产方式越小,落后生产方式越大则社会进步越慢。在反价值生产下,进步生产方式不会引起社会进步,也不会增强反价值生产的阻碍作用;落后生产方式增强反价值生产的阻碍作用。(3)生产方式进步是指落后生产方式向进步生产方式发展,提高进步生产方式的水平。(4)国家生产方式总原则是通过行政手段保护和促进采用先进生产方式的企业发展,强行限制并逐步取缔采用落后生产方式的企业。

生产方式进步　指落后生产方式向进步生产方式发展以及进步生产方式水平的提高。

生产方式　指生产过程的方法和形式。

生产方式影响经济增长对社会进步的贡献率规律　进步生产方式比重越大，落后生产方式比重越小，经济增长对社会进步贡献率越高；进步生产方式比重越小，落后生产方式比重越大，经济增长对社会进步贡献率越低。

生产方式与社会进步关系规律　在价值生产条件下，进步生产方式与社会进步正相关；落后生产方式与社会进步负相关。扩大进步生产方式，缩小落后生产方式则社会进步；缩小进步生产方式，扩大落后生产方式则社会倒退。进步生产方式越大，落后生产方式越小则社会进步越快；进步生产方式越小，落后生产方式越大则社会进步越慢。在反价值生产条件下，进步生产方式不会引起社会进步，也不会增强反价值生产阻碍社会进步的作用。落后生产方式增强反价值生产阻碍社会进步的作用。

生产过剩　指产品的生产大于对产品的需求。

生产价值存在的意义　为了形成消费价值。

生产进步基本方法　指根据生产进步理论和规律归纳出的生产进步方法体系。包括生产目的进步方法、生产性质进步方法、生产方式进步方法、企业布局进步方法、国家生产力规模进步方法、企业规模数量进步方法、生产数量进步方法、企业准入进步方法等。

生产进步理论　根据生产对人类生存水平的作用揭示生产进步原理的理论集合。生产进步理论围绕生产与人类生存水平的关系展开，阐释了生产进步的基本理论。包括生产目的进步理论、价值生产理论、价值经济波动理论、生产与社会进步关系理论、生产进步的内容、生产进步的目标、生产进步的相关规律、生产进步的基本方法等。因为生产进步理论是围绕生产与人类生存水平的关系展开，而不是围绕企业利润展开，所以它是人性化经济理论，而不是利润化的经济理论。

生产进步目标理论　旨在提高人类生存水平的生产进步目标及衡量生产进步标准的理论。（1）符合社会进步要求的生产进步目标是：生产相同的产品，生产利用的资源应趋于减少，即生产的物质利用水平的提高；生产活动造成的对人类健康的伤害、环境污染等对人类的危害以及产品本身对人类的危害应趋于减少；生产结果能够满足公民价值消费水平提高的需要；本国生产的产品（包括国际必要贸易产品）能够满足本国公民的价值消费，能够提高价值消费的层次，不要生产超出本国公民价值消费需要的产品。（2）生产进步的目标同时也是衡量生产是否进步的基本标准。GDP的增减变化不是衡量生产进步的标准，只是产量变化的指标。GDP的增加可能伴随生产进步，也可能伴随生产倒退；同样，GDP的减少可能伴随生产进步，也可能伴随生产倒退。

生产进步　指生产向降低资源消耗、降低对人类的危害、持续提高价值消费水平的方向发展。显然，生产进步包括三层含义：（1）生产相同的产品，生产利用的资源应趋于减少，即生产的物质利用水平的提高。（2）生产活动对人类健康的危害，环境污染等对人类的危害以及产品本身对人类的危害应趋于减少。（3）生产结果能够满足公民价值消费水平提高的需要。第一条使生产能够长期持续，后两条使人的生存水平趋于提高。生产进步即是生产的社会作用水平、作用范围水平、作用幅度水平、作用持续时间水平的提高，这三条也是衡量生产是否进步的基本标准。

生产力二级飞跃　指在同一社会发展阶段中，生产力发生的飞跃。

生产力发展的动力理论　人类推动生产力发展的主观愿望是基于提高生存水平的社会基本意识，直接动力是人类对客观世界认识水平的提高，即知识进步是推动生产力发展的直接动力。

生产力发展的方向理论　社会生产力的发展方向是向自动生产力阶段发展。当代社会正处在从人类生产力阶段向自动生产力阶段发生质变的时期。之所以会向自动生产力阶段发展，是因为人类具有的提高生存水平的社会基本意识，而且知识在不断进步。生产力在发展过程中由于自然灾害和人为阻碍可以产生停滞和倒退，但总的发展方向不会改变。

生产力发展基本规律　社会生产力必然要经历自然生产力、人类生产力和自动生产力三个历史发展阶段，自然生产力阶段必然向人类生产力阶段发展，人类生产力阶段必然向自动生产力阶段发展。

生产力发展阶段理论　（1）生产力的发展存在三个基本阶段，分别是自然生产力阶段、人类生产力阶段和自动生产力阶段。（2）在自然生产力阶段，人类主要依靠自然生产力生存，社会中自然生产力占主导地位。

（3）在人类生产力阶段，人类主要依靠人类生产力生存，这个时期与上一时期的根本区别是人类生产力取代自然生产力成为社会主导生产力。（4）在自动生产力阶段，人类主要依靠自动生产力生存，社会中自动生产力占主导地位。此时人类已经从依靠自身生产活动生存转化为依靠机器的自动化生产生存，社会只需要极少数人管理自动生产，绝大多数人脱离了三大产业，从生产力中解放出来。（5）自然生产力阶段是生产力发展的最低阶段，自动生产力阶段是生产力发展的最高阶段。

生产力规模进步理论　论述生产力规模对于本国公民生存水平影响及有利于社会进步的生产力规模原则的理论。（1）该理论论述了掌握国家公民价值消费需要总量和结构是政府管理经济的起点。如果政府不掌握国家公民价值消费需要总量和结构，其对经济的管理就失去了依据。国家生产力规模与国家公民价值消费需要总量相适应，有利于国家进步；国家生产力规模高于或者低于国家公民价值消费需要总量，不利于国家进步，二者差距越大，对国家进步危害越大。（2）国家生产规模与国家资源损失正相关。国家生产规模越大，国家资源损失越大；国家生产规模越小，国家资源损失越小。（3）国家生产规模与国家环境损失正相关。国家生产规模越大，国家环境损失越大；国家生产规模越小，国家环境损失越小。（4）国家生产规模与公民休闲损失正相关。国家生产规模越大，公民休闲损失越大；国家生产规模越小，公民休闲损失越小。（5）国家生产力规模总原则是国家生产力规模和结构应当与国家公民价值消费需要总量和结构相适应，并应当控制在环境承受能力以内。生产能力应当刚好能够满足而不是超过国家公民价值消费需要，在满足本国公民价值消费需要的前提下，国家生产力规模越小越好，企业越少越好，生产活动越少越好。

生产力　指为人类创造可利用物质的能力。其主体涉及自然界、人类和自动化设备。

生产力一级飞跃　指跨越社会生产力发展阶段的生产力飞跃。人类社会中一共有两次。第一次是自然生产力阶段向人类生产力阶段的飞跃，第二次是人类生产力阶段向自动生产力阶段的飞跃。

生产流程　指企业利用产出收入向消费者购买投入产品，进行生产产出产品的活动，向消费者出售产出产品取得产出收入的经济过程。生产流程出售的产品只是消费品和消费服务，即产出产品，不包括生产品（投资品）和生产服务（投资服务），即中间产品。

生产目的进步理论　基于提高人类生存水平而改善人类生产目的的理论。（1）生产是人类有目的的活动，不同的生产目的会引起不同的生产活动，对人类的生存水平乃至社会进步产生不同的影响。当代中国存在三种生产目的，分别是人性生产目的、利润生产目的和就业生产目的。人性生产目的是指是有维护人的健康，保护环境和节约资源特征的生产活动表现出的生产目的。利润生产目的是指追求利润最大化，可能具有损害人的健康、破坏环境和浪费资源特征的生产活动表现出的生产目的。还有一种是政府主导的单纯为扩大就业而进行生产的就业生产目的。（2）在生产进步中，生产目的的进步是第一位的。人性生产目的取代利润生产目的和就业生产目的是生产目的的进步。国家生产目的总原则是引导企业建立人性生产目的，严格管理利润生产目的的企业，改革就业政策以化解就业生产目的。（3）政府可以通过社会舆论导向宣传、法律强制手段及完善社会福利制度实现生产目的的进步。

生产目的进步　指利润生产目的和就业生产目的向人性生产目的的发展。

生产目的　指为了什么而生产。

生产目的与社会进步关系规律　生产目的与社会进步高度相关。人性生产目的有利于社会进步，利润生产目的不利于社会进步。人性生产目的比重越高，利润生产目的比重越低，社会进步越快；反之，人性生产目的比重越低，利润生产目的比重越高，社会倒退越快。

生产人性化　指从不适应社会进步的利润生产向适应社会进步的人性生产转化。生产人性化是一场生产革命，是人性生产取代利润生产的革命。

生产　指为人类创造有用物品的过程。其主体涉及自然界、人类和自动化设备，所以生产包括自然生产、人类生产和自动生产。

生产性破坏　指由于人类生产活动引起的环境破坏。

生产需求　指有货币支持的准备实现的生产计划。生产需求引起了中间生产。

生产需要　指企业获得利用生产产品和生产服务的欲望。

生产者的知识水平和道德水平与生产的价值水平正相关规律　知识水平和道德水平较高的生产者，进行价值及高价值生产的比例相对较大；知识水平和道德水平较低的生产者，进行低价值及反价值生产的比例相对较大。所以，提高生产的价值水平，必须首先提高生产者的知识水平和道德水平。对于生产的组织者和执行者应有知识和道德门槛。这一规律又称生产价值水平规律。

生存规律　人类只能依靠环境而生存，环境为人类提供生存条件。环境水平制约人类生存水平，环境水平的变化引起人类生存水平同向变化。

生存水平分析法　社会进步学根据社会水平理论对人的生存水平进行分析的方法，是社会进步学基本的分析方法。适合于研究任何社会现象，解释任何社会问题。可用于社会水平分析、社会变化分析以及不同社会单位之间的比较分析。（1）核心生存水平分析。包括基础生存水平分析和上层生存水平分析。（2）主动生存水平分析。包括两种方法：一是根据活动的一般属性进行的分析。这种分析适合于所有的人类活动，是分析人类活动水平的最基本的分析方法，又称作活动水平分析法。包括活动水平的社会进步学测量法和活动水平的社会进步学比较法。从活动的社会作用水平、活动的社会作用范围水平、活动的社会作用幅度水平、活动的社会作用时间水平、活动的物质利用水平等方面全面分析活动对人类生存水平的影响，在物质利用方面又具体分为有益利用水平、重复利用水平、持续利用水平、循环利用水平、同效利用水平等。并根据活动对人类生存水平的影响划分活动水平等级。二是根据活动类型进行的分析。如消费活动水平分析、生产活动水平分析、政治活动水平分析、人环关系及人环互动水平分析、人类关系及人类互动水平分析等。（3）物质生存条件水平分析。包括自然生存条件水平（自然环境水平）分析、人工生存条件水平（产品水平、垃圾处理水平）分析以及环境关系及环境互动水平分析。（4）社会单位水平分析。

生存作用　指环境为人类提供生存条件的社会作用。

生境　指能够为人类提供基本生存条件的自然环境。

生命生产　指为维持人的生命不可缺少的价值消费需求提供产品的价值生产。

生命消费　指维持人的生命不可缺少的价值消费。如空气消费、水消费、食品消费等。

生命消费需求　指维持人的生命不可缺少的价值消费需求。如空气消费需求、水消费需求、食品消费需求等。

生命消费需要　指维持人的生命不可缺少的价值消费需要。如空气消费需要、水消费需要、食品消费需要等

生态破坏　指人类活动引起的生态系统向不利于人类生存的方向改变。

生育保证理论　母代在生育时应具备给予子代获得健康的身体、良好的知识教育和品德教育的基本条件。包括生育健康保证、生育品德保证、生育知识保证、生育经济保证、生育年龄保证和生育婚姻保证。政府应制定生育质量保证制度。

生育婚姻保证制度　指必须具有法定婚姻资格才可以生育的生育质量保证制度。

生育健康保证制度　指人类的生育行为必须保证子代出生健康权和子代成长健康权的生育质量保证制度。

生育经济保证制度　指父母必须具备抚养子女的良好经济条件才可以生育的生育质量保证制度。

生育年龄保证制度　指父母必须达到一定的年龄才可以生育的生育质量保证制度。

生育品德保证制度　指人类的生育行为必须保证子代品德优良权的生育质量保证制度。

生育人权关系理论　个体人权要服从人类权，个人生育权要服从人类生存权，在生育方面母代人权要服从子代人权，母代生育权要服从子代生存权和子代发展权，即要服从子代出生健康权、子代成长健康权、子代知识发展权和子代品德发展权。生育人权关系理论是政府管理生育和制定生育政策的重要理论依据。

生育知识保证制度　指育龄父母必须具备一定的知识水平才可以生育的生育质量保证制度。

生育质量保证制度　指由政府制定的保证公民生育质量的法律制度。包括生育健康保证制度、生育品德保证制度、生育知识保证制度、生育经济保证制度、生育年龄保证制度和生育婚姻保证制度。

实际汇率　指两国产品的相对物价。实际汇率等于名义汇率乘以物价水平比率。

实际汇率高　指本国物价高于他国物价。两国进行贸易时，本国用较

少的产品换得他国较多的产品。

实际汇率低 指本国物价低于他国物价。两国进行贸易时，本国必须用较多的产品换得他国较少的产品。

实物产品国际流动与本国经济可持续发展关系规律 实物产品进口越多，出口越少，对本国经济可持续发展越有利；反之，实物产品出口越多，进口越少，对本国经济可持续发展越不利。

实物产品国际流动与本国经济可持续发展关系理论 （1）实物产品进口越多，出口越少，对本国经济可持续发展越有利；实物产品出口越多，进口越少，对本国经济可持续发展越不利。（2）国际实物产品漏出不利于本国社会进步；国际实物产品注入有利于本国社会进步。国际实物产品差额性漏出不利于本国社会进步；国际实物产品差额性注入有利于本国社会进步。国际实物产品汇率性漏出不利于本国社会进步；国际实物产品汇率性注入有利于本国社会进步。国际实物产品结构性漏出不利于本国社会进步；国际实物产品结构性注入有利于本国社会进步。

实现社会进步的基本方法 不断提高社会总价值，不断降低社会总反价值。

世界共同进步观念 世界各国共同进步是人类的最大利益。人类是一个大家庭，环境给人类提供了共同生存与发展的条件。人类不需要隔离、仇视、封锁，而需要融合、友爱、开放，实现共同进步。人类共同进步是政治、经济、文化的共同进步，是管理、生产、消费的共同进步，是人类素质水平、人类活动水平、环境水平、环境运动水平的共同进步。

世界共有观念 世界是超越国家、民族等传统藩篱的人类与环境的统一体。世界共有观念主要包括环境共有观、活动共有观、水平共有观。其中环境共有观是世界共有观念的基础。

世界和平观念 战争严重降低社会水平，违背人类的根本利益。人类需要和平，不需要战争。世界各国之间应当和平相处，禁止发动任何战争。

世界利益 指全人类的公共利益。是人类水平和环境水平的统一。世界利益在于不断提高全人类生存水平，也就是不断提高世界人类水平和世界环境水平。

世界民主观念 各国有相同的民主权利，有管理功能的国际组织、国际公约、国际行动必须保证各国的民主权利，通过民主程序产生和发挥作用。

世界品德水平　指维护和获得人类共同利益的活动所反映的品德水平。它是品德水平的最高级。

世界品德思想　指维护和获得人类共同利益的品德思想，属于世界品德水平的思想内容。它是品德思想的最高级。

世界平等观念　国家无论大小一律平等。不允许任何国家凌驾于他国之上，不允许任何国家以任何理由、任何形式干涉他国内政，侵犯他国主权。在处理国家矛盾时，必须在平等的基础上，以国际规则为准绳，和平谈判解决。

世界融合观念　各个独立的国家应该在民主、平等的基础上以和平方式逐渐实现政治、经济、文化以及空间的融合。国家融合可以消除引起战争的国家仇视、领土争端、资源争夺，传播先进文化、先进政治和先进经济，缩小并最终消除国家间在知识水平、管理水平、民主程度、贫富之间的差距，实现人类共同进步。

世界秩序观念　人类是一个统一的大家庭，为了保证各国公民在政治、经济、文化等方面的利益平等，保证一国公民的活动不损害他国公民以及全人类的利益，必须建立以人类共同利益为基础的各国共同遵守的国际秩序。任何国家都必须遵守国际规则，而不能凌驾于国际规则之上。

市场性企业布局　指企业围绕利润最大化自发进行的企业布局。

事后比较　指对已经结束的多个活动进行的社会进步学活动水平比较。事后比较主要用于总结经验教训，提高未来活动水平。

事后测量　指对已经结束的活动进行的测量。

事前比较　指对可能发生或将要发生的多个活动进行的活动水平比较。事前比较可以用于决策，对不同的决策方案进行活动水平比较，从而选择活动水平最高的决策方案。

事前测量　指对可能发生或将要发生的活动进行的预测性测量。

事中比较　指对正在进行中的多个活动所做的社会进步学活动水平比较。事中比较可用于修正活动，发现问题及时纠正。

事中测量　指对正在进行中的活动所做的测量。

适收入　指个人可支配收入等于价值消费需要货币量。

收入分配均衡程度影响经济增长对社会进步的贡献率规律　收入分配均衡程度越高，经济增长对社会进步的贡献率越大；收入分配均衡程度越低，经济增长对社会进步的贡献率越小。

收入绝对变动　指可支配收入数值在不同时间的增减变化。如现收入相对于原收入的变动、比较期收入相对于基期收入的变动。

收入绝对上升　指现收入高于原收入。

收入绝对稳定　指现收入等于原收入。

收入绝对下降　指现收入低于原收入。

收入区间理论　个人可支配收入与价值消费需要区间关系的理论，是消费进步理论之一。（1）个人可支配收入与价值消费需要区间之间存在着小于、等于和大于三种关系。每种关系反映一种收入水平。乏收入是指个人可支配收入小于价值消费需要货币量。适收入是指个人可支配收入等于价值消费需要货币量。超收入是指个人可支配收入大于价值消费需要货币量。（2）人类价值消费需要基本上是均等的，缩小直至消除两极分化，实现在适收入区间内比较均等的货币分配，符合人类利益。

收入相对变动　指可支配收入数值相对于产品价格数值的变化。

收入相对变动与社会进步关系规律　在乏收入、适收入区间收入相对变动引起社会进步同向变动，收入相对上升，引起社会进步；收入相对下降，导致社会倒退。在超收入区间收入相对变动引起社会进步反向变动。收入相对上升，导致社会倒退；收入相对下降，引起社会进步。

收入相对变动与社会进步关系理论　论述收入相对变动对社会进步影响的理论。（1）在乏收入、适收入区间收入相对变动引起社会进步同向变动。收入相对上升，引起社会进步；收入相对下降，导致社会倒退。（2）个体的收入相对变动只会引起个人生存水平的变化，不会引起社会变动；当收入相对变动具有普遍性并具有一定力度时，收入相对变动就会影响社会进步。

收入相对变动与消费需求正相关规律　收入相对变动引起消费需求同向变动。收入相对上升引起消费需求上升，收入相对下降引起消费需求下降。

收入相对上升　指可支配收入数值相对于产品价格数值增加，即现在的可支配收入相比以前的可支配收入能够购买更多的产品。收入相对上升有五种情况：收入绝对上升大于价格绝对上升、收入绝对上升同时价格绝对稳定、收入绝对上升同时价格绝对下降、收入绝对稳定同时价格绝对下降、收入绝对下降小于价格绝对下降。

收入相对稳定 指可支配收入数值相对于产品价格数值没有变化，即现在的可支配收入和以前的可支配收入购买的产品数量相同。收入相对稳定有三种情况：收入绝对上升等于价格绝对上升、收入绝对稳定同时价格绝对稳定、收入绝对下降等于价格绝对下降。

收入相对下降 指可支配收入数值相对于产品价格数值减少，即现在的可支配收入相比以前的可支配收入购买的产品减少。收入相对下降有五种情况：收入绝对上升小于价格绝对上升、收入绝对稳定同时价格绝对上升、收入绝对下降同时价格绝对上升、收入绝对下降同时价格绝对稳定、收入绝对下降大于价格绝对下降。

舒适层 指价值消费需要区间内的中间层次。

双生产不足 指产出产品小于消费需求同时中间产品小于生产需求的生产不足。

双生产过剩 指产出产品大于消费需求同时中间产品大于生产需求的生产过剩。

双素社会论 （1）社会是人类和环境两个物质要素构成的物质实体，缺少任何一个要素，社会都不能存在。人类产生于自然环境，自然环境为人类提供了生存和发展的条件。同时，社会的另一个重要条件是人类群体的存在。社会是人类和其生存条件自然环境及其被人类改造过的自然环境（人工环境）的统一体。（2）双素社会论将人类的生存条件自然环境引入社会的范畴，是人类对社会认识的进一步深化，把环境改善、经济发展、政治进步、文化进步等有关人类及其生存条件的正向发展都并入社会进步的范畴。双素社会论既符合实际，又突出了人类的核心地位，是建立社会进步学的重要理论基础。如广义社会关系理论、广义社会互动理论、社会分级理论、自动生产社会理论等社会进步学的重要理论都建立在对社会物质构成的认识基础之上。社会进步学者正是从研究社会物质构成开始构建社会进步学理论体系的。

水平共有观 各国公民的水平都是人类水平的组成部分，都直接影响人类共同活动的水平，影响人类共有的环境水平。各国都有责任和义务提高本国公民的知识、品德、生育和体质水平，也有权利和义务帮助他国公民提高知识、品德、生育和体质水平。

私利关系 指关系各方只顾及自身利益，不顾及其他方利益及公共利益的利益关系。

素质进步方向 向 A 级素质发展。

素质进步目标 达到 A 级素质。

素质进步 指人类的品德、知识和体质向提高人类生存水平的方向发展。素质进步是人类核心生存水平的提高，是人类的品德水平、知识水平和体质水平的提高。

素质力 指人类的品德、知识和体质对人类活动的影响力。素质力包括品德力、知识力和体质力。

素质水平规律 科研和教育水平制约人类的素质水平。科研和教育水平的变化引起素质水平同向变化。

素质水平理论 该理论阐述了品德水平、知识水平和体质水平的分级和测量，划分了素质水平等级，介绍了理性活动决定理论，总结了人类素质水平与社会变迁关系规律。

素质水平 指人的生命基本状态。它是人最基本的生命水平，也是人的核心生存水平。包括品德、知识和体质三方面内容。

损害利益 指降低人的生存水平。

损人经济 指伤害他人利益的经济活动。

提案民主 指全体有完全行为能力的、有政治权利的社会单位成员都有平等提出和讨论提案的权利。

提高经济增长对社会进步贡献率的方法 （1）发展价值经济增长，抑制反价值经济增长，可以提高经济增长对社会进步的贡献率。（2）发展进步生产方式，抑制落后生产方式，可以提高经济增长对社会进步的贡献率。（3）提高收入分配均衡程度，可以提高经济增长对社会进步的贡献率。（4）进出口用来满足价值生产或价值消费的实物产品，进口越多，出口越少，可以提高国际贸易引起的经济增长对本国社会进步的贡献率。

提高抑制反价值的基本方法 （1）建立有效的鼓励人实现价值、遏制实现反价值的法律制度。（2）提高人的品德水平。（3）提高人的知识水平。

提高人类利用物质水平的基本方法 只有不断提高人类的知识水平和品德水平，才能不断提高人类利用物质的水平。

提高生产 指为提高人类生存水平所必需的价值消费需求提供产品的

价值生产。

提高消费 指提高人类生存水平所必需的价值消费。主要包括：锻炼消费、娱乐消费、美化消费、艺术消费、旅游消费和电器消费等。这些消费可以提高人的生存水平。

提高消费需求 指提高人类生存水平所必需的价值消费需求。如锻炼消费需求、娱乐消费需求、美化消费需求、艺术消费需求、旅游消费需求和电器消费需求等。满足这些消费需求可以提高人的生存水平。

提高消费需要 指提高人的生存水平所必需的价值消费需要。主要包括：锻炼消费需要、娱乐消费需要、美化消费需要、艺术消费需要、旅游消费需要和电器消费需要等。满足这些消费需要可以提高人的生存水平。

提高作用 指各类活动提高人类生存水平的社会作用。

提名民主 指全体有完全行为能力的有政治权利的社会单位成员都有平等提出任用和罢免管理者的权利。

体质进步方向 向健康级体质水平发展。

体质力 指人的体质影响人的活动的素质力。

体质进步 指人类的生理和心理向提高人类生存水平的方向发展，是生理水平和心理水平的提高。

体质水平 指人类的生理心理状态。表现为每个人的健康状态。

体质水平与社会变迁速度正相关规律 （1）人类体质水平与社会变迁速度正相关。人类体质水平越高，社会变迁速度越快；人类体质水平越低，社会变迁速度越慢。（2）在正品德条件下，人类体质水平越高，社会进步速度越快；人类体质水平越低，社会进步速度越慢。

体质准则 指人类活动必须维持或提高体质水平，不能降低体质水平的基本准则。

同效利用量 指实现相同的有益社会作用所利用的物质数量。

同效利用水平 指多个活动实现相同的有益社会作用所利用的物质数量的差异水平，主要指标是同效利用量。

投入产出的数量关系对社会进步的影响规律 在消费者价值消费需要范围以内，投入产品越少，产出产品越多，对社会进步越有利；投入产品越多，产出产品越少，对社会进步越不利。

投入产出关系与社会进步关系理论 （1）在价值消费需要范围内，

消费者出售的投入产品越少，购买的产出产品越多，对社会进步越有利；消费者出售的投入产品越多，购买的产出产品越少，对社会进步越不利。（2）在消费者价值消费需要范围内，企业购买的投入产品越少，出售的产出产品越多，对社会进步越有利；企业购买的投入产品越多，出售的产出产品越少，对社会进步越不利。（3）在消费者价值消费需要范围内，投入产品越少，产出产品越多，对社会进步越有利；投入产品越多，产出产品越少，对社会进步越不利。

投入节余基本原则　（1）人类应当尽可能少地开发利用自然资源，特别是在人类道德水平和知识水平较低的状态下，资源利用率较低，盲目开发自然资源会造成不能挽回的巨大资源损失。（2）人类应该尽可能多地开发利用可再生资源，少开发利用非再生资源，尽可能用再生资源替代非再生资源，不断提高再生资源的再生率。（3）通过增加社会福利支出消化自动化生产引起的失业人口增加。单纯以加速资源的开发利用和制造就业机会的办法来维持和扩大消费总需求必然引起资源产出率和劳动产出率下降。

投入节余与社会进步关系理论　（1）资源节余理论。在产出量一定的条件下，资源投入量越少，资源结余量越多，资源产出率越高，人类生产过程延续的时间就越长，越有利于社会进步。在资源投入量一定的条件下，再生资源投入越多，非再生资源投入越少，越有利于社会进步。（2）劳动节余理论。在产出量一定的条件下，劳动投入量越少，劳动结余量越多，劳动产出率越高，越有利于社会进步。生产进步必然引起劳动产出率提高，从而不断扩大劳动结余，引起失业人口绝对增加和人类总的休闲时间增加。这是人类生产水平提高的重要表现，符合人类根本利益。

投入产品　指消费者出售给企业的资源和劳动。

投入产品数量与社会进步关系规律　当消费者生存水平一定时，经济流程中投入产品的数量与社会进步负相关。经济流程中投入的资源和劳动越少，对社会进步越有利；经济流程中投入的资源和劳动越多，对社会进步越不利。

投入产品与社会进步关系理论　（1）当消费者生存水平一定时，消费者出售的投入产品的数量与社会进步负相关。消费者出售的资源和劳动越少，对社会进步越有利；消费者出售的资源和劳动越多，对社会进步越不利。（2）当消费者生存水平一定时，企业购买的投入产品的数量与社会进步负相关。企业购买的资源和劳动越少，对社会进步越有利；企业购买的资源和劳动越多，对社会进步越不利。（3）当消费者生存水平一定时，经济流程中投入产品的数量与社会进步负相关。经济流程中投入的资源和劳动越少，对社会进步越有利；经济流程中投入的资源和劳动越多，对社会进步越不利。

投入市场　指消费者向企业出售投入产品取得投入收入的市场。同时也是企业向消费者支付生产支出购买资源和劳动的市场。

投入收入　指消费者向企业出售资源和劳动的收入。消费者的投入收入是企业的生产支出。

透明公理　指信息应该对所有相关人公开透明，不得通过隐瞒信息获得特殊利益或损害他人利益的公理。

图表比较法　指直接将各个活动结果填入活动水平比较表，在表中进行活动水平排序，撰写比较说明的方法。

完全公平消费社会　指适收入人口占总人口100%的社会。

完全教育系统　培养具备人类道德水平、大学以上知识水平、较高的活动水平和健康身体的合格公民的全覆盖终身教育系统。包括三个子系统：社会正品德教育宣传系统、全程免费公共教育系统和继续教育系统。

亡境　指不能为人类提供基本生存条件的自然环境。

微观效用　指影响社会中具体的人或环境的效用。

违规涉内决策　指违背制度规定的常规涉内决策。

违规涉外决策　指违背共守制度的常规涉外决策。

维持作用　指各类活动维持人类生存水平的社会作用。

维护利益　指维持人的生存水平。

温饱层　指价值消费需要区间内最低层。

污染生产方式　指在生产过程中向环境排放污染物的生产方式。

无限权威　指无民主基础无多数人监督制约的单方面决策的权威，又称为专制、独裁。

无效用物质　指不影响人类生存水平的物质。无效用物质既无价值，又无反价值。

物的生产反价值　指物质具有的应用于生产活动的反价值，即降低人类生存水平的效用。

物的生产价值　指物质具有的应用于生产活动的价值。即维持或提高人类生存水平的效用。

物的消费反价值　指物质具有的应用于消费活动的反价值。即在消费活动中降低人类生存水平的效用。

物的消费价值　指物质具有的应用于消费活动的价值。即在消费活动中维持或提高人类生存水平的效用。

物理寿命　指物质保持原有功能的时间上限。

物质的社会属性　指物质的自然属性对人类生存水平的影响。物质的社会属性就是物质的效用。

物质利用水平　指物质在利用过程中在有益利用水平、同效利用水平、持续利用水平、重复利用水平和循环利用水平等方面的状态。

物质利用水平与社会进步关系规律　人类活动的物质利用水平与社会进步正相关。人类活动的物质利用水平越高，社会进步越快；人类活动的物质利用水平越低，社会进步越慢。

物质利用准则　指人类活动必须维持或提高物质利用水平，不能降低物质利用水平的基本准则。

物质生存条件水平　指环境水平。包括自然环境水平和人工环境水平。

物质效用的空间性　指同样物质的效用在不同的空间具有差别性。

物质效用的人群性　指同样物质的效用在不同的人群中具有差别性。

物质效用的时间性　指同样物质的效用在不同的时间具有差别性。

狭义社会互动　指人们以相互的或交换的方式对他人采取行动，或对他人的行动做出回应的过程。

先进品德共享观念　人类共同利益高于国家利益和民族利益，各国各民族人民应当遵守维护人类共同利益的先进品德思想。先进品德共享是用人类利益约束各国、各民族人民的活动，不是将一国的意志强加于其他国家，不是为了维护一国利益而损害其他国家的利益。

先进知识共享观念　人类应当共享科学进步的成果，打破对先进知识使用权的垄断。每个国家都应当无条件地、毫无保留地将最先进的科学技术传授给其他国家。每个国家、企业以及个人都应当将先进知识应用于社会进步活动。而那些可能引起社会倒退的反动知识则应当禁止传播，如制造核武器的技术不能扩散。

消费的社会公平程度理论　根据各收入区间人口比例衡量社会消费公平程度的理论。（1）根据各收入区间人口比例将社会分为完全公平消费社会、基本公平消费社会、不公平消费社会、严重不公平消费社会和超严重不公平消费社会。（2）不公平消费社会向公平消费社会发展是社会公平程度的进步；公平消费社会向不公平消费社会发展是社会公平程度的倒退。（3）社会公平程度的进步符合人类共同利益。

消费的正确目的　为了维持生存和生存得更好。通过消费满足自己的身心需要。

消费方式与社会进步关系规律　在价值消费下，进步消费方式与社会进步正相关；落后消费方式与社会进步负相关。扩大进步消费方式，缩小落后消费方式，有利于社会进步；缩小进步消费方式，扩大落后消费方式，不利于社会进步。进步消费方式越大，落后消费方式越小，社会进步越快；进步消费方式越小，落后消费方式越大，社会进步越慢。在反价值消费下，进步消费方式不会引起社会进步，也不会增强反价值消费阻碍社会进步的作用。落后消费方式会增强反价值消费阻碍社会进步的作用。

消费方式与社会进步关系理论　包括消费方式与社会进步关系规律，消费方式对社会进步有重要影响。在价值消费下，进步消费方式与社会进步正相关；落后消费方式与社会进步负相关。扩大进步消费方式，缩小落后消费方式，有利于社会进步；缩小进步消费方式，扩大落后消费方式，不利于社会进步。进步消费方式越大，落后消费方式越小，社会进步越快；进步消费方式越小，落后消费方式越大，社会进步越慢。在反价值消费下，进步消费方式不会引起社会进步，也不会增强反价值消费阻碍社会进步的作用。落后消费方式会增强反价值消费阻碍社会进步的作用。人类应当发挥社会控制的威力，发展进步消费方式，扼制落后消费方式，以推动社会进步。

消费分配制度进步基本方法　根据消费分配制度进步理论总结的消费分配制度进步方法体系。包括劳动分配制进步的基本方法、占有分配制进步的基本方法和需要分配制进步的基本方法。

消费分配制度进步理论　消费分配制度进步应当促使消费权的分配规则向有利于发展价值消费需求，抑制并最终消除反价值消费需求，提高价值消费需求层次的方向发展。促进不公平消费社会向公平消费社会发展。人类价值消费基本上是均等的，乏收入不能满足人们的价值消费需求，超收入则超过了价值消费需求，可能引起反价值生产。所以缩小直至消除两极分化，实现在适收入区间内比较均等的货币分配，符合人类利益，是消费分配制度进步的目标。

消费分配制度进步　指消费权的分配规则向有利于发展价值消费需求，抑制并最终消除反价值消费需求，提高价值消费需求层次方向发展。促进不公平消费社会向公平消费社会发展。

消费分配制度　指关于消费权分配规则的制度。它是消费制度的核心。迄今为止，人类社会一共出现过三种基本的消费分配制度，分别是劳动分配制、占有分配制和需要分配制。

消费分配制度与宏观社会发展阶段对应理论　消费分配制度与宏观社会发展阶段有着密切的对应关系。它们的具体形式和所占比重在不同的宏观社会发展阶段存在着显著变化。（1）自然生产社会以劳动分配制为主，需要分配制表现为亲情制。人类生产社会仍然以劳动分配制为主，产生了私人占有分配制。需要分配制产生了公益制和福利制。自动生产社会的劳动分配制已经处于次要地位，必要消费制取代了按劳分配制在个人消费分配制度中占主要位置。私人占有分配制则主要表现为股份占有分配制。（2）劳动分配制比重随着劳动生产率的提高而呈下降趋势。需要分配制比重随着劳动生产率的提高而呈上升趋势。生产力的发展必然推动物质分配方式的变革，自动生产力的持续发展引起"按劳分配"的持续减少和"按需分配"的持续增长。占有分配制中公共占有分配制因公益制和福利制的比重增长而逐步增长，在自然生产社会中所占比重最小，在人类生产社会中所占比重居中，在自动生产社会中所占比重最大。私人占有分配制在自然生产社会末期产生，在人类生产社会达到高峰，进入自动生产社会趋于萎缩。

消费分配制度与宏观社会类型进步关系规律　当消费分配制度落后于宏观社会类型进步时，会阻碍宏观社会类型进步；当消费分配制度超前于宏观社会类型进步时，也会迟滞宏观社会类型进步；只有当消费分配制度与宏观社会类型进步相适应，才最有利于宏观社会类型进步。

消费分配制度与宏观社会类型进步理论　关于消费分配制度进步以及

与宏观社会类型进步关系的理论集合。（1）消费分配制度进步是宏观社会类型进步的一个重要方面。而且对于整个宏观社会类型进步有着重要影响。（2）消费分配制度与宏观社会类型进步理论。包括消费分配制度进步理论、需要分配制理论、必要消费制理论、资源共有性理论、福利变动对社会进步影响理论、消费分配制度与宏观社会发展阶段对应理论。

消费过程进步理论　基于提高人类生存水平而改善人类消费过程的理论。（1）消费过程进步理论阐释了价值消费与反价值消费、消费过程与社会进步关系规律、消费结构与人类品德水平关系规律、消费过程进步含义、价值消费理论和控制消费理论等。（2）价值消费是指维持或提高人类生存水平所必需的消费过程，包括生命消费、健康消费和提高消费。反价值消费是指人类降低生存水平的消费过程，包括超量消费、奢侈消费、伤害消费和破坏消费。（3）价值消费与社会进步正相关；反价值消费与社会进步负相关。（4）价值消费比例与人类品德水平正相关；反价值消费比例与人类品德水平负相关。价值消费比例越高，反价值消费比例越低，人类品德水平越高；反之，价值消费比例越低，反价值消费比例越高，人类品德水平越低。（5）消费过程进步是指发展价值消费，抑制并最终消除反价值消费，提高价值消费层次，用节约消费取代浪费消费，用清洁消费取代污染消费，用循环消费取代废弃消费。社会通过消费过程进步，全面提高人类消费活动的价值水平、节约水平、清洁水平和循环水平，实现人类消费活动的历史性飞跃。

消费过程进步　指发展价值消费，抑制并最终消除反价值消费，提高价值消费层次，用节约消费取代浪费消费，用清洁消费取代污染消费，用循环消费取代废弃消费。其中发展价值消费，抑制反价值消费是消费过程结构进步；提高价值消费层次，用节约消费取代浪费消费，用清洁消费取代污染消费，用循环消费取代废弃消费是消费过程层次进步。

消费过程　指人们获得、利用消费品和消费服务、处理消费剩余物的过程。包括获得消费、利用消费和处理消费三个阶段。

消费过程与社会进步关系理论　论述消费过程对社会进步影响的理论。（1）消费过程对社会进步有重要影响。在进步消费方式下，价值消费维持和提高人类的生存水平，与社会进步正相关；反价值消费降低人类的生存水平，与社会进步负相关。扩大价值消费，缩小反价值消费则社会进步；缩小价值消费，扩大反价值消费则社会倒退。（2）既然价值消费与社会进步正相关，反价值消费与社会进步负相关，人类就应当发挥社会控制的威力，发展价值消费，遏制反价值消费，提高价值消费层次，以推动社会进步。

消费结构与人类品德水平关系规律　价值消费比例与人类品德水平正相关，反价值消费比例与人类品德水平负相关。价值消费比例越高，反价值消费比例越低，人类品德水平越高；反之，价值消费比例越低，反价值消费比例越高，人类品德水平越低。

消费进步基本方法　根据消费进步经验、理论和规律总结的消费进步方法体系。包括消费需要进步的基本方法、消费需求进步的基本方法、消费过程进步的基本方法和改善消费方式的基本方法。

消费进步理论　根据消费对人类生存水平的作用揭示消费进步原理的理论集合，是社会进步学的经济进步理论之一。消费进步理论。包括消费与社会进步的关系理论、消费进步的内容、消费进步的目标、消费进步相关规律、消费进步基本方法、价值消费理论、控制消费理论、消费需要进步理论、消费需求进步理论和消费过程进步理论等。消费进步理论围绕消费与人类生存水平的关系展开，是消费人性化理论。

消费进步　指消费过程向减少资源消耗、提高人类生存水平的方向发展。显然，消费进步包括两层含义：（1）在相同的生存水平下，消费利用的资源应趋于减少。（2）消费活动能够使人的生存水平趋于提高。这两条也是衡量消费是否进步的基本标准。

消费流程　指消费者向企业出售投入产品（资源、劳动）取得投入收入（用于消费的可支配收入），使用投入收入向企业购买产出产品（消费品和消费服务），利用产出产品进行消费活动的经济过程。

消费漏出　指消费者的产出产品的漏出。

消费品价值　指消费品中的消费价值。

消费品价值形成理论　揭示消费品中的消费价值来源及形成过程的理论。（1）该理论认为环境给人类提供的生存条件是消费品中的消费价值，任何消费品价值都来源于资源的消费价值。消费品价值形成是指将资源本身就有的间接消费价值转移到消费品中去，使之表现为消费品的直接消费价值。资源价值转移为消费品价值有三种不同的情况，分别为自然环境作用、人类作用和智能环境作用。它们体现了三种社会生产力，它们的演化形成了社会生产力三个基本发展阶段和宏观社会的三个基本类型。（2）消费品价值形成理论揭示了消费品消费价值的来源。揭示了自然环境、人类劳动和智能环境在消费品价值形成中起到的推动作用。

消费品价值形成　指将资源本身就有的间接消费价值转移到消费品中去，使之表现为消费品的直接消费价值。

消费品价值形成与消费分配对应关系理论　建立在消费品价值形成理论基础之上的揭示消费分配制度形成与变革原因的理论。（1）该理论认为消费品价值形成方式是消费分配方式的基础。人类会根据消费品价值形成方式不断摸索选择最合理最合适的消费分配方式。消费分配方式适应消费品价值形成方式，则有利于消费品价值形成（生产）的发展；消费分配方式不适应消费品价值形成方式，则不利于消费品价值形成（生产）的发展。消费品价值形成方式的发展，要求消费分配方式随之发展，所以消费分配方式必须适应消费品价值形成方式。一般情况下，消费分配方式的发展要滞后于消费品价值形成方式的发展。（2）消费品价值形成与消费分配对应关系理论揭示了消费品价值形成与消费分配的对应关系，解释了消费分配制度形成与变革的价值原因。为人类根据消费品价值形成方式选择最合理的最合适消费分配方式提供了理论依据。科学地预测了自动生产社会应该是以必要消费制为主的消费分配社会。指出了社会消费分配方式变革的正确方向。

消费权　指使用消费品和消费服务的权利。

消费　指不制造任何产品的利用资源或者产品的人类活动。消费是与生产相对应的概念。生产与消费都利用资源或者产品，它们的区别在于生产是制造产品的，而消费则不制造任何产品。人类除了生产之外的一切活动都是消费。

消费效用与生产效用理论　从人类活动的角度分析效用与社会进步关系的理论。（1）根据物质效用被人类利用于不同的活动，可分为消费效用与生产效用。其中消费效用包括消费价值与消费反价值，生产效用包括生产价值与生产反价值。消费价值是人类赖以存在的价值，消费价值维持或提高人的生存水平，消费反价值降低人的生存水平。消费品可以同时具有消费价值和消费反价值。生产价值为必要消费形成消费价值。生产价值维持或提高人的生存水平，生产反价值降低人的生存水平。一件生产品可能同时具有生产价值和生产反价值，人的生产活动也可能同时具有生产价值和生产反价值。推动社会进步的办法是提高消费价值和生产价值，降低消费反价值和生产反价值。（2）消费效用与生产效用理论揭示了消费品及消费活动具有的消费价值与消费反价值、生产品与生产活动具有的生产价值与生产反价值，以及它们与社会进步的关系。得出提高消费价值和生产价值，降低消费反价值和生产反价值可以推动社会进步的结论。

消费性破坏　指由于人类消费活动引起的环境破坏。

消费性质与社会进步关系规律　价值消费与社会进步正相关；反价值消费与社会进步负相关。扩大价值消费，缩小反价值消费，有利于社会进步；缩小价值消费，扩大反价值消费，不利于社会进步。价值消费越大，反价值消费越小，社会进步越快；价值消费越小，反价值消费越大，社会进步越慢。价值消费大于反价值消费，社会才可能进步；价值消费小于反价值消费，社会必然倒退。

消费需求进步理论　基于提高人类生存水平而改善人类消费需求的理论。（1）消费需求分为价值消费需求和反价值消费需求。价值消费需求是指维持或提高人类生存水平所必需的消费需求，包括生命需求、维持需求和提高需求。反价值消费需求是指降低人类生存水平的消费需求，包括超量消费需求、奢侈消费需求、伤害消费需求和破坏消费需求。（2）消费需求对于社会变迁有着重大影响，甚至可以左右社会发展方向，决定社会是进步还是倒退。价值消费需求与社会进步正相关；反价值消费需求与社会进步负相关。（3）消费需求对于生产性质有决定性影响。价值消费需求引起有利于社会进步的生产，反价值消费需求引起不利于社会进步的生产。消费需求对于每一个公民更为重要，它决定人的生存水平，甚至生死。价值消费需求与公民生存水平正相关。价值消费需求越大，生存水平越高；价值消费需求越小，生存水平越低；没有价值消费需求，则不能生存。（4）消费需求进步是指发展价值消费需求，抑制并最终消除反价值消费需求，提高价值消费需求层次。（5）消费需求需要货币支持，可支配收入的多少直接影响消费需求的大小，而产出产品价格的高低直接影响货币购买力。所以可支配收入和价格是影响消费需求的重要因素。消费需求进步要求社会对可支配收入和产品价格进行合理调节。消费需求进步理论还包括可支配收入与价值消费需求、消费的社会公平程度、可支配收入变动与社会进步的关系、产品价格变动与社会进步的关系、社会进步与调节消费总需求等内容。

消费需求进步 指发展价值消费需求，抑制并最终消除反价值消费需求，提高价值消费需求层次。其中发展价值消费需求，抑制反价值消费需求是消费需求结构进步；提高价值消费需求层次是消费需求层次进步。

消费需求 指有足够货币支持的准备实现的消费计划，即有支付能力的消费需要。

消费需求与社会进步关系规律 价值消费需求与社会进步正相关；反价值消费需求与社会进步负相关。扩大价值消费需求，减少反价值消费需求，有利于社会进步；减少价值消费需求，扩大反价值消费需求，不利于社会进步。价值消费需求越多，反价值消费需求越少，社会进步越快；价值消费需求越少，反价值消费需求越多，社会进步越慢。价值消费需求多于反价值消费需求，社会总的发展方向是进步的；价值消费需求少于反价值消费需求，社会总的发展方向是倒退的。

消费需求与社会进步关系理论 论述消费需求对社会进步影响的理论。（1）消费需求对社会进步有重要影响，消费需求通过消费活动而影响社会进步。不同的消费需求会引起不同的消费活动，不同的消费活动会对人类的生存水平产生不同的影响。其中价值消费需求与社会进步正相关；反价值消费需求与社会进步负相关。（2）社会控制可以阻断或者加速消费需求向生产和消费的传递，进而延缓或者加速消费需求对社会发展的影响。加速传递的基本方法是鼓励生产足够的产出产品；阻断传递的基本方法是禁止或限制产出产品的生产和销售。

消费需要进步理论 基于提高人类生存水平而改善人类消费需要的理论。消费从人的需要开始。不同的消费需要会引起不同的消费需求和消费活动，对人类的生存水平乃至社会进步产生不同的影响。根据消费需要对于人类生存水平的影响，将消费需要划分为价值消费需要和反价值消费需要。价值消费需要与社会进步正相关；反价值消费需要与社会进步负相关。消费需要进步是指发展价值消费需要，抑制并最终消除反价值消费需要，提高价值消费需要层次。

消费需要进步 指发展价值消费需要，抑制并最终消除反价值消费需要，提高价值消费需要层次。其中发展价值消费需要，抑制反价值消费需要是消费需要结构的进步；提高价值消费需要层次是消费需要层次的进步。

消费需要　指人类获得消费品和消费服务的欲望。

消费需要与社会进步关系规律　价值消费需要与社会进步正相关；反价值消费需要与社会进步负相关。扩大价值消费需要，减少反价值消费需要，有利于社会进步；减少价值消费需要，增加反价值消费需要，不利于社会进步。价值消费需要越多，反价值消费需要越少，社会进步越快；价值消费需要越少，反价值消费需要越多，社会进步越慢。价值消费需要多于反价值消费需要，社会总的发展方向是进步的；价值消费需要小于反价值消费需要，社会总的发展方向是倒退的。

消费需要与社会进步关系理论　论述消费需要对社会进步影响的理论。(1) 消费需要对社会进步有重要影响，消费需要对社会进步的影响通过消费需求和消费活动传递。消费从人的需要开始。如果没有消费需要，就不可能有消费需求和消费活动。不同的消费需要会引起不同的消费需求，不同的消费需求又会引起不同的消费活动，不同的消费活动会对人类的生存水平产生不同的影响。其中价值消费需要与社会进步正相关；反价值消费需要与社会进步负相关。(2) 社会控制可以阻断或者加速消费需要向消费需求的传递，进而延缓或者加速消费需要对社会发展的影响。加速传递的基本方法是提高收入、降低产品价格或者免费提供足够的产出产品；阻断传递的基本方法是降低收入、提高产品价格、不提供产出产品。

消费与社会进步的关系理论　论述消费需要、消费需求、消费过程、收入相对变动、预期收入以及价格相对变动对社会进步影响的理论。包括消费需要与社会进步的关系、消费需求与社会进步的关系、消费过程与社会进步的关系、收入相对变动与社会进步关系、预期收入与社会进步关系、价格相对变动与社会进步关系等理论。

消费者价值消费中心分析法　社会进步学分析宏观经济流程的基本方法是消费者价值消费中心分析法。(1) 经济社会进步学以消费者价值消费水平的提高作为经济活动的核心目标。出口、投资都是为消费者服务的。(2) 投资是为消费者价值消费而生产消费品和消费服务（中间生产的投资是为了产出生产）。当投资不能满足价值消费需求时，应当增加；当投资超过价值消费需求时，应当减少。(3) 出口完全是为弥补国内消费者价值消费不足换取进口产品（包括中间产品）或出口消费。当出口换汇不能满足价值消费需求时，应当增加出口换汇；当出口换汇超过价值消费需求时，应当减少出口换汇。（4）经济的增长、持平或者下降不是经济目标更不是核心目标，只是经济数量的记录，不应该单纯为了经济增长而投资和出口。（5）只有价值消费的变化才应当引起投资或出口的变化。用形象的比喻就是投资、出口两匹马拉动满足价值消费一辆车。或者称为拉动价值消费的两驾马车。总之，不能为了经济增长而投资和出口，只能为了保证本国公民价值消费而投资和出口。

消费者　指国内经济流程中所有进行消费活动的经济部门。经济流程中消费者的概念代表国家中所有公民，也是所有消费者个人或者所有家庭。

消费税的使用对社会进步的影响规律　消费税用于对乏收入人口的转移支付，有利于社会进步；消费税挪用于抵消企业税不利于社会进步。

消费税的征收对象对社会进步的影响规律　在超收入区间内对超收入人口征收消费税有利于社会进步；对适收入人口和乏收入人口征收消费税不利于社会进步。

消费税的征收数量对社会进步的影响规律　在超收入区间内对超收入人口按收入比例适度征收消费税，对社会进步有利；对适收入人口和乏收入人口征收消费税的数量越多，对社会进步越不利。

消费税　指消费者向政府支付的所有支出。

消费税与社会进步关系理论　（1）在超收入区间内对超收入人口征收消费税有利于社会进步；对适收入人口和乏收入人口征收消费税不利于社会进步。（2）在超收入区间内对超收入人口按收入比例适度征收消费税，对社会进步有利；对适收入人口和乏收入人口征收消费税的数量越多，对社会进步越不利。（3）消费税用于对乏收入人口的转移支付，有利于社会进步；消费税挪用于抵消企业税不利于社会进步。

消费者在经济流程中地位理论　社会进步学家认为在所有经济部门中，消费者是第一位的。在消费者和企业、政府、金融市场、国外部门的关系中，消费者的利益高于企业的利益，也高于政府、金融市场和国外部门的利益。因为有消费者，才有政府、企业、金融市场和国外部门存在的必要性。天平应该永远向消费者倾斜。提高消费者的生存水平是企业、政府、金融市场和国外部门的功能。

消费支出　指消费部门购买消费品和消费服务的货币支出。

消费注入　指消费者的产出产品的注入。

消费总需求调节理论　结构性调整消费总需求的理论。社会进步要求满足价值消费需求，抑制反价值消费需求，提高价值消费需求满足层次。所以社会进步需要对乏收入人口和适收入人口扩大消费总需求，对超收入人口缩小消费总需求。可以根据消费总需求规律对消费总需求进行有利于社会进步的调节。

消费总需求规律　在消费需要的范围内，投入收入、消费货币注入变动引起消费总需求正向变动；资源收入漏出、投入收入结余、个人税变动引起消费总需求逆向变动。

效用方法论　对社会进步有利的利用物质的基本方法。包括利用物质的基本原则、利用物质的基本次序、提高利用物质水平的基本方法、实现社会进步的基本方法、增加社会总价值的基本方法、降低社会总反价值的基本方法、多种价值的利用原则、不同物质的同种价值的利用原则。效用方法论是千百年人类利用物质活动经验的归纳总结，每一条方法都是人类正确利用物质活动的最基本原则。人类的每一项活动，大到治理国家，小到吃饭睡觉，只有符合这些原则才对人类有利，而违背了这些原则就会遭到损失。应用效用方法论可以增促社会进步，减缩社会代价。

效用分析法　社会进步学研究物质效用的基本方法。（1）基本效用——价值与反价值分析。（2）直接效用与间接效用分析。（3）消费效用与生产效用分析。（4）价值比较分析。

效用　指人或物对人类生存水平的影响。包括对社会中人的影响，也包括对社会中环境的影响。

效用质量底线　指物质效用质量临界点。

协调关系　指主要对人类产生有利影响的环境关系。

协调环境　指主要对人类产生有利影响的环境。

幸福　指公民满意的生存水平。

需求呆滞区间　指尚未引起需求变动的相对价格变动区间。

需求反应区间　指引起需求变动的相对价格变动区间。

需要分配比重递增规律　需要分配制在自然生产社会、人类生产社会和自动生产社会中都存在，但是随着社会进步，需要分配制在消费分配制中所占的比重呈上升趋势。在自然生产社会中所占的比重最小，在自动生产社会中所占的比重最大，处于绝对的主导地位。

需要分配制理论　需要分配制是指社会单位成员由于消费需要而获得消费权的分配制度。主要形式有亲情制、公益制、福利制，未来还将出现必要消费制。发展需要分配制，不仅是为无劳动收入和无资本收入的人提供生活来源，更重要的在于它是发展自动化生产力的必要条件，是人类生产社会向自动生产社会发展的必由之路。如果没有有效的社会保障体系，被自动劳动替换下来的劳动者为了维持生存必然要重新进入劳动领域，形成以低成本、低技术、旧设备为特征的落后生产力。落后生产力以低价格同先进生产力争夺市场，严重阻碍社会生产力水平的提高。需要分配制理论包括需要分配制的主要形式、需要分配制的理论根据、需要分配制进步的基本原则、需要分配制进步的基本目标、社会福利变动对社会进步的影响等。

需要分配制　指社会单位成员由于消费需要而获得消费权的分配制度。

需要公平的必要原则　指需要公平满足的是必要的需要，而不是非必要的需要。

需要公平的合理原则　指设置的法律法规等需要分配标准必须符合公理并获得多数人认可，应当是扩展公理。

需要公平的均等原则　指设置的法律法规等需要分配标准以及应用这些标准应当数量均等或结果均等。

需要公平的同一原则　指设置的法律法规等需要分配标准对所有人应当具有一致性。

需要公平的透明原则　指法律法规等需要分配标准设置的过程以及标准本身应当公开透明，保证公众的广泛参与权。

需要公平理论　需要公平是指根据人们的必要需要分配利益的公平。在人类生产社会，需要公平主要应用于社会福利分配，以及保证无收入和低收入社会成员的基本生活需要。在自动生产社会，需要公平则是包括主要的利益分配方式。需要公平的基本原则包括需要公平的必要原则、需要公平的同一原则、需要公平的均等原则、需要公平的合理原则和需要公平的透明原则。需要公平没有投入前提条件，不同于按劳分配。需要公平必须具备能够满足人们需要的客观条件，当利益稀缺时则不能做到需要公平。需要公平虽然存在着缺陷，但是对于现代社会进步来讲却是非常重要的，它是推动人类生产社会向自动生产社会发展的最关键的公平方式。

需要公平 指根据人们的必要需要分配利益的公平。

需要寿命 指人们对物质的必要需要的时间上限。

选择活动的基本原则 选择活动水平最高的活动。

循环利用率 指活动中循环利用的物质量占物质利用总量的比率。循环利用率 = 循环利用量/物质利用总量。

循环利用水平 指资源与产品的连续相互转化的水平，主要指标是循环利用率。

循环生产方式 指在生产过程中循环使用资源的生产方式。

亚健康水平 指人的生理机能完全正常，无任何疾病、但抵抗力弱、功能和适应能力减退的体质水平。

严重不公平消费社会 指适收入人口占总人口 40% ~ 60% 的社会。乏收入人口可能达到 50%。社会一半人口消费不足，反映出社会严重不公平。

议事民主 指全体有完全行为能力的、有政治权利的社会单位成员都有平等的社会事务决策权利。

应用知识的基本原则 人类只应该利用知识维持和提高生存水平，不应该利用知识降低生存水平。根据应用知识进步基本规律，可以采取如下措施推动应用知识进步：（1）加强对应用知识的管理，利用政府权力引导和鼓励应用先进知识，限制应用一般知识，禁止应用落后知识。（2）大力发展免费教育，推广先进知识。（3）加强社会单位间知识援助，发达国家应毫无保留地向欠发达国家无偿输出先进知识，帮助它们提高活动水平。（4）消除知识壁垒，改革专利制度和技术转让制度。（5）禁止利用知识研制破坏工具和杀人工具，以及从事破坏目的的活动。

应用知识进步理论 围绕提高公民生存水平使用知识的理论。（1）发展和推广知识是为了应用知识。人类的所有有意识的活动都是应用知识的活动。（2）应用知识进步是指不断将新知识应用于提高人类生存水平的实践活动之中。应用知识进步有两层含义：一是将知识应用于提高或维持人类生存水平的活动，不能将知识应用于降低人类生存水平的活动。应用知识进步离不开品德进步。二是在维持或提高人类生存水平的活动中要不断用先进知识代替落后知识。应用知识进步离不开科学创新和教育进步。

（3）应用知识进步的直接作用是提高人类的活动水平，推动社会进步。人类必须高度重视应用知识进步，因为它决定社会水平和社会进步速度。

（4）应用知识水平受品德水平、科学水平和教育水平的制约，品德水平、科学水平和教育水平与应用知识水平正相关。品德水平、科学水平和教育水平越高，应用知识水平就越高；品德水平、科学水平和教育水平越低，应用知识水平就越低。所以，提高应用知识水平的途径是不断提高人类的品德水平、科学水平和教育水平。

应用知识进步　指不断将新知识应用于提高人类生存水平的实践活动之中。

永久性亡境　指不能转化为生境的亡境。如太空、海洋、极地、荒漠、雪峰等。

有害社会作用　指降低人类生存水平的社会作用。

有限改变规律　人类的活动可以有限地改变环境，可以使环境水平上升，也可以使环境水平下降。

有限权威　指以民主为基础的，在多数人监督和制约下的，符合程序符合多数人意愿的协商决策的权威。

有益利用率　指达成有益社会作用的物质利用量占物质利用总量的比率。有益利用率 = 有益利用量/物质利用总量。

有益利用水平　指活动利用的全部物质中发挥有益社会作用的物质占比水平，主要指标是有益利用率。

有益社会作用　指维持或提高人类生存水平的社会作用。

预期收入变动与本期消费需求正相关规律　预期收入变动引起本期消费需求同向变动。预期收入增加引起本期消费需求增加；预期收入减少引起本期消费需求减少。

预期收入与社会进步关系规律　在乏收入和适收入区间，预期收入变动引起社会进步同向变动。预期收入增加促进社会进步；预期收入减少迟滞社会进步。

预期收入与社会进步关系理论　论述预期收入对社会进步影响的理论。（1）在乏收入和适收入区间，预期收入变动引起社会进步同向变动。预期收入增加促进社会进步；预期收入减少迟滞社会进步。（2）个体的预期收入变动只会引起个人生存水平的变化，不会引起社会变动；当预期收入变动具有普遍性并具有一定力度时，则会引起社会变动。

远期消费需求　指在本经济时期之后的消费需求。远期消费需求对于本期来说是一种储蓄，这种储蓄要在远期成为消费需求并用于消费支付，也称为远期消费储蓄。

约制　对被约制对象的控制过程。规范在没有约制参与时，只要求人们自觉遵守，而约制则是对人们行为的直接束缚和警示。所以约制对人们品德水平的影响力度更大，超过规范。

经济周期不同阶段的经济增长与社会进步的关系理论　在经济周期的不同阶段，经济增长对社会进步产生不同的影响。（1）在生产不足时期，产量不足以满足价值消费需要，增产可以提高公民生存水平。价值生产应当有较大幅度增长，以期尽早达到供需均衡。这时的经济增长是必要的，对社会进步有促进作用。（2）在供需均衡时期，价值生产的增长基本等于价值消费需求的增长，即经济增长与价值消费需求的增长相适应。这时要防止发生生产过剩，超需求经济增长是不必要的。增产只能造成资源浪费，并不能提高公民生存水平。（3）在生产过剩时期，价值生产应当停止增长，防止经济增长扩大浪费。此时产量大于价值消费需要，已经存在产品浪费，继续增产可能有需求，但会造成更大的浪费，从可持续发展角度看，这样做只会降低公民生存水平。这时的经济增长是不必要的。（4）当经济处于下降状态时，只要支持价值消费部分保持稳定或上升状态，支持反价值消费部分即使下降很大，公民的生存水平也会保持稳定或提高。（5）任何经济状态下的反价值生产增长，都对社会造成危害。

暂时性亡境　指由生境在突发事件作用下转化而来的可逆的亡境。

增加社会总价值的基本方法　（1）在社会总价值极量范围内增加价值物质的数量和价混物质的数量；（2）提高价混值物质的价值水平。

占有分配制　指人们由于占有并投入生产资料而获得消费权的分配制度。

针对反价值生产均衡、过剩、不足的基本原则　反价值生产均衡、过剩和不足都是违背人类利益的，解决的基本原则就是禁止一切反价值生产。

针对价值生产均衡的基本原则　在市场机制的作用下，供需均衡可能向供需失衡转化。在供需均衡时期需要正确的社会控制以保证动态供需均衡的延续，并且要不断提高消费水平，同时防止生产过剩和生产不足的发生。

针对真实价值生产均衡的基本原则 （1）继续保持价值产出产品的供需均衡状态，不要盲目扩大生产或缩小生产。保持投资的稳定性。（2）真实价值生产均衡时，提高生存水平的办法是提高价值消费需要层次进而扩大价值消费需要，如产品升级换代，在扩大价值消费需求的基础上扩大价值生产。（3）政策措施：一是当价值消费需求不增长时，保持生产力规模和产值稳定；二是当价值消费需求增长时，相应扩大生产力规模，产值等量增长；三是在不改变生产力规模的情况下，通过强迫性技术改造提高生产力水平；四是发展先进消费，同时发展与之相适应的生产力；五是保持社会稳定，避免战争内乱以保护生产力，防止天灾人祸引起价值生产不足，防止居民收入下降引起价值消费需求不足；六是实施稳健的货币政策，不要频繁调整货币价格，维持物价稳定。

真实价值生产过剩 指价值消费需要得到完全满足时的价值生产过剩。

真实价值生产均衡 指价值消费需要得到完全满足时的价值生产均衡。

正教育 对教育对象进行有利于维持或提高人类生存水平的知识和道德的教育。即传播正能量。

正确决策 指符合多数被决策人利益的决策。

正向延续 指在人口总量保持不变时，高水平人口比例扩大，低水平人口比例缩小。

政府的宏观经济功能理论 政府在经济流程中能够发挥的宏观经济功能有两个方面。（1）政府通过其活动促进经济流程向有利于消费者的方向发展，即促进社会进步；（2）政府通过其活动引导经济流程向有害于消费者的方向发展，即阻碍社会进步，甚至导致社会倒退。

政府发挥宏观经济功能的基本原则 政府应发挥宏观经济功能以促进经济流程向有利于提高消费者生存水平的方向发展，即促进社会进步。

政府购买产品的价格对社会进步的影响规律 政府购买产品的价格等于批发市场价格，对社会进步有利；政府购买产品的价格高于或低于批发市场价格，对社会进步不利。

政府购买产品的数量对社会进步的影响规律 政府购买产品的数量等于消费者价值消费需要，有利于社会进步；政府购买产品的数量小于或大于消费者价值消费需要，不利于社会进步。

政府购买产品的用途对社会进步的影响规律　政府购买的产品是满足价值消费需要的产品，有利于社会进步；政府购买的产品是满足反价值消费需要的产品，不利于社会进步。

政府购买产品　指政府代理消费者向企业购买的产出产品。其中一部分是消费者个人不能直接购买的公共设施和公共服务，如交通设施、国防设施、水利设施、政府办公设施等；另一部分是消费者个人可以直接购买，但由政府统一买单的教育医疗等消费服务。

政府购买产品与社会进步关系理论　（1）政府购买产品本质上是代理消费者购买产品。政府购买的所有产品应当是消费者消费所需要的。（2）政府购买的产品是满足价值消费需要的产品，有利于社会进步；政府购买的产品是满足反价值消费需要的产品，不利于社会进步。（3）政府购买产品的数量等于消费者价值消费需要，有利于社会进步；政府购买产品的数量小于或大于消费者价值消费需要，不利于社会进步。（4）政府购买产品的价格等于批发市场价格，对社会进步有利；政府购买产品的价格高于或低于批发市场价格，对社会进步不利。

政府购买支出　指政府代理消费者向企业购买产出产品的货币支出。

政府管理经济流程法律环境的基本原则　政府应当给经济流程创造一个鼓励价值消费、进步消费方式、价值生产、进步生产方式存在和发展的法律环境；禁止反价值消费、落后消费方式、反价值生产、落后生产方式存在和发展的法律环境。

政府管理经济流程政治环境的基本原则　政府应当努力为经济流程创造和平、稳定、廉洁、民主、公平的价值政治环境，避免战争、动乱、腐败、专制、不公平的反价值政治环境。

政府管理消费税的基本方法　（1）在超收入区间内对超收入人口按收入比例适度征收消费税，对适收入人口和乏收入人口不征收消费税。（2）消费税只应该用于对乏收入人口的转移支付，不能挪作他用。

政府管理政府购买产品的基本方法　（1）政府购买的产品应当是满足消费者价值消费需要的产品，不应当是满足反价值消费需要的产品。（2）政府购买产品的数量应当等于消费者价值消费需要，不应当小于或大于消费者价值消费需要。（3）政府购买产品的价格应当等于批发市场价格，不应当高于或低于批发市场价格。

政府管理转移支付的基本方法 （1）在人类生产社会，对全部非劳动人口实施转移支付，对失业人口应当给予适度的失业救济金。（2）在人类生产社会向自动生产社会的过渡阶段，逐步缩小劳动人口的范围，逐步扩大转移支付的对象范围，使之与逐步扩大的自动化生产相适应。（3）在自动生产社会，对所有公民实施转移支付。（4）转移支付的数量应当在适收入区间增长，不要高于或低于适收入区间，转移支付的数量应当根据适收入区间货币量的增加而不断提高。转移支付数量的增长不要低于适收入区间货币量的增加。

政府 指国家公共权力机关。从经济流程角度来说政府是所有管理经济流程的经济部门。

政府制定经济政策的基本原则 经济政策应当引导企业的经济活动产生提高或者维持消费者生存水平的社会作用，而不应该引导企业的经济活动单纯追求利润最大化而降低消费者生存水平。

政区 指社会集合、社会、社区。如世界体系、国家联盟、国家、非国家社会、城市、郊区、小镇、村庄等。

政治倒退的主要表现 （1）和平向战争发展。（2）稳定向动乱发展。（3）廉洁向腐败发展。（4）民主向专制发展。（5）公平向不公平发展。

政治环境与经济进步关系规律 价值政治环境与经济进步正相关，反价值政治环境与经济进步负相关。发展价值政治环境，消灭反价值政治环境，促进经济进步；发展反价值政治环境，消灭价值政治环境，导致经济倒退。经济进步是社会进步的一部分，所以价值政治环境与社会进步正相关，反价值政治环境与社会进步负相关。

政治进步的主要表现 （1）战争向和平发展。（2）动乱向稳定发展。（3）腐败向廉洁发展。（4）专制向民主发展。（5）不公平向公平发展。

政治进步理论 政治进步是指社会权力的运用向有利于全体公民利益的方向发展。政治进步依赖于政治制度进步，如集团政治制度向全民政治制度发展，专制政治制度向民主政治制度发展，等级政治制度向平等政治制度发展等。政治制度变革的结果必须是提高公民生存水平，只有提高公民生存水平的政治制度变革才是政治制度进步，如果政治制度变革不能提高公民生存水平，则政治制度变革只是作秀，浪费资源，没有任何进步意义。如果政治制度变革降低了公民生存水平，则政治制度变革就是反动的，是政治制度的倒退。总之，是否提高公民生存水平是衡量政治制度变革性质的唯一标准。

政治进步　指社会权力的运用向有利于全体公民利益的方向发展。

政治性破坏　指由于人类政治活动引起的环境破坏，如战争。

政治制度的公平程度决定社会的公平程度规律　政治制度的公平程度与社会的公平程度正相关。政治制度的公平程度越高，社会的公平程度越高；政治制度的公平程度越低，社会的公平程度越低。提高政治制度的公平程度，必然提高社会的公平程度；降低政治制度的公平程度，必然降低社会的公平程度。

政治制度的公平程度与社会的公平程度关系理论　公平的政治制度是公平社会的基石，没有公平的政治制度，就没有公平的社会。政治制度的公平程度与社会的公平程度正相关。政治制度的公平程度越高，社会的公平程度越高；政治制度的公平程度越低，社会的公平程度越低。提高政治制度公平程度，必然提高社会的公平程度；降低政治制度的公平程度，必然降低社会的公平程度。

政治制度的公平程度与社会的稳定程度关系理论　一个公平的社会是一个高度和谐的社会，而一个极不公平的社会则是一座火山，随时可能喷发。公民在不公平的政治制度下生活，正当利益屡屡受到侵犯，就会产生逆反心理。为了政权的稳固，国家的稳定，就必须不断提高政治制度的公平程度，公平永远是国家公民对政治制度的第一选项。政治制度的公平程度与社会稳定程度正相关。政治制度的公平程度越高，社会稳定程度越高；政治制度的公平程度越低，社会稳定程度越低。提高政治制度公平程度，必然提高社会稳定程度；降低政治制度公平程度，必然降低社会稳定程度。

政治制度的公平程度与社会廉洁程度关系理论　公平运用权力，公民不需要行贿即可获得公平的利益。不公平运用权力，公民为了获得利益只有行贿。不公平导致腐败，腐败也导致不公平。政治制度的公平程度与社会廉洁程度正相关。政治制度的公平程度越高，社会廉洁程度越高；政治制度的公平程度越低，社会廉洁程度越低。提高政治制度公平程度，必然提高社会廉洁程度；降低政治制度公平程度，必然降低社会廉洁程度。所以可以根据不公平的社会规范和现象来发现腐败，打击腐败。而消灭腐败也是实现公平的重要途径。

政治制度的公平性进步 指等级政治制度向平等政治制度发展。

政治制度的公平性理论 公平社会是公民对社会的基本要求，公平的政治制度则是公民对政治制度的基本要求。政治制度的公平性进步是指等级政治制度向平等政治制度发展。政治制度约定的社会权力运用是否对所有人平等和符合公理是判断政治制度是否公平的基本标准。政治制度约定的社会权力运用对所有人平等并符合公理，是公平的政治制度。政治制度约定的社会权力运用不对所有人平等或违背公理，是不公平的政治制度。(1) 公平的政治制度在社会权力运用时人人平等。人人平等要求分配利益或惩处时用同一标准对待所有的人，或在相同条件下人人相同，不偏袒任何一方或任何人。(2) 公平的政治制度在社会权力运用时符合公理。社会中的法律法规、政策、道德等都必须符合公理，并据以保护所有公民的合法利益，剥夺任何单位和个人的非法利益。

政治制度的民主程度 指政治制度约定的社会权力掌握在多少人手中，是掌握在全体社会成员手中，还是只掌握在少数人手中。

政治制度的民主程度与公平程度关系理论 在一般情况下，政治制度的民主程度与公平程度成正比关系。政治制度的民主程度越高，公平程度越高；政治制度的民主程度越低，公平程度越低。提高政治制度民主程度，必然提高公平程度；降低政治制度民主程度，必然降低公平程度。

政治制度的民主化进步 指专制政治制度向民主政治制度发展，政治制度的民主程度由低向高发展。

政治制度的民主化理论 政治制度的民主化进步是指政治制度的民主程度由低向高发展。如专制政治制度向民主政治制度发展，民主政治制度的民主程度由低向高发展。政治制度的民主程度是指政治制度约定的社会权力掌握在多少人手中。民主是少数服从多数的政治制度决策形式，民主制度是以平等和少数服从多数为基本决策形式的政治制度。民主制度有两种基本形式，一是直接民主制，二是间接民主制。

政治制度的性质进步 指集团政治制度向全民政治制度发展。

政治制度的性质 指政治制度约定的社会权力所维护的利益范围。是维护全体社会成员利益，还是只维护少数人利益。

政治制度进步的目标理论 (1) 政治制度进步的目标是通过政治制

度改革不断提高公民的生存水平。包括社会更加稳定，公民更加幸福，政治制度更加先进。引起社会动荡和公民生存水平下降的政治制度改革不是政治进步。（2）社会稳定是政治制度进步的基础目标，有了社会稳定，才可能有公民幸福。社会动荡是政府管理失败的重要表现之一。（3）公民幸福是政治制度进步的核心目标。公民不幸福是政府管理的最大失败。在社会进步学的术语中，幸福是指公民满意的生存水平。更加幸福，就是不断提高公民生存水平。政治制度通过对社会的良好管理来实现公民更加幸福。公民幸福不是一句抽象的口号，也不是知足常乐者的自我感觉良好，而是有具体实实在在的内容。

政治制度进步的目标　　指通过政治制度改革不断提高公民的生存水平。包括社会更加稳定，公民更加幸福，政治制度更加先进。引起社会动荡和公民生存水平下降的政治制度改革不是政治进步。

政治制度　　指制约社会权力的社会基本制度。

政治制度性质理论　　政治制度的性质是指政治制度约定的社会权力所维护的利益范围。（1）社会上存在两种性质的国家政治制度，一是不代表任何利益集团的私利，维护全体公民利益的全民政治制度；二是维护一部分利益集团的利益，损害另一部分利益集团利益的集团政治制度。全民政治制度和集团政治制度是两种基本的政治制度，世界上一切政治制度，如果不是全民政治制度，就必然是集团政治制度。判断政治制度的性质不能简单地以参加选举的人数作为依据，全民政治制度和集团政治制度的本质区别在于政治制度所维护的利益范围。（2）国家政治制度的性质只能通过国家政权的行为后果表现出来：全民政治制度的行为结果是维护全体公民的共同利益；集团政治制度的行为结果是维护一部分人的利益，损害另一部分人的利益。这是区分全民政治制度与集团政治制度的唯一依据。（3）政治制度性质的进步是指集团政治制度向全民政治制度发展。

政治制约国家进步规律　　国家政治与国家进步高度相关。一般情况下，国家政治水平制约国家进步水平。国家政治水平越高，国家进步越快；国家政治水平越低，国家进步就越慢。国家政治水平变化引起国家水平同向变化。国家政治水平由低向高发展，国家水平随之由低向高发展；国家政治水平由高向低转化，国家水平也随之由高向低转化。提高国家政治水平，必然提高国家水平，推动社会进步；降低国家政治水平，必然降低国家水平，导致社会倒退。

知识的双向社会作用理论　揭示知识对人类生存水平作用的理论。
（1）知识具有的双向推动社会变迁的社会功能。知识提高人类生存水平的
功能，推动社会进步；知识降低人类生存水平的功能，导致社会倒退。
（2）为了社会进步，人类不能毫无选择地发现、推广和应用知识，更不能
盲目地推崇知识，而应当去发现、推广和应用那些有利于提高人类生存水
平的知识，推动社会进步；坚决遏制知识降低人类生存水平的功能，防止
社会倒退。

知识进步的作用　通过发现、推广和运用先进知识，提高人类活动的
水平，进而提高社会水平。

知识进步方向　向创新级知识水平发展。

知识进步理论　根据知识对人类生存水平的作用揭示知识进步原理的
理论集合。（1）知识进步理论从知识具有的双向社会功能进行研究，进而
概括出知识进步概念的内涵。从发展知识的进步、推广知识的进步和应用
知识的进步三方面阐释了知识进步的基本理论。知识进步理论包括知识双
向社会作用理论、科学进步理论、教育进步理论和应用知识进步理论等。
（2）知识具有双向推动社会变迁的社会功能。知识提高人类生存水平的功
能，推动社会进步；知识降低人类生存水平的功能，导致社会倒退。（3）知
识进步是指发现知识、推广知识和应用知识向提高人类生存水平的方向发
展，是科学研究水平、知识教育水平和应用知识水平的提高。具体包括三
个方面：一是发展知识的科学研究进步；二是推广知识的教育进步；三是
应用知识的人类活动进步。所有人类活动的进步，都是应用知识的进步。
（4）知识进步的作用就在于通过发现、推广和运用先进知识，提高人类活
动的水平，进而提高社会水平。（5）知识进步是社会进步的起点。知识进
步的首要地位不可替代。一个国家如果不把知识进步放在社会发展的首
位，这个国家即使有进步的愿望，也不可能有较快的发展；一个国家如果
轻视知识进步，或者根本就不进行知识进步的努力，这个国家只能长期处
于落后甚至衰退状态。

知识进步　指发现知识、推广知识和应用知识向提高人类生存水平的
方向发展。包括发展知识的进步，推广知识的进步和应用知识的进步。

知识进步与社会进步正相关规律　知识进步越快，社会进步越快；知

识进步越慢，社会进步越慢；知识停止进步，社会停止进步。科学进步通过广泛、彻底地探求社会（人类和环境），从而产生能够提高人类生存水平的新知识。教育进步通过各种先进的教育形式向全人类推广维持人类生存水平所必需的原有知识和提升人类生存水平所必需的新知识。应用知识进步不断将新知识应用于提高人类生存水平的实践活动之中。知识进步的三方面内容——科学进步、教育进步和应用知识进步共同推动了社会进步。

知识力　指人的认知程度影响人的活动的素质力。

知识　指人类认识的成果，包括经验知识和理论知识。人的能力也属于知识的范畴。

知识水平　指人类认识的成果状态。

知识水平与社会变迁速度正相关规律　（1）人类知识水平与社会变迁速度正相关。人类知识水平越高，社会变迁速度越快；人类知识水平越低，社会变迁速度越慢。（2）在正品德条件下，人类知识水平越高，社会进步速度越快；人类知识水平越低，社会进步速度越慢。

知识准则　指活动必须维持或提高知识水平，不能降低知识水平的人类活动基本准则。

直接反价值　指物质具有的能够直接应用的反价值。如发生交通事故是汽车的直接反价值。

直接价值　指物质具有的能够直接应用的价值。

直接经济关系　指消费者和企业之间直接发生的投入产出关系。

直接决策人　指直接进行决策的人。

直接利益　指利益主体直接获得或者被损害、维护的利益。

直接民主制理论　直接民主制是指全体有完全行为能力的有政治权利的社会单位成员平等投票决定社会事务及社会管理者任免的民主制度。（1）在直接民主制度下，管理者只是会议召集人和活动组织者，每一个有完全行为能力的、有政治权利的社会单位成员都有平等的决策权。（2）公决是直接民主制决定社会事务的基本方法，包括提案民主和表决民主两个方面。公举是直接民主制任免管理者的基本方法，包括提名民主和表决民主两个方面。（3）直接民主制表现为每个社会单位成员都直接参加决策过程，所以是名副其实的民主，这也是直接民主制的最大优势。但是也不能所有社会事务都必须通过全民公决，只有关系到全体社会单位成员重大利益的社会事务才适合由全民公决。（4）社会管理机构和工作单位的决策很多，其中绝大部分的决策活动只能由管理者直接参加，而不能由全体公民直接参加。由全体公民直接参加所有的社会决策，既不可能，也没有必要。如果每个公民都直接参加各级政府的所有决策活动，那将没有时间进行生产和消费活动，决策效率也必然很低。（5）全民公决在形式上符合决策平等的要求，但是在决策内容上并不一定就能够代表公共利益。直接民主制可能选出为公民服务的优秀领导者，也可能选出祸国殃民的独裁者；可能做出符合公众利益的决策，也可能做出违背公众利益的决策。（6）影响直接民主制决策效果的因素有：公决公举原则是否合理、公民品德水平的高低、公民知识水平的高低、信息透明度的高低、公决公举相关技术和过程的公平程度。

直接民主制　指全体有完全行为能力的有政治权利的社会单位成员平等投票决定社会事务及社会管理者任免的民主制度。

直接效用与间接效用理论　揭示物质直接效用与间接效用之间的继承关系的理论。（1）该理论根据物质的效用是否能够被人类直接利用将其分为直接效用和间接效用。其中直接效用包括直接价值与直接反价值，间接效用包括间接价值与间接反价值。一种物质的间接效用可以通过生产转移为新物质的直接效用。物质的效用来源于其自然功能，物质的社会属性同物质的自然属性一样具有继承性。产品的直接价值是对资源的间接价值的继承。将资源的间接价值转化为产品的直接价值的外部条件是生产。（2）直接效用与间接效用理论论证了物质具有间接效用，揭示了直接效用与间接效用之间具有的继承关系，以及间接效用转化为直接效用的外部条件。

直卖收入　指消费者直接出售给企业实物性资源后获得的投入收入。如股息。

直卖资源　指消费者直接出售给企业的实物性资源。

自然环境　指主要由于自然运动形成的环境。如太阳、月亮、大气、水、土地、矿藏、野生动植物等。

制度决策人　指直接进行制度决策的人，也是常规涉内决策的间接决策人。

中观效用　指影响社会某部分的效用。

中级经济增长 指与社会进步的程度、速度相等的经济增长。

中间产品 指在生产部门内部流通的为生产服务的产品。

中间生产单位 指进行生产品和生产服务生产的企业。

中间生产 指制造在生产部门内部流通的为生产服务的产品的活动。

种类品德思想体系 指根据活动种类建立的有利于维护和发展人类根本利益的品德思想体系。

重复利用次数 指物质在原有状态下被反复利用的次数。

重复利用率 指活动中重复利用的物质量占物质利用总量的比率。重复利用率 = 重复利用量/物质利用总量。

重复利用水平 指活动重复利用物质的水平，包括重复利用次数和重复利用率两项指标。

重丧失水平 指人的生理机能重度丧失，重病严重影响行为能力的体质水平。

主要价值生产 指对于维持和提高生存水平具有重要和急迫价值的生产。

主要价值 指同一物质中满足必要消费需要重要程度较高的价值。

主要利益 指几种利益相比较时，与人的生命相关程度高的利益。

专制关系 指管理者单方强制的管理关系。

转移支付的使用对象对社会进步的影响规律 根据自动化生产的发展，逐步扩大转移支付的对象范围，有利于社会进步；逐步缩小转移支付的对象范围，不利于社会进步。

转移支付的数量对社会进步的影响规律 转移支付的数量在适收入区间增长，有利于社会进步；转移支付的数量高于或低于适收入区间，不利于社会进步。

转移支付 指政府向消费者支付的所有支出。

转移支付与社会进步关系理论 （1）转移支付是需要分配制中除了亲情制之外的消费分配货币，是人类生产社会的福利制和自动生产社会的必要消费制的货币来源。（2）在人类生产社会，对全部非劳动人口实施转移支付，有利于社会进步。在自动生产社会，社会绝大部分人类劳动被机器人取代，社会只需要少量的人类劳动，转移支付对象将是所有公民。在人类生产社会向自动生产社会的过渡阶段，逐步扩大转移支付的对象范围使之与逐步扩大的自动化生产相适应，有利于社会进步；反之则迟滞社会进步。（3）转移支付的数量根据适收入区间货币量的增加而不断提高，有利于社会进步；转移支付数量的增长低于适收入区间货币量的增长，不利于社会进步。

准健康水平　指人的生理机能基本正常，轻病但不影响行为能力的体质水平。

资源的共有性　指资源在人类没有产生之前就已经自发存在，应当属于每一个公民。公民应该平均占有资源并且平均分配资源收入。

资源的私有性　指由于私有制的客观存在，掌握资源的人可以利用资源获得资源收入，没有掌握资源的人就没有这部分收入。

资源共有性理论　地球在人类产生之前就已经存在，自然资源不是某些人创造的，应当归全人类所有，每个人都有平等利用的权利。由于资源的共有性，经由资源经产生的社会总产品也就具有了共有的属性。需要分配制分配的正是社会总产品中具有共有性的资源价值部分。资源的共有性理论是需要分配制的理论基础。需要分配制是实现公平消费的重要形式。社会总产品中还包括劳动贡献和资本贡献。劳动者具有劳动收入权，资本所有者具有资本收入权。但不应剥夺全体公民的资源收入权。

资源结余　指尚未进入生产过程的资源。

资源投入　指已经进入生产过程的资源。

自动生产方式　指在生产过程主要使用自动化机器的生产方式。

自动生产力阶段　指人类主要依靠自动生产力生存的生产力发展阶段。此阶段社会中自动生产力占主导地位，人类已经从依靠自身生产活动生存转化为依靠机器的自动化生产生存。社会只需要极少数人管理自动生产，绝大多数人脱离了三大产业，从生产力中解放出来。

自动生产社会理论　阐释了什么是自动生产社会，实现自动生产社会的必然性，自动生产社会的实现途径。指出人类社会即将进入自动生产社会，并描绘了自动生产社会的蓝图。（1）自动生产社会是社会中自动生产力占主导地位的宏观社会类型。（2）自动生产社会与自然生产社会、人类生产社会一样，是社会生产力发展的必然阶段。自然生产社会发展为人类生产社会，人类生产社会发展为自动生产社会是社会生产力发展的必然趋势。（3）自动生产社会的实现途径是：普及先进的科学知识，提高全人类知识水平；发展科学技术，持续提高生产力水平；改善社会品德状况，制定人类共同遵守的符合社会进步要求的人类活动规则；提高收入，逐步减少就业人口，完善社会福利制度；实行计划生育，控制人口增长，减轻生产力发展的人口压力；减少和消灭阻碍社会进步的因素。（4）自动生产社会具有高度发达的生产力，人类生产绝大部分被自动生产所取代，完善的自动生产系统为人类提供适量的优质消费品和消费服务。自动生产社会中大多数人的活动是消费活动，少数人参与生产管理。人类已经从生产中解放出来，迎来了继自然社会之后的第二个消费社会。

自动生产社会　指社会中自动生产力占主导地位的宏观社会类型。

自动消费品价值形成　指资源消费价值在智能环境作用下转移为消费品价值。

自然环境的社会作用　指自然环境对人类生存水平的影响。既能够为人类提供生存条件，也可能毁灭人类。

自然环境的生存作用　表现在使人类存在于生态系统之中，并从中获得生存条件。

自然环境进步方向　向 A 级环境发展。

自然环境进步目标　达到 A 级环境。

自然环境水平理论　根据自然环境对人类生存水平的作用揭示自然环境水平的理论。（1）阐释了自然环境的社会作用、划分自然环境水平等级的根据、自然环境水平等级和自然资源水平等级等。（2）自然环境水平是指自然环境对于人类生存的作用状态。它反映自然环境以自然属性为基础的社会属性。包括为人类提供生存条件和毁灭条件。（3）划分自然环境水平等级的基本依据是自然环境对人类生存水平的影响，根据自然环境的社会作用可以将其分为两个基本水平等级。一是能够为人类提供基本生存条件的自然环境，称为生境；二是不能为人类提供基本生存条件的自然环境，称为亡境。在一定条件下，生境和亡境可以互相转化。由于地球环境范围固定，扩大亡境，必然缩小生境。人类的错误活动引起生境缩小，亡境扩大。（4）根据自然环境对人类生存水平的影响，从生态系统质量、自然灾害、环境污染、生态破坏四个方面入手，将自然环境划分为 7 个等级，分别是健康理想级、健康安全级、轻危害级、中危害级、重危害级、危险级和亡境。其中前 6 级是对生境的分级。

自然环境水平　指自然环境对于人类生存的作用状态。它反映自然环境以自然属性为基础的社会属性。

自然环境准则 指坚持维护或提高自然环境水平，不能降低自然环境水平的人类活动基本准则。

自然生产力阶段 指人类主要依靠自然生产力生存的生产力发展阶段。社会中自然生产力占主导地位。

自然生产社会 指社会中自然生产力占主导地位的宏观社会类型。

自然消费品价值形成 指资源消费价值在自然环境作用下，形成消费品价值。

自然性联系 指物质对象之间的反映物理功能的联系。

自然资源 指自然环境中对人类有用的物质。

自由公理 指在不损害他人利益的前提下，人人都享有言论自由和行动自由的公理。

总反价值 指反价值数量的总和。

总反价值数量规律 反价值数量变动引起总反价值正向变动的规律。即反价值数量越多，总反价值越大；反价值数量越少，总反价值越小。

总价值极量 指价值消费上限。价值数量超过总价值极量时，超过的部分已经失去维持和提高生存水平的效用，转化为无价值或反价值。

总价值 指价值数量的总和。

总价值数量规律 在总价值极量以内，价值数量变动引起总价值正向变动；在总价值极量以外，价值数量变动引起总价值反向变动。即在总价值极量以内，价值数量越多，总价值越大；价值数量越少，总价值越小。价值数量达到总价值极量时，总价值最大；价值数量超过总价值极量时，总价值随着价值数量增加而减少，直至趋于零。

总效用 指物质效用量的总和。

最佳产出产品量 指产出产品的数量刚好等于消费者的价值消费需求。

最佳投入产品量 指投入产品的数量刚好满足最佳产出产品量的生产需求。

最佳中间产品量 指中间产品的数量正好满足生产最佳产出产品量的需要。

作用范围与社会进步关系规律 （1）人类活动的提高作用范围与社会进步正相关。人类活动的提高作用范围越大，社会进步越快；人类活动的提高作用范围越小，社会进步越慢。（2）人类活动的降低作用范围与社会倒退正相关。人类活动的降低作用范围越大，社会倒退越快；人类活动的降低作用范围越小，社会倒退越慢。

作用幅度与社会进步关系规律　（1）人类活动的提高作用幅度与社会进步正相关。人类活动的提高作用幅度越大，社会进步越快；人类活动的提高作用幅度越小，社会进步越慢。（2）人类活动的降低作用幅度与社会倒退正相关。人类活动的降低作用幅度越大，社会倒退越快；人类活动的降低作用幅度越小，社会倒退越慢。

作用时间与社会进步关系规律　（1）人类活动的提高作用时间与社会进步正相关。人类活动的提高作用时间越长，社会进步越快；人类活动的提高作用时间越短，社会进步越慢。（2）人类活动的降低作用时间与社会倒退正相关。人类活动的降低作用时间越长，社会倒退越快；人类活动的降低作用时间越短，社会倒退越慢。

社会进步学宏观社会类型　指社会进步学划分的宏观社会类型。社会进步学将宏观社会划分为自然生产社会、人类生产社会和自动生产社会三个宏观社会类型。

参考文献

《2010 年机器超人》，《参考消息》2011 年 1 月 8 日。

《2010 年世界生存水平最高的城市》，《参考消息》2010 年 5 月 31 日。

T. R. 里德：《医疗问题是一个道德问题》，《参考消息》2009 年 9 月 30 日。

阿尔瓦罗·伊瓦涅尔：《没有这十项发明世界会更好》，《参考消息》2010 年 3 月 17 日。

曹晓峰：《社会进步学：研究社会进步的创新之作》，《辽宁日报》2005 年 12 月 31 日。

柴立元、何德文：《环境影响评价学》，中南大学出版社，2006。

陈锐：《希腊去年人均行贿 1355 欧元》，《北方新报》2010 年 3 月 5 日。

《大白菜是恼人的中国货币问题的真正关键》，《参考消息》2010 年 11 月 13 日。

〔美〕戴维·波普诺：《社会学》（第 11 版），中国人民大学出版社，2007。

戴维·布鲁克斯：《美国只是名义上的民主》，西班牙，《世界报》2011 年 11 月 12 日。

《德国成为首个放弃核能的工业国家》，《参考消息》2011 年 5 月 31 日。

德新社：《法国工人抗议养老金改革》，《参考消息》2010 年 9 月 8 日。

东方卫视：《巴基斯坦：洪水蔓延，至少 1600 人死亡》，人民网，2010 年 8 月 7 日。

《毒饭碗》，《参考消息》2013 年 4 月 15 日。

《梵蒂冈与避孕套》，《参考消息》2010年11月24日。

风笑天：《社会学研究方法》（第二版），中国人民大学出版社，2005。

〔美〕格利高利：《宏观经济学》（第五版），张帆、梁晓钟译，中国人民大学出版社，2005。

〔美〕古丁、克林格曼：《政治科学新手册》，生活·读书·新知三联书店，2006。

郭文婧：《省级行政机关透明度为什么都不及格》，《经济参考报》2010年6月18日。

郝陵生等编《世界一百名人》，上海辞书出版社，1995。

郝平：《专家建议制定"地球使用手册"保护生态环境》，人民网，http：∥scitech. people. com. cn/GB/10121162. html，2009年9月26日。

《核辐射在人体内造成什么危害？》，《参考消息》2011年3月16日。

胡筱敏、王子彦：《环境导论》，东北大学出版社，2000。

邬公弟：《德国新能源产业10年"蔚然成荫"》，《参考消息》2009年10月15日。

姜建华：《经济发展需要人性化》，《中国改革报》2005年5月23日。

焦瑾璞：《宏观经济金融分析》，中国金融出版社，2007。

〔美〕雷蒙德·邦那：《群体骚乱，今天是英国，明天会是美国吗》，美国，《大西洋月刊》2011年第8期。

《李景鹏文集》，中国法制出版社，2002。

李定龙、常杰云：《环境保护概论》，中国石化出版社，2006。

励志：《雷锋助人为乐的故事》，励志一生网，http：∥www. lz13. cn/lizhigushi/11037. html，2017年5月30日。

联合国：《飞驰的人口列车》，联合国微信公众号：lianheguo，2017年7月11日。

联合国教科文组织：《隐藏的危机：武装冲突与教育》，《参考消息》2011年3月3日。

《卢旺达"屠杀夫人"在法被捕》，《参考消息》2010年3月4日。

路透社：《仍在继续的罢工使法国的铁路和机场运输陷入混乱》，《参考消息》2010年10月29日。

罗宾·麦基：《25年后，这里仍是一片被毒害的土地》，《参考消息》

2011 年 3 月 31 日。

《没有永恒的建筑：中国正在过度使用拆楼机械吗?》，《参考消息》2010 年 11 月 16 日。

〔美〕尼古拉斯·韦德：《基因组研究提供早期人类人口状况》，《纽约时报》2012 年 1 月 19 日。

倪红梅：《潘基文呼吁科特迪瓦选民积极参与总统选举》，新华网，ht-tp：//news. xinhuanet. com/world/2015 – 10/24/c_128352396. htm，2015 年 10 月 24 日。

潘力模：《社会发展史画》，工人出版社，1951。

《穷人为我们的垃圾处理方式付出中毒的代价》，《参考消息》2009 年 9 月 19 日。

人民日报评论员：《对拉票贿选坚持"零容忍"》，《人民日报》2016 年 9 月 13 日。

《瑞典模式引导欧洲经济发展》，新加坡，《海峡时报》2003 年 3 月 5 日。

《瑞士全民公投决定"弃核"》，《参考消息》2017 年 5 月 23 日。

邵希炜：《伊拉克战争共花费美国 2.2 万亿美元》，中国经济网，ht-tp：//intl. ce. cn/specials/zxgjzh/201303/15/t20130315_24203847. shtml，2013 年 3 月 15 日。

《神奇牛肉已震撼，水银刀鱼更骇人》，香港，《太阳报》2011 年 4 月 14 日。

孙泽锋、张澜：《"二踢脚"炸烂右手》，《辽沈晚报》2010 年 2 月 21 日。

谭浩：《襄汾溃坝背后暗藏"千万级"巨贪》，《沈阳日报》2010 年 1 月 22 日。

王国乡：《西方经济学简明教程》，中国人民大学出版社，1990。

王思斌：《社会学教程》（第 2 版），北京大学出版社，2003。

王亚宏：《英国发力抢占低碳经济高峰》，《参考消息》2009 年 10 月 15 日。

王月宏：《鞭炮渣屑扫出近 576 吨》，《辽沈晚报》2010 年 2 月 21 日。

魏英敏：《新伦理学教程》，北京大学出版社，1993。

吴广义：《日本侵华战争遗留问题》，昆仑出版社，2005。

《习近平谈治国理政》，外文出版社，2014。

《现代汉语词典》2002年增补本，商务印书馆，2002。

《小人物拾金不昧感动台湾》，《参考消息》2011年2月22日。

晓州：《舟曲悲剧叹息之后是沉思》，《金融时报》2010年8月24日。

新华社：《美国核试验污染自然环境，吞噬好莱坞演员生命》，《辽沈晚报》2010年3月16日。

新华社：《面粉为什么这样白？》，《辽沈晚报》2010年12月28日。

新华社：《最严重的工业灾难》，《辽沈晚报》2010年6月9日。

徐家良：《政府评价论》，中国社会科学出版社，2006。

徐剑梅、郭一娜：《温医生是百万中挑一》，《参考消息》2017年4月27日。

〔墨〕亚历杭德罗·纳达尔：《印度的掠夺性增长》，墨西哥，《每日报》2010年7月14日。

《要福利，不要战争》，《合肥晚报》2011年3月28日。

《意大利对核电等政策进行全民公投》，《参考消息》2011年6月15日。

《英国全民公投决定脱欧，首相卡梅伦称将辞职》，《新京报》2016年6月25日。

幽兰嘉颖：《一带一路》，360百科，https：∥baike. so. com/doc/7487210 - 7757266. html。

于大波等：《食品安全需从"田头"管到"餐桌"》，《参考消息》2011年4月26日。

余丰慧：《政府为何是无现金社会最大受益者》，新加坡，《联合早报》2017年4月6日。

喻剑：《成都首批纯电动车开始示范运营》，《经济日报》2010年6月3日。

〔美〕约翰·庞弗雷特：《北京试图超越中国制造》，《参考消息》2010年5月26日。

詹奕嘉：《广东普宁烟花爆炸20死49伤》，《沈阳日报》2010年2月28日。

张程：《谷歌自动驾驶汽车启动免费试乘，向普通民众开放申请》，《参考消息》2017年4月27日。

张传有：《伦理学引论》，人民出版社，2006。

张弓、牟之先:《国民政府重庆陪都史》,西南师范大学出版社。1993。

张品秋:《德国爆发大规模反核电游行》,《参考消息》2011 年 3 月 28 日。

张艳玲、隆仁主编《世界通史》,中国致公出版社,2001。

《针对女婴的全球战争》,《参考消息》2010 年 3 月 17 日。

郑杭生:《社会学概论新修》(第 3 版),中国人民大学出版社,2003。

郑天虹、黄浩苑:《中考"拼爹"式加分》,《沈阳日报》2011 年 2 月 25 日。

《中国计划在世界机器人领域取得支配地位》,《参考消息》2017 年 4 月 26 日。

《中国经济周刊》:《中国最牛教育强镇》,《辽沈晚报》2010 年 5 月 26 日。

《中国正用无人机打造全新运输网》,《参考消息》2017 年 4 月 11 日。

中国人民大学哲学系逻辑教研室:《形式逻辑》,中国人民大学出版社,1980。

周芳、孙为仁:《热心高大爷一天修了 12 个电饭锅》,《辽沈晚报》2010 年 3 月 5 日。

《走近办公机器人》,《参考消息》2011 年 1 月 27 日。

主题索引

附　录

郑杭生教授对《社会进步学》的评价

社会科学成果专家评审意见（鉴定）书

评审专家姓名	郑杭生		职称	教授	职务	
评审专家单位	中国人民大学					
专家所在学会	中国社会学会		学会职务	会长		
评审成果名称	社会进步学		成果形式	专著		
出版单位	辽宁大学出版社		出版时间	2004.5		

专家评审意见：（理论体系、学术观点的创新程度，科学性，学术价值和应用价值等。）

　　《社会进步学》是一本系统研究社会进步的专著。该成果论证了在社会科学领域建立社会进步学科的必要性，并认为它是社会学中一个独立的分支学科，这些想法是有其种新意的，可以作进一步探讨的基础。

　　从社会学角度发展，提倡社会进步，深入研究社会进步，是符合社会学"增促社会进步，减缩社会代价"的深层理念的，可以说是其种程度上，该成果把这个深层理念具体化了、展开了。

专家评审意见（续）：

　　社会的基本问题和元问题是个人与社会的关系问题，全部社会资及其分支资都是个人与社会关系的展开。马克思曾多处论述到社会创造人，人创造社会；环境创造人，人创造社会的思想。总的来说，该成果也是按这个个人与社会的关系来展开社会进步的论述的。

　　该成果是作者辛勤劳动的结果，据作者自己介绍，他通读了数百部著作，二百多份文献，6千多份报纸，经过6年多才写成这部专著。这种以辛勤的劳动进行学术探索的精神是值得肯定的。

评审专家签名：　郑杭生

2005年9月5日

图书在版编目(CIP)数据

社会进步学概论／姜建华著. —— 北京：社会科学
文献出版社,2018.9
ISBN 978 - 7 - 5201 - 3228 - 2

Ⅰ.①社…　Ⅱ.①姜…　Ⅲ.①社会进步 - 概论　Ⅳ.
①K02

中国版本图书馆 CIP 数据核字(2018)第 179684 号

社会进步学概论

著　　者／姜建华

出 版 人／谢寿光
项目统筹／任文武
责任编辑／高　启　高振华

出　　版／社会科学文献出版社·区域发展出版中心(010)59367143
　　　　　　地址：北京市北三环中路甲 29 号院华龙大厦　邮编：100029
　　　　　　网址：www.ssap.com.cn
发　　行／市场营销中心 (010) 59367081　59367018
印　　装／三河市东方印刷有限公司
规　　格／开　本：787mm × 1092mm　1/16
　　　　　　印　张：48　字　数：784 千字
版　　次／2018 年 9 月第 1 版　2018 年 9 月第 1 次印刷
书　　号／ISBN 978 - 7 - 5201 - 3228 - 2
定　　价／168.00 元